사업계획

이론과 실제

남영호 | 진현식 공저

세명서관

머 리 말

기업활동을 합리적으로 수행하고 경영하려면 무엇보다 먼저 향후 나아가야 할 사업방향과 행동과정을 결정하여야 한다. 미래의 여러 대체적인 행동과정 중에서 사업목표에 가장 부합되는 행동과정을 선택하는 것을 경영계획의 수립이라 하며 선택된 행동 대안을 사업계획이라고 한다. 사업계획은 그 유용함과 필요성에도 불구하고 이미 사업을 영위하고 있는 경영자 및 기획업무를 담당하고 있는 실무자들 대부분이나, 창업을 준비하는 예비창업자들은 사업계획을 단순 형식요건에 불과한 것으로 가볍게 생각하는 경향이 있을 뿐만 아니라 사업계획을 부담스럽고 번거로운 일로 여기고 있다.

하지만, 예비창업자에게 사업계획은 그 작성과정을 통해 계획사업의 전반적인 사항들에 대한 구체적인 점검과 검토가 가능해지고, 작성된 사업계획서는 이해관계자에게 자신이 하려는 사업을 이해시키기 위한 자료로 쓰이기 때문에 사업계획은 꼭 필요한 과정중의 하나이다. 이미 사업을 영위하고 있는 경영자나 기획 담당자에게 사업계획서는 사업의 목표를 설정하고 진행방향의 오류에 대한 점검의 기준이 되며, 기관투자자나 정부기관 제출용으로 쓰이는 아주 중요한 자료가 된다. 따라서 사업계획서를 제대로 작성하고 제대로 활용하는 것은 사업을 영위하는데 있어 매우 중요하다.

사업계획서는 추진하고자 하는 사업에 대한 설계도의 기능, 정책자금의 신청, 벤처캐피탈에 대한 투자제안, 엔젤투자가의 투자유치, 창업보육센터 입주, 기술과제 신청 등 다양한 상황에 따라 필요하게 된다. 이때 사업계획서는 용도와 상황에 따라 알맞게 편집되거나 새로운 사업계획서를 작성해야 한다. 일반적으로 전문가에 의하여 작성되어지는 사업계획서는 정부기관 · 금융기관 · 투자대상 주체 등에게 제출하는 사업계획서이다. 이러한 사업계획서는 그 기업을 정확히 알리고 영위하고자 하는 사업의 비전과 성공 가능성을 입증하는데 중점을 둔다. 반면, 신사업이나 프로젝트의 경우 전문가그룹에 의하여 작성되는 사업타당성 분석형식의 사업계획서는 비즈니스의 설계도를 그리는 것과 같다. 따라서 여기서는 사업에 대한 실질적인 분석의 툴이 적용된다. 즉, 산업의 분석, 외부환경과 자사의 역량분석, 경쟁분석, 인적 · 물적 자원, 생산, 마케팅, 재무관리, 기술개발, 경제성 및 기술성, 운영전략 등이 실질적이고 객관적인 기준으로 작성되어져야 하는 것이다.

창업을 한다는 것은 말처럼 그렇게 쉬운 것은 아니다. 창업을 하는 것은 경영을 본격적으로 시작한다는 의미에서 철저한 준비계획이 있어야한다는 점이다. 무모하게 마음만이 앞서 꼼꼼히 따져보지 않고 사업을 시작하다가는 예상치 못한 일로 인해 계획이 좌절되는 경우가 허다하기 때문이다. 그러므로 창업계획에는 추진할 구체적인 사업내용과 세부일정계획 등 창업과정에 있어서 계획사업에 관련된 제반사항을 담고 있어야 한다. 창업사업계획서는 창업계획을 체계적으로 정리한 것으로서 소규모의 소매업일지라도 창업자 및 업종의 특성에 맞는 사업계획서를 작성하여 실행하여야 한다.

이 책의 내용은 개괄적으로 총3편 12 Chapter로 나뉘어져 구성되어 있다.

제1편은 8개 부문으로 구분하여 일반기업의 사업계획과 관련된 부문으로 Chapter 1 전략적 사업계획의 개요, Chapter 2 환경분석, Chapter 3 사업전략 수립, Chapter 4 전략적 사업계획의 수립, Chapter 5 장단기 사업계획, Chapter 6은 사업계획의 기능별 전략, Chapter 7 사업구조전략, 그리고 Chapter8 사업계획서로 나누어져 있다.
제2편은 4개 부문으로 구분하여 자영업자의 창업 사업계획과 관련된 부문으로 Chapter 9 창업계획, Chapter 10 사업성분석, Chapter 11 사업계획 수립, Chapter 12 사업추진으로 내용을 정리했다.
끝으로 제3편에서는 사업계획서의 형태별 사례 및 서식 중심으로 외부기관에 제출하는 사업계획서, 금융기관에 제출하는 사업계획서, 투자자 등을 위한 사업계획서, 기업내부의 IR용 사업계획서와 자영업자의 창업사업계획서 및 자본유치를 위한 투자제안서, M&A를 위한 투자제안서로 구성하였다.

제1편의 기업의 사업계획 부문인 Chapter 1 전략적 사업계획의 개요에서는 경영전략과 전략적 경영, 그리고 신규사업전략에 관하여 이론적 개념정립에 힘썼고, Chapter 2 환경분석에서는 기업을 둘러쌓고 있는 경영 변수요인인 외부환경과 기업내부환경 및 산업분석에 관한 기법을 체계적으로 설명하고 있으며, Chapter 3 사업전략 수립은 전략수립의 순위와 사업전략 수립의 여러 가지 기법과 사업 포트폴리오의 구성에 관하여 기술하고 있다. 그리고 무엇보다도 중요하게 다루어야 하는 Chapter 4 전략적 사업계획의 수립에서는 전략적인 사업계획수립을 위한 기법들과 사업구조 및 조직구조의 계획에 대하여 논하고 있다. 이러한 각 단계의 절차와 과정을 거쳐서 Chapter 5에서는 장단기 사업계획의 수립절차에서부터 수립과정을 실무적으로 보다 쉽게 접근할 수 있도록 풀었으며, Chapter 6은 사업계획의 기능별 전략으로 각 사업

부문인 인사 · 재무 · 생산 · 판매 · R&D 등 7개 사업부문의 사업계획 수립을 위한 기능전략에 대해 설명하고 있다. Chapter 7 사업구조전략은 사업구조조정과 리스트럭처링, 그리고 전략적 제휴와 글로벌경영전략의 실무적인 면에 치중하였고, Chapter 8 사업계획서에서는 사업계획서의 유형과 사업계획서의 작성방법에 대하여 각 단계별 과정과 절차를 더욱 중요시 여겼다.

제2편의 창업사업계획 부문인 Chapter 9 창업계획에서는 창업의 단계별 검토사항 및 창업계획의 절차에 대하여 알기 쉽게 설명하는데 역점을 두었다. 그리고 Chapter 10 사업성분석에서는 사업성분석의 기본절차와 상품성분석 · 시장성분석 · 상권분석 · 수익성 및 경제성분석 내용에 치중하였다. 그 다음 절차인 Chapter 11 사업계획 수립에서는 점포계획과 판매계획에 관하여 구체적으로 기술하는데 힘을 쏟았다. 마지막으로 Chapter 12 사업추진은 사업계획서의 작성과 사업장 선정 및 창업의 필요사항들을 정리하였다.

제3편의 외부기관에 제출하는 사업계획서와 금융기관에 제출하는 사업계획서는 표준화된 제출 양식이며, 투자자 등을 위한 사업계획서와 자영업자의 창업사업계획서는 일반적으로 가장 많이 사용되는 서식이다. 기업내부의 IR용 사업계획서 및 자본유치를 위한 투자제안서, M&A를 위한 투자제안서는 모범적인 사례를 소개함으로 독자가 응용하여 활용할 수 있도록 선택하였다.

끝으로 이 책이 독자 여러분들께서 수행하는 비즈니스 퍼포먼스에 있어서 업무매뉴얼로써의 길잡이가 되고 나침판의 역할을 하는데 부족함이 없도록 지난 수 개월간 고뇌하면서 집필에 전념하여 왔기에, 원고를 탈고하면서 지난 시간들을 돌이켜 보면 원고작업의 어려움과 아쉬움이 새로운 감회에 젖게 한다. 또한 이 책이 출판되기까지 오랜 세월 함께 작업을 추진하고 진행해 오면서 늘 아낌없는 지원과 성원을 보내주신 세명서관 오영환 사장님과 편집부 직원들의 노고에 충심으로 감사의 인사를 드린다. 그리고 무엇보다도 독자 여러분께도 깊은 감사를 드리고자 한다.

2019년 3월 연구소에서

공저자

차 례

제 1 편

기업의 사업계획

제 2 편

창업 사업계획

제 3 편

사업계획서 형태별 사례 및 서식

제1편

기업의 사업계획

Chapter 1

전략적 사업계획의 개요

경영이란 특정 조직이 추구하고자 하는 목표인 바람직한 미래의 상태를 달성하기 위하여 요구되는 모든 활동들을 효과적이고 능률적인 방법으로 계획 · 조직화 · 지휘 · 조정 · 통제하는 관리활동을 의미한다. 효율적으로 일을 한다는 것은 바람직한 목표를 달성하는데 가장 확률이 높은 수단을 우선적으로 선택하고, 그 수단을 최소의 비용과 희생으로 최대의 성과를 낼 수 있도록 하는 것이다.

계획이란 바람직한 목표를 달성하기 위해 요구되는 일련의 활동들을 사전에 구체화시킨 것을 말하며, 조직화란 각 구성원들이 수행하여야 할 역할이나 책임을 명료화 하는 것을 의미하며, 지휘란 각 구성원들에게 자신에게 주어진 목표를 달성하도록 이끄는 것이다. 조정은 각 기능의 원활한 수행을 위해서 조화와 균형을 추진한다. 통제는 목표를 달성할 수 있도록 조직의 성과를 감독하고 평가 · 개선하는 활동을 말한다. 따라서 경영 관리란 목표를 효율적 · 효과적으로 달성하기 위하여 동원되는 여러 경영자원들, 예컨대 재료 · 노동 · 자본 · 에너지 · 기술 · 정보 등을 계획화 · 조직화하고 지휘하며 통제하는 일련의 활동과 과정의 집합을 말한다.

전략(Strategy)이란 군사용어로서 전술(Military Tactics)과 대립되는 말이다. 다시 말해서 국지적 · 단기적 내지 소단위적 전투와 관련되는 방안인 전술에 비하여 전략은 전쟁수행이라는 대국적 입장에서 보다 장기적이고 대단위적인 전쟁수행과 관련된 용어이다. 이 용어가 경영학에 이용된 것은 약 50년 전이며 개념상 확대에 자극한 것은 게임이론(Game Theory)이라고 한다. 따라서 전략이란 한 조직이 나아가야 할 장기적인 방향을 제시하고 그 조직의 사명과 목표를 지속적 경쟁우위를 유지하면서 달성하고자 자원을 활용토록 하는 종합적인 행동계획이라고 할 수 있다.

게임이론에서 경영전략이란 개념은 경쟁적인 조건 위에서 경영활동을 소망스러운 확률로 개선하기 위해서 사용되는 통계학적인 일련의 법칙을 말하나, 이는 다른 유사 용어와 혼동하면서 점차 순화하는 과정에 있다. 경영전략에 대한 개념은 두 가지로 구분하여 볼 수 있는데, 첫째는 경영전략을 경영관리나 조직구조와 같은 다른 경영시스템들을 통합 · 조정하는 상위시스템으로 보는 관점이며, 둘째는 경영전략을 계획(Plan) · 실행 (Do) · 통제(See)의 프로세스인 Management Cycle 중에서 계획과정의 하나로 보고 생산 · 판매와 같은 경영관리의 하위과정으로 보는 관점이 있다.

경영전략이 기업경영에 있어서 중요한 경영요소가 되는 이유는 경영전략이 변화하는 경영환경에 기업이 유연하게 대처할 수 있도록 하는 조직의 환경적응능력을 촉진시킬 수 있기 때문이다. 경영전략은 기업의 경영자원을 전사적인 관점에서 효율적으로 배분할 뿐만 아니라 기업내부의 다양한 경영활동을 통합시키는데 기여한다.

		외형중심	이익중심	가치중심
경영관리	목표지표	매출	당기순이익	EVA
	조직	• 기능 중심 조직 • Cost Center	• BU 중심 조직 • Profit Center	• BU 중심 조직 • Value Center
	경영계획 (Plan)	• 물량중심 Bottom-Up 방식	• 이익중심 Top-Down	• 가치중심 (Value Driver KPI) Top-Down
	성과측정 (See)	• 매출 / 매출원가 / 비용 • 물량분석	• 다차원 수익성 분석 (BU / 상품 / 고객)	• 가치분석 • Risk 분석
	보상 (Rewards)	• 물량 성장성 중심 보상	• 이익성과 중심 보상	• 가치 및 KPI 성과중심 보상
거래처리(DO)		• 외부 재무보고 중심 • 외형성장 / 원가절감 추진활동	• 내부 성과보고 중심 • 경영정보의 신속성 • 이익개선 활동	• Value, KPI 중심 경영보고 • 가치창출 중심활동
시스템(Infra)		재무시스템	관리시스템	SEM (전략적 경영관리시스템)

▲ 경영관리 체제의 발전단계

01 경영전략

기업 내·외부를 둘러쌓고 있는 변수들로 말미암아 점점 다양하고 변화가 심한 경영환경에 직면하여 있는 현대 기업들은 기업내부의 효율적 관리에만 의존해서는 더 이상 생존하기 힘든 상황에 처해 있다. 경영자에게는 기업의 생존과 번영을 위해 기업을 둘러싸고 있는 사회·경제·정치·문화 등 일반 환경조건뿐만 아니라 경쟁자·공급자·소비자·정부정책 등 과업환경의 변화를 면밀하게 검토하고 창조적으로 대응하여야 할 필요성이 점진적으로 증대되고 있는 실정이다. 따라서 경쟁을 극복하고 궁극적으로는 경쟁의 우위를 확보하여 경쟁상황에 능동적으로 대처할 수 있는 전략을 수립하는 것이 기업경영에 필수적이라고 할 수밖에 없다. 이를 위해서는 기업 내부에 대한 철저한 분석과 외부환경에 대한 이해 없이는 불가능한 일이다. 경영전략은 바로 기업이 복잡화되고 급변하는 환경 속에서 장기적으로 어떻게 변신해 나갈 것인가에 관한 과제를 던져주고 있다.

1 경영전략의 의의와 정의

경영이란 조직의 목표를 설정하여 조직의 자원을 효율적이고 효과적으로 사용하기 위한 의사결정을 행하는 행동을 의미한다. 경영을 한다는 것은 어느 경제단위를 그 사업목적에 부합하도록 의식적으로 계획 · 유도하고 지휘하는 것을 말한다.

경영전략의 의의

오늘날 기업환경은 매우 빠르게 변화하고 있다. 정치 · 경제 · 사회 · 문화 · 그 밖에 과학기술의 변화는 예측하기 어려울 정도로 빠르게 변화하여 기업이 경영활동을 하는데 많은 혼란을 가져오고 있다. 더구나 근래에는 세계화에의 도전, 품질에 대한 도전, 기술에의 도전, 사회적인 도전이 기업으로 하여금 새로운 자세로 경영활동을 하지 않으면 아니 되게 하고 있다.

경영전략이란 조직의 방향을 결정하는 대규모의 행동계획으로 기업에게 경쟁우위를 제공하고 이를 유지시켜 줄 수 있는 중요한 의사결정이라고 할 수 있다. 보다 구체적으로 조직의 목적을 달성하기 위한 수단으로서 조직 내부의 모든 기능과 활동을 통합한 종합적인 계획을 의미한다. 조직이 항상 변하는 환경 속에서 장기적으로 좋은 성과를 거두려면 환경변화에 적합한 목적을 설정하는 것은 물론, 이를 달성하기 위하여 기업 내부의 인력과 자금 그리고 기술과 시설 등 모든 자원을 효율적으로 동원시키는 통합적이고 종합적인 계획이 필요한데, 이것이 바로 경영전략이다. 따라서 경영전략은 조직의 장기적인 성과와 목적달성에 많은 영향을 주는 결정적인 요소라고 할 수 있다.

경영전략이 기업경영에 있어서 중요한 경영요소가 되는 이유는 경영전략이 변화하는 경영환경에 기업이 유연하게 대처할 수 있도록 하는 조직의 환경적응 능력을 촉진시킬 수 있기 때문이다. 경영전략은 기업의 경영자원을 전사적인 관점에서 효율적으로 배분할 뿐만 아니라 기업내부의 다양한 경영활동을 통합시키는데 기여한다.

Tip 웹스터 사전에 의한 전략

첫째, 전쟁내지 평화 시에 채택된 목표를 달성하기 위하여 정치적 · 경제적 · 심리적 · 군사적 힘을 사용하는 과학내지 기술이다.

둘째, 목표를 달성하기 위한 계획이다.

셋째, 궁극적으로 성공하기 위해 중요한 기능을 적용시키는 것이다.

경영전략의 정의

전략(Strategy)이란 용어는 그리스어 「Strategia」에서 기원하였다. 이 말은 "전쟁에서 적을 속이는 술책"이란 뜻을 지니고 있으며 사전적인 의미로는 "전쟁에서 승리하기 위해 전투를 계획 · 조직 · 수행하는 계책"을 뜻하고 있다. 전략에 대한 서술적 정의는 최근 40년간 다양한 시각으로 조명되어 왔으며 전략의 핵심을 규명하는 시각을 다음과 같이 요약할 수 있다.

챈들러(A.D.Chandler) 전략이란 '기업의 장기적인 목표와 목적을 수행하기 위하여 활동방향을 설정하고 자원을 할당하는 일련의 활동'이라고 정의하였다. 이는 전략이 조직의 목표와 이를 달성하기 위한 수단으로서 전략의 수립과 실행의 측면을 모두 포괄한다고 보고 있으며, 따라서 목표는 장기적이어야 하며 또한 기업에 있어서 가장 근본적인 것이므로 조직에 미치는 영향이 크다.

포터(Michael Porter) '전략은 기업의 경쟁우위를 구축하고 구체적인 경쟁방식을 선택하는 의사결정이다.'라고 정의하였다. 이는 전략경영의 상대성 및 경쟁우위의 중요성을 강조하는 것으로서 전략은 기업이 자신을 둘러쌓고 있는 경쟁환경 아래에서 경쟁우위를 구축하고 생존을 위해서 환경에 대한 분석을 통해 자신의 본원적 위치를 결정하는 과정으로 이해하고 있다.

앤드류즈(K.Andrews) 전략이란 '목표 · 목적의 원형이며 이러한 목적을 성취하기 위한 중요정책이고 계획이다. 이는 기업이 어떤 사업에 참여 또는 참여할 것인지, 그리고 기업이 어떤 유형의 기업인지 또는 어떤 유형의 기업이 될 것인지에 대한 정의를 내리는 방법으로 언급된다.'라고 말하였다. 이러한 관점에서 전략이란 어디에서 무엇을 가지고 경쟁할 것인지에 대한 구체적인 계획의 과정에서 수립되는 의사결정의 결과로 보는 것이다.

글루크(W.F.Glueck) 전략을 '기업의 기본적인 목표들을 달성할 수 있도록 설계된 단일화되고 포괄적이며 통합된 계획'이라고 정의했다. 여기서 단일화란 전략이 기업의 모든 부분을 하나로 엮어야 한다는 것이고, 포괄적이라는 것은 기업의 모든 중요한 면을 내포해야 한다는 것이며, 통합적이라는 것은 계획의 모든 부분이 서로 양립하고 잘 어울려야 한다는 것을 의미한다. 이는 일상적인 업무나 기능별 활동과는 구별되는 전략의 미래지향적이며 통합적인 측면을 강조하는 개념이다.

결론적으로 여러 학자들의 전략에 관한 시각들의 공통점은 경영전략이란 기업에게 경쟁우위를 제공 · 유지시켜 줄 수 있는 주요한 의사결정과정이라고 정의될 수 있다. 즉, 경영전략은 경쟁상황에서 어떻게 자신에게 경쟁우위를 가져다 줄 수 있는가를 체계적으로 분석하게 하여 주는 구체적인 사고방법이다. 기업이 경쟁에서 승리하기 위해서는 구체적인 목표의 설정, 경쟁상황에 대한 이해, 자신과 경쟁자의 경영자원에 대한 객관적 평가 그리고 효과적인 전략수행이 필수 불가결한 요소임을 보여 주고 있다.

[Tip] 전략과 전술의 차이

- 전략의 사전적 의미 : 전쟁을 전반적으로 이끌어가는 방법이나 책략으로 전술보다 상위개념 이며, 정치 · 경제 따위의 사회적 활동을 하는데 필요한 책략이다.
- 전술의 사전적 의미 : 전쟁 또는 전투 상황에 대처하기 위한 기술과 방법 등으로 전략의 하위개념이며 일정한 목적을 달성하기 위한 수단이나 방법이다.

경영전략의 요소

군사전략이나 경영전략에 있어 전략의 기본개념은 환경의 불확실성에 주목하여 변화하는 환경에 대해 적응을 모색하는 것이다. 이러한 기본개념에는 기업목적의 설정, 대체수단의 선택과 의사결정, 경쟁환경 아래에서의 적응이라는 세 가지 요소가 포함되어 있다고 할 수 있다.

기업목적의 설정 경영전략은 전략 그 자체가 목적이 아니라 기업의 목적을 달성하기 위한 필요한 행동을 일으키게 하는 수단이다. 이를 위해서는 우선 기업목적이 설정되어야 한다. 그와 동시에 경영전략은 기업 전체에 대해서 하나의 방향을 가리키는 지침이다.

대체수단의 선택 및 의사결정 경영전략은 그러한 목적에 도달하기 위한 대체적인 수단을 선택하는 의사결정(Decision Making)과 그 과정(Process)이다.

경쟁환경 적응 경영전략은 급변하는 경쟁적 환경 속에서 현재 및 장래의 경쟁기업의 행동과 환경변화에 대해 적응하는 것이다. 이렇게 볼 때 경영전략은 끊임없이 변화하는 기업환경 속에서 기업의 유지와 성장을 위해서 경영환경의 변화에 대해 기업전체로서 적응 또는 대응하기 위한 목표의 설정과 그 수단의 선택에 관한 의사결정이다.

경영전략의 기능

경영전략은 근본적으로 우선 기업을 급변하는 환경에 적응시켜야 하며 또한 전체 기업으로서 적응해야하기 때문에 시스템적인 기능이 문제가 되며, 동시에 의사결정을 할 수 있는 결정기준으로서의 기능을 발휘하여야 한다. 따라서 경영전략의 기능은 다음과 같이 요약할 수 있다.

환경적응 기능 경영전략은 전체 기업의 내외적 환경변화에 혁신적으로 적응할 수 있는 기능을 발휘하여야 한다. 경영자가 전술적 결정(Tactical decision)에만 치중하고 전략적 결정(Strategical decision)을 경시하게 되면 전체 기업에서의 성장성과 경쟁력을 상실하게 된다. 따라서 급변하는 대외적 정책운영에서는 전략적 결정에 치중하는 환경적응기능을 수행하여야 한다.

기회 및 문제발견의 기능 경영전략은 기업의 내외환경의 변화 속에서 기업의 성장을 가능케 하는 잠재적 성장 개념을 발견하여 이들 기회를 확정하고, 그것을 최대한으로 이용하는 경영전략 프로세스 기능을 수행한다.

시스템적 기능 경영전략은 기업전체를 하나의 시스템으로서 받아들여 시스템 전체를 환경의 변화에 적응시키는 기동성을 회복하는 기능을 수행하는 것이다. 오늘날 기업규모가 커지고 업무가 복잡해짐에 따라 부문의 세분화가 이루어지고 있는데, 이에 따라 각 부문 상호간에는 높은 장벽이 생기게 되고 각자 고유의 목적을 추구하게 된다. 그 결과로서 기업전체의 이익을 희생하면서 각 부문의 이익을 추구하게 되어 기업을 둘러 싼 내외의 환경변화에 대해서는 기업전체로서의 통일적인 행동을 할 수 없게 된다.

의사결정기준 기능 환경적응 기능과 시스템적 기능을 잘 수행할 수 있다고 해도 의사결정기준(Decision Rule) 기능이 결여되면 경영전략은 그 본질과 목적을 상실하는 경우가 있다. 의사결정기준 기능은 목표지향적인 활동을 결정하고 방향을 제시하는 핵심적인 성격을 가지고 있다. 경영전략은 기업의 목표를 달성하기 위해 필요한 활동에 대해서 방향지시적 행위의 결정이라고 할 정도로 의사결정기준 기능이 중시되고 있다. 의사결정기준 기능은 다음과 같이 두 가지로 분류된다.

- 탐구적 기준 : 의사결정행위 이전의 결정에 관계되는 자료와 정보의 수집을 통해서 이를 분석 · 검토하여 일정한 방향을 제시하는 의사결정의 분석적 역할을 의미한다.
- 선택적 기준 : 탐구적 기준을 기초로 전략적 결정 이전에 다양한 실행안의 평가기준을 설정하여 그 기준에 따라 선별하게 되는 선택기준의 역할을 의미한다.

2 경영전략 프로세스

경영전략 프로세스란 기업이 나가야 할 방향을 알 수 있도록 조직적인 변혁과 성장을 위한 조직적인 운영을 토대로 한 알맞은 전략을 세우는 일련의 과정을 말한다. 기업경영에 있어서 전략의 수립이 실행에 있어서 정확히 이루어지지 않는 경우가 비일비재하다. 전략이 수립되기 위해서는 현실적으로 채택해야 할 전략안은 최고경영층이나 조직구성원들의 의사가 충분히 반영되어져야 한다. 경영전략에 필요한 전략을 수립하는데 고려해야 할 요소는 다음의 다섯 단계의 과정으로 구분할 수 있다.

- 제1단계 : 기업의 비전과 전략목표의 설정
- 제2단계 : 전략적 환경분석
- 제3단계 : 경영전략의 수립
- 제4단계 : 전략의 실행
- 제5단계 : 전략의 평가와 통제

경영전략 수립을 위해서는 기업을 둘러싸고 있는 환경에 대한 분석 이 필수적이다. 기업이 직면한 상황을 정확히 파악할 필요성을 갖기 때문에 전략경영에 있어서 환경분석은 매우 중요한 Factor가 아닐 수 없다. 환경분석을 함에 있어서는 경쟁환경

분석과 관련법률 · 제도 · 문화 · 경제의 성장성 · 사회관습 등의 일반적인 환경분석뿐만 아니라 기업의 내부보유 경영자원의 양과 특성 등에 관한 내부환경분석도 간과해서는 아니 된다. 환경분석이 끝난 후에는 전략 대안들이 설계되어야 하며, 그 대안들은 과거관념에 얽매이지 않고 새로운 관점에서 바라보며 설계해 나가야 하며 환경분석에서 나온 성과를 적절히 반영하여 최적의 전략대안을 만들어야 할 것이다. 알맞은 전략대안이 설계되면 그에 따른 정확한 평가가 실행되어야 하며, 평가기준에는 실천가능성 · 기술적 실천가능성 · 시간대비 효율성 · 성과기여도 측정 등이 이에 속한다. 또한 전략적 대안이 수용되었을 때 그에 따른 효과를 파악할 수 있어야 한다. 이러한 일련의 프로세스가 진행되면 구체적이고 명료한 실행계획으로 전략목표 · 활동단계별 일정목표 · 평가방법 설계 등이 고려되어야 한다.

비전과 전략목표 설정

기업의 전략은 대부분 최고경영자의 가치관과 비전 등을 토대로 경영철학이 형성되면서 이들이 전략결정에 전체적인 영향을 미치게 된다. 기업의 사명(Mission)과 목표(Goals)는 기업이 나가야 할 방향 및 목표를 결정하는 과정으로 목표구조의 형태는 수립된 목표의 우선순위로 결정되며 이에 포함되어야 할 요소는 다음과 같다.

- 기업의 존립근거와 존립의 당위성
- 사업영역의 결정
- 기업의 전략적 목표와 재무적 목표
- 경영이념

전략적 환경분석

외부환경 분석을 통하여 그 환경에서 받을 수 있는 기회나 위협을 파악하고, 내부환경분석으로는 자원능력분석을 통한 기업의 강점과 약점을 분석한다. 따라서 환경분석의 Tool로서는 SWOT분석기법을 활용할 수 있다.

외부환경의 분석 기회와 위협의 포착을 위한 외부환경의 분석은 포터의 '산업구조분석' 기법을 활용할 수 있으며 이에 관한 상세한 내용은 Chapter 2에서 구체적으로 설명하기로 한다.

내부환경의 분석 강점과 약점의 발견을 위한 내부환경의 분석은 포터의 '가치사슬 분석' 기법을 활용할 수 있으며 이에 관한 상세한 내용은 Chapter 2에서 구체적으로 설명하기로 한다.

경영전략의 수립

경영전략을 어떠한 수준에서 설정할 것인가에 따라 기업전략과 사업부전략, 그리고 기능별전략으로 구분할 수 있다.

기업전략(Corporate strategy) 기업전략이란 전사적 수준에서의 전략으로서 전략 본부의 책임을 맡고 있는 최고경영층에 의해 이루어진다. 이것은 주로 기업의 전체목표를 정의하고, 무슨 사업에 참여하며 어떻게 사업부 간에 자원을 배분할 것인가를 결정한다. 따라서 전사적 수준의 경영전략은 다각화 · 수직적 통합 · 인수합병 · 해외진출 · 성장의 우선순위 결정 · 장기적 자본조달 방안 · 배당정책 등과 관련된 기업전체의 조직구조 형태를 결정하는데 관심이 있다. 이와 같은 문제들은 기업 전체적 관점과 장기적 시야를 필요로 하며, 잠재적 수익성이 높은 반면 위험부담이 높은 것이 특징이다. 전사적 수준의 의사결정은 보통 최고경영자가 전략스텝의 도움을 받아 결정하거나 이사회의 결의를 통해 결정 한다.

사업부전략(Business strategy) 여러 사업들을 동시에 영위하는 기업의 경우 여러 개의 독자적인 사업부가 존재한다. 각 사업부는 각기 독자적인 사업영역을 가지고 있으며, 생산 · 마케팅 · 재무 · 인사 등 독자적인 경영기능을 소유하고 있다. 사업부 수준의 경영전략이란 이러한 개별 사업부 안에서 이루어지는 것을 말한다. 전사적 경영전략이 기업전체의 관점에서 사업의 균형을 이루는데 주안점을 두는 것에 반해 사업부 수준의 경영전략은 특정사업에 국한된 전략적 의사결정들을 주요 내용으로 한다. 즉 이것은 전사적 수준에서 결정된 전략적 방향과 목표에 입각하여 개별사업의 영위에 필요한 구체적 전략을 결정한다. 따라서 사업부 수준의 경영전략은 미리 정해진 사업영역 안에서 어떻게 경쟁자들과 효과적으로 경쟁해 나갈 것인가의 문제를 주로 다룬다. 사업부 수준에서의 전략적 의사결정은 시장세분화 · 유통채널 · 원가구조 · 공장입지 등과 같이 상대적으로 구체적이고 경쟁우위의 확보와 관련된 것이 대부분이다.

기능별전략(Functional strategy) 기능별 경영전략은 궁극적으로 각 경영기능별 경영자들이 담당한다. 이것은 생산 · 마케팅 · 재무 · 인사 · 연구개발 등 각 경영기능에서의 단기적 목표와 전략 방안을 강구함을 주요 내용으로 한다. 기능별 수준에서의 의사결정은 사업부 수준에서 결정된 전략을 실천하는 것과 직접 관련되어 있다. 따라서 기능별 수준의 전략은 앞에서 설명한 사업부 수준에서의 전략과 일관성을 가져야한다. 기능별 수준에서의 전략적 의사결정은 전사적 또는 사업부 전략에 비하여 단기적이며 보다 구체적이다. 즉, 이러한 의사결정은 주로 생산시스템의 효율성 제고 · 적정재고 수준의 결정 · 고객서비스의 질적 향상 · 연구개발의 방법결정 등과 같은 실천적 문제를 다룬다.

경영전략의 실행

전략의 실행단계에서는 기업이 추구하고 목표로 한 것을 어떻게 달성할 수 있는지에 대한 대답을 하게 된다. 전략실행을 위해서는 첫째, 기능전략이 수립되어야 한다. 기능전략은 기업전략과 사업전략을 부서나 작업자 그룹 또는 개인이 실행할 때 적용할 행동계획을 제공한다. 둘째, 프로그램 · 예산 · 절차 등 자원배분에 필요한 운영계획을 수립하여야 한다. 셋째, 기업문화 · 구조 · 리더십의 변화가 필요하다.

전략의 평가 및 통제

전략의 평가와 통제과정은 전략의 실행과정을 감시하여 성과측정의 결과 · 품질의 효율성 · 경쟁우위를 조장하도록 하는 과정을 말한다. 전략이 계획대로 실행되어지며 의도된 결과를 달성하는가에 대한 답을 제공한다.

일반적으로 통제 메커니즘은 피드포워드 통제(Feedforward control) 아니면 피드백 통제(Feedback control)의 형태를 취한다. 전자는 기업의 사명을 달성하고 전략적 목적을 완수하는 능력에 영향을 미칠 외적환경과 내적운영에 변화가 있음을 규명하기 위해 설계됨으로 이러한 변화가 감지되면 기업은 전략을 이러한 변화에 적응하도록 해야 한다. 그러나 후자는 기업에서 계획한 성과와 실제 성과를 비교케 한다. 이러한 통제는 전략수립 시에 설정한 목적과 실행계획을 대상으로 삼는다.

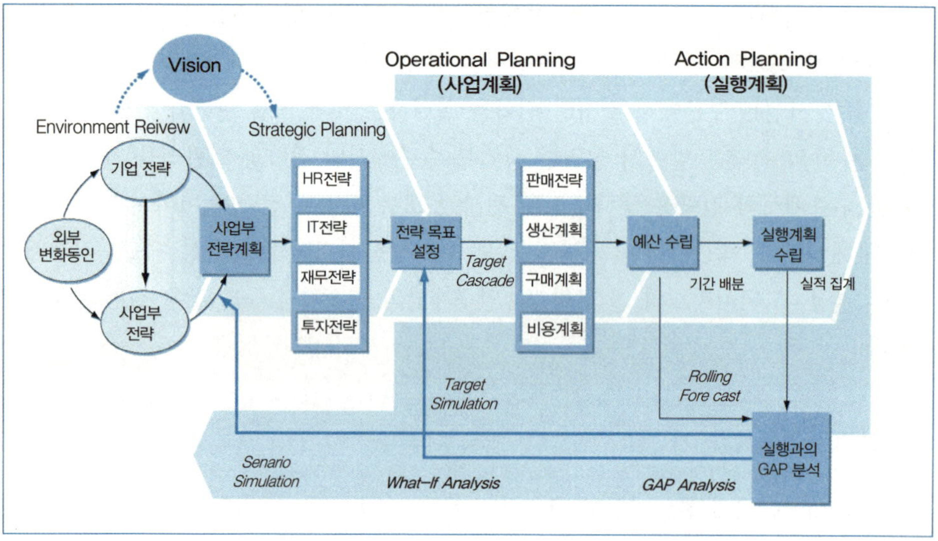

▲ 경영전략 프로세스

3 경영전략 수립절차

경영전략 수립절차에 대한 정답은 없다. 그 기업의 사업특성이나 경영환경에 따라 기업이 채택할 수 있는 Tool을 혼합하여 응용할 수 있다. 여기에서는 일반적으로 활용할 수 있는 전략수립 절차에 대해 각 Step별로 구분하여 살펴보고자 한다.

경영전략수립의 단계별 개요

경영전략수립은 다음과 같이 단계별로 구분하여 살펴 볼 수 있다.

1단계/사업구조 파악

- 목적 : 경영목표 및 경영전략을 수립하기 위한 추진 조직의 구성 및 상세 추진 계획을 수립한다.
- 적용기법
  - Organization Power Analysis(조직전력분석)
  - 면담 및 설문조사

1 단계	**사업구조 파악** 경영목표 및 경영전략 수립을 위한 추진 조직의 구성 및 상세 추진계획을 수립하는 단계이다.
2 단계	**외부환경 분석** 경영전략 및 평가체계 수립을 위해 외부환경 변화를 파악, 분석하여 이에 대한 기회와 위협 요인을 도출하는 단계이다.
3 단계	**내부역량 분석** 기존의 경영이념 및 사업영역을 바탕으로 핵심역량과 프로세스, 재무능력 및 이해관계자에 대한 평가 및 분석을 통해 강점 및 약점 요인을 도출하는 단계이다.
4 단계	**비전/전략적 과제 도출** 전략수립 주체의 실천 및 구체화 작업으로 SWOT분석을 통해 전략적 과제를 도출하고 사업별 · 시기별 전략적 방향을 설정하는 단계이다.
5 단계	**사업별/기능별전략 수립** 경영목표를 설정하고 사업별로 경영자원과 경영전략 의지를 마케팅전략 · 개발전략 · Logistic전략 · 재무전략 등의 하부구조를 재분배 및 세부계획을 수립하는 단계이다.
6 단계	**실행 및 피드백** 수립된 비전과 전략적 의지를 구체적으로 실천함으로써 전략의 타당성을 증명하고 핵심전략 요소와 기능별 전략의 일체화를 전개하는 단계이다.

[Tip] 조직전력분석

전력화되어 운영 중인 조직의 운용실태를 분석하여 문제점 및 개선 요구사항을 확인한 후 전략에 반영함으로써 현재의 전력을 극대화하고 미래전력의 효율성을 제고하는 분석이다.

- 입력물
  - 조직도
  - 교육교재 등
  - Interview 양식
- 진행절차
  - 추진 조직 구성
  - 사용양식의 확정
  - 임직원 면담 실시

- Kick Off Meeting
- 사용구조 정의

• 출력물

- 추진 조직도
- Slogan 및 홍보전략
- 최종 사용 양식
- 면담 결과표
- 사업 관련성 도표
- Organization Power Chart

2단계/외부환경 분석

• 목적 : 경영목표 및 평가체계 수립을 위해 외부환경 변화를 파악 · 분석하여 이에 대한 기회 및 위협요인을 도출한다.

• 적용기법

- Positioning
- GE Matrix
- Brain storming/Workshop
- BPM(Business Process Management)

[Tip] BPM 구축절차

BPM이란 업무프로세스를 표준화 · 간소화하고, 비정형화된 업무구성을 시스템화해 임무와 책임을 명확히 하고자 하는 경영방법으로 BPM은 업무수행 정보를 실시간으로 공유해 업무처리 속도를 향상시킬 수 있으며, 리스크를 빠르게 감지, 대응할 수 있게 한다.

1. 프로세스 설계 : 기업 내의 비즈니스 프로세스 설계 및 모델링
2. 검증 및 최적화 : 시뮬레이션을 통한 검증 및 최적화
3. 실행 및 운영 : BPMS를 통한 업무 적용 및 모니터링, 운영
4. 성과분석 및 개선 : 성과측정/분석, 개선점 도출을 통한 지속적인 개선

• 입력물

- 산업 통계 자료
- 판매/공급 Network
- 설문지 조사표
- 조사보고서

- 기존 양식
- 진행절차
- 거시 및 미시 환경분석
- 시장동향/동종업계 파악
- 조사 설문 분석
- Positioning Map 분석
- GE Matrix 분석
- 관련 부서의 Group Meeting
- Workshop 실시

[Tip] 포지셔닝 맵(Positioning Map)

전략적 사업단위에 대한 비즈니스 포트폴리오 분석을 수행하는 모델로서 매킨지 매트릭스 · GE 매트릭스 · 사업평가배열 · GE 사업스크린이라고도 불린다.

- 사업매력도 지표 : 시장매력도에 영향을 미치는 외적인 요인들
- 사업강점지표 : 전략적 사업단위의 경쟁적 강점에 영향을 미치는 외부 요인들

• 출력물

- 환경분석 자료
- 산업영향력 지도
- 지도동향 분석 자료
- 동종업계 현황
- 산업매력도 분석표
- 경쟁자 비교 분석
- Positioning Map
- GE Matrix
- Five Forces Chart
- 기회 및 위협요인 분석

[Tip] 산업매력도 분석

브랜드에 대한 소비자의 인식을 2차원 또는 3차원의 그래프로 표현하는 것으로써 경쟁사 브랜드에 대한 현재의 위치대비 앞으로 출시할 새로운 브랜드의 차별적 위치를 결정하거나, 기존 브랜드의 경우에도 리포지셔닝(Repositioning)을 위한 새로운 돌파구의 마련을 위해서도 반드시 필요한 과정이다.

3단계/내부역량 분석

- 목적 : 기존의 경영이념 및 사업영역을 바탕으로 자사의 내부역량 · 프로세스 · 재무능력 그리고 이해관계자에 대한 평가 및 분석을 통해 강점 및 약점요인을 도출한다.
- 적용기법
  - 조직문화 진단
  - Cost Structure Chart(비용구조도)
  - Value Chain Analysis(가치사슬 분석)
  - Process Analysis
  - VOC(고객의 소리)
  - Bench marking

[Tip] Cost Structure Chart

수명주기 각 연도별 비용평가를 위한 기준을 설정하기 위한 비용요소의 구조도이다. 획득비와 운영유지비용으로 대별되며, 획득비와 운용유지비용은 각 세부적인 비용요소로 구성된다.

- 입력물
  - 시장동향 및 동종업계 현황
  - 경쟁사 대비 조사 설문서
  - 공급자 분석
  - 조직진단 설문지
  - 벤치마킹 대상 List
  - 고객의 소리 대상 List
- 진행절차
  - 조직진단
  - 사업별 매력도 분석
  - VOC 실시
  - 벤치마킹 실시
  - Cost structure Analysis
  - Value Chain Analysis

- 출력물
  - 조직진단 결과
  - 핵심 프로세스 도출
  - VOC 분석 결과
  - 벤치마킹 실시 결과
  - Cost Structure chart
  - 강점 및 약점 요인 도출

4단계/비전 및 전략과제 도출

- 목적 : 전략 수립 주체의 실천 및 구체화 작업으로 SWOT분석을 통해 전략적 과제를 도출하고 사업별 · 영역별 · 시기별 전략적 방향을 설정한다.
- 적용기법
  - SWOT Analysis
  - Workshop/Brain storming
  - BPM(Business Process Management) Analysis
  - Fish bone Diagram(특성요인도) Analysis
  - Core Competency(핵심역량) Analysis

[Tip] Fish bone Diagram

특성요인도란 품질특성 또는 어떤 결과에 영향을 미치는 크고 작은 요인들의 인과관계에 대한 여러 사람들의 의견을 한 장의 종이 위에 집약하여 물고기 뼈 모양으로 나타낸 그림으로 품질에 관련된 문제가 발생했을 때 그 원인을 찾고자 할 때 많이 활용된다. 다른 말로는 '어골도'라고도 불린다.

- 입력물
  - Five Force Chart
  - SWOT 요인
  - 고객 · 경쟁자 · 공급자 프로필
  - Interview 결과
  - 조직진단 결과
  - 벤치마킹 결과
  - VOC 결과

- 진행절차
  - SWOT 분석
  - BPM 분석
  - 비전 수립
  - 핵심역량 분석
  - 전략과제 도출
  - 이해관계자 분석
  - 전략적 방향 도출
- 출력물
  - SWOT Analysis Diagram
  - 비전
  - 핵심역량 정의 Sheet 및 평가표
  - 사업별 · 기능별 · 전략적 과제
  - 사업별 · 영역별 · 시기별 전략적 방향
  - 이해관계자 분석 결과

5단계/사업별 기능별 전략수립

- 목적 : 경영목표를 설정하고 사업별로 경영자원과 경영전략 의지를 마케팅 전략 · 개발전략 · Logistic전략 · 재무전략 등의 하부구조로 재분배 및 세부 계획을 수립한다.
- 적용기법
  - Brain storming/Workshop
- 입력물
  - 핵심역량 정의 Sheet 및 평가표
  - 제품 · 기술 · 시장별 시나리오
  - 사업별 · 기능별 전략적 과제
  - 사업별 · 영역별 · 시기별 전략적 방향
- 진행절차
  - 임원 Workshop 시행
  - 사업별 · 기능별 전략수립

-사업별·기능별 세부 추진계획 수립

- 출력물

  -사업별 목표 및 추진 전략수립

  -사업별·기능별 세부 추진계획

  -조직 및 인력 수급계획

  -정보시스템 경영계획

6단계/실행 및 피드백

- 목적 : 수립된 비전과 전략적 의지를 구체적으로 실천함으로써 그 전략의 타당성을 증명하고 핵심전략 요소와 기능별 전략의 일체화를 전개한다.
- 적용기법

  -시스템개발 접근방법론

  -ROI(Return On Investment)

  -Workout Meeting

[Tip] ROI(투자수익률)

투자수익률(Return on Investment : ROI)은 경영성과를 종합적으로 측정하는데 이용되는 가장 대표적인 재무비율이다. 순이익을 총투자액으로 나누어 산출하는데, 총투자는 대차대조표상의 총자본과 금액이 같고 이것은 다시 총자산과 같기 때문에 총자본이익률 혹은 총자산이익률(Return on Asset : ROA)도 투자수익률과 같은 의미로 쓰인다.

- 진행절차

  -세부전략 및 추진계획 실행

  -기술도입 및 경영시스템 개발

  -선진 시험 평가기술 개발

  -선도적 사업에 자원의 집중투입 및 공감대 형성을 통한 지속적 관리

- 출력물

  -경영목표 및 Vision 수립

  -사업별 목표 및 추진전략 수립

  -사업별·기능별 세부추진 계획

  -조직 및 인력 수급계획

  -정보시스템 경영계획

02 전략적 경영

전략적 경영(strategic management)이란 제한된 경영자원을 효율적으로 배분하여 기업의 경쟁우위를 창출하고 유지시켜 줄 수 있는 주요한 의사결정으로써 장기적인 기능수행을 결정하기 위한 일련의 경영활동이다. 이는 내외부적인 환경적 측면을 고려하여 전략적이거나 장기적인 계획 · 전략적인 수행 · 평가 · 통제의 모든 과정을 포함한다. 그러므로 전략적 경영은 외부적인 기회와 위협에 중점을 두는데 이는 기업의 강점과 약점의 측면에서 바라본 것이다. 전통적으로 기업경영정책이라고 불리는 전략적 경영은 장기적인 계획이나 전략과 같은 주제와 통합된다.

이와 반대로 경영정책(business policy)은 일반적인 경영의 조류를 따르고 기업의 다양한 기능을 적절히 통합하기 위하여 기업의 관심사에 대해 내부적으로 고찰하는 경향이 있다. 전략적 경영은 기업경영정책을 더욱 다양한 환경측면과 전략적 중요성의 측면을 통합한다. 그러므로 전략적 경영은 경영정책을 기업의 각 분야에서 더욱 자주 쓰이는 대체용어로 쓰는 경향이 있다.

1 전략적 경영의 의의와 정의

전략적 경영의 의의

일반적으로 전략적 경영의 개념은 첫째, 조직의 주요 의사결정들에서 나타나는 일관되고 통합적인 유형이다. 둘째, 환경으로부터의 기회와 위협 하에서 조직의 목표 달성을 위한 일련의 행동 및 이에 대한 자원의 배분양식을 말한다. 셋째, 현재와 미래의 조직 활동영역에 대한 선택과 선택된 활동영역 내에서 경쟁우위를 달성하고 이를 지속적으로 유지하기 위한 일련의 활동이라는 의미를 함축하고 있다.

전략적 경영의 특징 전략적 경영은 전략적 결정의 특징과 전략적 경영의 특징으로 구분할 수 있으며 이러한 특징은 전략적인 사고에서부터 출발하여야 한다.

- 전략적 결정 : 전략적 결정(Strategic decision Making)을 한마디로 표현하기는 어렵다. 하지만 전략적 경영 자체가 기업 전체의 생존의 문제와 직결

되기 때문에 그 결정 자체는 영향력이 지대하다고 할 수 있다.

- 선례가 드물다 : 전략적인 결정은 그 발생빈도도 적고 그에 대한 내부의 경험과 정보 또한 부족한 경우가 많다. 따라서 어느 누구도 경험하지 못한 사안에 대해 의사결정을 해야 한다.
- 파급효과가 크다 : 전략적인 결정은 선례도 많지 않을 뿐만 아니라 그 규모가 크기 때문에 그 성공과 실패 여부에 따라서 기업 전체에 미치는 파급효과가 매우 크다.
- 자원의 재배분를 수반한다 : 전략적인 결정은 기업이 목적과 방향을 바꿀 잠재력을 가지고 있기 때문에 사업의 정의 · 규모 · 범위 등에 있어서 중요한 변화를 초래하게 된다. 이것은 곧 자원배분의 방식에 변화를 수반하게 된다.
- 다른 모든 결정을 통제하고 범위를 정해준다 : 전략적인 결정을 하고나면 그것을 구체화하고 실행하기 위하여 여러 가지 많은 하위결정들을 내려야 한다. 따라서 하위결정들은 전략적 의사결정에 의해 그 범위가 결정되고 조정 · 통제된다.

전략적 사고　전략적 사고는 현상에 대한 치밀한 분석에 기반을 두면서 기존의 고정관념을 타파하고 새로운 발상을 지향하는 혁신적인 사고의 자세를 말한다. 그러므로 전략적 사고는 행동지향적일 뿐만 아니라 또한 성과 지향적이며 계속적인 학습과 문제해결 과정을 통해 체득하고 개발되어져야 한다. 세계 경제의 글로벌화와 지식산업사회로의 진입이후 오늘날의 무한경쟁적인 경영환경은 과거 정보산업사회에서 경영자들이 접했던 상황과는 사뭇 다를 수밖에 없다. 그러므로 미래환경에 있어서의 전략적환경은 또다시 상당 수준의 변화를 경험하게 될 것을 우리는 예측할 수 있다. 이러한 전략적 사고의 진화는 이와 같은 변화들을 반영하여 그 초점이 산업 경제학에서 자원기반과 인간 및 지적자본의 관점으로 점진적으로 옮겨 갔음이 주요한 특징이라 할 수 있다.

전략적 사고는 두 가지의 발상으로부터 시작한다. 시스템적인 사고와 창조적인 사고가 결합되어 전략적 사고를 이끌어 내게 된다. 시스템적 사고란 논리력을 바탕으로 분석 · 통합하는 사고의 방식이다. 이 사고의 방식은 동일한 수준이라면 기본적으로 누가 작업을 하든지 동일한 Out put을 낼 수 있으며, 또한 재생이 가능한 특징을 가지고 있다. 그러나 창조적인 사고는 구체적인 작업이나 명시적인 프로세스가 표시되지 않기 때문에 사람에 따라서 성과의 결과가 매우 다르며 재생이 가능하지 않다. 따라서 전략적 사고는 집요성과 반복성에 의하여 더욱 발전될 수 있다. 전략적 사고의 특성은 다음과 같다.

- 전략적 사고는 균형 잡힌 사고를 요한다.
- 전략적 사고는 객관적이며 냉정하고 현실성 있어야 한다.
- 올바른 전략을 수립하기 위해서는 적극적이고 긍정적인 사고를 요한다.
- 전략적 사고는 논리적이고 구조화된 사고이다.
- 전략적 사고는 불확실한 미래의 리스크를 판단하여 분명한 결정과 선택을 한다.
- 전략적 사고의 뜻에는 근본과 전체가 포함된다.

[전략적 사고의 특징]

경쟁적 초점	제품과 시장	자원과 역량	재능과 꿈
전략적 목적	방어가능제품 - 시장지위	지속가능우위	지속적 자기혁신
기법과 관점	• 산업분석, 경쟁사분석	• 핵심역량	• 비전과 가치
	• 시장 segmentation과 포지셔닝	• 자원기반전략	• 유연성과 혁신
	• 전략기획	• 네트워킹	• 기업가정신
핵심적인 전략자산	금융자본	조직역량	인적 · 지적자본

전략적 사고의 원칙 전략적으로 사고하기 위해서는 지켜야할 원칙이 있다. 이를 일반적으로 전략적 사고의 3원칙이라고 하며 첫째는 열린 사고의 원칙, 둘째로 논리적 사고의 원칙, 셋째는 비판적인 사고의 원칙으로 구분할 수 있다.

- 제1의 원칙(open Thinking/열린 사고)

  경영계획을 수립함에 있어 전략적 사고를 저해하는 요인 중의 하나로 자신의 능력만을 믿고 논리의 함정에 빠지는 경향이 있다. 자신의 판단에 대해 너무 과신하거나 남의 의견을 무시하고 자신의 관점에서만 사물을 판단하고 평가 하려하며 도리어 자신의 논리로 상대를 설득하려는데 그 원인을 찾을 수 있다. 그러므로 이러한 논리적 모순을 제거하기 위해서는 전략적으로 사고하는 자세가 무엇보다 중요한 것이다. 따라서 열린 사고는 닫힌 사고로부터 벗어나 관성을 타파하고 유연성을 가져다준다. 열린 사고를 위해서는 다음과 같은 기법들을 적용해 볼 수 있다.

－제로베이스 사고

－현장중심 사고

－역발상 사고

- 제2의 원칙(Logical Thinking/논리적 사고)

말을 잘하는 사람들을 우리는 ‘언변이 좋은 사람’이라고들 한다. 화려한 언변과 말솜씨는 사람들을 매료시키는 힘을 발휘하기 때문이다. 물론 이러한 사람들 중 몇몇은 타고난 달변일 수도 있지만 대부분의 경우에는 그렇지가 않다. 논리적으로 이야기 하고자 하는 목적과 핵심적인 사항을 일목요연하게 전개하는 사고를 가지고 있기 때문이다. 논리적 사고는 기획부문 종사자가 갖추어야할 가장 기본적인 소양중의 하나로서 논리적 체계와 정보습득 능력의 향상 및 핵심을 꿰뚫을 줄 아는 통찰력을 키워주고 의사결정의 타이밍을 정하는 능력을 가져다준다. 논리적인 사고를 위해서는 다음과 같은 기법들을 적용해 볼 수 있다.

－Frame work

－MECE적 사고

－Logic Tree

- 제3의 원칙(Critical Thinking/비판적 사고)

비판적 사고란 어떤 사물이나 개념에 있어서 ‘정말 그럴까’하는 의문을 갖고 사물을 바라보는 것을 의미한다. 비판적인 사고를 갖는다는 것은 현실에 기반을 둔 근거나 기술을 갖고 논리적으로 분석해 나가는 것을 의미한다. 따라서 비판적인 사고를 갖기 위해서는 역발상적인 사고와 항상 사물이나 개념을 관찰함에 있어 의문을 가져야 한다. 비판적인 사고능력을 함양하기 위해서는 다음의 기법들을 활용해 볼 필요가 있다.

－So What?/Why So?

－3 Why?

[Tip] 전략적 사고를 저해하는 요인

- 남이 하니까 나도 하는 전략
- 나의 결정을 모두가 받아들이고 지지한다고 오해
- 듣고 싶은 말만 듣고 듣기 싫은 말은 무시
- 자신의 판단에 대해 너무 과신하는 경향
- 자신이 처한 상황에 대해 필요 이상으로 낙관주의적 해석
- 사안에 따라 판단하는 기준이 일정치 않음
- 내가 하면 미래에 대한 투자이고 남이하면 쓸데없는 돈 낭비
- 사안을 분석하고 가치 있는 의사결정을 내리기 보다는 현재의 상황을 유지하려고 하는 형태
- 의사결정을 할 때 항상 어떤 근거를 다른 요인보다 큰 비중을 두는 경향

전략적 경영의 정의

전략적 경영이란 일반적으로 기업목표를 달성하기 위하여 고안된 계획들을 입안하고 실천하기 위한 의사결정과 행위들의 집합으로 정의할 수 있다. 즉 전략경영은 기업의 미래방향을 결정하고 기업의 중장기 목표를 달성하기 위해 내려진 의사결정들을 실천하는 것이라고 할 수 있다. 이러한 전략경영은 정해진 방향 속에서 효율적 업무 수행에만 초점을 두는 업무수준의 관리와는 본질적으로 다르다.

전략경영은 업무관리와는 달리 기업조직을 특정 부분이 아니라 기업 전체적 관점에서 파악한다. 또한 주된 관심이 일상적으로 반복되는 의사결정이아니라 환경과의 관계설정과 관련된 전략적 의사결정에 있다. 이때 우리는 전략적 의사결정이 어떤 내용들로 구성되어 있고, 그것이 어떠한 과정을 통해 만들어지는지를 이해할 필요가 있다. 왜냐하면 이러한 이해를 기초로 특정 기업이 처하여 있는 전략적 문제가 무엇인지를 규명해 내고 해결방안들을 제시할 수 있는 능력을 키워 나갈 수 있기 때문이다.

전략적 경영의 구성요소 전략적 경영의 수행과정에 관하여 기존의 경영전략이론은 여러 가지 내용들을 제시하고 있다. 주로 미국 경영학자들에 의해 제시된 이 구성요소들은 학자에 따라 다소 차이가 있으나 대체로 전략의 수립과 실천으로 대별하여 볼 수 있다.

이때 전략의 수립이란 기업의 외부환경과 내부자원을 분석하여 적절한 전략을 선택하는 것을 말한다. 그리고 전략의 실천은 이렇게 선택된 전략이 제대로 실천되도록 적절한 조직구조와 통제시스템을 설계하는 것을 의미한다.

전략적 경영의 구성요소들을 좀 더 구체적으로 살펴보면 다음과 같다.

- 기업의 목표를 설정한다.
- 기업이 처하여 있는 외부환경을 분석한다,
- 기업 내부의 자원과 역량을 파악한다.
- 전략적 대안들을 도출하고 가장 바람직한 전략을 선택한다.
- 조직구조와 통제시스템을 설계하는 등 조직내부를 정비한다.
- 전략 실천의 결과를 평가하여 미래 의사결정에 피드백 한다.

위와 같은 전략경영의 구성요소들은 합리적인 전략의 수립과 실천을 통하여 목표 달성에 유리한 방향으로 외부환경과 상호작용하도록 하는 데 그 목적이 있다.

2 전략적 경영의 과정

전략적 경영이 이루어지는 과정과 순서는 기업의 전략적 의사결정과정의 논리적 프로세스와 일치한다.

첫째, 경영전략을 수립하기 위해서는 현상에 대한 객관적인 분석이 선행되어야한다. 즉 기업의 외부환경과 내부역량에 대한 체계적인 분석을 통해 외부환경의 기회요인과 위협요인, 그리고 기업내부의 강점과 약점을 파악할 필요가 있다.

둘째, 현상에 대한 객관적 분석이 이루어지면 몇 개의 전략적 대안을 도출한다. 새로운 전략적 대안을 도출하기 위해서는 기존의 관행이나 고정관념에서 탈피하여 과감하고 혁신적인 사고의 발상을 하는 것이 중요하다. 각 전략적 대안은 예상되는 재무적 효과, 실행상의 난이도 및 예상되는 위험요인을 평가한 후 최적의 전략안을 선정한다.

셋째, 선정된 전략안이 성공적으로 실행되기 위해서는 현장부서의 적극적인 참여하에 세부적인 활동계획이 준비되고, 명확한 책임소재와 일정계획 하에 경영자원의 배분이 이루어져야 한다. 그리고 경영전력의 실행여부 및 중간결과가 수시로 관리되고 평가될 수 있어야 한다.

그 과정을 구체적으로 살펴보면 전략경영과정은 기업에서 전략이 개발되거나 형성되는 과정과 이 전략들이 조직 내에서 여러 요인들과 상호작용하면서 실행되는 과정 및 에에 대한 통제에 이르기까지의 전 과정을 포괄한다.

전략적 경영의 과정

전략적 경영의 과정을 다음과 같이 살펴보기로 한다.

기업의 사명과 목표설정 전략적 경영과정의 첫 번째의 구성요소는 기업의 사명과 주요 목표를 정의하는 것이다. 기업사명은 다른 기업과 구별되는 기업의 독특한 존재의의와 그 활동영역을 규정하는 것이다. 즉 기업의 사명은 최고경영자의 가치가 반영된 것으로 기업의 제품시장영역과 그 활동범위를 규정하며 이 영역에서 어떠한 방법으로 어떤 요소에 중점을 두고 기업 활동을 전개하겠다는 의지를 담고 있는 것이다. 목표는 기업의 중장기적으로 달성하고자 하는 내용을 보다 구체화한 것이다.

환경분석 전략적 경영의 과정은 우선 문제의 인식을 위한 환경분석으로부터 시작된다. 외부환경의 분석을 통해 기업에 주어지는 기회와 위협요소를 파악하고 내부환경의 분석을 통해 기업의 강점과 약점을 파악하는 과정이다. 기업의 외부환경은 기업에 직접적인 영향을 주는 경쟁자를 중심으로 하는 산업환경과 넓게는 경제적 · 정치적 · 기술적 · 사회적 환경 등 기업의 운영에 직 · 간접적으로 영향을 미치는 기업의 거시환경이 있다. 이러한 외부환경을 분석함으로써 기업의 핵심성공요인을 알 수 있게 되며, 내부환경 분석을 통해 보유한 자원과 역량을 파악하고 외부환경의 기회와 위협에 효과적으로 대처할 수 있게 된다.

전략의 수립(strategy formulation) 전략의 단계(기업전략 · 사업전략 · 기능별 전략)에 따라 무엇을(What to do)/어떻게(How to do) 할 것인가를 결정하는 것을 말한다. 기업의 목표설정과 환경분석이 이루어지면 이로부터 조직의 선택 가능한 전략적 대안들이 도출되며 이러한 대안분석에 의해 전략선택이 이루어진다.

전략의 실행(strategy implementation) 전략을 수립한 이후 수립된 전략을 구체적으로 실행하는 것을 말한다. 실행단계에서는 구체적인 프로그램을 세우고, 거기에 맞는 예산을 책정하며 구체적인 절차(procedure)를 수립하게 된다.

평가와 통제(evaluation and control) 전략을 실행한 후 이를 평가하고 그 성과에 따라서 다음 전략수립에 반영하는 것을 말한다. 이는 전략경영과정이 효과적으로 이루어지고 있는지를 점검하여 문제점을 규명하고 이를 개선함으로써 전략목표의 효과적 달성을 도모하기 위한 것이다

전략의 계층

전략은 분석수준에 따라 기업전략 · 사업부전략 · 기능전략의 세 가지로 나눌 수 있으며, 이는 전략적 의사결정이 이루어지는 조직의 계층에 따른 구분이기도 하다. 전략적 경영이라는 개념은 기업의 규모나 영리성에 상관없이 원칙적으로 적용이 가능하지만, 이미 기업의 기반이 잡혀있고 규모가 큰 대기업과 아직 기반이 잡혀있지 않고 규모가 작은 중소기업은 기업을 운영하는데 있어서 많은 차이가 있다. 따라서 기업전체를 상위와 하위단위로 나누어 전략을 살펴봄으로써 다양한 계층에서 추구하는 전략의 개념과 범위, 또는 구성요소를 살펴볼 수 있을 것이다.

기업전략(Corporate strategy) 기업전략은 전사적 전략이라고도 하며 기업전체가 나아갈 방향을 결정짓는 문제를 다룬다. 따라서 사업을 영위할 영역인 제품과 시장을 결정하고 기업전체의 조직구조를 어떤 형태로 갖출 것인가를 결정짓는다. 또한 기업전체를 범위로 함으로써 기업전략의 성과측정 기준은 기업전체의 생존과 성장 혹은 기업전체의 이윤 등이 된다.

- 성장전략(growth strategy) : 기업의 성장 또는 확장전략
- 안정전략(stability strategy) : 안정을 추구하며 현재의 수준으로 유지전략
- 축소전략(retrench strategy) : 사업부문의 부분적 철수 또는 축소
- 다각화 전략(diversification strategy) : 기업을 새로운 제품과 영역으로 다양화

사업전략(Business strategy) 사업전략은 다른 말로 경쟁전략이라고도 하며 기업전략이 정한 각각의 사업영역에서 '어떻게 경쟁할 것인가'를 결정짓는 문제를 다룬다. 특정 산업마다 다른 경쟁자와 대면하게 되므로 모든 사업영역에서 동일하게 적용될 수 없다. 일반적으로 사업마다 핵심성공요인이 다르기 때문에 특정산업이나 시장에서 기업의 제품 혹은 서비스의 경쟁우위를 향상시키기 위한 경쟁전략(competitive strategy)을 말한다.

사업전략은 마이클 포터에 의해 '본원적 전략'이라는 개념으로 확립되었으며 경쟁은 본원적으로 저원가로 경쟁할 것인가, 차별화로 경쟁할 것인가 하는 문제를 다룬다고 할 수 있다. 사업전략의 성과측정 기준은 기업전략보다는 보다 구체적인 것으로 시장 점유율 및 이윤 등이다.

- 원가전략(저원가/고원가)

- 차별화전략
- 집중화전략

기능별전략(Functional strategy) 기능전략은 사업전략 등 상위전략을 효과적으로 뒷받침해 줄 수 있도록 각 사업부나 부서 내에서 각 기능이 얼마나 효율적으로 수행되도록 할 것인가의 문제를 다루고 있다. 기능별전략의 가장 주된 목적은 자원을 효율적으로 사용하는 생산성 혹은 비용절감이라 할 수 있다. 기능별전략이 중요한 이유는 원활한 기능전략의 수행 없이는 경쟁전략이나 기업전체의 전략수행이 어렵기 때문이다. 이러한 하위전략인 기능전략은 상위전략의 보조적 개념으로 본다.

- 마케팅 전략
- 재무관리 전략
- 생산관리 전략
- 조직 · 인사관리 전략

3 전략적 의사결정

의사결정(Decision making)이란 여러 대안 중에서 하나의 행동을 고르는 일을 해내는 정신적 지각활동이라고 할 수 있다. 모든 의사결정의 과정은 하나의 최종적 선택을 가지게 되며 이 선택의 결과로 어떤 행동 또는 선택에 대한 의견이 나오게 된다. 심리학적 관점에서는 개별 의사결정이 어떤 개인의 필요 · 선호에 의해 가치를 갖는 상황 안에서 내려지게 되는지를 연구한다. 한편 인지심리학적 관점에서 의사결정과정은 환경과 계속적으로 상호작용을 일으키는 가운데에서 행해지는 연속적인 과정으로 보아야 한다. 그러나 다른 차원에서 의사결정은 만족할 만한 해결책이 나올 때까지 수행해야 할 문제해결 활동으로 여겨진다. 그러므로 의사결정은 이성적이거나 비이성적일 수 있으며 어떤 분명한 혹은 불분명한 가정에 기반을 둔 논리적 이유나 감성적 이유에 의해 내려지는 결정이다. 모든 의사결정은 반드시 주어진 정보와 지식에 기초하여 결정하여야 하는 논리적 의사결정이어야 한다. 하지만 예를 들어 의학적 결정을 위해서 진단과 처방을 통해 의사결정을 하는 경우 대단히 시간에 쫓기고 위험도가 높으며 불확실성이 크다. 따라서 최적의 의사결정을 내리는 것이 쉽지 않으며 불확실한 가운데에서도 최적의 의사결정을 위한 여러 가지 방법이 의사결정분석을 통해 이루어져야 한다.

의사결정의 유형

의사결정의 유형은 구조적 의사결정과 반구조적 의사결정, 비구조적 의사결정으로 구분할 수 있다.

구조적 의사결정 구조적 의사결정은 비구조적 의사결정과는 반대로 반복적이고 일상적이며, 이를 다루기 위한 확실한 절차를 포함하므로 매번 새로운 것처럼 다루지 않아도 된다.

반구조적 의사결정 반구조적 의사결정은 문제의 일부만이 인정된 절차에서 제공된 확실한 답이 있다. 보통 구조적 의사결정은 낮은 조직 수준에서 좀 더 우세하며, 비구조적 의사결정은 기업의 높은 수준에서 좀 더 일반적이다.

비구조적 의사결정 비구조적 의사결정은 의사결정자가 문제를 풀기 위해 판단 · 평가 · 통찰을 제공해야만 하는 것을 말한다. 의사결정의 각각은 새롭고 중요하며 일상적이지 않으며 의사결정을 위해 잘 이해되고 합의된 절차가 없다.

전략적 의사결정

전략적 경영이란 업무관리와 달리 전략적 의사결정에 주된 관심을 둔다. 그렇다면 어떠한 것들이 전략적 의사결정인가. 물론 의사결정이 전략적으로 중요한 정도는 기업이 처하여 있는 상황과 시점에 따라 다를 수 있다. 그렇지만 대체로 다음과 같은 특성을 갖는 의사결정의 경우 전략경영의 대상이 된다고 할 수 있다.

최고경영자의 의사결정 참여를 필요로 한다 전략적인 문제는 보통 기업 내부의 여러 부문에 동시에 관계되기 때문에 전사적 안목과 자원배분의 권한을 가진 최고경영자의 의사결정을 필요로 한다.

대규모의 자원동원을 필요로 한다 전략적 의사결정은 보통 장기적 관점의 투자를 필요로 하며, 자본 · 인적자원 · 물적자산에 관한 심각한 배분문제를 발생시킨다.

기업의 경영성과에 장기적인 영향을 미친다 전략적 의사결정은 장기투자의 문제를 다루며, 이러한 투자결과의 영향은 기업에 오랜 기간 동안 영향을 미치게 된다.

미래지향적이다 전략적 의사결정은 현재의 지식과 정보보다는 미래에 대한 예측과 판단에 기초한다.

각 경영기능 또는 사업단위에 파급효과가 크다 전략적 의사결정은 기업 내부의 각 부분들과 복잡한 관계를 가지며 자원 및 책임의 재분배라는 측면에서 중요한 영향을 미친다.

외부환경에 대한 고려를 중요시 한다 기업은 환경변화로 인한 영향을 심각하게 받으며, 전략적 의사결정은 경쟁자 · 소비자 · 공급자 · 정부 등 외부로부터의 영향에 대해 효과적으로 대응함을 주된 과제로 한다.

전략적 의사결정 도구

불확실성 아래에서의 전략적 의사결정을 위한 Tool로서 의사결정나무분석, 실물옵션분석법, 시나리오계획법을 활용할 수 있다.

의사결정나무분석(Decision Tree) 의사결정나무분석은 의사결정규칙을 나무구조로 도표화하여 분류와 예측을 수행하는 분석방법이다. 의사결정나무는 불확실한 상황들을 몇 가지 경우의 수로 나눠 분석할 수 있는 도구로써 자사의 행동과 같이 선택에 의해 실현가능성이 높은 대안은 의사결정마디로, 그에 따른 반응이나 결과처럼 예측하기 어려운 대안들은 불확실성마디로 구분할 수 있다. 각 경우에 있어 어떤 특정한 사건이 발생할 확률과 예상되는 수익을 곱한 기댓값을 계산하여 이를 근거로 계량적인 의사결정을 내릴 수 있다.

실물옵션분석법(Real Option Valuation) 실물옵션분석법은 특정 대안에 선불리 집중투자하기보다 가능성 있는 복수의 대안을 선정하여 여러 곳에 분산투자하는 방식이다.

시나리오계획법(Scenario Planning) 시나리오계획법은 불확실한 미래를 구체적으로 현실화하려는 노력, 설정한 목표를 달성하는 방법으로서 한 가지 전략에만 집착하지 않고 항상 대안을 염두에 두고 실행하여야 한다.

1 단계	**주요 환경동인 도출** • 기업에 영향을 줄 수 있는 환경동인을 도출 • 각각의 전개방향을 전망 - 전문가 집단 Workshop 등
2 단계	**환경동인 분류** • 도출된 요인을 불확실성과 기업경영에 대한 영향력 · 중요도를 기준으로 분류 －시나리오 구성요인 : 불확실성과 영향력이 높은 요인들로 시나리오 구성에 사용 －시나리오 전제요인 : 영향력은 높으나 불확실성이 낮은 요인으로서 공통적 요인 －참고요인 : 영향력이 낮은 요인들로서 시나리오 구성에서 제외
3 단계	**시나리오 축 설정** • 시나리오 구성요인들을 요인간의 상관관계와 중요도를 고려하여 재구성, 시나리오를 구성하는 2개의 축을 설정 －해외시장 여건 －국내 정치사회 안정 여부
4 단계	**시나리오 작성** • 2개의 시나리오 축에 의거 4개의 시나리오를 작성

▲ 시나리오계획 작성 단계

03 신규사업전략

4차 산업혁명이 주도하는 환경변화에 더욱 민첩하게 대응하여 원천기술의 수준을 제고하고 융·복합 제품을 개발하는 것이 기업경쟁력 제고의 핵심임은 물론 산업 및 국가경쟁력 확보에 필수 불가결한 요소가 될 것이다. 또한 신산업을 중심으로 제품 포트폴리오를 고도화하기 위해서는 신산업에 적합한 생태계를 조성하는 것이 무엇보다 중요하다.

과학 및 산업기술의 혁신이 가속화되면서 산업 자체의 진화는 물론 새로운 제품과 서비스가 지속적으로 창출될 전망이다. 나아가 빅 데이터 · 인공지능 · 사물인터넷 등과 같은 산업과 사회전반에 미치는 파급력이 큰 새로운 혁신기술의 등장도 이어질 것이다. 사회발전에 따른 새로운 수요에 대응하여 미래의 산업도 여러 형태의 융합이 주도하면서 계속 탄생할 전망이다.

산업환경의 급변 및 기술의 혁신 및 진보 속에서 우리나라 경제가 현재 직면한 가장 큰 과제의 하나는 미래의 성장을 담보할 먹거리를 확보하는 일이다. 주력산업의 글로벌 경쟁력이 계속 약화되고 있는 가운데 세계시장에서도 경계를 파괴하는 새로운 경쟁 구조가 전개되는 등 시장의 불확실성이 높아지고 있다. 그렇지만 다양한 산업들이 어떻게 진화하고 발전할 것인가를 예측하기는 매우 어려운 과제이며, 어느 국가나 모든 신성장산업에 대해 경쟁력 있는 수준으로 신기술을 개발·확보하면서 신시장을 선점할 수 없는 것도 사실이다. 우리나라가 잠재력을 갖추고 잘할 수 있는 영역을 선택과 집중전략으로 육성할 필요성이 있다.

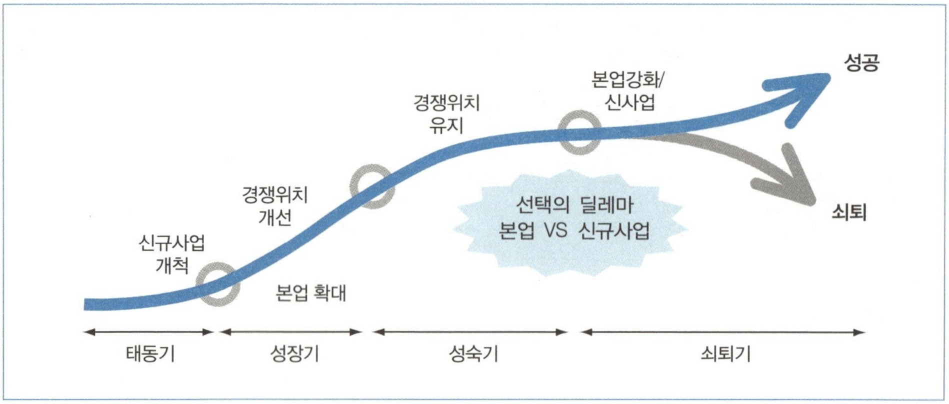

▲ 기업의 Life Cycle

1 신성장산업

산업구조의 고도화, 미래수요의 대응, 경쟁우위의 확장가능성, 민간 주도의 산업성장가능성, 신성장산업의 시장구현시기 등 주요 측면에서 신성장산업의 개념을 새롭게 정의할 필요성이 강력히 대두되고 있다. 우리나라의 경제성장을 선도하고 양질의 일자리를 지속적으로 창출하면서 경쟁력 있는 산업구조 고도화를 촉진할 것으로 기대되는 산업이 우리나라의 신성장산업이라고 할 수 있다 또한, 미래사회에 대한 통찰력 있는 예측을 바탕으로 미래 잠재수요가 크고 사회·경제적 파급효과가 클 것으로 예상되는 산업이 신성장산업의 범위에 포함된다. 다음으로는 글로벌 가치사슬 및 전후방 연관산업에서 국내의 기술경쟁력과 보유자원 경쟁력을 감안하여 한국의 경쟁우위가 가능할 것으로 분석되는 산업을 들 수 있다. 그리고 무엇보다도 산업 경쟁력의 핵심주체인 민간기업 주도의 산업성장성이 큰 분야를 신성장산업으로 육성하여야 한다.

[주요국의 신성장산업의 개념 비교]

구 분	한 국	일 본	중 국	미 국
범위	제조업과 기반기술 병행	제조업 중심	제조업 중심	첨단 제조
고려요인	• 수출시장성 • 제조역량의 확장 • 미래 수요	• 내수기반 • 제품의 시스템적 접근 • 미래 수요	• 내수기반 • 선진국과의 격차축소	산업전반에 영향을 줄 수 있는 첨단 제조 분야
정책목적	• 신시장 진출을 위한 기술확보 • 고부가가치화	• 해외시장 진출 확대 • 신시장 선점	• 제조업 기술력 강화 • 내수시장 자립성 향상	• 기술개발 지원 • 산학연 협동
개념의 특성	• 제조강점을 활용한 경쟁우위확장 가능성 • 산업고도화 촉진 • 민간주도의 성장 • 사회경제적 파급 효과	• 신시장 선점 • 일본 특유기술의 복합화/시스템화 • 미래 신기술 확보 • 사회경제적 파급 효과	• 내수시장 자급 • 신흥시장 개척	• 미국 제조업의 부활

유망 신성장산업

신성장산업의 특성분석 및 유형화를 위한 신산업별 구성요소를 도출한다. 구성요소는 각 신산업의 주요 제품과 부품·서비스를 의미하며, 이러한 구성요소가 전반적으로 잘 갖추어졌을 때 산업화가 진전될 수 있을 것이다. 최근 제조업과 서비스업의 경계가 흐려지고, 더 나아가 산업 간 경계 또한 흐려지는 추세이며, ICT를 중심으로 산업융합이 가속화되고 있다. 신산업의 경우 아직 기술적 개념 및 제품이 명확하지 않고 범위 또한 모호하기 때문에 구성요소 도출에 본질적 한계가 존재한다.

특히 서비스 부문의 경우 대부분의 신산업이 아직 활성화되지 않아 구체적인 구성요소 도출에 어려움이 있을 수 있다. 무인항공기·빅데이터 및 클라우드·3D프린팅·미래콘텐츠 등 여러 신산업이 적용범위가 매우 광범위하고, 불확실한 요소가 많은 상황이다.

[신성장산업별 구성요소]

산업명	구성 요소(핵심 부품 및 기술 · 서비스)
지능형로봇	감지 및 인지 센서, 인간-로봇 상호작용, 로봇 인공지능, 제어, 작업/기구, 네트워크 인프라
스마트공장	응용시스템, 설비제어, 데이터수집, 데이터 기반 제조공정, 보안, 산업데이터 분석, 산업용 통신/네트워크
3D프린팅	3D프린팅용 소재, 장비 및 시스템, 3D스캐너, 3D 설계 소프트웨어, 3D 프린팅용 제품 최적 설계, 관련 서비스
무인항공기 (드론)	• (지상통제장비) 실시간 통제 컴퓨터, 안테나 및 추적기, 광대역 송수신장비, 통신제어기, • (비행체) 센서, 촬영용/센서용 멀티스펙트럼 카메라, 소형 배터리 부품, 항공용 회전익용 모터 • (서비스) 항공용 무선데이터 통신 서비스, 정보활용 클라우드
스마트 자동차	레이더(라이더), 영상센서, 자동차용센서, V2X 통신모듈, 디지털맵, 차량용 인포테인먼트 시스템, 텔레매틱스 시스템, 자율주행시스템 전자제어 부품, 무선통신기반 서비스
빅데이터/ 클라우드	분산스토리지시스템, 빅데이터저장 및 처리를 위한 컴퓨터 HW, 네트워크 가상화 SW, 분석소프트웨어, 무선데이터 통신 서비스, 사물인터넷 정보 활용 클라우드, 빅데이터 기반 서비스
스마트 헬스케어	유전체 및 바이오/의료빅데이터 분석 소프트웨어, 스마트 센서(바이오 메디컬센서, MEMS기반 센서), 의료 빅데이터 시각화 솔루션, 웨어러블 장비 기반 측정정보 실시간 분석, PHI 이기종 플랫폼 연계서비스, 개인 건강기록 정보 활용 클라우드, 바이오/의료빅데이터 구축 서비스
의약	임상용 마이크로로봇, 위치정보 센서 및 의료용 자기장 제어기, 유전체 및 바이오/의료 빅데이터 분석 SW, 생체조직칩, 마이크로로봇-약물 인터페이스 서비스, 분리/검사기기, 의약 및 의료제품 생산 지원 장비, 바이오제품 제작장비, 바이오스캐너, CRO(계약임상연구기관) 서비스
차세대 식물재배	친환경자재, 기능성 품종 종자, 음극선관 형광등, 고압나트륨등, LED장치, 양액시설 및 성분변화 센서, 자동화장치, 생산력 예측시스템, 국내외 작황정보 시스템, 자원순환형 시스템
미래콘텐츠	미래콘텐츠 경험 디바이스, 각종 센서,착용형 출력장치, 실감형 가상 시뮬레이터, 착용형 디바이스 시스템통합 및 평가, 콘텐츠 제작장비, 실감형 콘텐츠, 제조공정용 콘텐츠, 차세대 통신장비 및 서비스
에너지 신산업	ESS, 에너지프로슈머 관련사업, 에너지관리시스템, 마이크로그리드
첨단소재	첨단 비철금속 소재, 탄소소재,기타 신소재, 첨단소재 가공시스템

2 Global Mega Trend

메가트랜드는 미래사회에 발생가능성이 높고 영향력이 큰 이슈를 의미한다. 인구구조 변화, 중국의 세계최고 경제대국 부상, 국가 간 상호의존도 증가, 기후변화 위협 증가 등이 이에 속한다. 평균연령의 증가 또는 고령화로 인한 인구구조의 변화는 평균수명의 연장 및 출산인구의 감소로 인해 비교적 예견되어 왔던 사실이다. 문화적 측면에서는 개인의 권한이 커지고 개인주의적 성향도 더욱 커질 것으로 전망된다. 개인의 교육 및 경제수준 향상, 중산층의 증가 등이 이러한 경향에 기여할 것으로 보인다.

또한 삶의 질을 중시하는 문화가 확산되면서 여가활동을 중시하고 일과 노동의 균형을 추구하는 라이프 스타일이 확산되고 있다. 또한 모든 정보의 실시간 교류 및 공유 등을 가능하게 하는 디지털사회의 도래는 제품의 생산·서비스, 정치·문화 등 모든 분야에 큰 영향을 끼칠 것이다. 결국 기술개발은 더욱 가속화되고, 기술의 사회적 확산을 통한 영향력은 더욱 커지는 메가트랜드가 존재하게 될 것이다.

- 인구구조 및 사회문화적 성향 변화
  - 고령화 및 평균연령 증가로 인한 인구구조 변화
  - 개도국 인구 급증, 반면 선진국 인구 증가 정체
  - 전 세계 중산층 인구 증가
  - 여성의 소득 및 지위 향상
  - 1인 가구 증가 등 전통적인 가족 개념의 변화
  - 개인주의 성향 더욱 확대
- 신기술/신산업의 사회적 영향력 확대
  - 언제 어디서나 정보 수집·분석이 활용 가능한 디지털 사회 도래
  - 컴퓨터 및 인공지능의 업무 대체로 인한 일자리의 변화
  - 건강관리 수요를 충족하는 실시간 건강관리 서비스의 확산
  - 증강현실 및 가상현실의 일상화
  - 맞춤형 생산시스템 확산 및 개인 제조업자 증가
  - 기술변화와 기술 확산속도의 빠른 증가
  - 기술발달의 부정적 효과로 인한 자연주의 성향의 확산
  - 사이버 범죄 등 초국가적 테러 증가
- 환경 및 기후변화 및 자원고갈 문제의 현실화
  - 지구온난화 또는 기후변화로 인한 부정적 영향 증가
  - 에너지·물 등 핵심자원 수요의 일부 국가 및 지역 집중화의 증가
  - 전 세계적인 식량·물 부족 현상 발생
  - 석유·가스 등 주요자원 고갈 압박 상승

- 글로벌 경제성장 침체 속에 경제양극화 현상 확대
  - 신흥개도국 경제규모의 증가 가속
  - 중국이 세계 최고의 경제대국으로 부상
  - 제품뿐만 아니라 서비스 · 투자 · 인력 등 국가 간 교류 확대
  - 경제 양극화 및 불평등 구조 더욱 확대
  - 글로벌 경제성장의 침체
  - 지식기반자본 중심의 경제성장
- 글로벌 권력의 이동 및 파편화
  - 미국의 지배력 약화, 글로벌 권력은 다극체제로 이동
  - 국가 간 상호의존 확대로 인한 갈등 증가, 이로 인한 국제규제 증가
  - 국가 간 경계가 사라진 국가경제통합(EU 등) 현상
  - 민족 · 종교 등으로 인한 국가 간 갈등심화
  - 공공부문 부채 증가로 인한 공공서비스 제약 발생

한국산업에 미치는 영향력

한국산업연구원이 설문조사를 한 결과 먼저 사회 · 기술 · 경제에 속하는 메가트렌드는 전반적으로 긍정적 영향력이 더 강한 것으로 나타났다. 사회분야의 메가트렌드가 긍정적 영향력을 끼친다는 응답이 36.1%, 약간 긍정적이라는 응답이 28.9%로 전체 응답자의 65.0%가 긍정적인 응답을 하였다. 기술분야는 긍정적 응답의 비중이 61.5%로 사회분야보다 소폭 낮은 수준이다. 일반적으로 사회보다는 기술적 요인이 산업에 더 긍정적인 영향을 끼친다고 생각할 수 있다. 경제분야는 긍정적 응답이 약 50%로 높은 수준이나, 부정적 응답 또한 약 43%에 달해 긍정적 응답과 유사한 수준을 보였다. 이러한 결과는 경제분야의 메가트렌드가 다른 분야에 비해 산업에 끼치는 영향력이 더욱 강하다는 것을 의미하며, 자연스러운 결과로 볼 수 있다. 환경분야의 메가트렌드는 전반적으로 부정적으로 평가되었는데, 그 중에서 석유와 같은 주요자원의 고갈 압박이 산업적으로 매우 부정적일 것으로 평가되었다. 한편 정치분야도 환경과 유사하게 긍정적 응답의 비중이 25% 수준으로 매우 낮았다.

[Tip] 우리산업의 미래 대응방안

- 지식기반자본 중심의 산업혁신 전략 추진
  - 글로벌 경쟁력을 갖춘 융·복합 인력 양성
  - 미래산업 환경조성에 정부 역량 집중
  - 양극화 및 불평등의 해소와 사회적 자본(social capital)의 확충
  - 제조업의 신흥국 시장 진출 및 혁신형 생산체계 구축
  - 서비스산업의 기술혁신 기반 고부가가치 서비스산업 육성
  - 정보통신산업의 수요 중심 비즈니스 모델 확장 및 해외 진출 촉진
  - 에너지산업의 합리적인 에너지정책 추진체계 확립
  - 중소기업의 생산성 제고

3 미래산업

4차 산업혁명이란 정보통신기술(ICT)이 제조업 등 다양한 산업들과 결합하며 지금까지는 볼 수 없던 새로운 형태의 제품과 서비스 및 비즈니스를 만들어내는 것을 말한다. 4차 산업혁명의 시대를 맞아 사물인터넷 · 5G · 자율주행 등 새로운 혁신 기술들이 주목 받고 있으며, 이러한 기술들의 핵심은 연결에 있다. 지금까지의 기술이 단순히 사람과 제품, 제품과 제품의 연결에 집중했다면 이제는 연결을 통해 우리 삶을 어떻게 바꿀 수 있을 것인가에 초점을 두고 있다.

다보스 포럼에서는 4차 산업혁명은 '모든 것이 연결되고 보다 지능적인 사회로 진화시켰다'고 선언된 바 있다. 4차 산업혁명의 시대의 도래와 함께 사회는 초연결 사회로 진입했다. 초연결사회란 사람 · 사물 · 공간 등 모든 것들(Things)이 인터넷(Internet)으로 서로 연결되어 모든 것에 대한 정보가 생성 · 수집되고 공유 · 활용되는 사회를 뜻한다. 모든 사물과 공간에 새로운 생명이 부여되고 이들의 소통으로 새로운 사회가 열리는 것이다. 즉, 초연결사회에서는 인간 대 인간은 물론 기기와 사물 같은 무생물 객체끼리도 네트워크를 바탕으로 상호 유기적인 소통이 가능해진다. 컴퓨터나 스마트 폰으로 소통하던 과거의 정보화 사회와 달리 초연결 네트워크로 긴밀히 연결된 초연결사회에서는 오프라인과 온라인의 융합을 통해 새로운 성장과 가치창출의 기회가 더욱 증가할 전망이다. 무엇보다 사물인터넷 · 인공지능 · 센서 등 기술발달로 제조 · 유통 · 의료 · 교육 등 다양한 분야에서 지능적이고 혁신적인 서비스 제공이 가능해진다. 초 연결사회가 가져올 변화는 단지 기존의 인터넷과 모바일 발전의 맥락이 아니라 우리가 살아가는 방식 전체, 즉 사회의 관점에서 큰 변화를 가져올 것이다.

교육

Connected Learning으로의 진화와 실감형 교육을 확대 운영한다.

Connected Learning 교육(Edu)과 기술(Tech)의 결합으로 가까운 미래에 완전히 새로운 교육 환경을 경험하게 될 것이다. 실제 에듀테크(Edu Tech) 기업에 대한 투자는 2010년 3억 6,000만 달러에서 2015년 18억 5,000만 달러로 크게 증가했으며, 에듀테크 시장은 2013년 432억 달러 규모에서 2020년 937억 달러 규모로 성장할 전망이다. 이러한 흐름에 따라 교육환경 내에서도 많은 사물과 사람이 모두 연결되는 'Connected Learning'로의 진화가 예상되고 있다. 'Connected Learning'에서는 학생과 교사간 또는 학생간 연결에 의한 상호작용이 강조되며, 개개인의 학생들은 사물인터넷 · 인공지능 기술 등을 바탕으로 최적화된 맞춤학습을 제공받을 수 있게 될 전망이다. 문제풀이를 도와주는 SNS · 빅데이터를 활용한 수준별 문제제공 및 오답관리 서비스가 증대되고 있다. MIT Media Lab에서는 사물인터넷에 감정컴퓨팅 기술을 결합해 학습자의 반응과 태도뿐만 아니라 감정 흐름을 읽는 학습 친구를 개발하고 있다.

실감형 교육 흥미와 몰입을 최대화할 수 있는 증강현실 · 가상현실 기반교육을 활성화할 것이다. 학교 내 활용뿐만 아니라 유아 및 성인 교육시장에서의 활용에 대한 기대로 최근 전 세계 교육계는 증강현실 · 가상현실의 교육시장 적용에 주목하고 있다. 과거의 종이교과서는 보고 듣는 디지털교과서로, 그리고 이제는 만지고 조작할 수 있는 디지털교과서로 진화했다. Google은 학생들이 가보고 싶은 지역에 대해 조사한 후 우주 · 해저 · 피라미드 · 궁전 등을 가상현실로 옮겨 수업에 활용할 수 있는 Expedition 서비스를 소개했으며, 이 밖에도 페이스북, 퀄컴, 마이크로 소프트 등은 증강현실 · 가상현실의 교육분야 적용에 활발한 움직임을 보이고 있다. 공감각적인 체험을 제공하는 교육 도구들의 발달과 함께 실감형 교육이 불러올 미래의 모습이 기대된다.

의료

원격 의료서비스의 제공과 의료 AI를 통한 정밀의료를 실현케 한다.

원격 의료서비스 삼성 · Apple · Google 등 세계적 IT기업들의 의료분야 진출이 두드러지고 있다. 전자 · 관광 · 주택 등 그 동안 의료와 관련이 없었던 산업에서도 의료분야를 중요한 미래전략으로 인식하고 있으며, 의료산업에 투자하는 비용 역시 증가하고 있다. 5G · 사물인터넷 · 클라우드 컴퓨팅 등 IT기술의 발달은 원격 모니터링 및 관리의 최적화뿐만 아니라 원격의료를 가능하게 함으로써 시간과 공간의 경계를 넘어서는 의료서비스를 제공할 전망이다. 이미 영국 NHS는 HP와 협력하여 웨어러블 센서 및 사물인터넷 기기를 개발하여 테스트 베드를 설치했으며, 치매환자를 대상으로 가정에 사물인터넷 기기를 설치 · 모니터링 하는 시범사업을 시행 중이다. 세계경제포럼(2015)에 따르면 2022년 세계 인구의 10%는 인터넷이 연결된 의류를 착용하고 의류 내 센서를 통해 심박수 · 호흡 · 혈류량 등의 실시간 신체 정보를 얻게 될 전망이다. 수집된 데이터는 건강 기초자료로 활용되어 원격진료 · 자가 통증치료를 비롯한 다양한 의료서비스를 가능하게 할 것이다.

정밀 의료 최근 국내 병원에도 인공지능 IBM Watson이 도입되었다. 대표적인 의료 AI인 IBM Watson은 의사들이 암 환자들에게 데이터에 근거한 개별화된 치료 방법을 제공할 수 있도록 지원하는 역할을 수행한다. 이 밖에도 병명과 확률, 필요한 검사 등을 알려주는 '화이트잭', '로봇페퍼' 뿐만 아니라 약 제조나 음성 커뮤니케이션을 통해 환자를 간호하는 인공지능 간호사 '몰리'도 등장했다. 의료 AI는 의료환경을 바꾸고 진단을 넘어 꿈의 의학인 정밀의학을 가능하게 할 것으로 기대된다. 양질의 데이터를 기반으로 개인의 의료 · 유전체 · 생활 데이터를 분석하여 맞춤형 진단을 제공하고, 진단 중심의 의료에서 예측의료시스템으로 의료시스템 전반에 큰 변화를 가져올 예정이다. 아직 초기단계이긴 하지만 의료현장에서 인공지능이 가져올 영향력이 큰 만큼 인공지능을 의료분야에 적용하기 위한 노력 역시 전 세계 곳곳에서 활발하게 이루어지고 있다.

금융

현금 지참이 불필요한 사회의 도래와 금융서비스의 디지털 시대가 도래 한다.

현금이 불필요한 사회 전 세계 비현금결제 거래규모는 지속적으로 증가하고 있다. 주요국의 현금결제비중은 계속 감소하고 있으며, 이는 최근의 모바일 · 간편결제 증가 현상과도 무관하지 않다. 모바일 · 간편결제는 사용의 편의성 · 휴대성 등으로 확산 추세에 있으며, 이러한 흐름은 블록체인기술의 도입으로 더욱 현저할 것으로 예상된다. 비트코인(Bitcoin)과 같은 가상화폐에서부터 시작된 블록체인기술은 디지털화폐 구현을 가시화하고 있으며, 금융사와 IT기업들은 보안성 확보에 주목하고 비트코인을 대체할 수 있는 다양한 가상화폐 개발에 앞장서고 있다. 금 부문에서 블록체인기술이 시작되고, 현실에서 직접 적용되어온 만큼 향후에도 관련기술 및 상품개발에 금융권의 적극적인 행보가 나타날 전망이다. 실제로 현재 다양한 금융기관들이 상호협력을 통해 블록체인 플랫폼을 구축하고 있으며, 머지않아 송금 · 환전 · 지급결제 등 기존 금융시스템을 현금 없이 사용할 수 있는 현금 없는 사회가 도래할 것으로 예상된다.

Digitalization 금융산업에 디지털기술이 확산됨에 따라 은행 및 증권산업과 보험산업의 패러다임이 변화할 것이다. 로보어드바이저의 보편화로 많은 사람들이 시공간을 초월한 고객맞춤형 재무자문서비스 혜택을 누릴 것으로 보인다. 로보어드바이저 시장은 확대되고 있으며, 보험산업은 고객맞춤형 상품개발과 다양한 채널을 통한 신규고객 확보, 자동화된 언더라이팅 시스템을 통한 비용효율성 제고 등 디지털기술로 인한 혁신으로 가치사슬(Value Chain)이 재정립되고 있다. 기존 계약인수심사기능을 IT기술로 대체하는 '보험계약자동심사시스템'을 활용하는 보험사가 늘고 있으며, 자동화시스템을 통해 개별고객과의 커뮤니케이션이 활성화될 것이다. 향후 금융산업은 인공지능과 빅데이터 분석을 기반으로 보다 고차원적인 서비스를 제공할 수 있을 것으로 기대된다.

교통

지능형 교통시스템의 구축과 자율주행자동차 시대가 도래한다.

지능형 교통시스템(ITS) 초연결사회의 교통은 사물인터넷을 기반으로 자동차의 지능화뿐만 아니라 도로시설 및 공간의 지능화가 이루어져 교통으로 인한 도시인의 고통을 해소시켜 줄 것으로 기대된다. 이러한 이유로 ITS를 위한 투자는 지속적으로 증가하고 있다. 교통정보의 수집 · 제공 장치가 설치된 특정도로 지점에 차량이 통과해야만 교통서비스가 가능했던 기존의 교통시스템은 스마트교통시스템 구축을 통해 차량과 차량이 상호 통신하며 교통정보를 공유하는 방향으로 빠르게 변화할 것이다. 미래 도로에는 각종 스마트센서가 설치되며 이들 센서로부터 수집된 정보는 데이터 플랫폼을 통해 도로 이용자 · 관리자 · 각종 전자기기에 자동으로 전달될 것이다. 또한, 전달된 정보는 현재 수동으로 이뤄지는 도로의 파손 상태, 사고정보 확인 등 도로 유지관리가 자동으로 이뤄지도록 바꿔놓을 것으로 예상된다. 이처럼 도로시설의 지능화는 교통 혼잡 감소뿐만 교통인프라의 유지 · 관리 등 사회적 비용 절감에도 기여할 것이다.

자율주행자동차 테슬라·포드·BMW 등 세계적인 완성차 기업들은 2021년 자율주행자동차를 상용화하겠다고 밝혔다. 자율주행자동차는 5G·사물인터넷·클라우드 컴퓨팅 등 첨단기술의 집약체라고 할 수 있다. 부착된 센서는 실시간으로 차량 내부의 중앙컴퓨터와 통신을 하며, 사람보다 더 빠르게 주변상황을 읽고 판단할 것이다. 제3의 운송혁명으로 여겨질 만큼 큰 변화를 가져올 것으로 예상되는 자율주행자동차의 보급은 사람이 운전하는 자동차보다 더 효율적이고 안전한 주행을 가능하게 함으로써 현재의 교통기관과 물류시스템을 획기적으로 변화시킬 가능성이 높으며, 이동 중 다양한 생산활동이 가능하므로 운전자에게 도로의 새로운 가치를 제공하는 서비스개발도 가능하다. 자동차는 이제 이동수단에서 모바일 생활공간으로 변화할 것이다.

제조

스마트 공장의 보편화와 메이커 운동의 확산이 진행된다.

스마트공장 제조업의 위기 돌파구로 주목받고 있는 스마트공장은 Intel·Siemens·GE 등 세계적 기업을 중심으로 급속히 확산되고 있다. 'Markets and Markets'(2016)에 따르면 세계 스마트공장은 2016-2022년 간 10.4%의 연평균 성장률로 성장을 지속하여 2022년 74.8억 달러 규모에 이를 전망이다. 스마트공장을 이루는 주요 요소 중 하나인 스마트기계는 기업 안팎의 클라우드 네트워크와 실시간으로 데이터와 정보를 주고받으며 최적의 생산효율을 가능하게 하며, 가상현실시스템(CPPS)은 실제 생산 프로세스와 동일한 상태를 사이버상에 구현함으로써 기업의 생산성 증진에 기여할 전망이다.

뿐만 아니라 스마트공장은 R&D·구매·물류·판매와 사후관리 서비스 등 모든 기업 활동 영역과 긴밀한 관계를 맺고 기업에 더 많은 정보와 의사결정 도구, 비용절감과 혁신 등 이전에 경험하지 못한 새로운 가능성의 기회를 제공할 것이다. 향후 블록체인 기술의 적용을 통해 스마트공장은 공급사슬관리상의 가시성과 투명성을 증대시키고 기업경영 전반에 더 큰 영향력을 가져올 전망이다.

메이커 운동 제조의 주체가 변화하고 있다. 소비자들이 제품의 개발과정에 적극적으로 참여함에 따라 소비자에서 제조자로 소비자의 정체성은 변화를 맞이하고 있다. 소비자들은 점점 더 자신들의 필요에 맞는 개인화 및 맞춤화된 제품들을 찾고 있으며,

디지털기술의 발달로 많은 소비자들이 개인화와 맞춤화의 혜택을 보고 있다. 특히, 개인이나 벤처 · 중소기업 등 누구든지 혁신적인 아이디어를 디지털화 하고 시제품 공유를 통한 피드백을 통해 제품의 완성도를 높일 수 있는 메이커 운동(Maker Movement)이 확산됨에 따라 제조의 주체가 변화하고 제조공정의 혁신 역시 활발해지고 있다.

유통

소유에서 공유로 공유경제가 보편화되고, 옴니채널이 등장하고 혁신적으로 진화하게 된다.

공유경제 보편화 세계적인 미래학자 Jeremy Rifkin 교수는 자본주의의 미래는 사물인터넷이라는 혁명적인 플랫폼을 통해 공유사회로 나아가고 있다고 주장한다. 공유경제를 활용하는 소비자는 점차 증가하고 있으며, 2016년 3월 기준 미국 시가총액 상위 10개 기업 중 6개가 공유경제와 관련을 맺고 있을 만큼 공유경제 관련 기업의 성장은 두드러진다. 초연결사회에서 공유경제는 다양한 사회경제적 모델을 탄생시키면서 삶을 빠르게 변화시키고 있지만 그 중에서도 유통에서의 영향력은 막대하다. 모든 것이 실시간으로 연결된 세상에서 소비자는 재화를 직접 소유하지 않고 필요할 때마다 온라인과 모바일을 통해 손쉽게 이용한다. 새로운 유통의 시대에는 차 · 장난감 · 도서 · 집뿐만 아니라 더욱 다양한 영역에서 공유경제가 적용될 것이며, 인공지능과 같은 첨단기술과 결합해 소비자의 소비방식과 생활양식에 더 큰 변화를 가져올 것이다.

진화된 옴니채널 초연결사회에서 소비자들의 구매 행동과 유통 서비스의 혁신을 보여주는 가장 대표적인 사례는 바로 옴니채널(Omni-channel)의 등장이다. 옴니채널은 전통적인 오프라인 환경과 온라인, 모바일 및 다양한 정보기술이 결합돼 소비자들이 모든 유통경로가 연결된 환경에서 쇼핑하는 것을 의미한다. 옴니채널을 활용한 비즈니스, 즉 옴니비즈니스 전략에 대한 인식이 높아지고 있으며, 가상 · 증강현실, 챗봇 등으로 옴니채널 서비스는 더욱 혁신적으로 변화할 것이다. 특히, 온 · 오프라인의 경계가 허물어지고 있는 가운데 유통업체는 이를 쇼핑에 활용해 2020년에는 1억 명 이상이 증강현실로 쇼핑을 할 것이라고 분석했다. 소비자는 증강현실기술을 활용해 구매하고 싶은 가구를 본인이 거주하는 집에 배치해 볼 수 있으며, 다양한 모바일과 웨어러블 및 센서 등과 연동되어 초개인화된 서비스를 제공할 전망이다.

공공부문

공공데이터 활용 확대에 따라 공공정보의 공개와 시민이 공공데이터를 능동적으로 활용하게 되며, 위험요소에 대한 사전예측을 위한 지능형 재난안전망을 구축하게 된다.

공공데이터의 활용 확대 세계적인 언론학자 Clay Shirky는 정보기술의 발달이 폭넓은 개방과 협업을 기회를 제공하고 이로 인해 사회 전체의 가치가 증대될 것이라 언급했다. 국가는 보유한 다양한 데이터를 국민들에게 개방하여 새로운 가치를 창출할 수 있는 방안을 모색하고 있으며, 시민들은 공동의 노력으로 문제 해결에 앞장서고 있다. 한국을 비롯한 영국 · 호주 · 미국 등 대부분의 선진국은 국가가 보유한 공공데이터 개방을 확대하고 있으며, 시민들은 데이터를 장애인관광 · 노인복지 · 임금체불 등 사회문제 해결에 활용하고 있다. 서울시의 '올빼미버스' 역시 공공데이터를 빅데이터와 사물인터넷 · 인공지능 등의 기술과 결합하여 활용한 대표적인 사례이다. 초연결사회에서는 공공데이터의 활용을 통해 숨어있던 가치를 찾아내고, 시민들이 능동적으로 사회문제 해결에 참여할 수 있는 기회가 더욱 확대될 것으로 기대된다.

지능형 재난안전망 최근 지진이나 태풍과 같은 자연재해를 비롯해 큰 사건사고로 안전 · 생존에 대한 국가적 관심이 최고조에 달하고 있다. 하지만 위험요소에 대한 사전예측의 어려움과 불확실성의 증대로 불안 역시 가중되고 있다. 초연결사회에서는 도시 곳곳에 적용된 센서기술과 시민들의 참여를 통해 안전과 밀접한 연관이 있는 다양한 상황정보를 얻고 이를 바탕으로 위험에 대한 사전예측 및 선제적 대응을 할 수 있을 것이다. 이미 미국에서는 시민들이 지진 · 암반 함몰사례를 직접 신고 · 접수하는가 하면 더블린에서는 센서가 부착된 자전거를 이용해 환경정보를 수집하는 등 시민들의 참여를 통해 상황정보를 얻고 있다.

4 신규사업의 전략수립

신규사업의 활성화는 기업의 지속적 성장, 자본시장의 긍정적 평가, 종업원에 대한 미래비전 제시 등의 긍정적 효과를 가져 오게 된다. 또한, 기술발전의 속도가 점점 빨라지고 제품의 성숙화 및 범용화가 가속화되는 21세기에는 지속적인 신규사업 발굴 없이는 꾸준한 성장 더 나아가 생존 자체를 걱정해야 하는 형국이 되고 있다. 하나같이 기존사업 부문에서 세계 최고의 경쟁력을 확보하고 있는 기업들도 신규사업부문에서 항상 성공하는 것은 아니다. 오히려 기존명성에 흠집을 내는 경우도 많다. 혹은, 전략의 일관성을 유지하지 못한 채 이리 저리 휘둘리기도 한다. 기존사업에 비해 볼 때 신규사업은 그만큼 위험이 크고 불확실성이 높다는 이야기이다. 대기업일수록 또는 기존사업이 안정적일수록 신규사업을 추진해야 한다는 필요성에는 모두가 공감하지만 막상 추진주체를 찾으려고 하면 나서는 사람이 없다. 또한 인력과 자본의 투입계획에서 기존사업에 우선순위를 뺏겨 추진주체가 자주 바뀌고 그 추진의 일관성을 잃어버리는 일이 다반사하다.

신규사업전략의 수립

신규사업전략을 수립하는 프로세스는 일반적으로 첫째로 사업 아이템의 발굴, 둘째로는 해당 아이템에 대한 마켓 리서치, 세번째는 해당 사업에 대한 사업타당성 분석, 마지막으로 비즈니스 활동계획의 기획단계를 거치게 된다. 단계별로 볼 때 첫 번째인 Item Screening 단계에서는 기업의 신규사업으로 도출된 아이템에 대한 산업별 사업매력도분석과 이를 통한 업종선택과 업태선택이 이루어지게 된다. 이 단계에서는 물론 시장요인분석과 자사역량분석이 동시에 실시되어야만 정확한 신규사업 방향이 결정지어지게 되므로 반드시 병행되어야 할 것이다. 이 첫 번째 단계가 결국 어떠한

구분	평가 요소	배점
사업 매력	매출 이익	10
	시장 성장	10
	경쟁 상황	10
	분야 확대	10
	리 더 십	10
	특수 상황	10
	자 금 력	10
기업 역량	자 금 력	10
	마 케 팅 력	10
	제조 능력	10
	개발 능력	10
	획득 능력	10
	경 영 지 원	10

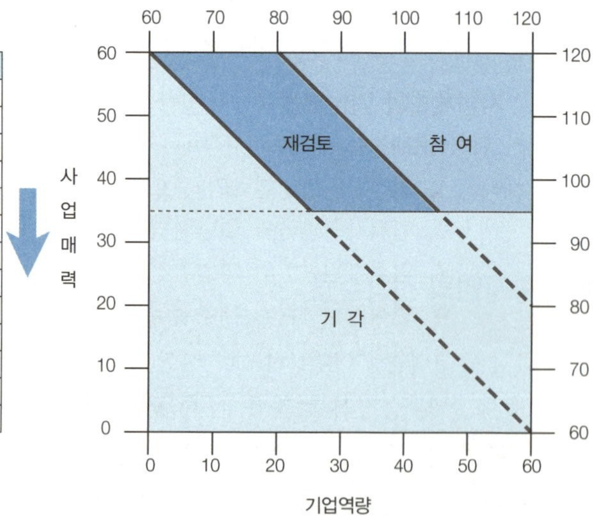

▲ 사업매력도 Analysis Matrix

아이템을 가지고 어떠한 방향으로 기업의 미래성장엔진이 되는가를 가늠하는 점에서 볼 때 매우 중요한 단계라고 볼 수 있다. 도출된 아이템에 대하여서는 산업별로 사업매력도분석을 통해 새로운 사업에 대한 참여 여부를 판별할 수 있다.

차별화전략의 수립

신규사업의 본질을 철저히 파악하고 이를 따르는 것만으로는 부족하다. 그것만으로는 기존경쟁업체와 차별화할 수 없기 때문이다. 사업의 본질을 파악했다면 후발사업자만이 할 수 있는 그 무엇으로 게임 룰을 바꾸어야만 한다. 사업의 본질을 철저히 파악하는 것과 게임 룰을 바꾸는 것은 서로 충돌하는 명제인 것처럼 느껴진다. 사업의 본질을 파악하다 보면 새로운 혁신의 가능성이 소실되고, 적응하는데 급급해 질 수 있다는 이유 때문이다. 그러나 반대로 사업과 고객에 대한 이해 없는 성급한 차별화는 가치가 없는 차별화 또는 비용만을 증가시키는 차별화로 전락될 가능성이 크다. 무엇보다도 사업과 고객에 대한 철저한 이해와 고민 속에서 변화가 시도되어야만 고객이 가치를 느끼는 차별화가 가능한 것이다.

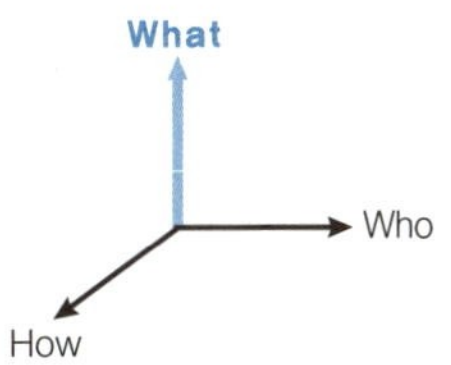

Varisty Based Positioning

특정 산업에서 고객을 구분하기 보다는 다양한 사업영역에서 자사의 독특한 가치활동을 이용하여 가장 잘 할 수 있는 특정영역에 집중하는 Positioning

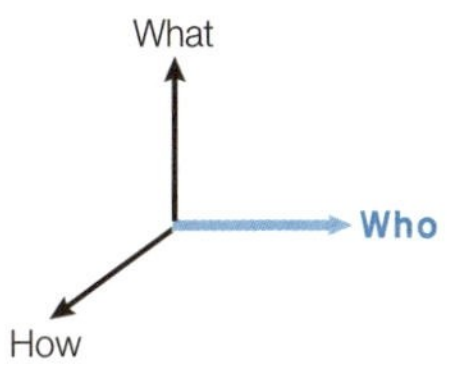

Needs Based Positioning

특정 산업에서 자사의 독특한 가치활동을 이용하여 가장 잘 충족시킬 수 있는 특정 고객의 모든 욕구(needs)에 집중하는 Positioning

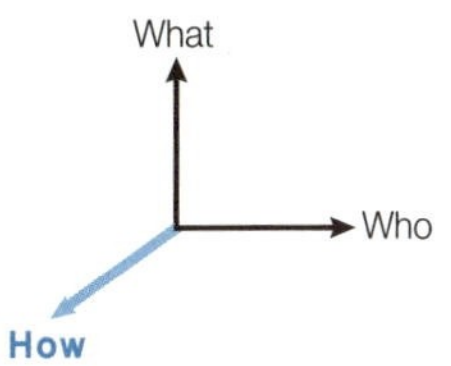

Access Based Positioning

유사한 욕구를 가졌으나 지리적으로나 규모상의 차이로 인해 다른 방법으로 접근이 가능한 고객집단을 분할하고 이 중 최적의 집단에게 집중하는 Positioning

▲ 신규사업 개발전략 Framework

Chapter 2

환경분석

경영환경이란 기업의 경영활동에 영향을 미치는 모든 환경을 말한다. 이는 모든 유기체나 인간 · 조직 등이 생존과 성장을 위해 주위환경과 상호작용을 하는 것처럼 기업도 주변 환경과의 상호작용을 통해서 유지 · 성장 · 발전해 나간다는 의미이다. 경영환경은 기업에 깊게 연계되어 기업의 성패에 직접적인 영향을 미친다. 따라서 기업은 경영환경의 특성을 잘 파악하여 변화하는 환경에 대처해 나가고, 이를 이용할 수 있는 경영활동을 펼쳐야 한다. 경영환경은 크게 기업활동에 간접적인 영향을 미치는 일반환경과 기업활동에 직접적인 영향을 미치는 과업환경으로 구성되어 있다.

환경이란 기업의 목표달성에 영향을 미치는 기업의 내부와 외부의 모든 요인의 집합을 의미한다. 거시환경은 이러한 외부요인 중의 하나로서 한 나라 혹은 한 사회의 모든 기업에 영향을 미친다. 또한 기업의 입장에서 통제가 거의 불가능한 요인으로서 기업의 성장방향, 경영전략, 기업조직의 구조에 영향을 미칠 뿐 아니라 간접적으로 기업에게 다양한 기회와 위협요인을 제공한다. 불황기에 기업환경분석이 더 필요한 이유로서 기업들은 외적 환경분석을 통해서는 새로운 시장에로의 창출을, 내적 환경분석을 통해서는 경영혁신을 기대할 수 있다. 4차 산업혁명의 도래에 따른 기업환경의 급격한 변화는 기술과 제품의 Life Cycle을 단축시킬 뿐만 아니라 이러한 변화 속에서 기업의 경쟁력을 얼마나 빨리 적응해 나가느냐에 달려있다고 하여도 과언이 아니다.

최근의 경영환경은 과학기술의 진보와 세계화, 지구환경변화 등의 이유로 빠르게 변해가고 있다. 급변하는 현대의 불확실한 경영환경을 극복하고 안정적인 성장을 위한 기회의 발판으로 삼기 위해서는 기업의 경영환경분석과 이에 대한 적극적인 대응이 필요하다. 이는 기업이 존속 발전하는데 필수적인 요소가 되며, 기업이 성장할 새로운 기회를 만들고 기업의 경쟁력을 강화시키는 기반이 된다.

01 외부환경분석

기업환경(Business environment)의 개념은 '기업에 영향을 미치는 모든 요인과 기업에 대해서 영향을 미치는 모든 요인의 상황전제'라고 표현할 수 있다. 현대의 기업환경은 D.Barom이 주장한 바와 같이 직접적인 환경과 간접적인 환경요인의 상호관계에 의해 조화가 이루어져야 하므로 동태적인 의미가 추가된 광의의 개념이 적합하다고 할 수 있다.

환경분석의 궁극적 목적은 주변 환경의 변화추세 및 그 원인들을 확인함으로써 변화대응적이며 환경대응적인 보다 효과적인 전략을 개발하는 데 그 목적이 있으며, 기업의 일반적인 환경분석은 경제 · 정치 · 기술적 · 법률적 · 인구통계학적 · 사회심리학적인 환경변화와 변화요인들을 분석함으로써 주변 환경의 변화추세 및 일반적인 동향을 파악하는 것이다.

이처럼 기업은 환경분석을 통해 전략수립에 필요한 유효한 정보를 얻을 수 있다. 예를 들면 환경분석을 통해 목표시장에 대한 이해를 높일 수 있는데 구체적으로 앞으로 어떤 시장의 성장가능성이 높으며, 어떤 시장이 생성되고 있는가에 대한 정보를 얻을 수 있다.

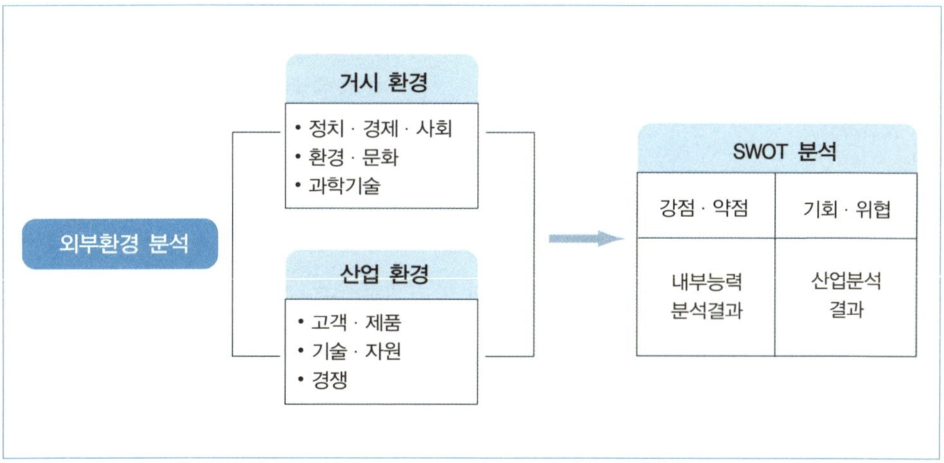

▲ 외부환경 분석도

외부환경의 분석목적은 외부환경분석을 통해서 기업 활동에 큰 영향을 주는 동인(動因)들이 어떻게 자사에 있어서 현재와 미래의 기회와 위협요인으로 작용하는가를 분석하여, 기업전략 수립의 기본 자료로 활용하기 위한 것이다.

1 거시환경분석

일반환경(General Environment)은 특정 산업분야에 관계없이 한 사회 내에서 모든 조직에 대체로 유사한 영향을 미친다. 일반환경이란 개별조직이 어떠한 노력을 기울이더라도 그에 영향을 미칠 수 없는 환경으로써 거시환경이라고도 한다. 정치 · 경제 · 사회 · 기술적인 환경요인을 분석함으로써 기업의 의사결정과 경영활동에 미치는 영향들을 예측하고 향후 전략수립에 참고할 수 있기 때문이다. 그러므로 기업의 경영활동에 영향을 미치리라고 예상되는 요인을 중심으로 집중적인 분석을 할 필요성이 있다. 기업을 둘러쌓고 있는 독립적인 변수로서의 거시환경은 다음과 같이 요약할 수 있다.

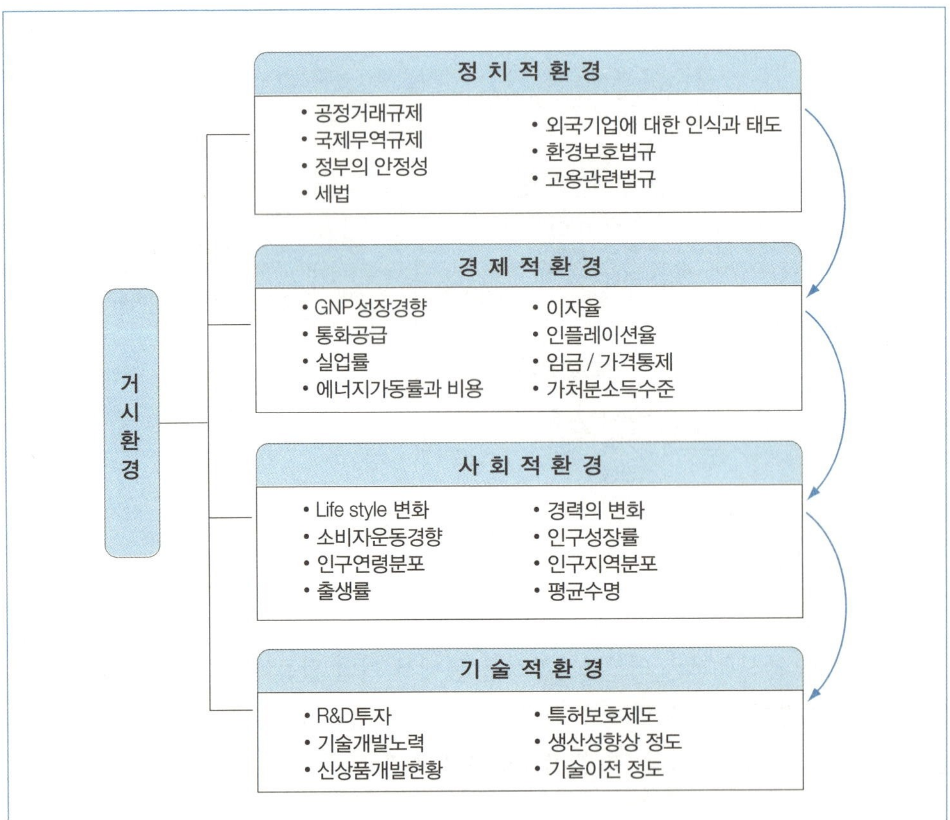

▲ 기업의 거시적 환경 요인도

정치적 환경

정치적 환경(Political Environment)은 정부가 규정하고 있는 법률과 깊은 연관성이 있다. 모든 조직은 여러 가지 정치적 체제 아래에서 정치적 체제를 통해서 운영되고 있다. 넓은 의미에서 볼 때 조직과 환경과의 상호작용은 하나의 상호 영향 관계가 된다. 즉, 기업은 그의 생존의 기회를 얻기 위해서 정치체제에 영향을 미치려 한다.

경제적 환경

경제적 환경(Economical Environment)은 생산과 배분 그리고 제품과 서비스에 대한 소비의 본질과 방향을 결정해주는 기업에 대한 압력인 동시에 전반적인 경제적 건전성을 의미한다. 따라서 기업환경을 경제적 환경이라고 말할 만큼 경제적 환경은 기업의 일반적 환경 중에서 가장 중요한 위치를 점하고 있다. 즉 경제적 환경이란 기업경영 활동과 직접적인 관련을 가지는 경제시스템 전체를 말한다.

사회적 환경

사회적 환경(Social Environment)이란 사회나 집단을 구성하고 있는 개인의 행동에 영향을 미치는 여러 요인들로서 가치관, 생활양식, 사회구성원의 욕구, 가족 구성원의 변화, 그리고 사회적 전통이나 관습 등과 같은 모든 사회제도나 사회적 태도를 말한다. 이와 같은 요인은 기업경영자나 종업원의 행동은 물론, 소비자의 구매행동과 소비행태에도 영향을 미치기 때문에 기업의 의사결정이나 제품계획에 이를 반영하여야 한다.

기술적 환경

기술적 환경(Technological Environment)이라 함은 사회전반적인 기술발전 추세나 새로운 기술의 등장과 같은 거시적인 기술변화를 말한다. 이러한 기술변화는 기존 제품의 진부화 및 새로운 제품을 출현시켜 넓게는 전통적인 산업의 쇠퇴와 함께 새로운 산업의 형성을 초래하기도 한다. 기술적인 환경으로는 생산기술환경 · 제품기술환경 · 대체기술환경 · 재활용의 기술 등이 있다.

2 산업환경분석

기업이 경영활동을 하는 공간으로서의 산업환경은 경영전략에 직접적인 영향을 준다. 따라서 산업환경의 분석은 전략수립에 있어서 가장 중요한 요소 중의 하나이기도 하다.

산업환경은 그 산업 내의 기업들에게 직접적인 영향을 미치며, 경쟁의 정도를 결정한다는 점에서 경쟁환경(Competitive Environment)라고도 한다. 특정산업에서 활동하는 기업이 전략을 통해 효과적으로 환경에 적응하는 방법으로서 두 가지를 들 수 있다.

첫째, 당면한 환경에 적합한 전략을 활용하는 것이다. 이는 기존환경에 대한 적응이라는 측면에 초점을 둔 것으로 전통적으로 전략 이론의 일관된 흐름이라 할 수 있다.

둘째, 전략을 통해 기업활동에 유리한 방향으로 환경을 변화시킴으로써 산업 내에서 경쟁우위를 달성하는 것이다. 이는 적극적인 의미에서의 환경적응으로서 기업의 전향적 역할을 강조하는 관점이다.

이처럼 유리한 환경의 창출을 통한 환경적으로는 두 번째 경우가 기업의 입장에서는 보다 어렵지만 성공할 경우에는 더 큰 대가가 보장된다.

산업환경을 분석하는 도구로서는 마이클 포터의 5 Force Analysis를 이용할 수 있다.

잠재적 진입자의 위협

잠재적 경쟁자란 현재는 산업 내에서 경쟁하고 있지 않지만, 향후 해당 산업에 진입하여 경쟁에 뛰어들 의지와 능력을 가지고 있는 기업, 즉 잠재적 진입기업(potential entrants)을 의미한다. 상당한 자원과 능력을 가진 잠재적 경쟁자가 산업에 진입하게 되면 산업의 경쟁은 보다 치열해지고 이에 따라 기존 기업들의 시장 점유율이나 수익성이 종전에 비해 저하되는 것이 보편적인 현상이다. 진입장벽의 원천은 다음과 같은 요소를 고려해야 하며, 이들 요인들이 독자적으로 또는 상호 연관되어 진입장벽의 높이에 영향을 미치게 된다.

- 규모의 경제
- 제품 차별화
- 소요 자본의 규모
- 유통경로에의 접근
- 교체비용

- 절대적 원가우위
- 정부정책

기존 경쟁자의 위협

경쟁구조는 한 산업 내 기업들의 수와 규모분포에 대한 것으로 세분화된 산업으로부터 통합된 산업에 이르기까지 다양한 형태를 띤다.

- 세분화된 산업
- 통합된 산업
- 철수장벽

[Tip] 철수장벽의 요인

- 특수한 설비나 자산 : 생산설비나 특정목적의 시설 등이 다른 목적으로 사용하기 어렵고 매각도 불가능한 경우
- 전략적 관련성 : 다각화된 기업의 경우 성과가 저조한 사업부문이 여타 사업부문의 경쟁력에 중요한 역할을 할 경우
- 정부 및 사회적 제약 : 실업 증대나 지역 경제에 미치는 영향 등을 우려하여 특정기업의 철수를 막거나 억제하는 경우
- 정서적 장벽 : 해당 사업에 대한 소유자나 경영자의 애착이나 자부심, 장래에 대한 불안, 경영층의 이해관계 등이 있는 경우

구매자의 교섭력(bargaining power of buyers)

구매자는 가격인하나 더 좋은 품질과 서비스를 요구함으로써 혹은 경쟁기업들을 서로 대립시킴으로써 기업에 위협 요인으로 작용할 수 있다. 구매자의 영향력은 구매자의 교섭력으로 표현된다.

[Tip] 구매자의 교섭력이 강해지는 상황

- 구매자 집단은 소수이고 규모가 큰 경우
- 구매자의 구매량이 많고 해당 기업의 판매에서 차지하는 비중이 큰 경우
- 제품이 규격화되어 있어서 제품차별화가 어려운 경우
- 교체비용이 낮은 경우
- 구매자가 후방통합(Backward Integration)의 의도를 가지고 있는 경우(ex. 자동차 부품 자체생산 기능)
- 해당 제품이 구매자의 제품 원가에서 차지하는 비중이 큰 경우
- 구매자가 해당 산업에 대해 자세한 정보를 가지고 있는 경우

공급자의 교섭력

유력한 공급자들은 가격 인상이나 공급물량의 감축 위협 등을 통해 특정 산업에서 활동하는 기업들에 대해 영향력을 발휘할 수 있다. 이처럼 고객에 대해 공급자가 행사할 수 있는 영향력이 공급자의 교섭력이다.

[Tip] 공급자의 교섭력이 강해지는 상황

- 공급자가 소수의 회사로 제한되어 있고 또 공급 대상 산업보다 집중되어 있다.
- 공급자들이 판매하는 제품에 대한 대체품이 거의 없다.
- 해당 산업이 공급자 집단의 주요 고객이 아니다.
- 공급자들의 제품이 구매자들의 생산 및 경영활동에 핵심이 되는 제품이다.
- 공급자들의 제품이 차별화되어 있거나 교체비용이 크다.
- 공급자들의 신빙성 있는 전방통합을 위협 수단으로 삼는다.

대체품의 위협

대체품(substitutes)이란 제품의 물리적 특성은 다르지만 고객 욕구의 충족이라는 측면에서 유사성을 가지고 있는 제품이다. 특정산업에 있어서 대체품이 미치는 영향을 살펴보면 특정 산업 내 기업들의 제품가격에 상한선을 설정하는 역할을 함으로써 수익률에 영향을 미치고 시장 기반을 잠식한다. 고객들이 가격이외에도 품질이나 서비스 · 디자인 등을 비교하게 하여 가격 경쟁을 유발한다. 일반적으로 대체품의 가격이 낮을수록 품질이나 성능이 높을수록, 그리고 교체비용이 낮을수록 대체품의 위협은 커지게 된다.

- 기술의 대체품
- 기술의 진입장벽
- 기술과 구매자 교섭력
- 기술과 공급자 교섭력
- 기술과 기존 기업 간의 경쟁
- 기술변화의 산업영역
- 기술변화의 산업 매력도
- 정부정책

02 내부환경분석

전략수립은 환경분석과 더불어 기업의 내부능력에 대한 평가를 바탕으로 이루어진다. 내부환경분석은 환경분석과 함께 경영전략 수립에 있어 중요한 요소가 아닐 수 없다. 기업내부에 대한 분석은 기업내부의 자원에 대한 분석을 통하여 강점과 약점을 파악하여 산업분석에서 파악된 주요성공요인과의 적합성을 이루는 전략을 수립하는데 있어 기초자료를 마련하려는데 있으며, 기업의 현재 및 미래경영능력을 진단하여 Vision을 실현할 수 있는 능력을 파악하고, 그 결과를 통해 기업의 강점과 약점을 도출하는데 그 목적이 있다.

산업구조에 대한 분석결과 산업환경이 매우 양호하더라도 기업이 사업을 성공적으로 수행할 수 있는 능력이 없거나 부족하다면 산업 내 경쟁에서 도태할 수밖에 없을 것이다. 그러므로 자신의 사업이 과연 지속적으로 경쟁우위를 창출할 수 있는 핵심역량을 가지고 있는지, 어떤 부분에 역량을 발휘해야 할지, 또한 부족한 측면이 무엇인지 파악하고 핵심역량을 강화하기 위해 해야 할 일들이 무엇인지 분석하는 것이 무엇보다 중요하다.

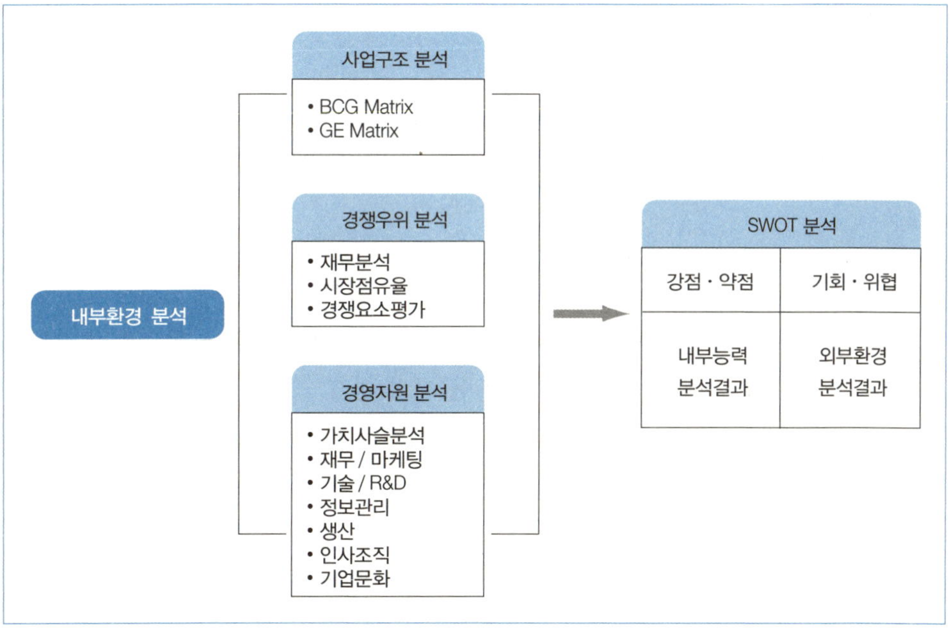

▲ 내부환경 분석 절차도

1 사업구조분석

사업구조분석은 전략사업단위별로 경제적 부가가치 정도를 분석 · 평가하여 이에 기초한 다양한 사업단위(SBU)가 전사 차원에서 어떻게 현재 또는 미래의 기업가치에 기여할 것인가를 평가하게 된다. 사업구조분석에 있어서 포트폴리오 분석방법으로 가장 많이 쓰이는 모형으로서는 BCG성장 · 점유율 매트릭스와 맥캔지와 GE가 공동개발한 GE매트릭스가 있다.

포트폴리오모형은 사업을 잘 이해할 수 있고, 이로 인해 보다 나은 전략적 의사결정을 내릴 수 있으며, 특히 자원배분에 관한 의사결정에 도움이 될 뿐만 아니라 포트폴리오의 균형을 분석하는데 도움이 된다는 이점을 가진다. 관련성이 낮은 사업단위 간의 의사결정을 상호 연관시킴으로써 자원배분의 효율성을 극대화할 수 있다, 이때 포트폴리오모형을 도입할 경우 각각의 사업단위에 다른 전략적 임무를 부여하고, 기업전체를 하나의 통합된 단위로 운영함으로써 전략사업단위(SBU) 간의 보완성을 높일 수 있다.

따라서 포트폴리오모형은 전략사업단위 간의 자금배분에 관한 의사결정을 내리는데 있어서 유용한 분석수단이다.

[Tip] SBU(Strategic Business Unit)

전략사업단위(Strategic Business Unit)란 경쟁자 및 고객을 대상으로 제품이나 서비스를 제공하는 사업조직단위를 의미한다. 고객 요구가 다양해짐에 따라 각 사업부 간 자원중복현상 등의 불합리한 점이 드러나게 되었고, 이러한 문제를 해결하기 위한 대응전략으로서의 운영하는 조직이 전략사업단위이다.

BCG 매트릭스

BCG 매트릭스는 Boston Consulting Group(BCG)이 개발한 모형으로 수직축에 산업성장률을, 수평축에 상대적 시장 점유율(최대 경쟁 기업의 시장 점유율에 대한 비율)을 측정변수로 정해놓고 있다. BCG 매트릭스의 기본전제는 산업성장성과 시장점유율이 산업의 매력도와 사업의 경쟁지위를 대변하는 가장 좋은 변수라는 것이다. 이 모형은 산업 성장률과 시장 점유율이라는 단일 변수를 채택함으로써 간단하면서도 쉽게 계량화할 수 있는 장점이 있다. 이들 변수의 선정에는 다음과 같은 논리적 근거가 있다.

BCG 매트릭스를 작성하는데 있어서 수직축과 수평축의 중간점을 어떻게 정할 것인가 하는 것이 중요한 문제가 된다. 먼저 수직축의 산업 성장률은 GNP 성장률 · 해당산업의 성장률 · 바람직한 성장률 등에서 하나를 선택할 수 있을 것이다. 한편 상대적 시장점유율은 원래 1.0이 중간점이 된다. 그런데 상대적 시장점유율은 자기 기업을 제외한 업계의 최대 기업과 비교한 점유율을 말하므로, 상대적 시장점유율이 1.0보다 크다는 것은 자기 기업이 업계의 선두기업이라는 것을 의미한다. 이상의 방법으로 중간점을 설정할 경우 매트릭스는 4개의 상한으로 나누어진다. 따라서 개별산업단위가 속한 산업의 성장률과 상대적 시장점유율을 평가함으로써 산업단위들을 4개의 상한에 나타낼 수가 있다. 각 상한에 속한 사업단위는 각각 스타(stars) · 문제아(problem children) · 현금젖소(cash cows) · 개(dogs)로 불려진다.

스타(stars) 시장성장률이 높은 산업에서 높은 시장점유율을 점하고 있는 사업단위를 지칭한다. 스타에 해당되는 사업들은 산업이 성장국면에 있기 때문에 성장을 뒷받침하는 현금을 필요로 한다. 한편 이들 사업은 높은 시장점유율(강한 경쟁지위)로 인해 경험곡선효과를 크게 누릴 것이므로 마진이 매우 높다. 따라서 많은 현금을 창출하게 될 것이다. 그러므로 스타에 해당하는 사업들은 전체적으로 현금의 수요와 공급이 균형을 이루게 된다. 아직 경쟁지위를 완전히 굳히지 못한 사업단위는 추가적인 투자가 필요할 것이므로 현금을 필요로 할 것이다. 산업의 전체 성장성이 낮아질 경우 스타는 현금 저조가 되어 현금을 창출하는 원천이 된다.

현금젖소(cash cows) 현금젖소는 저성장 산업에 속하면서 시장점유율이 높은 사업단위를 지칭한다. 현금젖소에 속한 사업 중에서도 현재 지위를 유지하는데 필요한 투자가 이뤄지기도 하지만, 이들 산업의 매력도가 낮아지고 있으므로 현금투자의 필요성을 그렇게 높지 않다. 반면 강력한 시장지위로 인해 많은 현금을 창출하게 될 것이므로, 전체적으로 다른 사업단위에 투자하는 데 필요한 현금을 공급하게 된다. 현금젖소에서 창출되는 현금은 다음에서 볼 문제아 사업 중에서 스타로 발전할 가능성이 있는 사업에 투자하거나 기업 전체의 연구개발 활동에 투자할 것이다.

개(dogs) 성장률이 낮은 시장에 속하고 시장점유율도 낮은 사업단위를 개라고 지칭한다. 이들은 낮은 시장점유율 때문에 경험곡선효과를 거의 누릴 수 없고, 경쟁지위가 뒷받침되지도 않으므로 이익을 창출하지도 못한다. 그리고 산업의 성장성이 낮기 때문에 투자의 매력도도 낮다. 여기에 속한 사업단위는 주로 현금 사용자가 되는데,

현재의 위치를 고수하기 위해 때로는 많은 현금을 필요로 할 수도 있다. 개에 해당되는 사업단위는 특정한 세분시장에 집중함으로써 수익성을 회복할 수 있다. 그렇지 않을 경우 신규투자를 억제하고 수확전략이나 투자회수 전략을 수행하거나 사업을 매각하거나 청산을 통해 현금을 창출하여야 할 것이다.

문제아(problem children) 문제아는 성장성이 높은 산업에 속하지만 시장 점유율이 낮은 사업단위를 지칭한다. 이들 사업은 사업매력도가 높으므로 성장에 필요한 자금을 많이 필요로 하지만 시장점유율이 낮아 경험곡선효과를 얻지 못하는 사업들이다.

따라서 이들 사업이 당면하는 문제는 사업의 경쟁지위를 강화하여 스타가 되는 것이다. 이를 위해서 많은 현금이 필요한데, 투자자금이 제한되어 있다는 점을 고려할 때 문제아 중에서 선별적으로 투자하여야 한다. 문제아가 스타가 되지 못하고 시장이 성숙기에 접어들면 개가 되어 현금을 소비하는 사업단위가 될 것이다.

시장성장률	저 ← [상대적 시장 점유율] (1.0)	→ 고
고	**Problem Children** • 높은 성장성, 낮은 점유율 • 수익 : 낮고 불안정함 • 현금흐름 : 마이너스 • 전략 : 사업이 확장하여 스타 또는 dogs로의 이동 여부를 결정	**Stars** • 높은 성장성, 높은 점유율 • 수익 : 높고 안정적임 • 현금흐름 : 중립적 • 전략 : 성장을 위한 수확
저	**Dogs** • 낮은 성장성, 낮은 점유율 • 수익 : 낮고, 불안정함 • 현금흐름 : 중립적 또는 마이너스 • 전략 : 철수	**Cash-cow** • 낮은 성장성, 높은 점유율 • 수익 : 높고 안정적임 • 현금흐름 : 높고 안정적 • 전략 : 현상유지

▲ BCG 매트릭스

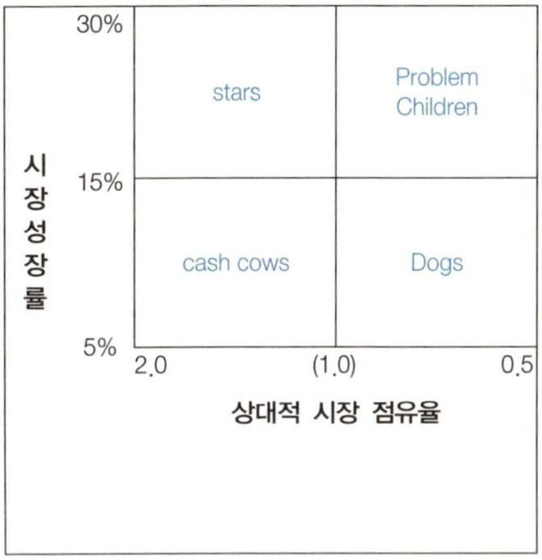

구 분		제품1	제품2	제품3
최근 3개년 평균	매출액			
	시장성장률			
	상대적 시장점유율			
목표 년도	매출액			
	시장성장률			
	상대적 시장점유율			
분석결과요약				

▲ BCG 매트릭스 사업구조 분석

GE 매트릭스

GE 매트릭스와 BCG 매트릭스는 그 아이디어에 있어서 기본적으로 동일하다. BCG 매트릭스가 산업성장률과 시장점유율이라는 단일 변수를 사용하는 것에 비해 GE 매트릭스는 복수의 변수를 사용한다는 것, BCG 매트릭스는 4개의 상한으로 나눠지는데 비해 GE 매트릭스는 9개의 셀로 나눠진다는 차이가 있다.

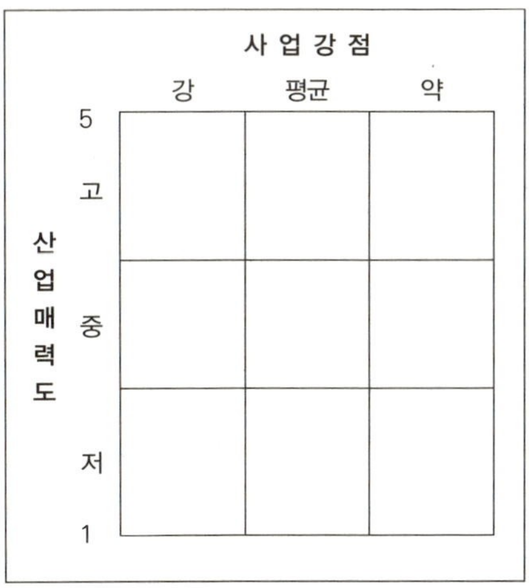

구분	매출액	시장점유율
사업1		
사업2		
사업3		

분석결과요약

▲ GE 매트릭스

GE 매트릭스는 크게 상황평가단계와 전략개발단계의 두 단계로 나누어서 설명할 수 있다. 상황평가단계는 매트릭스의 작성단계라고 할 수 있으며, 전략개발단계는 작성된 매트릭스를 바탕으로 각 사업단위에 적합한 전략을 개발하는 단계이다.

상황평가 단계 첫 번째 단계는 분석단위를 결정하는 것이다. 기업전략 수준에 있어서 개별사업단위가 분석단위가 되는데, 사업전략수준에서 이 모형을 사용한다면 주요시장이나 제품라인이 분석단위가 된다. 이때 각 분석단위들은 어느 정도 독립된 의사결정이나 자원배분이 이뤄지는 단위이어야 할 것이다.

두 번째 단계에서는 적절한 변수를 파악하여야 한다. 산업에 따라서는 수익성을 결정하는 주요변수가 무엇인가 하는 것이 잘 알려져 있는 경우도 있으나 어떤 산업에서는 여기에 대해 논란이 많은 경우도 있다.

세 번째 단계는 파악된 변수들의 상대적 중요도에 따라 가중치를 부여하는 단계이다. 산업매력도와 경쟁지위를 결정하는 변수들이 영향력에 있어서 모두 동일하다고 볼 수는 없을 것이다. 따라서 변수의 중요도에 따라 가중치를 부여할 필요가 있다. 가중치는 평가자에 따라 현저하게 달라질 수 있으므로 어느 정도의 객관성을 유지하는 것이 중요한 과제이다.

네 번째 단계는 매트릭스 상에 사업단위의 현재위치를 나타내는 것이다. 이를 위해 두 가지 차원에 대해 각 변수들의 점수를 평가하고 차원별로 합산하면 개별사업단위의 매트릭스상의 지위가 결정된다.

[산업매력도 분석]

산 업 매 력 도	사 업 강 점
• 시장규모와 예상성장률	• 상대적 시장점유율
• 경쟁의 강도	• 핵심성공요인의 보유정도
• 수익성의 정도	• 경쟁기업과 비교한 이익 마진
• 수요의 계절성과 주기성	• 제품 품질과 서비스의 정도
• 기술 및 자본의 요구 정도	• 상대적 원가 지원
• 진입장벽 및 철수 장벽	• 고객과 시장에 대한 지식
• 사회, 문화, 정치적 환경 요인	• 기술적 능력
• 대두되고 있는 기회나 위협	• 경영층의 자질

전략의 개발단계 첫 번째 단계는 현재전략을 계속 수행할 경우 환경변화에 따르는 미래상황을 예측하는 것이다. 예측기간은 환경의 변화정도에 따라 보통 3년 내지 5년을

기준으로 그보다 길거나 짧게 잡을 수 있다.

두 번째 단계는 전략변화를 평가하는 것이다. 매트릭스 상에는 하나 이상의 표준적인 전략이 제시되어 있는데, 최고경영자는 이를 바탕으로 개별사업단위의 실제전략을 구체화하여야 할 것이다. 이를 위해 전략의 전반적 방향에 있어서 경영자들의 상반된 의견을 수렴시켜 주는데 도움을 준다. 그러나 실제로 어떤 구체적인 행동을 취해야 할 것인가에 대해서는 별다른 도움이 되지 않는다. 따라서 매트릭스가 제시해 주는 일반적 투자전략을 구체화 시키는 전략을 수립하는 단계가 뒤따라야 한다.

2 경쟁우위분석

경쟁우위란 우월한 경쟁적 위치에서 현재 또는 잠재된 경쟁자에 의해 동시적으로 수행되지 않는 가치창조활동을 수행하거나, 경쟁자와의 경쟁에서 전략적 우월지위를 확보함으로써 얻어 질 수 있는 것이다. 그러므로 전략적으로 중요한 활동을 경쟁자보다 비용에서 우위를 점하거나 가격경쟁 등에서 더 좋은 방법을 수행함으로써 경쟁우위를 확보할 수 있는 것이다. 경쟁우위는 크게 보다 원가우위와 차별화우위로 구분할 수 있다. 원가우위는 경쟁자와 동일하거나 유사한 상품을 제공함에 있어 경쟁자보다 낮은 비용구조로 가치활동을 수행함으로써 얻어진다. 모든 가치활동을 수행하면서 경쟁자 보다 저원가선도전략에 의한 비용우위를 점할 때 원가우위를 갖게 된다. 차별화우위는 경쟁자와 동일한 제품을 가지고 경쟁함에 있어 일관된 차이가 중요한 구매속성에 반영되어 고객에게 인식될 때 비로소 달성하게 되는 것이다. 성공적인 차별화는 차별화를 위해 소요되는 추가적인 비용을 초과하는 가격프리미엄을 얻을 수 있는 수준에서 구매자를 위해 새로운 가치를 창출할 수 있는 방법을 찾아냄으로써 가능한 것이다.

Tip Poter의 경쟁우위 원천의 조건

- 경쟁사보다 뛰어난 기술과 자원보유
- 고객에게 가치를 제공하는 기술과 자원의 확보
- 경쟁에서 이길 수 있는 기술과 자원의 준비
- 환경변화에 유연한 기술과 자원의 유지 및 예측

경쟁우위의 지속성

경쟁우위의 지속성이란 이미 존재하는 경쟁우위, 즉 경쟁적 위치가 시간의 흐름에도 불구하고 유지되는 것을 의미한다. 사업단위의 경쟁우위가 있다 하더라도 지속성이 유지되지 않는다면 가치가 없는 일이다. 이는 장기적으로 산업 내 평균보다 높은 성과를 얻기 위해서는 경쟁우위를 지속시킬 수 있는가에 달려있기 때문이다. 경쟁우위를 지속시킬 수 있는 핵심역량을 발굴하기 위해서는 동종 산업군에 속하는 선진기업군을 벤치마킹함으로써 핵심역량을 찾아낼 수 있으며 또한 이를 지속적이고 차별적인 역량으로 유지해 나가는 것이 무엇보다 중요한 일이다.

따라서 지속적인 경쟁우위를 유지하기 위해서는 더욱 중시 되는 것이 기술의 독창성이다. 경쟁우위를 지속적으로 유지 가능하게 하는 조직능력이나 독창적인 기술은 경쟁자가 쉽게 모방할 수 없는 경쟁우위의 요소이기도 하다.

경쟁우위 전략

현실적으로 모든 경쟁요소들에 대해서 우위를 누린다는 것은 불가능하다. 왜냐하면 경쟁요소들이 실현과정에는 서로 상충되는 요인들이 있기 때문이다. 경쟁요소에 대한 차별적 우선순위 경쟁개념에 의한 경쟁전략은 비용우위전략 · 차별화전략 · 집중화전략을 들 수 있다.

비용우위전략 타 기업보다 원가 우위를 확보함으로써 산업의 가격측면에서 선도적인 위치를 확보하고 유지하는 것이다. 일단 비용우위를 확보하게 되면 강력한 경쟁요인이 있다고 하더라도 평균 이상의 수익을 올릴 수 있으며, 이러한 비용우위전략은 새로운 경쟁자의 출현을 억제할 수 있다. 왜냐하면 비용우위는 시장에서의 진입장벽 역할을 하기 때문이다.

차별화전략 산업에서 기업이 가격경쟁요소가 아닌 비가격경쟁요소, 즉 품질이나 시간 · 융통성 · 디자인 등의 측면에서 구매자로부터 널리 가치를 인정받는 유일한 확보를 통한 경쟁전략을 의미한다. 그러므로 품질 · 납품시스템 또는 마케팅 등의 측면에서 차별화를 할 수 있다.

집중화전략 구매자집단이나 또는 지역적으로 한정된 시장을 집중적인 목표로 삼는 것이다. 비용우위 또는 차별화전략은 산업전체를 대상으로 하고 있으나, 집중화전략은 산업 내에서 한정된 범위에 대해서 비용우위 또는 차별화를 적용함으로써 평균 이상의 성과를 올릴 수 있다. 차별적 경쟁우위를 위한 마지막 단계는 설정된 전략의 성과를 극대화할 수 있는 인프라를 구축하는 것이다.

인프라는 인체의 동맥과 같은 역할을 하기 때문에 경쟁우위를 확보하기 위해서는 필수 불가결한 요소이기도 하다. 따라서 인프라 그 자체가 경쟁우위를 결정하는 요소가 되기도 한다. 따라서 차별적 경쟁우위 확보를 위해서는 3가지의 단계가 서로 균형과 조화를 이룰 때만이 가능해 진다.

Poter의 본원적 전략을 도식화하면 다음과 같이 요약할 수 있다.

구 분		경쟁우위 요소	
		차별화	낮은 원가
경쟁범위	넓은 목표시장	차별화 전략	원가우위전략
	좁은 목표시장	차별화 집중력	원가우위 집중화

▲ Porter의 본원적 전략

지속가능한 경쟁우위를 확보하기 위해서는 목표를 설정하고, 여러 경쟁요소들 중에서 목표에 상충하는 경쟁요소를 지배적 경쟁전략으로 추구하는 것이 바람직한 일이다.

초우량 기업으로 선진화한 회사들로부터 발견할 수 있는 공통점은 자사가 영위하는 사업에 적합한 핵심역량을 찾아내서 이들을 경쟁우위 확보를 위한 핵심요소로 지속적으로 활용한다는 것과, 경쟁우위요소를 기반으로 고객중심적인 경영을 통해 수익창출사업을 지속적으로 발굴해 나간다는 점이다.

Business Unit	시장점유율			경쟁요소분석			
	T=−2	T=−1	T=0 (P)	원가지위	생산능력	마케팅력	기술력
BU-1							
BU-2							
BU-3							
BU-4							

뿐만 아니라 모든 경쟁요소에 대해 우위를 누리는 것이 아니라, 특정의 동질적인 경쟁요소에 집중화하여 이를 지배적 경영전략으로 추진하고 있다.

3 내부역량분석

경영전략이 과거에는 산업환경이나 경영자에 대한 경쟁우위라는 외부환경이 중시되었지만 현재에 이르러 점차적으로 기업내부의 핵심역량이 중요시 되고 있다. 따라서 최근의 경영전략은 경영자원과 핵심역량을 중심으로 하여 내부적인 경영환경을 분석하여 이를 전략에 적절히 반영하는 방향으로 전개되어지고 있다.

경영자원 분석

경영자원이란 기업이 생산물을 만들어 내기 위하여 투입하는 요소를 의미한다. 종래의 3M(Material · Money · Man), 즉 물적자원 · 재무자원 그리고 인적자원을 중시해 왔다. 현대에 들어오면서 과거와는 다른 형태의 경영자원, 즉 기능과 기술 및 특허권과 같은 기술자원, 외부로부터 수집된 정보나 학습을 통해 축적된 지식과 같은 정보자원, 그리고 원활한 생산활동을 가능하게 해주는 충분한 양의 용수나 공기 등과 같은 생태적자원의 중요성이 더욱 커지고 있다. 경영자원이 중요한 이유는 무엇보다도 필요한 경영자원을 확보하지 못할 경우 기업경영의 영속성을 보장받을 수 없기 때문이다. 기업경영의 영속성을 보장받기 위해서 기업은 필요한 경영자원을 반드시 확보하여야 한다. 내부여건을 분석하는 일차적 목적은 기업이 보유한 자원과 능력을 평가하여 경쟁우위의 원천이 되는 강점과 약점을 파악하는데 있으며, 보다 궁극적으로는 외부기회에 대해 강점을 활용하거나 또는 핵심역량 및 능력의 개발 · 축적을 통해 강점을 계속 유지하고 약점을 보완하는 데 있다.

[Tip] 경영자원의 특성

- 유용성 : 보유한 자원이 유용할 때 그 자원은 지속적인 경쟁우위의 원천이 될 수 있음을 의미한다.
- 희소성 : 다른 기업이 그 자원을 보유하고 있지 않을수록 자원의 희소성이 증대되고, 그러한 자원을 보유한 기업은 보유하지 않은 기업에 비해 경쟁 우위를 갖게 된다.
- 불완전한 모방성 : 유용하면서 희소한 자원이라 하더라도 장기적으로 다른 기업들이 이들 자원을 획득할 수 없을 때, 비로소 경쟁우위를 지속적으로 유지할 수 있다.
- 불완전한 대체성 : 기업의 자원이 경쟁우위의 원천이 되기 위해서는 대체자원이 존재하지 않아야 한다.

기업이 보유한 자원을 크게 분류한다면 유형자원과 무형자원(인적자원)으로 나눌 수 있다. 유형자원은 기계 · 장비 같은 물질적 자산과 재무적 자원 등 가시적 자원을 의미하며, 무형자원은 기업의 명성 · 기술 · 노하우와 같은 비가시적 자원을 의미하며, 인적자원은 조직 구성원을 의미한다.

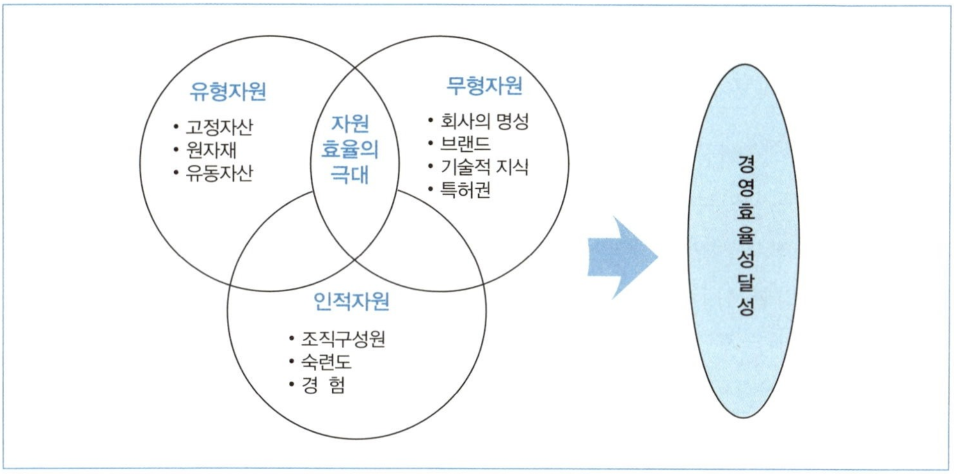

▲ 경영자원의 유형과 관계

[자원의 특성과 경쟁지위]

자원의 특성				경쟁지위
유용성	희소성	불완전한 모방성	불완전한 대체성	
×	×	×	×	경쟁열위
○	×	×	×	동등한 경쟁
○	○	×	×	일시적 경쟁우위
○	○	○	○	지속적 경쟁우위

핵심역량분석

핵심역량(Core Competence) 경영은 경쟁기업에 비하여 훨씬 우월한 능력으로 경쟁우위를 가져다주는 능력으로 기업을 기본적으로 유지시켜주고 있는 핵심역량을 발견하여 이것을 전사적 차원에서 이용하여 기존의 핵심역량에 새로운 기술 · 제품 · 서비스 등을 연계시켜 새로운 성장분야로 다각화하는 경영기법이다. 핵심역량은 고객에게 가치를 높이거나 그 가치가 전달되는 과정을 더 효율적으로 할 수 있는 특정한 방법의 능력을 나타내며, 이러한 능력은 또한 기업이 신규 사업으로 진출할 수 있는 능력이 된다.

핵심역량은 여러 조직단위에 내제되거나 통합되어 있는 능력이나 기술이다. 그러므로 핵심역량은 정체되어 존재하는 것이 아니며 산업환경의 변화나 경쟁자의 등장, 고객의 새로운 욕구에 따라 항상 변하고 있다. 경영환경 변화에 따라 핵심역량을 어떻게 파악하고 확보해야 하는지가 매우 중요한 일이다.

핵심역량의 의의 핵심역량이란 조직구성원들이 보유하고 있는 독자적 기술과 지식의 조합체로서 구체적으로는 경쟁사보다 몇 단계 뛰어난 수준에서 고객에게 이익을 제공할 수 있는 힘, 조직 구성원의 내제된 능력을 결집하여 새로운 기술 · 기능을 만들어 내는 힘, 그것을 다양한 상품에 응용하고 발전시켜 나가는 힘, 조직구성원이 하나가 되어 환경변화에 재빠르게 대응하는 힘 등을 말한다.

이와 같은 핵심역량은 기업활동의 전 과정 중의 하나, 또는 여러 측면에서 세계최고의 자리를 확보하는 능력으로 과거에 이끌어 왔으며 또한 적절하게 전환하거나, 추가의 역량을 축적시키면서 미래 성장의 견인차 역할을 할 수 있는 기업 내부에 공유되고 있는 특유의 총체적인 능력, 기술, 지식, 문화를 의미한다. 이와 같은 힘은 매우 본질적이고 근원적이기 때문에 특정사업 분야에서 뿐만 아니라 이것을 활용하여 다른 관련 사업으로의 진출까지도 성공을 보장해 주는 특성을 가지고 있다.

핵심역량의 필요성 모든 기업들의 전략수립 단계에서 자연스럽게 등장하는 단어가 핵심역량의 확보일 것이다. 전략을 효과적으로 전개하기 위해서 등장하는 이 단어가 전사차원에서 고려될 때는 사업 전체의 연결고리를 형성하는 중요한 개념으로 작용한다. 핵심역량을 이처럼 강조하는 이유는 다음과 같다.

첫째, 기업의 핵심역량을 파악함으로써 현재 영위하고 있는 사업의경쟁력을 판단할 수 있다. 또한 사양산업에서의 철수는 그 분야가 가지고 있는 기술력을 포기하는 것과 같은 것이므로 자사의 핵심역량이 판단의 기준이 될 수 있다.

둘째, 전략적 제휴를 효과적으로 활용할 수 있는 기반이 된다. 전략적 제휴나 라이센스를 통하여 새로운 핵심역량을 확보하기 위해서는 자신이 보유하고 있는 핵심역량을 정확히 알고 있어야 한다.

셋째, 사업 다각화에 대한 기준을 제공한다. 기업들이 사업을 전개해 나갈 때 핵심사업의 기본으로, 이를 적극적으로 활용할 수 있는 분야로 진출을 모색하기 위해서는 자사의 핵심역량이 무엇인가를 정확하게 파악하는 것이 우선되어야 한다.

넷째, 조직의 활성화를 주도할 수 있다. 핵심역량을 추구하고 발전시켜나가는 기업들의 공통적인 특징은 조직이 능동적이며 활동적이라는 것이다. 이는 전사 차원의 목표를 명확하게 함으로써 개별사업부의 목표와 일치할 수 있으며 사업부간 시너지 확대와 조직 구성원의 시야를 넓혀주는 역할을 하게 되는 것이다.

[Tip] 핵심역량의 특징

- 제품이나 기능이 아닌 능력이나 지식의 집합이다.
- 최종제품에 대하여 고객이 느끼는 편익을 제공해 준다.
- 핵심역량은 한정된 초점을 맞추어야 한다.
- 경쟁자들이 모방하기 어려워야 한다.
- 핵심역량은 경쟁 상대를 능가할 수 있는 분야이다.
- 지속적으로 축적되어 더 큰 역량을 발휘할 수 있다.
- 조직 시스템으로 인식되어야 한다.
- 핵심역량은 매우 다양한 시장으로 진출할 수 있는 가능성을 제공하여 준다.

현재

- 현재까지의 성공요인은 무엇인가?
- 경쟁사 대비 경쟁우위는 어디에 있는가?
- 수익창조 분야는 어디이며 그 이유는 무엇인가?
- 자사의 고객은 누구인가? 제공하는 가치는 무엇이며 고객은 그것을 알고 있는가?

미래

- 미래에 대한 자사와 고객 및 경쟁사들의 시각은 각각 무엇인가?
- 구체적으로 미래의 시장이 요구하는 품질과 가격은?
- 미래의 변화에 대응 가능한 실천방안은?

방법

- 미래의 경쟁우위를 구축할 수 있다면 그 이유는 무엇인가?
- 자사의 노력을 집중시킬 분야는 어디인가?
- 사업이 정상궤도 있다는 것을 어떻게 파악할 수 있는가?

▲ 핵심역량의 도출을 위한 Keyword

핵심역량의 조건

핵심역량은 다음과 같은 조건들이 반드시 고려되어 반영되어야 한다. 첫째, 매우 다양한 시장으로 진출할 수 있는 가능성을 제공하여야 한다. 둘째, 최종 제품에 대해 고객이 느끼는 편익을 증대시킬 수 있어야 한다. 셋째, 경쟁자들이 흉내 내기가 어려워야 한다. 특히 핵심역량을 파악할 때 전사차원에서 비전을 설정하고 자사의 역량을 바라보아야 한다. 비전이 없는 상태에서의 역량은 표면적이고 가시적인 또는 부분적인 역량만을 발견하게 되지만, 비전이 설정된 상태에서는 잠재적인 역량, 역량간의 결합 등을 통하여 보다 강력한 핵심역량을 창조해 낼 수 있기 때문이다.

미래에 자사의 사업을 영위하는데 가장 중요한 핵심역량이 무엇인지 파악되었다면 이를 확보하기 위해 다음과 같은 전략적 접근법을 사용할 수 있다.

첫째, 핵심역량이 무엇인지, 그리고 무엇이 되어야 하는지가 명확해지면 우선적으로 확보해야 할 과제가 무엇인지를 파악해야 한다. 물론 모든 핵심역량을 단숨에 확보하는 것이야 말로 최선의 방법이 되겠으나, 한정된 자원을 효율적으로 이용하여 가장 시급하게 확보해야 할 부분부터 구체화해야 한다. 우선과제는 시급성, 실현가능성 및 경쟁력에 미치는 영향 등을 평가하여 도출되어야 한다. 이 단계에서 효과적으로 활용이 가능한 기법으로는 기업의 전반적인 활동을 세분화한 가치사슬분석(Value Chain Analysis)이나 기업 조직차원의 기능별 분석이 효과적이다. 가치사슬분석을 통하여 구매 · 생산 · 판매 · 마케팅 · R&D 등 부문별로 몇 가지 핵심역량을 분류함으로써 어떠한 기능영역 부문에서 가장 시급한 경쟁력을 필요로 하는지를 분석해 낸다. 조직차원의 기능분석은 가장 기본적인 개인의 능력에서 부터 이를 통합적으로 운영 · 관리할 수 있는 능력의 분석을 통해 핵심능력이 어느 부분에서 발생할 수 있는가를 파악하는 것이다.

둘째, 우선적 해결과제로 선정된 분야에서의 자사 능력을 정확하게 파악하여야 한다. 현재의 내부적 역량 수준은 어느 정도이며, 이러한 내부능력이 핵심역량의 역할을 하지 못하고 있는 문제점을 파악함으로서 세부 실행전략 수립의 기본적인 정보를 파악할 수 있다.

셋째, 핵심역량 확보를 위한 방법과 이를 실행하기 위한 세부실행전략을 수립한다. 핵심역량을 확보하는 방법에는 내부적으로는 전 조직에 걸쳐 업무수행 자체에 대한 혁신적인 방안을 고려하는 방법과 프로젝트를 수행함으로서 특정역량을 집중 육성하는 방안을 고려할 수 있다. 외부적으로는 전략적 제휴나 아웃소싱(Outsourcing), 인수 · 합병(M&A) 등을 통하여 핵심역량을 갖춘 타 기업을 통해 신속히 핵심역량을 구축하는 방안을 고려할 수 있다.

[내부역량 분석을 위한 평가시트 예시]

내부능력 결정요인			능력 평가					가중치	평가치	가중 평가치
구분	항목		1	2	3	4	5			
본원적 활동	관리능력 자금조달비용 R&D투자	인력구조 가용자금 기술수준								
투입물류 산출물류	부품조달력 재고수준 결품률	물류비 조달시간 물류 입지								
생산운영	가동률 외주능력	제조원가 품질수준								
마케팅 판매	시장점유율 가격경쟁력 영업력	브랜드충성도 영업조직망 마케팅능력								
서비스	A/S 조직망 고객만족수준 서비스 품질									

주) 1: 상대적 열세 매우 큼 ... 3: 보통... 5: 상대적 우위 매우 큼

1단계 핵심역량파악
- 기업의 핵심역량은 기업의 노하우
- 핵심역량은 기업 경쟁력의 기반
- 개별사업을 고객의 입장에서 파악
- 타 분야의 장점도 핵심역량 강화

2단계 핵심역량배양
- 실제적용은 현장근로자 담당
- 급변하는 사업환경에 맞추어 수정
- 사업다각화에 핵심역량 활용

3단계 핵심역량적용
- 연수, 내부승진, 순환근무로 핵심역량적용 활성화
- 핵심역량에 대한 아낌없는 투자
- 핵심역량 실행을 체질화

▲ 핵심역량의 확대과정

4 가치사슬분석

가치사슬(Value Chain)이란 McKinsey가 개발한 Business System을 Porter가 훨씬 정교한 분석틀로 발전시킨 것으로 기업의 전반적인 경영활동을 주 활동 부분과 보조 활동부분으로 나누어서 기업의 구매활동에서부터 생산 · 물류 · 판매 · 재고관리 · 서비스 단계에 이르기까지 각각의 부문에서 비용이 얼마나 들고 소비자들에게 얼마나 부가가치를 창출할 수 있는가를 정교하게 분석할 수 있게 해 준다. 가치사슬은 한 기업의 활동을 전략적으로 연관성이 있는 몇 개의 활동들로 나누어 원가가 발생하는 원천과 자사 제품을 경쟁사의 제품과 차별화시키는 원천을 밝혀내기 위해 도입된 개념이다.

가치사슬 내의 연계가 경쟁우위를 확보하는데 있어 매우 중요하지만 이를 인식하는 일은 매우 어려운 문제이다. 최근에는 정보처리기술의 발전으로 인해 새로운 연계를 찾을 수 있게 되었으며 기존의 연계를 잘 조합해서 경쟁우위를 증진시킬 수도 있게 되었다. 연계는 기업의 가치사슬 내에서뿐만 아니라 공급자나 경로의 가치사슬과 기업의 가치사슬 간에도 이루어진다. 이러한 연계를 수직적 연계라고 한다. 수직적 연계를 통해 기업 내에서의 연계와 마찬가지로 공급자나 경로의 활동과 기업 활동이 비용이나 성과 면에 영향을 주고받는다. 공급자는 기업의 가치사슬에 투입되는 제품이나 서비스를 공급함으로써 기업이 가치사슬에 영향을 미치는 한편 다른 측면에서도 기업에 영향을 준다. 기업의 획득활동이나 물류투입 활동은 공급자의 주문처리시스템과 관련이 있으며 공급자가 제공하는 기술자는 기업의 기술개발활동이나 제조활동에 기여하게 된다. 공급자가 제공하는 제품이 특성과 여러 측면에서 발생하는 상호관계는 기업이 원가를 절감하거나 차별화를 증진시키는 데 영향을 준다. 즉 공급자의 가치사슬과 기업의 사치사슬의 연계는 경쟁우위를 증진시켜준다.

포터는 기업의 경쟁우위를 살피기 위해서 기업의 모든 구성요소를 몇 개의 범주로 세분하여 분석했다. 따라서 이러한 분석을 위한 세분화는 상호비교를 위해 기본적 틀이 필요하며, 이러한 필요에 따라 기업의 거의 모든 활동을 전략적 단위활동으로 구분해 놓은 그림이 바로 가치사슬이다. 가치사슬에서 가치란 기업이 공급하는 제품에 대해 구매자가 기꺼이 지불하려고 하는 금액을 말한다. 가치사슬은 총가치로 구성되며, 다시 총가치는 가치활동과 이윤으로 구분된다. 가치활동은 소비자에게 가치 있는 제품을 제공하기 위해 기업이 수행하는 활동이며, 이윤은 총가치에서 가치활동 수행 시 필요한 원가를 뺀 차액을 말한다.

가치창출 활동

가치창출 활동은 본원적 활동과 지원활동으로 구분한다.

본원적 활동 본원적 활동이란 물류투입 · 운영 및 생산 · 물류산출 · 마케팅 및 영업 · 서비스에 이르는 활동들을 말하며 제품이나 서비스의 물리적 가치창출과 관련된 활동들로서 직접적으로 고객들에게 전달되는 부가가치 창출에 기여하는 활동들을 의미한다.

지원활동 지원활동이란 회사의 인프라 · 인적자원관리 · 기술개발 · 구매조달이 이에 포함되며, 본원적 활동이 발생하도록 하는 투입물 및 인프라를 제공한다. 지원활동들은 직접적으로 부가가치를 창출하지는 않지만 이를 창출할 수 있도록 지원하는 활동을 의미한다.

가치활동과 가치시스템

특정 산업에 있어서의 회사의 가치사슬은 가치시스템이라고 하는 보다 큰 활동들의 흐름 속에 포함되며, 가치 시스템은 회사 내의 가치 활동들은 연결할 뿐만 아니라, 회사의 가치사슬과 공급자 가치사슬 및 유통 · 구매자와 사용자 가치사슬이라는 전방채널 가치사슬 사이에 상호 이론적 관계를 창출케 한다. 따라서 가치시스템은 기업 간뿐만 아니라 동종업체, 산업 및 국가 간에 이르기까지 확장될 수 있으며, 각각의 경쟁우위 강화 및 구축을 위한 전략적 도구로서 활용될 수 있다.

가치시스템 하에서 회사는 공급자와의 관계에서 공급사슬관리, 회사와 고객과의 관계에서는 고객관계관리가 삽입되며, 오늘날 ERP는 회사 하부구조 차원을 넘어 지원 및 본원적 활동 전 영역으로 확대되어 적용되고 있다.

가치사슬 분석

가치사슬 분석은 회사의 경쟁하는 방법을 검증하는 중요한 기법으로서 회사 전체의 비즈니스 프로세스와 활동을 연구하고, 정해진 프로세스에 대한 코스트의 할당과 서로 다른 프로세스에 의해 발생된 가치를 결정한다. 이러한 부분이 Cost(원가) · Speed

(속도)·Efficiency(효율성)을 분석하여 경쟁우위 구축을 위한 도구로 활용된다는 데에 그 의미가 있다. 가치사슬분석에 있어서 각 가치 활동들을 상호 독립적 활동들로 분리하여 분석해서는 아니 되며, 상호 이론적 활동으로 그 연계를 통한 시너지 효과를 고려하여 분석하여야 한다.

가치사슬과 경쟁우위

가치시스템의 경쟁우위는 가치시스템 참여 기업들의 집단인 산업의 경쟁우위를 결정하게 되며, 회사의 경쟁우위평가는 자사의 가치사슬, 공급자의 가치사슬, 전방채널 참가자의 가치사슬을 포함하는 가치시스템에 대한 이해를 필요로 한다.

가치사슬분석은 최종 사용자에게 제공되는 제품이나 서비스를 형성하는 모든 활동에 대한 전략적 우위 및 열위를 결정함으로써 경쟁우위를 평가하는 하나의 방법이다. 이러한 활동들은 회사의 활동뿐만 아니라 회사 밖 외부기업들인 공급자, 유통업자, 물류업자, 처리 및 리싸이클링 업자를 포함하며, 회사는 고객에게 Focus된 프로세스를 창출하는 전체 가치 사슬의 한 부분이다. 가치사슬분석은 최고의 경쟁우위를 가져오는 가치사슬의 조합으로 가치사슬분석의 핵심개념은 기능적 구조에 대한 강조를 줄이고, 제품투입과 함께 시작하여 제품산출 및 고객으로 종결되는 조직에 대한 수평적 관점인 프로세스 시작을 채택하는 것이다.

Tip 가치사슬 분석을 통한 경쟁우위 평가방법

- 내부 코스트 분석 : 프로세스를 창출하는 내부 가치에 대한 수익성 원천 및 상대적 코스트 지위를 결정한다.
- 내부차별화 분석 : 프로세스를 창출하는 내부가치 내에서 차별화 원천을 이해하는 것이다.
- 수직적 연계 분석 : 고객에게 전달되는 가치를 최대화하고 코스트를 최소화하기 위하여 외부

가치사슬의 한계성

가치사슬에서는 경쟁우위 획득에 있어서 중요한 모든 혁신과 전략적 의사결정의 주체인 기업가 활동이 배제되어 있으며, 조직의 최상위 수준에 적용하는 것은 한계가 있다. 그 이유로서는 하나의 산업은 서로 다른 프로세스에 대한 요구 및 서로 다른 경제적 상호관계와 역동성을 포함하는 많은 다른 구분된 부문들을 내포하고 있기 때문이다.

따라서 가치사슬분석은 참여자 등 사이에 정적인 상호관계를 평가하는데는 매우

유용하나 끊임없이 가치사슬 관계를 재 정의하는 변화의 속도가 매우 빠른 산업과 관련된 역동성을 이해하기에는 약점을 가지고 있다. 또한 각 가치사슬활동에 대하여 쉽게 활용할 수 있는 데이터의 획득이 실무적으로 매우 어렵다는 한계성을 가지고 있다.

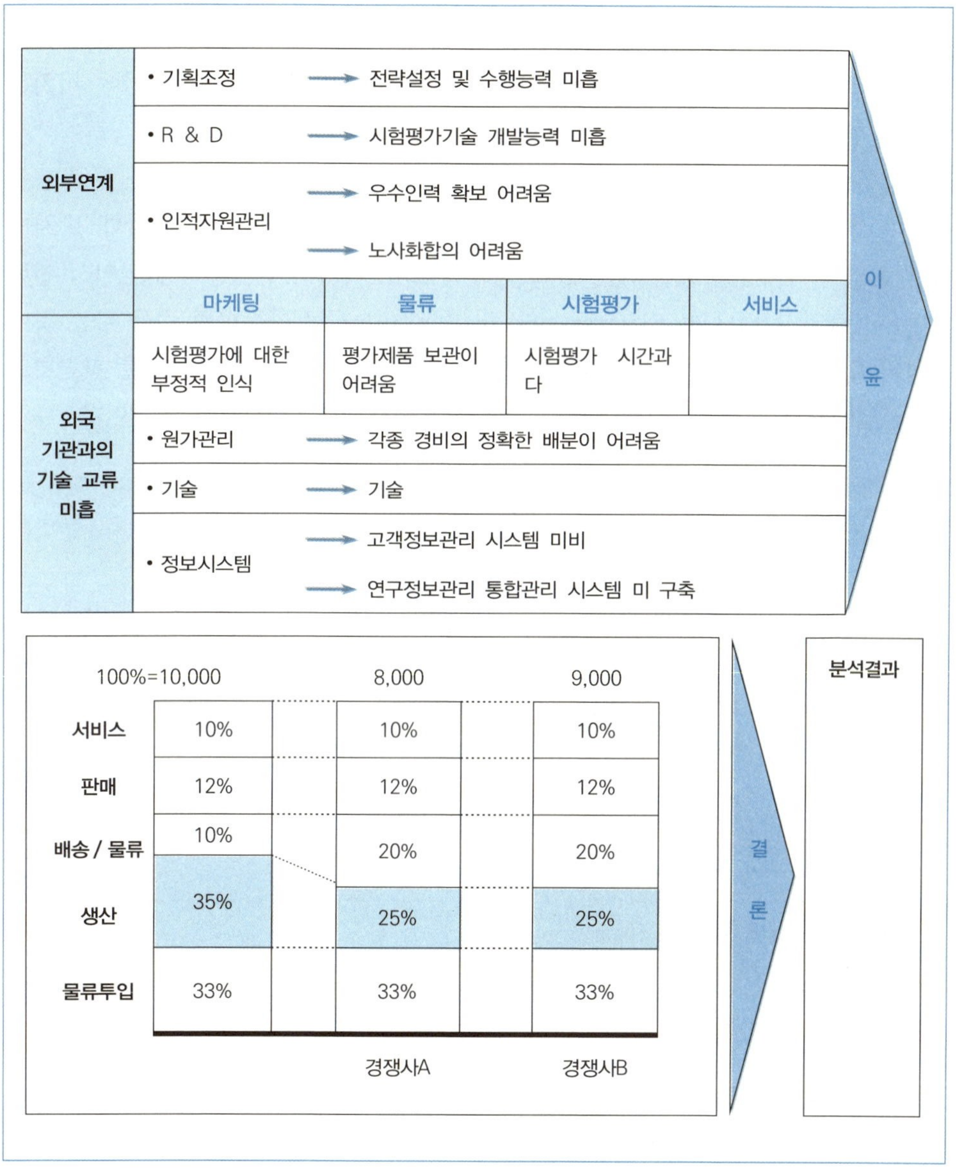

▲ Value Chain 분석 예시

03 산업분석

산업분석(Industry Analysis)이란 산업의 특성과 전망에 대한 분석으로 개별산업 또는 관련 사업에 중요한 영향을 미치는 요인들을 광범위하게 연구·분석하는 것을 말한다. 즉 경제사회의 환경변화에 따른 산업의 변화와 이것이 개별기업에 미치는 영향을 파악하는 것이라고 할 수 있다.

산업분석은 현재 산업동향과 산업의 역동성, Life Cycle 분석 및 경쟁사 분석 등을 통하여 산업의 핵심성공요인을 파악하고 경쟁우위 확보를 위한 핵심역량 강화 및 사업방향 등의 전략대안을 도출하는 데 그 목적이 있다. 따라서 산업분석에 있어서 전략집단은 전략적 사업단위(SBU/Strategic Business unit)로 구분하여 접근 하는 것이 분석의 효율성을 제고시킬 수 있다. 산업분석은 특정산업에 대한 매력도를 판단하고 특정산업에서 성공할 수 있는 핵심성공요인을 파악하기 위한 것이 목적이다.

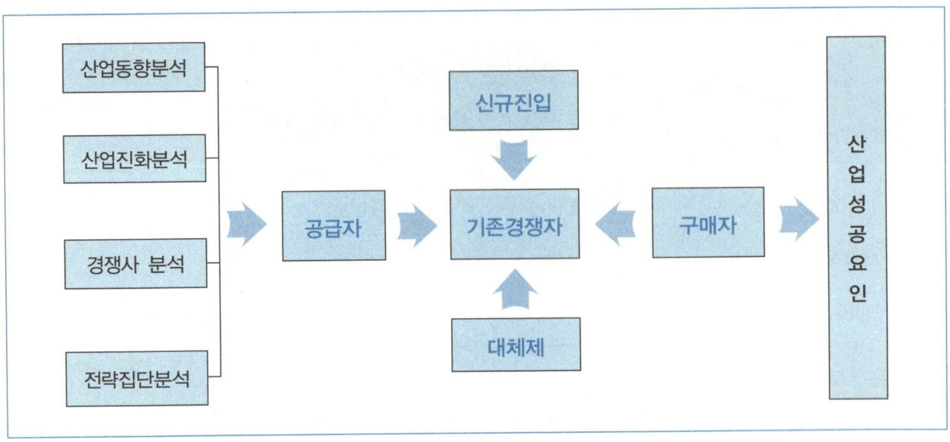

▲ 산업환경분석의 기본 틀

1 산업동향분석

산업동향분석에서 그 산업의 특성인자로 시장성과 기술적 타당성·성장가능성 및 위험요소에 대해 분석해 볼 필요가 있다.

시장성 분석

현재 또는 미래에 자사가 추진하고자 하는 사업환경으로서의 시장의 특성 및 구조가 어떻게 되어 있는지 파악하는 것은 중요한 일이다. 시장의 위치나 유통경로 및 조직·Logistic·거래조건 등의 특성과 구조를 먼저 이해하고 이들 전략사업단위의 국내의 수급동향과 중장기적인 수급전망을 분석하고 동업자나 유사제품과의 경쟁상태 및 향후 경쟁제품의 출현가능성, 국내의 가격구조 및 가격동향, 목표시장 선정 및 판매전략 등은 시장성분석에 있어서 중요한 검토대상 요소가 될 수 있다.

[Tip] 시장성분석의 Key Point

- 수요분석 : 주요 고객, 예상 소비량, 총 수요금액
- 공급분석 : 기존 기업의 공급능력, 기존 제품의 가격·품질·판매전략 등
- 거래수요의 분석 : 생산제품에 대한 미래수요추정
- 시장점유율 추정 : 수요·공급·경쟁자의 위치와 구상하고 있는 사업의 판매 계획 등을 고려하여 계획한 상품의 시장 점유율을 추정한다.

기술성분석

기술성이란 제품의 생산과 관련된 제 요소인 제품이 원만하게 생산 될 수 있는지를 분석하는 요소이다. 제품에 대한 특성·화학적 반응·기계적 기능·생산시스템·수정 등 생산제품에 대한 철저한 조사·분석과 더불어 공장입지·시설계획 및 생산시설규모·생산능력 및 조업도·원재료 조달 및 제품 원단위에 대한 원재료 소요량 산정, 기술 및 기능인력 확보, 예상불량률 및 개선가능성들을 종합적으로 분석해야 한다.

기술성분석은 사업계획의 기술적 타당성과 원가추정을 위한 기초자료를 제공하고, 사업에 영향을 미치는 여러 가지 요인을 고려하여 기술적 대안을 비교·검토하는 단계이다. 기술성분석에서는 이용할 기술과 공정 등을 검토하여 다음 내용을 포함시켜야 한다.

- 제품의 물리적·기계적·화학적 특성에 관한 사항
- 제조공정에 관한 사항
- 수요량을 생산할 수 있는 공장 규모 및 생산 능력의 결정
- 구입한 기계의 가격 및 설비의 성능·예비 부품의 조달가능성
- 기계의 장·단점을 충분히 비교·검토한 자료 및 기계의 배치
- 이용되는 기술로부터 예상되는 폐기품의 종류와 양, 처리방식 및 비용

성장성 및 위험요소분석

사업환경분석에서 검토되어야 할 또 다른 측면은 사업의 장기적 성장가능성분석이다. 성장추세분석에서는 기업성패의 중대한 영향을 미치는 기업 환경요소중 기업경영에 치명적 영향을 미칠 가능성이 있는 위험요소에는 어떤 것이 있으며, 이들 위험요소에 대한 정확한 대응전략의 수립이 가능한지의 여부와 장기적으로 성장가능성이 어느 정도인지를 분석하여야 한다.

[산업특성분석]

분석대상 요소		핵 심 내 용
수급동향	수 요	
	공 급	
시 장		
기 술		
경 쟁 구 조		
발 전 전 망		
경 쟁 원 천		

[산업 발달과 핵심 Trend 분석]

사업세분화	Trends		성장 Trends
	긍정적 측면	부정적 측면	

[성장추세 분석]

구 분		SBU1			SBU2			SBU3		
		매출액	구성비	시장 성장률	매출액	구성비	시장 성장률	매출액	구성비	시장 성장률
과거	T=-3									
	T=-2									
	T=-1									
현재	T=0									
미래 예측	T=1									
	T=2									
	T=3									

[시장점유율 분석]

구 분		자사	경쟁1	경쟁2	경쟁3	성장추세분석/그래프
과거	T=-3					
	T=-2					
	T=-1					
현재	T=0(P)					
미래예측	T=1					
	T=2					
	T=3					

2 산업진화분석

경제환경의 변화와 발전은 기업으로 하여금 혁신을 끊임없이 요구하게 되었고 이러한 혁신을 이루어내는 과정에서 산업의 변화 내지 진화에 대해 미치는 효과를 분석한 것이 산업진화분석이라고 할 수 있다. 기업이란 시장환경에 대한 불확실성과 경영성과의 결과에 대한 예측에 대한 불확실성으로 인해 나름대로의 독특한 행동규칙을 형성하고 있다. 이러한 행동규칙은 그 기업 고유의 역사와 경험에 의존하여 형성되므로 기업 간의 이질성이 나타나는 한 원인이 되고 있다. 한편 이 행동규칙에 문제가 있을 경우 새로운 행동규칙을 모색하는 탐색과 이것이 성공적일 경우 경험학습을 통해 이를 적응하는 과정을 거쳐 변화되어 간다. 또 이 행동규칙은 통상적인 의사결정에 있어서 뿐만 아니라 장기적인 투자결정에 있어서도 형성됨으로 개별 기업의 전략적 방향과 내용도 결정하게 된다.

산업진화의 특징은 시장이 선별과정을 통해 그 산업을 구성하고 있는 이질적인 기업들로 하여금 끊임없이 변화하도록 강제함에 따라 산업진화가 나타난다. 산업을 구성하는 기업들은 행동규칙의 차이와 탐색하고 적응하는 능력의 차이 등으로 인해 이질성을 지닐 수밖에 없고 이는 기업성과의 차이로 나타난다. 결국 기업은 시장경쟁에서 살아남거나 더 큰 성과를 얻기 위해서 끊임없는 혁신을 추구하게 되며 그 성과에 따라 선별되거나 쇠퇴하게 된다. 이러한 과정을 거치면서 산업전체에 있어서도 진화가 나타나게 되며, 산업의 고유한 특성에 따라 선별환경도 달라지기 때문에 각 산업 사이에도 이질성이 나타날 수밖에 없다.

산업수명주기모형

산업수명주기모형은 산업의 발달이 경쟁세력에 미치는 영향을 분석하는데 유용하다. 이 모형은 산업의 발전 단계를 환경적 특성을 달리하는 배아기 산업(embryonic industries) · 성장기 산업(growth industry) · 산업 조정기(shakeout stage) · 성숙기 산업(maturity industry) · 쇠퇴기 산업(declining insustry)으로 구분한다.

배아기 산업(embryonic industries) 배아기 산업의 성장은 느리다. 규모의 경제가 실현되지 않아 가격은 높고 유통망도 엉성하다. 이 단계의 진입장벽은 원가 및 브랜드 충성도 보다 핵심기술의 노하우에 접근하기 어렵다는데 있다. 진입장벽이 높다는 것이다. 그래서 잠재경쟁자로부터 보호 받을 수 있다. 배아기 산업에서의 경쟁은 고객을 교육시키고, 유통망을 구축하고, 제품설계의 완성도를 높이는 경쟁이다. 개별 기업의 혁신적 노력이 배아기 산업을 형성하기도 한다.

성장기 산업(growth industry) 성장기 산업은 제품이 수요가 증가하면서 성장기로 진입한다. 고객은 제품에 대해서 잘 알고 규모의 경제로 가격은 인하된다. 유통망이 구축되면서 시장은 성장한다. 이 단계에서 그간 진입장벽으로 여겨왔던 기술지식의 중요성이 줄어들면서 몇몇 기업은 규모의 경제를 달성하거나 브랜드충성도를 구축하기 때문에 진입장벽이 낮아지고 잠재경쟁자가 출현할 위협이 생긴다. 단순하게 말하면 수요가 넘쳐나기 때문에 경쟁사의 시장점유율을 빼앗지 않고도 기업의 수입과 이익을 확대할 수 있다. 그래서 전략적인 기업은 유리한 성장기의 환경을 다가올 산업 조정기의 경쟁에 대비한다.

산업 조정기(shakeout stage) 산업조정기는 수요는 포화수준이 되고 잠재적인 신규고객이 감소하기 때문에 수요는 대체수요에 한정되고 성장률은 둔화된다. 이 단계에 접어들면 기업 간이 경쟁은 치열해진다. 기업들은 고속성장에 익숙해져 있어 생산능력을 늘린다. 하지만 수요가 과거와 같이 급속하게 증가하지 않아 초과공급의 위험상황에 놓이게 된다. 그래서 기업들은 생산능력을 활용하려고 가격을 인하한다. 가격전쟁이 시작되는 것이다. 가격전쟁이 시작되면 효율성이 낮은 기업은 파산하고 신규진입은 멈춘다.

성숙기 산업(maturity industry) 성숙기 산업은 산업 조정기가 끝났음을 의미한다. 성숙기 산업의 성장은 인구가 증가될 경우에만 가능하며, 이때에만 신규고객이 시장에 진입하거나 대체수요가 증가하게 된다. 성숙기는 진입장벽은 높고, 잠재경쟁자의 진입은 위험은 감소한다. 시장점유율을 유지한다고 해도 성장기와 같은 성장률을 기대하기 힘들다. 이 단계까지 생존한 기업은 브랜드충성도를 높인 기업이거나 저가에 효율적으로 운영한 기업이다. 이는 진입장벽이 된다.

쇠퇴기 산업(declining insustry) 쇠퇴기 산업은 성장이 한계에 도달함을 의미한다. 쇠퇴기는 기술적인 대체, 사회적 변화, 인구통계학적 특성, 국제경쟁 심화로 인해 맞이하게 된다. 이 산업 내에서의 경쟁정도는 보통 증가하고 퇴출장벽의 높이에 따라서 경쟁압력은 조정기 만큼 치열할 수도 있다. 이 단계의 가장 큰 문제는 수요 감소로 인하여 초과생산능력이 초래되는 것이다. 이는 곧 가격전쟁을 야기 시킨다. 퇴출장벽은 초과공급능력을 조정하는데 일익을 하지만 퇴출장벽이 높을수록 기업은 공급능력을 줄이기 어려워지고, 가격경쟁 위험은 더욱 커진다. 산업진화분석에 있어서 산업수명주기모형을 다음 Sheet와 같이 작성해 볼 수 있다.

[산업수명주기와 산업진화]

구 분	배아기	성장기	조정기	성숙기	쇠퇴기
시장특성					
전략목표					
원 가					
구 매 자					
고 객					
경 쟁 자					
매 출 액					
마 케 팅					

3 경쟁자분석

경쟁전략이란 경쟁자에 비해 상대적으로 우월한 경쟁우위전략을 개발하는 것이다. 이러한 경쟁전략을 도출하기 위해서는 경쟁자와 경쟁상황에 대한 정확한 인식이 먼저 이루어져야 한다. 경쟁자란 현재 존재하지 않거나 전략적인 목적 아래 또는 기존의 상표 · 유통경로 · 기술력 등을 이용하여 시장에 진입할 경우 상당한 상승효과를 거두면서 강력한 경쟁자로 부각되는 기업을 의미한다. 어떠한 산업에 새로이 진출하는 기업이 주는 위협정도는 그 산업에 내제된 진입장벽과 신규 진출기업이 예상되는 기존 업체들의 여러 가지 형태의 대응방법에 의해 경쟁구조가 좌우될 수밖에 없다.

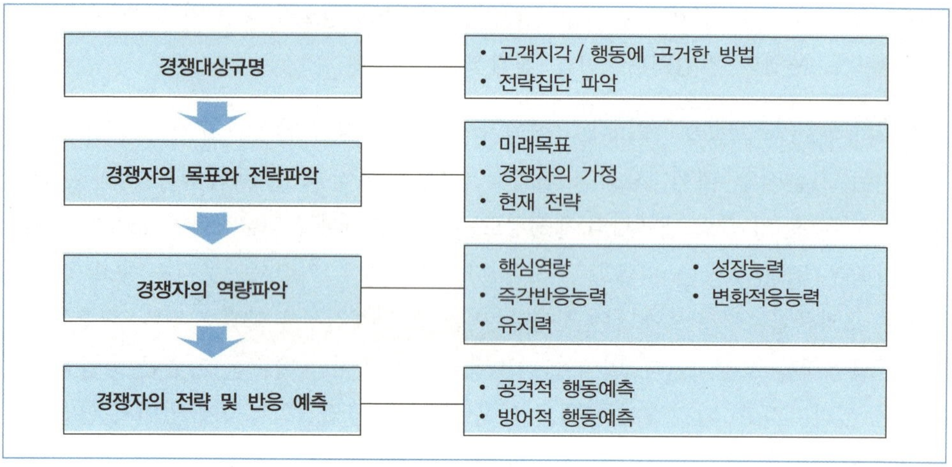

경쟁대상 규명

경쟁대상의 규명방법에는 고객의 지각이나 행동에 근거한 방법과 전략집단에 근거한 방법으로 구분하여 생각해 볼 수 있다.

고객의 지각이나 행동에 근거한 방법 고객의 지각이나 행동을 분석하여 서로 대체가능성이 높은 제품일수록 경쟁의 정도가 치열해 진다. 따라서 고객의 지각에 근거하여 경쟁자를 규명하는 방법으로 사용상황별대체분석 방법을 주로 많이 사용한다.

또한 고객의 행동에 근거하여 경쟁자를 규명하는 방법으로 수요의 교차탄력성을 분석하는 방법을 많이 사용한다. 어떤 상표의 가격이 1% 상승했을 때 다른 상표의 판매량이 얼마나 변화되는가를 나타내는 지표이다.

$$\text{수요의 교차탄력성} = \frac{\dfrac{\Delta QX}{QX}}{\dfrac{\Delta PY}{PG}}$$

여기에서 ΔQX는 제품 X의 판매량의 변화이며 QX는 제품 X의 판매량을 말한다. 또한 ΔPY는 제품 Y의 가격의 변화이고 PY는 제품 Y의 가격을 말한다.

전략집단에 근거한 방법 전략집단이란 용어는 헌트(hunt)에 의해 1972년에 처음소개되었으며, 그 후에 뉴만, 포터 등 여러 학자들에 의한 연구가 진행되었다. 전략집단이란 하나의 산업에 속한 기업들 중에서 오랜 시간에 걸쳐 서로 동일하거나 유사한 경쟁 전략을 추구하거나 또는 유사한 특성, 자산역량을 보유한 기업들의 집단을 의미한다.

전략집단 분석이 필요한 이유는 다음과 같다.

첫째, 산업내의 모든 경쟁자를 전체 다 분석한다는 것은 효과적이지 못할 뿐만 아니라 불가능한 일이다.

둘째, 자사가 경쟁하기에 유리할 것으로 판단되는 시장을 선택할 필요가 있기 때문이다.

[전략집단도]

구 분	특징과 전략	주요경쟁사	기 회	위 협	점유율
전략집단A					
전략집단B					
전략집단C					

경쟁자의 목표와 전략분석

경쟁자의 목표와 전략을 분석하기 위해서는 먼저 경쟁대상자의 파악을 우선 실시해야 한다. 그러하기 위해서는 먼저 잠재경쟁자를 규명할 필요성이 있다. 잠재경쟁자란 현재시장에 참여하고 있지는 않지만, 시장의 진입장벽을 쉽게 극복할 수 있는 기업으로써 자사가 위치한 산업에 진입함으로써 현재 영유하고 있는 사업과의 시너지 효과를 기대할 수 있는 기업이다. 그러므로 현재전략 확장과정에서 자사가 진출해 있는 산업에 진입가능성이 있는 기업으로서 전방통합이나 후방통합을 할 가능성이 있는 공급자나 구매자 또한 잠재경쟁자에 속한다고 할 수 있다.

경쟁대상자가 파악되면 이들의 목표와 전략을 분석해야 한다. 여기에서 경쟁자의 역량에 대한 분석을 위해서는 질적이고 판단적인 방대한 자료가 요구되어 진다. 이 자료에 포함되어야 할 사항으로 경쟁자의 목표 · 경쟁자의 가정 · 경쟁자의 현재전략 등이 있으며, 이를 구체적으로 살펴보면 다음과 같다.

경쟁자의 목표 경쟁자의 목표를 분석하려면 먼저 포괄적인 이해가 필요하다. 이는 방대한 정보와 충분한 해석이 요청되며 전 조직의 단일 목표는 존재하지 않는다.

- 전략적 목표

- 기업문화 목표
- 조직 목표
- 재무적 목표

경쟁자의 가정 경쟁자의 가정(Assumption)을 분석하기 위해서는 경쟁자 자신에 대한 가정과 자사의 상황과 특성에 대한 가정이 동시에 이루어져야 한다. 또한 산업과 산업내의 다른 기업들에 대한 가정으로써 산업환경과 경쟁자들에 대한 나름대로의 가정도 간과해서는 아니 된다.

경쟁자의 현재 전략 경쟁자의 현재전략이란 규명된 목표를 어떻게 달성하고자 하는지를 파악하는 것이다. 그러하기 위해서는 먼저 경쟁자의 표적고객을 규명해야 한다. 경쟁자가 추구하는 목표고객을 규명하는 방법으로써 경쟁제품의 특성 자체를 직접 확인하여 파악하거나 기업·홍보자료 또는 연설문 등 자료를 통하여 파악할 수 있으며, 경쟁자가 어떠한 마케팅 믹스전략을 활용하고 있는지를 조사함으로써 파악할 수도 있다. 여기에서 주요한 체크사항으로서 경쟁자의 핵심전략과 그 기능들이 상호 어떤 연계를 이루고 있는지가 무엇보다 중요한 이슈들이 된다.

[경쟁자의 마케팅전략 분석표]

전략요소	Competitor 1	Competitor 2	Competitor 3
미래목표			
표적시장			
포지셔닝전략			
제품전략			
가격전략			
촉진전략			
유통전략			

경쟁자의 역량 파악

경쟁자의 역량과 강점 및 약점을 파악하기 위해서는 그들의 핵심역량이 무엇이며, 성장능력과 환경변화에 신속한 대응 능력이 있는지와 변화할 수 있는 능력이 있는지 파악하여야 한다.

[경쟁자의 역량 그리드 분석]

역 량		경쟁자1	경쟁자2	경쟁자3
생산능력	공장/규모, 노후			
	설비/자동화, 유연성			
	근로자/기술수준, 노조결성			
개발능력	기술/특허수, 개발단계			
	연구개발비/총액, 매출액비율			
	기술개발/핵심능력, 선점, 모방			
마케팅력	광고/능력, 인지도, 포지셔닝			
	판매조직/능력, 크기, 유형, 위치			
	서비스능력			
	유통력(경로, 커버리지)			
재무능력	유동성			
	현금흐름			
	부채비율			
관리능력	핵심인물/계획수립능력			
	인원충원/이직률, 숙련도			
	조직의 유연성			

* A : 강함, B : 평균 이상, C : 평균, D : 평균 미만, F : 약함

경쟁자의 전략 및 반응예측

경쟁자의 전략과 반응예측에는 공격적 행동의 예측과 방어적 행동의 예측이 있다. 공격적 행동의 예측이란 경쟁자가 현재의 위치에 대해 만족하고 있는지를 경쟁자의 목표와 역량 분석을 통해 발생 가능한 각 행동들의 강도를 예측하는 것이다.

방어적 행동의 예측이란 경쟁자가 현재의 위치에 대해 그들의 취약점이 무엇인지, 또는 그들의 도발성이 예측되는 부문이 무엇인지, 방어적 행동을 전략적으로 전개할 경우 반응의 효율성이 얼마만큼의 수치로 나타날 것인지를 예측하는 것이다.

4 전략집단분석

전략집단(Strategic Group)이란 산업분석의 한 부분으로서 산업 내에서 유사한 경쟁방식과 포지션을 갖는 경쟁자들로 구성되어 있다. 전략집단을 분석하는 목적은

경쟁자의 경쟁포지션과 산업그룹 내 또는 산업그룹 간 경쟁강도를 파악할 뿐만 아니라 산업내의 다양한 전략집단의 잠재수익률 및 분석대상 기업의 경쟁포지션에 대한 정태적·동태적인 전략적 의미를 찾는 데 그 목적이 있다.

- 전략집단에 대한 신규진입 위협의 영향
- 전략집단에 대한 내부경쟁의 영향
- 전략집단에 대한 구매자와 공급자간 교섭력의 영향
- 전략집단에 대한 대체품위협의 영향에 대한 접근을 통하여 전략적 근거와 의미를 둔다.

전략집단에 대한 신규진입 위협의 영향

경쟁자로부터 자사의 경쟁 포지션을 보호하기 위하여 개별 기업들은 이동 장벽을 구축하여 진입을 저지하게 된다. 이동장벽의 원천으로는 시장 관련전략·산업의 보급특성·기업의 특성이 포함된다.

전략집단에 대한 내부경쟁의 영향 전략집단 간의 경쟁강도를 결정하는 요소로서는 다음을 둘 수 있다.

- 산업내의 전략집단 숫자와 집단 간의 시장점유율
- 전략집단 간 전략상의 거리
- 전략집단의 상호 시장의 혼성을 들 수 있다.

전략집단에 대한 대체품위협의 영향 정산업에서 경영활동을 하는 기업의 경우 넓은 의미에서 대체품을 생산하는 전략집단과도 경쟁을 해야 한다. 대체품이 자사의 제품보다 가격 및 효능 측면에서 우월하거나 전략집단 자체가 높은 이윤을 얻는 경우가 있다.

전략적 방향	이 동 장 벽
자사 → 집단A	
자사 → 집단B	
자사의 미래 전략방향	

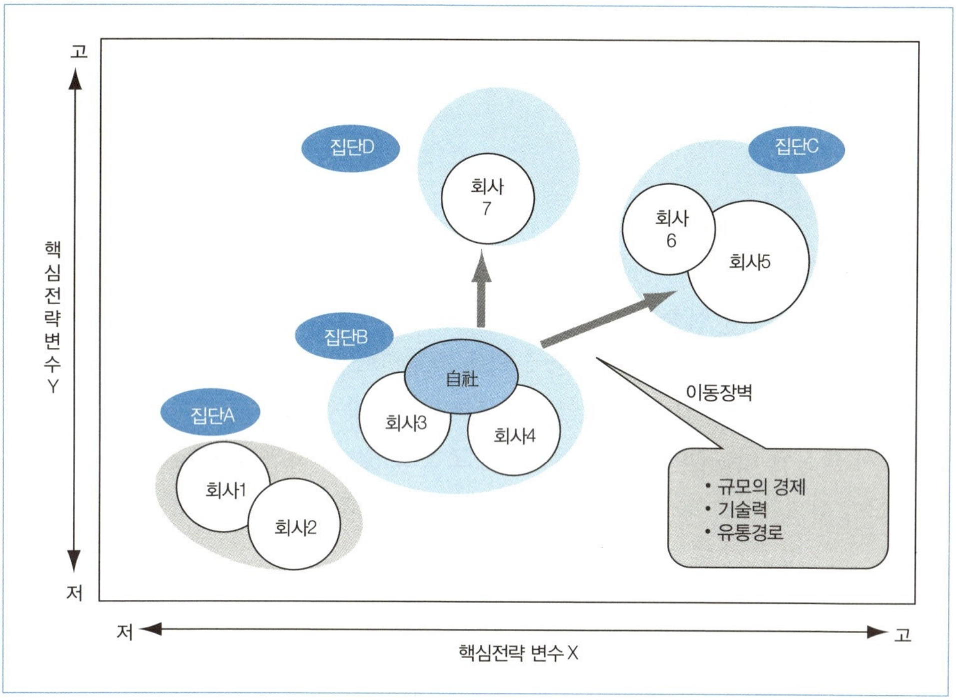

▲ 전략집단도

5 산업구조분석

산업구조를 분석하는 기법을 처음으로 경영전략에 도입한 포터는 1980년 「Competitive Strategy」라는 자신의 저서에서 경제학의 산업조직론에서 발전된 산업구조분석을 기업에 적용하기 쉽도록 변형시킨 분석들을 제시하였다.

산업구조의 분석은 사업전략이라는 측면에서 환경을 분석할 때 사용하는 방법으로 이러한 환경분석으로 산업구조분석(Five Force Analysis)과 SWOT분석이 대표적이다. 포터의 이론체계를 올바로 이해하기 위해서는 산업구조분석 혹은 다섯 가지 경쟁세력(Five-force) 모델에 대한 검토가 필요하다. 경쟁전략의 수립은 기업과 그 기업을 둘러싸고 있는 주변환경을 연결시키는 데 본질적인 의미가 있다. 그러나 기업과 그 기업을 둘러싸고 있는 주변환경을 연결시켜 경쟁전략을 수립하는 일이 쉽지는 않다. 따라서 전략가들은 모든 환경요인을 분석하기 보다는 오히려 기업 간 경쟁에 가장 큰 영향을 미치는 환경요인, 즉 산업을 집중적으로 분석한다. 산업은 여러 환경요인 중에서 기업활동에 가장 직접적인 영향을 미치는 요인이기 때문이다. 산업구조는 기업이 잠재적으로 활용할 수 있는 여러 가지 형태의 전략뿐만 아니라, 경쟁의 규칙에도 큰 영향을 미친다.

Five Force Analysis

포터(M.E.Porter)는 어느 산업의 경쟁강도가 5개의 기본적인 경쟁세력(Five Force Analysis), 즉 잠재적 진출기업의 위협, 대체상품의 위협, 구매자들의 교섭력, 공급자들의 교섭력, 기존 기업들 간의 경쟁에 의해 좌우되고 있으며, 이러한 요인들의 총체적인 힘이 그 산업에서 기대할 수 있는 궁극적인 이윤잠재력, 즉 투자에 대한 장기적인 측면에서 측정된 이윤잠재력을 결정짓는다고 보고 있다. 포터의 5Force Analysis에 대해서는 '산업환경분석'에서 이미 설명하였으므로 생략하기로 한다.

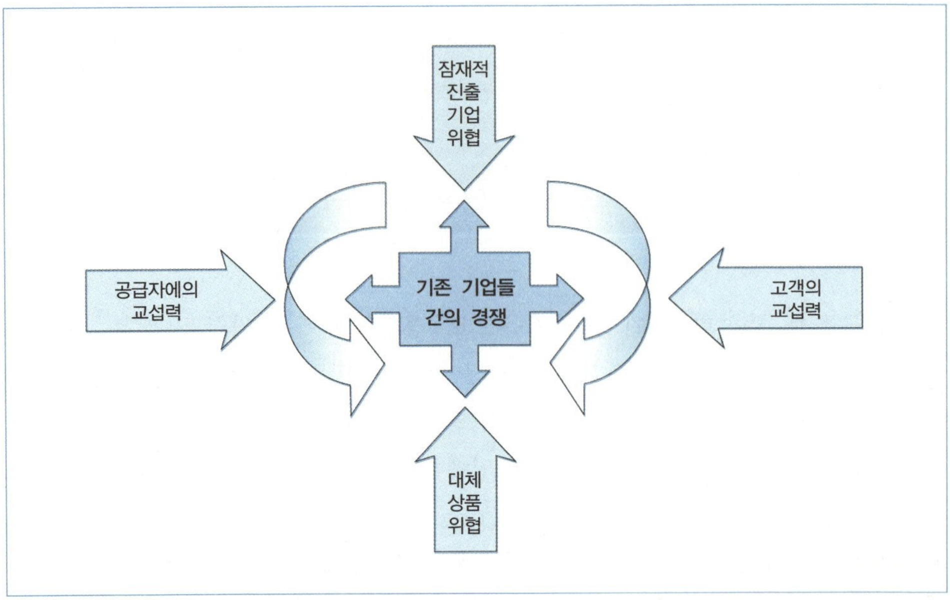

▲ 포터의 Five Force Analysis

[경쟁강도 분석표]

구 분	분석 요소 (결정 요인)	검 토 사 항	현재 위협	미래 위협
신규 진입자의 위협	규모의 경제			
	독점적 제품 차별			
	…………			
	경쟁강도 종합	경쟁강도에 대한 종합 정리		
기존 경쟁자간 경쟁강도	산업 성장률			
	브랜드 이미지			
	…………			
	경쟁강도 종합	경쟁강도에 대한 종합 정리		
공급자 협상력	공급물품의 차별성			
	공급물량			
	…………			
	경쟁강도 종합	경쟁강도에 대한 종합 정리		
구매자 협상력	구매물량			
	가격 민감도			
	…………			
	경쟁강도 종합	경쟁강도에 대한 종합 정리		
대체제의 위협	대체재의 상대적 가격			
	교체비용			
	…………			
	경쟁강도 종합	경쟁강도에 대한 종합 정리		

SWOT분석

SWOT는 경영전략을 수립하기 위한 분석도구로서 내적인 면을 분석하는 강점(Strength)과 약점(Weakness)분석, 외적환경을 분석하는 기회(Opportunity)와 위협(Threat)을 분석하는 도구이다. 보통 X · Y축으로 2차원의 사분면을 그리고 각각 하나의 사분면에 하나씩 배치하여 연관된 사항들을 우선순위로 배치한다. 이러한 분석을 통해 기업이 처한 시장상황에 대한 인식을 할 수 있으며 앞으로의 전략을 수립하기 위한 중요한 자료로 삼을 수 있다. 이 방법은 스탠퍼드 대학에서 1960년대와 1970년대에 포춘지 선정 500대 기업들을 연구하면서 얻게 된 결과를 바탕으로 알버트 험프리가 고안해낸 내·외부환경 분석 방법의 하나이다.

SWOT 전략수립 SWOT 매트릭스를 작성한 후 전략을 수립해야 한다. 이때의 기본적인 관점은 외부요인에 대한 대응이다. 내부요인은 통제가 가능한 변수이지만, 외부요인은 대기업의 경우는 외부요인에 대해 통제도 어느 정도 가능하지만 일반적인 기업들은 통제가 불가능하기 때문이다.

기회요인에 강점을 활용하는 전략(SO전략), 기회요인에 약점을 보완하여 대처하는 전략(WO전략), 위협요인에 강점을 활용하는 전략(ST전략), 위협요인에 약점을 보완하는 전략(WT전략)을 도출한다.

전략적 대안선택 SWOT분석은 환경에서 나타나는 기회와 위협을 파악하고 조직의 강점과 약점을 인식하여 전략적 도전방법을 찾아내어 여러 형태의 전략적 반응을 유도하기 위한 방법이다. 즉, 외부환경 분석에서 도출한 기회와 위협, 내부환경 분석에서 도출한 강점과 약점을 하나의 틀 속에 결합함으로써 전략적 상황을 효과적으로 평가할 있게 한다. 이 방법은 과거와는 달리 기회와 위협이 불연속적으로 오는 환경에서 충격과 놀라움의 원인과 반응을 전략적으로 분석해서 미리 대비하고 나아가 위협을 극복하고 기회를 포착하는 분석방법이다.

- WT전략(mini-mini) : 일반적으로 WT전략의 목적은 약점과 위협 모두를 최소화하는데 있다. 조직이 외부의 위협에 노출되어 있고 이에 대응할 능력이 없는 상태, 즉 내부약점이 존재한다면 이는 조직을 쇠퇴하게 만드는 매우 불안정한 상태를 말한다, 따라서 조직의 생존을 우선시하는 WT전략을 선택할 수밖에 없는 것이다. 기업조직의 경우 전통적 업종에 주력하는 기업이나 사양산업에 종사하는 기업 등이 이러한 WT전략을 종종 사용하게 된다. 그러나 환경에 적극적으로 대응하면서 변화를 창출하는 고객의 다양한 욕구를 만족시켜 주는 고객만족을 추구해야 하는 당위론적 입장에서 보았을 때는 별로 바람직하지 않은 소극적인 전략인 것이다.
- WO전략(mini-maxi) : WO전략은 약점을 최소화하고 기회를 최대화하는

전략이다. 어떤 조직이 외부환경에서의 기회를 맞이하였으나 이러한 기회를 활용하여 조직의 발전과 성장을 추구하는 것을 가로막는 내부의 약점을 가지고 있을 경우가 비일비재하다. 예를 들어, 어떤 자동차부품회사가 마이크로컴퓨터로 제어되는 자동연료분사장치를 대량으로 요구하는 주문을 받았을 때, 이러한 장치를 생산할 수 있는 기술이 미흡한 경우 모처럼의 기회를 활용하지 못하고 조직의 발전과 성장의 기회를 사장하게 되는 것이다. 이러한 불행한 사태를 미연에 방지하기 위해서는 SWOT분석을 기반으로 하여 조직의 약점을 최소화하고 핵심역량을 구축할 수 있어야 한다.

- ST전략(maxi-mini) : 이 전략은 환경으로부터의 위협에 능히 대처할 수 있는 조직의 강점에 기초를 두고 있다. 즉 ST전략의 목적은 강점을 극대화하고 위협요소를 극소화하는데 있다. 이는 강력한 조직이 일거에 정면으로 환경으로부터의 위협에 직면하게 됨을 의미하는 것은 물론 아니다. 그러나 강력한 조직이라도 1960년대에 미국의 GM이 겪었던 것 같은 경우를 당할 수도 있다. 즉 GM은 당시 네이더라는 경쟁자의 등장으로 미처 예상하지 못했던 많은 문제에 직면했던 적이 있다. 이 사례가 주는 교훈은 자신의 강점만을 너무 의식하고 과신한 나머지 부적절한 대응을 해서는 아니 되며, 강점이 가끔씩은 창조적이며 유연한 대응에 거대한 제약으로 작용하므로 신중하게 판단할 필요가 있다는 것이다.
- SO전략(maxi-maxi) : SO전략은 SWOT분석 결과 파악된 자신의 강점과 기회를 극대화하려는 전략이다. 어떠한 조직이라도 자신의 강점과 기회를 극대화시키려고 하는 것은 너무 당연하다. 이러한 조직은 자신의 강점을 발판으로 조직의 성장과 발전을 위해 생산 활동과 서비스 산출에 자원을 동원하고 배분한다. 성공적 조직은 항상 당면한 기회를 잡기 위해 자신의 강점을 활용할 준비가 되어 있는 조직이다. 만약 약점이 발견되었다면 성공적 조직은 이를 극복하고 강점으로 전환시킨다. 또 위협에 직면하게 되면 이에 적절히 대처함으로써 위기 뒤에 찾아오는 기회를 놓치지 않는다.

[SWOT 분석]

내부환경 / 외부환경	Strength –마켓 리더십(핵심제품) –우수한 품질 및 가격 경쟁력 –R&D 및 핵심 기술 선도 능력 –IT 기반 경영 인프라 –자금력	Weakness –미래 성장엔진 미흡 (미래 유망 사업 아이템 부재) –사업 포트폴리오의 불균형 –조직 비대화/업무 비효율성 –인적자원의 역량관리
Opportunity –산업/기술간 융합화 · 복합화 –IT 신기술의 발전 –4차 산업혁명 유망사업 진출 –중국시장의 급팽창	OS 전략 ① 핵심역량 기본사업 강화 · 확정 ② 해외 시장 적극 진출 ③ 기술기반 신규사업 투자 ④ 차세대 성장엔진 집중투자 및 글로벌 전략적 제휴 추진	WO 전략 ① 기존사업 포트폴리오 재구축 ② 조직운영의 효율성 추구를 위한 혁신강화 ③ 글로벌 인재 성
Threat –독과점에 대한 정부의 규제 강화 –경쟁자간 경쟁심화/낮은 진입 장벽 –00주력시장의 성장 둔화 –Global 기업의 시장진입 가능성	ST 전략 ① 해외 유망 신시장 개척 ② 신규사업에 대한 선택과 집중 강화 ③ 게임의 규칙을 새롭게 할 신기술 개발 ④ 새로운 비즈니스 모델 개발	WT 전략 ① 저수익 사업에 대한 투자 재검토 ② 조직 및 인력의 재구축 (전략적 아웃소싱) ③ 생산기지 · OEM 업체의 이전 검토

Chapter 3

사업전략 수립

사업전략의 수립은 지속적 경쟁우위 확보의 출발점이다. 이제 기업들은 환경에 대응하기 보다는 환경을 예측하고 자사의 핵심역량을 기반으로 미래 성장엔진을 발굴하기 위한 노력을 보다 적극적으로 추진해야 할 시점에 이르렀다. 기업전략은 기업의 비전 및 미션의 수립, 전략적 기반 또는 전략조직의 구축, 위기관리체계의 구축, 그리고 재무전략 등의 테마로 구성되며 사업전략은 기업의 신규사업에 대한 전략수립, 각 사업에 대한 사업성 또는 타당성분석, 사업의 재 정의를 통한 사업구조의 재편, 사업다각화 등을 통한 새로운 사업기회의 모색 등의 테마로 구성되어 있다.

기업의 비전(vision)을 전략과 사업계획에 반영하는 과정에서 성공적인 전략을 수립하기 위해서는 기업 내외의 환경을 정확히 파악하고 적절한 전략 대안을 수립하는 것이 필요하다. 불확실한 경쟁환경 아래에서 어떤 사업분야가 경쟁에서 앞서기 위해서는 경쟁을 위한 기본 틀이 필요하다. 가장 상위개념의 비전이나 경영목표가 최고경영자의 의지나 사원의 꿈을 나타내는 것이라면 그것이 기업의 현재상황과 차이가 있는 것은 당연하다. 이러한 차이를 메우는 수단이 바로 전략이라고 할 수 있다. 기업이 경영활동을 하면서 비전이나 사업영역 결정을 전략에 반영하고 이를 실현가능한 실행계획으로 구현해 나가는 과정에서 전략의 정확성을 어떻게 확보해 나갈 것인지가 전략적 과제가 된다.

차별적이고 독창적인 전략이 부재하면 부가가치가 높은 방식으로 사업수행을 못하게 되어 항상 저조한 수익률을 감수할 수밖에 없다. 한 기업의 수익성은 소속된 산업에 의해서도 결정되지만 보다 결정적인 것은 다른 경쟁자들이 모방할 수 없는 방식으로 사업을 수행하느냐의 여부이다.

01 전략수립의 순위

전략이란 '조직체의 기본적인 장기목표를 정하고 이들 목표를 달성하기 위하여 행동방식을 채택하고 이에 소요되는 자원을 분배하는 일이다.'라고 Alfred D. Chandler는 정의하였다. 또한 Kenneth Andrews는 '기업의 목표와 그 목표를 달성하기 위한 여러 가지 계획이나 정책을 말한다.'라고 주장한 바 있다. 전략을 수립하는 궁극적인 목적을 이해하려면 먼저 전략수립의 필요성을 이해하지 않으면 안 될 것이다. 일반적으로 조직(Organization)이란 공통의 목적을 달성하기 위한 일과 사람의 공동체라고 표현된다. 여기에서 말하는 공통의 목적이 곧 조직의 미션과 비전 · 핵심가치 · 조직문화 · 정관 등으로 표현되는 부분이라고 할 수 있다.

전략수립의 과정은 일반적으로 외부환경분석에서 출발하여 내부능력분석, 경영목표의 수립, 중 · 장기 전략수립, 기능별 전략수립, 활동계획수립에 이르기까지 일련의 프로세스에 의하여 이루어지고 있다.

외부환경요소는 기업에 미치는 기회와 위협요소를 분석하고 내부능력은 강점과 약점을 검토한다. 경영목표와 중 · 장기 전략은 외부환경과 내부자원분석을 바탕으로 기업이 나가야 할 전략적 방향을 결정한다. 일반적으로 전략수립의 순위는 다음과 같은 프로세스에 의하여 전개된다.

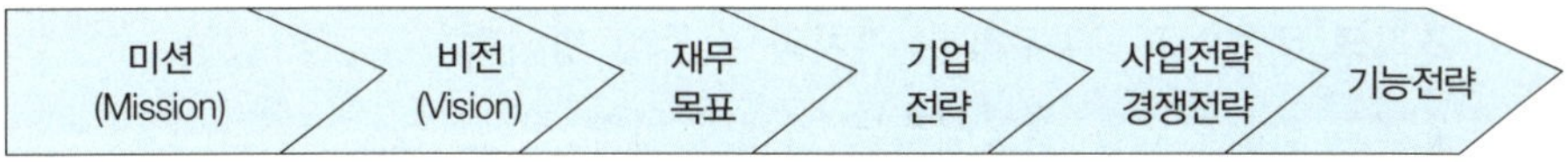

[Tip] 전략수립의 필요성

- 기회표착과 위험회피
- 전략적 과제의 파악
- 경영정보를 조직적으로 수집
- 장기간을 요하는 사업에 대비
- 사업의 통합과 자원배분의 합리화
- 구조조정을 통한 미래의 업무균형 달성
- 경영혁신

1 미션(Mission)의 수립

미션(Mission)이란 기업이나 조직의 존재이유를 나타낸 문장으로써 기업이 존재하는 이유와 기업이 존재하는 한 변하지 않을 가치를 의미한다. 따라서 미션은 기업과 조직의 경영활동의 기본이 되고 출발점이 되는 개념이다. 미션은 구성원들에게 자부심을 느끼게 하여 조직의 일에 몰입할 수 있도록 동기를 부여한다. 따라서 미션은 사명선언문 등의 형태로 조직 내 · 외부로 표현된다.

조직의 사명선언은 고객에 대한 책임을 공개적으로 천명하는 것이며, 내부 구성원으로 하여금 고객에 대한 책임의식을 잊지 않도록 일깨우고, 모든 업무와 활동의 지침이 되는 방향성을 제시한다. 또한 조직의 존재이유와 다른 조직과의 차이를 설명하여 조직이 추구하는 가치와 이상을 명시함으로써 조직구성원의 정체성을 내제화하는 역할을 한다.

미션을 수립하기 위해서는 시장과 고객개념을 제시하고 기업이 제공하는 상품과 서비스의 구성요소를 명확히 할 필요가 있다. 여기서 더 나아가 고객이 우리를 필요로 하거나 우리에게 기대하는 요소가 무엇인지, 우리가 경쟁상대와 차별화 될 수 있는 요소가 무엇인지를 명확히 표현해야 한다.

미션의 역할

미션의 역할은 다음과 같다.

- 조직의 존재이유, 추구하는 가치와 이상을 명시화
- 조직의 활동범위를 결정해주는 경계의 역할
- 지속적으로 조직 활동에 참여하도록 동기부여 하는 역할
- 조직 내 의사결정에 대한 판단기준을 제공
- 평가척도의 역할

미션의 구성요소

미션의 구성요소는 다음과 같다.

- 우리는 왜 존재하는가?
- 목적에 대한 질문
- 우리는 누구를 위해 존재하는가?
- 주요 고객에 대한 질문
- 우리는 무엇을 제공하기 위해 존재하는가?
- 핵심서비스에 대한 질문

2 비전(Vision)

비전(Vision)이란 현실성 있고 믿을 만한 진정으로 열망하는 미래의 기대모습으로써 조직 전체가 합의한 '꿈(Dream)이 실린 목표(Objective)이며, 일반적으로 조직의 5년~10년 후 미래에 마땅히 있어야 할 모습인 미래상을 표현한 것 이라고 할 수 있다. 따라서 비전은 추상적이어서는 아니 되며, 가능한 한 원하는 미래의 모습(그림)을 명확한 말로 표현하고 위로는 미션(Mission)과 아래로는 전략(Strategy)의 연관관계를 설명할 수 있어야 한다.

비전의 의의

비전이란 그 미션이 제대로 수행 되었을 때 달성되는 최종상태를 나타낸다. 또한 비전은 꿈이 아닌 미래의 실제 모습으로 장기적인 목표와 의미를 부여한다. 비전에 반드시 포함되어야 할 요소로는 핵심이념과 미래형상이 제시되어 있어야 한다. 핵심이념은 조직의 핵심가치와 핵심목적으로 구성되며, 미래형상은 원대하고 대담한 목표가 제시되어 있어야 하고 생생하고 감동적인 표현으로 묘사되어야 한다. 핵심이념을 추출하기 위해서는 창업자나 최고 경영층의 의지나 포부 등이 주요 검토요소가 될 것이다. 미래형상을 표현하기 위해서는 경영을 둘러싸고 있는 여러 환경의 변화 트렌드, 즉 패러다임에 대해 고찰할 필요가 있으며 선진 기업에 대한 벤치마킹도 필요하다. 세계적 수준의 동종기업의 경영에서 단초를 얻을 수도 있고 신규사업영역의 확대나 회피 등의 거시적인 전략적 판단도 가능하게 된다.

비전의 기본요소

수익실현에 반드시 비전이 필요한 것은 아니다. 비전이 없어도 수익성 좋은 사업을 벌일 수 있다. 많은 수익을 올리면서도 비전은 없는 사람들도 많다. 하지만 수익실현 이상의 것을 원한다면, 즉 위대한 기업을 세우고자 한다면 비전이 있어야 한다. 전략은 목적을 어떻게 달성할 것인가 하는 방법에 관한 것이다. 전략이 곧 목적을 의미한다는 말이다. 따라서 목적이 선명하지 않으면 효과적인 전략을 세울 수 없다. 전략은 비전을 달성하기 위한 과정이기 때문이다. 목적지를 정확하게 알지 못하면 목적지에 도달하는 방법을 알 수 없는 것과 같다.

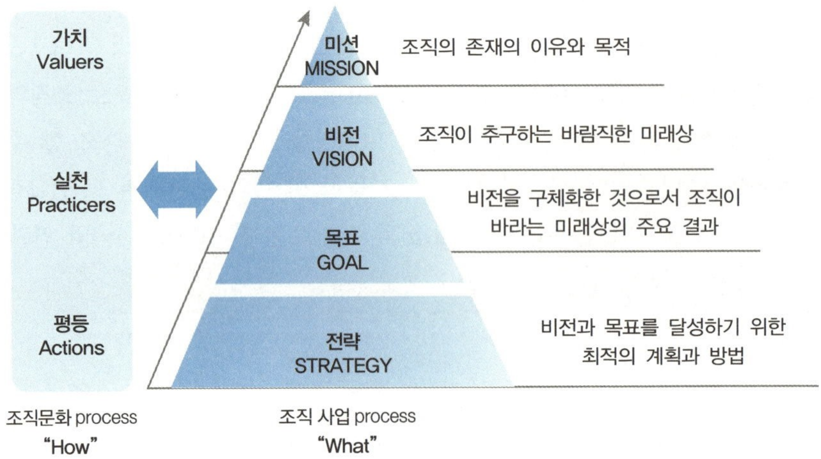

핵심가치와 믿음 기회라는 맥락에서 볼 때 수익은 우리의 유일한 목표가 아니라 노력의 결과여야 한다.

목적 목적은 핵심가치와 믿음의 자연스런 결과물이다. 목적은 기업이 존재하는 근본 이유이다. 목적은 수평선을 쫓아가거나 길잡이 별을 따라 가는 것처럼 성취할 수 없으면서도 항상 앞을 향해 나아가게 하는 것이다. 목적은 항상 지평선에 있어 결코 도달할 수 없지만 항상 앞으로 나아가게 하는 별과 같다. 이와 달리 '사명'은 오르고 있는 특정한 산이다. 일단 정상에 올라가면 다시 길잡이 별을 쫓아 올라갈 다른 산을 찾게 된다.

[Tip] 좋은 비전

- 조직과 시대와 조화를 이룬다.
- 탁월성의 기준을 설정하고 높은 이상을 반영한다.
- 목적과 방향을 명료하게 해 준다.
- 열정과 헌신적 참여를 고무시킨다.
- 매우 명확하게 표현되고 쉽게 이해된다.
- 조직의 독특성 · 조직의 능력 · 조직의 대의명분 · 조직이 성취할 수 있는 것을 보여 준다.
- 큰 뜻을 지닌다.

사명 사명은 노력을 기울일 때 무엇에 주안점을 두느냐 하는 것으로 명확하면서 거역할 수 없는 일반적인 목적이다. 결코 성취할 수 없는 목적과 달리 사명은 성취해야 하는 것이다. 훌륭한 사명은 확실한 목적지, 즉 종착점이 있다. 달에 착륙하겠다는 사명이나 산 정상에 올라가겠다는 사명과 같이 사명은 도달할 때를 반드시 알 수 있어야 한다.

[비전과 미션의 비교]

비 전	미 션
• 미래에 도달하고 싶은 것 • 기업의 꿈	• 기업이 수행해야할 책임과 의무 • 기업의 가치관
• 사용하는 용어의 사례 –최고, 최대, 최적 등 –글로벌 경쟁력	• 사용하는 용어의 사례 –고객감동, 고객가치 등 –사회공헌, 사회적 책임 등
• 삼성전자의 경우 인간의 삶을 풍요롭게 하고 사회적 책임을 다하는 지속가능한 미래에 공헌하는 혁신적 기술 · 제품 · 그리고 디자인을 통해 미래사회에 대한 영감고취	• 삼성전자의 경우 –미래사회에 대한 영감 –새로운 미래창조

비전수립의 단계

비전수립은 기회탐지 · 비전입안 · 비전선별 · 비전실행계획의 수립으로 구분하여 4단계에 의하여 수립된다.

기회탐지 기회탐지 단계에서는 먼저 기업을 둘러쌓고 있는 트렌드를 분석하고 메가트렌드와 불확실한 요소 그리고 그 외의 기타 그룹으로 그룹화하여 그룹화된 메가트렌드에 대하여 내부역량의 준비도를 평가하고 기회요인을 탐지해 낸다.

비전입안 비전 입안단계에서는 탐지된 기회용인을 분석하여 비전 초안을 작성하고, 불확실성에 대해 작성된 시나리오를 합쳐서 각 비전초안이 시나리오별로 어떤 리스크를 가지고 있는지 평가한다.

비전선별 비전 선별단계에서는 선별된 비전초안에 대해서 비즈니스 케이스를 작성하여 이에 대한 리스크 · 잠재성 등을 평가한다. 그 후 비전선별의 기준을 합의한 후 그 기준에 따라서 비전을 선별하고 비전 문구에 대해서 토의한다.

비전실행계획 수립 비전실행계획 수립단계에서는 선별된 비전을 실행할 때의 장애요인을 탐지하고 이를 극복하기 위한 조력자를 어떻게 강화할지도 검토한다. 그리하여 최종적으로 비전실행계획안을 도출해 낸다.

- 선별비전 실행의 장애요인 탐지
- 실행 추진의 핵심인자 탐지
- 장애요소 급복방안과 핵심인자 강화방안 개발
- 비전 실행계획(안) 도출
  - 실행목표와 기간
  - 주요 실행책임 및 내용
  - 주요 예상이슈
  - 중점 의사과정
  - 모니터링 주기 및 책임
  - KPI 도출

3 재무목표

비전의 결과로 이루게 될 재무적 성과를 재무목표라고 한다. 재무목표를 설정함에 있어 비전을 구체적으로 실행하는 단계의 재무적 요소를 정확히 파악하고 장래의 궁극적인 성과를 계량화하는 것이 재무전략의 방향이 되어야 할 것이다.

재무목표는 크게 보아 추정대차대조표 · 추정손익계산서 · 추정현금흐름표에 재무적 목표가 수치로 표시되는 것이다.

[추정 대차대조표]

구 분		T=0 (P)	T=1	T=2	T=3
자산	유동 자산				
	고정 자산				
자 산 총 계					
부채	유동 부채				
	고정 부채				
부 채 총 계					
자본	자 본 금				
	이익잉여금				
	(당기순이익)				
자 본 총 계					
부채 및 자본총계					

[추정손익계산서]

구분	T=0 (P)	T=1	T=2	T=3
매출액				
매출원가				
매출총이익				
판매비와 관리비				
영업이익				
영업외수익				
영업외비용				
경상이익				
특별이익				
특별손실				
법인세비용전 순손익				
법인세비용				
당기순이익				

[추정현금흐름표]

구분	T=0 (P)	T=1	T=2	T=3
영업활동으로 인한 현금흐름				
① 당기순이익 ② 감가상각비				
투자활동으로 인한 현금흐름 ① 고정자산의 증가 ② 기타 유동자산의 증가				
재무활동으로 인한 현금흐름 ① 차입금의 증가 ② 보통주의 발행				
현금의 증가				
기초현금				
기말현금				

4 기업전략

기업전략(Corporate strategy)을 간략하게 표현한다면 '어떠한 사업을 할 것인가와 관련된 결정'을 하는 것이다. 따라서 기업전략을 구조적으로 해석한다면 기업 전체의 경영을 지배하는 가장 상위의 경영전략이라고 볼 수 있는 것이다.

기업은 그 규모와 업종에 따라서 여러 가지의 구조적 형태를 갖추고 있다. 그룹 기업의 경우에는 많은 계열회사로 구성되어 있다. 이러한 기업의 기업전략이라 함은 그룹 내의 모든 계열회사를 포함한 그룹전체의 경영전략을 의미한다. 그룹전체의 기업전략은 그룹 내부의 자원분배를 통하여 그룹전체의 방향을 설정하고, 그룹 내부의 계열회사는 기업전략의 자원배분에 따라서 조직경영에 많은 영향을 받게 되며, 각기 다른 산업이나 업종에서 사업을 전개한다. 그렇지만 이와 다른 계열화되어 있지 않은 대기업이나 중소기업의 경우에도 기업 전략이 회사의 방향을 결정하는 가장 상위경영전략인 것임에는 동일하다. 다시 말하면 기업전략은 새로운 사업으로의 진입여부나 기존에 운영하는 사업으로부터의 탈퇴여부를 결정짓는 가장 상위의 경영전략이라고 할 수 있는 것이다. 이러한 기업전략은 성장전략의 다각화전략과 전략적 제휴, 축소전략인 철수 전략이 있다.

Tip 다각화 전략이 가져다주는 이점

- 핵심 경쟁역량을 활용할 수 있다.
- 하부조직을 공유할 수 있다.
- 재정자원이 균형적으로 이루어질 수 있다.
- 성장을 유지할 수 있다.

5 사업전략과 경쟁전략

기업전략이 기업전체의 최상위 전략이라고 한다면 사업전략은 각 사업 내에서 해당사업이 갖는 경쟁적 우위를 지키기 위하여 필요한 모든 활동을 의미하는 것으로 한 단계 아래의 세부적 전략이라 할 수 있다. 즉 외부의 기회와 위협을 제대로 인식하고 기업전략에 의해 기업 전체적으로 자원이 배분되면 사업부 수준의 전략에서는 기업내부의 자원을 활용하여 경쟁기업과 경쟁할 구체적인 방향과 방법을 강구하게 되는 것이다.

사업전략은 개별사업단위의 목표를 성공적으로 달성하기 위해 사업의 장기적 경쟁우위를 어떻게 구축하고 공고히 할 것인가에 초점을 둔다. 원료조달 · 생산 · 마케팅 등 기업의 핵심활동을 수행함에 있어서 경쟁기업보다 상대적으로 앞서 있는 핵심역량을 만들어 활용함으로써 사업부의 경쟁우위를 확보할 수 있는 것이다. 물론 경쟁우위의 개념은 사업부 수준에서 뿐만 아니라, 기업전체에도 적용할 수 있는 개념이다. 기업이 경영전략을 수립하는데 가장 중요한 관심은 어떻게 하면 경쟁자에 비해서 경쟁우위를 확보할 수 있는가의 문제이다. 만일 경쟁자가 없다면 우리는 경영전략을 수립할 필요가 없을 것이다. 전략을 수립하는 가장 중요한 목적은 경쟁자에 대하여 보다 높은 경쟁우위를 유지하는 것이기 때문이다. 즉, 경쟁전략은 상대방 경쟁자의 강점에 비추어 어떻게 하면 강점을 가장 효율적으로 사용할 수 있는가를 파악하는 것이다. 경쟁전략 수립 시 고려해야 하는 요소들은 다음과 같다.

첫째, 산업구조를 분석하고 그 개별 산업의 특성을 이해하는 일이다. 그렇게 함으로써 우리는 각 산업 특유의 성공요인을 알 수 있다.

둘째, 기업 자신의 경영자원, 및 핵심역량을 분석하는 일이다. 우리 기업이 경쟁사에 비해서 어떻게 하면 경쟁우위를 유지할 수 있는가를 파악하기 위해서는 기업이 가진 경영자원, 즉 기술력 · 자금력 또는 마케팅능력 등과 기업의 조직구조 · 문화 · 최고경영자의 리더십에 대한 이해가 필요하다.

셋째로, 경쟁사의 전략을 이해하는 것이다. 경쟁전략이란 적의 약점에 대해 자신의 강점을 집중하는 것이기 때문에 경쟁사에 대한 깊은 이해가 필요하다.

즉, 경쟁전략은 경쟁기업의 행동에 따라 달라질 필요가 있는 것이다. 만일, 어느 기업이 시장점유율을 늘리기 위해 가격인하를 시작 한다고 하자. 이에 맞서 경쟁기업이 똑같은 폭의 가격인하를 감행한다면 소비자들이 느끼는 기업의 상대가격은 변함이 없다. 결국 두 기업 모두 자신의 이윤만 줄어들 뿐 각사의 시장점유율은 변하지 않는다. 또한 어느 기업이 제품차별화를 시도하여 신제품을 발표 하였을 때 경쟁사가 똑같은 제품을 빠른 시일 내에 시장에 출시하면 그 기업의 차별화된 경쟁우위는 유지될 수 없다. 이와 같이 산업구조 및 경영자원에 대한 분석, 자사가 가진 핵심역량에 대한 분석, 경쟁사의 경쟁전략 및 경쟁우위에 대한 분석이 행해져야만 성공할 수 있는 경쟁전략의 수립이 가능하게 되는 것이다.

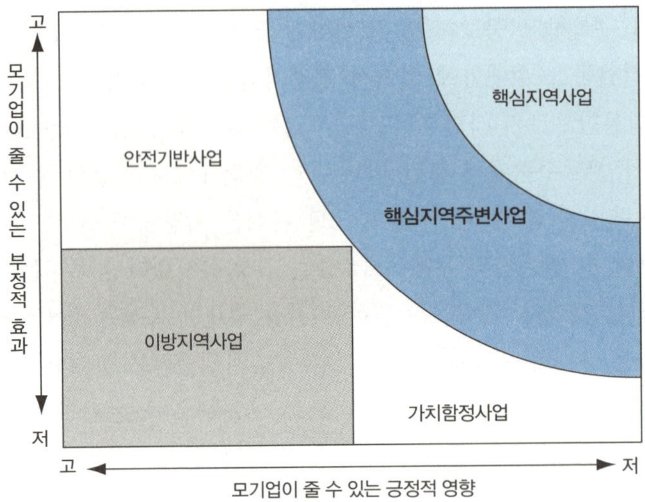

▲ Corporate Strategic Matrix

원가주도전략

기업이 특정산업에서 경쟁우위를 획득하기 위해서는 여러 가지 전략적 방법 중 원가주도전략은 원가우위에 영향을 미치는 여러 가지 수단을 이용하여 특정 산업에서의 원가우위를 통해 경쟁우위를 획득하려는 전략을 말하는 것이다. 그러므로 원가주도 전략을 추구하는 기업의 목표는 경쟁사보다 더 낮은 가격으로 제품이나 서비스를 생산할 수 있는 모든 방법을 동원하여 경쟁사에 대해 우위를 확보하는 것이다. 이러한 원가주도전략은 다음과 같은 두 가지 측면에서 우위를 확보할 수 있다.

첫째, 경쟁사보다 낮은 가격으로 제품을 공급함으로써 시장점유율을 제고할 수 있다.

둘째, 만약 경쟁사와 유사한 가격으로 제품을 공급하는 경우에는 원가가 낮기 때문에 경쟁사보다 더 높은 이윤을 창출할 수 있다.

하지만 원가주도자는 대체로 제품차별화의 수준이 낮다. 이는 제품차별화에는 추가적인 원가부담이 필요하기 때문이다. 따라서 원가주도자는 차별화를 추구하는 경쟁자의 제품차별화 정도에 비해 뚜렷이 열등하지 않은 정도만의 차별화, 낮은 원가로 가능한 차별화 수준을 목표로 한다. 또한 일반적으로 평균적인 고객을 주 대상으로 하며, 시장세분화는 크게 염두에 두지 않는다. 왜냐하면, 서로 상이한 세분화된 시장의 욕구에 맞는 제품개발에는 추가적인 비용이 소요되어 원가우위기반이 상실될 수 있기 때문이다. 이와 같은 이유 때문에, 원가절감에만 관심을 기울이다 소비자의 기호변화에 적절히 대응하지 못하여 큰 타격을 입을 수도 있는 전략이기도 하다.

차별화전략

원가주도전략이 원가를 낮추는데 주안점을 두는 전략이었다면 차별화전략은 그 목적이 제품이나 서비스를 차별화하는 것, 즉 고객에게 자사의 제품이 독특한 것으로 인식되도록 함으로써 경쟁우위를 획득하는 것에 목적이 있는 전략이라고 볼 수 있다. 따라서 원가주도전략을 사용하는 기업들이 낮은 원가로 가능한 수준에서 차별화가 머물렀던 것에 비해, 차별화전략을 사용하는 기업들은 고객의 욕구나 행동을 주위 깊게 파악하고 그들이 무엇에 가치를 두는지 면밀히 분석하여 보다 소비자들이 원하는 가치의 차별화를 두게 된다.

이러한 차별화방법에는 여러 가지가 있지만 크게 제품의 품질이나 기술 등과 같은 기술적 요인에 의한 기술차별화와 상표 · 광고 · 고객서비스 등과 같은 마케팅활동에 의한 마케팅차별화의 두 측면으로 나누어 살펴볼 수 있다. 그리고 성공적인 차별화는 높은 제품가격을 설정할 수 있고, 경쟁사보다 더 많은 제품판매를 통한 시장점유율을 증대시킴은 물론 자사 제품에 대한 고객충성도까지 제고할 수 있다는 장점을 가지게 된다.

이와 같이 차별화는 차별화를 달성하는데 소요되는 비용보다 더 높은 가격으로 제품을 판매를 가능하게 함으로써 수익성 향상에 기여를 한다. 하지만, 만약 고객이 차별화의 가치를 인정하지 않는 경우에는 이 모든 것이 무의미해지는 것이며 차별화의 달성에 필요한 추가적 비용보다 더 높은 가격을 고객에게 부담시킬 수 없을 때에는 수익성의 저하를 초래하게 되기도 한다.

집중화전략

앞에서 살펴본 원가주도전략이나 차별화전략은 산업 전체를 대상으로 하는 전략들이었다. 하지만 집중화전략은 특정 구매자집단이나 특정 제품 또는 지역적으로 제한된 시장만을 집중적인 목표를 삼는 전략으로 그 대상부터가 다르다고 할 수 있다. 그러므로 집중화 전략의 요체는 고객들이 독특한 요구를 가지고 있는 시장에서의 적소를 선택하는 것에 있다.

이러한 적소는 지리적 영역 · 제품사용에서의 특정 욕구 · 고객유형 등에 의해 정의될 수 있다. 집중화전략을 사용하는 기업들은 대체로 규모가 작고, 한정된 제품, 시장 영역 내에서 차별화 또는 원가우위를 통해 경쟁우위를 획득하는 방법을 택하는 특징을 가지고 있다. 따라서 집중화전략은 다시 원가집중화와 차별적집중화로 나눌 수 있게 된다. 집중화전략은 경쟁자들이 이와 유사한 제품을 공급하기 어렵기 때문에 산업 내 타 기업들과의 경쟁을 회피하게 해 주며, 구매자의 교섭력도 약화된다. 또, 기업 활동이 고객과 밀착되어 이루어짐으로써 고객의 욕구변화에 대응하기 쉽다는 장점을 가지고 있다.

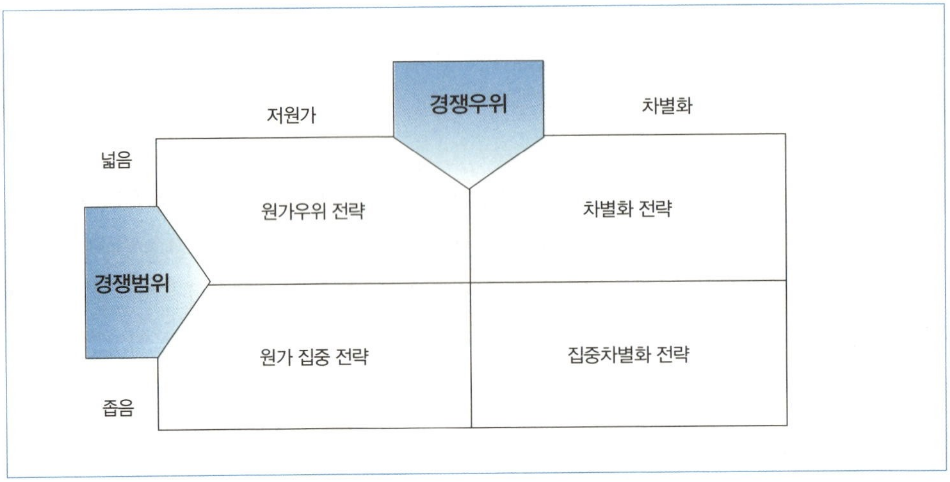

▲ 고전적 경쟁전략 매트릭스

02 사업전략 수립의 TOOL

기업의 경영전략은 크게 기업전략과 사업전략(Business Strategy)으로 나누어진다. 기업전략은 기업의 비전 및 미션의 수립, 전략적 기반 또는 전략조직의 구축, 위기관리체계의 구축, 그리고 재무전략 등의 테마로 구성되지만 사업전략은 기업의 신규사업에 대한 전략수립, 각 사업에 대한 사업성 또는 타당성분석, 사업의 재 정의를 통한 사업

재구축, 사업다각화 등을 통한 새로운 사업기회의 모색 등의 테마로 구성되어 있다.

경영전략의 접근방법은 분명하고 일치된 목표를 설정해야 하며 무엇보다도 외부환경에 대한 정확한 이해가 우선된 이후 자사의 강점과 약점에 대한 객관적 평가가 이루어져야 한다. 그런 연후에 효과적인 전략의 수행이 뒤따라야만 하는 것이다.

1 전략의 유형

경영전략의 일반적인 유형은 전략기간별 · 사업범위별 · 기능범위별로 구분할 수 있으며 그 내용은 다음과 같다.

- 전략기간별 유형
  - 장기전략 : 일반적으로 대상기간이 5년 이상
  - 중기전략 : 대상 기간이 2~3년
  - 단기전략 : 대상 기간이 1년
- 사업범위별 유형
  - 그룹전략 : 그룹 차원의 전략 수립
  - 기업전략 : 개별 기업 차원의 전략 수립
  - 사업전략 : 전략적 사업 단위(SBU) 차원의 전략 수립
- 기능범위별 유형
  - 전사전략 : 전사적 차원의 전략 수립
  - 기능전략 : 기능별 전략 수립(인사조직 · 재무 · 마케팅 · 생산 · 기술 등)

2 전략수립 프로세스

전략수립 프로세스는 다음과 같다.

제1단계/사전 준비

제1단계는 사전 준비 단계로서 먼저 팀을 구성하여 계획을 수립하고 전략수립에 대한 방법론을 확정하여야 한다.

- 팀 구성 : 프로젝트 팀(TFT)를 결성하고 참여 인력의 관리방안을 마련한다.

1 단 계	사전준비	• 팀 구성 • 계획 수립 • 방법론 확정
2 단 계	현상파악	• 조직 구조 • 현안 문제
3 단 계	환경분석	• 거시 환경, 산업 환경 분석 • 경쟁자 및 고객 분석
	내부역량분석	• 사업 및 핵심역량 분석 • 조직 및 재무분석
4 단 계	전략적 비전 설정	• 비전 설정 • 실천 전략
	전략수립 및 개발	• 전략 수립 • 대안 제시
5 단 계	실행계획 수립	• 단계별 실행 전략 • 실천 방안 계획 수립

- 계획 수립 : 세부일정계획을 수립하고 일정관리방안을 마련한다.
- 방법론 확정 : 단계별 프로세스 및 활용 툴을 찾아 방법론을 정립한다.

제2단계/현상파악

제2단계는 현상파악 단계로서 기업의 조직구조와 현안 문제를 파악하고 이를 분석하는 단계이다.

- 기업내부분석
  - 회사 제품안내서, 조직 및 인력 현황
  - 사규, 방침
  - 재무제표, 손익계산서
  - 주요제품 생산공정, 판매 및 유통경로

- 제품별 판매 및 생산실적
- 기업환경분석
- 시장환경분석
- 기술환경분석
- 자본환경분석
- 노동환경분석

• 업계분석
- 회사 연혁
- 업계의 일반특성
- 시장에서의 position
- 업적과 경영상의 일반적인 과제

• 기초자료
- 경영철학 및 경영이념, 비전의 제시
- 경영방침 및 경영목표, 기업 환경인식도
- 제품 · 시장에 대한 방침사항
- 연구 · 개발에 대한 방침사항
- 생산 전반에 대한 방침사항
- 재무관리에 대한 방침사항
- 인사 · 조직에 대한 방침사항

제3단계/환경분석과 내부역량분석

제3단계는 환경분석 단계로서 거시환경분석 · 산업환경분석 · 경쟁자분석 · 고객분석을 실시하는 과정이다.

거시환경분석 분석방법으로 국내 및 해외로 구분하여 거시경제 및 통상 · 사회 · 문화 · 정부정책 · 기술발달 등의 측면에서 분석한다. 분석 차에 있어서는 자사의 기회와 위협이 되는 환경변화의 키워드를 추출하고, 환경변화의 방향 · 속도 · 결과 등에 대하여 분석하여 전략적 기본방향의 설정을 위한 시사점을 도출한다.

산업환경분석 산업의 본질적 특성을 이해하고 과거와 현재 그리고 미래를 시계열적으로 분석하여 추이를 파악한다. 산업의 규모와 변화를 파악하기 위한 성장성분석, 산업의 수익성과 안정성, 시장점유율을 조사함으로써 경쟁성을 분석하여야 한다.

- 산업의 가치체계를 분석한다.
- 산업의 활동요소를 파악한다.
- 활동 단계별로 가치와 규모와 부가가치 추이를 파악한다.

경쟁자분석

- 사업이 속해 있는 산업의 경쟁구조를 이해하고 매력도를 평가하여 전략적 시사점을 도출한다.
- 기존기업과의 경쟁관계에서 현재의 경쟁자가 누구인지 파악한다.
- 잠재진입자는 누구이고 진입 협의 수준이 어느 정도인지 파악한다.
- 기존제품에 대한 대체품은 무엇이며 대체압력은 어느 정도인지 파악한다.
- 구매자와의 교섭력은 어떠한지 조사한다.
- 공급자와의 교섭력은 어떠한지 조사한다.

고객분석

- 고객분석은 현재와 잠재고객에 대한 분석을 통하여 고객의 특성과 변화의 방향을 파악한다.
- 전략적 시사점을 도출한다.
- 고객분석의 절차로서 고객행동이해 · 시장세분화 · 세분시장의 매력도평가와 목표시장별 제품Positioning전략을 수립한다.

고객 유형	고객 특성	구성비율	
		현재	미래

전략적 과제

내부역량분석

제3단계의 두 번째 과제로써 내부역량을 분석해야한다. 내부역량분석을 위해서 먼저 자사의 사업분석을 하고 핵심역량과 조직 및 재무에 대한 분석을 실시한다.

사업분석 현재의 사업의 구성이 어떠한 형태로 전개되고 있는지를 제품 포트폴리오 매트릭스(PPM)를 통하여 분석한다.

시장성장률 \ 시장점유율	고	저
고	인기사업 (성장을 위한 자원 투입)	문 제 아 (집중 투자전략 또는 과감한 퇴출)
저	돈을 맺는 나무 (회사 자금원 역할)	싸움에서 진 개 (처분 또는 퇴출 전략)

▲ PPM Matrix

핵심역량분석 기업의 핵심역량은 다른 기업에 비해서 고객에 대한 경쟁적 우위를 창출하는 유형·무형의 인적자원 요소이다. 고객에게 가치를 높이거나 그 가치가 전달되는 과정을 더 효율적으로 할 수 있는 특정한 방법을 나타내고 이러한 능력은 기업이 신규사업에 진출할 수 있는 능력이 된다. 핵심역량분석의 의미는 첫째, 기존 사업의 경쟁력을 유지하고 둘째, 신규 사업으로의 다각화를 모색할 수 있으며 셋째, 조직활성화의 방향을 제시할 뿐만 아니라 넷째, 전략적 제휴의 지침을 제공한다.

핵심역량 \ 시장	기존	신규
신규	기존시장에서 경쟁적 지위를 유지하기 위해서는 어떠한 핵심역량을 보완해야 하는가.	장래의 매력적 시장에 진입하기 위해서 요구되는 핵심역량은 무엇인가.
기존	현재 보유한 핵심역량을 활용하여 기존 시장에서 경쟁력을 향상시킬 수는 없는가.	현재 보유한 핵심역량을 재배치, 재결합하여 신상품과 서비스를 얻을 수는 없는가.

▲ 핵심역량 Skill

조직분석

- 경영전략 : 장기목표는 명확하게 설정되어 있으며, 자기목표의 달성을 위해 제한된 자원이 효과적으로 분배되어 있는지, 외부환경의 변화에 대응하기 위하여 일관성 있는 정책방향을 가지고 있는지 파악한다.
- 조직구조 : 조직목적을 달성하기 위하여 요구되는 업무기능을 수행하고 있는지, 조직구성단위의 편제업무 분장, 규모 및 인력 배분이 적절하게 운영되는지, 요구되는 기능 및 서비스의 변화에 따라 조직 구조가 탄력적인지를 파악한다.

[내부역량요인 체크리스트]

<table>
<tr><th>요 인</th><th>주요 항목</th><th>세 부 내 용</th></tr>
<tr><td>종합적인
기업분석</td><td>재무분석</td><td>수익성, 안정성, 손익분기점, 부가가치생산성, 자금회전율분석, 동종타사 비교 등</td></tr>
<tr><td rowspan="2">인적부문</td><td>경영자
능력</td><td>• 인간성, 가치관, 사명감
• 경영자의 타입(기업가, 독재자 등)
• 경영능력, 사회적 신용, 사원들의 신뢰성
• 후계자 육성</td></tr>
<tr><td>관리자</td><td>• 계획적인 인재육성, 자기개발
• 관리능력, 업적 추구능력, 행동력, 부하 장악력(리더십)</td></tr>
<tr><td rowspan="2">조직부문</td><td>경영조직</td><td>• 조직형태(분권화, 집중화)
• 경영관리시스템(전략경영시스템, 업적관리시스템, 소집단 활동, 목표관리 등)
• 경영노하우(경영경험 축적도, 사내외 전문가 활용능력, 사외인맥 등)</td></tr>
<tr><td>조직풍토</td><td>• 사풍
• 하고자 하는 의욕, 의식수준, 교육 또는 학습풍토</td></tr>
<tr><td rowspan="4">물적자원</td><td>제품력</td><td>• 제품의 특성, 품질, 사양, 제품차별화 등 제품의 경쟁력</td></tr>
<tr><td>시장력</td><td>• 국내시장, 해외시장 점유율, 단위고객의존도
• 신용도, 재고관리 및 물류시스템
• 고객서비스 능력, 광고, 신용관리 등</td></tr>
<tr><td>생산력</td><td>• 구매, 자재관리력, 품질관리, 작업관리, 안전
• 위생관리, 환경관리, 생산 및 통제계획 등</td></tr>
<tr><td>연구개발력</td><td>• 신제품개발력, 연구개발예산, 기술정보
• 인재육성(기술이력), 기술의 시장결합력 등</td></tr>
<tr><td>자금분석 및
평가</td><td>자금력</td><td>• 자금조달수단의 합리성, 금융여력, 금융기관과의 관계, 자금조달능력 등</td></tr>
<tr><td>정보분석 및
평가</td><td>정보력</td><td>• 정보원 확보, 비밀유지 · 보안
• 경영정보시스템 및 Data Base 구축 등</td></tr>
</table>

- 운영체계 : 업무의 계획 · 집행 · 통제의 Management Cycle이 체계적이고 업무가 수행되는 과정 및 절차가 효율적인지, 의사결정 및 의사전달은 신속하고 정확하게 이루어지고 있는지 조사한다.
- 구성원 : 필요한 인재를 필요한 만큼 확보하고 있으며, 인사관리는 합리적으로 실행되고 있는지, 교육훈련은 효과적으로 실시되는지 파악한다.
- 조직풍토 : 조직구성원이 무엇에 노력을 기울이고 있으며 조직구성원간의 인간관계는 우호적인지, 경영층의 Leadership은 어떠한 유형인지 파악한다.
- 조직능력 : 조직구성원의 능력이 조직을 통하여 시너지효과를 발휘하고 있으며, 문화적으로 독특한 강점과 약점이 무엇인지, 조직구상원이 능력을 발휘할 수 있는 여건은 조성되어 있는지 파악한다.
- 공유가치 : 조직의 존재목적은 명확히 설정되어 있으며, 조직구성원에게 공유되고 있으며, 업무를 수행함에 있어서 적용하는 판단기준은 일치한지, 조직구성원이 존중하고 공유하는 전통적 가치는 있는지 파악한다.

재무분석

- 대차대조표 : 유동비율 · 부채비율 · 자기자본비율을 통해 기업의 안전성을 파악한다.
- 손익계산서 : 매출액증가율 · 매출원가율 · 영업이익증가율 · 경상이익률 · 당기순이익률 등을 통하여 기업의 생산성 · 성장성과 수익성을 파악한다.

제4단계/전략적 비전 설정과 전략수립

제4단계는 전략적 비전설정과 전략수립의 단계이다. 기업비전의 구조를 파악하고 장래의 기업의 모습을 그리고 이에 따른 전략을 수립하는 단계이다.

기업 비전의 구조

- 기업 이념 : 기업의 사회에 대한 책임 · 목적 · 사명 · 경영자세를 밝힌 것으로 사내 · 외에 일관되게 주장해 나가는 것이다.
- 도메인 : 자사가 지향하는 사업영역 · 존재의의 · 제공하는 가치 등을 한마디로 표현한 것으로 「생존영역」이라고도 불린다.
- 기업문화 비전 : 기업문화가 가져야 할 모습과 구체적 행동으로 연결시키기

위한 행동규범으로 구성된다.

- 사업 비전 : 질적 · 양적 목표 및 장래 확립해야 할 사업영역인 SBU(전략사업단위)로 구성된다.
- 조직/프로세스 비전 : 조직구조나 기업경영의 프로세스가 보여 주어야 할 모습이다.

비전 설정

- 경영진
- 경영이념
- 기업비전
- 사업영역
- 사업목표
- 도출을 위한 Workshop 진행

전략수립 SWOT분석을 통해 외부환경의 기회와 위협, 내부역량분석을 통하여 도출된 강점과 약점을 파악하고 기존시장, 신규시장별 기존제품, 신규 제품분석을 통해 사업구조전략을 수립한다.

전략적 우위요소와 전략적 목표분석을 통해 사업경쟁전략을 수립하며 그 실천전략에는 다음 사항이 포함되어야 한다.

- 부서장 · 팀장
- 비전 달성전략
- 부서별 기본전략
- 전사추진 실천과제
- 실천행동지침
- 도출을 위한 Workshop 진행
- 현 사업의 종합적인 분석을 바탕으로 전략적 대안을 전개
- 시나리오 구상
- 시뮬레이션

전략적 방향	전사전략	사업전략(SBU)	기능전략(OBU)

전사방향	전략과제	효과성 (50)	실행가능 (20)	중요성 (30)	합계 (100)	우선순위

제5단계/실행계획 수립

제5단계는 Action plan 수립 단계로서 수립된 비전과 전략적 의지를 구체적으로 실천함으로써 그 전략의 타당성을 증명하고 핵심전략 요소와 기능별전략의 일체화를 전개하는 단계이다.

진행절차

- 세부전략 및 추진계획 수립
- 기술도입 및 경영시스템 개발
- 선진시험평가기술 개발
- 선도적 사업에 자원집중 투입
- 전사적 공감대 형성을 통한 지속적 관리

Action plan

- 경영목표 및 Vision 수립
- 사업별 목표 및 추진전략 수립
- 사업별/기능별 세부추진계획
- 조직 및 인력 수립계획
- 정보시스템 경영계획

전략 실행의 전략적 변화 8단계 과정

- 위기감 정착
- 핵심집단 구성

- 비전과 전략의 개발
- 비전의 전달
- 권한이양
- 단기적 · 가시적 성과달성
- 지속적인 변화
- 문화의 변화

3 사업전략 개발프로세스

사업전략 수립의 기본 프로세스는 문제 · 기회의 발견 · 가설수립 · 가설 테스트 · 전략 확정 및 실행의 각 단계별로 이루어지게 되며 주요 포인트를 알아보도록 한다.

문제 · 기회의 발견

독창적인 사업전략의 수립은 기존에 당연시되는 관행들로부터 문제를 찾아내는 것에서부터 시작된다. 문제를 발견하기 위해서는 업계의 일반적인 관행을 확실히 파악하는 것이 선행되어야 한다. 현장에서부터 업계의 관행이 무엇인지 파악한 후에는 왜 그러한 관행이 계속 유지되는지 근본적으로 따져보면서 더 나은 대안은 없는지 끊임없이 고민해야 한다. 이 때 고객 및 일선현장의 구성원들과 접촉을 통해서 얻을 수 있는 현실감 있는 질적 자료가 중요한 역할을 한다. 중요한 아이디어는 대개 일선 현장에 암묵적인 형태로 존재하는 경우가 많기 때문이다. 다만 현장의 아이디어는 편파적이고 논리적 틀을 갖추고 있지 못한 경우가 많기 때문에 사업 전반의 거시적인 틀에 비추어서 재해석되어야 한다.

경영자가 사업에 대한 통찰을 지속적으로 얻기 위해서는 근본적인 문제의식을 가지고 영업현장 · 생산현장에서 고객 및 구성원들과 직접 접촉하면서 현장을 경험할 수 있는 기회를 가질 필요가 있다. 현장경영이라고 하면 공장이나 영업현장을 스텝들과 함께 순시하는 정도로 착각하는 경우가 많다. 그러나 그러한 활동이 현장에서의 질적 자료나 사업에 대한 감(感)을 얻을 수 있는 기회가 되지 못하고 일과성 행사로 끝나게 되면 구성원이나 고객에 대한 상징적 효과 이외에는 얻는 것이 없을 것이다.

가설 수립

기존 관행에서 문제를 발견하였으면 그러한 문제의 원인과 해결 방안에 대한 여러 가지 가설을 세워봐야 한다. 이 때에 고객의 관점에서 근본적으로 사업의 본질에 대해 다시 생각해보는 것이 가장 중요하다. 이를 위해 사업의 기본을 구성하는 주요 변수들을 파악하고 이들 간의 인과관계를 구성하여 논리적 지도를 그려보는 것이 도움이 된다. 즉, 고객만족의 가장 핵심적인 요소가 무엇인지, 그러한 요소를 충족시키려면 어떤 역량을 지녀야 되는지, 필요역량을 확보하기 위해서는 어떤 노력을 집중적으로 해야 되는지, 그것이 잘 안 되는 근본적인 이유는 무엇인지 등의 기본적인 질문들을 계속 던지면서 사업의 큰 그림을 그려보는 것이다. 사업 관련 중요변수들을 도출하여 변수 간의 인과관계를 가설적으로 그려보는 과정을 통해 몇 가지의 가상적인 사업모델을 구성할 수 있을 것이다. 물론 이 과정에서도 현장에서 얻은 통찰이 중요한 역할을 한다.

가설 테스트

여러 가지 가설을 기반으로 몇 가지 유형의 사업모델을 구성하였으면 각 대안의 타당성을 테스트 해봐야 한다. 이 때 가장 큰 문제는 계량적 분석을 실시할 수 있는 양적 데이터가 없는 경우가 많다는 것이다. 따라서 정교한 계량분석기법을 활용한 테스트보다는 고객 · 현장구성원 · 관련 전문가로부터 가설의 타당성에 대한 의견을 듣는 것이 보다 현실적인 방안이다.

다양한 의견수렴과정을 거쳐서 사업모델을 수정 · 보완하되 궁극적인 판단은 결국 최고경영자의 몫이다. 이 때, 자신이 구상한 사업컨셉은 뛰어나다고 스스로 생각하면서 과잉기대를 가지는 경우가 많은데, 확신이 들 때까지는 계속 대안을 의심하고 발생 가능한 문제를 확인 · 점검하는 자세가 중요하다.

전략의 확정 및 실행

사업전략의 타당성을 점검한 뒤에 확정을 하고 나면 구체적인 실행안을 마련해야 한다. 사업전략이 실행될 수 있는 구체방안을 운영수준의 각 기능별로 마련하고 각종 인프라 구축의 마스터 플랜을 짜야 하는 것이다. 특히, 일선 구성원들과의 명확한 커뮤니케이션을 통하여 수립된 사업전략의 의미에 대한 공통의 이해를 형성하는 것이 중요하다. 구성원들이 제대로 이해하지 못하면 아무리 좋은 전략도 실행될 수 없기 때문이다. 이런 점에서 평가시스템을 커뮤니케이션의 도구로 활용할 필요가 있다. 즉, 조직단위·개인단위의 평가지표들이 전략을 구체적으로 반영하게끔 선정하여 구성원들이 전략을 이해하고 그 방향으로 움직일 수 있도록 해야 하는 것이다.

개선활동

이렇게 수립된 사업전략은 Plan-Do-See라는 일상 경영활동 속에서 지속적으로 점검되고 수정되어야 한다. 산업의 활동은 계속 변화하고 특히 오늘날에는 그 변화속도가 엄청나게 빠르기 때문에 일단 성공적인 것으로 확인된 전략이라 하더라도 유효성을 계속 점검해야 하는 것이다.

전략적 사업계획(Strategic Planning)을 기존전략의 타당성을 점검하고 사업에 관한 통찰·지식이 활성·공유되는 장으로 활용할 필요가 있다. 대부분의 기업에서 전사 및 부문별 사업계획의 수립, 공유과정은 목표설정을 둘러싼 협상게임으로 전락되어 있다. 계획수립과정을 통한 별다른 가치창출 없이 시간과 비용을 낭비하는 경우가 많다는 것이다. 그러나 사업전략수립에 있어서 중요한 것은 목표수립 자체보다도 수립된 목표의 달성방안을 창의적으로 모색하는 데 있다. 선진기업의 경우 사업계획 수립 및 공유과정을 통해 얻고자 하는 바를 명확히 하면서 목표설정 자체보다는 사업에 관한 통찰지식의 창출과 도전의식의 공유를 북돋우는 방식으로 사업계획 수립 프로세스를 운영한다.

사업 통찰력

창의적인 사업 컨셉이라고 하면 갑자기 번쩍 떠오른 아이디어를 연상하기 쉽다. 그러나 실행 가능한 사업 컨셉은 끊임없이 문제와 기회를 탐구하고 구상된 아이디어를 지속적으로 가다듬고 구체화해 나가는 과정 속에서만 얻어질 수 있다. 이를 위해 최고경영자와 전략기획부서 구성원들이 기본적으로 가져야 되는 태도로는 다음의 네 가지를 들 수 있다.

첫째, 선행적 마인드(Proactive Mind)이다. 지금 이대로 가면 10년 후에 우리 기업이 유지될 수 있을까라는 질문을 던지고, 환경변화에 의해 발생하는 기회 및 위협에 대해 항상 주의를 기울이면서 그것이 주는 함의를 신속하고 정확히 파악하여 즉각적으로 대비할 수 있어야 한다. 특히, 사업에 대한 문제의식을 항상 잃지 않는 것이 중요한데, 문제의식이 없는 상태에서는 아무리 중요한 정보에 접해도 별다른 함의를 얻을 수 없기 때문이다.

둘째, 비판적인 사고(Critical Thinking)이다. 사업수행에 있어서의 기본 가정을 의심하고 끊임없이 새로운 사업수행방식을 모색하는 태도를 견지해야 하는 것이다.

셋째, 사업에 대한 열망(Aspiration)이다. 사업에 대해 정말 더 잘해보려는 열망이 없이 현상유지에 만족하는 경우에는 새로운 문제의식과 비판적인 사고를 지닐 수 없게 되는 것은 너무나 당연하다.

넷째, 현장중시의 마인드이다. 항상 현장에 마음을 두고 공급자와 고객, 내부 구성원들과 직접 대화·관찰 등의 상호작용하는 과정에서 사업에 관한 통찰지식을 얻으려고 노력해야 한다.

과거 우리 기업들은 신규사업에 대한 진출은 과감히 추진한 반면, 정작 진출한 사업에서 사업을 수행하는 방식은 독자적인 사업모델에 기반으로 하기 보다는 소위 Me-Too 전략으로 일관한 경우가 적지 않았다. 이제 우리 기업도 독창적인 사업전략을 기초로 글로벌 시장을 리드할 수 있는 실력을 갖추어야 할 때이다.

03 사업포트폴리오

사업포트폴리오(business portfolio)란 기업이 취급하고 있는 모든 사업부문과 제품의 집합체를 의미하는데 여기서 가장 이상적인 사업 포트폴리오는 기업이 주어진 환경 속에서 자신의 장점과 단점을 사업기회에 최대로 적응하여 나아가는 데 있다고 하겠다. 따라서 경영층에서는 기업의 사명과 목적이 결정되면 이에 따라 사업 포트폴리오 계획을 수립하여야 한다.

이러한 사업 포트폴리오의 계획수립 시 기업은 현재의 사업 포트폴리오를 분석하여 투자의 확대와 축소를 결정하고 그 다음에는 그에 알맞은 성장전략의 개발의 결정이 필요하다.

1 사업 포트폴리오의 설계

기업은 경영전략에 따른 경영목표 달성을 위하여 사업 영역확대의 방안으로 사업 다각화전략을 전개하게 된다. 이러한 사업영역을 확대하려는 또 다른 이유 중의 하나는

Management Risk를 분산시키려는 목적을 내포하고 있다. 여러 사업을 동시에 전개함으로써 각 사업 간의 시너지효과를 증대시켜 기업 전체의 가치를 높이고 한 사업부문이 목표에 도달하지 못하게 되더라도 기업 전체의 위험은 감소하게 되기 때문이다.

결국 기업이란 진행하고 있는 개별사업단위에 대한 지원뿐만 아니라 전체 사업단위 간에도 효율적인 경영자원 분배를 통해 최대이익을 실현할 수 있도록 해야 한다. 이러한 사업 포트폴리오 전략은 기존사업 전략뿐만 아니라 신규 사업의 선택이나 각 사업 간의 경영자원 배분 등을 고려하여 효과적으로 수립하여야 한다. 사업 포트폴리오를 결정하려면 먼저 현재 사업 포트폴리오를 확인해야 한다. 현재의 사업 포트폴리오를 구성하고 있는 SBU에는 어떤 것이 있으며, 어떻게 분포하고 있는지 확인해야 한다.

전략적 사업단위(Strategic Business Unit)란 조직 전체를 구성하고 있는 사업부문이나 제품 등을 말하는데 일반적으로 동일한 목표를 가진 기업 내의 사업단위를 말한다. 현재의 사업 포트폴리오가 확인되면 각 전략적 사업단위에 대한 평가와 분석이 이루어지게 된다. 현재사업 단위들의 현황과 위치를 파악하고 평가 · 분석이 끝나면 이 결과에 따라 효과적으로 경영자원을 최고의 효율을 얻을 수 있는 전략을 세운다.

2 현재 포트폴리오의 분석

우선 최고경영자는 핵심적인 사업부문인 전략사업부문을 파악하는 일이 필요하다

전략사업부문(SBU)의 특징

전략사업부문의 특징은 다음과 같이 요약할 수 있다.

- 하나의 단위사업
- 특정된 목표 혹은 사명을 지니고 있다.
- 경쟁자의 존재
- 책임 있는 경영자의 존재
- 생산에 필요한 모든 자원의 통제가능
- 독자적으로 전략적 계획 수립가능
- 타 사업부문과는 별도로 계획이 수립된다.

포트폴리오 계획수립 방법

전략사업부문의 시장매력도나 산업 전체의 매력도, 그리고 당해시장이나 당해산업에서의 전략사업부문이 차지하고 있는 위치상의 강점이라는 두 가지 중요한 요소를 토대로 평가하는 것으로서 미국의 경영자문회사인 보스턴 컨설팅사(Boston Consulting Group : BCG)가 개발한 분석방법이 대표적이며, BCG 기법은 모든 전략사업부문들을 성장률 및 시장점유율 행렬표에 그 위치를 표시 분류한 것으로 다음과 같다.

그림에서 종축은 시장성장률(market growth rate)을 나타내고 있는데 10%의 성장률을 기준으로 하여 그 이상을 고성장률, 이하를 저성장률로 구분하고 있다. 횡축은 상대적 시장점유율을 표시하는데 여기서 상대적 시장점유율이란 동일 산업에서 가장 큰 시장점유율을 차지하고 있는 경쟁자에 대한 당해 전략사업부문의 시장점유비율을 말한다. 상대적 시장점유율은 1.0을 기준으로 하여 그 크기를 대수(log)로 표시하고 있다. 그림에서 각 원의 크기는 당해 전략사업부문의 판매액의 크기를 나타내고 있으며, 10개의 전략 사업부문을 보유하고 있음을 나타내고 있다.

이러한 기법에서 전략사업부문은 10%의 시장점유율과 1.0의 상대적 시장점유율을 기준으로 4가지 유형별로 구분된다.

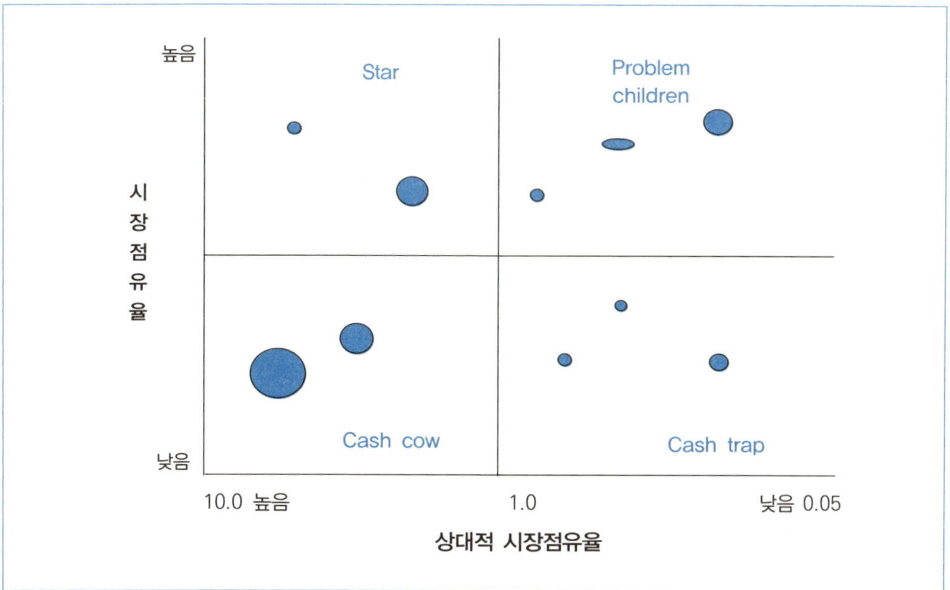

▲ BCG Business Portfolio Matrix

스타(star) 시장점유율이 높고 상대적 시장점유율도 높은 전략사업부문이다.

- 자체의 성장유지를 위하여 많은 자금이 필요함으로 급격한 고도성장을 뒷받침하기 위하여 여기에서 획득한 이익을 재투자할 필요가 있다.
- 이익은 많이 거두고 있으나 성장유지를 위한 자체 자금이 필요하기 때문에 가격인하 · 제품 개량 · 시장범위확대 · 생산성제고 등의 형태로 재투자를 함으로써 기존 시장점유율을 보호하는데 전략의 주안점을 두어야 한다. 특히 관심을 두어야 할 부분은 신규고객의 창출과 제품의 용도 확대를 통하여 성장을 기하는 것이다.

캐쉬 카우(cash cow) 성장률은 낮으나 시장점유율이 높은 전략사업부문이다.

- 자체의 사업뿐만 아니라 여타의 전략사업부문에 필요한 자금을 공급하여 주는 역할을 할 수 있다.
- 기술개발이나 가격 면에서의 주도권을 중심으로 시장지배를 유지하는데 모든 전략을 집중하여야 할 필요가 있고, 1차 수요가 특별히 크지 않는 한 제품다양화나 시장확대는 가능한 한 배제할 필요가 있으며, 그 대신 여유자금을 기술개발과 여타의 성장가능 사업분야에 투입할 필요가 있다.

문제아(problem children) 성장률은 높으나 시장점유율은 낮은 사업부분이다.

- 성장률은 높으나 이익이 적어 다량의 자금을 필요로 한다. 따라서 자금을 공급지원하지 않는 한 저성장으로 바뀔 경우 캐쉬 트랩이 되기 쉽다.
- 전략으로 집중투자를 통하여 신규판매의 잠식을 대량으로 시도하거나 경쟁사를 합병하여 기존의 시장점유율을 흡수함으로써 스타의 위치에 올려놓거나 또는 사업에서 손을 떼는 양자택일의 방법을 생각할 수 있고, 가능한 특정된 시장부문을 발견하여 이 부문으로의 진출도 꾀할 수도 있다.

캐쉬 트랩(cash trap) 성장률이나 시장점유율이 모두 낮은 전략사업부문이다. Cash trap의 특징은 시장지배자가 1인인 경우가 대부분이고, Products Life Cycle상 성숙기에 있는 사업단위로서 비용 면에서는 불리하며, 성장 가능성이 희박하므로 새로운 경쟁자의 출현도 희박하다. 이와 같이 전략사업부문의 위치가 결정되면 각 전략사업부문의 역할이 어떠한 것이 되어야 하는가를 결정하는 과제가 남게 되는데 그에 대한 기본적인 전략은 다음과 같다.

- 육성(build) : 당해 전략사업부문의 시장점유율을 확대할 목적으로 하는 전략이며, 문제아에 속하는 전략사업부문에 적합하다.
- 보존(hold) : 당해 전략사업부문을 보존하고 유지하려는 전략으로서 캐시 카우 전략사업부문에 적합하다.
- 수확(harvest) : 장기적인 효과보다는 단기에 수익의 증가를 노리는 전략으로서 캐쉬 카우에 적합하며, 문제아나 캐쉬 트랩에도 사용 가능하다.
- 처분(divest) : 현재의 사업을 청산하는 전략으로서 캐쉬 트랩이나 문제아에 속하는 전략사업부문에 적합하다.

3 포트폴리오의 응용

사업 포트폴리오 계획의 이용 이유는 다음과 같다.

- 개별독립채산제나 제품전략보다도 기업 전체의 장기적인 성과를 주안점으로 한다.
- 균형 잡힌 Product Mix 전략을 채택함으로써 자금 및 자원 활용을 장기적으로 극대화할 수 있다.
- 누구나 쉽게 이해하고 이용할 수 있다.

[Tip] Product Mix 전략

- Product(제품) : 상품 · 서비스 · 포장 · 디자인 브랜드 · 품질 등
- Price (가격) : 정찰제 · 할인 · 신용 · 할부 등
- Promotion(판매촉진) : 판매촉진 · 광고 · PR · 인적판매 · DM 등
- Place(유통경로) : 유통경로 · 구색 · 재고 · 운송 등

포트폴리오 개념의 응용 한계

사업포트폴리오 계획에서 상대적 시장점유율을 사용하는 이유는 시장점유율과 수익성과는 정(+)의 상관관계가 있다고 가정하는데 있다. 하지만 다음과 같은 경우에는 시장점유율을 분석의 지표로 이용하기 어렵다.

- 한 경쟁자가 기술적인 우위를 확보하여 비용을 계속 절감할 수 있을 경우

- 한 경쟁자가 수직적 통합의 정도가 매우 높을 경우
- 경쟁자들이 경험곡선의 법칙에서 벗어나 합병이나 기술합작을 통하여 우위를 점할 수 있을 경우
- 공장규모와 관계없이 조업률에 따라 수익성이 민감한 반응을 보일 경우 등

[Tip] 경험곡선(Experience curve)

기업의 코스트 변화를 나타내는 곡선. 학습곡선이라고도 한다. 제품의 단위당 실질 코스트는 누적경험량(누적생산량 또는 판매량)이 증가함에 따라 일정비율로 저하되는데, 누적경험량이 2배가 되면 코스트는 20% 정도 떨어지는 것이 보통이다. 그래서 누적경험량이 큰 기업은 코스트도 낮고 수익성도 높다. 이 곡선은 기업의 경영전략을 구상하는데 기초가 된다.

사업 포트폴리오 계획에서는 자금수지의 균형을 강조하고 있으나 주주의 이해, 전반적인 경제 국면, 사회적 내지 정치적 압력, 원료공급의 원활 여부, 기술변화 등에 따라 특정된 전략 선택이 불가능할 경우가 있으므로 목적 타당성에 대한 검토가 필요하다. 또한 시장과 제품의 범위와 시장세분화의 범위 등 측정상의 문제가 있다.

GE의 평가방법

General Electric사가 경영자문회사인 맥킨지사의 도움으로 개발된 기법으로 「GE 복수요소 포트폴리오 매트릭스」라고도 하며, 종축은 산업의 매력정도를 나타내며 다음과 같은 여덟 개의 요소로 구성되어 있다.

- 시장규모 : 시장 규모가 클수록 매력 있는 산업으로 간주한다.
- 연간 시장성장률 : 성장률이 높은 시장일수록 진출하려는 기업이 많을 것이다.
- 이익률 : 이익률이 높은 산업에 보다 매력이 있을 것은 당연하다.
- 경쟁도 : 다수의 경쟁자, 극렬한 경쟁이 있을수록 지출의 어려움이 있다.
- 순환변동 : 제품판매의 주기적 변동이 클수록 매력이 적을 것이다.
- 계절적 변동 : 판매가 계절변동이 심할 겨우 상대적으로 매력이 작다.
- 규모의 경제 : 생산시설을 확대하여 제품단위당 생산비용이 절감되는 산업이 보다 매력이 있을 것이다.
- 경험곡선 : 생산과 유통부문에의 경험이 많을수록 단위당 생산비용이 체감되는 산업이 보다 유망하다.

이러한 여러 가지 구성요소들을 중요도에 따라 점수를 주어 가중 평균하여 매력도를 구하는데 여기에서는 상 · 중 · 하로 구분하고 있다.

그림에서 횡축은 기업의 장점을 표시하고 있는데, 다음과 같은 여섯 가지 요소로 구성되어 있다.

- 상대적 시장점유율 : 시장점유율이 클수록 유리한 위치
- 가격경쟁력 : 가격경쟁력이 강할수록 유리한 위치
- 품질 : 경쟁자에 비해 품질이 우월할수록 유리
- 고객에 관한 정보 : 정보의 확보에 따른 유리한 위치
- 판매효율성 : 판매효율성이 높을수록 유리한 위치
- 판매지역 : 지역이 넓을수록 유리한 위치

이러한 요소들도 중요도에 따라 점수를 주어 가중 평균하여 기업의 장점을 평가한다.

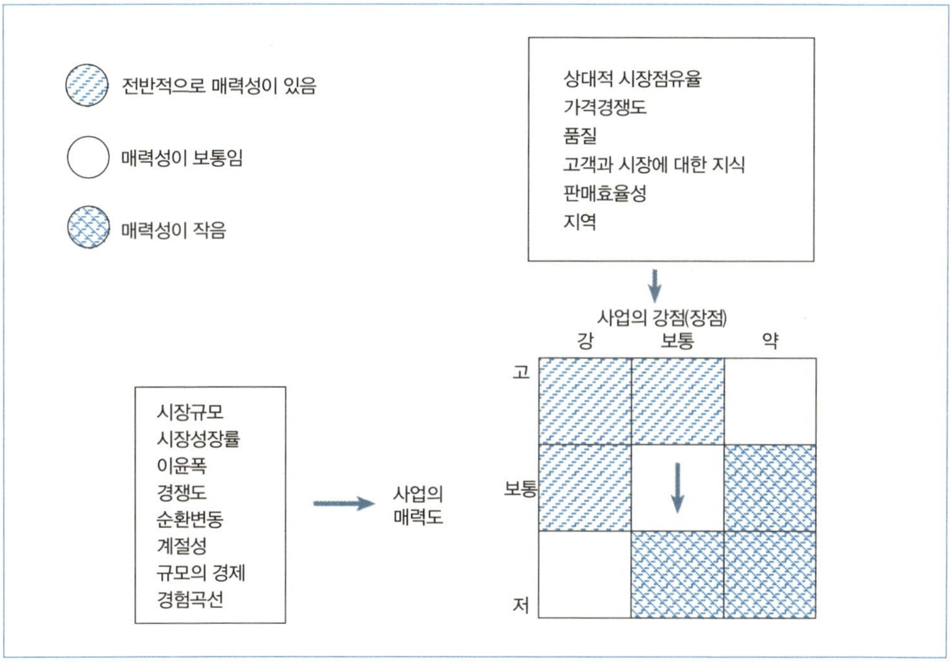

▲ GE 복수요건 포트폴리오 매트릭스

4 성장전략의 개발

기업의 목적은 흔히 이익의 증대 · 판매성장 · 시장점유율의 확대 · 위험의 분산 · 혁신 등으로 표시되고 있다. 이러한 기업의 목적 내지 목표를 달성하기 위한 설계가 필요하며, 이것을 전략이라고 부른다. 기업이 추구하는 목적방향을 선택하고 그러한 방향으로 나아가는데 필요한 자원을 배분하는 것이 전략인 것이다.

집중적 성장

기존의 활동범위 내에서 기업이 이용할 수 있는 기회를 찾으려 하는 것을 말하는데, 기존의 제품이나 기존시장을 완전히 이용하고 있지 않을 경우에 적합한 성장전략이다.

시장침투(market penetration) 보다 적극적인 마케팅 활동을 통하여 기존시장에서 기존제품의 판매를 증가 시키려고 하는 것이다.

시장개발(market development) 기존의 제품을 새로운 시장에 판매하려는 것으로 구체적으로는 지역적으로 새로운 시장부문을 설정하여 침투하는 방법이 있을 수 있다.

제품개발(product development) 새로운 제품을 개발하거나 기존제품을 개량하여 기존시장에서 판매를 증가시키려는 것이다.

	기존 제품	신제품
기존시장	1. 시장침투	2. 제품 개발
신 시 장	3. 시장개발	4. 다 양 화

▲ 제품 및 시장 확대전략

통합적 성장

마케팅 경로 상에 위치하고 있는 어느 한 조직 혹은 기구를 통합할 기회를 찾는 것이다.

- 후방 통합 : 원료나 제품생산에 필요한 자원을 공급한 업체에 대한 소유권을 획득하거나 통제를 강화하는 방법이다.
- 전방 통합 : 유통경로상의 기구를 소유하거나 통제하는 것이다.
- 수평 통합 : 경쟁자에 대한 통제 내지 지배권을 강화하거나 소유하려는 방법이다.

다양화를 통한 성장

기존의 마케팅 경로체제 외에 존재하는 기회를 찾으려 하는 것이다.

- 집중적 다양화 : 기존의 제품을 생산하여 판매하는 것과 동일한 기술과 마케팅 활동으로 보다 큰 효과를 가져 올 수 있는 새로운 제품을 추가 하는 것이다.
- 수평적 다양화 : 현재 생산하고 있는 제품과 질적으로 관련성이 없으나 기존의 고객에게 호감을 줄 수 있는 신제품을 추가하는 것을 말한다.
- 집체적 다양화 : 기존의 기술이나 제품 및 시장을 대상으로 하는 것과는 별개의 신제품을 추가하는 것을 말한다.

성장기회는 집중적 성장과 통합적 성장, 다양화를 통한 성장으로 구분할 수 있으며 각 각의 성장기회에 따라 달리 전략을 구사한다.

[성장기회의 분류]

집중적 성장	통합적 성장	다양화를 통한 성장
A. 시장침투 B. 시장개발 C. 제품개발	A. 후방통합 B. 전방통합 C. 수평통합	A. 집중적 다양화 B. 수평적 다양화 C. 집체적 다양화

Chapter 4

전략적 사업계획의 수립

기업활동을 합리적으로 수행하고 경영하려면 무엇보다 먼저 기업이 향후 나아가야 할 방향과 행동과정을 결정하여야 한다. 미래의 여러 대체적인 행동과정 중에서 기업목표에 가장 부합되는 행동과정을 선택하는 것을 경영계획의 수립이라 하며 선택된 행동대안을 사업계획이라 한다. 전략적 사업계획(Strategic business planning)이란 다변화되는 기업경영 환경의 변화 속에서 새로운 성장기회나 경쟁기회를 발견하여 이를 최대한으로 이용하는 전략을 탐구 · 선택하여 실현하기 위한 경영계획을 말한다. 기업은 합리적이고도 시의 적절한 전략적 결정에 의해서만 급격한 외부환경의 변화에 적응하여 기업의 대외적 균형을 유지할 수 있다.

그러나 현실적으로 경영자는 기업경영과 관련하여 발생하는 일상적인 정형화 된 문제 처리에만 몰두하기 쉽다. 즉 기업의 전략적 결정에 대해서는 흔히 계획의 그레샴의 법칙(Gresham's law of planning)이 작용하게 된다. 전략적 사업계획은 경영자의 전략적 결정에 대하여 이와 같은 계획이 그레샴의 법칙이 작용하게 되는 것을 방지하기 위한 사업계획이어야 한다. 계획의 그레샴의 법칙이란 혁신의 그레샴의 법칙이라고도 하며 경영자가 정형적 결정의 책임과 혁신적 결정의 책임의 쌍방을 동시에 가질 경우에는 일상적인 정형적 문제처리에만 몰두하게 되어 기업의 환경적응을 도모하는 것과 같은 전략적 결정이나 혁신적 결정이 희생되는 사태가 야기되는 것을 말한다. 이러한 사태가 야기되는 것은 정형적 결정을 위한 사무 처리의 양이 많고

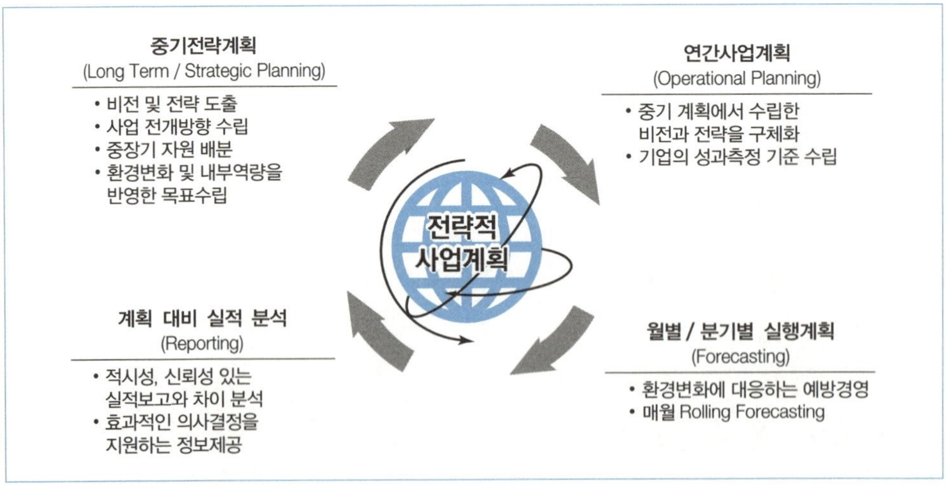

▲ 전략적 사업계획의 Flow

또한 정형적 결정에는 일정한 처리기한이 있는데 반하여 전략적 결정이나 혁신적 결정은 문제의 발견이 어렵고, 또한 그러한 결정에는 일정한 기한이 없어 항상 뒤로 미루게 되기 때문이다. 뿐만 아니라 혁신적 결정에는 Risk가 수반되기 때문에 그 책임을 회피하고자 하는데도 그 이유가 있다. 그러나 기업에 새로운 이익의 원천이 되는 것은 혁신적 결정이다. 더 나아가서 전략적 경영계획의 수립을 통하여 혁신적 결정의 문제를 발견하고 이에 직면하는 기회를 만들 필요가 있다.

01 전략적 사업계획

전략이 모든 기업 활동의 핵심요소가 되는 이유는 무엇보다도 80년대 이후 경영환경이 보다 복잡해지고 경쟁이 심화됨에 따라 해당 산업 혹은 시장에서 기업이 경쟁에서 이기기 위해서는 다른 어떤 것보다도 특정 시장에서 경쟁자를 이길 수 있는 방법 즉 전략이 정해지고, 이러한 전략목표를 달성하는 방향으로 모든 기업 활동이 전개되어야 하기 때문이다. 기업 경영환경은 경쟁자는 많아지고 경쟁강도가 높아지는 반면 고객의 욕구도 다양해짐에 따라 기업경영은 점점 어려워져 가고 있다. 오늘날 전략개념은 경쟁우위를 달성하기 위해서는 경쟁자에 비해 특화된 자원과 능력을 차별화하고 집중화하는 방향으로 경영활동을 전개하는 것으로 볼 때 이를 핵심역량이라고 한다.

이러한 핵심역량을 중심으로 언제 · 어디서 · 어떻게 싸울 것인지를 결정하는 것을 Strategic Positioning이라 하며, 이러한 핵심역량은 오랫동안 축적되어야 하는 경우가 많은데, 예를 들면 기술 · 특정설비나 장비 · 브랜드 · 고객관계 · 유통네트워크 · 기술개발능력 · 마케팅 등 다양할 뿐만 아니라 최근에는 브랜드 · 공급자관계 · 고객관계 등도 핵심역량에 속하고 있다. 그러므로 전략은 결국 전략적 표지셔닝과 거의 같은 말이 되는 것이다. 전략적 경영계획은 전략적 포지셔닝을 통해 해당 기업이 어떠한 사업 분야에서 어떤 제품이나 서비스로 또한 어떤 방법으로 경쟁할지에 대한 단기적 또는 중장기적 경영계획을 의미한다.

1 전략적 사업계획의 의의

기업이란 경쟁자보다 더 우월한 제품과 서비스를 생산하여 이를 소비자에게 판매하여 부가가치를 획득하는 조직이다. 따라서 기업은 영속적인 이윤을 창출해야만 하는 것이 기업의 목표이며, 이러한 기업 활동이 보다 효율적이고 효과적으로 달성되도록 관리하는 것이 경영이다. 경영활동은 크게 기획(planning) · 실행(implementation) · 통제(control)의 3단계로 구성된다. 1990년 대 이후 선진기업을 중심으로 채택된 전략적 경영(Strategic Management)은 이러한 모든 기업활동을 그 기업의 전략을 중심으로 경영한다는 것이다. 무엇보다도 기업활동을 전개하기 전 향후 일정기간 경영활동의 구체적인 방향 설정과 청사진을 제공하기 위한 일련의 프로세스를 전략적 사업계획이라고 할 수 있다.

전략적 사업계획의 특성

전술적 사업계획에 비하여 전략적 사업계획에서 다루게 되는 전략적 문제는 다음과 같은 특성을 지니고 있다.

계획의 전체성 전략적 사업계획은 기업 또는 그의 주요 부문활동을 전체로서 또한 시스템으로서 환경의 변화에 적응시키기 위한 계획이다. 따라서 기업 전체 또는 사업부 기타의 주요 부문활동의 전체와 관련된 계획으로 이루어지게 된다. 예컨대 다각화를 도모할 것인지, 또는 내부 확대를 도모할 것인지 하는 전략의 결정은 하나의 부문에 관한 문제가 아니라 기업전체의 문제가 된다. 이에 반하여 전술적 사업계획은 개개의 부문계획이며 개별계획의 성격을 지니게 된다. 제품설계의 변경계획 · 기계의 대체계획이나 인원의 채용계획 등과 같은 개별계획은 전술적인 사업계획이다. 각 개별계획을 부문별로 정리한 부문계획도 전술적 계획의 성격을 지니고 있다.

정보의 유형 전략적 사업계획을 수립함에 있어서 기업 내부정보도 필요하지만 기업외부의 환경정보가 크게 필요한데 반하여 전술적 사업계획은 주로 기업내부에 관한 정보가 주요한 부분을 차지하게 된다. 전략적 사업계획을 수립하는 경우에는 경쟁업자의 동향, 장래의 기술동향, 일반경제의 동향, 사회적 · 정치적 변화, 고객욕구의 변화 등과 같은 외부환경 정보가 중요한 정보가 된다. 이에 반하여, 예컨대 전술적인 생산계획에 있어서는 자사에 있어서의 과거의 생산 및 재고기록 등과 같은 내부

정보가 주요한 정보가 되는 것이다.

불확실성 전략적 사업계획이 의존하게 되는 외부정보는 전술적 사업계획이 의존하는 내부정보에 비하여 불확실성이 높다. 전술적 문제는 오로지 기업내부에서 발생하는 환경변화와 관련되고 있다. 이에 반하여 전략적 문제는 기업외부에서 발생하는 환경변화에 기인하여 야기되는 것이다. 따라서 전략적 사업계획의 수립에 필요한 정보는 전술적 사업계획의 경우에 비하여 그의 정보수집이 어려우며 확실성이 뒤지게 된다. 뿐만 아니라 전략적 사업계획은 일반적으로 전술적 사업계획보다도 더 장기적인 장래의 환경변화에 관한 정보를 필요로 하게 된다. 따라서 전략적 사업계획을 수립하는 경우에는 전술적 사업계획에 비하여 보다 높은 불확실성의 문제에 직면하지 않을 수 없는 것이다.

문제발견의 곤란성 기업의 전술적 문제는 그의 발생을 지각하는 것이 용이한데 반하여 기업의 전략적 문제는 그의 발생을 지각하는 것이 어렵다는 특징을 지니고 있다. 전술적 문제가 일상적인 경영 가운데서 자기 재생적인데 반하여 전략적 문제는 자기 재생적이 아니다. 따라서 전략적 사업계획에서는 전술적 사업계획의 경우에 비하여 문제발견의 과정이 계획 수립의 제1단계로서 보다 중요한 위치를 차지하게 된다.

전략적 사업계획의 중요성

전략적 사업계획이 기업경영전략에 있어서 중요한 이유를 다음과 같이 요약해 볼 수 있다.

미래 경영방향을 제시 전략적 사업계획은 여러 가지 중요한 의미를 지니고 있으나 그 중에서도 가장 중요한 것은 기업경영의 방향과 목적의식을 제공한다.

수행과정에서 조정 · 개선 경영활동이 계획적으로 수행하게 될 때 조정의 개선을 도모할 수 있다. 이는 조직 내에서 각각의 조직단위들이 개별적으로 경영활동을 추진함에 있어 동일하거나 유사한 업무가 중복되거나 상충되어 경영효율을 저하시킬 가능성을 사전에 예방할 수 있다. 그러므로 명확한 전략적 사업계획은 조직 내에서 전략적 의사결정을 통한 조직의 전체 목적을 실현하기 위해 각 부문이 무엇을 할 것인가를 명시해 주며, 각 목표달성을 위한 일관성 있는 직무를 수행하여 하여 조직의 전반적인 목표를 달성할 수 있도록 한다.

경영활동의 집중성 및 신축성 전략적인 사업계획에 의한 경영활동은 최상의 업무수행 방법을 강구할 수 있다. 따라서 고객의 요구에 부응할 수 있는 경영활동의 추진을 가능하게 할 뿐만 아니라 환경변화에 신축적으로 대응해 나갈 수 있는 방안을 사전에 강구할 수 있다.

미래의 기회와 위험의 제시 경영학자 P.F. Drucker에 따르면 '계획이 장기적인 의사결정의 위험을 제거해 주지는 못하지만 적어도 위험을 최소화 시켜주고 잠재적인 기회와 도전을 인식하게 해 준다'고 하였다. 즉 전략적 사업계획은 기업환경 변화에 대응하여 성장과 발전을 도모하기 위해서 수립되는 것이기 때문이다.

2 전략적 사업계획의 목적

전략적 사업계획은 공공서비스의 제고를 위해 미국 등의 국가에서 제한된 자원으로 조직의 목표를 보다 효과적으로 관리하기 위한 수단으로서 국가경영에 본격적으로 적용하기 시작하여 1920년대에 하버드 경영대학원이 하버드정책모형(Harvard Policy Model)이라는 전략기획방법론을 개발하면서부터 민간부문에서 확산되기 시작하였다.

기업은 사회적 책임을 달성하기 위해 존재한다. 이러한 사회적 책임을 다하기 위해서는 기업이 추구하여야 하는 바를 기업경영이란 틀 안에서 책임을 완수할 때에만 비로소 이루어지게 되는 것이다. 기업의 사회적 책임이란 기업은 영리를 추구하는 단체로서, 첫째는 정부에 대한 책임이다. 이는 이윤 중 일부를 납세를 통하여 정부재정에 기여하는 것을 의미한다. 둘째는 주주에 대한 책임이다. 이는 기업의 경영성과 중 일부를 기업의 주인인 투자자에게 적정하게 보상하는 배당제도를 통하여 주주에게 투자수익을 환원해 주는 것을 말하며, 셋째는 종업원에 대한 책임이다. 이는 기업의 경영성과를 만드는 과정에서 참여한 모든 임직원에게 그들이 가진 개인의 역량을 서비스한 대가로 급여나 성과급을 지급함으로써 보다 더 나은 개인생활을 추구하게 된다.

이러한 기업의 사회적 책임을 다하기 위해서는 전략적인 경영전략을 통한 기업성장이 지속적으로 이루어져야만 될 것이며, 기업경영의 Management Cycle(Plan-Do-Check-Action)이 원활하게 피드백 되지 않고는 만족할만한 성과를 거둘 수가 없다. 전략적인 사업계획을 수립하는 목적이 여기에 있는 것이다. 전사적인 사업계획의 목표달성을 위해서는 사업실행을 위한 외부환경 분석에서부터 경영패러다임의 분석,

내부역량분석을 통해 기업의 자원요소를 측정하고 전략사업단위의 사업성장 예측, 사업포트폴리오 분석, SWOT분석, 미래의 목표달성을 위한 GAP분석에 이르기까지 다양한 분석 툴을 사용하여 사업을 예측해야 한다. Business Plan에서는 사업의 전략적 기조에 따른 사업비전의 정의, 사업실행을 위한 인적자원의 활용, 사업목표의 정의, 사업추진에 따른 사업전개 방향을 결정하여야 한다.

전략적 사고와 행동촉진

조직의 환경을 평가하고 조직 자체의 장점과 약점을 평가함으로써 미래 지향적이고, 성과 지향적이며 환경 지향적인 사고와 행동을 가능하게 한다. 이를 통해 미래의 방향을 명확하게 할 수 있고, 행동의 우선순위 설정이 가능하므로 조직의 통제 하에 그 분야에서 조직이 최대한의 재량권을 발휘 할 수 있도록 도와준다.

조직을 미래지향적으로 전환

광범위한 정보수집과 다양한 대안을 탐색하여 현재결정이 미래에 미치는 관련성을 강조하도록 요구된다. 과거의 전략사업계획이 조직의 주체가 무엇을 해야 하는가를 계획하는 것이라면, 현대적 의미의 전략적 사업계획은 조직의 주체가 어떤 조직이 되어야 하는가에 초점을 맞추는 계획으로 이해할 필요가 있다.

의사결정의 개선과 합리성제고

미래의 관점에서 현재의 결정을 도와주며, 합리적이고 방어 가능한 근거를 의사결정자에게 제공해 줌으로써 의사결정을 지원한다.

조직 성과관리향상

진단 · 목표 · 설정 · 전략형성의 과정을 가지고 있는 전략계획을 통해 한 조직의 역량과 환경을 고려할 수 있으며, 주요한 자원배분의 결정을 가능케 한다.

조직의 성과기여

과정보다는 구체적인 조직문제의 확인과 해결에 초점을 맞추고, 조직이 처한 환경과 조직의 역량에 가장 잘 부합하는 최선의 결정에 도움을 준다. 따라서 조직의 상하간 · 부서간 · 사업 상호간의 의사전달을 촉진시켜 준다.

[전통적 사업계획과 전략적 사업계획의 비교]

구 분	전통적 사업계획	전략적 사업계획
목표	전제	전제되지 않음
사용목적	목표의 구체화 수단	전략적 쟁점의 확인 및 해결
방법	추세연장법에 의한 미래예측의 기초	불연속성을 전제로 조직의 환경평가
비전	목표의 진술형태	조직 비전의 개발 · 추구
비전의 적시성	낮음	높음
행위지향성	낮음	높음
활용도	낮음	높음
재량범위	최소화	최대화
포괄성	포괄적	선택적
방향성	주로 물리적 개발, 토지이용	기능을 위한 전략
과정	변경이 어려움	변경수용
형식성	획일	다양

계획의 탄력성과 실용성 제고

변화하는 상황에 대응하고 새로 발생된 조직의 장점을 살리기 위한 전략계획의 업데이트에 따른 탄력성과 성과를 위한 대상 설정, 진행사항을 모니터링하기 위한 방법의 제시, 진행 중인 운영계획 및 예산지침을 제공한다.

전략적 비전

전략적 비전이란 기업이 설정하고 있는 경영이념 및 창업이념을 기초로 회사가 도달할 수 있는 최대한의 마땅히 있어야 할 모습과 목표를 설정하고 그에 도달하기 위한 시나리오 · 방침 그리고 행동규범을 설정하는 것이다.

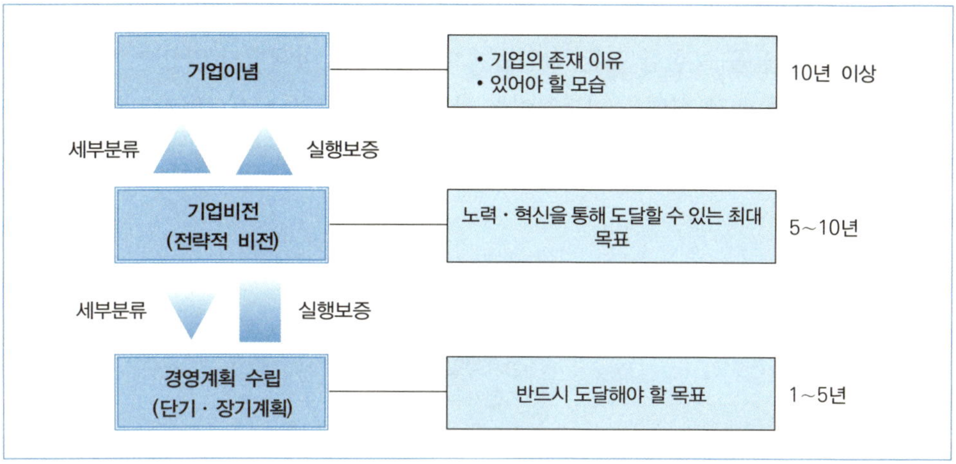

▲ 전략적 비전의 구조

전략의 수립

전체 전략수립(Strategy Formulation)은 기업전체의 전략이나 전체조직에 대한 사업계획을 수립하는 단계이다. 전략의 수립은 기업의 장기적인 목적을 결정하고 그 목적을 달성하기 위한 계획을 결정하는 것이다. 기업구조가 결정되면 기업전체 전략이 실현될 수 있도록 각 하부조직 단위마다 단기적이면서도 나름대로 전략적인 목표를 설정해야 한다. 이는 회사의 전사전략이 수립되면 각 차원의 전략이 그에 따라 수립되는 것을 의미한다. 전략의 실행을 위해 조직구성원들이 각자 주어진 업무를 수행할 때 기업전체의 방향과 개인의 업무 방향과 강도가 최대한 근접하도록 연결시킬 필요가 있다.

전략 실행의 요소

성공적인 전략의 실행에 결정적인 역할을 하는 사람들 대부분은 CEO를 비롯한 상위급 관리자가 아니라 하부 사람들을 포함한 모든 직원들이다. CEO를 비롯한 상위급 관리자들에 의하여 전략이 수립되고 그 실행에 대한 지휘가 이루어지지만, 일이 실제 성공적으로 이루어지기 위해서는 하위수준 관리자들의 능동적인 참여와 협력이 반드시 필요하다. 최고경영자의 Leadership은 중요하지만 특히 실행과정의 신속하고 성공적인 관리를 위해서는 실행을 맡은 중간 하위관리자들의 Leadership 역시 절대적으로 필요하다. 특히 비전이나 경영목표와 경영전략 및 경영정책 등을 변화시킬 때 그 중요성이 하부사람들을 포함한 모든 직원들에게 명확하게 이해되지 않으면 실제 일을 해야 하는 사람들이 그 실행을 의도적이건 아니건 저지하거나 지연시키는 일이 생길 수 있기 때문이다. 성공적인 전략의 핵심요소로서의 전략의 실행을 도식화하면 다음과 같다.

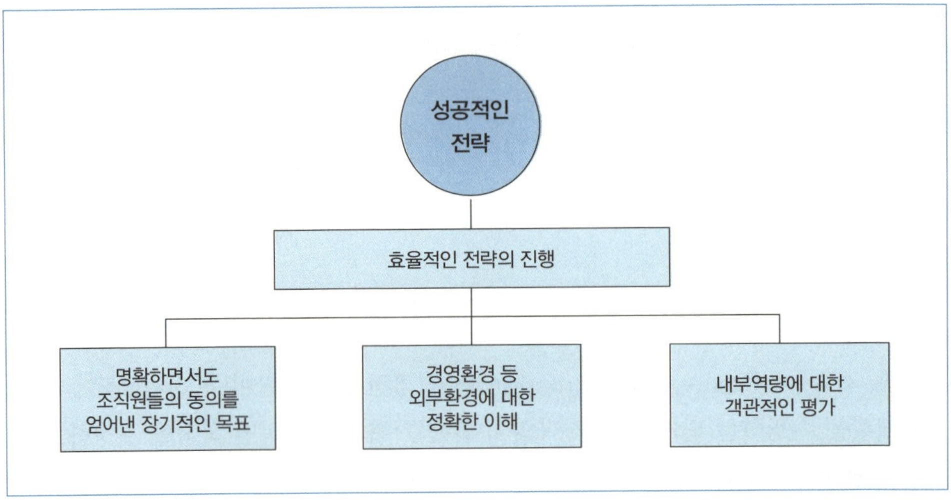

▲ 성공적인 전략의 핵심 Factor

전략달성의 기본조건

전략적 사업계획의 전략을 달성하기 위해서는 다음과 같은 기본적인 조건을 갖추어야 한다.

Vision 공유 한마음 공동체 형성을 통한 신나는 직장 만들기와 현장중시 · 인간존중 · 고객감동의 Vision을 적립해야 한다.

의사 결정력 강화 환경분석 및 미래예측 기능의 강화를 통하여 전략적 의사결정 시스템을 운영해야 한다.

경쟁 및 고객 중시 체질화 경쟁력 강화를 위해 체질을 개선하고 고객지향의 Pull형 업무체계를 구축해야 한다.

전략적 인재개발 핵심역량 강화를 위한 전문가 양성 프로그램의 개발과 운영 및 외부로부터 우수인력을 확보하는데 인색해서는 아니 된다.

전략과 운영의 연계성 향상 전략과 운영의 원활한 연계를 위해서 자율 경영체제를 구축하고 장기 전략의 수립 · 실행 · 평가 · 보상의 연계시스템을 구축해야 한다.

3 전략적 목표의 설정

전략적인 목표의 설정은 구체적이고 측정하고 평가할 수 있으며 성취 가능할 뿐만 아니라 현실적이며, 구체적이고 적절한 일정목표를 포함해야 한다. 전략적 목표는 비전을 달성하기 위한 구체적 실행계획이어야 하고 각 단계별로 목표와 일치하는지를 측정하고 판단할 수 있어야 한다. 이러한 측정기준과 판단기준을 공유하게 되면 각 조직기능이 스스로 판단하며 수행할 수 있게 되므로 수립한 전략적 목표달성계획과 다를 때 수정목표를 어떻게 세워야 하는가를 알게 해 준다. 전략적 목표설정에 활용되는 기법으로는 BSC가 있다. BSC기법이란 Balanced Score Card의 약자로서 기존의 전통적인 재무적 관점 일변도의 경영관리에서 탈피하여 재무 · 고객 · 내부 프로세스 · 학습과 성장의 4가지 관점에서 목표를 설정 · 측정 · 평가한다. 그럼으로써 효과적으로 경영목표를 달성하고 지속적인 성장을 가능하게 하는 전략도구이다.

재무적 관점(Financial Perspective)

재무적 관점은 기존의 전통적 성과측정시스템에서 주장하던 요소들과 다를 것이 없다. 즉, 기업자본(자기자본과 타인자본)의 사용에 대한 적정성 · 안정성 등을 나타내준다. 이는 기업 재무상태의 건실성 여부를 나타냄과 동시에 다른 모든 기업 경영의 결과를 반영하는 측면을 보여주는 것이다. 따라서 BSC에서는 회계적 측면을 과소평가하는 것이 아니라 다른 세 측면의 결과로 해석한다. 기업에서는 재무적 측면에서의 장기전략을 영업현금흐름(cash flow)의 극대화 또는 비용절감을 통한 이윤 극대화(Lowest Cost) 등으로 세울 수 있고 이를 위한 구체적 측정치로는 잉여주주현금흐름 · 생산성장률 · 투자수익률 등을 사용할 수 있다. 이는 기업이 속해있는 산업군이 무엇인지, 또는 현재 성장기에 있는 산업인지에 따라 다르게 도출될 수 있다.

고객의 관점

고객은 기업의 입장에서 보면 수익의 원천이다. BSC에서는 세분화된 고객집단의 성향 또는 제품에 대한 만족정도를 반영하고 있다. 이렇게 파악된 정보는 내부 비즈니스 프로세스와 종업원의 학습 및 성장측면의 결과로 반영된다고 본다. 이는 바로 고객의 취향을 중심으로 제품과 서비스를 생산 및 공급해야 한다는 측면을 강조하는 것이다. 따라서 기업은 '타겟 고객층의 만족 극대화'를 전략적 목표로 세울 수 있고, 그것의 구체적 측정수단으로서 고객의 만족정도, 고객 유지율, 대리점 매출증가율 등을 사용할 수 있다.

내부비즈니스 프로세스의 관점

성과를 최대한으로 달성하기 위해 어떠한 프로세스에서 탁월해야 하는지 규정하는 것이 이 관점의 목표이다. 이는 바로 가치사슬(value chain)을 의미하는 것인데, 기업의 가치를 증대시킬 수 있는 핵심적 역량을 찾는 것이다. 내부 비즈니스 시각에서 고객에 초점을 둔 측정지표를 토대로 하여 자사 제품 및 서비스가 고객들의 기대를 충족시키기 위해서는 내부적으로 무엇을 해야 하는지를 파악하는 것이다. 또한 프로세스 면에서 경쟁사들보다 앞서기 위해 무엇을 준비를 해야 하며, 그것을 통해 효율적인 프로세스 과정을 만들어 내는 것이다.

본 관점에서는 주로 BPR (Business Process Reengineering)에 중점을 두게 된다. 효율적인 비즈니스 프로세스 과정은 합리적 비용배분을 통한 제품 · 서비스의 생산이므로 생산과정의 효율성에 중점을 둔 성과측정치를 도출하게 된다. 따라서 신제품 출하율 · 재고수준 · 제품의 질 척도 등이 측정치로 사용된다.

BPR(Business Process Reengineering)의 개념 '할 수 있는 것'에서 '해야 하는 것'으로의 혁신적인 사고 전환을 통해 업무처리 프로세서를 목적 추구형, 병렬 처리형 등으로 혁신시킴은 물론 이와 관련된 Infra structure 및 Technology, Organization을 동시에 혁신시켜 기업의 경쟁력을 세계 초일류 수준으로 끌어올리는 기법이다.

BPR의 목표 BPR은 기업활동을 부가가치의 창조를 위한 프로세스로 파악하는 것이며 이 프로세스란 고객의 주문부터 제품의 인도까지 이익을 실현하는데 핵심이 되는 활동들의 연결고리를 말한다. 기업은 모든 조직 및 활동을 이 프로세스에 집중시키기 위해 불필요한 부분을 모두 제거, 기업의 효율을 극대화시킨다는 것이 BPR의 목표가 되고 있다.

학습과 성장의 관점

학습과 성장의 관점은 재무적 관점과 고객의 관점, 내부비즈니스 관점의 목표들이 달성될 수 있게 하는 원동력으로써의 기능을 수행한다. 성과를 거두는 기반을 마련하고 직원들을 교육시키거나 필요한 정보가 시기적절하게 제공될 수 있도록 시스템을 갖추게 하는 것이 이 관점의 목표이다. 학습과 성장을 가능하게 하는 것은 바로 구성원의 역량과 업무환경이다. 기업 내에 이에 대한 자료가 있다면 분석을 통해 조직구성원의 역량을 가장 잘 발휘될 수 있는 요소들을 찾을 수 있다. 이때 이용되는 기법이 바로 마이닝(Mining)이다. 이 부분이 바로 제품 · 서비스 생산의 효율성과 연결되는 것이다. 기업은 이를 위해 직원만족도 · 전략이행정도 등을 측정지표로 사용할 수 있다.

[Tip] Mining기법

Data Mining이란 데이터 간의 관계, 패턴, 규칙 등을 찾아내고 모형화해서 통찰력과 예지력을 도출함으로써, 사실에 근거한 객관적 의사결정을 가능하게 하는 일련의 계산과정이다.

훌륭하게 구축된 Balanced Score card의 다양한 측정지표들은 일관성이 있으면서도 서로를 강화시키는 연관된 목표와 측정지표들로 구성되어야만 한다.

첫째, 모든 선택된 목표는 전략을 나타내는 원인과 결과 사슬의 일부여야 한다. 측정 시스템은 다양한 시각에서 목표 상호간의 관계를 명확히 함으로써 관리되고 결과에 대한 원인을 규명할 수 있도록 고안되어야 한다.

둘째, 모든 선택된 목표와 측정지표는 궁극적으로 재무 결과에 긍정적인 영향을 줄 수 있어야 한다. 궁극적으로는 기업이 경쟁력을 지니고 수익을 올리고자 노력과 투자를 하는 것이다. 따라서 고객 · 비즈니스 프로세스 · 학습과 성장 시각에서의 목표와 측정 지표들이 그 자체로 존재하는 것은 의미를 가질 수 없고 각각의 목표에 영향을 주어 궁극적으로 재무 결과에 관련되어야 한다.

셋째, 활동에 대한 결과를 가져오기 위한 원인이 되는 활동들이 회사의 측정 지표들을 구성하는데 균형 있게 포함돼 있어야 한다.

[Tip] BSC(Balanced Score Card)

전략적 성과평과 도구로서 재무적관점과 고객 · 내부프로세스 · 학습과성장 측면의 3가지 비재무적인 관점을 측정 가능한 핵심성과지표(KPI)로 전환하여 관리함으로써 균형적인 경영성과관리를 실행하도록 도와주는 성과관리기법이다.

4 전략적 사업계획 프로세스

전략적 사업계획의 접근방법은 분명하고 일치된 목표를 설정해야 하며 무엇보다도 외부환경에 대한 정확한 이해가 우선된 이후 자사의 강점과 약점에 대한 객관적 평가가 이루어져야 한다. 그러한 연후에 효과적인 전략의 수행이 뒤따라야만 하는 것이다.

전략적 사업계획 수립과정

전략적 경영계획의 수립과정은 다음과 같다.

현재상황 평가 기업의 자원 · 시장추이 · 경제지표 · 경제요인 등 기업의 현재상태를 평가한다. 기업의 외적 · 내적 환경을 개관하고 기회를 이용하고 위협은 피하고자 추구하는 장기적인 목적을 설정한다. 자사의 강점과 약점이 무엇인지 평가한다.

목적과 목표의 설정 기업의 현재상황이 파악되면 목적(Goal)과 목표(Objective)를 설정한다. 목적은 기업의 사명(Mission)을 달성할 미래의 상태 또는 조건을 의미한다. 목표는 기업의 목적을 달성할 단기적이면서 더욱 구체적인 측정 가능한 Target을 말한다.

실행계획 수립 목표달성을 위해서는 구체적인 실행계획(Action plan)이 선행되어야 한다. 이러한 행동은 목표를 달성할 구체적인 수단이다. 각 목표를 달성하는데 도움이 되는 대안을 평가하고 이러한 수단을 통하여 목표를 달성할 자원은 무엇인지, 이러한 과정에서 발생할 장애요인은 무엇인지 규명한다.

자원배분 조직에 있어서 목표설정은 경영관리에 있어서 중요한 부분에 속한다. 목표를 설정함으로써 조직은 어떻게 인적 · 물적 · 재무적 · 시간적 자원을 활용할 것인가를 결정하게 된다. 목표를 잘못 설정하게 되면 낭비나 비효율을 가져오게 된다.

계획의 실행 실행(Implementation)이란 계획을 행동으로 실천하기 위하여 경영자원을 활용하는 것을 의미한다. 경영자와 조직구성원들은 계획을 이해하고 이를 실행하는데 필요한 자원을 준비하고 이를 효율적으로 실행하고자 하는 동기를 가져야 한다.

실행의 통제 기업이 의도하는 목표가 달성될 수 있도록 모든 경영활동을 관리해야 한다. 통제란 실제의 결과가 계획한 결과와 일치하도록 모든 경영활동을 관리해야 함을 의미한다.

전략적 사업계획의 분류기준

전략적 사업계획의 유형을 구분하는 가장 보편적인 방식은 적용범위 · 시간구분 · 계획의 구체성 · 이용 빈도 등 다양한 기준에 의해 구분할 수 있다. 따라서 전략적 사업계획의 분류기준은 독립적인 것이 아니라 상호의존적이다.

적용범위에 따른 분류 계획이 조직 내에서 적용되는 폭이나 범위에 따라 구분하는 방식으로 전략적 계획과 운영계획으로 구분한다. 전략적 계획은 조직 전반에 걸쳐 적용되며, 전반적인 조직목표를 설정하고 조직이 처한 조직 환경적 관점에서 조직의 위치와 방향을 정하고, 이것이 실현될 수 있기 위해서 어떠한 전략과 자원이 필요한가를 결정하게 된다. 운영계획은 전략적 계획에 비하여 범위가 제한되어 있고 전략계획의 전반적인 목표를 어떻게 달성할 것인가에 대하여 구체적으로 규정한 세부계획으로 전략적 사업계획을 수행하는데 필요한 활동과 자원에 비중을 두고 있다.

기간구분에 따른 분류 계획을 적용하는 기간에 따라 중장기계획과 단기계획으로 구분한다. 일반적으로 중장기계획이란 3년 이상, 단기계획이란 1년 이내를 의미하나 이러한 기간구분에 대해 규정이나 논리적 근거가 있는 것은 아니므로 이의 적용은 그 조직이 직면한 문제의 특성이나 환경에 따라 계획기간의 적용은 달라질 수 있다.

02 사업구조의 계획

기업은 새로운 가치창조를 위해 존재하고 계속기업으로써의 꾸준한 성장을 목표로 한다. 이러한 목적을 달성하기 위해 새로운 경영자원을 동원하기도 하고 또한 동원된 자원을 유기적으로 결합하여 새로운 가치창출에 활용한다. 반면에 기업이 동원한 경영자원이나 사업단위가 전사차원에서 어떻게 현재 또는 미래의 기업가치에 기여할 것인지를 평가하게 된다. 현재의 경영자원이나 사업단위가 더 이상의 새로운 가치를 창출하지 못하게 되면 그러한 자원과 조직의 결합관계는 지속될 수가 없다. 사업구조란 기업이 전개하고 있는 다양한 사업들의 구성형태를 말한다. 사업구조전략은 사업단위 간의 전략적 연계성을 검토하고 사업단위 간의 현금흐름은 문제가 없는지, 전사적 수익성과 성장성 전망은 어떠한지 등의 전략으로서 사업다각화의 정도, 사업간 재무자원 및 인적자원의 배분형태, 사업 전망에 따른 구성분포 등을 전사차원의 기업전략 관점에서 출발한다.

1 사업구조조정

구조조정이란 조직이 시스템이나 조직을 새로운 방향으로 조정 · 재구축하는 것을 말한다. 어떤 사업을 축소 또는 철수 시킬 것인지, 어떤 신규사업에 진출할 것인가를 결정하는 것이다. 즉, 조직의 경쟁력 강화를 위해 전략경영의 차원에서 각 사업단위를 축소 통폐합 및 확대와 신규사업의 진입과 주력사업의 선정 등을 실시하여 이러한 사업들을 어떻게 연계하고 통폐합할 것인지를 결정하는 복잡하고 다차원적인 경영전략으로서의 의사결정을 의미한다.

거시적인 관점에서 구조조정은 경제발전단계나 임금수준 등 경제여건이 변함에 따라서 경쟁력이 영향을 받아 어떤 산업은 도태되고 어떤 사업은 성장하여 대체로 고부가가치 산업을 중심으로 산업구조가 고도화되어 가는 과정을 말한다. 여러 국가들은 천연자원과 인력자원 · 기술과 문화 · 지리적 위치 · 정부정책 등에 따라 각각의 고유 산업과 업종의 경제구조를 가지고 있고 산업과 업종은 경제발전과 생산요소의 비교가치 변화에 따라 각기 도태 또는 성장하면서 경제구조가 변화한다. 이 경제구조 또는 산업구조상의 변화과정이 바로 거시적 관점에서의 구조조정이다.

미시적 관점에서의 구조조정은 기업이 환경변화에 대응하여 획기적인 경영전략과 사업전략 그리고 내부조직구조의 개혁과 경영행동의 개선으로 조직의 경쟁력을 향상시키는 과정을 의미한다. 조직구조의 조정은 기존사업의 퇴출 · 또는 통폐합 · 신규사업 진출 · 인수합병 · 빅딜 · 사업매각 · 전략적 제휴 및 아웃소싱 · 조직 슬림화 · 수평화 · 소규모화 · 업무과정 리엔지니어링 등 조직 및 하부구조의 재구성과 개혁을 포함한다. 그리고 이들 구조조정의 효과가 발휘하도록 이에 적용되는 인적자원관리와 기능별 경영활동을 포함한다.

리스트럭처링(restructuring)

조직의 경쟁력 강화를 위한 전략경영의 차원에서 기존사업단위의 축소, 통폐합 및 확대여부와 신규사업 진입 여부, 주력사업의 선정 등에 관한 결정과 함께 이러한 사업들을 어떻게 연계하여 통합할 것이지를 결정하는 복잡하고 다차원적인 전략기획의 방법으로 리스트럭처링은 합리화 또는 감량경영을 위한 경영노력이라는 의미로 자주 쓰이고 있는데 본래는 전략에 근거한 사업구조의 재구축이란 뜻을 가지고 있다. 리스트럭처링은 사업구조의 기본적인 전환을 통하여 기업의 체질개선을 꾀하는 경영혁신의 한 방식을 말하며 일반적으로 사업의 재구축이란 의미로 사용되어지고 있다. 리스트럭처링은 환경의 변화에 대응하는 효과적인 사업구조를 창출해 내는 것으로서 경영자원의 재분배를 목적으로 한 경영혁신의 한 방식이다. 리스트럭처링의 유형은 다음과 같다.

- 사업구조 재구축(business portfolio restructuring) : 기업 또는 사업단위의 흡수 · 합병 · 매각 등을 통해 전반적인 사업구조의 변화를 추구한다.
- 조직 재구축(organizational restructuring) : 조직구조의 변화를 추구한다.
- 재무구조 재구축(financial restructuring) : 재무구조의 개선을 추구한다.

리스트럭처링의 목적은 다음과 같다.

기업전체의 경쟁력 제고 사업구조의 개혁을 통해 주력사업을 선정하고 주력사업과 주변 관련사업, 지원사업의 연계관계를 통해 전체적인 통합화를 추구함으로써 경쟁력 있는 사업구조를 형성할 수 있다.

기업의 혁신과 체질 개혁 조직개편이나 기업풍토의 개선만으로는 기업의 혁신을 기대하기 어렵다. 사업구조의 개혁을 통해서 기업의 체질을 개선할 수 있다. 즉 창조적인 주력사업을 제시하고, 이의 경쟁력 제고를 위해 과감히 신규사업에 진입하고 중복사업들을 통폐합하거나 철수 · 축소함으로써 전 구성원들에게 혁신의 의지를 명쾌히 제시할 수 있다. 이렇게 함으로써 기존의 틀에서 벗어난 혁신을 추구할 수 있으며 이에 따라 기업체질도 바꿀 수 있다.

신규사업으로의 진입 훌륭한 신규사업의 개발을 통해서 장기적인 관점 하에서 이윤창출을 기대할 수 있다.

전사원의 건전한 위기의식 제고 강력한 위기의식을 전 임직원이 공감하여 기업의 체질을 강화하고 경쟁체질로 전환할 수 있다.

리엔지니어링(Reengineering)

리엔지니어링이란 조직의 사업내의 사업단위 간의 생산공정 · 물류시스템 · 서비스 기간 · 절차 등의 과정에서 중복된 기능과 불필요한 기능을 제거하는 것으로써 시간단축 및 비용절감을 통해 고객만족을 증진시키는 기법이다. 리엔지니어링의 목적은 시간단축과 비용절감, 즉 중복된 기능과 불필요한 기능을 폐지하는데 중점을 둔다. 중복된 기능이 없어짐으로 인해 비용절감과 시간단축이 가능하며 고객만족을 개선시키는데 도움을 준다. 리엔지니어링의 필요성은 다음과 같다.

경영환경 변화에의 대응 기업 환경변화 중에서 가장 중요한 요인으로 고객중심적인 시장으로의 변화, 경쟁의 심화, 변화의 가속화를 들고 있는데, 이러한 환경변화에 능동적으로 대응하여 경쟁력을 유지하기 위해서는 환경변화에 맞게 업무방식 역시 새롭게 바꾸어야 한다.

조직의 복잡성 증가와 효율성 저하에의 대처 기업이 성장하고 규모가 점차 커지게 되면서 조직의 복잡성 증대 · 기업 내 프로세스의 단편화 · 혁신과 창의성의 결핍 · 규모의 비경제 등의 문제들이 발생하게 되었는데, 이러한 문제들을 과감히 해소하기 위한 것이다.

정보기술을 통한 새로운 기회의 모색 정보기술은 이제 조직운영의 핵심적 요소가 되고 있다. 기업활동의 수행과 기업전략을 효율적으로 지원하는 정보기술은 기업경영에 있어서 기업 경쟁우위의 확보 · 기업의 생산성 및 업무성과 제고 · 새로운 경영방식과 조직과 방식의 제공 · 새로운 사업기회의 제공 등의 구체적인 목적으로 활용될 수 있다.

리엔지니어링과 리스트럭처링과의 차이점을 살펴보면 리스트럭처링은 변혁을 사업의 조직구조면으로 포착하는 반면, 리엔지니어링은 사업보다 업무를 비지니스 프로세스 관점으로 포착하고 있다는 점이 다르다. 리스트럭처링은 기업을 둘러싼 환경변화에 맞추어 경영의 변혁을 도모하는 것, 즉 사업 재구축인 반면 리엔지니어링은 업무과정(Business process)을 근본적으로 다시 생각하고 설계하는 것이다.

리인벤팅(reinventing)

리인벤팅이란 고객 지향적이고 성과지향 위주의 조직역할 및 기능의 재조정을 말한다. 과거의 정부개혁 노력과는 본질적으로 그 맥락을 달리하는 단순한 구조개혁이나 점진적 개혁이 아니라 기존의 정부조직의 구조·과정·행태·전략 등을 근본적으로 부정하는 것으로 부터 출발하고 있다.

벤치마킹(Benchmarking)

벤치마킹은 자기분야에서 가장 우수한 성과를 내고 있는 최고회사를 모델로 삼아 그들의 독특한 비법을 배우면서 자기혁신을 꾀하는 것으로 넓은 의미에서는 리엔지니어링의 개념에 포함시키기도 하지만 독립된 한 분야이다. 지속적인 개선을 달성하기 위해 조직내부의 활동과 기능, 그리고 관리능력을 다른 조직과의 비교를 통해 평가하고 판단하는 것이라 할 수 있다.

벤치마킹의 특징 무엇보다 최고관리자의 역할이 중요하며 조직의 내부조건이 구비되지 않은 상황에서 외부의 벤치마킹에 전적으로 의존하여 작업과정을 개선하려는 경우에는 어려움을 겪게 된다.

벤치마킹의 이점 벤치마킹은 조직이 자신을 성공적인 조직과 비교하여 조직의 개선전략을 구체화 하는데 도움을 줄 수 있다. 벤치마킹은 조직이 경쟁조직으로부터 그들의 경험을 학습할 수 있게 해 준다. 또한 벤치마킹은 업무할당과 자원분배에 있어 변동의 필요성을 창출하는데 도움을 준다.

다운사이징(downsizing)

다운사이징은 조직의 효율성을 향상시키기 위해 의도적으로 조직 내의 인력·계층·작업·직무·부서 등의 규모를 축소시키는 기법이다. 이는 슬림화(slim)화를 통해 능률의 증진을 추구한다.

다운사이징의 유형

- 인력감축(workforce reduction) : 해고·퇴직·전출 등
- 조직재설계(organizational redesign)

- 기능 및 계층의 축소, 부서 통폐합 등
- 체계적 접근 : 총체적인 조직문화 및 경영혁신 운동

다운사이징의 특성

- 조직의 의도적인 행위이다.
- 인력의 감축을 수반하는 경우가 대부분이다.
- 조직의 효율성 증대를 강조하는 조직혁신기법이다.
- 어떤 형태로든 조직의 업무프로세스의 변화를 초래한다.

TQM(Total Quality Management)

TQM은 품질을 개선시키기 위해서는 노동 질적인 측면도 고려해야 한다는 일본식 품질관리원리에 영향을 받으면서 발전했다. 지엽적인 제도나 기법에만 매달려서는 품질경영의 진정한 효과를 얻기 어렵고 품질위주의 기업문화를 창조하여 조직구성원의 의식을 개혁해야만 궁극적으로 기업의 국제경쟁력을 높일 수 있다는 전사적 품질관리 경영기법이다.

TQM의 실천원칙

- 고객에 초점을 둔다.
- 결과뿐만 아니라 과정도 중시한다.
- 검사보다는 예방에 치중한다.
- 구성원의 참여를 바탕으로 창의력과 전문기술을 동원한다.
- 사실에 입각한 의사결정을 행한다.
- 피드백(feedback)에 의한 지속적인 개선을 추진한다.

TQM의 문제점

- 많은 비용, 추진과정에 많은 장애요인이 존재
- 비제조업, 공공기관에 대한 적용이 곤란
- 많은 장애요인에 대한 적절한 대처가 필요

아웃소싱(Out Sourcing)

모든 일을 한 부문이나 한 업체에서 수행하기에는 경쟁력 · 효율성 등이 떨어질 경우 일정 부분을 외부의 전문기업에게 위탁하는 경우가 있는데 이런 경우를 아웃소싱이라고 한다. 아웃소싱의 형태에는 여러 가지의 경우가 있다. 보통 아웃소싱과 계약방식을 연계하여 분류한다. 예를 든다면 하나의 위탁업무를 두개 이상의 외부업체에 위탁하는 Selective-아웃소싱, 업무부서의 핵심인력을 가동하여 아웃소싱업체를 관리하는 Co-아웃소싱, 위탁업무 모두를 한 개의 사업자에게 일괄 발주하는 주사업자선정방식 등 여러 방식이 있으며 모두 장단점을 가지고 있다. 아웃소싱을 함으로써 경쟁력을 가질 수 있지만 나타날 수 있는 문제로 기술축적이 어렵고, 보안문제가 발생할 수 있으며, 아웃소싱업체를 장악하지 못하면 사업목적을 달성하기 보다는 오히려 이끌려 갈 수 있다. 따라서 계약의 완전성을 기하여야 한다.

인수합병(Mergers & Acquisitions : M&A)

M&A란 합병(Mergers)과 매수(Acquisitions)를 의미하는 두 단어의 이니셜에서 나온 용어이다. M&A는 두 개 이상의 회사가 청산절차를 거치지 않고 한 개 이상의 회사가 소멸함과 동시 소멸회사의 권리 · 의무가 존속회사에 포괄적으로 이전 · 승계되는 회사 간의 계약을 말한다. 법률상으로 볼 때 기업합병은 흡수합병과 신설합병으로 나눌 수 있다.

흡수합병(merger) 몇 개의 기업이 결합할 때 그 중 한 기업이 법률적으로 존속하여 다른 기업을 인수하고, 인수되는 기업은 소멸하는 형태의 합병을 말한다.

신설합병(consolidation) 결합하려고 하는 기업 모두 해산되고 새로운 하나의 기업이 설립되어 이 신설기업이 합병에 참여하여 모든 기업의 권리 · 의무를 이전 받는 형태의 합병이다.

매수(Acquisitions)

기업매수는 매수기업이 피 매수기업의 주식이나 자산의 일부를 취득함으로써 기업결합을 추구하는 형태로서 이러한 형태는 기업합병과 다소 달리 개념규정을 하는데, 즉 기업매수는 이루어지고 난 뒤에도 양사가 개별기업으로 계속 존재한다는 것이다.

매수는 크게 주식매수와 자산매수로 나누어지는데 주식매수는 매수기업이 피 매수기업 주식의 전부 또는 일부를 구 주주로부터 취득하는 것이고, 자산매수는 두 기업 간에 체결된 계약에 따라 한 기업이 상대기업 경영의 전부 또는 일부를 인수하는 것이다.

Work Out

미국의 GE(General Electric) 회장 잭 웰치에 의해 대중화된 용어로 구조조정을 통한 경쟁력 강화의 의미로 사용됐다. 보통 '기업개선작업'으로 번역된다. 워크아웃은 경제적 회생가능성은 있으나 재무적으로 곤경에 처한 기업이 대상이 된다.

BIG Deal

기업 간의 비교우위 사업부분을 교환하여 핵심역량을 갖춘 사업부문에 집중하거나 핵심 업종을 전문화하고 육성, 다시 말해서 사업을 맞교환 하는 것을 말한다. 최근 기업의 구조조정과 관련하여 전략적으로 큰 효과를 가져 올 수 있는 것이 기업 간의 사업교환, 즉 빅딜(Big Deal)이다. 1992년에 미국의 듀퐁(Dupont)회사는 영국의 임페리얼 화학회사와 합성섬유 분야에서 각기의 사업구조를 보완해 주는 사업을 주고받음으로써 각기의 경쟁력을 향상시켰다. 대기업 그룹간의 사업부문 교환을 통하여 업종전문화를 이루고 잉여설비를 감축한다는 차원에서 5대 그룹 구조조정안의 핵심기업 설정과 관련하여 5대그룹의 빅딜을 추진사항으로 합의 한 바도 있었다.

기업분할(Division Operations)

기업분할은 합병에 반대되는 제도로서 통상적으로 기업이 어느 일정사업부문을 분할하여 독립시키는 것을 하는데, 이는 시장에서 독자적으로 활동할 수 있는 기업의 일부를 분리하여 독립법인화시킴으로써 위험을 분산하거나 경영효율성을 재고시키기 위한 구조조정의 일환이라고 할 수 있다. 기업분할제도가 기업의 경영위기 극복을 위한 기업구조조정의 원활화 차원에서 개정 상법에서 인정함에 따라 국내 기업들도 부실 사업정리와 재무구조개선의 목적으로 수익성 높은 핵심사업 부문까지도 기업분할 후 매각을 통한 사업구조조정이 이루어지고 있다. 구조조정이 본격화되고 M&A 시장이 활성화되면 국내 기업들도 기업변신을 위해 기업분할을 적극 이용하게 된다. LG반도체를 인수한 현대전자가 1999년 9월까지 반도체부문의 하이닉스반도체와 전자부문의 현대

산업전자로 분할하기로 결정한 것이 상장회사로서는 처음으로 상법상 분할제도를 이용하였다.

2 리스트럭처링(Restructuring)

리스트럭처링(Restructuring)은 기업의 경쟁력 강화와 비전 달성을 목표로 전사적 차원에서 미래사업구조를 근본적으로 재구축하려는 경영혁신기법이다. 이는 급변하는 글로벌 경쟁환경의 변화 속에서 기업이 생존과 성장을 위해 제시한 미래의 비전을 사업구조 차원에서 구체화시키는 방법이다. 비전이 기업의 추상적인 미래지향점이라면 리스트럭처링은 이러한 비전을 달성할 수 있는 해답을 사업구조의 재구축을 통해서 제시하는 경영기법이다. 리스트럭처링의 도입초기에는 인수할 회사 자체를 담보로 금융기관에서 대출자금으로 기업인수(LBO)나 전략적 제휴까지를 포괄하는 개념으로서 M&A를 적극적으로 활용하여 사업단위를 재구축하는 전략을 의미하였다. 그러나 일본에서는 「리스트라」라는 용어로 변형되어 경영합리화 · 사업의 축소 · 인원감축 등의 명분으로도 사용되었다.

리스트럭처링 방식

보통 리스트럭처링에는 두 가지 방식이 있다. 첫 번째는 철저한 비용절감이다. 과잉설비의 폐기 · 불량자산 처리 · 채산성이 낮은 사업에서 철수 및 정리 · 잉여인원 감축 · 유휴자산 처분 · 차입금 반제 등 사람 · 물자 · 돈을 줄일 수 있는 만큼 줄이는 것이다. 심각한 경제위기를 겪으면서 우리나라의 많은 기업들이 이러한 방식을 채택했다. 두 번째 방식은 기존사업 또는 신규사업에 투자를 확대하는 것이다. 즉, 기존사업의 경쟁력을 강화하기 위해 생산 · 마케팅 · 개발에 투자하고, 신제품 · 신사업 개발 · 시장 참여에 대한 투자를 감행하는 것이다. 이것은 비용절감에 비해 전향적인 리스트럭처링이다.

사업재구축이라는 말로도 표현되는 리스트럭처링의 시행절차는 비전 및 미래목표의 잠정적 설정, 전략사업단위의 설정, 리스트럭처링 방향설정 작업, 리스트럭처링 확정, 비전 및 미래목표의 수정, 비전 및 미래목표의 확정 등 6단계로 구성된다.

리스트럭처링과 리엔지니어링 업무 재설계는 경영혁신기법의 하나로서 기업의 활동이나 업무의 전반적인 흐름을 분석하고 경영목표에 맞도록 조직과 사업을 최적으로 다시 설계하여 구성하는 것이다. 어떤 제조부문이나 서비스부문의 프로세스 · 공정 · 절차 등을 컴퓨터나 정보통신시스템을 이용하여 개혁시킴으로써 원가우위를 갖게 하거나 차별화를 제고시키는 혁신기법이다. 이러한 혁신을 통해 기업은 고객의 만족을 극대화 시키고 기업의 경쟁력을 제고시킬 수 있는 것이다. 비즈니스 리엔지니어링은 주로 기업의 하위사업단위에서 수행하는 것이고, 따라서 리엔지니어링은 사업단위별 경쟁우위전략으로서의 저원가 · 차별화전략을 지원하는 혁신기법이라 할 수 있다.

반면에 Business Restructuring이란 이러한 미시적인 프로세스나 공정을 개혁하는 것이 아니고 앞으로의 환경변화에 적극적으로 대응하기 위한 비전을 새로이 설정하고 이에 도달하기 위해 기업전체 차원에서 기존업종을 철수할 것인지, 축소할 것인지, 중복사업을 통폐합할 것인지, 아니면 기존사업을 계속 확대할 것인지, 더 나아가 어떤 신사업에 참여할 것인지, 미래에는 어느 사업을 주력사업으로 할 것인지, 기존사업과 신규사업을 어떻게 연계시켜 상승효과를 낼 것인지 등을 고려한, 즉 기업의 미래모습을 새로이 만들어 나가는 기업전체 차원의 혁신기법이라 할 수 있다. 이러한 면에서 Business Restructuring은 기업의 중장기 경영전략의 커다란 부분을 차지하는 것이다. 그러므로 Business Process Restructuring은 비지니스 리스트럭처링의 하위개념이라고 정의할 수 있다. 따라서 Business Restructuring의 방향이 확정된 후에 프로세스나 공정 혹은 절차 등을 혁신시키는 Business Reengineering을 도입해야 한다.

리스트럭처링과 벤치마킹 벤치마킹이란 '지속적인 경쟁우위를 확보하기 위해 최고의 기업과 비교하여 창조적 모방을 통해 그 차이를 뛰어넘는 혁신기법'이라고 정의할 수 있다. 이러한 벤치마킹은 그 자체로 따로 하는 것이 아니고 비지니스 리스트럭처링을 하거나 비지니스 리엔지니어링을 할 때 사용하는 하나의 기법에 불과하다. 즉 기업의 사업구조를 리스트럭처링을 위해서는 선도경쟁기업이 과연 어떠한 사업구조를 갖고 있으며 앞으로 이를 어떻게 개혁하는가를 벤치마킹함으로써 기존사업구조를 개혁하기 위한 많은 전략적 시사점을 얻을 수 있다. 비지니스 프로세스 리엔지니어링을 위해서도 선도경쟁기업이 프로세스나 공정을 어떻게 개혁하고 있는가를 지속적으로 벤치마킹해 보아야 우리 기업의 프로세스나 개혁하기 위한 창조적 모방을 할 수 있는 것이다.

리스트럭처링의 유형

비지니스 리스트럭처링은 기업의 상황에 따라 여러 가지 모습을 보이고 있으나 대표적인 두 가지 유형에 대해 살펴보자. 그러나 실제로는 이 두 가지 유형으로 확연히 구분되는 것이 아니고 두 가지 유형이 서로 중복되어 사용되는 것이 보통이다.

적극적 리스트럭처링 이러한 유형의 리스트럭처링은 환경변화에 대응하여 미래지향적인 주력사업을 선정하고 이의 경쟁력을 제고시키기 위해 신규사업으로의 다각화, 국내외 타 기업과의 전략적 제휴(strategic alliance), 새로운 기술의 접목, 다른 사업부와 공동사업의 추진 등을 통하여 사업구조를 보다 적극적으로 개혁하는 것을 의미한다.

수동적 리스트럭처링 이러한 유형의 개혁은 보다 수동적인 차원에서 사업구조를 개혁하는 것으로서 주력사업의 경쟁력을 회복시키기 위해 수익성이나 성장성이 낮은 사업을 축소 또는 철수하거나 중복사업을 통폐합하고, 더 나아가 조직구조 재편 · 인원감축 · 합리화 등을 추구하는 것을 의미한다.

리스트럭처링의 목적

리스트럭처링을 하는 목적을 살펴보면 다음 다섯 가지로 구분할 수 있다.

첫째, 사업구조의 개혁을 통해 주력사업을 선정하고 주력사업과 주변관련사업, 지원사업의 연계 관계를 통해 전체적인 통합화를 추구함으로써 경쟁력 있는 사업구조를 새로이 형성하고, 이에 따라 자원의 배분을 올바르게 할 뿐 아니라 기업전체의 경쟁력을 제고시키기 위함이다.

둘째, 리스트럭처링을 통해 기업을 혁신하고 더 나아가 기업체질 자체를 바꾸기 위함이다. 조직개편이나 기업풍토의 개선만으로는 기업의 혁신을 기대하기가 어렵다. 따라서 진정한 기업의 혁신과 체질개혁은 사업구조의 개혁을 통해서만 이루어질 수 있는 것이다. 즉 창조적인 차원에서 주력사업을 제시하고, 이의 경쟁력 제고를 위해 과감히 신규사업에 진입하고 중복사업들을 통폐합하거나 철수 · 축소함으로써 전 구성원들에게 혁신의 의지를 명쾌히 제시할 수 있다. 이렇게 함으로써 기존의 틀에서 벗어난 혁신을 추구할 수 있으며 이에 따라 기업체질도 바꿀 수 있다.

셋째, 시대조류에 대응한 신규사업으로의 진입을 계획적으로 추진하기 위해서다.

훌륭한 신사업의 개발은 장기적 관점 하에서 인력과 자금을 투입함으로써 가능해진다. 리스트럭처링 없이 연차계획만으로 이를 추진하게 되면 인력과 자금투입이 그때그때의 수익상황이나 경영자의 사고에 좌우되어 새로운 사업의 개발이 어렵게 되기 때문이다.

넷째, 현재수익과 미래수익의 균형을 맞추기 위해서다. 기존사업 중 경쟁력이 없거나 앞으로 경쟁력이 저하될 사업들에 대한 투자를 줄이고 신규사업이나 신제품에 대한 투자 등을 추진함으로써 건전한 흑자부문을 키우며 이에 따라 미래에도 꾸준히 수익을 확보할 수 있게 되기 때문이다.

다섯째, 전 사원에게 건전한 위기의식을 제고시키고 기업의 경영체질을 강화하기 위해서다. 즉 기존 사업구조를 가지고 변화를 거부하면서 5년 또는 10년이 지난다면 과연 우리 기업은 어떠한 모습을 가지겠는지, 과연 그 때에도 경쟁력이 있겠는지, 과연 그 때 살아남을 수 있겠는지 라는 강력한 위기의식을 전 임직원이 공감하여 기업의 체질을 강화하기 위함이다.

리스트럭처링의 실행절차 리스트럭처링의 실행절차는 다음에서 설명하는 프로세스에 의하여 이루어져야 한다.

- 비전 및 미래목표의 잠정적 설정
- 전략사업단위의 결정
- 거시환경분석과 산업환경분석
- 산업분석
- 선도 경쟁기업의 집단화
- 선도 경쟁기업 벤치마킹
- 고객분석 : 고객의 욕구(needs, wants) 분석
- 자사분석 : 자사분석, 기존사업포트폴리오분석(기존사업의 선별 육성 · 축소 · 철수)
- 리스트럭처링 방향도출 : 기존사업의 선별육성, 신규사업 범위의 확정, 주력사업의 선정
- 세부 신규사업의 선정 : 신규사업에 대한 세부분석/선정
- 기존사업과 신규사업의 관련성분석 : 일관성/보완성분석, 사업의 통폐합 결정, 주력사업, 주변관련사업, 지원사업간의 연계관계 확정
- 비지니스 리스트럭처링의 확정 : 새로운 사업구조 편성, 기존사업의 방향,

신규사업의 방향. 비전 및 미래목표의 확정
- 비전 및 미래 목표의 수정 : 피드백(feedback) 과정

3 전략적 제휴

경영전략적인 의미에서 볼 때 기업 간 제휴는 단기적 이익을 얻기 위한 보완적인 수단이 아니라 글로벌 경영환경 하에서 기업이 생존하고 번영하기 위한 본원적인 수단으로의 성격을 갖는다고 볼 수 있다. 또한 국경 없는 글로벌 경쟁에 대응하기 위하여 기업들은 전 세계를 대상으로 하여 경영자원을 동원하여 기술개발 · 조달 · 생산 · 판매 등 모든 경영활동을 전개하는 국제화전략을 추구하게 되며 이러한 상황에서 제휴는 필수적인 전략수단이 되고 있다.

경쟁관계에 있는 기업이 일부사업 또는 기능별 활동부문에서 경쟁기업과 경쟁을 위해 일시적인 협력관계를 갖는 것을 전략적 제휴라고 한다. 전략적 제휴는 단순한 업무제휴와 지분참여를 통한 제휴로 분류된다. 단순 업무제휴는 전략적 제휴의 초기적인 형태로서 마케팅제휴를 들 수 있다. 반면에 지분 참여제휴는 상대의 지분을 확보함과 동시에 일정분야에서의 협력관계를 유지하는 것을 말한다. 이러한 제휴는 기술력이 있는 기업과 자본력이 있는 기업 간에 성사 되는 경우가 많다. 그러나 전략적 제휴는 시너지효과를 창출한다는 목적에서는 M&A와 유사하지만 거래방식에서는 커다란 차이가 있다. 다시 말해서 인수기업에 의한 완전한 결합방식이라는 점에서 차이가 있는 것이다. 따라서 전략적 제휴는 신규사업을 창업하는 것과 기존기업을 인수 · 합병하는 M&A의 중간 형태라고 볼 수 있다.

전략적 제휴의 목적

전략적 제휴는 다음에서 열거하는 목적에 따라 이루어지게 된다.

자원과 위험의 공유 보완적인 제품 · 유통망 · 생산기술이나 능력을 가진 경쟁기업과의 제휴를 의미한다. 신제품개발과 시장진입의 속도를 단축시키기 위해 시간에 의한 경쟁우위를 목적으로 제휴하는 것을 의미한다.

산업표준의 선택 세계적으로 공인된 기술표준화에 의하여 시장점유율 방어를 목적으로 어쩔 수 없이 제휴하는 경우도 자주 발생한다. 특히 전자나 아이티산업에서 흔히

볼 수 있는 일이다.

기업의 유연성 확보 사업포트폴리오상 사양산업의 위치에 있는 사업으로 특히 가동률이 현저히 떨어지는 사업구조일 경우 설비를 줄이고 고비용 구조를 해소하기 위한 목적으로 시장점유율이 제일 높은 경쟁자와 합작투자 형식을 취함으로써 공장의 활용도를 높일 수가 있다.

특정시장 접근 경영전략상 특정시장을 목표시장으로 선정한 경우 현지기업을 인수함으로써 공장을 신규로 건설 않고도 제품을 생산하고 판매할 권리를 현지회사를 통하여 라이센스 계약을 체결한다.

정치적 위험 회피 글로벌 경쟁체제 아래에서 일류기업들은 현지화전략을 피할 방도가 없게 된다. 그 나라의 법적규제를 피하기 위해서는 그 나라의 업체와 전략적 제휴를 맺지 않을 수가 없는 경우가 이에 속한다.

전략적 제휴의 유형

전략적 제휴는 다음에서 설명하고 있는 바와 같이 다섯 가지 유형으로 구분할 수 있다.

연구개발 컨소시엄(R & D Consortium) 항공기 · 정보통신 · 반도체 생산기술 분야의 차세대 고속 DRAM개발을 위해 인텔, 삼성, 히다치, NEC, Micron, Infenion 6개사가 컨소시엄을 형성하여 공동 개발한 사례를 들 수 있다.

기술제휴 라이센스 기업이 다른 기업에 생산기술을 공여하거나 기술을 기반으로 신제품을 개발할 수 있는 권리를 공유하는 것으로써 특허권 사용계약을 체결하고 일정액의 Royalty를 계약 조건에 따라 지불하는 것이 이에 속한다.

생산 라이센스(Production license) 규모의 경제를 활용하고 유휴생산시설을 활용하기 위한 방법으로 복수의 기업이 공동 생산할 수 있는 license를 보유하거나 자체 수요를 위해 직접 특허기술을 license받아 생산하는 방법으로써 공동생산 · OEM생산과 아웃소싱 · 부품의 공용화 등이 이에 속한다.

제품스왑(Product swap) 타사의 제품에 자사 브랜드를 붙여 자사 제품처럼 판매하는 방식으로써 주문자상표부착생산방식이 대표적인 경우이다.

주식교환 상호 유대관계를 강화하기 위한 목적으로 쌍방의 주식을 상호 소유하는 것으로써 제휴의 성공가능성이 높은 특징을 가지고 있다.

합작투자(Joint Venture) 합작투자에는 기능별제휴와 직접합작투자 방식이 있다. 기능별제휴라 함은 지분참여 없이 기업 간 계약과 거래에 의한 것이 보통이며, 하나의 기능은 하나의 업무분야에 국한된다. 합작투자란 법률적으로 모기업으로부터 독립된 법인체를 설립하는 방식으로 여러 분야에 있어서 종합적으로 협력관계가 필요할 때 제휴방법으로 파트너의 기여도 및 교섭능력에 따라 지분율을 결정하게 된다. 그러나 합작비율이 동일한 비율일 경우에는 의결권행사에 있어 의견대립이 발생하게 되면 갈등의 소지가 남게 되고, 반면에 합작비율이 불균형일 때에는 경영권다툼 문제가 제기될 여지가 많다.

03 조직구조의 계획

조직구조(Organization structure)는 성공적인 경영활동을 위해 필요한 일과 부서, 직위나 권한관계 등을 안정적으로 짜놓은 뼈대이다. 모든 기업은 조직구조를 바탕으로 각 부서 간의 업무를 정하고 인적자원을 배치한다. 따라서 전략의 성공적 실행을 뒷받침하는 가장 중요한 요소 중의 하나가 조직구조이다. 조직은 공통의 목적을 추구하는 사람들의 집단이다. 전략경영의 시각에서 본다면 조직의 목적은 기업의 사명과 장·단기적 목표로 구체화 된다. 이러한 목표를 달성하기 위해 여러 가지 가치활동을 수행하여야 한다.

인간이 조직 내에서 담당하고 있는 직위간의 업무활동이 일상적으로 행하여지는 관계, 즉 업무활동의 흐름이라 할 수 있다. 조직의 과정은 구조라는 고정된 관계 하에서 일상적으로 이루어지는 활동관계이고, 조직의 구조는 조직의 과정과 통합됨으로써 활력을 얻게 된다.

챈들러에 의하면 조직전략과 조직구조는 상호간에 매우 밀접한 관계가 있다고 하였다. 표준화된 제품을 대량으로 생산하는 조직, 철저한 비용통제를 하는 조직은 대체로 기계적 조직구조를 설계한다. 그러나 주문생산이나 다양한 제품을 생산하는 조직, 벤처와 같은 새 사업을 개발하는 소규모단위의 분권적인 조직, 연구개발과 지식 창출을 강조하는 조직은 유기적 조직구조를 설계한다.

일반적으로 조직구조는 창의성을 중심으로 발전하며 명확한 방향을 설정하고 업무를 지시하는 기능화 중심으로 권한 위양에 의한 분권화와 조정시스템의 정교화로 통합화함으로써 개인의 차이를 인정하고 구성원들 간의 상호작용을 통한 협력을 강조하는 조직화로 발전단계를 거친다.

1 조직화의 일반원칙

경영조직이 효율적으로 운용되도록 하는 조직화의 원칙은 기업의 규모, 생산의 내용, 인적구성에 따라 차이가 있으나 보편적으로 적용되는 일반원칙은 다음과 같다.

기능화의 원칙

한 사람이 여러 가지의 이질적인 기능을 종합적으로 담당하는 것보다 각자가 한가지 또는 가급적 소단위 기능을 전문화시킴으로써, 조직능률을 높이는 것을 기능화의 원칙 또는 전문화의 원칙이라 한다.

책임과 권한의 원칙

직무권한의 원칙이라고도 하며 넓은 의미에서는 직무수행을 위한 권한과 책임 그리고 의무가 서로 밀접하게 균형을 이루어 삼위일체의 관계에 있어야 한다는 원칙으로서 직무의 삼면등가의 원칙이라고도 한다.

권한위양의 원칙

위양의 원칙이라고도 하는데 조직 내의 상위자에게만 권한이 집중되어 있는 경우, 하위자는 상황변화에 따라가면서 작업을 신속히 처리하지 못하게 되고, 상위자는 일상의 세부적인 일까지도 의사결정을 하여야 하므로 의사결정시간이 길어지고 업무능률이 오르지 않는 조직이 된다. 그러므로 상위자는 가급적 하위자에게 권한을 위양해야 할 필요가 있다. 권한위양이 적정화된다면 상위자는 매일 대체적으로 반복하여 발생하는 일상 업무로부터 해방되고 보다 더 중요한 예외적인 업무를 할 수 있게 된다. 또 권한을 위양 받은 하위자는 창의성 내지 잠재적 능력을 발휘하여 의욕을 갖고 일을 하게 되어 업무결과에 대한 책임을 보다 무겁게 지게 된다. 이를 권한위양의 원칙 또는 예외의 원칙이라고 한다.

명령통일의 원칙

명령일원성의 원칙이라고도 하는데 어떠한 행위에 대해 한 사람의 하위자는 두 사람 이상의 상사로부터 명령을 받아서는 인된다는 원칙이다. 만일 두 사람의 상사가 한 사람 또는 한 부문에 대해 명령권을 행사한다면, 때로는 서로 다른 내용의 명령이 혼동을 가져와 규율은 위태롭게 되고 질서는 문란해지며 조직의 안정을 잃게 되기 때문이다.

관리한계의 원칙

감독의 범위, 관리상의 책임한계 혹은 감독범위 적정화 등으로 통칭되며 한사람의 상사가 지휘나 감독을 할 수 있는 하위자 수에는 한계가 있다는 것을 나타낸 원칙이다. 많은 부하를 가지면 불충분한 감독이 되고 또 반대로 적은 부하를 갖게 되면 지나친 감독으로 부하의 창의와 자주성을 발휘하는데 방해가 된다. 적정한 부하의 수는 감독자의 능력과 부하의 능력 또는 작업의 성질에 따라 다르다. 일반적으로 육체적인 작업은 15~30명, 두뇌적인 작업은 5~6명 정도가 적정규모라 한다. 그러나 이 수는 반드시 고정된 것은 아니다.

계층단축화의 원칙

위에서 설명하고 있는 관리한계의 원칙에 의하면 기업규모가 커지고 종업원 수가 늘어남에 따라 부장·과장·대리 등과 같은 조직계층이 길어지게 된다. 조직계층이 길게 되면 될수록 커뮤니케이션이 어렵고 명령전달도 늦어지게 되며, 인건비도 증가하므로 조직계층을 적정하게 단축해야 한다는 원칙이다.

조정의 원칙

조직의 공통목적을 달성하기 위하여 각 부문이나 각 구성원의 갈등이나 충돌을 해소하고, 조직 각 부분간의 제 활동의 내적 균형을 꾀하며 조직 스태프(Staff)을 조절하려는 원칙을 조정의 원칙이라 한다.

2 조직구조의 구성요소

경영조직이란 둘 이상의 사람들이 모여서 어떤 공통된 목표를 달성하기 위해 협동적으로 일을 수행하는 조직체이다. 조직화는 기업의 목표를 달성하기 위해 어떠한 형태로 조직을 구성할 것인가를 결정하고 자원들을 배분하고 조정하는 활동으로 조직화를 통해 누가 책임을 지고, 누구에게 지시를 받고, 무엇을 어떻게 해야 하며, 어떤 자원을 이용할 수 있는지를 결정하게 된다.

전문화

전문화란 단일의 전문화된 업무를 담당하도록 하는 것으로 업무가 전문화될수록 생산성이 높아지지만 일정수준 이상이 되면 오히려 낮아진다. 따라서 전문화의 정도를 합리적으로 결정해야 한다.

부문화

기업목표나 경영전략을 고려하여 필요한 일을 결정하고 명확히 하여 담당자에게 할당하고, 세분화된 업무를 다시 유사한 업무들로 묶는 활동을 말한다. 여기에는 기능별 부문화 · 제품별 부문화 · 지역별 부문화 · 프로세스별 부문화 · 고객별 부문화가 있다.

권한의 배분

권한(authority)이란 조직에서의 합법적이고 공식적인 권리를 의미한다.

집권화 권화란 조직의 의사결정 및 통제권한이 조직의 상위 층에 집중되어 있는 상태를 말한다. 집권적 조직의 경우 의사결정의 속도가 빠르다. 강력한 추진력으로 효율성이 높은 경우도 있다. 상위계층으로 인해 부문 간 마찰의 해결이 용이한 반면 수동적이며 타율적인 행동을 보일 수 있다. 조직 내의 권한 위양 정도가 매우 낮아서 의사결정이 대부분 최고경영층에 집중되어 있다면 그 조직은 집권화 조직에 속한다고 볼 수 있다.

분권화 분권화란 의사결정권과 명령지시권이 조직의 여러 계층에 대폭 위양되어 있는 상태를 말한다. 분권적 조직의 경우 긍정적인 경쟁분위기를 유도함으로서 창의적이고 자율성을 고취시키고, 직무만족도도 향상된다. 수시로 변화하는 상황에 대처하는데 효과적이지만 기능 및 업무의 중복현상, 각 부문의 자기집단 이기주의의 현상으로 인해 비효율성이 나타날 가능성도 있다.

- 수평적 분화 : 수평적 분화란 조직이 상이한 부서나 전문화된 하위 단위로 나누어지는 것을 의미하며, 수평적 분화는 직무전문화와 밀접한 관계를 가지는데 조직 내의 전문적인 지식이나 새로운 기술을 요하는 직무의 수가 생기게 되면 수평적 분화에 의한 조직의 복잡성은 증대된다.
- 수직적 분화 : 수직적 분화는 명령계통과 관계되는 개념으로 과업의 분화가 상하 관계를 가지고 이루어진다. 오늘날 기업은 수직적 분화를 통해 피라미드형의 권한 구조를 형성하게 되는데, 이때 통제의 폭과 계층의 수는 서로 밀접한 관계를 가지면서 조직 구조를 형성하게 된다. 수직적 분화의 목적은 보고체계를 명시화 하는 데 그 목적이 있으며, 이와 같은 과업의 분화가 상하 관계를 형성한다.
- 지역적 분산 : 지역적 분산은 조직의 물리적 시설과 인력이 지리적으로 분산되어 있는 정도를 말한다. 조직의 사무실, 공장 또는 구성원들이 지역적으로 분산되어 있을수록 의사소통, 조정 및 통제가 어려워지기 때문에 복잡성은 증가하게 된다.

공식화 공식화란 조직 내의 업무가 얼마나 표준화되어 있는지와 업무의 목적과 업무를 구성원들이 수행하는데 있어서 취할 수 있는 수단 및 행동과 관련된 사항들이 얼마나 구체적으로 제시되어 있는가 하는 정도를 말한다. 다시 말하면 조직 구성원들의 태도가 문서화된 규칙이나 절차에 의존하는 정도를 의미한다.

3 조직구조의 모형

조직구조의 기본요소와 구성에 대한 선택은 한 조직의 구조적 특성을 결정한다. 기본적으로 조직구조의 특성은 기계적 구조와 유기적 구조로 구분할 수 있다. 이러한 구분은 조직구성원에게 주어지는 공식적 구조와 통제의 정도와 관련되어 있다.

기계적 구조는 엄격히 규정된 직무·규칙과 규정 등 높은 공식화, 집권적 권한, 분명한 명령체계, 좁은 통솔 범위, 낮은 팀워크를 특징으로 하는 조직구조로 내적 통제에 따른 예측가능성이 높다는 장점이 있다. 반면 유기적 구조는 적은 규칙과 규정 등 낮은 공식화, 분권적 권한, 광범위한 직무, 넓은 통솔 범위, 높은 팀워크를 특징으로 하는 조직구조로 환경의 적응성이 높다는 장점이 있다. 그러나 어떠한 조직도 배타적으로 기계적 또는 유기적 구조에 해당되는 것은 아니며, 다섯 가지 대안적 조직구조들은 기계적 구조와 유기적 구조의 양극단 사이에 위치하게 된다.

[기계적 조직과 유기적 조직 비교표]

구 분	기계적 조직	유기적 조직
주요 목표	효율성, 생산성	유연성, 적응성
운영방식	기계적 방식에 의존	인간의 잠재력 활용
조직구조의 구성요소	높은 과업의 분화 높은 집권화 높은 공식화	낮은 과업의 분화 높은 분권화 낮은 공식화
조직과정의 운영방식	조직지위에 기초한 의사결정 하향적 커뮤니케이션 상급자에 의한 조정	개인능력에 기초한 의사결정 쌍방적 커뮤니케이션 상호조절 및 자발적 조정
적합한 상황요인	대량생산, 연속생산기술 안정적이고 단순한 환경	소량주문생산기술 동태적이고 복잡한 환경

기능구조

기능구조(functional structure)는 기능 부서화 방식에 기초한 조직구조 유형으로 조직의 전체업무를 공동기능별로 부서화하게 되는데, 기본적으로 수평적 조정의 필요가 낮을 때 효과적인 조직구조이다. 특정기능에 관련된 조직구성원들의 지식과 기술이 통합적으로 활용되므로 그 전문지식과 기술의 깊이를 제고할 수 있는 조직구조이다.

장점

- 기능 내에서 규모의 경제를 제고할 수 있다. 같은 기능적 업무를 묶어 시설과 자원을 공유함으로써 중복과 낭비를 막아 효율성을 높일 수 있는 것이다.
- 비슷한 기능을 수행하는 조직구성원들 간의 분업을 통해 전문기술을 더욱 발달시킬 수 있다.
- 비슷한 기술과 경력을 가진 구성원들 간에 응집력이 강해 부서 내 의사소통과 조정이 유리해진다.

단점

- 부서들 간의 조정과 협력이 요구되는 환경변화에 둔감하다. 부서별로 상이한 기능을 수행하면서 각각 독특한 시관, 목표관을 갖게 되어 부서들 간에 조정이 어려워진다.
- 의사결정 권한이 계층제를 따라 고위관리자에 집중되면서 업무의 과부하에 걸려 빠르게 대처하지 못하게 된다.
- 고도의 전문화에 따라 일상적이고 동기부여에 불리하다.

기능구조는 조직목표 달성에 깊은 전문지식이 필수적인 경우, 안정적 조직환경과 일상적 조직기술, 그리고 조직이 수직적인 계층제로 통제 · 조정될 필요가 있는 경우, 수평적인 조정의 필요가 적은 경우, 내적 능률성이 중요한 경우에 효과적인 조직구조이다. 즉 기능구조는 집권적 권한, 좁고 전문화된 직무, 부서간 팀워크가 적게 요구된다는 측면에서 일반적으로 기계적 구조에 속하게 된다.

사업구조

사업구조(divisional structure)는 산출물에 기반한 사업부서화 방식의 조직구조 유형으로 산출물구조 · 사업구조 · 전략사업 단위라고도 한다. 사업구조의 각 부서는 한 제품을 생산하거나, 한 지역에 봉사하거나, 또는 특정 고객집단에 봉사할 때 필요한 모든 기능적 직위들이 부서 내로 배치된 자기완결적 단위이므로 기능간 조정이 극대화될 수 있는 조직구조이다. 서로 다른 시장에 대한 상품을 생산하는 대규모 기업의 경우 각 사업부서들은 자율적으로 운영되며, 각 기능의 조정이 부서 내에서 이루어지므로 기능구조보다 분권적인 조직구조를 갖는다. 사업구조는 기능간 조정이 우수하므로, 불확실한 조직환경, 비정규적인 조직기술, 높은 부서간 상호의존성, 외부지향적 조직목표인 상황에 적합한 조직구조이다.

장점

- 사업구조의 각 부서는 자기완결적 기능단위로 기능간 조정이 용이하므로 환경변화에 좀더 신축적이고, 대응적일 수 있다.
- 특정산출물별로 운영되기 때문에 고객만족도를 제고할 수 있다.
- 성과에 대한 책임성의 소재가 더욱 분명해져 성과관리에 유리하다.

- 조직구성원들에게 기능구조보다 더 포괄적인 목표를 갖게 해준다.

단점

- 산출물별 생산라인의 중복에 따른 규모경제와 효율성에 손실이 있다.
- 기능직위가 부서별로 분산되므로 기술적 전문지식과 기술발전에 불리하다.
- 사업구조의 부서 내 조정은 증진되지만, 자율적으로 운영되는 부서 간의 조정은 더욱 어려워진다.
- 사업부서간의 경쟁이 지나치면 조직전반에 부정적 결과를 초래할 수 있다.

매트릭스 구조

매트릭스 구조(matrix structure)는 기능구조와 사업구조의 결합을 시도하는 조직구조로서 조직환경이 복잡해지면서 기능부서의 기술적 전문성이 요구되는 동시에 사업부서의 신속한 대응성의 필요가 증대되면서 등장한 조직형태이다. 즉 기능구조는 전문가의 집합으로 전문성을 살릴 수 있으나 조정이 어렵고, 사업구조는 전문가의 조정은 용이하나 비용이 중복된다는 문제가 있어 양자의 장점을 채택한 조직구조이다.

매트릭스구조의 기본적 특성은 이원적 권한체계를 갖는데 있으며, 동시에 기능부서 통제권한의 계층은 수직적으로 흐르고 사업부서 간 조정권한의 계층은 수평적으로 흐르게 된다. 이러한 이중구조에서 조직구성원은 동시에 두 명의 상관에 보고하는 체계를 가지므로 명령통일의 원리에 위배되며, 기능적 · 사업적 권한체계의 적절한 균형을 찾는 것이 중요한 문제가 된다. 따라서 두 상관의 갈등적인 요구를 해결해야 하는 매크릭스 조직의 구성원은 탁월한 인간관계 기술이 필요하며 매트릭스구조의 상관은 부하에 대해 완전한 통제력을 갖지 못하며, 상관들 간에 대면 · 협력 · 갈등을 조정할 수 있는 관리능력이 요구된다.

장점

- 신축성과 적응성이 요구되는 불안정하고 급변하는 조직환경에 효과적인 구조이다.
- 잦은 대면과 회의를 통해 예상치 못한 문제를 파악하고, 새로운 해결책을 찾는 데 기여할 수 있는 조직구조이다.
- 구성원들을 부서 간에 공유함으로써 조직은 자원의 효율성을 제고할 수 있다.

- 개인들은 다양한 경험을 통해 전문기술을 개발과 더불어 더 넓은 시야와 목표를 갖게 할 수 있는 기회를 가진다. 조직구성원의 직무 동기부여에 기능적으로 작용한다.

단점

- 이중권한 체계가 개인에 미치는 혼란 · 갈등 · 좌절의 가능성이 높다.
- 기능부서와 사업부서 간의 갈등의 가능성이 높다.
- 갈등해결에 요구되는 시간과 노력의 낭비가 불가피하다.
- 기능부서와 사업부서 간의 적절한 권력균형을 찾는 것이 쉽지 않을 수 있다.

수평구조

새로 등장한 유기적 구조모형의 하나는 수평구조 또는 팀 구조이며, 조직구성원을 핵심 업무과정 중심으로 조직하는 방식이며, 특정한 업무과정에서 일하는 개인을 팀으로 모아 의사소통과 조정을 쉽게 하고, 고객에게 직접적으로 가치를 제공하도록 한다. 이러한 조직구조 접근법은 최근의 새로운 사업환경 변화에 대한 대응으로 등장하게 되었다. 기술의 진보로 정보통신기술에 기초한 조정과 통합이 가능해졌고 고객은 더욱 빠르고 좋은 서비스를 기대하며, 조직구성원은 새로운 기술을 학습하고 좀 더 큰 책임감을 감수하려고 한다.

많은 조직들이 부서간 조정을 위한 교차 기능팀 · 임시과제 수행을 위한 임시작업단(task forces) 등 수평적 기제를 실험해 왔으며, 1990년대 이후에는 리엔지리어링의 결과 상설 팀제를 조직 전반에 도입하는 사례가 적지 않게 확인된다. 수평구조는 팀제를 전반적으로 채택하여 수직계층과 부서간 경계를 실질적으로 제거하는 대단히 유기적인 조직구조인데 수평구조의 큰 장점은 고객수요 변화에 신속히 대응할 수 있는 조직의 신축성을 크게 제고할 수 있는 데 있다. 구조 자체가 모든 구성원들의 관심을 고객만족도의 증진에 두게 된다. 그리고 부서 간의 경계가 없어 개인들은 조직전체의 관점에서 업무를 이해하게 되고, 팀워크와 조정에 유리한 조직이다. 또한 조직구성원들에게 자율관리, 의사결정 권한과 책임을 위임함으로써 사기와 직무동기부여에 기여한다.

수평구조는 먼저 조직목표 달성에 핵심적인 업무과정을 분석해야 하는 준비가 필요하다. 그리고 수평구조로의 변화는 직무설계 · 관리철학 · 정보 및 보상체계 등에 대한 대대적인 혁신을 요구하는 장기적이고도 어려운 준비과정이 필요하다. 관리자는 권한을 행사하는 감독자에게 팀을 후원하는 코치로의 역할 변화를 인정하고, 부하들은 자율적이고 신축적인 업무환경에서 일할 준비가 되어 있어야 한다.

[Tip] Team제 조직구조의 특성

- 조직구조가 과업 · 기능 · 지리에 기반 하지 않고 핵심과정에 기초한다.
- 수평구조의 기본구성단위는 자율팀으로 과업수행에 필요한 자원에 접근할 수 있고, 의사결정 권한을 가진다.
- 핵심과정에 대한 전체적인 책임은 각 과정조정자가 진다.
- 팀원은 여러 직무를 수행할 수 있게 훈련을 받는다.
- 조직효과성은 핵심과정별 최종성과지료, 고객만족도 · 종업원만족도 · 재정기여도 등에 의해 평가된다.

네트워크 구조

네트워크 구조란 조직의 자체 기능은 핵심역량 위주로 합리화하고 여타 기능은 외부기관들과 계약관계를 통해 수행하는 조직구조 방식이다. 네트워크구조는 유기적 조직유형의 하나로서 정보통신기술을 확산으로 채택된 새로운 조직구조 접근법이다. 한 조직 내에서 모든 기능을 수행하는 방식을 탈피하여 회계 · 제조 · 포장 · 유통기능 등을 외부기관에 아웃 소싱하여 조직본부와 연결하고 있다. 때문에 환경변화에 따라 신속하게 외부계약 관계를 재조정할 수 있다. 이러한 네트워크구조에는 정보통신기술의 속도와 편리성이 필수적인 기반시설이 된다.

장점

- 전 지구적으로 최고 품질과 최저비용의 자원들을 활용할 수 있으면서도 대단히 간소화된 조직구조를 갖는데 있다. 정보통신망에 의해 조정되므로 직접 감독에 필요한 많은 지원 및 관리 인력이 불필요하게 된다.
- 환경변화에 신축적이고, 신속한 대응이 가능해진단. 경쟁력 있는 기술을 가진 활동에 집중하고, 나머지 활동은 계약 관계로 수행하므로, 환경변화에 따라 거대한 초기 투자 없이도 신속히 새로운 제품을 출시할 수 있다.
- 네트워크조직 내 개인들은 도전적인 과업을 수행하면서 직무의 확장과 확충에 따라 직무동기가 유발된다.

단점

- 계약관계에 있는 외부기관을 직접 통제하기 어렵다는 점이다. 외부기관들의 협력으로 대리인문제가 발생하기 쉬워, 조정 및 감시비용이 증가한다.
- 제품의 안정적 공급과 품질관리에 어려움이 있을 수 있다.
- 네트워크구조에서 조직은 모호한 조직경계에 따라 조직의 정체성이 약해 응집성 있는 조직문화를 가지기 어렵고, 구성원의 충성을 기대하기 쉽지 않다. 따라서 조직구성원의 이직이 빈번하게 된다.

4 기업조직의 일반적 유형

기능별 조직

각 직능별 부서장이 소관 부서운영의 정보를 최고경영자에게 직접보고하고, 최고경영자는 이를 종합·판단하여 각 부문의 전략적 의사결정과 매일의 기업 경영문제를 동시에 관장하는 조직형태이다.

조직운영의 장점 기능별조직은 단순하여 신속한 의사결정이 가능하고 비용을 절감할 수 있다는 점에서 기업성장에 유리하다. 또한 각 부문 담당자가 그 부문 전문가로서 능력의 발휘가 가능하며 기업규모가 작을 때에는 최고경영자의 조정을 통하여 각부분간 원활한 의사소통이 이루어 질 수 있다.

조직운영의 문제점 기능별조직은 최고경영자가 일상적 운영에 모두 관여하는데서 문제가 생긴다. 기업규모가 커지고 생산물이 다양하며 조직이 복잡한 경우는 최고경영자가 각 부서의 업무를 동시에 관장하는 구조이므로 업무의 과중과 시간부족으로 기업성장의 장기Vision의 준비를 간과 할 수도 있으며, 또 각 부문의 업무를 정확히 알지 못하면 부서를 효과적으로 통제하기 곤란하다. 또한 각 부서가 독립된 원가계산 및 이익계산 단위가 아니므로 조직이 효율적으로 운영되고 있는지 여부를 객관적 지표를 통하여 파악하기 어려우며, 또 부서장이 부서의 인원과 예산을 늘려 방만하게 집행하거나 회사이익과 배치되는 개인의 이기주의 행동이 있을 수 있으며, 부서장이 정보를 왜곡하면 최고경영자의 전략적 의사결정에 영향을 미칠 수도 있다.

사업부 조직

사업부조직은 시장의 광역화, 제품의 다양화, 업무분화의 심화에 따라 기능별 조직에 의한 관리가 어렵게 됨으로써 등장한 조직유형으로 전략적 의사결정을 하는 본사와 일상적 운영을 하는 사업부로 조직을 이원화하는 형태이다. 이때 새로운 사업의 선택이나 이를 위한 자금조달 등 회사 전체의 발전방향과 관련된 전략적 사항이나 각 사업부간의 이해관계 조정은 본사에서 담당한다. 이를 위해서 본사에는 기획실이나 비서실을 두고 임원과 전문가를 배치하여 각 사업부문간의 업무조정과 사업부의 업무평가 및 감사업무 등을 담당하며 최고경영자의 장기경영계획 수립 업무를 보좌한다. 또한 각 사업부는 생산과 판매 등의 일상적 업무를 이양 받아 수행하는 형태로서 시장의 광역화, 제품의 다양화에 따른 업무분화의 필요성이 있을 때 채택되는 조직유형이다.

조직운영의 장점 사업부는 하나의 원가계산 및 이익중심단위로 운영되므로 각 사업부서의 사업간 또는 동업타사와의 경영성과를 비교. 평가가 가능하며 사업부조직을 가지면 새로운 사업을 인수하여 이를 기업의 한 사업부로 운영하거나 현재 운영 중인 사업부를 분할하여 매각할 수도 있어 사업영역에 맞추어 회사 기구를 확대하거나 축소하기도 용이하다. 또한 최고경영자는 일상적인 과중한 업무에서 벗어나 장기전략에 전념할 수 있다. 동시에 사업부의 책임자는 경영실적을 평가받기 때문에 각 사업부를 하나의 독립된 기업처럼 효율적으로 운영하여 조직운영 효율을 높일 수 있다. 그래서 이 조직구조가 잘 운영되면 대기업의 장점인 규모의 경제와 중소기업의 기동성을 함께 유지할 수 있다.

조직운영의 문제점 기업규모와 조직이 커질수록 이해의 조정이 어렵고 구성원의 이기심이 발생하거나 사업부간 업무의 중복이 발생하므로 이에 따른 관리비용과 영향적 비용이 많아진다. 또한 사업부단위로 경영을 활성화하려면 사업부에 많은 권한을 이양해야 하는데 이때 기업전체의 생산성과 이익을 높이기 위한 기업본부의 조정업무와 사업부의 권한이 충돌하거나 사업부간 이해가 상충되고 소모적인 마찰이 있을 수도 있다.

혼합형 조직

사업부조직과 기능별조직을 혼합한 것으로 각 사업부단위에서는 독립적인 업무중심으로 수행하고, 공통으로 업무를 수행 할 필요가 있는 업무는 통합하여 기능별 조직에서 최고경영자의 일상적 통제를 받도록 설계된 조직을 말한다. 즉 제품의 생산방식은 다르지만 판매방식이 같은 경우 판매활동은 기능별 조직으로 생산은 제품별로 사업부제를 두거나, 또 생산과 판매방식은 다르지만 연구개발은 공동으로 해야 할 필요가 있을 때에는 연구개발만 기능별 조직에서 담당하도록 하는 것이다.

혼합형 조직은 기업의 특성과 규모에 따라 사업부조직과 기능별조직을 혼합하여 장점을 채택하여 탄력적인 조직운영이 가능하고 비용절감과 조직효율을 기할 수 있는 장점이 있으나, 반면 위에서 열거한 사업부조직과 기능별 조직 운영의 문제점 및 한계를 동시에 가질 수도 있다.

5 조직구조의 결정요인

조직구조는 조직마다 다양하게 이루어진다. 조직구조는 조직목표의 효과적 달성에 영향을 미친다. 조직구조에 대한 많은 연구들은 조직구조에 영향을 미치는 요인으로 조직의 전략 · 규모 · 기술 · 환경 등을 들 수 있다. 즉, 조직구조들을 설계할 때 이와 같은 상황변수들의 특징을 고려하여 조직구조의 형태를 선택하여야 보다 효과적이다. 이에 따라 기계적 조직 혹은 유기적 조직으로 설계되며, 조직 활동의 결과로서 조직의 성과와 구성원들의 조직만족이 결정된다. 다만, 조직성과와 만족은 조직구성원들의 개인적 성향과 조직문화의 차이에 따라 달라진다.

조직구조 결정요인으로서 조직전략은 조직의 목적을 달성하기 위하여 수립한 계획으로 조직이 자원을 배분하고 경쟁적 우위를 달성하기 위한 주요 방침이다. 따라서 조직의 전략이 바뀌게 되면 구조가 바뀌게 된다. 한편, 소규모조직과 대규모조직은 다른 조직구조를 가지게 된다. 대규모조직은 소규모조직에 비해 업무가 전문화 · 분화되어 있고 많은 규칙과 규정이 존재하게 된다. 기술은 조직이 투입요소를 산출물로 전환시키는 지식 · 기계 · 절차 등을 의미하며, 소량생산기술을 가진 조직은 유기적 조직구조를, 대량생산기술을 가진 조직은 기계적 조직구조를 가진다. 조직은 환경의 변화에 적절하게 대응해야 하므로 환경에 따라 조직의 구조가 달라진다. 안정적이고 확실한 환경에서는 기계적 조직이 적합하고, 급변하는 환경에서는 유기적 조직이 적합하다.

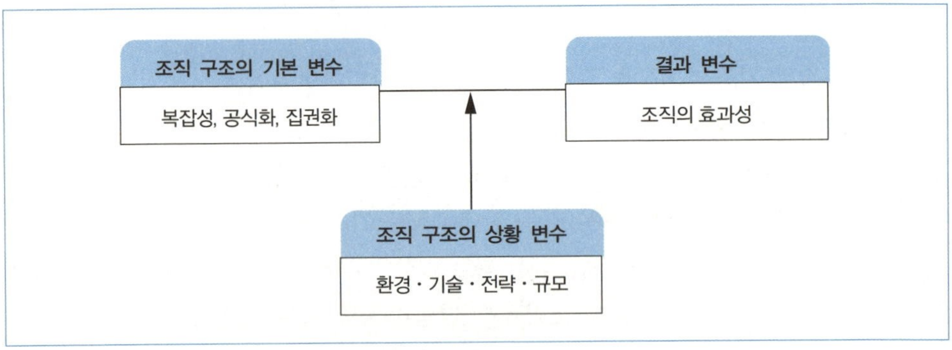

▲ 조직구조 결정요인도

Chapter 5

장단기 사업계획

01 중장기사업계획의 수립
02 단기사업계획의 수립

사업계획이란 기업의 행동예정을 행동에 앞서 결정하는 일이다. 즉 어떤 행동이 목적에 부합하는지 평가하여 최적의 방안을 세워 행동예정으로 한다. 사업계획은 이처럼 의사결정을 하고 그것을 문서로 작성한 것이다. 기업의 행동에는 모방적 · 시행착오적 · 합리적 · 관습적 행동 등 여러 가지가 있으며 각각에 대응해서 사업계획을 수립한다. 기업 간의 경쟁이 치열하고 기업을 둘러싼 환경변화가 심할수록 사업계획을 수립해야 할 필요성은 더욱 커진다. 왜냐하면 환경변화가 클수록 기업의 행동변화는 절실해지고 그 변화를 합리적으로 결정해야하기 때문이다. 사업계획의 종류는 구분방법에 따라 여러 가지로 나눌 수 있다. 기간에 따른 구분방법인 중장기계획과 단기계획으로 나누어 볼 때 중장기계획은 3~5년 때로는 10년간에 걸친 것이며 대외전략과 구조계획을 주로 한다. 또한 변화 정도로는 혁신계획 · 구체성에서는 방침계획 · 횟수에서는 1회용 계획이며 기능별 계획보다 오히려 프로젝트 계획을 주로 한다. 이에 비해 단기계획은 6개월 또는 1년간의 계획으로 중장기계획을 전제로 세워진다.

기업 경영활동의 궁극적인 목적은 장기적으로 수익성이 뒷받침된 성장을 통해 기업가치를 극대화하는데 있다. 기업들은 이러한 목적을 달성하기 위해 각종 투자계획을 포함한 장단기 사업전략 및 계획을 수립하게 된다. 일반적으로 이러한 장단기 사업전략 및 계획은 대부분 불확실한 미래 사업환경에 대한 여러 가지 예측과 가정을 토대로 수립된다. 현재 우리가 직면하고 있는 어려움도 미래의 불확실성을 파악하고 관리할 수 있는 능력을 제대로 갖추지 못했기 때문에 발생했다고 해도 과언이 아니다. 따라서 기업가치 극대화를 위한 사업전략이나 계획을 수립할 때에는 미래의 불확실성으로 인해 발생할 수 있는 위험을 제대로 파악하고, 이러한 위험에 효과적으로 대응할 수 있는 방안을 사전에 충분히 고려하여야 한다.

01 중장기사업계획의 수립

중장기 경영전략 수립이란 대개 5~10년 정도의 목표기간을 염두하며 장기적인 사업전략을 재구성하거나 새로운 방법으로의 방향을 모색하는 경영 및 사업전략이다. 따라서 장기적인 시각과 거시적인 안목으로 기업 및 사업 환경의 변화에 대응할 수 있도록 하며, 그런 환경의 변화를 능동적으로 대응하기 위해 사업을 재 구조하기 위한 전략적 방향을 설정하는 것이라 할 수 있다. 따라서 일정계획과 같이 상세한 계획을 의미하는 것이 아니라 백지에 사람의 형체를 어렴풋이 알아 볼 수 있도록 그 윤곽을 잡는 것이다. 그러므로 중장기사업전략에서 가장 중요한 이슈는 미래에도 우리 기업이 성장하고 보다 활성화되기 위해서는 어떠한 사업을 해야 하는가 하는 관련사업의 선택이 핵심이라 할 수 있다. 중장기사업전략의 수립은 그 목적이 달성될 수 있도록 하여야 한다.

사업구조의 변화와 혁신을 통한 기업의 전반적인 쇄신을 꾀하고 시대에 부응하는 신제품 개발이나 서비스의 개발을 계획적으로 추진함으로써 현재 수익과 미래수익의 균형을 유지하는 것이다. 또한 목표를 명확히 하여 전략의 우선순위를 정하여야 하고, 이에 따라 적시에 적절한 자원을 배분하여 투자할 수 있어야 한다. 이를 위해 사전에 내부적으로는 조직구성원에게 기업의 미래비전을 제시하여 그들이 동기부여를 받을 수 있도록 하여야한다. 장기적인 중장기사업 및 경영목표를 명확히 설정함으로써 단기적인 경영활동에 지침과 규율을 마련하고 기업의 경영체질을 강화하는 한편, 기업 전체의 목적과부분의 목적을 일치하도록 하여야한다.

1 중장기사업계획의 의의

사업계획이란 기업이 환경의 변화에 대응하면서 장래의 경영활동에 관하여 의사결정을 행하고 행동예정을 구체적으로 표현하는 일이다. 광의의 뜻으로는 기업경영에 관한 모든 계획을 말하지만 협의의 뜻으로는 그러한 계획들 중에서 경영자가 결정하는 기본적 · 전사적 · 장기적 계획만을 말한다. 계획은 기간의 길이에 따라 단기계획 · 중기계획 및 장기계획으로 나누어 볼 수 있다. 통상 길이가 2년 이내인 계획을 단기계획, 3~5년인 계획을 중기계획, 5~10년인 계획을 장기계획이라고 한다. 개념적으로 볼 때 중기는 기업이 생산시설을 확장내지 축소하여 그 효과가 영업성적에 나타나는 시간의 여유는 있으나 새로운 분야로 진출하거나, 기존의 사업을 포기하는 시간적 여유는 갖지 못한다. 반면 장기는 새로운 사업 분야로 진출하거나 기존의 사업을 포기하고, 또 그 효과가 기업의 영업성적에 반영될 수 있는 충분한 시간을 의미한다.

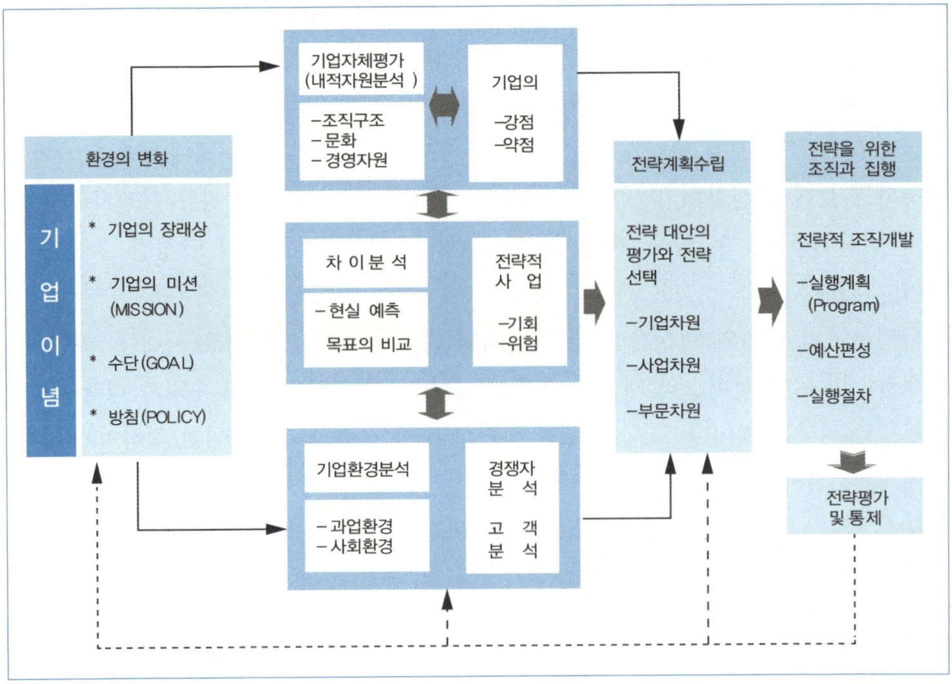

▲ 중장기사업계획의 Frame

중장기전략계획

중장기전략계획이란 기업이 미래에 달성하고자 하는 꿈과 의지를, 그리고 그것을 실현시킬 전략을 구체적으로 공식화하는 것이다. 급변하는 경영환경의 변화 속에서 미래의 환경변화를 예측하여 장래의 꿈이나 비전 그리고 기업이 나아갈 새로운 방향을 설정하는 일은 필수불가결한 업무가 되고 있다. 그런 의미에서 현재의 숫자를 미래로 잡아 늘리는 것, 즉 현재의 연장선상에서 세우는 장기목표와 계획은 진정한 의미의 중장기전략계획이 아니다. 진정한 중장기전략계획은 혁신적인 경영전략을 주요 내용으로 하여 미래 비전을 달성하기 위해 전략의 혁신, 사업구조의 혁신을 추구하는 것이다.

기업이 꿈이나 소망을 가졌다고 해서 그것이 반드시 실현되는 것은 아니다. 그러나 꿈과 소망이 없는 기업은 절대 그것을 실현하지 못한다. 따라서 기업은 꿈과 소망을 가져야 하고, 그것을 실현하기 위해서 지금부터 무엇을 할 것인가를 선택해야 한다. 중장기전략계획은 종합전인 계획이며 체계적인 정보와 아이디어의 수집에 의거하여 많은 대체 안 중 그 우선순위를 정하고 가장 유리하게 기업 내의 경영자원을 배분하는 것이다.

여기에서 얘기한 꿈이나 소망을 기업에서는 비전이라고 말한다. 따라서 중장기전략계획이란 기업이 미래 환경변화에 적응하면서 비전을 달성하기 위해 필요한 종합적인 계획이다.

중장기사업계획의 목적

중장기사업계획은 기업 전체를 대상으로 기업의 현재와 미래를 모두 포함하는 개념이다. 따라서 중장기사업계획의 영향을 받는 기업구성원과 경영자원 등의 내부요소를 기준으로 그 목적을 살펴보면 다음과 같이 구분할 수 있다.

첫째, 사업구조의 변혁을 통해 기업을 혁신하기 위해서이다.

즉 기존사업과 신규사업의 비중을 적절히 조정하고 이에 대한 자원배분을 올바르게 하여 투자를 사전에 하는 것이 그 목적이다. 다시 말하면 앞으로 일어날 변화를 예측하고 이를 기회로 활용하기 위해 지금부터 무엇을 해야 할 것인가를 결정하는 것이다. 기업은 중장기사업계획을 통해 새로이 나아갈 방향을 설정함으로써 기존의 틀에서 벗어나 혁신을 추구하게 된다.

둘째, 시대조류에 대응한 신제품개발이나 서비스개발을 계획적으로 추진하기 위해서이다. 훌륭한 신제품이나 서비스의 개발은 장기적 관점에서 인력과 자금을 투입함으로써 가능해진다. 중장기사업계획 없이 연차계획만으로 이를 추진하게 되면, 인력과 자금투입이 그때그때의 수익상황이나 당시 경영자의 사고에 좌우되어 새로운 사업개발이 어렵게 된다.

셋째, 현재수익과 미래수익의 균형을 맞추기 위해서이다. 신규사업이나 신제품에 대한 투자 등을 추진해야만 현재뿐 아니라 미래에도 꾸준히 수익을 확보할 수 있는 것이다.

넷째, 전사의 목표를 명확히 하여 전략의 우선순위를 정하고, 이에 따라 올바르게 자원을 배분하기 위해서이다.

다섯째, 전 사원에게 미래의 비전을 제시하고 동기를 부여하여 기업의 경영체질을 강화하기 위해서이다.

여섯째, 장기적인 목표를 설정함으로써 단기적인 행동에 지침을 마련하고, 기업전체의 목적과 부분의 목적을 일치시키기 위해서이다.

한편 중장기사업계획은 환경변화에 수반되는 불확실성에 대처하여 바람직한 목표를 설정하고 그 목표달성을 위한 전략을 개발하기 위한 수단이다. 따라서 수립되는 중장기사업계획의 내용에 따라 그 목적을 두 가지로 구분할 수 있다. 첫째는 경영에 관련된 불확실성과 위험성을 감소시킨다는 소극적 목표이고, 둘째는 기업의 재무적 · 상업적 · 경쟁적 성공률을 높인다는 적극적 목표이다. 중장기사업계획을 약으로 비유한다면 소극적 목적은 전염병에 걸리지 않기 위한 예방약의 역할이고, 적극적 목적은 신체를 더욱 튼튼하게 할 보약의 역할이라 할 수 있을 것이다.

급변하는 경영환경의 변화 속에서 미래의 환경변화를 예측하여 장래의 꿈이나 비전 그리고 기업이 나아갈 새로운 방향을 선정하는 일은 필수 불가결한 업무가 되고 있다. 그런 의미에서 현재의 연장선상에서 세우는 중장기목표와 계획은 진정한 의미의 중장기전략계획이 아니다. 진정한 중장기전략계획은 혁신적인 경영전략을 주요 내용으로 하여 미래 비전을 달성하기 위해 전략의 혁신, 사업구조의 혁신을 추구하는 것이다.

2 중장기사업계획의 필요성

오늘날의 기업경영환경은 과거보다 더 어려워졌다. 경영자는 환경변화의 힘을 인식하고 구성원들이 변화에 대한 두려움과 저항을 극복하고 이를 받아들이도록 미래 지향적인 조직분위기를 조성해야 한다. 그러나 불행하게도 많은 경영자들은 이러한 변화에 마음을 닫아 버리거나 변화에 적응하는 중장기 전략적 사업계획에 관하여 말만 할 뿐 실행에 옮기지 못하고 있다. 그 원인은 사고가 과거 지향적이고 혁신적 대응이 결여되었기 때문이다. 가장 중요한 것은 변화이다. 기업이 경쟁에서 살아남아서 성장 · 발전하기 위해서는 급속히 변화하는 상황에 적응해 가면서 경쟁력을 강화해야 하고, 이를 위해서 경영자들은 다음의 네 가지 사항을 수행해야 한다.

- 사업에 영향을 미칠 수 있는 주요 변화를 예측한다.
- 사업의 미래방향을 올바로 정한다.
- 사업의 미래목표에 도달하기 위한 방법을 찾아낸다.
- 채택된 방법으로 목표를 달성하기 위해 필요한 자원을 할당한다.

중장기사업계획은 기업성과를 증진시키기 위한 지속적인 과정이다. 이것을 수립하기 위해 엄밀한 과학적 방법을 동원해야 할 필요는 없다. 그러나 이것은 반드시 체계적이라야 한다. 중장기사업계획은 마치 자동차의 헤드라이트에 비유할 수 있다. 훤한 대낮에는 헤드라이트가 없어도 운전하는데 어려움이 없으나 깜깜한 밤에는 헤드라이트가 없이 자동차가 움직이기는 곤란할 것이다. 최근 글로벌 경영환경은 불확실한 상황에 처하게 되었고, 멀리 미래를 내다보기 어려운 상황에서 헤드라이트가 되어 기업경영의 앞을 비추어 줄 수 있는 것이 바로 중장기 전략적 사업계획이다. 다만 헤드라이트가 얼마나 멀리 그리고 밝게 앞을 비출 수 있는지를 헤드라이트 전구의 성능과 전지의 에너지에 의해 좌우되듯이 중장기경영계획이 얼마나 실용성을 높일 수 있는지는 직접 중장기경영계획에 참여하는 경영자들의 능력과 자세 그리고 궁극적으로 기업이 갖고 있는 총체적인 역량에 의해 좌우될 것이다.

중장기사업계획이 성공적으로 수립되기 위해서는 그 내용이 목적성 · 일관성 · 유연성 · 미래지향성 · 창조성을 지녀야 하며 그 내용에 관하여 조직구성원 간에는 최대한의 공감대가 형성되어야 한다.

목적성 무엇을 달성하기 위해 무엇을 해야 하는지가 어느 정도 명확하고 구체적으로 표시되어야 한다.

일관성 중장기사업계획이 달성하고자 하는 목표와 그 수단이 되는 전략계획이 일관성을 유지해야 하며 자기모순을 내포하고 있으면 안 된다.

유연성 전략계획은 어떠한 고정관념이나 선입견에 얽매이지 말아야 하며, 상황변화에 대응할 대체 안이 마련되어 있어야 한다.

미래지향성 전략계획은 바람직한 미래의 경영성과를 실현하기 위한 방법을 구체적으로 기술하는 것이다.

창조성 계획을 실행에 옮기는 것이 아무리 중요하다 하더라도 지나치게 현실적인 계획은 전략계획으로서의 가치가 적다. 현상 연장형인 계획으로는 창조적이고 미래지향적인 목표를 달성할 수 없기 때문이다. 따라서 사업계획은 현실을 뛰어넘는 독창성과 창조성이 요구된다.

공감대의 형성 전략계획은 최고경영자 혼자, 혹은 기획실의 몇몇 브레인이 독자적으로 수립하는 것이 아니다. 그러한 경우 계획 자체는 참신할지 모르나 전체 조직구성원의 공감대를 형성할 수 없기 때문에 수립된 계획의 집행이 어렵다. 따라서 사업계획은 계획 수립단계에 가능한 한 많은 조직구성원을 참여시켜 공감대를 형성해야 한다.

3 중장기경영전략의 방향

기업은 중장기경영전략을 크게 세 가지 관점에서 방향을 잡아야 할 것이다. 첫째는 가치창조, 둘째는 사회적 책임, 셋째는 성과책임이 그것이다. 사회·경제적인 변화와 기업 경영환경의 변화에 따른 기술개발로 인해 제품의 질이 상향되거나 평준화되고 인터넷을 통한 신속한 정보전달이 쉬워지는 지식·정보화 사회가 가속화되었기 때문에 그 속도는 더욱 빨라지고 있다. 이제 잘되는 기업과 그렇지 않은 기업의 차이는 고객중심의 기업과 그렇지 않은 기업으로 구분할 수 있을 만큼 고객이라는 키워드가 기업경영에 확실하게 자리 잡게 되었다.

이러한 고객중심의 경영환경 변화에 따라 기업들은 향후 중장기 전략방향을 어떻게 가져가야 할 것인가. 관점에 따라 여러 가지 의견이 나올 수 있겠지만 크게 세 가지 방향으로 압축할 수 있다.

가치창조(Value creativity)

시장에서 선택할 것이 한정되어 있고 품질이나 가격이 차별화되어 있던 시대에는 고객으로부터 선택받는 것이 어렵지 않았기에 대부분의 기업은 제품이나 상품 또는 서비스 자체를 기업의 입장에서 파는 것에만 급급했다. 그러나 지금의 현실은 고객들이 선택할 수 있는 경우의 수가 너무 많다보니 기업에게는 마음쓰린 고통이겠지만 웬만해서는 고객의 눈길조차 받기 힘들 지경이고 High Quality, Low Cost, High Speed 조차 기본이라 불릴 정도다. 회사를 살리고 싶다면 고객의 기대를 가치화하여 지극히 고객중심으로 상품과 서비스의 포지셔닝에 대해 새로운 가치개념을 도입하여 고객에게 다가가야 한다. 20세기 기업의 가치창조에 가장 중요하게 기여했던 유형자원을 뛰어넘어 21세기에는 무형자원이 가치창조에 절대적으로 기여할 것이다. 각 사업별로 기존의 유형자원에 더해서 무형자원을 어떻게 활용할 것인가를 전략적으로 고민해야 할 것이다.

사회적 책임(social responsibility)

국제표준화기구인 ISO에서는 품질(9000시리즈)과 환경(14000시리즈), 안전(18000시리즈)기준에 이어 기업의 사회적 책임기준을 정의한 26000시리즈를 준비중이다. ISO의 사회적 책임범위를 보면 부정부패·인권보호·환경·노동 분야로 구성되어 있으며 앞으로는 제품이나 상품 · 서비스 자체의 품질이나 가격보다도 그 제품을 만드는 기업이 얼마나 사회적 책임과 의무를 다하느냐에 따라 소비자들의 선택이 달라질 전망이다. 그만큼 이익창출이 기업생존의 충분조건이 더 이상 될 수 없다는 뜻이다. 기업이 이러한 사회적 책임을 다하기 위해서는 최근에 이르러 사회적 화두가 되고 있는 '지속가능경영'을 이제는 구체적으로 경영전략 측면에서도 실천해야 할 것이다. 지속가능경영의 핵심은 윤리 · 사회적 책임과 친환경이다. 예전에는 제품의 품질이나 가격이 수익의 원천이었다면 이제는 사회적 책임의 결과로 얻어지는 것이 수익이다. 피터 드러커는 일찍이 기업의 존재목적이 '고객만족의 극대화'라고 설파했고 앨빈 토플러는 기업의 존재목적을 '구성원들의 능력개발'이라고 하였다. 즉, 내부 구성원들의 능력을 지속적으로 개발하면 역량이 강화된 구성원들이 고객을 만족시킬 것이고 만족된 고객은 계속 해당기업에 충성하여 결국 기업의 이윤이 극대화되는 것이다.

성과책임(performance accountability)

기업이 변화된 경영환경에서 살아남기 위해서는 과거 환경에서 유효했던 중앙집권식 통제중심의 조직구조나 경영관리 메커니즘을 성과책임중심으로 과감하게 리모델링해야 할 것이다. 기업을 둘러싸고 있는 외부 경영환경은 이미 고객중심으로 변했는데 기업의 경영관리 프로세스나 의사결정 메커니즘은 아직도 공급자중심의 중앙집권방식이 많기 때문이다. 이러한 방식으로는 급변하는 시장환경에서 살아남을 수가 없다. 먼저 조직을 중앙집권적인 피라미드조직에서 스포츠구단 조직으로 과감하게 전환시켜야 할 것이다. 흔히 변화에 둔감하다고 생각했던 정부기관 마저도 각 부처에 실질적인 '팀제'가 도입되면서 자율 · 성과 · 책임중심으로 조직을 관리하고 있다. 또한 기업 내 모든 역량을 고객접점에 있는 선수들인 구성원들에게 집중시켜야 한다. 전문경영인이나 사업부장 · 팀장 · 팀원에게 믿고 맡겼으면 성과를 가지고 책임을 물어야지 과정이나 절차를 일일이 간섭해서는 창의적인 기업가정신이 나올 수가 없다. 앞에서 이미 언급한 가치창조나 사회적 책임보다 기업에게는 전체 경영 메커니즘을 시장 · 고객 · 성과중심으로 혁신하는 것이 장기적으로 보면 훨씬 중요한 과제라고 본다. 창의적 핵심인재가 경영의 핵심축이라고 누누이 얘기들 하고 있지만 정작 기업내부에 들어가 보면 아직도 우리는 산업사회 경영관리의 틀에서 벗어나지 못하는 경우가 비일비재하다. 또한 기업이 탁월한 경영성과를 원한다면 고객접점에 있는 구성원들을 신바람 나게 만들어야 한다. 그렇지 않으면 외부고객만족은 있을 수 없다. 조직구성원을 신바람 나게 하려면 비전과 목표를 분명히 제시하고 실행방법은 과감하게 권한을 위임하고 성과는 파격적으로 보상하는 방법이 유용할 것이다.

경영전략과 HR의 연계

조직의 향후 경쟁력에 대한 관점은 항상 이슈 거리이다. 과거 기업들의 경영전략 내용이 주로 생산과 마케팅에 중점을 둔 것에 비해 향후에는 인적자원을 어떻게 성과 지향적으로 경영할 것인가에 기업의 경쟁력을 가늠하는 중요한 잣대로 사용될 것이다. 기업의 경쟁력 증대 및 성과의 극대화는 곧 미래를 약속하는 것이기 때문이다. 기업의 경쟁력을 높이고 성과를 극대화시키기 위한 전략 방향은 크게 네 가지로 압축할 수 있다.

첫째, 기업의 비전이나 중장기전략과 맥락을 같이 하는 개인별 경력비전을 명확하게 합의하여 설정해야 할 것이다. 기업입장에서의 비전도 중요하지만 이제는 구성원들의 경력개발에 대한 비전이 와 닿지 않으면 아무리 보상이 파격적이더라도 과감하게 이동할 것이다.

둘째, 조직이 수평적인 조직으로 운영되기 위해서는 무엇보다 인사조직이 내부고객 중심으로 변화하고 조직의 현장관리자들을 통제적 관리자가 아닌 성과 지향적 경영자로 탈바꿈시켜야 할 것이다. 기업전체 입장에서 눈에 보이는 외부 경영환경에 대처하는 것도 중요하지만 인적자원관리 관점에서 가장 시급한 것은 바로 중간관리자들의 리더화이다.

셋째, 직원들을 아마추어에서 프로페셔널로 혁신시켜야 한다. 기업규모가 커지고 인원이 많을수록 구성원들은 조직의 크기와 시스템에 안주한 채 진정한 창의적이고 모험적인 프로의 모습을 잃어가고 있다. 내부경쟁시스템을 과감하게 작동시켜 구성원들이 스스로 실행한 자율적인 의사결정의 결과가 어떻게 자신들에게 영향을 미치는지를 보상뿐만 아니라 다른 측면에서도 느끼게 해주어야 한다.

넷째, HR의 기반을 보유능력중심에서 발휘역량중심으로 구조조정 해야 한다. 역량중심으로 재조정하기 위해서는 해당기업만의 독특한 성과에 미치는 역량을 관찰하고 실험해야 한다. 기업이 고객들에게 경쟁자와는 차별화된 부가가치를 전달해 주기 위해서는 구성원들의 행동이 차별화되어야만 가능하다. 해당기업만의 독특한 색깔과 메커니즘을 구성원들에게 습관화되도록 해야 할 것이다

중장기사업계획 수립의 효과

중장기사업계획이란 미래를 위하여 사전에 포석을 하는 것이다. 따라서 기업은 증상이 나타난 후에 병을 치료하는 사후적인 경영이 아니라 미리 병을 예방하는 사전적·미래지향적 경영 활동을 수행할 수 있게 된다. 그러나 기업은 중장기사업계획을 수립하는 과정에서 다음과 같은 여러 가지 부수적인 효과를 얻게 된다.

첫째, 우선 중장기사업계획을 수립하는 과정을 통해 최고 경영층·전략실무부서·관리자 등 참여자들은 전략적 사고능력을 갖게 된다. 미래를 내다보는 안목을 갖게 되며, 한 부분이 아니라 기업 전체의 모습을 살펴봄으로써 나무가 아닌 숲을 보는 거시적인 안목을 갖게 되는 것이다.

둘째, 모든 참여자들은 거시적인 안목을 통해 자신이 속한 기업을 분석함으로써 기업이 현재 어디에 위치하고 있는 가를 알 수 있게 된다. 중장기사업계획 수립과정을 통해 이에 참여한 자는 기업에 대한 보다 객관적인 시각을 갖게 된다.

셋째, 참여자는 전략회의나 그 밖의 과정을 통해 자신과 다른 참여자간의 견해차를 발견할 수 있게 되는데, 이는 상호 이해를 위한 첫걸음이 되며 또한 자신을 비판적 시각으로 성찰하여 스스로를 객관화시켜 보는 계기를 마련해준다. 이러한 과정을 통해 전사적인 커뮤니케이션이 개선될 수도 있다. 이러한 변화는 모든 참여자들이 기업의 미래를 구상한다는 동일 목적을 추구하는 가운데 기능별 또는 상하간의 의견교환이 부족하여 서로의 입장을 이해하진 못하던 그 동안의 상황을 극복하고 허심탄회하게 의견을 개진함으로써 자연스럽게 나타나는 것이다.

넷째, 참여자들이 기업의 미래와 관련된 자신의 견해를 피력하고 그것이 중장기사업계획에 수렴될 때, 이들의 동기는 크게 유발되는 것이다. 즉 과거에는 소극적이고 수동적이던 구성원들도 자신의 의견이 포함된 기업의 미래상이 현실화되면 기업에 대하여 더 많은 애착을 갖게 되고 따라서 적극적이고 능동적으로 기업 경영에 참여하게 되는 것이다.

다섯째, 미래의 경영자는 지금까지의 경영자와는 다른 능력을 필요로 한다. 즉 미래 예측능력, 투철한 경쟁마인드, 정보마인드와 거시적인 시각을 가진 자만이 앞으로

성공적인 경영자가 될 수 있다. 이러한 경영자는 하루아침에 탄생되는 것이 아니고 오랜 경험과 교육을 통해 만들어지는 것이다. 전략회의에 참여하는 관리자들과 실무자들은 이 과정을 통해 위에서 언급한 경영자가 갖추어야 할 능력을 갖추게 된다.

여섯째, 개별적인 사업 프로젝트를 중장기사업계획과 연계시키면 중장기사업계획의 효과를 높일 수 있는 것이다. 특히 매수나 합병 등과 같은 전략적인 프로젝트는 중장기사업계획의 범위 안에서 세워져야 한다. 왜냐하면 매수나 합병은 그 성질상 기업의 장래를 좌우 하는데 만약 이 판단을 중장기사업계획의 범주 밖에서 한다면 기업 전체적인 차원에서 시너지효과를 얻기가 어렵기 때문이다. 반면에 중장기사업계획을 수립해 놓은 상태에서는 우연한 제의나 문득 떠오른 생각·착상 등에 의한 개별 프로젝트가 나타나더라도 그 내용을 중장기경영계획에 맞추어 평가함으로써 시행착오를 피할 수 있다. 바로 이러한 문제 때문에 기업이 처한 상황의 인식, 문제발견, 개별 프로젝트의 우선순위 결정, 자원배분 등을 중장기사업계획의 범위 안에서 해야 하는 것이다.

4 중장기사업계획 수립절차

중장기사업계획 수립에 있어 신사업이거나 기존사업에서 한 사업 및 기업의 단기 사업계획을 비롯하여 중장기사업계획의 수립은 기업 존속과 생명을 좌우하는 중대한 계획 중에 하나이다. 기업 전체 차원에서 최적화를 확보하는 전략수립방법은 다음과 같이 나타낼 수 있다.

- 기업이 나아가고자 하는 미래의 바람직한 모습인 비전을 세운다.
- 이러한 비전을 달성하기 위한 10년 정도 기간의 목표와 사업구조 모습을 그리는 장기경영전략을 세운다.
- 기업의 실제 경쟁이 일어나는 사업영역인 전략사업단위를 세우고 전략사업단위별 경쟁력을 평가한다.
- 각 전략사업단위의 경쟁력 평가의 결과를 바탕으로 장기 경영전략에서 주어진 중기목표를 달성하는 전략 및 전략사업단위의 포트 폴리오를 구성하고 각 전략사업단위에게 목표를 부여한다.
- 중기사업전략에서 기업전체 차원을 고려한 전략사업단위의 목표가 결정되면 이에 일관성을 유지하는 전략사업부의 경쟁전략 대안을 선택하고 확정한다.

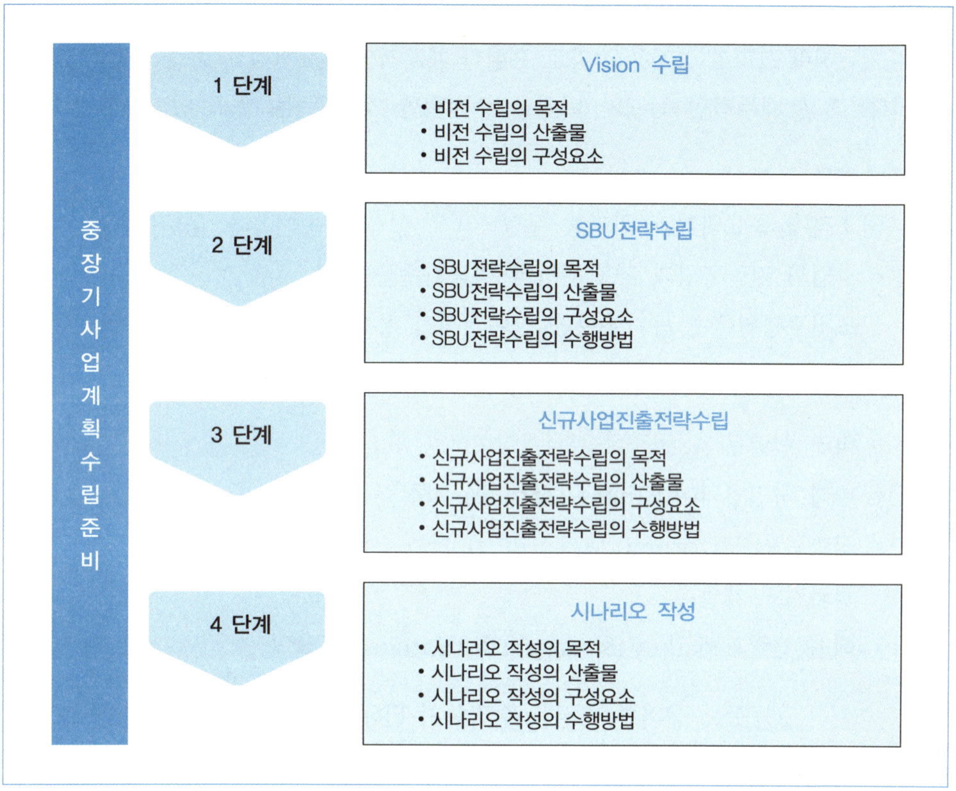

이러한 중장기사업계획의 목적이 달성될 수 있도록 사전 중장기사업계획 수립 단계를 꼼꼼히 수행할 필요가 있는데 중장기사업계획 수립의 일반적인 단계는 4단계로 다음과 같이 진행될 수 있다.

제1단계/비전수립

전략의 효과적인 수립과 실행에 있어서 가장 중요한 것이 바로 조직전체의 몰입(commitment)을 얻어내는 것이다. 자신을 희생해 가면서 조직을 위해 맡은 일에 최선을 다해 열성적으로 하는 몰입이 생기는 데는 비전이 결정적인 역할을 한다. 이 때 비전이란 한 조직의 미래에 대한 이미지로 총체적인 조직의 미래상을 말한다. 비전은 한 조직이 여러 활동을 통해 도달해야 하는 종착지로 현재보다 성공적이고 더 바람직한 미래상을 기술해 놓은 것이다. 비전은 오래 동안 변하지 않기는 하지만 그래도

정기적으로 변하는 요소로서 언제까지 어떤 회사가 된다. 어떻게 보면 기업전략 · 경쟁전략 · 기능전략 그리고 그것을 숫자로 표현한 재무적인 목표까지도 종합적으로 포괄하게 된다. 혹은 재무적인 목표가 비전을 수치화한 것으로 볼 수도 있다.

비전수립의 목적

- 조직에 목표의식과 의미를 부여
- 사업의 전략방향과 조직운영의 행동기준을 제공
- 조직구성원에게 동기부여와 참여의식을 유발함으로 조직활성화에 기여

비전수립의 산출물

- 비전 선언문
- 미래 사업영역(Business Domain 설정)
- 성과목표(Performance Targets) 확립
- 성과지표 개발
- 핵심 전략과제 (key Strategic Initiatives) 도출

비전수립의 구성요소 올바른 비전을 수립하기 위해서는 최고경영자는 미래 경영환경에 대한 흐름(Trends)을 읽을 줄 아는 식견(insight)과 직관력(Intuition) 그리고 그와 같은 미래관을 조직구성원들이 공유할 수 있도록 하기 위한 리더십을 필요로 한다. CEO의 의지가 반영된 전략적 비전을 수립하기 위한 핵심요소는 다음과 같다.

- 미래관의 설정
- 회사 열망의 구체화
- 조직역량의 확인
- 세계 수준의 벤치마킹

비전수립의 수행방법

- 최고경영자가 기업이 나아가야 할 방향을 제시한다.
- 실무전담 팀에서 각종 분석과 의견을 수렴해서 비전의 초안을 작성한다.
- 최고경영진은 작성된 비전 초안을 토의하고 수정한다.
- 실무 팀은 수정된 비전 안을 추가분석과 의견 수렴과정을 거쳐 최종 확정한다.

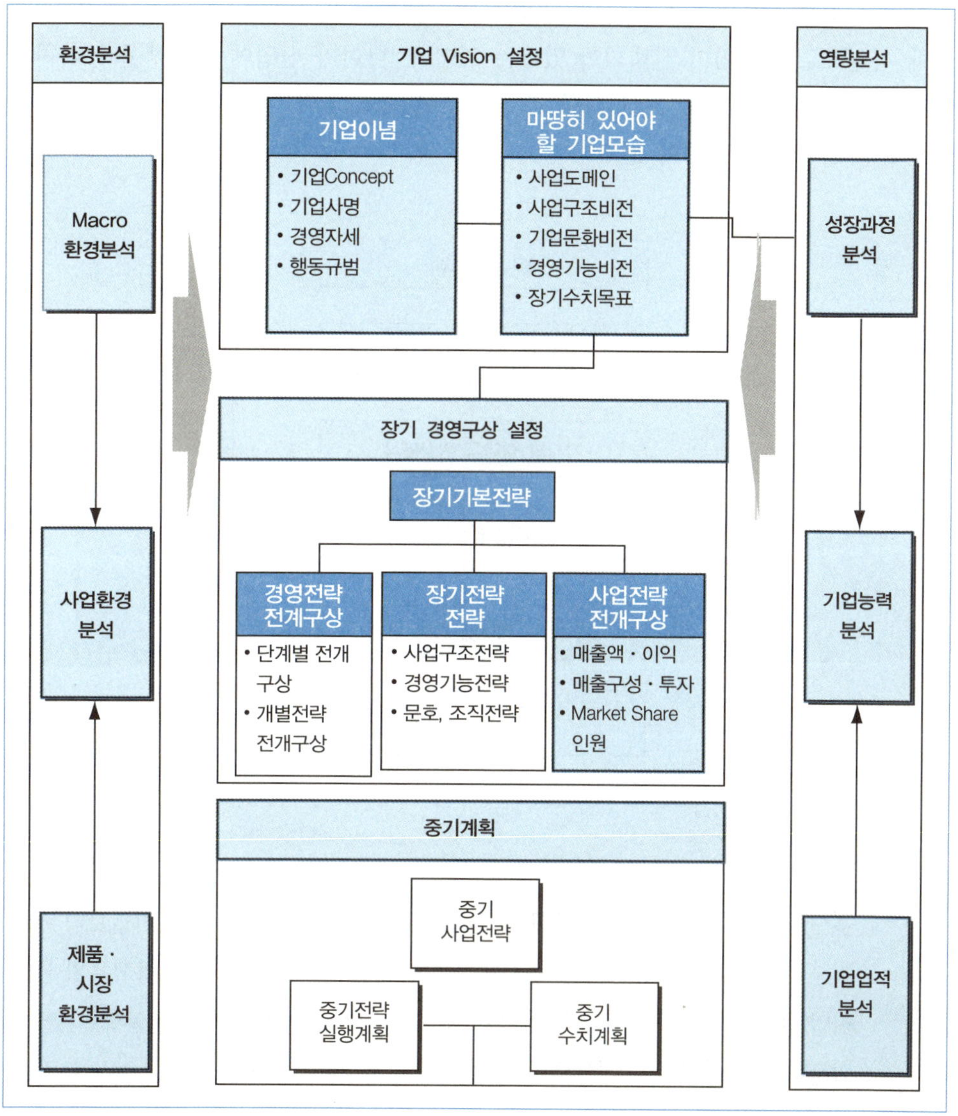

▲ 비전수립체계

제2단계/SBU전략 수립

전략사업단위인 SBU(Strategic Business Unit)란 분명한 경쟁자 및 고객을 대상으로 제품이나 서비스를 제공하는 사업조직단위를 의미한다. 사업수준의 전략은 특정한 개별적인 제품시장을 대상으로 핵심역량을 개척하여 경쟁우위를 얻고자 설계된 통합되고 조정된 몰입과 행동들의 집합이다. 사업전략의 핵심은 경쟁할 산업이 기업 전체 차원으로부터 이미 선택되어 있다는 점이다. 나아가 산업에서 경쟁을 능가하는 경쟁우위를 어떻게 달성할 것인가를 그 초점으로 하고 있다. 시장을 의미하는 고객은 사업수준의 전략의 초점이 된다.

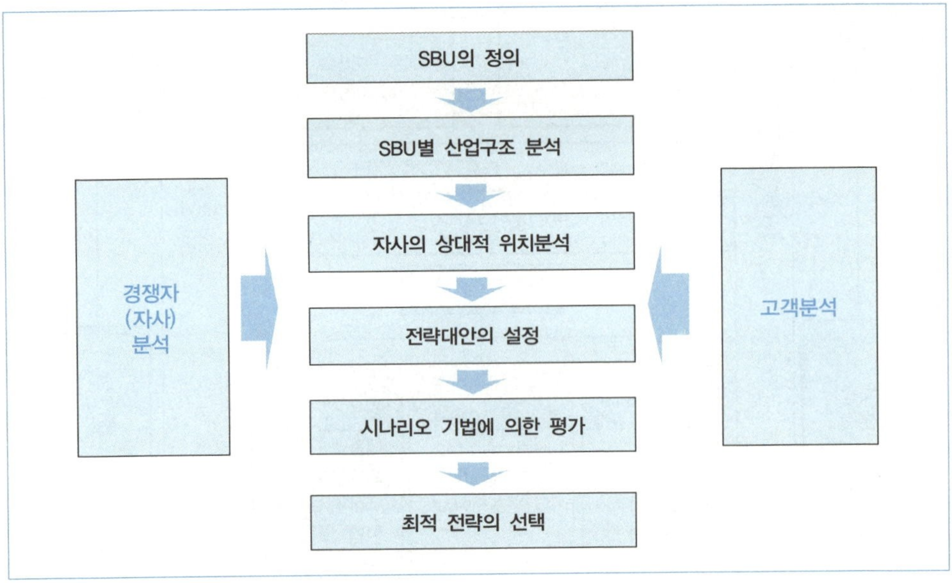

▲ SBU 전략수립 모델

SBU 전략수립의 목적

- 조달 · 생산 · 마케팅 등 기업의 핵심활동을 수행함에 있어서 경쟁기업보다 상대적으로 앞서는 핵심역량을 개발해 최대한 활용함으로써 사업의 경쟁우위 확보
- 사업단위의 경쟁전략수립 접근방법은 전략 수립의 대상이 사업부로서, 실제로 경쟁이 발생하는 사업영역을 대상으로 경쟁우위를 차지하기 위한 전술적 전략을 마련
- 사업단위별로 나누어 경쟁자를 보다 쉽게 인식

SBU 전략수립의 산출물

- 업계동향 및 추세
- 경쟁자의 행동 예측
- 자사분석
- 고객분석

- 시장점유율
- 전략대안의 구체적인 실행 수단

SBU 전략수립의 구성요소

- 전략사업단위의 설정
- 산업구조 분석
- 경쟁사 분석(자사분석)
- 자사의 위치분석

SBU 전략수립의 수행방법 SBU 전략수립의 출발점은 전략사업단위에 대한 규정이다. 전략사업단위는 기본적으로 계획실체(Planning Entity), 즉 하나의 계획이 적용되는 대상이어야 한다. 이와 동시에 반드시 경쟁실체(Competity Entity), 즉 특정 경쟁자를 대상으로 하여 경쟁을 벌이는 주체여야 한다. 전략사업단위의 목적은 회사가 속한 시장을 전체적으로 조망하면서 유리한 위치를 찾아내고자 하는 것이다.

- 산업구조에 대한 분석 : 산업구조에 대한 분석은 산업의 5가지 경쟁요인에 대한 분석과 이들을 통합한 동태적 변화과정을 파악하는 것이 중요하다. 또한 산업 내에서 유사한 전략을 취하는 전략집단의 구분도 상당히 중요하다.
- 경쟁자분석과 고객분석 : 경쟁의 목표인 고객에 대해서 분석을 해야 한다. 또한 자사에 대해서도 분석해야 하는데 자사분석은 경쟁기업과 별도로 진행되는 것이 아니다. 자사분석의 목적은 자사의 강점과 약점이 파악에 있고, 강점과 약점의 분석이란 결국 경쟁자에 대비한 개념이기 때문이다. 즉, 경쟁자분석과 자사분석은 항상 동시에 이루어져야 한다. 더욱이 경쟁자에 대응해서 상대적인 경쟁우위를 확보하려면 제품을 구매하는 구매자가 이를 받아들여야 하므로 고객에 대한 분석이 별도로 이루어져야 한다.
- 자사의 위치분석 : 경쟁사 · 자사 · 고객의 분석을 통하여 기업은 자사의 상대적 위치를 파악하게 되고 경쟁기업보다 우위에서 전략대안을 개발할 수 있게 된다.

제3단계/신규사업진출 전략수립

기업을 둘러싸고 있는 환경은 시시각각 변화하고 있다. 이러한 변화는 단순하게 개별

기업에 영향을 주는 것만은 아니고, 제품 라이프 사이클 단축, 신산업의 탄생 등 산업의 성쇠에도 영향을 미친다. 이와 같은 환경 하에서 혁신적 기업은 본업에 대신하는 주력 사업의 육성이나 환경변화에 의해 새롭게 발생하는 사업기회를 잡아서 본업을 지원하거나 또는 제2의 주력사업 육성을 성공적으로 이루기 위한 방향을 설정하는 것이다.

전략수립의 목적

- 신규사업진출을 통한 기존 퇴출사업 대체
- 고부가 가치 사업군 형성

전략수립의 산출물

- 메가트렌드 분석
- 유망사업 분석
- 유망산업 인식도
- 산업예측 Matrix
- 벤치마킹을 통한 사업기회 분석
- 사업특성 및 진입능력
- 사업매력도 분석
- 사업전망 Matrix 산업구조 분석
- 성장추세 분석
- 신규사업 진출전략

전략수립의 구성요소

- 신규사업 진출가능분야 파악
- 사업전망 분석
- 선정사업 분석

전략수립의 수행방법 신규사업을 개발하는 방법에는 여러 가지가 있다. 핵심역량을 이용한 방법, SWOT 분석을 통한 방법, 선도기업 벤치마킹을 통한 방법 그리고 이를 종합하는 방법 등 기업의 상황에 맞추어 사용할 수 있을 것이다. 이 책에서는 가장 일반적으로 사용하는 분석을 중심으로 살펴보도록 한다. 이러한 방법에 사용 가능한 다른 기법들을 혼용하여 사용한다면 더욱 정교한 신규사업진출 전략수립이 가능할 것이다.

- 메가트렌드 분석 : 가장 먼저 미래학 서적 혹은 외부 전문가 집단의 의견을 종합하여 미래의 가장 중요한 트렌드를 도출한다. 보통 워크-숍(Work shop) 등을 통하여 분석하고 그 결과를 종합하는 형식이 일반적으로 사용된다.
- 유망사업 선정 : 메가트렌드 분석에서 도출된 유망산업분야별로 신사업기회를 구체화하고 미래 유망산업에 대한 경영진 또는 관리자의 인식을 투자시급성과 투자 집중성 · 사업전망과 강점 활용 측면에서 분석하며, 이를 전문가 집단에 다시 검증을 받는다.
- 사업전망 분석 : 사업을 지배하는 일반적인 성격을 분석함으로써 사업의 특성을 파악하여 사업성공을 위한 핵심성공요인을 도출하고 각 핵심성공요인에 대한 자사의 능력평가의 기초자료로 활용한다. 자사에 대한 능력평가는 강 · 중 · 약으로 표시를 하며 가능한 한 각 항목내용을 구체적으로 계량화하도록 한다.
- 사업전망 Matrix : 사업전망 Matrix 분석을 통해 유망하다고 판단된 신규사업은 별도로 정리한 후 산업구조분석 및 성장추세분석을 통해 보다 구체적인 분석을 하고, 추가적으로 사업진입계획 및 매출계획도 함께 작성하도록 한다.

Tip PPM과 BCG Matrix

PPM(Product Portfolio Management)은 전략적 강점을 지닌 특정사업에 대한 지원을 결정하기 위한 포트폴리오 전략 분석을 위한 대표적인 모델로써 산업구조분석에 이용된다.

BCG매트릭스란 기업수준에서 각 전략사업단위가 속해 있는 시장의 성장률과 각 전략사업단위가 그 시장 내에서 차지하는 상대적 시장점유율을 기준으로 사업 포트폴리오를 평가하는 성장추세분석 기법이다.

- 사업매력도 분석 : 신규사업 후보군을 일정한 기준에 따라 평가하여 자사에 매력도가 높은 사업을 선정하기 위한 분석방법으로 각 평가항목에 대하여 5등급 평가기준을 설정하여 평가하고, 각 평가항목별 가중치를 부여하여 최종 평가한다. 평가항목에는 보통 시장규모 · 성장성 · 진입강도 · 경쟁강도 · 투자규모 등이 보통 사용된다.
- Five Forces 분석 : Five Forces 분석을 통해 진입장벽 분석, 공급자의 교섭력 분석, 구매자의 교섭력 분석, 대체재의 위협 분석, 기존산업 간의 경쟁 분석을 종합하여 그에 따라 기업의 전략방향을 서술한다.

[Tip] Five Forces 분석이란

마이클 포터의 5 Force Model은 산업구조분석을 통해 진입하려고 하는 산업에 대하여 기업이 사업전략수립을 할 때 사업전략의 결정에 현재 영향을 주거나 향후 영향을 줄 수 있는 5가지의 진입장벽인 외부적인 요인을 분석하는 기법이다.

- 신규사업 진출전략 : 기존 분석을 토대로 진행일정 및 방법들을 사업별로 작성한다.

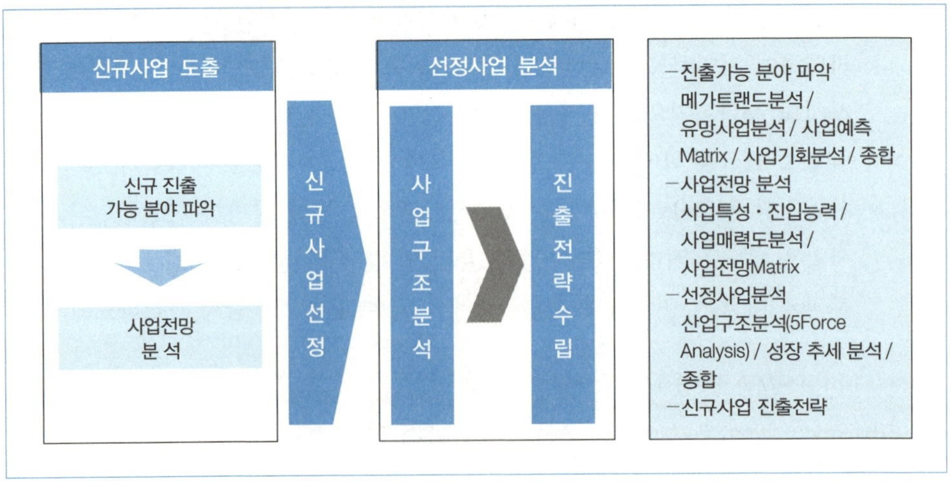

▲ 신규사업진출 프로세스

제4단계/시나리오 작성

기업의 비전을 수립하고 비전 달성을 위한 중장기전략을 수립하는 단계에서 기업이 고려해야 하는 사항은 내 · 외부환경에 상존하는 불확실성에 관한 것이다. 이 때문에 불확실성이 전략에 미치는 의미를 충분히 이해하기 위한 도구로 시나리오기법이 있다.

시나리오란 기업에 관련된 불확실한 환경적 요인들, 그것이 기업에 미칠 영향 그리고 이에 대응하기 위해 기업이 취할 행동방향 등을 서술해 놓은 각본을 말한다. 즉 미래상황이 어떤 형태로 전개될 것인가를 미리 예측하여 펼쳐 놓은 것을 시나리오라고 부르는 것이다.

시나리오 작성의 목적

- 회사가 자신의 현실을 발견함에 있어서 잠재적 환경을 밝힌다.
- 서로 다른 환경 내에서 성공을 위하여 요구되는 사항을 밝힌다.

- 각각의 환경에 우선하는 핵심지표를 평가한다.
- 장기전략 수립을 지원한다.

시나리오 작성의 산출물

- 미래의 산업구조
- 산업의 구조적 매력도에 대한 시사점
- 경쟁기업의 반응
- 경쟁우위의 원천에 대한 시사점

시나리오 작성의 구성요소

- 환경요인
- 시나리오 구성요인
- 시나리오 전제요인
- 시나리오 참고요인
- 시나리오 축

시나리오 작성의 수행방법

- 산업구조에 영향을 주는 불확실성 요인도출 : 산업구조에 영향을 미치는 추세만을 고려해서 전략을 수립할 경우 산업 구조에 중대한 변화를 일으킬 수 있는 불연속적인 불확실성을 간과할 수 있다. 때문에 아무리 확률이 낮은 불확실성 요인이라 하더라도 산업구조에 잠재적으로 큰 충격을 줄 가능성이 있다고 판단된다면 무시해서는 아니 된다. 때문에 이런 불확실성이 산업구조에 어느 정도로 어떻게 어느 방향으로 영향을 미칠 것인가 등에 대한 분석이 이루어져야 한다.
- 시나리오 변수의 결정 : 시나리오는 각 시나리오 변수별로 실현 가능한 가정들에 근거하여 작성 된다. 시나리오는 시나리오 변수에 대한 일련의 가정으로부터 출발하는 것이다. 시나리오 변수를 선택하는 기준으로는 다음과 같은 것들이 있다.
  - 전략적 중요성이 높은 시나리오 변수부터 선정한다.
  - 불확실성 요인 발생가능성이 높은 시나리오 변수부터 선정한다.
  - 불확실성 요인으로 인해 발생한 결과를 예측하기 어려운 시나리오 변수부터 선정한다.

–보다 근원적인 환경요인부터 시나리오 변수로 선정한다.

- 시나리오 변수에 대한 가정 도출 : 시나리오를 작성하기 위한 다음 단계로는 각 시나리오 변수에 대한 여러 가정들을 만드는 것이다. 시나리오 변수에 대한 가정은 미래 산업구조들의 차이점을 노출시키는 동시에 각 변수의 실현 가능한 범위를 제한시킨다.
- 제반 가정의 일관성 검토 : 시나리오 변수에 대한 가정의 범위가 결정되면 이러한 시나리오 변수에 대한 가정들이 서로 일관성이 있는가를 검토해 보아야 한다. 흔히 시나리오 변수들은 서로 영향을 주고받기 때문에 그들에 대한 가정들이 내적으로 일관성이 없는 경우도 있으며, 이럴 경우 일관성 없는 가정들로 작성된 시나리오는 분석대상에서 제외되어야 한다.

산업 시나리오 작성 및 분석

- 각 시나리오 별 최적 경쟁전략 수립 : 위와 같은 방법으로 도출된 다양한 시나리오 별로 최적 경쟁전략을 수립한다. 하나의 시나리오에서 수립된 전략은 불확실에 대한 위험성이 높다. 그러나 모든 시나리오를 전부 고려하여 전략을 개발하려면 많은 시간과 비용이 소모된다. 또한 서로 다른 시나리오를 가정한 전략은 모순된 결과를 초래하기 쉽다. 기업이 상이한 전략적 시사점을 제공하는 시나리오에 접했을 때 전략을 선택하는 데는 다섯 단계 혹은 다섯 가지 방법을 결합한 기준으로 선택하는 것이 좋다.
  - –가장 가능성이 높은 시나리오 선택 : 가장 가능성이 많아 보이는 시나리오를 중심으로 전략을 구성하는 것이다.
  - –가장 좋은 미래를 보여주는 시나리오 선택 : 기업이 주어진 경쟁적 위치와 자원으로 가장 지역적으로 장기적인 전략적 우위를 이룩할 수 있는 시나리오에 대해 전략을 구성하는 것이다.
  - –위험을 분산하는 방법 : 모든 시나리오, 혹은 최소한 발생 가능성이 있는 것으로 생각되는 모든 시나리오에서 만족스러운 결과를 도출할 수 있는 전략을 선택하는 것이다. 일반적으로 위험분산 효과를 도모하게 되면 어떤 시나리오에도 적절하지 않은 전략을 채택할 위험이 있다. 이러한 위험분산 전략은 일반적으로 하나의 전략적 상황이 아닌 몇 개의 가능한 전략적 상황을 동시에 대비해야 하기 때문에 앞에서 제시한 전략들보다 더 많은 비용이 든다.

- 유연성을 유지하는 방법 : 특정 전략을 위해 자원을 투입하는 의사결정을 일단 보류하고 있다가 불확실성이 해소되면 발생할 것으로 보이는 시나리오를 선택한 후 자원을 집중 투입한다. 그러나 유연성을 유지하는 방법은 산업의 초기 진입장벽을 만들어 초기진입으로 인한 이점을 상실할 수도 있다.
- 영향력을 발휘하는 방법 : 불확실성에 대처하기 위해 기업이 바람직하다고 생각되는 시나리오를 실제로 실현시키기 위해 기업의 자원을 이용하는 것이다. 기업이 자신의 전략적 우위를 높여주는 시나리오의 발생 가능성을 향상시키기 위해 시나리오에 내재한 요소에 영향을 미칠 수 있도록 노력하는 것이다.

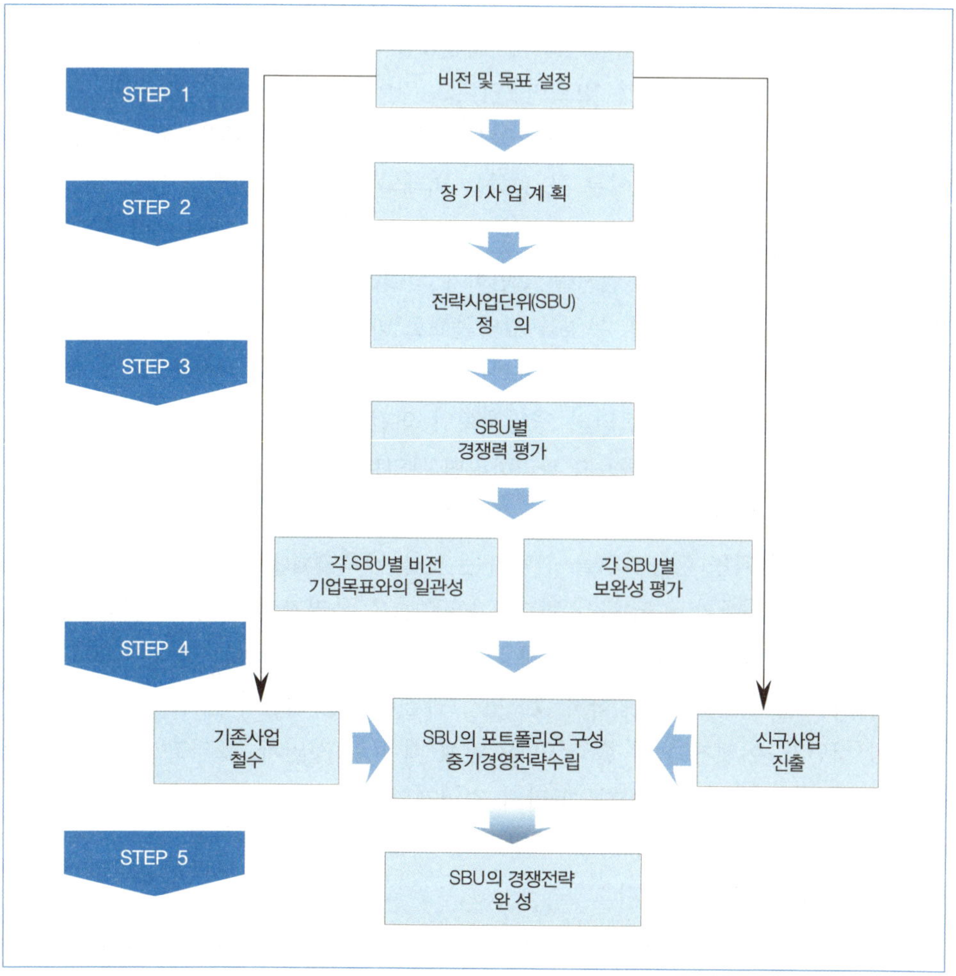

▲ 중장기사업계획 Flow

02 단기사업계획의 수립

오늘날 우리가 살아가고 있는 시대를 혹자들은 성숙화의 시대, 불확실성의 시대, 혼돈의 시대라고 말한다. 산업사회가 지나가고 정보산업사회가 도래하고 다시 지식산업사회가 그 서막을 열게 됨에 따라 산업사회를 중심으로 한 과거의 아날로그 시대에서 지식과 정보를 기반으로 하는 디지털 시대로, 수직적 권위주의적 사회에서 수평적 네트워크 사회로 급속하게 변모하면서 기존의 경영방식에서 탈피하여 새로운 틀 · 새로운 의식 · 새로운 관행 등 환경변화에 기인하여 기업경영의 방식과 패러다임을 시대적 요구에 맞추기 위한 혁신의 필요성이 경영의 최우선 과제로 대두되고 있다. 따라서 지금 우리 기업은 어디에 있으며, 어디로 가야할 것인지 하는 현재의 모습 및 위상과 방향성을 전략적으로 결정하지 않으면 무한경쟁에서 도태될 수밖에 없는 경영환경에 처하게 된 것이다. 이는 곧 원하는 미래와 예상되는 미래에 대한 괴리율을 어떻게 줄이고 극복해 나아가기 위해서는 앞으로 우리 기업이 어떻게 가야 할 것이며 어떠한 전략대안이 필요한 것인지를 고민하게 만들고 있다. 다시 말해서 Mission과 Vision은 어떻게 정해야 하며, 무엇을 경영목표로 하여 기업성장 방향과 비전 달성을 위하여 어떠한 전략적 사업계획이 필요하며 수립한 사업계획을 실행하고 평가할 것인가의 일련의 프로세스가 협의의 경영계획인 연간사업계획이라고 할 수 있다.

기업활동을 합리적으로 수행하고 관리하려면 무엇보다 먼저 기업이 앞으로 나아가야 할 방향과 행동과정을 결정하여야 한다. 미래의 여러 대체적인 행동과정 중에서 기업목표에 가장 부합되는 행동과정을 선택하는 것을 계획수립(planning)이라 하며, 선택된 행동 대안을 계획(plan)이라 한다. 계획수립은 우리가 현재 있는 곳과 장래에 가기를 원하는 목표와의 차이를 연결해 준다. 장래를 정확하게 예측한다는 것은 거의 불가능하기 때문에 계획을 수립하지 않으면 그만큼 실패할 위험이 높다. 계획은 무엇을 해야 할 것인가, 어떻게 해야 할 것인가, 언제 해야 할 것인가, 그리고 누가 해야 할 것인가를 미리 결정하는 것이다. 따라서 경영계획이란 기업의 미래지향적인 목표 · 방침 · 절차 · 예산 · 활동과정 등을 설정하고, 이를 가장 합리적으로 달성하기 위한 미래의 설계와 구상을 말한다.

사업계획이 다른 관리활동에 비하여 갖는 특성을 살펴보면 계획은 목표기여, 계획우선, 계획의 일반성 및 계획의 효율성을 통해 수립되어야 한다.

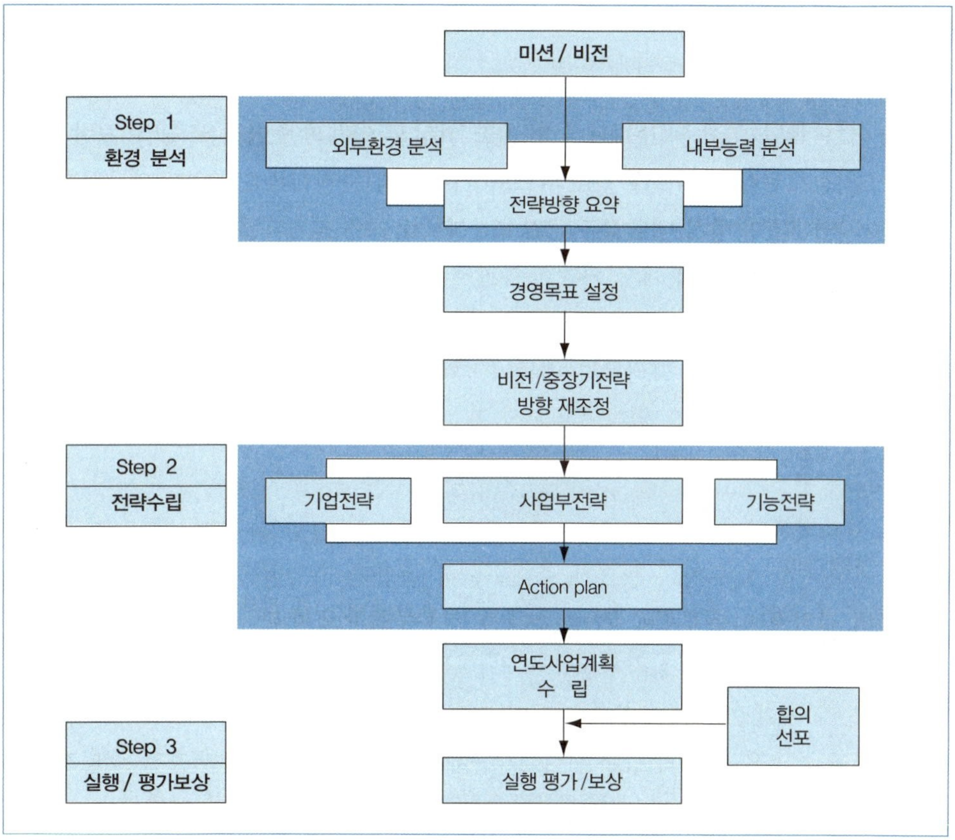

▲ 단기사업계획 수립 Process

첫째는 목표기여이다. 이는 모든 사업계획과 파생되는 하위계획의 목적은 기업목표의 달성을 보다 용이하기 위한 것이다. 따라서 관리자는 계획을 수립할 때 목표달성을 위해 일관되고 통합된 활동을 유도할 수 있도록 계획을 수립하여야 한다. 둘째는 계획우선이다. 계획은 기본적인 필수전제가 되며 논리적으로 볼 때 계획수립은 다른 모든 기능이 수행해야 할 목표를 수립한다고 하는 점에 중요성이 있다. 셋째는 계획의 일반성이다. 계획수립의 성격과 범위는 경영자들이 가지는 권한과 상급자가 정하는 방침과 실시계획에 따라 다르지만, 계획수립은 모든 경영자들이 가지고 있는 직능이다.

1 단기사업계획의 개요

단기사업계획은 각 부문별로 연차계획을 세우고 이를 실현하기 위해 계획을 추진하는 것이다. 따라서 단기사업계획은 업적평가의 기준이 되며 또한 행동의 지침이 된다. 그러므로 단기사업계획이 제대로 수립되고 실행될 때에 비로소 중장기사업계획은 달성되며 나아가 경영비전과 목표, 그리고 기업이념을 실현할 수 있게 된다. 그만큼 단기사업계획이 기업경영에서 차지하고 있는 비중과 위치는 막대함을 알 수 있다. 단기사업계획이 실행계획인데 대하여 중장기사업계획은 목표적 또는 지표적 성격의 계획이라고 할 수 있다. 그러하기 때문에 중장기사업계획은 단기사업계획의 실행결과에 따라 수정할 필요가 있다.

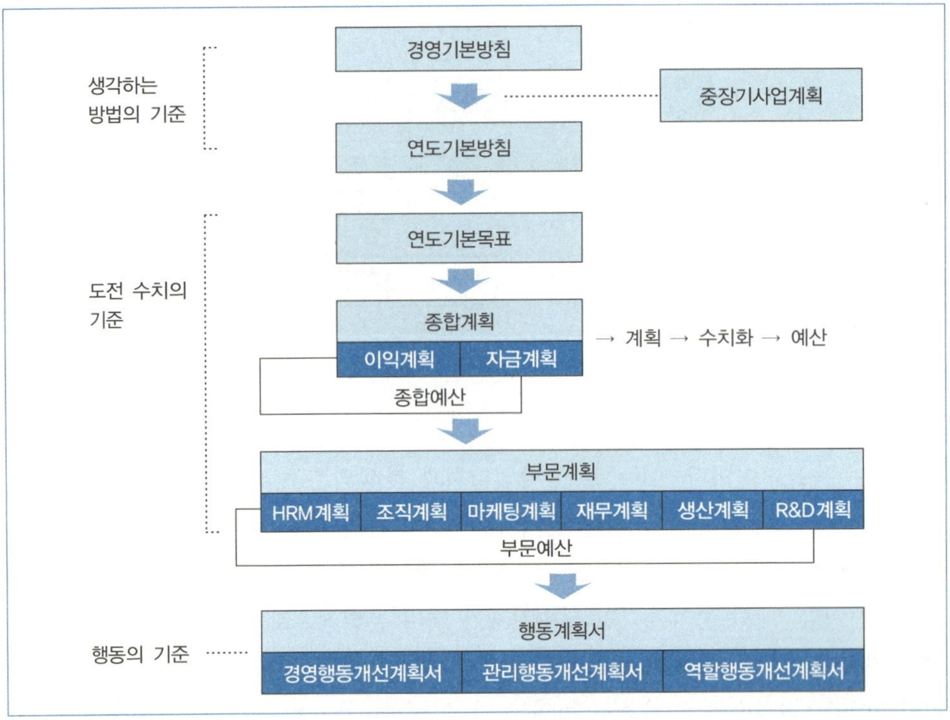

▲ 단기사업계획의 체계

경영이념과 비전/목표

기업의 존재이유를 정의한 것을 기업이념이라고 하며, 그 이념을 투영해서 기업이 미래에 이루고자 하는 열망을 명확하게 목표의식을 갖고 기술한 것이 비전과 목표이다.

비전과 목표를 달성하기 위해 준비된 구체적 방안이 장기일 경우 중장기사업계획이라고 칭하고, 이를 연간단위로 구체화한 것이 곧 단기사업계획, 즉 익연도 사업계획이 된다.

경영이념 이념의 사전적 의미는 모든 경험에 통제를 부여하는 순수이성에서 얻어진 최고의 개념이라는 뜻이다. 모든 경험에 통제를 부여한다는 말은 개인 또는 조직이 하는 행동에 해야 할 것과 하지 말아야 할 것을 구분할 수 있는 기준이 된다는 말이며, 순수이성으로부터 얻어진다는 말은 절대적인 근거에 의한 것으로 시간이 지나도 불변하는 개념을 의미한다. 다시 말하면 경영이념이란 조직이 해야 할 일과 하지 말아야 할 일을 구분하는 절대 불변하는 개념이다. 기업이 가지는 경영이념에는 기업의 존재가치 · 사업운영가치기준 · 사업추진기준이 포함되어 사훈과 같은 추상적인 개념을 좀 더 구체화한다. 기업의 존재가치는 일반적인 기업의 목적인 이윤추구 외에 기업이 존재하는 이유를 규명한다. 예를 들어 디즈니의 존재가치는 어린이들에게 행복을 주는 것이다. 기업의 존재가치는 그 기업이 해야 할 일과 하지 말아야 할 일을 크게 구분지우는 최상위 개념으로 디즈니의 경우 어린이들의 행복에 해가 되는 사업이나 일은 하지 말아야 한다는 것을 내포한다. 다음으로 사업운영가치기준이란 사업을 운영하면서 최우선으로 전념하고자 하는 기본가치를 정의하는 것이다. 예를 들어 창의력을 중시한다던가, 품질관리를 철저히 한다던가, 어떤 가치의 상품을 제공한다는 등의 개념이 포함될 수 있다. 이것 역시 조직이 해야 할 일과 하지 말아야 할 일을 구분하는 기준이 된다. 마지막으로 사업추진기준 또는 사업전개기준이란 향후 어떤 사업부문을 특화할 것인지에 대한 기준을 설정한다. 여기에는 어떤 사업을 할 것인지나 말 것인지 등 구체적인 행동에 대한 기준을 제시할 수 있다. 예를 들어 '세계 No1이 되는 기업으로 성장시키겠다.'라고 기업경영이념을 정할 경우 여기에 해당한다.

이렇게 이념은 해야 할 일과 하지 말아야 할 일을 구분하는 절대 불변의 개념으로서 비전 · 전략 · 목표 · 실행계획의 상위 개념으로 각각의 의사결정 기준이 된다. 경영이념이 정의되지 않는다면 다양한 비전을 평가할 수 있는 기준이 없다는 것이 되며 합리적인 비교가 불가능해 자칫 잘못된 비전을 가지게 될 수 있다. 잘못된 비전은 잘못된 전략 · 잘못된 목표 · 잘못된 행동을 불러일으켜 기업에 심각한 피해를 끼칠 수 있다.

Vision 원칙의 사전적인 의미는 여러 사물이나 현상에 두루 적용되는 법칙, 근본이 되는 법칙이란 의미로 이념보다 상위의 개념으로 볼 수 있다. 절대 불변이라는 면에서는 동일하지만 원칙이란 모든 현상에 적용될 수 있는 반면 이념이란 주로 행동의 판단기준으로 사용된다. 최고를 향한 열정 · 겸양 · 인간주의 · 합리와 같은 추상적인 불변의 개념의 원칙이 될 수 있을 것이다. 일상적으로 말하는 비전과 기업의 비전은 큰 차이가 있다. 기업에서 말하는 경영비전이란 현상과 목표를 결부시킨 경영구상이라고 할 수 있다. 따라서 Vision은 막연한 꿈이나 희망과는 명확히 다른 것이며, 기업의 존재의식과 기업경영의 원리원칙이 포함되어 있어야 한다. 짐 콜린스(Jim Collins)는 1992년 '짐 콜린스의 경영전략'을 통해 비전경영을 소개했다. 그는 경영체제를 '비전-전략-전술'로 정의하고, 비전을 가장 상위에 두었다. 비전을 핵심가치와 믿음 · 목적 · 사명의 3요소로 구성했는데, 이것이 일반적으로 사용하는 비전경영의 의미라고 할 수 있다. 비전이 기업경영에서 중요한 이유는 기업은 비전을 수립하지 않으면 관리적인 경영에만 몰두하게 되고 거시적이고 장기적인 마스터 플랜에 의한 기업경영을 할 수 없을 뿐만 아니라 매년 이루어 놓은 성과를 바탕으로 다음연도의 경영계획을 수립하고 이를 달성하기에만 급급하게 된다. 그러나 기업이 비전 실천형일 경우 단기적인 성과보다는 궁극적인 기업가치를 높이기 위한 경영을 추진하게 됨에 따라 전략적 경영의 바탕 아래 기업가치를 극대화할 수 있다.

- 비전의 수립절차
  - 명확한 환경 분석(자사 · 경쟁사 · 고객)
  - 기업의 미래상 및 사업 분야의 선정
  - 미래상과 사업 분야에 맞는 중장기 로드맵 선정
- 비전의 달성 방법
  - 전략적 경영시스템의 도입
  - 기업문화의 정립

목표 목표를 영어로 Goal · Objectives · Target 등으로 표현한다. 경영목표는 조직문화 · 조직의 철학 및 비전에 따라 전략적으로 설정되어야 하고 이를 위한 기본적인 경영시스템을 갖추어야 한다. 또한 경영목표 및 하위목표 달성의 성과를 측정할 수 있는 적절한 성과지표를 설정하고 이를 관리하여야 한다. 경영활동이란 목표의 설정에서부터 시작된다. 목표설정이란 기업이 지니고 있는 유한한 경영자원을 일정한 목표를 향하여 집중 투하함으로써 최대한의 능력을 도출하고 장애와 제약을 돌파하려고 하는 노력을 의미한다. 목표에는 달성을 향한 노력의 과정 자체가 기업과 개인의 능력과 힘을 증대시키는 효과 및 목표와 노력의 결과를 비교함으로써 보다 명확한 형태로 노력의 성과를 측정할 수 있고 다음 목표에의 의욕을 환기시키는 효과가 있다. 목표는 기대하는 상태 또는 바람직한 상태를 나타낸 것이므로 미래지향적으로 세워야 한다. 목표는 방치하면 어떻게 될지 전혀 알 수 없는 미래를 자신이 의도하고 원하는 방향으로 이끌고 가려는 의지의 표현이다.

- 좋은 목표의 속성
  - 구체적이어야 한다.
  - 측정할 수 있어야 한다.
  - 성취할 수 있어야 한다.
  - 결과 지향적이 되어야 한다.
  - 시간 또는 기간이 정해져야 한다.
- 목표설정의 추가적인 요소들
  - 자기 자신과 기업의 목표가 되어야한다.
  - 존재이유와 잠재력 · 가능성에 도전하는 것이어야 한다.
  - 목표가 개인 또는 기업의 것이 되어야 한다.
  - 근본적인 기본목표는 변하지 말아야 한다.
  - 목표는 다른 목표들과 조화를 이루어야 한다.
  - 목표에는 우선순위가 중요하다.
- 목표설정 시 고려사항
  - 생존을 위해서 무엇을 해야 하는가.
  - 우리가 고려하고 있는 목표에 대하여 타인은 어떠한 반응을 보이는가.
  - 환경적 요소는 어떠한 영향을 미치는가.
  - 우리는 어떠한 인적 · 물적 자원을 소유하고 있는가.
  - 필요한 이익을 창출하기 위해서는 무엇을 해야 하는가.
  - 우리는 왜 존재하는가.
  - 어떠한 기회나 대안이 존재하는가.
  - 우리의 경쟁자는 무엇을 하고 있는가.

경영원칙이 미래를 향해 구체화될 때 경영이념이 생성되고, 경영이념이 중장기 관점에서 다시 구체화될 때 비전이 보인다. 비전이 전략을 낳고, 전략은 목표를, 목표는 실행계획을 이끌어 낸다. 목표 없는 실행계획이나 전략 없는 목표, 비전 없는 전략, 이념이나 원칙 없는 비전은 사상누각이 될 수가 있다.

단기사업계획과 중장기사업계획

원칙적으로는 중장기사업계획을 수립하고 이를 실행하기 위해 단기사업계획을 작성하는 것이지만 실무상으로는 오히려 단기사업계획을 제대로 수립하는 것이 중요하다. 단기사업계획이 중심계획이 되지 못하고 중장기계획만 그럴듯하면 그림의 떡이 될 수 있다. 따라서 단기사업계획과 중장기사업계획은 서로 보완적이고 일관성을 유지해야 한다.

단기사업계획을 일상적인 관리수단이 아니라 사업 및 제품의 구조조정, 그리고 업무프로세스와 구성원의 의식을 혁신 또는 변화시키는 촉진수단으로서 전략화해 나가야 한다. 기업을 경영해 나가는데 있어서 구체적인 계획이 없으면 목적과 방향도 모른 채 결국은 목표달성이 불가능하게 된다. 그러하기 때문에 기업은 내부능력인 강점요인과 약점요인, 외부환경요인인 기회요인과 위협요인을 면밀히 분석 · 평가하여 경영계획을 수립하고 이를 추진하지 않으면 안 된다.

2 단기경영방침과 목표설정

경영방침은 경영목적을 합리적 · 효율적으로 달성하기 위한 행동원리이며 지배원칙이다. 첫째 경영목적에 봉사하는 것이다. 따라서 먼저 명확한 경영목적 의식이 있어야 한다.

둘째 합리적 · 효율적으로 경영목적을 달성하려는 것이다. 즉 경험이나 짐작에 의하는 것이 아니라 합리적 기초에 입각하고 효율적인 행동을 예정하는 일관된 합리정신이 전제된다. 셋째 경영목적 달성을 위한 행동원리이고 경영지배원칙이다. 즉 행동을 예정하고 그 행동에 규범 · 기준을 부여하여 경영의 지휘 · 지배를 행하는 실천원리 · 응용원칙이다. 개념적 원리원칙이 아니라 구체적이고 구성화를 지향하는 규준 · 규칙 · 절차를 내재한 것이다. 그러므로 데이비스(R.C.Davis)는 '경영방침은 본질적으로는 경영목표의 효과적 달성을 조건으로 하고 그를 지배하는데 있어서 일정의 행동규칙을 동반한 원칙 내지 일련의 관계 제 원칙이다'라고 했다.

경영이 특정의 목적에 대해 가장 합리적으로 접근하는 의식적 사회구성체를 가리키는 것이라고 하면 이런 경우의 경영목적은 광의의 목적과 협의의 목적을 포함한다. 광의의 경영목적은 경영의 본질적 측면에서의 목적을 가리킨다. 즉 경영의 목적이 경제성에 있는 것인가, 아니면 수익성에 있는 것인가, 또는 생산성에 있는 것인가 내지는 자주성의 확립에 있는가 하는 목적적

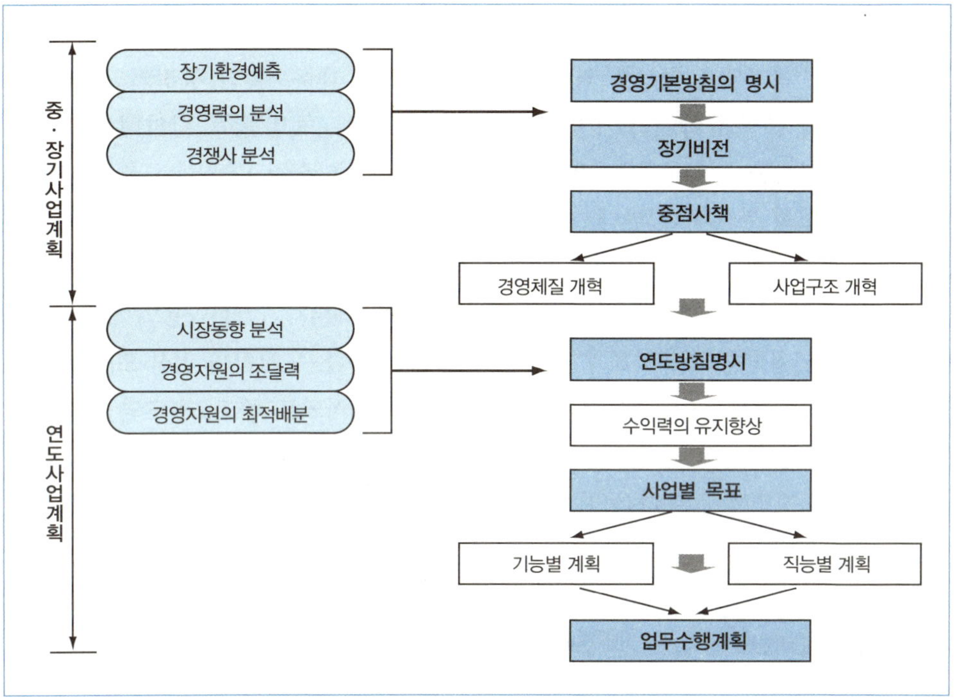

▲ 중장기사업계획과 연간사업계획의 관계

사고이다. 협의의 목적은 정관에 표시된 목적(Purpose)을 가리키는 경우이다. 즉 정관에 규정된 목적은 경영활동의 출발점이 되고 경영의 영역과 구조를 규제하는 것이 된다.

경영목적과 경영방침의 관계를 고찰해 보면 다음과 같다. 경영목적은 경영목표(Objector goal)와 흔히 혼동되어 사용되지만 엄격히 구분한다면 경영목표는 경영목적의 도달점을 의미한다. 이에 대해 경영방침(Policy)은 경영목적을 구현하기 위한 기본원리·원칙·준칙 등을 말한다. 즉 경영목적에 대한 행동의 기본사항을 의미한다. 경영방책이라고 하는 경우는 방침의 구체적 전개경로·순서 등의 지침을 가리키고, 경영정책이라고 하는 경우는 방침과 방책을 총괄한 개념이다. 경영목적이나 경영목표는 추상적·보편적·이념적인 것이므로 실천단계에서는 더욱 구상화·실체화해야 하는데 이 과정이 경영방침이나 경영방책의 설정단계인 것이다. 또 경영목적은 고정적·비선택적인데 반해 경영방침은 유동적·탄력적이고 선택적이다. 경영의 내외여건이 격동을 계속하고 있으며 경영활동은 이에 수시로 적응해 나가야 하며 경영방침은 끊임없이 경영목적에 대해서 적응적이어야 한다.

단기경영방침의 설정

경영비전과 경영목표 달성을 위해 구체화한 중장기 대응전략과 중장기 실행전략, 그리고 전기의 반성과 당기의 기업 경영환경 또는 당면문제점 등을 감안해서 당기의 경영방침을 설정한다. 물론 경영방침은 슬로건과 같이 단순히 나열하는 추상적인 것보다는 구체적인 것이어야 한다. 예를 들면, '내부역량 강화'보다는 '사람이 중심이 되는 회사'이라든가, '조직구성원의 창의성 개발'이라고 하는 것이 알기 쉽다. 마찬가지로 '부가가치 경영'보다는 '고부가가치 상품의 개발'라든지, '기회비용의 절감' 등이 더 바람직하다. 이러한 경영방침과 구체적인 시책의 실현을 도모하기 위한 조직 체제를 굳힌다. 이 조직편성방침에 대해서는 경영방침에 포함시켜도 좋고, 별도의 조직편성방침으로 나누는 방법을 생각해 볼 수 있다. 경영방침 없는 경영계획은 아무런 의미가 없다. 따라서 경영방침은 다음의 프로세스와 같이 설정하여야 한다.

경영기본방침	회사의 경영이념 등 회사로서 갖춰야할 면을 인간적 측면에서 명시
장기경영방침	장기경영 비전의 사업적 측면에서 명시
연도경영방침	당해 연도의 구체적 방침을 경영자원 및 경영기능 등에 명시
부문방침	부문책임자가 단기방침에 기초하여 부문방침을 명시

▲ 경영방침 수립 Process

단기경영목표의 설정

경영목표는 평소에 스스로 가능하다고 생각하는 그 이상의 것을 추구하는 수준으로 정하는 것이 바람직하다. 물론 그렇다고 해서 실현 불가능한 수준이어서는 안 된다. 다만 업무 프로세스를 혁신하고 또한 예년의 노력보다 더 한층 힘을 기울인다면 얼마든지 실현 가능한 도전적 목표이어야 한다. 경영목표에 포함되어야 할 사항에는 다음과 같은 것들이 있다.

영업 및 마케팅에 대한 목표

- 기존 시장에 진출해 있는 제품과 서비스에 대한 목표
- 제품 및 서비스와 시장의 폐기에 대한 목표
- 기존 시장에 진출할 새로운 제품 및 서비스에 대한 목표
- 새로운 시장에 대한 목표
- 유통 조직에 대한 목표
- 서비스 기준 및 성과에 대한 목표
- 신용 공여 기준 및 성과에 대한 목표 등

혁신에 대한 목표

- 제품 및 서비스의 혁신에 대한 목표
- 시장 · 소비자 행동 · 가치와 관련된 혁신에 대한 목표
- 제품 및 서비스의 시장 공급에 필요한 다양한 기술과 활동에 관련된 혁신에 대한 목표

생산성에 대한 목표

- 경영의 질적 수준을 측정하는 가장 우선적인 척도는 생산성, 즉 자원(인적 · 재정적 · 물적)의 투입과 산출의 비율이다.
- 생산성 목표를 세우지 않고는 사업의 방향을 설정할 수 없다. 또한 생산성 척도가 마련되어 있지 않으면 사업을 통제할 수가 없다.

인적 자원/재정 자원/물적 자원에 대한 목표

- 필요로 하는 인재를 유인하고 보유하기 위한 직무분석
- 현재 노동시장에서 노동력 공급사정에 대한 검토
- 그들을 끌어들이려면 기업이 무엇을 해야 하는지의 검토
- 필요로 하는 자본을 유입하고 그것을 유지하기 위해 자금의 투입을 어떤 식으로 구성할 것인지에 대한 검토

사회적 책임에 대한 목표 기업에 있어 사회적 책임은 생존에 관련된 문제이다. 기업은 사회와 경제 속에 존재한다. 사회와 경제는 어떤 기업이라도 단 하룻밤 만에 사라지게 만들 수 있는 힘을 가지고고 있다. 기업은 사회와 경제가 허용하는 범위 내에서만

존재할 수 있으며, 오로지 사회와 경제로부터 쓸모 있고 유익하며 생산적인 일을 하고 있다고 인정받을 때에만 살아남을 수 있다.

이익에 대한 목표 지금까지의 5가지 분야의 목표들이 신중하게 고려되고 설정되었다면 이제 기업존속을 위한 또 하나의 필요조건인 이익을 올려야만 한다. 이익은 미래에 대한 비용, 즉 사업을 계속해 나가기 위한 비용이다. 이익계획의 수립은 당연히 필요하다. 그러나 그것은 '이익의 극대화'라는 의미 없는 구호를 위한 계획이라기보다는 필요한 최소한의 이익을 달성하기 위한 계획이어야 한다. 많은 기업들에 있어서 최저 필수이익은 실제로 달성하고 있는 이익의 수준일 뿐만 아니라 이익목표보다 한 층 더 높은 수준으로 밝혀지는 경우도 많다.

일반적으로 대부분의 기업은 매년 말 회사의 익연도 사업계획을 확정하고 확정된 사업계획에 따라 부문별목표 및 개인별목표를 설정한다. 많은 기업들이 과거 단기위주의 목표 및 재무중심의 목표설정에서 한계점이 들어나자 균형 있는 관점의 목표설정인 BSC(Balanced Score Card) 목표를 도입하여 사용하고 있다. 또한 전사적 자원관리(ERP) 차원에서 목표설정 및 관리를 전산화 · 자동화하여 목표를 세우고 있다. 그러나 여전히 많은 기업은 목표설정 시 여러 가지 문제에 봉착하고 있다. 그 동안 많은 경영자들은 고객 관계 · 조직의 프로세스 · 핵심역량 등의 중요성을 강조하면서도 재무중심으로 목표를 세우고 재무지표 중심으로 성과를 측정하여 왔다. 그러나 기업이 장기적으로 성장하려면 재무적 측정지표뿐만 아니라 비재무적 측정지표도 고려되어야 한다.

[Tip] BSC(Balanced Score Card)란

전략을 수행하기 위해 구체적인 계획을 설정하여 통제하기 위한 경영관리시스템으로 성과측정 전문 컨설팅회사인 르네상스 솔루션의 "데이비드 노턴"과 하버드 비즈니스 스쿨의 "로버트 카플란" 교수가 함께 개발하여 1992년에 최초로 제시한 조직의 사명과 전략을 측정하고 관리할 수 있도록 포괄적인 측정지표로 바꾸어주는 무형자산 평가시스템이다.

3 경영과제 파악

기업의 경영계획은 기업활동의 행동계획표와 같다. 예를 들어 어떤 수험생이 자격증 취득을 목표로 수험계획표를 작성하는 경우 먼저 자신의 지식과 실력이 어느 정도인지를 파악하고 현재 자신이 처해 있는 상황을 인식해야 하는데, 이 과정이 결여되면 아무리 근사한 계획서를 작성했더라도 별 의미가 없다. 경영계획의 수립도 이와 동일하다. 경영계획을 수립하기에 앞서 우선 기업의 실상을 분석하고 기업이 처해 있는 현재의 위치를 분석하는 자세가 중요하다. 전자를 기업분석이라고 한다면 후자는 환경분석이라고 할 수 있다.

재무제표를 통한 기업현황 파악

- 대차대조표에 따라 회사의 현황을 파악하는 포인트
  - 회사는 지금까지 어느 정도 이익을 실현하고 있는가.
  - 사업 활동에 필요로 하는 자금의 조달과 운영방식은 합리적인가.
  - 투입한 자본은 유효하게 활용되고 있는가.
  - 회사의 장래성은 어떤가.
- 기업체질 분석
  - 백분비율의 대차대조표를 작성
  - 추이대차대조표에 따른 구성분석
  - 경쟁회사와 비교
  - 자회사를 포함한 연결대차대조표 분석
- 손익계산서로 회사의 성적을 파악
  - 연도별 손익계산서 Trend 분석
  - 제조원가명세서로 각 과목의 구성분석

손익분기점으로 안전성 파악 손익분기점이 낮을수록 불황에 대해서 여유 있는 기업체질을 갖추고 있다고 본다. 손익분기점은 불황에 대한 회사의 저항력을 나타내는 바로미터이며 저항력의 척도는 손익분기점비율로 측정된다.

$$\text{손익분기점비율} = \frac{\text{손익분기점}}{\text{실제매출액}} \times 100\%$$

손익분기점분석을 통한 접근방법

- 매출액의 증가
  - 제품단가의 인상은 어떤가.

- 판매수량의 증가는 어떤가.

- 변동비의 절감
  - 변동비 자체의 절감은 어떤가.
    재료비 = 소요량 × 단가(재료 원단위 등 변동)
  - 외주가공비의 변화는 어떻게 되고 있는가.
  - 변동비율(변동비/매출액)은 저하되고 있는가.
- 한계 이익의 증가
  - 매출액의 신장은 어떠한가.
  - 한계이익률(한계이익/매출액)은 향상되고 있는가.
  - 변동비율의 증감률은 어떠한가.
- 고정비의 절감
  - 고정비의 변동비화는 진행되고 있는가.
  - 작업개선 · 인건비 관리에 따른 고정비의 절감은 진행되고 있는가.
  - 고정비의 증가율은 매출액 신장률 이하인가.
  - 금리부담의 경감은 어떤가.
- 손익분기점 도표를 작성해 본다 : 손익분기점 도표의 작성을 통해서 변동비율과 한계이익, 그리고 손익 분기점과 안전비율을 산출함으로써 현재 기업이 처하고 있는 상황을 파악한다.

부가가치분석을 통한 활력파악

손익계산서는 기업이 1년간 어느 정도의 이익을 올렸는지를 제시한 계산서로서 이익의 내역을 파악은 편리하지만 기업의 현실에 맞는 이익규모를 실현하고 있는지를 파악함에 있어서 손익계산서로는 불충분하다. 부가가치분석은 기업이 새로이 창출한 가치, 즉 부가가치를 계산함으로써 어느 정도의 새로운 가치를 창출하였는지, 새로 창출한 부가가치는 어떻게 배분되는지 등 진정한 기업활력을 파악할 수가 있다. 기업이 얼마만큼의 부가가치를 창출하였는가를 알아보는 것은 대단히 중요하다. 그러나 기업에게 있어서 가장 중요한 것은 종업원1인당 얼마의 부가가치를 창출하고 있는가와 1인당부가가치가 얼마인가 하는 것이다. 1인당부가가치는 노동생산성 이라고도 불리며 이 지표의 크기와 성장성이 기업경영의 좌표축이 된다.

[부가가치분석 Sheet]

<table>
<tr><th colspan="2" rowspan="2">비 용</th><th colspan="3">분 해</th></tr>
<tr><th>고정비</th><th>변동비</th><th>혼 합</th></tr>
<tr><td colspan="2">재료비</td><td></td><td>●</td><td></td></tr>
<tr><td colspan="2">노무비</td><td>●</td><td></td><td></td></tr>
<tr><td rowspan="26">제조경비와관리판매비</td><td>외주가공비</td><td></td><td>●</td><td></td></tr>
<tr><td>특허권사용료</td><td></td><td>●</td><td></td></tr>
<tr><td>포장비</td><td></td><td>●</td><td></td></tr>
<tr><td>임차료</td><td>●</td><td></td><td></td></tr>
<tr><td>보험료</td><td>●</td><td></td><td></td></tr>
<tr><td>수선비</td><td>●</td><td></td><td></td></tr>
<tr><td>여비교통비</td><td>●</td><td></td><td></td></tr>
<tr><td>통신비</td><td>●</td><td></td><td></td></tr>
<tr><td>접대비</td><td>●</td><td></td><td></td></tr>
<tr><td>보관료</td><td>●</td><td></td><td></td></tr>
<tr><td>소모품비</td><td>●</td><td></td><td></td></tr>
<tr><td>시험연구비</td><td>●</td><td></td><td></td></tr>
<tr><td>감가상각비</td><td>●</td><td></td><td></td></tr>
<tr><td>세금과공과</td><td>●</td><td></td><td></td></tr>
<tr><td>잡비</td><td>●</td><td></td><td></td></tr>
<tr><td>수도광열비</td><td></td><td></td><td>●</td></tr>
<tr><td>제조경비 운반비</td><td></td><td></td><td>●</td></tr>
<tr><td>판매수수료</td><td></td><td>●</td><td></td></tr>
<tr><td>판매운임과 발송비용</td><td></td><td>●</td><td></td></tr>
<tr><td>급료와임금</td><td>●</td><td></td><td></td></tr>
<tr><td>복리후생비</td><td>●</td><td></td><td></td></tr>
<tr><td>퇴직급여</td><td>●</td><td></td><td></td></tr>
<tr><td>광고선전비</td><td>●</td><td></td><td></td></tr>
<tr><td>수도광열비</td><td>●</td><td></td><td></td></tr>
<tr><td>지대집세</td><td>●</td><td></td><td></td></tr>
<tr><td>기부금</td><td>●</td><td></td><td></td></tr>
<tr><td colspan="2">영업외손익</td><td>●</td><td></td><td></td></tr>
<tr><td colspan="2">합계</td><td></td><td></td><td></td></tr>
</table>

[비용분해도]

구분			금액		비고
			공제법	가산법	
공제법	매출액				100%
	외부구입가치	원재료비			
		외주가공비			
		간접재료비			
		외부구입가치 합계			
	부가가치액				
가산법	인건비	제조원가			
		관리판매비			
	감가상각비	제조원가			
		관리판매비			
	임차료	제조원가			
		관리판매비			
	조세공과	제조원가			
		관리판매비			
	금융비용	이자비용			
	법인세차감전계속사업이익				
	부가가치액				
종업원수					
1인당 부가가치액					
매출액 부가가치율					
노동분배율					

주요경영분석 레이더 차트로 종합력 파악 경영분석에 따른 기업의 기업체질을 파악할 수 있으며 경영분석은 두 가지 측면에서 과거 3~5년의 자사지표를 비교하고, 경쟁기업의 지표와 비교한다. 경영분석표를 작성하여 보면 자사의 과거와 비교하여 어느 부분이 개선되지 않았는지, 또 어디에 문제점이 있는지를 파악하는 동시에 경쟁기업과 비교하여 자사의 장단점을 파악할 수 있다.

- 수익성 분석/어느 정도 이익이 실현되었는가.
  총자본이익률, 매출액경상이익률, 총자본회전률
- 안전성 분석/자금의 균형은 어떠한가.

자기자본비율, 운전자금비율, 고정비율, 정장기적합률

- 활동성 분석/자산은 유효하게 활동 되는가.

  매출채권회전률, 재고자산회전률, 유형자산회전률
- 성장성 분석/성장성은 어떠한가.

  매출액증가율, 경상이익증가율, 총자본증가률
- 생산성 분석/생산성은 어떠한가.

  매출액부가가치율, 부가가치생산성, 노동분배율, 기계투자효율, 노동장비율

[Tip] 기업의 안전성 평가기준

- 매우 안전한 회사－BEP비율 60% 미만
- 안전한 회사－BEP비율 60~75% 미만
- 요주의 회사－BEP비율 75~95% 미만
- 위험한 회사－BEP비율 100% 이상

주요 경영관리시스템의 파악

- 경영방침

  －경영비전 · 기본방침은 명확한가.

  －단기방침은 명확한가.

  －경영목표는 명확한가.

  －경영방침 발표회의 개최 유무
- 목표관리 시스템

  －중장기계획의 책정

  －단기경영계획의 책정

  －행동계획의 책정

  －예산편성제도/예산통제제도
- 업적평가시스템

  －월차결산제도/월차결산 경영회의

  －월차결산과 연차결산의 연결

  －예산차이분석/표준원가계산제도/원가차이분석

- 경영정보시스템
  - 급여계산/재고관리/재무관리/공정관리
  - 원가계산/고객관리, 판매통계/인사정보관리
  - 수요예측 · 시장조사 외 최신 프로그램
- 관리체제의 강화
  - 원가관리/공정관리/품질관리/구매관리/재고관리
  - 거래처관리/외주관리/물류관리/채권 · 신용관리
  - 임금관리/인사 · 노무관리

전사 및 부문의 경영과제 파악 연간사업계획을 작성하기 위해서는 기업체질이나 경영능력 등 기업의 현상분석을 하고 자사의 문제점을 정리하여 전사적 또는 부문의 경영과제를 파악한다.

- 전사 경영과제 검토표의 작성
  - 경영과제 검토표를 관리자가 공동으로 작성
  - 자사의 현상과 문제점을 정리
  - 경영과제 정리
- 문제를 파악하는 방식
  - 목표, 방침과 비교해서 이에 접근하지 못하고 있다.
  - 이전의 상태와 비교해서 상황이 더 악화되었다.
  - 바람직한 형태와 비교해서 좋지 않은 상태이다.
  - 문제와 고민은 별개의 것/문제의 정도를 파악할 것
  - 잠재된 문제일수록 큰 문제/문제는 사실(데이터)로 제시
  - 현상에 만족하지 말고 항상 의문을 갖고 보다 좋은 방법을 생각§사물을 솔직히 살피고 끊임없이 생각하는 습관을 갖는다.
  - 넓은 시야로 사물을 본다./남의 이야기를 잘 듣고 정보 수집
- 문제처리방식 : 문제해결의 6단계방식에 따라 전개한다.
  - 제1단계 : 문제를 파악
  - 제2단계 : 문제의 사실을 개진
  - 제3단계 : 문제의 원인 파악
  - 제4단계 : 핵심적인 원인 파악

- 제5단계 : 목적을 분명히
- 제6단계 : 대책을 정한다.

- 부문별 경영행동 개선계획
  - 금년도에 달성해야 할 부문의 경영목표
  - 각 관리자가 작성한 전사의 경영과제 시나리오를 기본으로 전사공통의 경영과제
  - 전사의 경영과제를 해결하기 위한 부문별 과제
  - 부문과제를 해결하기 위한 구체적인 개선계획
  - 부문의 경영과제를 해결하기 위하여 관리자로서 해야 할 개선계획

4 연간사업계획 작성지침

연간사업계획을 제대로 수립하기 위해서는 먼저 다음 사항들을 철저하게 검토해야 한다. 첫째, 이미 설정된 경영이념 · 경영비전/목표 및 경영기본방침을 확인 · 검토하고 둘째, 기업의 내부능력인 강점요인과 약점요인 및 경영현황을 추세적으로 철저히 분석하고 인식해야 한다. 셋째, 외부의 경영환경의 기회요인과 위협요인을 추세적으로 철저히 분석하고 인식해야 한다. 넷째, 이미 설정된 중장기적 대응전략 및 실행전략을 확인 · 검토하고 미진하거나 필요하면 수정 또는 재설정한다.

계획수립 시 고려해야 할 사항

연간사업계획을 수립하기 위해서 고려해야 할 사항은 다음과 같다.

새로운 경영패러다임 최근의 경영 패러다임은 다음과 같이 7가지로 정리할 수 있다. 연간사업계획을 수립할 때에는 이들에 대해 충분히 검토하고 자사의 실정을 감안하여 어떻게 대응해나갈 것인지가 반영되어야 한다.

- 경영목표
  - 가치창조경영/모든 부문, 모든 업무가 부가가치 창출에 초점을 맞춘다.
  - 고객만족경영/행복한 고객을 창조하는 것이 기본 목표이다.
- 경영자원
  - 지식중시경영/지식경영활동의 도입 및 성공적 정착에 기반을 둔다.

–인간중시경영/사람이 가장 중요한 자원이며 경쟁력이다.
–IT중시경영/e비즈니스시스템 및 정보 활용

- 경영환경

–세계화경영/사고/행동/경영의 세계화 필요
–환경중시경영/전략적으로 친환경적 경영이 요구되는 시대

경영환경변화에 대응 최근의 경영환경의 특징은 다음의 4가지로 요약할 수 있다. 이들에 대해서도 충분한 검토와 대응 방안이 연간경영계획에 반영되어야 한다.

- 기업경영의 글로벌화
- 기술 중심의 경쟁역량확보
- 창조적 인재확보
- 지속적인 변화와 혁신추진

집중화 경영전략 기업경영은 한마디로 어떤 사업 · 제품 · 고객을 선택하느냐와 선택한 사업 · 제품 · 고객으로부터 우수한 성과를 내기 위해 기업의 자원을 어떻게 집중할 것인가 하는 선택과 집중이 그 핵심이라고 할 수 있다.

[Tip] 집중화의 일곱가지의 원칙

1. 주력사업을 명확히 하고, 그 사업에서 승부를 건다.
2. 적자사업 · 사양사업 · 열등사업 등 한계사업은 과감히 정리한다.
3. 주력사업과 시너지가 큰 사업을 적극 발굴 · 육성하여 사업간 통합효과를 극대화한다.
4. 집중육성사업에 선별 투자하여 미래의 주력사업으로 키운다.
5. 주력사업 · 집중육성사업의 핵심 역량 키우기에 주력한다.
6. 시장 경쟁우위를 고려한 전략적 다각화를 추진한다.
7. 항상 건전한 사업 포트폴리오를 유지한다.

경쟁우위 핵심요소의 이해 기업이 시장에서 경쟁상대에 비해 경쟁상의 우위를 확보함으로써 성공적인 경영성과를 실현하기 위해서는 먼저 경영성과 · 경쟁력 · 경영자원의 인과관계를 이해해야 한다. 이익 · 매출 · 현금흐름 등의 재무적인 성과뿐만 아니라 고객만족도 · 종업원의 사기 · 제품의 품질 등 비재무적인 성과가 좋은 기업은 성공기업이라고 할 수 있다. 반대로 이런 성과들이 나쁜 기업은 실패기업이라고 할 수 있다. 왜냐하면 경영성과가 좋은 기업은 이익발생 및 자금호전 등으로 이어지면서

계속적으로 성장 발전할 수 있지만 경영성과가 나쁜 기업은 손실발생 및 자금악화 등으로 이어지면서 도산할 수밖에 없기 때문이다. 경영성과는 기업이 갖고 있는 경쟁력 수준에 의해 좌우된다.

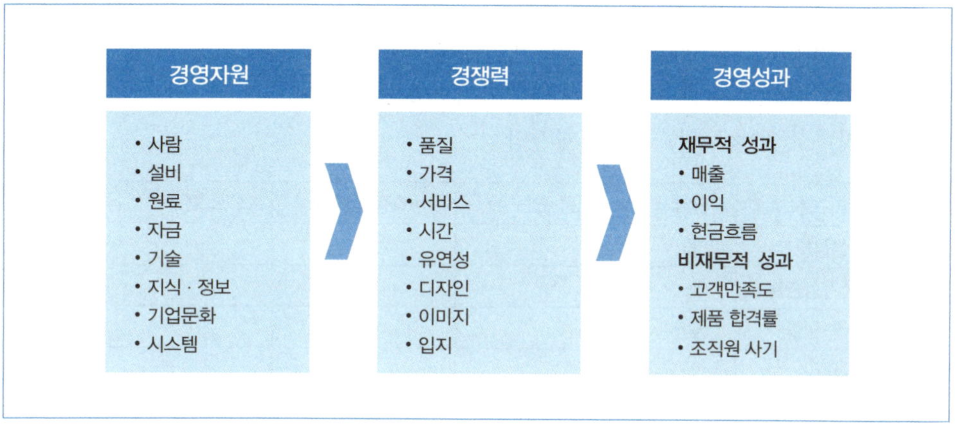

▲ 경쟁우위 핵심요소의 Process

연간사업계획 작성지침

연간사업계획의 작성지침은 명문화되어 별도로 규정된 것은 없으나 일반적으로 다음에서 정한 방법을 준용하여 실시하고 있다.

공통기준 및 지표

- 편성전체
  - 기간/사업연도 개시일로부터 종료일까지
  - 조직단위/익연도 경영계획 작성지침 하달일 현재 팀 단위
  - 관련 규정/지침서에서 특별히 정하지 않은 사항은 기업에서 정한 내부표준이나 규정에 따름
- 공통기준
  - 단위/금액단위 : 천원, 천$

    수량단위 : 각 포장단위별 개, Box, Kg 등

    기타단위 : 단가 – 원, 비율 – 소수 둘째자리
  - 작업일수(예)/년257일 · 하기휴가일 5일

－작업시간/8시간 기준

- 공통지표

－경제성장률/년____%

－물가상승/소비자물가 상승률_____% 적용

－환률/___원 적용(원 달러 평균환률, 연평균)

－금리/___% 적용(현행 조달금리+1.0%)

- 익년도(20××년) 국내경제전망

구 분	단위	삼성경제연구소	LG경제연구소	KDI	평균
경제성장률	%				
소비자물가상승률	%				
원/달러 환률	평균				
평균금리	%				

연간사업계획 및 예산편성지침

연간사업계획 수립을 위한 연도경영계획과 예산편성지침은 다음 내용을 벤치마킹 모델로 하여 해당 기업의 실정에 알맞게 응용하여 활용할 수 있다.

- 모든 계획은 의욕적으로 달성이 가능한 계획을 표시한다.
- 예산편성은 경영목표 달성을 위한 각종 대안 중 가장 합리적이고 효율적인 방안을 채택하여 편성하고 각 부문 간에 세밀한 협의를 거쳐야 한다.
- 예산편성 작업 시 부문단위로 구분 편성한다.
- 각종 금액은 정확한 산출근거와 함께 단위당 · 목표당 수량 및 단가의 향후 증감요소를 파악할 수 있도록 정확히 명시한다.
- 경비예산편성은 부문업무와 세목별 분류에 따라 작성하되 월 단위로 편성하여 실시하고, 세목별 경비입력 기준으로 통제관리 한다.
- 경영계획에 월별로 편성된 예산 이외의 경비지출은 원칙적으로 인정되지 않는바 각 부문에서는 월별 예산편성에 누락 되지 않도록 하고, 특히 각 부문의 경상경비는 최대한 억제 편성하여 안정적 성장과 수익구조 개선 및 효율성 증대를 도모한다.

- 각 세목별로 편성된 예산의 추가예산편성 및 용도변경에 의한 전용은 원칙적으로 인정되지 않는다.
- 모든 고정비예산은 당년도 수준으로 동결하며 물가상승이 부득이한 경우에만 증액시킨다.
- 각 부문장은 업무내용을 전반적으로 잘 알고 있는 자를 예산편성담당자로 임명하여 부문예산편성 및 관리를 하도록 하며, 예산관리의 책임은 부문장에게 있다.
- 각 부문장은 예산편성에 필요한 다른 부문의 인력 · 교육 · 자산구입 등의 협조사항을 긴밀하게 우선적으로 처리 한다.

부문별 세부계획 편성지침

기업 경영목표에 의한 부문별 세부계획의 와 편성지침은 다음과 같이 정할 수 있다.

환경분석

- 경영기획부서는 국내 · 외 경제전망 및 주요전략과제를 도출한다.
- 경영기획부서는 금년도의 경영실태 회고
- 마케팅부서와 영업부서는 산업과 동종업계 전망 및 경쟁기업의 현황과 향후 전략정보의 수집

신제품 개발계획

- 신제품 발매계획은 발매시기 · 단가 · 주요 유통경로 · 판매량 및 금액을 포함하여 월별로 작성한다.
- 단가는 확정된 경우에는 확정단가로 하고 미확정된 경우에는 예상단가를 기록한다.
- 신제품 발매는 수익성을 감안하여 계획을 수립한다.

판매계획/생산계획

- 판매 및 생산계획은 경영방침에 부합되게 목표를 달성할 수 있도록 수립하며, 제품별 · 월별 · 수량 · 단가 · 금액으로 편성한다.
- 월별 판매계획은 직전 3개년 월별 매출지수 등을 감안하여 작성하고 사업

기말에 치중되지 않도록 한다.

- 영업방침에 부합한 영업정책을 수립하여 영업효율 제고를 위한 목표를 수립한다(이익률 · 에누리율 · 반품률 · 회전율 · 지역별 및 유통경로별 판매구성 · 매출채권회수율 · 채권확보 · 부실채권회수 · 매출할인 등).
- 영업이익률 제고를 위하여 수익품목 위주의 판매 전략을 수립하되 생산계획과 연계하여 품목관리 방안을 작성해야 한다.
- 생산계획은 제품별 판매계획과 재고계획을 감안하여 수립하며 제품별로 목표수율을 설정하여 월별 생산량에 대한 차이를 구분 할 수 있도록 수립하여야 한다.
- 생산능력의 과부족은 설비투자계획과 상호 연계하여 계획을 수립하며 조업수준을 안정적으로 유지하도록 하고 판매계획과 연계하여 적정재고량을 산출하여 과다재고 및 품절을 방지한다.
- 생산성 향상을 위하여 다음과 같은 생산관련 목표를 수립한다.
  (1인당 생산액 – 생산액/1인, 단위당 생산액 – 생산액/제품 단위)
- 월별 생산능력표를 제품별로 산출하여 설비투자계획 및 판매계획과 상호보완할 수 있도록 한다.
- 사업부별 및 월별로 매출채권 및 현금 회수계획을 작성한다.
- 현금흐름을 개선하기 위한 목표를 설정한다(평균회전일 단축).

구매계획

- 생산계획에 따른 경제적 발주계획을 수립한다.
- 원재료별로 재고 · 발주 · 미 통관을 감안하여 구매량을 산출한다.
- 내자 및 외자로 구분하여 편성한다.
- 구매계획에 따른 소요 자금은 월별로 작성한다.

비용계획

- 일반경비는 현재연도 수준으로 작성기준을 준수한다.
- 예산실적집계표의 월별실적을 참고로 하여 예산을 수립한다.
- 세목별로 편성하여 집계표와 부서별 예산신청서를 제출한다.
- 경비계획은 해당부문 예산편성지침에 의거 세목별로 편성한다 .

- 예산편성은 산출근거를 명확히 하고 발생기준에 의해 월별로 편성한다.
- 경비는 통제 불능비용과 통제 가능비용으로 구분한다.

투자계획

- 생산계획에 수반한 설비투자계획을 수립한다.
- 투자의 분류(이월 · 신규 · 증설 · 보완투자)를 명확히 하고 자산의 유형을 분류하여 설치부서 및 생산 제품명을 명기해야 한다.
- 투자계획은 투자의 분류별로 중요도 순에 따라 편성한다.
- 투자계획에 따른 소요자금은 월별로 편성한다.

자금계획

- 자금계획은 조달 및 운용계획으로 구분하여 부서별 편성항목을 기준으로 수립한다.
- 자금계획은 현금발생기준으로 작성한다.

인력계획

- 각 부서에서는 현재 업무를 간소화하고 생산성을 높여 증(충)원 기준은 임원회의에서 정한 바에 따른다.
- 인원 증(충)원시에는 현재 업무의 간소화 계획을 작성하고 증(충)원의 필요성을 상세히 작성하여 제출한다.
- 각 부서에서는 인원계획서를 작성하여 인사부서로 제출한다.
- 생산부문 인력계획은 생산지원 부서에서 집계하여 인사부서로 제출한다.
- 인사부서는 전사 인력운영계획을 수립한다.

광고/판촉계획

- 제품의 판매력 증대를 위한 광고 선전과 기업이미지 향상을 위한 광고계획을 수립한다.
- 제품별 · 매체별로 계획을 월별로 수립한다.
- 기업 외부환경 변화에 대한 정보수집 및 대책을 수립한다.
- 계절요인과 판매추이 등을 포함한 시장동향을 예측한다.
- 시장수요예측은 계량적인 모델을 이용하여 시장 규모를 예측한다.
- 각 경쟁사별 마케팅전략을 분석하여 대응책을 수립한다.

- 판매계획 달성을 위한 목표 시장점유율을 제시한다.
- 판촉계획에 의한 판촉예산은 세목별(세미나 · 판촉물 · 특매 · 샘플 · 광고 · 홍보 · 인센티브 · 문헌제작 · 기타)로 구분하여 편성한다.

[Tip] 판촉계획의 Key Point

- 시장동향 및 경쟁사 동향에 대한 대응전략
- 신제품 시장도입을 포함한 제품전략
- 목표이익과 시장점유율을 고려한 가격 전략, 판매조건
- M/S 향상을 위한 판촉전략, 판매망 정비전략 등

교육계획

- 교육의 종류별로 교육목적 및 경영목표에 부합되도록 교육계획을 수립한다.
- 교육목적에 맞게 대상자 및 인원을 선정한다.
- 교육계획은 정기적 · 비정기적인 것을 구분하여 편성한다.

5 연간사업계획 수립절차

연간사업계획은 업종이나 경영규모에 따라 다를 수 있지만, 다음과 같은 작성(수립) 순서를 밟는 것이 일반적이다.

첫째는 준비단계에 속하는 것으로서 각종 자료의 수집과 분석이다. 가령 세계경제의 분석, 국내경기의 분석, 각종 관련통계 자료의 분석, 동업계의 동향, 시장수급의 상황, 신상품의 출현, 법령의 변화, 행정지도의 동향, 관계자의 의견, 그리고 최근 몇 년간의 자사 실적분석 등이다.

둘째는 연간사업계획의 경영방침과 경영목표를 설정한다. 즉 회사의 이익방침, 판매방침, 생산 · 투자방침, 원가방침, 재무방침을 비롯해서 인사 · 노무방침, 연구 · 개발방침, 업무운영방침 등을 확정해야 한다. 이어서 달성해야 할 경영목표, 노력목표 등을 확정해야 한다.

셋째는 연간사업계획의 수립은 관계자들과 심의 · 조정을 통해 결정한다. 여기에서는 예산 책정도 함께 이루어져야 한다.

연간사업계획수립의 적정성 검토

연간사업계획 수립에 있어서 그 적정 여부를 다음에서 열거하고 있는 평가기준으로 검토해본다.

- 일치성 : 계획이 경영이념이나 비전, 목표 · 중장기계획 및 경영방침과 일치하는가.
- 조화성 : 계획은 외부환경과 내부의 변화에 조화를 이루는가.
- 경쟁우위 : 계획이 경쟁우위를 제공하고 있는가.
- 가치창조 : 계획은 얼마나 많은 경제적 가치를 창조하는가.
- 가능성 : 계획이 필요한 경영자원의 획득가능성 측면에서 적절한가.
- 위험정도 : 계획은 수락 가능한 정도의 위험을 내포하고 있는가.

항 목		10월	11월				12월			
		사전계획	총괄계획		합의계획		CM 계획		세부계획	
		15~31	~7	~15	~22	~30	~7	~16	~22	~31
전사기준	편성지침확정	기획▼								
	Version 생성	기획▼								
투자계획	투자계획	투자계획 지침▼	사업부▼		전사▼					
물류계획	판매계획	판매계획▼	판매계획▼	조정▼	조정▼	매출채권계획▼		최종매출계획▼		
	생산계획	생산계획▼	생산계획▼	조정▼	조정▼					
	구매계획	구매단가▼	원재료소요계획▼			매입채무계획▼				
인력운영 계획	인원계획		인원계획▼							
	인건비계획	인산부문 표준단가표▼		인건비계획▼						
원가계획	기준정보정비	BOM정비▼								
	제조원가계획	사전원가▼		부서별비용▼ 제조원가 확정▼						
비용계획	사업부비용			부서별비용▼						
손익계획	I/S, B/S, C/F		사업부내 1차손익▼	사업부내 2차손익▼		사업분내 1차취합▼	사업부내 2차취합▼	전사취합▼ 최종손익계획▼		
보고	보고 및 합의		사업부장 1차보고▼	사업부장 2차보고▼	사업부내 매출심의▼	사업부내 손익심의▼	사업부내 C/M▼	전사 C/M▼		

▲ 연간사업계획 표준일정표

- 현실성 : 계획의 가정들은 현실적인가.
- 적시성 : 계획은 적절한 시기를 지니고 있는가.
- 실현성 : 계획은 실현 가능한가.
- 추진성 : 계획은 능률적으로 그리고 효율적으로 수행될 수 있는가.

연간사업계획의 수립 절차

지금까지 살펴본 내용들을 종합적으로 구성하여 볼 때 구체적인 연간경영계획의 수립절차를 다음과 같이 요약할 수 있다.

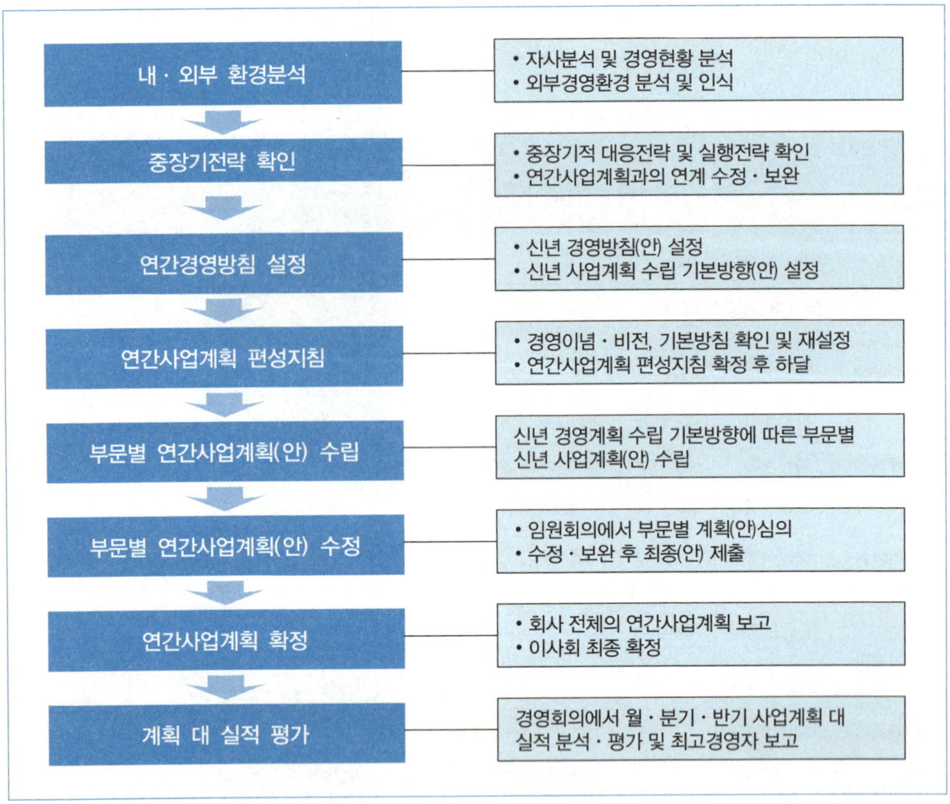

▲ 연간사업계획 수립 Process

6 부문별 연간사업계획 수립

연간사업계획에서 가장 중요한 비중을 차지하고 있는 부분은 이익계획 · 판매계획 · 생산투자계획 · 자금계획으로써 그 체계는 다음과 같이 서로 밀접한 연관성을 가지고 있다.

이익계획

이익계획은 다른 계획과 마찬가지로 이익계획만을 독립해서 생각할 수는 없는 것이므로 판매계획 등 다른 계획과 종합적으로 판단해서 결정하지 않으면 안 된다. 이익계획을 수립하는데 있어 손익분기점의 활용 이외에 적정조업도와 시장조사의 활용도 필요하다. 이익계획에서는 예상손익계산서를 작성하고, 손익분기점분석을 통하여 추정이익규모와 당초 기대했던 예상이익규모와의 차이를 규명하고 판매 · 생산/투자 · 자금 계획상의 일관성 · 정합성 여부를 검토한다. 특히, 이익을 단순히 수익과 비용으로만 인식해서는 안 된다. 계획이익은 결과가 아니라 획득해야만 하는 것으로 인식해야 한다. 즉, 이익은 기업성장을 위한 장래적인 비용으로서 반드시 실현해야만 하는 것이다. 따라서 이익은 결과가 아니라 목표라고 인식해야 한다. 즉, 이익을 '목표이익 + 필요경비 = 필요수익'으로 인식하고 계획해야 한다. 따라서 목표이익은 투하자본에 대한 적정이익, 매출액에 대한 적정이익, 차입금의 변제에 필요한 이익, 경쟁사에 대비하여 뒤처지지 않는 이익, 자사의 과거 평균 이상의 이익, 성장을 위한 투자에 필요한 이익 등이 감안되어야 한다. 목표이익 설정방법에는 이익처분에 의한 방법, 부가가치에 의한 방법, 총자본이익률에 의한 방법, 인적지표에 의한 방법이 있다.

이익처분에 의한 방법

- 배당금
- 이익준비금
- 임원상여
- 내부 유보액
- 목표이익

부가가치에 의한 방법

- 인건비 : 노동분배율
- 세금 : 세율

- 자본에의 배분 : 이자, 감가상각비, 임차료, 이익

총자본이익률에 의한 방법

- 총자본경상이익률
- 매출액경상이익률 : 매출액경상이익률, 매출원가율, 제조원가율, 판매관리비율
- 총자본회전률 : 총자본회전률, 매출채권회전률, 재고자산회전률, 고정자산회전률

인적지표에 의한 방법

- 1인당 매출액
- 1인당 부가가치액
- 1인당 인건비
- 1인당 경비
- 1인당 금융비용
- 1인당 경상이익

Tip 부가가치(Value Added)와 부가가치율

부가가치란 기업이 일정기간 동안 새롭게 만들어 낸 가치를 말한다. 부가가치는 기업 활동을 통하여 생산한 제품의 총 판매액에서 생산을 위해 다른 기업으로부터 매입한 원자재 등 중간 생산물의 투입액을 공제한 순생산액을 말한다. 생산액에서 직접생산비, 즉 원재료비, 전력비, 용수비, 외주 가공비 및 수선비의 합계액(이를 '유동비'라고 함)을 공제한 것을 의미한다. 결국 부가가치는 총생산액에서 중간투입액을 뺀 것과 같다.

부가가치율은 일정 기간 동안 기업이 창출해 낸 부가가치액과 그 기간동안의 판매액과의 비율로써 부가가치액을 총매출액으로 나누어 계산한 비율을 말한다.

따라서, 부가가치액 = 매출액 − 유동비로 표시할 수 있으며,

부가가치율 = 1 − (유동비 ÷ 매출액) × 100로 계산할 수 있다.

판매계획

판매계획에서는 시장환경과 자사의 역량에 대한 객관적인 분석을 바탕으로 달성 가능한 목표매출액을 추정한다. 즉, 현재 및 미래 시장에서의 자사의 위치부터 파악하고 시장점유율이나 판매 가능한 매출액 크기를 산정한다. 아울러 판매계획은 이익계획을 바탕으로 판매방침에 따라 과거의 판매실적 · 장래의 판매예측 · 손익분기점 등을 참고해서 수립해야 한다. 또한, 일정기간에 어떤 상품을 얼마나 팔아야 되는가

하는 계획으로써 일반적으로 연간 · 월간 등으로 수립한다. 목표매출액은 각 부문에 미치는 영향도 크기 때문에 최종적으로 경영진이나 각 부문 간의 조정을 통해서 결정한다.

손익분기점에 의한 방법

$$\text{필요매출액} = \frac{(\text{고정비} + \text{목표이익})}{\text{한계이익률}} \times 100$$

부가가치를 기준으로 하는 방법

$$\text{필요매출액} = \frac{(\text{종업원수} \times 1\text{인당부가가치목표액})}{\text{부가가치율}} \times 100$$

총자본이익률에 의한 방법

$$\text{필요매출액} = \frac{\text{목표액이익}}{\text{매출액이익률}} \times 100$$

생산/투자계획

매출목표가 결정되면 재고량을 감안하여 생산량을 결정하고, 필요한 투자규모와 투자액을 추정하게 된다. 생산계획은 장기적으로 판매계획과 일치돼야 하며, 연간생산계획은 연간판매계획과 동등한 것이 보통이다. 이것을 다시 월간 · 주간 · 일간계획으로 세분화해 가는 것인데, 이 경우에는 반드시 동기간의 판매계획과는 일치하지 않는 경우가 많다. 그 이유는 판매액은 제품에 따라 계절적인 영향을 받기 쉬운 것이며, 또 수주생산의 경우에는 발주자의 발주기간에 좌우되는 것이지만, 생산계획은 이들 단기간의 매출액의 문제를 고려함이 없이 생산능력 면에서 능률적 가동을 하게끔 세워진 것이기 때문이다.

생산계획은 판매계획에 연동되는 경향이 강하다. 한편 생산방식은 업종과 업태에 따라 다르므로 생산계획 책정방법도 생산실정에 맞도록 연구 검토함이 필요하다. 특히 주의해야 할 점은 생산과 판매계획과의 조정이다. 호황 시에는 조업도를 상회하는 생산 담이 되고 역으로 불황 시에는 조업도를 하회하게 되며 생산과잉현상이 나타난다.

또 단기판매목표가 중간에 수정되며 단기의 생산계획에 대표적인 수정을 가져오게 된다. 따라서 생산계획은 수주나 생산계획의 조정시스템의 양상이 강하고 항상 영업 · 판매부문과의 일체화가 필요하다.

[Tip] 생산계획수립 Check Point

- 생산계획은 타 경영계획과 연동하고 있는가.
- 판매부문과 생산부문의 연계는 잘 되어가고 있는가.
- 계획의 변경이 빈번하게 행해지고 있지 않은가.
- 부품 전개도 · 재료 사용방식 · 원가내역은 정비되어 있는가.
- 각 작업공정 및 외주처의 처리능력은 파악되고 있는가.
- 설계 · 자재 · 외주 · 공정 계획에 따른 생산계획에 무리는 없는가.
- 자가 · 외주의 구분 및 변경사항에 무리는 없는가.
- 생산계획을 결정하는 경우 그 절차는 어떠한 형태로 진행되는가.
- 생산예정표의 작성은 무엇을 기본으로 행해지고 있는가.
- 재료 소요량 계산은 어떻게 되어 있는가.
- 생산계획 입안에 있어 원가절감은 충분히 고려하고 있는가.
- 생산계획 중에 합리화 및 생산성 향상대책은 고려되어 있는가.

이와 같은 의미에서도 기업환경 변화가 격심한 시대의 생산계획은 특히 생산성의 향상이나 합리화에 의한 생산구조의 변혁이 요청된다. 생산계획의 기본적인 사고방식은 생산형태에 따라서 달라지는 점은 없으나 생산계획 책정 시에는 생산형태에 대응한 몇 가지의 중요한 포인트를 고려하지 않으면 안 된다.

설비투자를 결정하는 척도 설비투자를 결정하는 방법에는 자금회수기간법과 투자이익률법이 있으며, 이에 대한 구체적인 내용은 다른 장에서 다루기로 한다.

$$\text{자금회수기간법} = \frac{\text{예상투자액}}{\text{연간예상액}}$$

$$\text{투자이익률법} = \frac{\text{연간예상 캐시 플로우}}{\text{예정투자액}} \times 100$$

자금계획

각 부문의 계획이 세워진 후에는 각 부문의 계획을 수행하는데 필요한 자금계획이 세워지지 않으면 안 되며, 그에 따라 자금의 조달계획도 마련된다. 자금계획에서는 앞서 수립된 계획들을 바탕으로 추정된 자금소요액을 조달하기 위한 자금조달방법, 즉 내부조달과 외부조달, 그리고 금리 · 시기 · 기간 등을 결정하게 된다. 자금계획의 핵심은 자금소요액을 추정하는 것이라고 할 수 있는데 그 추정방법에는 다음과 같은 두 가지 방법을 활용하는 것이 바람직하다.

첫째는 위와 같이 판매계획 · 생산투자계획 · 원가계획 등을 감안하여 추정하는 방법이다.

둘째는 자본회전율 · 매출액영업이익율 · 부채비율 · 자본비용 등과 같은 재무비율의 과거추이를 분석하고, 미래 목표치를 설정하여 이를 바탕으로 현재와 같은 경영성과가 계속 유지될 경우와 미래목표로 하는 경영성과가 달성되었을 경우에 조달 가능한 자금규모를 추정하는 방법이다.

부문별 연간사업계획 수립 포인트

연간사업계획은 사업의 전략적 전개에 대한 조감도이며 나침반이 되어야 한다. 경영의 비전과 목표를 위해 해당 년도에 어떤 사업을 추진할 것인지를 분명하게 제시함으로써 시너지효과를 낼 수 있도록 작성되어야 한다. 아울러 각 부문과 전체역량을 조정 · 통합 · 평가하는 기능을 할 수 있어야 한다. 이러한 관점에서 각 부문별 연간사업계획을 수립하는 포인트는 다음과 같다.

마케팅부문

주요 부문계획	포인트
매출액계획(월별, 상품별, 거래처별, 사원별, 판매점별)	과거의 실적을 활용하면서 관계자들이 검토
판매비 계획(월별, 상품별, 거래처별, 사원별, 판매점별)	손익계획의 각 비목의 범위 내에서 수립
판매촉진계획(월별, 상품별, 거래처별, 사원별, 판매점별)	목표 · 방침을 기본으로 수립
신규개척계획(월별, 부서별)	신규개척 리스트를 작성하여 건수와 금액을 정한다.
회수계획(월별, 거래처별, 판매점별)	회수율 및 채권 회수기간 방침에 따라 수립
재고계획(월별, 거래처별, 판매점별)	임시재고를 중심으로 수립
구입계획(월별, 거래처별, 판매점별)	매출계획과 판매촉진계획과 일치하도록 수립
세일즈맨 교육훈련계획	기본 · 지식 · 기법 OJT(사내 훈련) 중심으로 수립

생산부문

주 요 부 문 계 획	포 인 트
매출액 계획과 잘 조정된 생산계획	실적이나 예측이나 판매계획을 잘 검토
제조원가계획	손익계획의 원가명세서에 따라 수립
재료 · 부품 · 외주계획	제조원가계획을 근간으로 수립
연구개발계획	목표 · 방침에 따라 수립
설비투자계획	중 · 장기적 관점에서 수립
월별작업예정계획	매출액 계획을 근간으로 수립

인사 · 조직부문

주 요 부 문 계 획	포 인 트
월별 주요 행사 계획	전사적으로 조정하여 수립
인력자원계획	중•장기적 관점에서 수립
임금계획	종합손익계획 및 손익원가계획에 따라 수립
안전위생계획	무재해•쾌적한 직장환경 추구
인재육성계획	OJT를 중심으로 수립
각종 제도의 개폐	동업계의 변화 참고

재무부문

주 요 부 문 계 획	포 인 트
월별 손익계산	종합손익계획표에 따라 수립
월별 제조원가예산	제조원가 계획표에 따라 수립
월별 자금예산	추정 재무제표 및 연도자금 계획표에 따라 수립
월차 결산 계획	월차 체크가 이루어지도록 수립
OA(사무자동화) 계획	ERP(전사적자원관리)시스템 구축계획에 따라 수립
계정과목 처리기준 정비계획	필요한 중점항목계획을 포함해서 수립

Chapter 6

사업계획의 기능별전략

01 HRM전략
02 재무전략
03 마케팅전략
04 기술개발전략
05 생산전략
06 SCM전략

전략개념의 도입은 기업의 생존이라는 기본적인 본능적 욕망과 성장이라는 인위적 목표를 달성하기 위해 보다 장기적인 방향에서 기업의 목표를 명확화하고 이를 달성하기 위한 세부적인 하위전략들을 세우는 과정인 것이다. 특히 환경변화의 속도가 가속화되어 갈 뿐 아니라, 변화의 방향에 대한 예측이 어렵고, 또 다양한 방향으로의 변화가능성 때문에 오늘날 전략적 경영의 개념은 더욱 중요시되고 있다.

경영전략이란 일반적으로 기업의 미래방향을 결정하고 기업의 중장기 목표를 달성하기 위해 내려진 의사결정들을 실천하는 것이라고 할 수 있다. 전략경영은 기업 전체적 관점에서 파악하며 주된 관심이 환경과의 관계설정과 관련된 전략적 의사결정에 있다. 전략경영의 과정은 여러 대체 전략의 개발로부터 그중 하나를 선택하는 과정까지를 포함하는 전략의 수립 활동과 선택된 전략을 실시, 통제하는 전략의 실천활동으로 크게 나누어진다.

기업전략이 "어디로 갈 것인가"를 결정짓는 일이었고, 사업부전략이 "어떻게 거기에 갈 것인가"를 결정짓는 것이었다면 기능전략은 그것을 좀 더 구체화하여 "거기에 가되 어떻게 하면 적은 비용으로 빠르게 갈 수 있는가"를 결정짓는 것이라고 할 수 있다.

전략을 세 부분으로 나누는 것은 한 기업의 전략을 간단한 한마디로 설명을 하려면 이해하기 어렵고 잘못 이해할 가능성이 있으므로, 편의상 세 단계로 나누어 이해하려 했을 뿐이다. 상위개념의 전략들은 그 아래 하위개념의 전략들이 받쳐 줄 때만 성과를 낼 수 있다.

기능별전략은 사업전략을 실행하기 쉽도록 각 기능조직단위로 실행할 전략을 규정하고 구체화하는 것으로 개별사업부 내에 있는 인사 · 마케팅 · 재무 · 생산 · 연구개발 · 물류 등의 기능별 조직에서 구체적인 수행방법을 결정하는 전략으로써 경영전략에 있어서 가장 하위전략이라고 할 수 있다.

01 HRM전략

새로운 패러다임을 강요하는 경영환경의 변화 속에서 내부핵심역량의 가장 근간을 이루는 인적자원관리전략이 점차적으로 중시되고 있다. 인적자원관리(Human Resources Management)는 지금껏 인사관리로 더 잘 알려져 왔으며, 1970년대 후반부터 인적자원의 중요성을 역설하고 인적자원의 개발에 역점을 둔다는 점에서 인사관리 대신 인적자원관리라고 부르게 되었다. 1980년대 중반부터는 인적자원관리는 전략적 관점으로까지 확대하여 연결하고 관리함으로써 조직의 경쟁력을 제고시키고 경쟁에서 우위를 확보하려는 차원에서 전략적 인사관리라고도 부르게 되었다.

인적자원관리는 기업목적을 달성하기 위한 원동력이 되는 인간능력에 관한 과제들을 인식하고 기업의 비전에 맞추어 이들을 연구하고 관리하는 분야하고 할 수 있다. 인적자원관리는 조직의 목표달성을 위한 인적자원의 확보 · 개발 · 보상 · 통합 · 유지 · 이직에 관한 것을 조직 환경요건, 즉 조직 목표달성 능력에 영향을 미치고 있는 조직 내 · 외의 조건, 조직이 처해 있는 문화환경, 정치적 · 경제적 환경, 노동시장의 성격, 경영자와 종업원의 가치관 등과 관련하여 제 정책을 계획(planning), 조직(organizing), 지휘(directing), 조정(coordinating), 통제(controlling)하는 관리체계라고 정의할 수 있다.

따라서 인적자원관리는 경영관리의 한 구성요소로서 기업의 목표달성에 이바지 할 수 있도록 관리되어야 한다. 조직에 참가하는 구성원들에게 가장 적합한 직무를 부여하고 종업원 스스로 자신의 직무에서 최대의 성과를 발휘할 수 있도록 인간적 만족도를 극대화시키고 다양한 환경조건과 균형을 이루면서 생산성이 향상되도록 제반정책이 수행되어야 한다는 것이다.

1 인적자원관리전략의 중요성

첫째, 인적자원관리는 기업경영에 투입되는 모든 자원을 활용하는데 결정을 해주는 중요한 기능을 수행한다. 현대적 기업경영은 다양한 투입자원 7M(Men, Machine, Meterial, Method, Money, Market, Management)을 투입하고, 이를 변환시켜 가치를 창출함으로써 기업의 사회적 책임을 완수 하는 일을 지속적으로 수행한다. 투입된 여러 자원 중 인적자원은 기업환경으로부터 받아들여지는 물적자원 · 재무자원 · 정보자원 등을 능률적이고 효과적인 활용을 하도록 하는데 판정 · 결정을 해주는 가장 중요한 기능을 수행한다. 즉, 기업경영관리에 있어서 물자 · 자금 · 기술 · 자원 및 정보 등을 활용하는 것은 결국 인간이고 그 활용정도가 조직의 성공여부를 결정한다 해도 과언이 아닐 것이다.

둘째, 인적자원은 다른 자원에 비해 능동적이고 반응적이며, 개발성과 전략성을 갖기 때문에 다른 어느 자원보다도 많은 부가가치를 창출해 낼 수 있다. 이러한 특수성을 잘 활용하면 조직력이 강화되고 경쟁우위를 확보할 수 있다.

셋째, 인적자원관리는 조직구성원으로 하여금 각자의 능력을 발휘하는 과정을 기업전체의 역할로 적절히 통합하게 하는 기능을 하고 있다. 때문에 인적자원관리는 현장근로자에서부터 최고경영자에게 이르기까지 조직의 전 계층에 침투해 들어가고, 모든 형태의 경영에 골고루 적용이 된다.

2 인적자원관리의 일반환경

정치적 환경

기업경영은 정치적 환경요인들에 의해 크게 영향을 받으며 기업경영의 하위 시스템인 인적자원관리에도 크게 영향을 미친다. 일반적인 정치풍토, 권력집중의 정도, 정치조직의 성격, 정치 및 정당의 체계와 민주화 정도는 인적자원관리전략에 큰 영향을 미친다.

법률적 환경

효율적이고 합리적 인적자원관리를 위해서는 노동법을 비롯한 인적자원관리에 관련된 제반관련 법률을 잘 알고 있어야 한다. 정부가 기업의 사회성, 공공성, 공익성 때문에 직접 · 간접으로 개입하고 있으며 또한 여러 가지 법규를 제정하여 적용하고 있기 때문이다. 특히 인적자원관리전략에 중요한 영향을 미치는 법으로서는 노동조합 및 노동관계조정법, 근로기준법, 근로자 참여 및 협력 증진에 관한 법률, 노동위원회법, 산업안전보건법, 최저임금법, 직업안정법, 남녀고용평등법, 고용보험법 등이 있다.

경제적 환경

기업이 당면한 경제적 환경은 기업과 사회의 관계를 결정하는 요인이 된다. 경제체제, 정부의 재정 및 금융정책, 산업구조, 시장의 성격 등은 경제시스템을 구성하는 중요한 요소들로 작용하고 있으며 이것이 인적자원관리전략에 큰 영향을 미친다.

사회문화적 환경

사회문화적 환경이란 개인의 행동에 영향을 미치는 집단이나 문화 · 신념 · 가치관 ·

태도 · 행동규범 · 견해 등과 관련된 환경으로서 그 사회의 오랜 역사와 전통 및 문화적 유산에 의해 영향을 받는다. 이러한 요인들은 조직구성원들의 행동은 물론 제품 및 서비스의 형태에도 영향을 미친다.

기술적 환경

오늘날을 기술 및 전자공학의 시대라고 할 정도로 기술은 현대사회에서 큰 비중을 차지하고 있으며 4차 산업혁명을 포함한 이러한 기술의 변화가 급격히 일어나고 있다. 기술은 사회의 변화를 일으키는 가장 큰 요인이 되고 있으며 기술의 변화는 생활양식뿐만 아니라 사회의 가치관까지도 변화시킨다. 인적자원관리전략이라는 측면에서 볼 때 기술개발과 관련된 인력개발의 계획과 실행은 매우 중요하다. 과학기술의 변화가 전문 인력의 수요를 급증시키며, 따라서 인력의 개발, 대우, 유지에 대한 전략은 매우 중요하다.

3 인적자원관리의 과업환경

정부

정부는 기업경영환경에 있어서의 그 범위와 영향력은 상당히 클 수밖에 없다. 정부는 과업환경은 물론 일반환경으로도 중요한 영향력을 행사한다. 정부의 개입이 증대되는 것은 시장기능을 효율적으로 통제하여 독점을 억제하고 실업 · 인플레이션 · 편중된 소득분배 등 이른바 자본주의의 구조적 모순을 해결하려는 정책적 노력이 필요하기 때문이다. 아울러 정부는 사회 속의 다원화된 집단들 사이의 이익을 조정 · 통제하고 공공적인 조화를 모색함에 있어서 조정자로서의 역할을 담당한다.

근로자집단

근로자집단은 산업화가 전개되면서 필연적으로 발생되는 집단으로 기업조직의 주요 구성인자가 된다. 그러나 근로자는 조직의 구성원인 동시에 근로자계층이라는 사회의 주요 이익집단으로서 근로자 자신의 이익을 옹호 · 증진하기 위해 조직한 집단이 노동조합인 것이다. 노조는 집단주의원칙에서 조합원의 이익을 보호한다. 그리고 고용이나 해고 · 승진 등에 있어서 조합원에 대한 차별을 거부한다. 또한 단체교섭을 통해 임금인상이나 근로조건의 개선 등을 도모한다. 이러한 노동조합의 존재와 노동조합의 활동은 인적자원관리전략에 중대한 영향을 미치며, 노사관계관리라는 영역이 중대한 과제로 부상하게 되었다.

소비자

산업화의 초기에는 소비자가 기업의 개별적 거래대상으로 존재했을 뿐이었으나 대량생산체제가 본격화되고 경쟁이 격심하게 되자 시장의 성격이 판매자시장에서 구매자시장으로 변천되었다. 따라서 소비자의 위상도 크게 향상되었으며 고도소비사회로 접어들면서 다양한 가치관과 조직화된 행동이 기업에 대한 압력을 가하는 중요한 이익집단으로 변모하게 되었다. 오늘날 소비자집단은 각종 사회운동이나 정치적 과정에 참여하여 기업에 대해 압력을 행사함으로써 그들의 욕구를 실현한다.

지역사회

지역사회(community)는 기업을 둘러싼 이익집단 중에서 가장 최근에 중요성이 증대되고 있는 집단중 하나이다. 지역사회는 비교적 조직화 되지 못한 산발적 형태로 특정의 문제가 발생했을 때에만 기업에 대해 영향력을 행사한다. 그러나 이러한 일시적인 영향력의 행사가 기업의 전략적 의사결정에 큰 영향을 미칠 뿐만 아니라 최근에는 공해문제, 자원문제 등과 같은 기업의 사회적 책임문제와 관련하여 지역사회 문제의 중요성이 더욱 증대되고 있다.

인적자원관리전략은 기업이 지역사회의 일원이라는 점을 인식하여 공해문제를 적극해결하고 자연환경을 보호하며 지역사회를 개발하고 지역문화의 발전에 기여하는 방향으로 나가야 할 것이다. 또한 지역사회는 소득증가, 고용안정, 산학협동, 안전 및 보건문제에 대해서 지속적인 관심을 가져야 한다.

4 인적자원관리의 내부환경

경영자의 경영철학

경영자의 경영철학은 경영이념에 잘 나타난다. 이러한 경영철학이 기업활동은 물론 인적자원관리에 큰 영향을 미친다. 기업경영자가 어떠한 이데올로기와 철학을 가지고 있느냐에 따라 기업의 목적과 방침, 기업의 발전방향이 달라질 수 있다. 경영철학은 사업관을 확립시켜 주고 목표를 제시하며 가치판단을 하고 조직을 체계 있게 만드는 데 주도적인 역할을 한다.

종업원의 태도

경영자의 경영철학이 중요하듯이 종업원의 태도 역시 기업성과에 대단히 중요하며 종업원의 협조적이고 긍정적인 태도의 형성에 인적자원관리의 기능이 필요하다. 더욱이 종업원의 긍정적 태도는 더욱 중요하다. 이러한 긍정적 태도로 변화시키기 위해서는 직무만족과 직무몰입을 할 수 있도록 인적자원관리기능을 잘 수행해야 한다. 직무몰입이나 직무만족을 향상하기 위해서는 기업의식과 직업의식에 충실하도록 해야 한다. 직업의식은 직업에 대하여 가지는 자각적인 의식이지만 기업의식은 기업의 일원으로서 느끼는 자각의식이다.

인사방침

인사방침은 인적자원관리활동의 기본원칙 또는 방향을 말한다. 방침(policy)은 정책이라고도 하며, 이는 어떤 목적을 달성하기 위한 원칙적인 행동방향을 뜻하며, 실제적인 의사결정을 하는데 판단의 기준이 된다.

인사방침은 인적자원관리전략과 관련된 경영의 지침으로서 회사에서 책정한 원칙이나 목적을 가리킨다. 또한 인사방침은 조직의 기본철학을 실행에 옮김에 있어 실행절차의 방향을 미리 설정해 놓은 것이므로 이것을 설정함에 있어서 경영자나 종업원의 생각을 통합하고 노조의 관점도 고려해야 효과적인 인사방침이 될 수 있다.

조직분위기

조직분위기란 조직체가 주어진 환경에 적응하는 과정에서 형성된 자체의 독특한 조직풍토이다. 따라서 조직분위기는 구성원들의 행동에 많은 영향을 주는 동시에 구성원들의 행동 또한 조직분위기 형성의 중요요인으로 작용한다. 따라서 조직분위기는 조직체의 상황적인 요소와 구성원들의 개인적 요소가 결합한 종합적인 개념이다.

조직분위기의 유형은 주로 집권적/분권적, 기계적/유기적, 관료적/신축적, 보수적/진보적, 폐쇄적/개방적, 침체적/활성적, 불신적/신뢰적, 온정적/가족적 등으로 분류할 수 있다. 상황적인 관점에서 볼 때 이러한 조직체의 분위기유형은 조직체의 환경과 매우 밀접한 관계가 있고, 나아가서 조직체의 성과에도 많은 영향을 주며, 아울러 인적자원관리전략의 시행이나 방침에도 크나큰 영향을 준다.

5 인적자원관리체계

인적자원관리의 체계는 고용에서부터 퇴직에 이르기까지 제반 인적자원관리활동을 경영이념에 맞추어 정비하고 체계화하여 가는 것이다. 이에 따라 직능적 관리체계, 관리과정적 관리체계, 체계론적 체계로 분류할 수 있으며 이 세 가지 체계가 전체적인 통합을 이루면서 그 기능이 발전하고 있다.

직능적 인사관리체계

인사관리의 교과서적 체계로서 인사관리 전체를 분류한 최초의 구성방법은 직능적 인사관리체계이다.

직능적 인사관리체계에서는 인사관리체계를 조직에 필요한 사람을 고용하고 배치, 활용하며 평가·보상·개발·유지하는 각종 활동 하나하나를 구성요소로 보아서 차례로 그 내용이 되는 지식과 기술을 서술한다.

모든 조직은 그것이 움직이려면 사람을 고용하고 배치하고 활용하며 또 평가하고 보상하며 개발하고 유지하는 다양한 관리활동이 필요하다. 이 체계에서는 합리적인 관리기법으로서의 직무분석이나 인사고과와 같은 기초적인 기술을 도입하여 설명하고 있다.

기능적 접근방법에 의하여 인사관리의 체계를 구성할 때 가장 먼저 고려해야 할 직능은 고용관리직능이다. 고용관리직능은 모집과 선발활동으로 구성되며, 이 활동은 조직이 필요로 하는 사람을 조달하는 활동이다.

직능적 활동에서 고용관리 다음의 활동은 인사평가와 훈련·개발 그리고 승진·이동의 관리활동이다. 어떤 조직이든 사람을 쓸 때 그 사람의 업적이나 행적을 평가하여 그 사람의 적성에 맞추어 담당직무를 배정하고 승진경로를 결정하는 것이 타당하다고 본다. 또 조직의 요구와 개인의 능력이나 성품을 비교하여 훈련을 실시함으로써 조직의 성과도 높이고 개인의 발전을 기하여야 한다.

다음으로 직능활동은 보상관리이다. 인사관리에서 보상관리는 경제적 보상의 중요성으로 보아서 중요한 관리영역으로 생각되고 있다. 기업조직에서 보상관리는 보상이 가지는 여러 가지 의미를 잘 충족시키는 합리적인 것이 되지 않으면 안 된다.

사원의 근로환경관리도 직능적 인사관리활동의 중요요소이다. 근로시간과 규율관리 그리고 인간관계의 관리와 같은 사회관계적 관리와 안전보건관리와 복지후생과 같은 분야도 오늘날 인사관리에서 빼놓을 수 없는 주요한 관리활동 영역이다.

직능적 관리활동의 마지막 부분은 노사관계관리가 된다. 노사관계는 여기서 노동조합과의 관계 그리고 그 외의 근로자들의 조직과의 관계를 지칭하며 이 활동은 오늘날 근로자들의 조직이 가지는 의미로 미루어 보아서 그 중요성이 대단히 높다고 할 수 있다.

이상과 같은 직능적 활동체계는 그 자체가 반드시 관리적으로 합리화되어 있든 아니든 간에 모든 현대기업조직이 실시하지 않을 수 없는 활동이며, 이를 발생순서에 따라 그 하나하나를 전문적 활동으로 간주하여 나열한 것이다. 이와 같은 분류체계는 그 하나하나가 앞에서 본 바와 같은 전문성도 있지만 독특한 내용과 원리를 가지고 있는 활동으로 보기 때문에 거의 필수적으로 포함되어야 한다.

관리과정적 인사관리체계

관리과정적인 활동의 내용은 계획과 조직 그리고 통제의 세 가지 기본과정을 거친다. 인사관리의 직능적 활동도 전체적으로나 각개 활동단위에 있어서도 이 세 가지 기본적인 관리과정적 활동원리에 따라 실시되어야 한다고 보아, 이런 체계로 구성하는 것이 관리과정적 인사관리체계이다. 따라서 계획-조직-통제로 구성되는 통합조정의 관리과정은 인사관리의 본래적인 체계라기보다 일반관리론의 체계를 인사관리에 원용한 체계라 할 수 있을 것이다.

체계론적 인사관리체계

관리과정체계가 인사관리활동을 전체적으로 통합하고 개별활동을 상호 조정하는 데 관심이 있다면 체계론적 인사관리체계는 직능체계와 관리과정체계를 환경조건과 관련시켜 적용하려는 사고에서 나온 것이다.

모든 기업은 고용 · 개발 · 보상 · 유지와 같은 직능적 활동체계를 가지고 있고 이를 보다 합목적으로 수행하기 위하여 관리과정적 활동으로 통합하는 활동체계와 결합하게 된다. 개방체계적 사고에 따라서 인사관리를 이해하게 되면 기업의 인사관리에 대해서 중요한 영향을 미치는 주체와 객체 그리고 기업내외의 환경요인의 영향을 고려하여 개별기업 또는 특정업종 · 규모 그리고 국가간의 기업인사관리의 내용상의 특징을 판별할 수가 있다. 뿐만 아니라 이런 사고를 발전시킴으로써 보다 상황조건에 적합한 개별적 인사전략과 제도 그리고 기법의 선택에 도움이 되는 판단력을 키워주게 된다.

즉 체계론적 인사관리체계는 인사관리의 각 부문활동이 독자성을 가지면서 상호 영향관계를 가지고 상호 조정되어 인사관리 전체의 목표를 추구하는 전체적인 체계로 보는 것이다. 또한 인사관리가 기업 내외의 환경조건과 상호 영향을 주고받으면서 기능을 수행하고 환경에 적응해 간다고 본다.

6 e-비지니스와 인적자원관리

e-비지니스와 연계된 인적자원관리를 e-HRM이라고도 한다. 인적자원관리 영역의 변화가 다른 분야보다 특별히 부각되는 이유는 인적자원관리의 역할이 크게 변화하고 있기 때문이다. 인적자원관리는 더 이상 급여 · 인사발령 · 인사데이터 관리 등 행정적인 지원기능에만 국한되지 않고, 그 자체가 기업전략과 제도 · 정책에 상응할 수 있는 전략적인 파트너로서 비지니스의 성격을 지니게 되었다.

e-HRM으로의 동인

첫째, 웹을 활용해 인적자원관리 업무를 수행하는 기업의 비율이 급증하고 있다. 웹 환경에서 업무를 수행하는 것이 신속 · 정확하며 비용절감을 가져오는 등 업무 생산성뿐만 아니라 조직원에 대한 서비스 향상을 기대할 수 있다는 것이다.

둘째, 인적자원관리의 역할이 기존의 행정처리 업무를 최소화하고 인사전략 및 자문역할을 중시하는 방향으로 이동하고 있다.

셋째, 컴퓨터 웹에 익숙한 세대들이 기업의 조직원으로 활동함에 따라 업무처리의 여지가 증가하고, 맞춤형의 인사 서비스를 원하고 있다.

넷째, e-비지니스를 추구하는 기업은 조직구조와 문화의 변화 · 종업원 저항 및 사기관리 등의 업무를 효과적으로 수행할 필요가 있다.

e-HRM으로의 변화형태

첫째, 과거의 인적자원관리는 내부시장에서 경영층 · 관리자 · 일반사원으로 대별되는 한정된 고객에만 집중되어 있었다. 그러나, e-비지니스와 연계된 인적자원관리는 외부시장의 보다 광범위한 고객으로까지 확장된다. 수시로 신규 및 경력사원 채용을 해야 하고 외부 서비스업체나 외부 인력과의 업무연계도 증가한다.

둘째, 인적자원관리는 정보기술을 활용 · 도입하여 그 효율성을 높일 뿐만 아니라 그 역할을 새로운 비지니스 행태로까지 확장하여 인적자원의 공급자 · 수요자를 통합할 수 있도록 인적자원관리 프로세스와 서비스 수행방법을 변화시켜 나갈 것이다.

셋째, 인적자원관리도 일반적인 e-비지니스의 변화모델과 같이 진화한다. 기존 조직이 e-비지니스 기술을 활용하여 업무 효율을 놓이는 기존채널강화단계와 가치사슬 통합단계는 선진기업에서 흔히 볼 수 있다. 이 단계 이후에 조직의 변화를 겪게 되며 정보기술을 통해 타조직과의 새로운 관계가 정립되는 산업변형단계와 핵심역량만 가지게 되는 수렴단계로 나가게 된다. 기업들은 각자의 환경과 역량을 분석, 맞는 단계에 맞춤으로써 더욱 효율적인 HR서비스와 기업전략을 수행할 수 있다.

e-HRM의 실현방안

e-HRM의 가치사슬(value chain)에서는 기존의 인적자원관리가 인적자원관리 정책수립 및 계획'서부터 인사관리정보까지 일련의 6개 활동을 통해서 가치를 창출하고 각 활동이 e-비지니스와 연계되어 있다.

기업은 e-RHM의 성공적인 실현을 위하여 확장뿐 아니라, 변화에 대한 충격을 최소화하고 적합한 장소를 찾기 위해서 원의 중심 이동도 함께 고려해야 한다. 또한 인터넷과 인트라넷 모델 그리고 관련기술을 적극 이용한다. 기업 내부적으로 전자 뉴스레터를 사용해 보다 신속히 의사소통을 하고 인적자원관리를 위한 인트라넷을 구축한다. 급여 산출과 같은 비핵심 영역을 제거하거나 아웃소싱하는 방안이다. 인사부서가 처리해온 일반관리업무를 사원들 개개인이 직접 데이터에 접근, 처리하는 조직원셀프서비스와 비핵심적 업무를 외부기관에 아웃소싱하는 기업 프로세스 아웃소싱(BPO)을 통해 인사부서는 보다 핵심업무에 전념할 수 있게 된다. 이와 같은 대안들을 기존의 인적자원관리의 부문에 적용하여 e-비지니스의 상황에 대응하는 e-HRM을 구현할 수 있다.

[Tip] BPO/Business Process Outsourcing

업무처리 아웃소싱이란 회사업무 처리의 전 과정을 외부 업체에 맡기는 아웃소싱 방식을 말한다. 업무처리 아웃소싱의 여러 유형 가운데 하나인 BPO는 최근 들어 외국선진 기업들이 가장 선호하는 방식으로 구매나 인사, 심지어는 제품 개발 등의 업무를 외부업체가 수행하는 것을 의미한다. 기업들이 BPO를 활용할 경우 고객콘택트센터, 공급망까지도 아웃소싱을 통해 운용하게 된다. 단순한 아웃소싱이 아니라 기획단계부터 운영, 모니터링까지 모든 단계를 외부업체를 통해 운영하는 것이다.

7 인적자원관리의 차별화전략

경영자가 원하는 기업의 형태나 구조, 즉 기업의 비전과 전략을 명확히 하는 것이 성공적인 기업경영을 위해 반드시 필요한 것이다. 그러나 비전이나 전략만 가지고 기업 성공이 보장되는 것은 아니다 기업의 비전과 전략을 실행에 옮길 적합한 사람을 확보하고 이들이 제 역할을 수행할 수 있도록 지속적으로 관리하는 것이 필요하다. 특히 기업 고유의 사업전략과 그 전략을 실행할 인적자원관리를 일관성 있게 연계하는 것은 기업성공의 핵심요소인 것이다.

사업 전략과의 연계성

최근과 같은 지식경영시대에는 기업의 인적자원을 어떻게 관리할 것인가가 더욱 중요하다. 과거 우리나라 기업들은 인적자원을 관리하고자 할 경우, 기업의 사업전략을 크게 고려하지 않았다. 예를 들어 그 동안 우리나라의 많은 기업들은 저원가 · 저가격이라는 가치를 고객에게 제공하는 전략을 추구하여 왔다. 그러나 이러한 사업전략을 추구한다고 하여, 다른 기업들과 차별적인 인적자원관리제도를 갖추고자 노력한 기업은 거의 없었다. 하지만, 저원가나 저가격이라는 사업전략을 성공적으로 추진한 선진기업들의 사례를 보면 분명히 차별적인 인적자원관리제도를 갖추고 있다. 예컨대 개인보다는 팀웍을 중요하게 고려하는 인사시스템을 채택하는 것이 일반적인 특징이며, 채용을 위한 면담 시에는 구성원의 역량파악보다는 팀 분위기에의 융화정도를 파악하고, 평가 및 보상 시에는 팀의 목표달성정도를 중요시한다.

전략수립 프로세스

사업전략을 실제 행동으로 옮기고, 그 성과를 창출하는 근본동인은 기업 내부의 사람이다. 사업전략을 성공적으로 수행할 수 있도록 인적자원을 관리하기 위해서는 다음과 같은 프로세스를 이해해야 한다.

우선 기업은 고객에게 구체적으로 어떤 가치를 제공하려고 하는지, 그렇게 하기 위해 어떤 사업전략을 선택할지를 명확히 해야 한다.

둘째로는 이미 수립된 고객가치와 사업전략을 성공적으로 수행하기 위해 요구되는 구성원들의 필요역량을 구체적으로 도출해 내야 한다.

셋째로는 필요한 역량을 갖춘 사람을 채용하고, 이들이 제 역량을 충분히 발휘할 수 있는 조직여건을 마련해 주기 위해, 적합한 인적자원관리전략을 수립해야 한다. 마지막으로 사업전략과 연계된 인적자원관리전략을 현장에 적용할 수 있는 시스템을 구축하는 것이다.

이러한 시스템에는 적합성 있는 채용 · 평가 · 보상 · 육성시스템 등 다양한 인적자원관리시스템들이 있으며, 이러한 시스템의 구축에 있어 반드시 고려되어야 할 기준은 사업전략과 인적자원관리전략, 인적자원관리시스템이 유기적으로 연계될 수 있는 일관성이다. 또한 인적자원관리시스템이 단순한 시스템만으로 그치지 않고 조직활성화의 촉매제로 활용되기 위해서는 강한 실행력이 필요하다.

전략과 시스템

인적자원관리전략이나 시스템을 사업전략과 일관되게 연계하기 위해서는 우선 사업전략을 명확히 하고, 이의 실행을 위한 인적자원의 필요역량을 규정해야 한다.

어떠한 사업전략을 가지고 있는가는 매우 다양하게 정의될 수 있다. 여기서는 1990년대 초반 M.Trecy와 F. Wiersema가 제안한 운영효율성추구전략, 제품선도성추구전략, 고객친밀성추구전략에 근거하여 각 사업전략별로 어떠한 인적자원역량이 필요하며, 그리고 어떠한 인적자원관리전략과 시스템을 구축해야 하는지에 대해 살펴보기로 하자.

운영효율성추구전략

운영 효율성추구전략에서 필요한 역량은 제품이나 프로세스의 지속적인 응용 능력이다. 선진기업의 경우 제품이나 프로세스의 응용능력을 확보하고 개발하기 위해 다음과 같은 인적자원관리전략을 수립하고 있다.

구성원간의 협력을 중시하는 팀웍을 강조함으로써 운영효율성 측면에서 경쟁력을 확보하는 것이다. 그리고 업무 그 자체 및 업무규칙에 대한 명확한 이해를 바탕으로 철저한 평가를 하고 있으며, 평가결과를 보상과 직접 연계하는 전략을 적용하고 있다. 마지막으로 제품 및 프로세스의 지속적인 개선 필요성에 대한 구성원들의 마인드와 조직환경을 구축하는데 그 초점을 맞추고 있다.

이처럼 운영효율성을 추구하는 선진기업들이 가장 중요하게 고려하는 것은 팀웍이다. 운용효율성가치를 전달하기 위한 핵심역량인 응용능력이 개인의 자질이나 역량만으로는 구축되기 어렵고, 팀웍을 필요로 하기 때문이다.

인적자원관리시스템의 측면에서도 팀웍을 촉진함으로써 효율성을 달성하려는 전략과 강하게 연계되어 있다. 예를 들면, 채용에서 평가 · 보상 · 육성 등의 인적자원관리 전반에서 직무성과인 정량적인 기준을 주로 적용하고 있다. 그리고 성과에 따른 파격적인 인센티브보상도 그 특징이다.

제품선도성추구전략

시장 내에서 첨단의 제품이나 서비스를 제공함으로써 경쟁적 입지를 굳히고자 하는 기업들에 있어 가장 중요한 역량은 혁신이라 할 수 있다. 선진기업의 경우 혁신역량을 확보하고 유지하기 위해, 구성원들이 신기술이나 신제품의 개발에 집중할 수 있도록 조직환경을 조성해 주는데 인적자원관리전략의 초점을 맞추고 있다. 구체적으로 개인차별적인 보상시스템을 지양하고, 되도록 높은 보상을 제공하고 있다. 또한 불필요한 서류작업이나 관리업무의 부담 등 개인의 창의성 발현을 저해하는 직무상의 부담을 최소화하고 있다.

제품선도성을 추구하는 기업이 갖는 인적자원관리시스템의 가장 큰 특징은 집단중심의 성과보상과 교육 · 훈련을 가장 중요하게 고려하고 있다는 것이다. 차별적인 보상은 성과를 위한 강한 동기부여의 효과가 있지만, 실패에 대한 두려움을 증가시켜 위험을 감수하는 창의적 아이디어의 발현을 억제하며, 지나치게 단기적인 성과에 집착하게 함으로써 혁신적인 제품이나 서비스의 개발의 노력을 위축시킬 수 있다. 그리고 교육 · 훈련의 측면에서는 운영효율성을 추구하는 기업들이 현업에 필요한 직무교육에 치중하는 반면, 제품 선도성을 추구하는 기업은 최첨단기술과 관련된 교육과 폭넓은 기초지식을 갖출 수 있는 교육에 치중하는 경향이 있다.

고객친밀성추구전략

고객친밀성을 추구하는 기업에 있어 가장 중요한 핵심역량은 지속적으로 고객관계를 구축하는 능력이다. 고객친밀성전략을 추구하는 기업에 있어 가장 중요한, 그리고 유일한 자산은 고객과 직접 상호작용을 하는 구성원들이다. 이러한 전략을 추구하는 기업들에 있어 중요한 인적자원관리전략은 고객만족을 위해 우선 구성원들을 만족시키는 것이다.

인적자원관리시스템의 측면에서 가장 큰 특징은 고객서비스 마인드를 갖춘 인재의 확보와 성과에 따른 높은 보상시스템에 있다. 운영효율성추구전략이나 제품선도성추구전략에 비해 고객 친밀성추구전략에서 필요로 하는 인재는 상대적으로 쉽게 선별하기 힘들다. 고객관계 구축역량은 전공이나 학위수준 등에 의해서 가려지지 않으며, 또한 가벼운 인터뷰 정도로도 파악하기가 힘들기 때문이다. 또한 구성원들이 직무에 만족할 수 있도록 개개인이 원하는 직무여건 및 보상시스템을 갖추는 것이 필요하다. 선진기업의 사례를 보면, 반드시 성과와 보상을 직접 연계시키는 것은 아니지만 고객관계구축을 담당하는 핵심적인 인재들에게는 상대적으로 높은 보상을 지급하는 것이 일반적이다.

02 재무전략

재무전략은 기업과 사업부의 전략적 대안들에 대한 재무적 측면에서의 파급 효과를 생각해 보는 것이다. 또한 사업전략을 실행하는데 필요한 자금을 낮은 비용으로 조달하거나, 자본을 원활하게 조달할 수 있는 능력을 통해 경쟁우위를 달성할 수 있다. 즉, 재무전략은 기업의 재무적 가치를 극대화하려는 노력이라 할 수 있다.

재무전략의 궁극적인 목표는 기업가치를 극대화시키기 위한 기능별전략의 일환이다. 기업가치는 전통적으로 미래현금흐름을 시간과 위험을 고려하여 현재 가치로 환원한 가액을 뜻하는 것으로 인식되어 왔다. 그러나 최근에 이르러서는 급변하는 경영환경의 불확실성으로 인하여 미래시점에서의 현금흐름의 크기와 실현정도를 정확히 추정하기란 그리 쉬운 일이 아니므로 주가를 기준으로 기업가치를 추정하는 방법이 널리 이용되기도 하고 있다.

재무전략의 중요성을 다음과 같이 정리해 볼 수 있다.

첫째, 경영활동 전반에 대한 통합조정

경영활동은 인적 · 물적 자원을 비롯하여 여러 가지 경영자원을 필요로 하며 이러한 경영자원의 조달을 위한 재무기능을 통해 기업의 모든 경영활동이 통합되고 조정된다.

둘째, 재무관리는 기업성패의 열쇠

기업이 장기 생산설비에 대한 투자에 소요된 자료의 상환에 대한 충분한 대책 없이 대규모의 설비자금을 투입하게 될 경우, 기업은 자금경색으로 인하여 중대한 위기를 초래할 수 있을 분만 아니라 그 결과 흑자 도산의 위험에 처할 수 있기 때문에 재무관리는 기업성패의 주요한 열쇠고리가 되는 것이다.

셋째, 재무관리 능력이 경쟁력을 좌우

21세기의 경영환경은 점차적으로 글로벌화하여 그 템포가 점진적으로 빨라지고 있다. 이러한 환경 아래에서는 무엇보다도 재무구조를 건실하게 유지해야 할 필요가 있으며, 그러하기 위해서는 재무관리 능력의 제고가 최우선적 과제이기도 하다. 예를 들면 재무구조가 건전한 기업은 금융시장에서 우량고객으로 분류되어 우대 금리를 적용 받을 수 있고, 이러한 조건은 기업에 유리한 방향으로 선순환 증폭효과를 가져다 줄 수 있지만, 그 반대로 재무구조가 취약한 기업에게는 불리한 방향으로 악순환증폭효과를 가져다줌으로써 기업의 존립을 위태롭게 하는 피해를 주게 될 수도 있다.

1 재무전략의 새로운 패러다임

전통적인 경영방식은 지식산업사회로의 전환기에 있어서는 더 이상 통용되어지지 않게 되었다. 차입경영에 익숙해진 성장위주의 경영방식은 이제 더 이상 설 자리를 잃게 되었다. 고도성장이 지속되던 시기에는 성장위주의 전략이 각광을 받았던 것도 사실이다. 시장선점을 통해 매출을 증대시킴으로써 일정기간 동안 적정한 마진획득이 가능했고, 대규모 투자는 다른 기업의 시장참여를 방어하는 진입장벽으로서의 역할로 작용하기도 하였다. 이러한 과정에서 필요한 막대한 자금을 대부분 차입에 의존할 수밖에 없었지만 이러한 기업들은 자금시장의 변화에 따른 충격을 흡수하는 완충기능이 부족하게 됨에 따라 자금시장이 경색되자 곧바로 경영 위기에 직면할 수밖에 없게 되었다.

종전의 방식인 당기순이익 증대 위주의 경영관리체제 아래에서는 투자나 자산에 대한 자금의 효율적인 관리는 소홀히 될 수밖에 없었다. 그 결과 대부분의 기업이 금융위기에 적절하게 대처하지 못하게 되었다. 손익위주의 관리체제는 이제 현금흐름을 중시하는 관리체제로 바뀌고 있다. 그러나 국제적으로 확산되고 있는 재무전략의 목표는 주주이익의 극대화, 현금흐름의 중시, 경제적 부가가치 중시의 움직임으로 변화되어지고 있는 실정이다.

주주이익의 극대화

주주이익은 배당을 통한 투자수익과 주가상승을 통한 차익의 실현을 통해서 실현되어진다. 해외투자자들이 국내기업에 투자하는 경우 공통적으로 기대하는 것은 이러한 개념의 주주이익 극대화이며, 종업원 · 사회구성원 등 타 이해관계0자 보다는 이익을 극대화 시키는 것을 최우선시 하고 주주의 이익에 역행하는 기업의 행위를 억제하려고 노력한다.

현금흐름의 중시

모든 신용평가회사들이 기업의 가치를 평가함에 있어서 사용하는 가장 중요한 기준은 현금흐름이다. 또한 금융기관이나 채권자들 또한 채무불이행 확률을 예측하기 위한 지표로써 수익력보다는 채무원리금의 상황능력을 중시하고 있기 때문이다.

대부분의 M&A 시장에서 가장 많이 사용되는 기업평가지표 또한 현금흐름 관련 지표이다. 이제 기업은 매출액과 순이익 위주의 재무전략에서 탈피하고 현금흐름 위주로 경영패러다임을 바꾸지 않으면 안 되게 되었다. 재무환경 변화에 보다 능동적으로 대처할 수 있고 기업가치를 지속적으로 증가시키려면 현금흐름경영으로 전환하지 않으면 안 된다.

현금흐름경영(Cash Flow Management)은 기업의 생존을 위하여 장기적으로 유동성을 확보하고 장기적인 발전을 위하여 기업가치를 높이는 전사적 차원의 활동을 의미한다. 이를 위해 CFO는 단기적으로는 현금의 보유를 극대화하여 현재의 현금흐름을 원활하게 유지하고 장기적으로는 미래현금흐름의 절대량과 속도를 최대화하여야 한다. 현금흐름을 원활하게 관리하기 위해서는 현금보유량 증대가 첫 번째 과제가 되어야 하며, 본격적인 현금흐름 경영의 운영은 그 이후에 추진되어야 한다.

기업이 현금 보유액을 증대시키기 위해서는 무엇보다도 영업순현금유입을 늘려야 하며 이를 위해서는 다음과 같은 조치를 취해야 한다.

첫째, 현금 유동성에 방해가 되는 재고자산이나 매출채권을 최소화하고 고수익 사업구조로의 전환이 필요하다.

둘째, 투자 활동은 영업순현금흐름 유입 범위 내에서 실시하되 부동산 투자와 같이 자금이 장기간 잠기는 곳에 대한 투자는 가급적 피하고 미래 현금흐름 창출 가능성이 높은 곳에 집중 투자하여야 한다.

셋째, 재무현금흐름은 영업 활동과 투자활동을 지원한다는 본연의 역할에 충실하면서 저금리의 자금조달 원천을 확보해야 한다.

[경영방식의 비교]

구 분	기존 경영방식	최근 경영방식
기업전략	성장위주 전략	안정중심 전략
기업목표	매출 및 손익	현금 〉 수익 〉 매출
재무환경	차입경영	현금흐름경영
주요이슈	외형성장/양적팽창	유동성/수익성

2 새로운 재무전략

대외 신인도의 제고

기업이 공표하는 재무제표와 각종 사업보고서의 투명성이 기업의 신인도에 결정적인 영향을 미치게 되었다. 기업의 신인도는 단순히 재무적인 능력만을 보고 평가하는 것이 아니라 경영층의 능력과 경영전략 및 윤리성도 중요한 요소로 반영되고 있다.

최근 일련의 분식결산 문제는 그 동안 자본주의의 근간이 되고 있던 기업의 신뢰성을 무너뜨리는 매우 심각한 국면으로 전개되고 있음을 볼 때 회계의 투명과 경영자의 윤리가 기업의 대외 신인도에 필수적인 요소임을 알 수 있다. 한 가지 우리가 간과하고 있는 점은 최근의 대부분의 분식회계 이슈는 급격히 변화하는 경제현상의 속도를 그 동안 회계가 미처 따라가지 못했던데 기인한다는 사실이다. 21세기의 기업은 투명한 기업지배구조와 회계정보의 정확성확보 및 완전공시를 통해서만이 대외신인도를 높일 수 있음을 깨닫고 국제적인 규범에 맞는 재무보고 문화를 정착시켜 나가야 할 것이다.

수익성 위주 투자와 자본운용 건전화

무차별적인 신규사업 진출 등의 성장위주 경영방식에서 벗어나 철저히 투자수익률(ROI) 위주로 투자우선순위를 정하고 이를 뒷받침하기 위한 경영합리화 및 기술혁신에 주력해야 하며, 과도한 부동산 보유나 투기성 재테크를 최대한 억제해야 할 것이다.

현금흐름 극대화전략

현금흐름 극대화전략이란 위기상황에 안정적으로 대처하기 위하여 보유현금을 늘리는 전략으로서 매출로 인한 현금유입은 빠르게 하고, 매입 등으로 인한 현금유출은 늦게 하여 현금유보를 늘리는 방안이다. 구체적으로는 매출채권의 조기 회수율을 높이고, 매입채무의 지급을 유보하며, 재고자산의 최소화를 통하여 현금유보를 늘릴 수 있다. 매출채권 회수율을 높이기 위해서는 현금할인율을 높이고, 거래처별 채권관리를 한층 강화해야 한다. 매입채무의 지급을 무조건 유보하는 것은 거래관계상 어렵겠지만 적어도 매입채무의 규모가 가능한 매출채권보다 높게 유지하는 것이 필요하다. 또한, 재고자산 투자를 최소화하기 위해서는 가동율을 조정하거나 보유재고를 축소하는 것이 필요하다.

비용축소전략

매출을 늘려 결과적으로 현금유입을 늘리는 전략이 운전자금을 많이 필요로 하여 오히려 현금흐름을 악화시킨다. 따라서 비용축소전략은 매출을 늘리기 보다는 비용을 축소하여 위기상황에 대처하고자 하는 전략이다. 이러한 전략의 실천을 위해서는 비용요소를 면밀하게 검토하여 지출규모를 줄이는 방법이 필요하다. 특히 소비성경비를 중심으로 하여 필요시에는 인건비 · 재료비 등의 직접경비도 절감할 필요가 있다. 이를 위해서는 평소에 고정비 비중을 줄이고 변동비 비중을 늘릴 필요가 있다. 왜냐하면 변동비는 매출축소와 함께 감소할 수 있는 비용이지만 고정비는 매출축소에도 영향을 받지 않고 지속적으로 발생하기 때문에 기업의 현금흐름을 악화시키기 때문이다.

장기자금 조달전략

차입금은 상환시기에 따라 장기차입금과 단기차입금으로 구분되며, 장기차입금의 비중을 높이고 단기차입금의 비중을 줄임으로서 위기상황 하에서 운영자금이 계속 필요한 시점에 단기차입금 상환이라는 이중 압박을 피할 수 있다. 위기상황에서는 자본금의 증자가 여러 가지로 어렵다. 이러한 경우에는 현실적인 대안이 단기차입금을 장기차입금으로 전환하는 대안을 활용해야 한다.

신용도 향상전략

신용도 향상전략은 신용도를 높임으로서 금융기관이나 거래처로부터 신용규모를 높일 수 있으며 이자율도 낮출 수 있도록 하는 전략이다. 이를 위하여는 장기적 정책 하에서 신용도를 향상시키는 방안을 강구하여야 한다. 신용도를 높이기 위해서는 지급기일의 준수, 경영실적의 꾸준한 상승, 기업활동 홍보뿐만 아니라 기업내부인력에 대한 신용도까지도 증대 시켜야만 위기상황에 회사의 현금흐름의 악화를 방지하는데 도움을 받을 수 있다.

외화위험 회피전략

외화거래가 많은 기업은 특히 외부환경이 불안정할수록 환율변동의 위험에 주의하여야 한다. 수출기업과 같이 외화채권이 많은 기업은 환율이 상승하면 유리하지만, 수입업체와 같이 외화채무가 많은 기업은 환율이 상승하면 큰 위험에 처하기 쉽다. 따라서 환율변동에 유의하여 위험을 피하는 대안을 수립하여야 한다. 구체적으로는 외화위험을 회피할 정도의 선물환거래가 유용하다고 볼 수 있다.

비핵심사업의 구조조정전략

비핵심사업의 구조조정전략은 근본적으로 고정비를 줄이고 변동비를 증가시켜 위험에 탄력성 있게 대처하는 전략으로서, 비핵심사업에 대한 자원이 필요한 경우에는 기업외부에서 조달할 수 있도록 하는 전략이다. 이와 같이 고정비를 축소하는 전략은 불황기에 현금흐름을 개선시켜 주는데 그 이유는 변동비는 수입에 비례해서 줄일 수 있지만 고정비는 줄이기가 어렵기 때문이다. 따라서 중소기업에서는 재무 전략적으로 고정비를 변동비 화할 수 있도록 항상 고민하고 대안을 마련하여야 한다.

3 재무지표전략

거시경제지표

거시경제지표는 자사의 사정에 따라 항목을 결정하는 것이 바람직하며 다음의 Sheet를 활용할 수 있다.

항　목	단위	T=1	T=2	T=3
경제성장률	%			
원달러환율	원			
원위안환율	원			
원엔화환율	원			
이 자 율 (3년만기 회사채)	%			
소비자물가상률	%			

회사관련지표

회사관련지표는 자사의 사업전략에 따라 핵심이자별로 추출하여 목표를 설정하는 것이 유용하며 다음의 Sheet를 활용해 볼 수 있다.

항　목		단위	T=1	T=2	T=3
시장점유율	SBU 1	%			
	SBU 2	%			
	SBU 3	%			
시장성장률	SBU 1	%			
	SBU 2	%			
	SBU 3	%			
임금인상률		%			
조달 금리		%			
자본금		%			
부채 비율		%			
연구개발비율		%			
투자계획	기존사업	백만원			
	신규사업	백만원			
인력수급계획		명			

4 재무제표전략

추정 대차대조표

과목	T=1	T=2	T=3	T=4
유동자산 당좌자산 재고자산 기타자산 고정자산 투자자산 유형자산 이연자산				
자산총계				
유동부채 고정부채				
부채총계				
자본금 자본잉여금 이익잉여금 당기순이익				
자본총계				
부채와 자본총계				

추정 손익계산서

과목	T=1	T=2	T=3
총매출액 매출원가 매출총이익			
판매관리비 1) 인건비 2) 감가상각비 3) 기타 영업이익			
경상이익			
법인세비용			
당기순이익			
예정배당률			

추정 현금흐름표

과　목	T=1	T=2	T=3
I. 영업활동으로 인한 현금흐름 1) 당기순이익 2) 현금 유출이 없는 비용가산 3) 현금 유출이 없는 수익차감 4) 영업활동으로 인한 자산, 부채증가 II. 투자 활동으로 인한 현금 흐름 1) 투자 활동으로 인한 현금 유입 2) 투자 활동으로 인한 현금 유출 III. 재무활동으로 인한 현금 흐름 1) 재무활동으로 인한 현금 유입 2) 재무활동으로 인한 현금 유출			
IV. 현금의 증가, 감소 V. 기초의 현금			
VI. 기말의 현금			

5 주요재무목표

판매계획

구　분	T=O(P)		T=1		T=2		T=3	
	실적	구성비	계획	구성비	계획	구성비	계획	구성비
총 매출액 원화 매출 외화 매출								
기존사업 SBU 1 SBU 2 SBU 3								
신규사업 SBU 1 SBU 2 SBU 3								

자본확충계획

구 분	단 위	T=O(P)	T=1	T=2	T=3
출자주체	-				
출자방법	-				
발 행 가	원				
발행주식수	주				
누적주식수	주				
발행자본금	백만원				
누적자본금	백만원				
증가자본잉여금	백만원				
누적자본잉여금	백만원				
자 기 자 본	백만원				
대주주지분	%				
기관지분	%				
기타지분	%				
지분합계	%				

투자계획

구 분		T=O(실적)	T=1	T=2	T=3
신규투자	1. ...... 2.				
	소 계				
확장투자	1. ...... 2.				
	소 계				
경상투자	1. 인력 개발 2. R&D 3. O/A 4. F/A 5. 시설 노후 교체 6. 환경/안전 7. 복지후생 8. 기타 소 계				
합 계					

차입계획

금융기관별		차입과목	T=O(P)	T=1	T=2	T=3
원화						
소 계						
외 화						
합 계						

인력수급계획

구	분	T=O(P)	T=1	T=2	T=3
사무직	임 원 직 원 소 계				
연구직	임 원 직 원 소 계				
생산기능직	임 원 직 원 소 계				
총 계	임 원 직 원				
합 계					

인건비계획

구	분	T=O(P)	T=1	T=2	T=3
직접인건비	사무직 연구직 생산기능직 소 계				
간접인건비	사무직 연구직 생산기능직 소 계				
총 계	사무직 연구직 생산기능직 합 계				

자금소요계획

구 분	T=1	T=2	T=3	Total
설비투자 고정투자 원부자재 차입금상환 인건비 경상비용 법인세등				
합 계				

자금조달계획

구 분	T=O(P)	T=1	T=2	T=3
I. 소 요 자 금				
II. 자금의 원천 1) 전기이월자금 2) 자본 증가 3) 매출액 회수 4) 감가상각비 공제 5) 신규 차입 6) 기타 수입				
III. 과 부 족 자 금				
IV. 기 말 의 현 금				

03 마케팅전략

마케팅전략은 크게 나누어 볼 때 마케팅목표의 설정, STP전략 수립, 마케팅믹스로 구분해 볼 수 있다.

제품수준의 마케팅전략의 전개과정을 도표화해보면 다음과 같다.

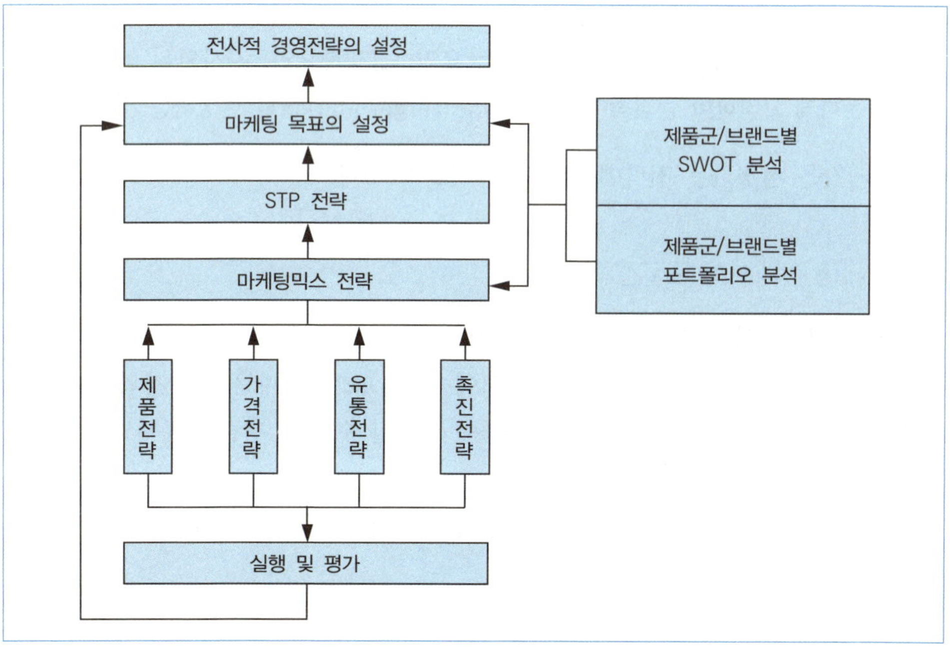

1 시장세분화(Market Segmentation)

상품과 서비스를 구매하는 소비자는 매우 다양한 연령층, 소득계층, 가족단위로 구성되어 있으며, 이들이 선호하는 취향 · 가격 · 품질 등의 선호도 또한 제각기 상이하다. 따라서 어느 층을 대상으로 하여 제품을 개발하여 생산하느냐 하는 것은 대단히 중요한 요소가 된다. 이와 같은 소비자층을 구분하여 표적시장을 정하고 그에 맞는 제품을 생산 · 판매하는 것을 시장세분화라고 한다.

시장세분화의 절차는 다음과 같다.

- 욕구확인 : 전체시장에 존재하는 다양한 형태의 욕구를 확인하여 자사의 제품에 의해 충족되는 욕구와 미 충족욕구 등을 파악하는 것이 중요한 일이다.
- 특성확인 : 욕구차이가 존재하는 세분된 시장이 파악되면 해당 시장의 가시적 특성을 찾아내어야 한다.
- 수요예측 : 각 세분된 시장이 갖고 있는 수요나 잠재적인 매출액을 측정해 보아야 한다.

2 표적시장(Target Market)

시장세분화의 핵심 포인트로서 세분시장요인, 경쟁자요인, 자사와의 적합성 요인 등을 충분하게 고려하여 중점적이고 집중적인 Target Market을 설정하는 것을 말한다.

표적시장을 선정하는 전략에는 다음의 것들이 있다.

단일제품 전체시장 도달전략

시장을 세분시장이 아닌 하나의 전체시장 개념으로 보고, 하나의 마케팅전략을 구사하는 형태로서 대량유통과 대량광고에 의존, 소비자 마음속에 강력한 이미지 형성이 목표이다. 생필품의 경우, 소비자들이 감지할 수 있을 만큼 상품차별화가 쉽지 않으므로 이 전략이 많이 나타난다.

장점은 마케팅비용의 절감이고 단점은 세분시장의 차이를 무시하는 만큼 특정 세분시장에서는 우위를 차지할 수 없다.

다수제품 전체 시장 도달전략

다수의 차별적 시장을 목표로 차별화된 마케팅믹스를 구성하여 전체시장을 포괄하려는 전략이다.

총판매량이 증가할 가능성이 높다는 장점이 있지만, 마케팅 조사능력이 부족할 경우 시장겹침현상으로 인한 생산·판촉비 등의 중복비용 발생 등의 단점이 있다.

복수 세분시장전략

여러 개의 표적시장을 선정하고 각각의 표적시장에 적합한 마케팅전략을 개발하는 것으로 차별적 마케팅이라고도 한다.

장점은 해당시장에서 우위를 차지할 수 있고, 단점은 전체시장에서의 점유율은 상대적으로 낮을 수 있다는 것이다.

집중화전략

우선 기업전략에 있어서는 기업이 가장 잘 할 수 있는 부분에 제한된 자원을 집중함으로써 최대의 성과를 가져올 수 있다는 의미로 사용될 수 있다. 또는 마케팅에서 80 : 20 룰에 따라 가장 이익을 가져오는 20%의 상품에 집중하거나 혹은 20%의 최고 이익을 만들어주는 고객에 집중하는 것도 집중화전략의 한 형태이다.

어떤 경우이건 집중화전략의 핵심은 기업의 제한된 자원을 바탕으로 최대의 이익이 예상되는 특정부분에 집중적으로 투자함으로써 최대의 이익을 거둔다는 점이다.

3 포지셔닝

표적시장이 선정되면 표적시장에서 경쟁자의 이미지를 고려하여 소비자의 마음속에 자사 제품의 이미지를 구축하는 작업을 하여야 한다. 이러한 일련의 작업을 포지셔닝(Positioning)이라고 한다.

포지셔닝 맵

Positioning Map은 각 제품군에 있어 선택의 기준이 될 만한 중요한 2~3가지 지표를 선정하여 2차원 또는 3차원의 도면상에 자사제품과 경쟁제품의 위치를 표시한

지도이다. 소비자들의 인지를 기준으로 하여 작성되기 때문에 인지도(Perceptual Map)라고 하기도 한다.

포지셔닝 맵을 그릴 때 가장 중요한 것이 지표선정이다. 만약 소비자들이 구매의사 결정을 내릴 때 별로 중요하지 않게 여기는 지표를 선정하여 포지셔닝 맵을 그리고 여기에 기초해 제품개발이나 마케팅전략 구사가 이루어지다면 소비자에게 어필되기 어렵고 오히려 외면당할 확률이 높다.

따라서 많은 속성들 중에서 소비자들이 제품을 구매할 때 중요하게 여기는 의미 있는 속성을 신중히 선정하되, 마케팅 담당자의 생각이 아닌 충분한 소비자조사를 통해 선정된 것이어야 한다. 예를 들어 패스트푸드점의 포지셔닝 맵을 다음과 같이 그려 볼 수 있다.

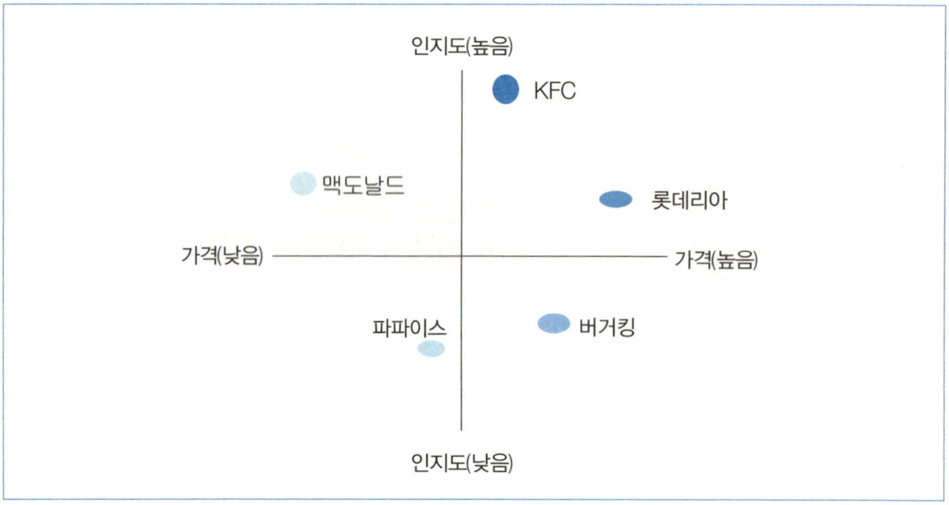

포지셔닝 맵을 그려 봄으로써 크게 5가지 측면에서 유용한 정보를 얻을 수 있다.

지각상 시장공백 규명 충분한 시장성이 있음에도 경쟁제품이나 자사제품이 소고하지 않은 시장의 빈곳을 알려 줌으로써 신제품의 개념을 적절히 선정할 수 있다.

자사제품의 현위치 파악 자사제품이 소비자에게 어떻게 인식되고 있는지 보여준다.

경쟁자 및 경쟁상황 파악 자사제품의 위치와 가까운 경쟁자가 누구이며, 자사 주변에 얼마나 많은 수의 경쟁자가 있는지를 알려 준다. 포지셔닝 맵 상에서 가장 가까운 거리에 있는 제품일수록 서로 경쟁관계에 있고 대체가 가능한 제품이다.

이상점(Idel point) 파악 소비자가 가장 이상적으로 생각하는 제품의 속성 상태를 파악함으로써 신제품 개발이나 자사제품의 개선에 있어 이상점으로 삼을 수 있다.

마케팅효과 측정 정기적으로 자사제품의 위치를 추적·조사하여 포지셔닝 맵을 그려봄으로써 의도한 포지셔닝이 되었는지 확인할 수 있다. 그러므로 자사의 마케팅 믹스전략이 얼마나 효과가 있는지 알 수 있게 된다.

포지셔닝전략의 유형

포지셔닝전략의 유형은 다음과 같다.

제품속성에 의한 포지셔닝 제품의 기능적 편익이나 속성을 경쟁제품과 차별화하여 소비자에게 인식시키기 위한 방법이다. 예를 들면 브랜닥스치약의 충치예방이나 랜드로바의 편안한 정장구두, 삼성의 삶는 세탁기의 삶은 효과 광고 등 제품의 우수성과 차별성을 포지셔닝하였다.

경쟁자와 관련한 포지셔닝 소비자가 인식하고 있는 기존 경쟁제품과 비교함으로써 자사제품의 편익을 강조하는 방법으로 일종의 비교광고에 의한 포지셔닝 전략이다. 예를 들면 세탁세제시장에서 애경 등이 세척력을 강조한데 비해 중소기업인 무궁화유지는 소비자들이 집들이 선물용으로 세제를 많이 구입하는 사실을 알고 자사제품 "브라이트"가 이삿집 선물용으로 적합한 것으로 포지셔닝하여 성공한 사례가 있다.

제품군에 의한 포지셔닝 소비자들이 특정 제품군에 대해 좋게 평가하고 있는 경우 자사의 제품을 그 제품군과 동일한 것으로 포지셔닝하고, 반대로 소비자들이 특정 제품군에 대해 나쁘게 평가할 경우 자사 제품을 그 제품군과 다른 것으로 포지셔닝하는 방법으로, 예를 들어 코카콜라에 비해 시장우위를 점하지 못한 세븐업은 uNcOLA라는 광고 메시지를 통해 콜라성분이 함유된 청량음료가 아니라는 사실을 강조하면서 콜라에 대한 소비자의 부정적인 생각을 부각시켜 큰 성공을 거둔 바 있다.

사용자에 의한 포지셔닝 제품이 특정 사용자 계층에 적합한 것으로 포지셔닝 하는 방법으로, 예를 들자면 예전에 대우의 "티코"는 젊은 신혼부부를 광고에 등장시켜 이들에게 적합한 실용적인 차임을 강조했었고, 샴푸와 린스를 따로 쓰지 않는 겸용샴푸 "하나로", "랑데뷰" 같은 제품은 아침시간에 바쁜 직장인·맞벌이부부들을 광고에 등장시켜 시간을 절약할 수 있는 제품으로 포지셔닝 하였다.

가격 · 품질 · 유통에 의한 포지셔닝 광고나 PR 등의 촉진에 의한 이미지 가공 방식이 아닌 제품이나 가격 · 품질 등 구매 관련 속성을 자극하여 포지셔닝 하는 방법으로, 예를 들면 삼성 "하우젠"의 품질과 가격, 판매장 차별 등의 방식으로 소비자의 인식을 자극한 것이 좋은 예라 볼 수 있다.

4 시장지위에 따른 마케팅전략

시장 지위에 따른 마케팅 전략은 대략 다음과 같은 것들이 있다.

시장선도전략

최대의 시장점유율과 시장지배력을 확보하려는 전략으로 통산 시장선도기업이 사용한다. 시장선도기업은 경쟁기업들의 표적이 되므로 경쟁자에 대한 시장의 방어적 공격전략을 취하는 경우가 많다.

"바비" 인형으로 잘 알려진 마텔(Mattel)社는 1945년 미국의 루스 핸슬러와 엘리엇 핸슬러 부부가 설립한 장난감 제조 회사이다. 어느날 엘리엇 핸슬러 부인은 딸 아이가 종이인형을 가지고 어른 흉내를 내며 노는 것을 보게 되었다.

그녀는 딸아이의 모습에서 어린 소녀들이 숙녀에 대해 동경심리를 갖고 있음을 간파한 어린이용 인형이라면 귀엽고 통통한 모습의 깜찍한 인형이 당연시되던 시대에 핸슬러 부부는 일반적인 상식을 뒤엎고 어린이용 성인인형을 만들었던 것이다. 그런 인형이라면 사지 않겠다.'라는 시장조사결과에도 불구하고 핸슬러 부부의 성공에 대한 신념은 매우 확고했다. 어린 소녀들이 꿈꾸던 아름다운 숙녀 모습의 "바비" 인형은 시장에서 폭발적인 인기를 모으며 성공을 거두었다. 100여 가지가 넘는 다양한 모습으로 재탄생하고 있는 "바비" 인형은 지금도 1초당 3개꼴로 팔리며 인형시장을 선도하고 있다.

시장도전전략

시장에 완전히 새로운 표준을 확립하는 것으로 이 전략은 근본적으로 혁신이란 것과 관련이 있다. 시장도전전략은 현재 브랜드들이 충족하지 못하는 욕구를 발견하고 경쟁사보다 우월한 기술력을 토대로 강력한 신상품이나 브랜드를 출시하는 전략이라고 볼 수 있으며, 역량과 자원에 있어서 리더보다는 미흡하지만, 리더의 역량과 자원의 우월성으로 직접 공략하여도 버틸 수 있는 충분한 역량을 보유하고 있어야 한다.

화학 조미료 시장 리더인 "미원"에 대해서 천연 조미료라는 측면 시장을 공격한 "다시다"의 천연조미료 시장 1위 전략이라든지, 숙성 · 맛 등을 강조하던 "OB" 맥주에 대해 "하이트" 맥주가 「깨끗한 물」이라는 새로운 욕구로 제품의 표준을 변화시킨 경우가 시장도전전략의 성공사례로 볼 수 있다.

시장추종전략

선도기업이나 도전기업에 비해 약한 시장점유율과 브랜드력을 가진 시장추종기업에서 많이 활용하는 전략으로 대체로 선도기업의 제품이나 가격 등을 모방하거나 부분적으로 개선하는 전략이라고 볼 수 있다.

현재 국내에는 대표적으로 SK텔레콤, KT, LG텔레콤 이렇게 3개의 이동통신 업체가 있는데, 먼저 이들 3사의 마케팅전략의 큰 틀을 비교분석해 보면 선도기업, 도전기업, 추종기업의 특색이 뚜렷이 구별됨을 알 수 있다.

SK텔레콤은 가장 먼저 이동통신 분야에 진출하여 현재까지 높은 브랜드 자산을 이용한 선도기업의 자리를 꾸준히 고수하고 있으며, KT는 다양한 부가서비스를 무기로 하여 SK텔레콤을 추격하고 있다. LG텔레콤은 선도기업인 SK텔레콤의 전략을 모방하면서 저가로 제공하는 전략을 고수하고 있는데, 여기에서 LG텔레콤이 시장추종기업이라고 볼 수 있다.

시장틈새전략

대기업 등이 뛰어들지 않은 시장에서 독자적 지위를 구축한 틈새기업이 사용하는 전략이라고 볼 수 있다.

폭스바겐이 미국에 진출했을 당시 미국에는 소형차라는 것이 없었고, 못 사는 나라도 아니고 기름도 생산되는 나라인데다 체격들도 크고 자동차 회사들도 계속 큰 차들만 만들어냈다. 그런데 갑자기 못생긴데다 작은 차 「비틀」이 나오니 모두들 관심을 가졌고, 폭스바겐에서도 대형차와 비교하거나 못생기지 않았다라고 이야기하지 않고 작지만 못생기고. 라는 식으로 소비자에게 어필을 했다. 당시 폭스바겐의 광고를 보면 잘 이해가 되는데 차는 귀퉁이에 조그맣게 올려 두어 작은 자동차라는 것을 강조했고, 연비를 내세우는 등의 전략과 경쟁 상대가 없었던 것이 가장 큰 성공요인이라고 볼 수 있다.

【Tip】 Niche Market/틈새시장

기존의 세분시장 틈 사이에 소비자욕구가 존재하는 더욱 세분화된 시장이다. 니치마켓은 아직 충족되지 못한 욕구가 있는 작은 시장이며 이러한 시장은 하나의 세분시장 속에서도 존재할 수 있다. 다시 말해 니치마켓은 시장기회를 찾기 위한 목적으로 소비자의 독특한 새로운 욕구를 찾아 시장세분화의 기준을 더욱 많이 적용하여 설정한 상대적으로 작은 시장을 말한다. 소비자욕구가 점점 더 섬세하게 분화되는 추세와 맞물려 니치마켓이 각광받고 있으나 일반적으로 그 규모가 작고 시장자체도 동태적이기 때문에 신속성과 전문성이 수반되지 않으면 실패할 우려가 높은 시장이다.

5 마케팅믹스

경영전략상 기능별전략의 하나인 마케팅전략에 있어서 계획한 마케팅 목표를 달성하기 위하여 여러 가지 전략을 종합적으로 실시하는 것으로서 제품 · 유통경로 · 가격 · 촉진)의 네 가지 요소인 4P를 합리적으로 결합하는 것을 마케팅 믹스라고 한다. 제품의 특성과 그것이 판매되는 장소 · 판촉방법 · 가격이 적절히 어울려 졌을 때 비로소 제품판매가 극대화될 수 있다. 따라서 이들 중 하나의 구성요소에 변화를 가져다 줄 경우 나머지 모든 구성요소에 변화를 가져오게 된다. 4P는 내부적으로 일관성이 있으면서 상호 보완적이어야 한다.

Product(제품)

마케팅믹스전략의 가장 기본이 되는 선결요건으로 좁은 의미에서는 고객에게 팔려고 하는 상품을 말하고, 넓은 의미에서는 고객의 욕구를 충족시킬 수 있는 유형 · 무형의 모든 것을 말한다.

제품관련 결정 중 가장 중요한 것은 어떻게 차별화할 것인가이다. 차별화란 소비자가 가치 있게 생각하는 어떤 것을 제공하기 위하여 독특한 특성을 갖추는 것을 말한다. 독특한 점을 통해서 경쟁사보다 더 높은 가격을 받을 수 있거나, 같은 가격에 더 많은 제품을 팔릴 수 있으면 성공한 차별화인 것이다.

제품 차별화 방법으로는 다음과 같은 것들이 있다.

- 제품에 새로운 특징을 첨가한다.
- 소비자의 특성에 맞게 제품을 맞춤화 한다.
- 디자인을 변형시킨다.
- 워런티, 환불제도를 강화해 신뢰도를 높인다.
- 포장이나 외장의 색깔 · 모양 · 재질을 바꾼다.
- 크기를 바꾼다.
- 서비스를 첨가한다.
- 브랜드를 강화한다.

다음으로 제품전략에서 고려해야 할 사항은 제품수명주기(Product Life cycle)의 역량이다. 제품시장이 성장기에 있다면 새로운 기능을 첨가하는 것이 중요하고 성숙단계의 시장에서는 가격경쟁력을 갖추는 것이 중요하다. 즉, 제품의 PLC에 맞는 제품특성을 갖고 있어야 하는 것이다.

[Tip] 제품수명주기(Product Life cycle)

하나의 제품이 시장에 도입되어 폐기되기까지의 과정을 말한다. 이 수명의 장단(長短)은 제품의 성격에 따라 다르지만 대체로 도입기 · 성장기 · 성숙기 · 쇠퇴기의 과정으로 나눌 수 있다. 이 가운데 특히 기업이 노력을 전개해야 할 부분은 도입기와 성장기이며 기업은 성장을 위해서 언제나 성장기에 있을 만한 제품을 라인에 끼워 두고 신제품 개발이나 경영의 다각화를 시도하여야 한다.

Place(유통경로)

제품이나 서비스가 생산자로부터 최종소비자에게 전달되는 구조적인 과정을 의미한다. 유통경로전략의 단계별 결정에는 유통범위의 결정요인으로 다음 세 가지를 들 수 있다.

첫째, 개방적 유통경로 전략

개방적 유통경로는 가능한 자사의 제품을 취급하기를 원하는 유통점들로 하여금 아무나 자사 제품을 취급할 수 있도록 하는 것이다. 이러한 제품은 이미 소비자들에게 제품이 충분히 노출 되어진 경우로서 대표적인 예가 편의점에서 취급하는 제품군들이 이에 속한다.

둘째, 전속적 유통경로 전략

전속적 유통경로는 일정한 지역에서 오로지 하나의 유통점만이 자사의 제품을 독점적으로 취급하도록 하는 것이다. 이러한 유통경로전략이 적용되는 케이스가 자동차 · 귀금속 · 고급의류 등 대부분 고가품들이 이에 속한다.

셋째, 선택적 유통경로전략

선택적 유통경로는 자사의 제품 매출액을 많이 올릴 수 있는 유통점들만 제한하여 자사 제품을 취급토록 하는 것으로 특정 백화점의 명품 브랜드 제품군들이 대표적으로 이에 속한다.

유통 경로를 설계할 때 있어서 일반적으로 고려해야 할 사항들은 다음과 같다.

- 고객의 특성 : 고객의 수, 지역적 분산정도, 구매패턴, 판매방법에 따른 감수성
- 제품의 특성 : 소멸성 또는 부패성, 부피, 표준화 정도, 요구되는 설비 및 유지 서비스, 제품가격
- 중간상 특성 : 이용가능성, 제품 또는 제품계열의 수용정도, 강점과 약점
- 경쟁기업특성 : 재무적 강점, 제품믹스, 과거의 유통경로 경험, 현재의 마케팅 전략
- 환경적 특성 : 경제적 조건, 법적규제 및 제한

Price(가격)

제품과 서비스의 효용 및 가치로서 소비자에게는 제품의 가치를 금액으로 표시한 것으로써 상품과 화폐의 교환비율을 의미한다. 따라서 가격이란 제품이나 서비스를 소유 또는 사용하는 대가로 지불해야 하는 금전적 가치를 말한다.

가격전략의 유형은 다음 네 가지로 요약할 수 있다.

첫째, 마케팅 목표에 따른 가격전략

제품이 PLC상에서 성장기 · 성숙기로 접어들면 시장에서의 경쟁이 치열해지게 되며, 이때 가격은 가장 강력한 경쟁 수단이 된다. 따라서 가격전략은 환경에 맞게 자사의 마케팅 목표에 따라 종합적으로 결정되어져야 한다.

둘째, 매출 증대를 목표로 한 가격전략

단기적인 이익이 크지 않더라도 매출을 높이고 시장점유율을 확대하여 장기적인

이익을 목표로 하는 가격전략이다. 매출 지향적 목표를 설정하게 되면 적정한 마진을 설정해서 대량생산을 통해 가격을 낮추고, 대량판매를 유도하여 시장점유율을 높일 수 있는 마케팅믹스를 설계해야 하다.

셋째, 현상유지를 목표로 한 가격전략

자사 제품이 시장에서의 지위를 어느 정도 확보하고 있을 때 차별화 전략으로 경쟁에 적절히 대응하며 가격을 안정시키는 가격전략이다. 마케팅믹스에 의한 차별적 전략으로 시장점유율을 유지하고 소비자의 우호적 태도를 이끌어내며 경쟁제품과는 가격경쟁을 피하는 방법이다.

넷째, 이익극대화를 위한 가격전략

가격전략의 목표가 이익극대화일 때 한계이익과 한계비용이 같아지는 점에서 이익 극대화가 이루어지게 된다. 단기적인 이익에 급급하게 되면 고가격 및 독점이윤만을 추구하게 되어 장기적인 기업성장에 장애가 될 수도 있다. 그래서 기업은 가격결정의 목표로 이익극대화보다는 목표이익이나 시장점유율을 목표로 선택하는 경향이 있다.

Promotion(촉진)

현재의 고객과 잠재고객과의 커뮤니케이션 활동을 전개하여 상품을 알리고 다른 상품과 비교하여 설득하고 소비자의 구매성향을 바꾸어 나가는 마케팅 활동으로 대인판매 · 광고 · 홍보와 선전 · 판매촉진 등이 있다. 다른 마케팅전략과 마찬가지로 판매촉진전략을 추진할 때는 달성하고자 하는 목표를 결정하고 현재 사용하고 있는 광고나 다른 촉진전략 그리고 이전에 사용했던 촉진전략과의 연계성을 고려하는 것이 무엇보다 중요한 일이다.

모든 촉진도구가 궁극적인 목표를 향해서 기획되지만 각각의 촉진도구들은 상황과 필요에 따라 다른 목적으로 사용되어지기 때문이다. 일반적으로 사용하는 소비자 판매촉진전략은 샘플링 · 쿠폰 · 프리미엄 · 리베이트 · 콘테스트 · 보너스팩 · 가격할인 · 이벤트 등으로 나눌 수가 있는데, 이들을 단순히 용도에 따라서 나열하고 필요에 따라서 그때그때 사용하는 것이 아니라 소비자가 지각하는 효과에 따라서 다시 분류하여 체계적으로 관리할 필요가 있다.

제품 특성과 대상 소비자들의 특성에 따라 다양한 촉진전략들을 자사의 특정 기준을 가지고 유사성을 통해 크게 몇 가지고 나눌 수 있다면 어떤 개별적 전략을 활용하기 적절하지 않은 때 대안적으로 가장 유사한 효과를 얻을 수 있는 전략을 즉각적으로 활용할 수 있고, 일정한 과정을 통해서 대상 소비자들의 변화를 파악하는 효과도 얻을 수 있다.

새로운 판매촉진전략을 만들어서 경쟁사보다 먼저 소비자들에게 적용하는 것도 중요하지만 좋은 전략을 단면적으로 활용하는 것은 경쟁자의 즉각적인 대응으로 약화될 수 있고, 늘 경쟁자보다 좋은 전략만을 먼저 제시할 수 있는 것은 아니기 때문에 촉진 전략을 체계적으로 구조화하여야 한다.

04 기술개발(R&D)전략

R&D전략은 제품혁신 및 개선과 관련된 제품R&D와 공정상의 혁신과 개선을 관리하는 공정 R&D로 나눌 수 있다. 또한 기술개발전략은 제품 · 공정 등 다양한 종류의 R&D를 적절히 혼합하는 문제와 내부개발 · 외부인수 또는 전략적 제휴 중 어떤 방법을 통해 새로운 기술을 획득하는가의 문제도 다룬다. 기업의 경쟁력은 기업규모와 유형자산의 크기에 있는 것만이 아니라 그 기업이 보유하고 있는 지식가치나 무형자산의 가치에 의하여 결정된다 해도 과언이 아니다. 따라서 기업의 가치를 창출하거나 증진시키고 경쟁력을 높이기 위한 기술개발 전략은 기업생존을 위해서는 반드시 필요로 하는 일이다. 그러므로 먼저 기술개발의 목적과 연구개발 활동의 특성을 이해하는 것이 무엇보다 우선 선행되어야 한다. 얼마나 많은 투자를 하느냐하는 것도 중요하지만 어떤 부문에 · 어떻게 · 무슨 목적으로 기술개발 투자를 하므로 장기적인 경쟁력을 강화하고 경쟁우위를 지속할 수 있느냐 하는 것도 전략적 과제라 하지 않을 수 없다.

기술개발의 전략적 목적이라 함은 기존제품의 경쟁력 강화뿐만 아니라 신제품이나 새로운 서비스의 개발을 통해 매출과 수익을 증대하는 것은 물론 새로운 시장을 개척하고 신사업 개발을 통한 사업구조의 재조정을 할 수가 있다. 이러한 노력은 기업의 대외적인 이미지 제고뿐만 아니라 기업의 명성을 얻는데 크게 기여하게 된다. 연구개발의 전략적 목적은 현재의 제품시장과 기술능력을 활용하여 단기 수익을 창출하고자하는 활용기술개발과 새로운 시장과 새로운 기술능력을 창출하여 장기적 생존력을 높이기 위한 탐색기술개발로 구분할 수 있다.

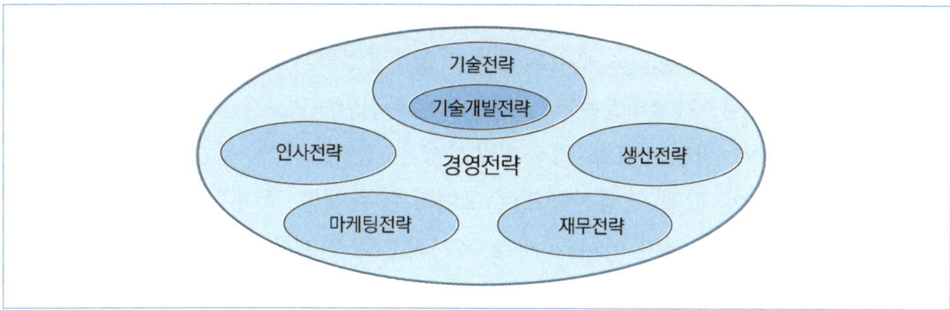

▲ 경영전략과 기술개발전략과의 관계

1 기술개발전략의 정의

기술개발전략이란 단순히 연구관리에 관한 전략은 아니다. 기술개발전략은 경영전략의 일부분으로서 그 중요성이 증가하고 있으며 경영전략과 서로 유기적인 관계를 유지해야만 하는 전략이다. 과거 우리나라의 많은 기술경영자나 기술개발부서 혹은 연구자들은 기업의 경영전략과 기술개발전략은 상관없는 것으로 여겨 기업은 기업대로

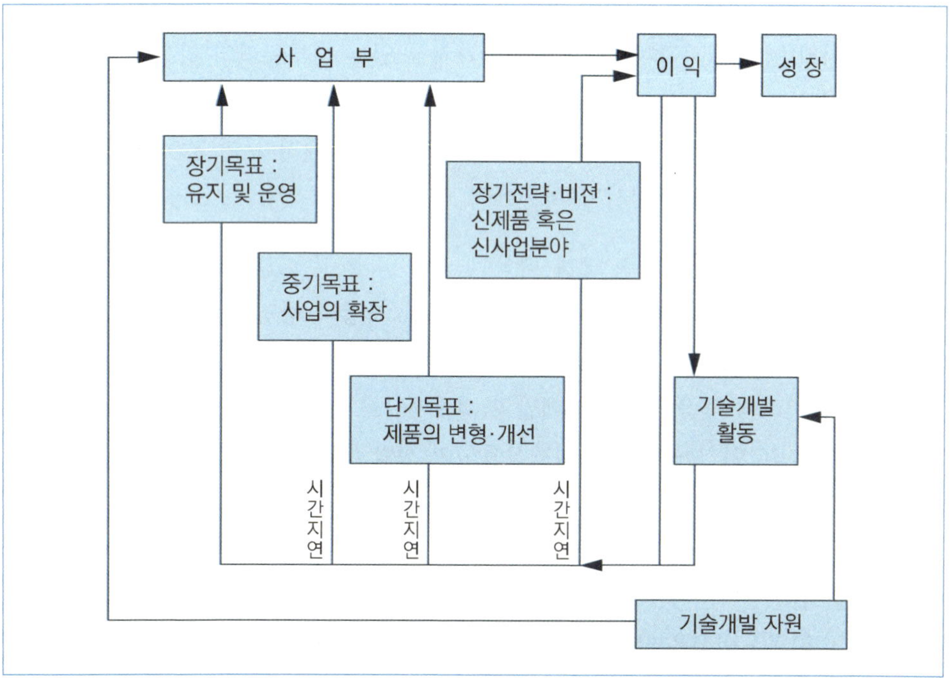

▲ 기술개발의 과정

연구소는 연구소대로 운영되어 왔음이 사실이다. 하지만 기술혁신이 기업의 성패를 좌우하는 가장 중요한 요인으로 부각되면서 기술개발전략과 기업전략의 연계는 매우 중요한 과제가 되었다. 기술개발은 기술경영의 부분집합이며, 기술경영은 기업경영의 부분집합이다. 이와 마찬가지로 기술개발전략은 경영전략의 부분집합이다. 이는 경영의 부문별전략이 크게 경영전략으로 모여지는 관계를 보여주고 있으며 각각의 기능별전략이 독립적인 것이 아니라 서로 유기적으로 연계를 맺고 있음을 보여주고 있다. 또한 기술개발전략이 경영전략의 부분집합이라는 것도 나타내고 있다.

경영전략 및 기술개발전략은 전략의 목표에 따라 차별화전략 · 원가중심전략 · 혹은 선별전략 등으로 나누기도 하며 기업의 대응태도에 따라 공격형 · 방어형 · 분석형 · 수동형으로 나누기도 한다.

2 기술개발전략의 수립과정

기본적으로 경영전략과 기술개발전략의 전략수립과정은 비슷하다. 일반적으로 전략수립 시 SOWT분석을 많이 사용한다. SOWT는 강점(Strength), 기회(Opportunity), 약점(Weakness), 위협(Threat)의 약자로서 의미하는 바는 현재 기업이 처한 외부환경이 위협인지, 기회인지 분석하고 기업이 가지고 있는 내부능력의 강점과 약점을 분석하는 것이다. 기업내부능력 평가시에는 기능별로 인사 · 재무 · 마케팅 · 기술 · 생산 등으로 나누어서 분석한 후 이것을 종합한다. 위의 그림에서 보면 TOWS분석을 거시적 차원에서 하고 다시 미시적 차원에서 하는 것에 유의할 필요가 있다.

기술개발계획의 수립과정은 크게 다음과 같이 나눌 수 있다.

첫째, 기술전략 단계에서는 SOWT분석을 거친 기업의 경영전략과 조화를 이루는 기술전략을 수립한다.

둘째, 기술전략에 대응하는 기술개발의 전략대안을 설정한다. 이 과정은 기술개발과정에서의 아이디어 창출과정과 일맥상통하며 전략과제 선정에 앞서 아이디어를 모으는 과정이다.

셋째, 아이디어 창출과 바람직한 선정기법 또는 전문가를 활용하여 가장 적절한 전략과제를 선정한다.

넷째, 기술의 획득방식은 자체개발, 외부기술 구매, 공동개발형식(위탁기술개발), 기술동맹(기술이전의 한 방법)의 방식으로 대별할 수 있으며 이에 따른 세부실천계획을 수립한다.

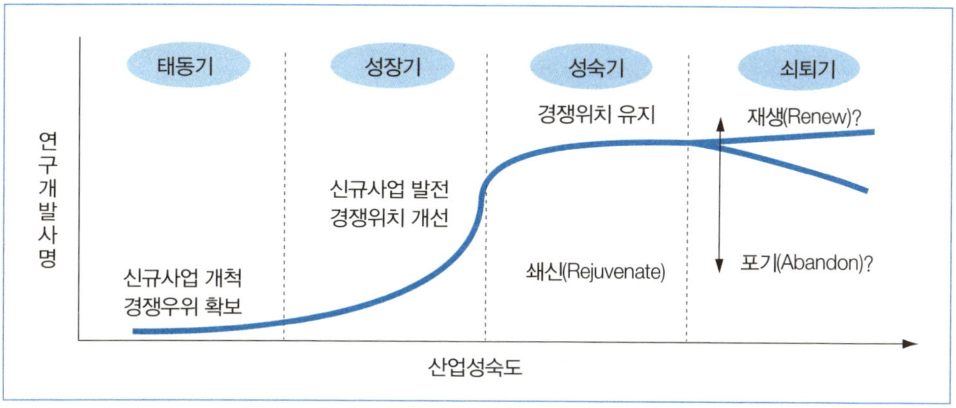

▲ 산업 Life-Cycle에 따른 R&D의 사명

기술개발전략은 기업의 제품 포트폴리오나 제품의 수명주기 등에 따라 단기 · 중장기 기술개발전략을 세워 나가야 한다. 제품에는 나름대로의 수명주기가 있으므로 언젠가는 시장에서 사라지게 되어 있다. 기업이 시장에서 높은 점유율을 유지하고 많은 이익을 내더라도 다음 제품에 대한 준비가 없으면 그 제품의 수명이 다할 경우 심각한 문제에 직면하게 될 것이다.

일반적으로 기술개발에는 많은 선행시간(lead time)이 요구되기 때문에 당장 이익을 창출하지는 못하더라도 미래의 이익창출을 위해 중 · 장기 기술개발전략을 세우는 것은 필수적이다.

전략대안을 선정할 때 유의할 점은 가상된 개별적 상황 하에서 기술개발 활동의 성패요소를 분석하는 일이다. 왜냐하면 전략의 상황과 목적을 너무 단순화하거나 하나로 가정하는 것은 불확실한 환경에 적절히 대응할 수 있는 유연성을 희생하는 결과를 가져오기 때문에 되도록이면 많은 상황 아래에서 SOWT분석 및 기술개발 성패요소를 분석한 후 전략대안을 설정하도록 하여야 할 것이다. 연구책임자가 기술개발 전략의 형성과정에 참여하는 것은 당연한 일이다. 기술개발전략을 수립하기 위해서 연구소가 가지고 있는 기술수준 및 연구시설 등을 포함한 모든 개발능력을 파악하고 기술획득 시 어떠한 방법으로 기술을 획득하여야 하는가에 대한 전문적인 지식을 가지고 있어야만 한다. 왜냐하면 기술개발전략을 수립하는데 기술개발 관리자들만 참가하는 것은 위험한 일이기 때문이다. 기술개발전략을 수립하기 위해서는 경영전략도 알아야 하고, 시장환경과 기술개발에 필요한 계원조달 및 기술개발이 외의 것도 알아야 하기 때문이다. 따라서 기술개발 전략을 수립하기 위해서는 연구책임자들과 기술개발관리자들 그리고 기술개발에 관련된 부서의 관리책임자들이 함께 참여하여 기술개발 전략을 수립하는 것이 바람직하다.

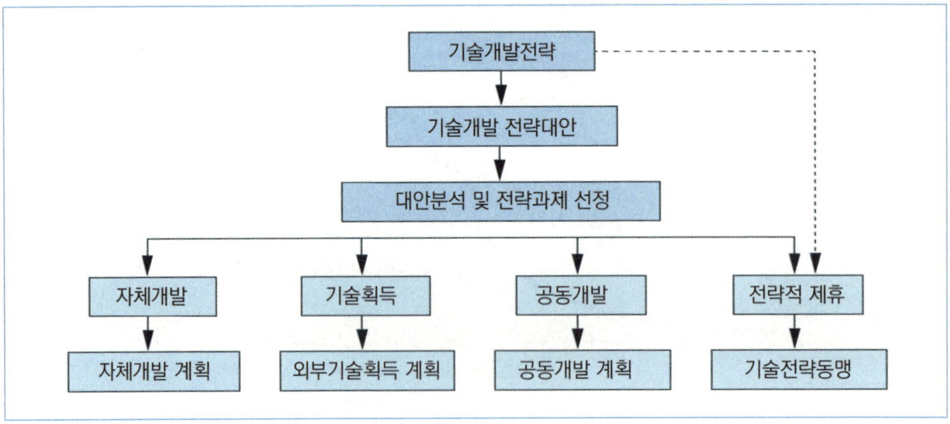

▲ 기술개발계획 수립절차

3 기술개발전략의 유형

점진적 연구개발	• 작은 규모의 연구와 큰 규모의 개발[Small 'R' and Big 'D'] • 기존의 과학 및 지식을 바탕으로 약간의 기술적 발전 도모 • 전형적인 예는 생산비용의 '절감' 낮은 위험과 적은 보상이 특징
혁신적 연구개발	• 큰 규모의 '연구'와 큰 규모의 '개발'[Large 'R' and Often Large 'D'] • 새로운 지식을 발견하여 이를 유용한 방향으로 응용하는 것 • 상당한 규모의 기술적 위험과 비용 그리고 시간이 소요, 선행연구나 타당성 분석으로부터 출발, 높은 위험과 높은 보상이 특징
기초적 연구개발	• '개발' 활동은 하지 않는 큰 규모의 '연구'[Large 'R' and No 'D'] • 미래(8~15년 정도)의 잠재적 기술분야 연구능력을 키우며, 잠재적 기술을 상업화할 준비를 하는 것 • 기업경영진이 반드시 결정해야 하는 가장 힘든 전략적 의사결정 • 높은 위험과 높은 보상이 특징

연구개발 유형	기술적 성공 가능성	완료기간	경쟁효과	경쟁우위 유지기간
점 진 적	• 매우 높음 • 통상 40~50%	• 단기 • 통상 24개월	작지만 필요함	• 단기 • 통상 경쟁기업에 의하여 모방됨
혁 신 적	• 초기단계에서는 낮음 • 통상 20~40%	• 중기 • 통상 2~7년	큼	• 장기 • 종종 특허에 의하여 보호됨
기 초 적	• 초기단계에서 평가 곤란함 • 연구개발 개념에 좌우됨	• 장기 • 통상 4~10년	큼	• 장기 • 종종 특허에 의하여 보호됨

4 R&D의 New Mission

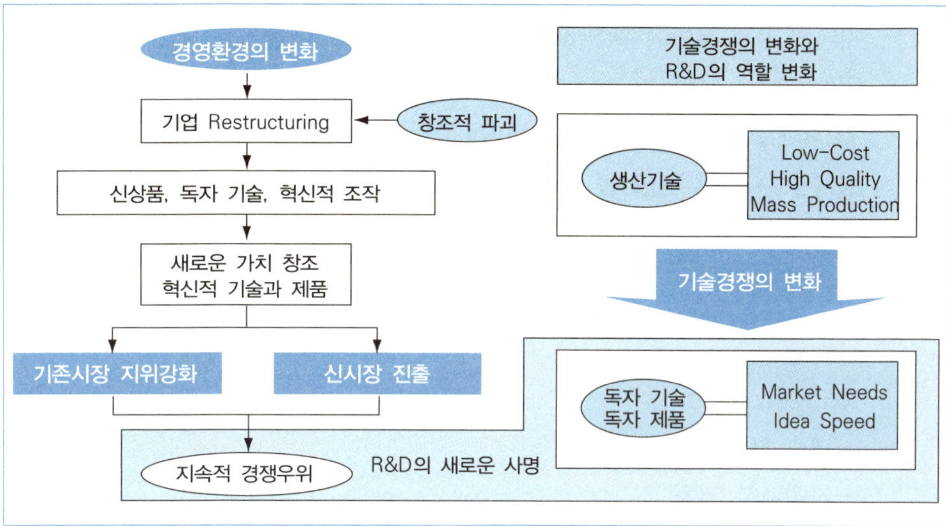

R&D전략의 2가지 중점사항

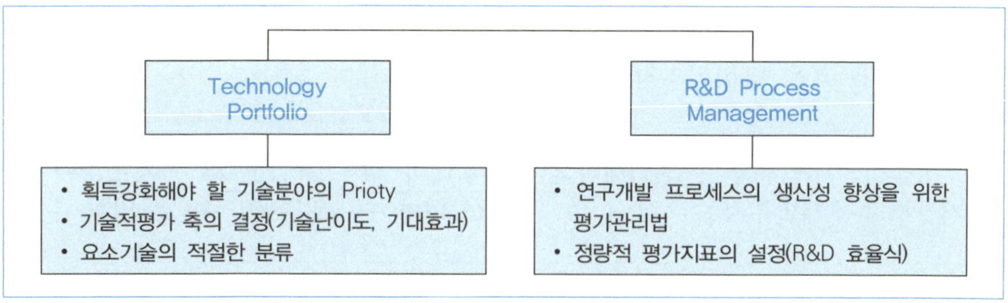

TPM(Technology Portfolio Management)

- 기술전략 수립시 먼저 명확히 하여야 할 것은 자사가 획득·강화해야 할 기술영역
- TPM에 의해 차세대 혁신 기술의 가능성을 탐구하는 장기적 기초연구와 개별기술의 제품화·사업화를 위한 단·중기적 개발연구와의 균형 필요
- 기술 테마별로 자사가 대처해야 할 방침의 명확화
- 요소기술의 우선순위(Priority)결정

- 시간 축과의 관계, 즉 기술혁신의 스피드나 중장기적 Trend를 고려하여 요소기술의 Priority 결정
- 자사의 사업 분야에 관한 요소 기술 도출 ⇒ 요소기술의 중요도에 따른 가중치(weight) 부여
- TPM과 PPM(Product Portfolio Management)
- 회사를 구성하는 SBU를 시장매력도와 자사의 강점이라는 2개의 축으로 하여 Portfolio 중에 표기하고, SBU마다 경영자원배분 등에 관한 합리적인 전략 방침을 결정하는 것이다.

R&D Management

- R&D Process
  - 연구개발 테마 선정
  - 자원배분 결정
  - 연구개발 추진 및 프로세스 Monitoring
  - 연구개발성과 평가
  - 연구개발성과 사업화
  - 추적(Follow-up) 평가
- R&D 효율 방정식 : 각 프로세스의 지표

$$\frac{\text{사업수익}}{\text{개발투자}} = \frac{\text{Idea 수}}{\text{개발투자}} \times \frac{\text{R\&D테마 수}}{\text{Idea 수}} \times \frac{\text{완결테마 수}}{\text{R\&D테마 수}} \times \frac{\text{사업화 수}}{\text{완결테마 수}} \times \frac{\text{사업수익}}{\text{사업화 수}}$$

- 조직 · 제도상의 지원
- 연구개발파트의 인적자원 및 조직 관리는 일반적인 본사의 관리직과는 다르게 평가 · 관리하여야 한다.
- 철저한 평가관리와 함께 프로젝트 성공 시 보상시스템도 동시에 제도화하여야 한다.
- 개인의 능력을 최대한 발휘할 수 있는 조직 및 문화
- 창의성, 자율성
- 제도개선→Flexible-time, Incentive, 복선형 조직구조, 연구직 Career Path 등

5 프로젝트수행 프로세스

단계	내용	비고
중장기 경영전략 R&D 전략	• 경영환경 · 산업 및 시장 동향 분석 • 기술동향 예측 • 경영전략 및 경영목표 수립	전략수립
프로젝트 기획	• R&D 전략과의 적합성, 시장니즈 적합성 • 정보의 수집 및 분석(미래 동향 예측), 적시정(Timing) • 자사의 기술력(독창성, 경쟁력, 미래 잠재력)	아이디어/과제 제안
프로젝트 선정 · 평가	• 사전 평가 • 기대 효과(유용성, 추진가능성, 경제성) • 달성/실현 가능성	
프로젝트 추진 및 중간 평가	• 효율보다 효과 중시 • 연구원 육성 및 조직 활성화 • 프로젝트 추진 장애요인 제거 • 평가 : 계속/수정/중단	
성과 평가 및 사업화	• 프로젝트 결과(성과) 평가 • 성과 이전을 위한 사업주체의 조기 확정 • 성과 이전 후 추적(Follow-up) • 사후 평가(수익성, 생산성, 파급효과 등)	• 연구결과 평가 • 상품 · 상업화 평가 • 추적 평가 ※ 연구원 평가

R&D 각 단계별 생산성 저해요인

연구과제 설정 및 선정에 관련된 요인

- 리스크를 겁내고, 회피하는 안전한 연구과제
- 경영전략 및 R&D전략과 괴리된 연구과제
- 유용성, 경쟁우위, 경쟁력 포인트가 불명확한 연구과제
- 기술적으로 실현가능성이 낮은 연구과제
- 자사의 R&D능력과 연결되지 않은 연구과제
- 자사의 사업체질과 맞지 않는 연구과제

연구과제 추진 평가관리와 관련된 요인

- 연구와 개발의 차이, R&D 유형에 따른 평가관리를 이해하지 못한다.
- 기술축적이나 기술능력의 효과를 발휘하지 못한다.
- Output증가보다 Input감소를 지향한다.
- R&D 자원의 투입시기와 예산 등이 적절하지 못하다.
- 산업환경 · 시장의 변화 · 기술의 진보 · 경쟁자 동향을 무시한 추진
- 모든 것을 자력으로 완수하려는 생각에 빠져있다.

연구과제 성과에 관련된 요인

- 시장출시 타이밍을 놓치고 있다.
- 고객을 특정화하지 않고, 사용자의 편리성 · 논리 등을 생각하지 않는다.
- 연구실에서의 성공이 시장/고객에게서도 성공하리라는 생각에 젖어 있다.
- 사내 관련 부문간의 협력 · 시너지 효과가 불충분하다.
- 연구성과의 상업화를 위한 기술이전 및 생산 · 마케팅 부문간 협력이 부족하다.
- 중지해야 할 과제를 적시에 중지하지 못한다.

05 생산전략

모든 산업분야에서 경쟁은 더욱 치열해지고 있다. 이와 같은 경향은 향후에도 계속될 것이며 시장경쟁에서 살아남기 위해서는 경쟁기업으로부터 차별화하고 경쟁우위를 확보하는 방법을 필요로 한다. 차별화의 수단으로 이용할 수 있는 것은 가격 · 품질 · 공급(납품)능력 · 제품다양성 등이다.

이들 특성은 주로 생산기능에 의하여 형성된다. 그러므로 생산기능은 소중한 경쟁무기로 활용될 수 있다. 이와 같이 중요한 생산기능을 효과적으로 이용하기 위해서는 생산전략이 필요하게 되는 것이다.

최고경영층은 경영목표와 전략을 효과적으로 추진하고 달성하기 위하여 생산부문이 무엇을 어떻게 할 것인가를 제시하여야 한다. 이것이 바로 생산전략의 또 다른 측면이라 할 수 있다. 생산전략이 명시됨으로써 생산부문은 뚜렷한 방향감각을 가지고 경

쟁무기로서의 역할을 효율적으로 수행할 수 있는 것이다.

물론 생산전략 없이도 생산은 계속될 수 있는 것이다. 그러나 그것은 일관성 없이 방황하는 낭비와 비효율의 생산이 될 것이며 경쟁력 향상에 아무런 도움도 주지 못할 것이다. 생산전략의 성격 · 형성 · 사용법 · 관련이동 등 생산전략 전반에 관하여 살펴보기로 한다.

1 생산전략의 필요성

기업은 기업목적을 효과적으로 달성하기 위하여 전략적 계획시스템을 가동하고 그 결과로 일련의 전략체계를 형성하게 된다.

생산전략은 마케팅 전략 · 재무전략 등과 함께 기능전략의 일종을 형성한다. 과거의 전통적인 기업경영에서 생산관리는 현장의 기술적인 문제로 인식되어 경영층의 충분한 관심을 받지 못하였다. 또 생산은 전술적인 차원의 문제로서 경영전략과의 연관성이 희박한 것으로 생각되었다. 생산전략이 회사의 경쟁력향상에 기여하거나 경쟁우위의 원천이 될 수 있다고 생각한 기업이 그리 많지 않았다. 그러나 1970년대와 80년대에 이르러 생산기능에 대한 인식은 많이 달라졌다. 이 시기에 자동차 · 가전제품 · 모터사이클 등 여러 분야에서 초일류기업이 출현하여 세계시장에서 두각을 나타내었다. 이들 중에는 일본기업이 많이 포함되어 있었는데 그들의 성공비결을 많은 사람들의 관심사가 되었다. 한 마디로 이들 기업은 생산전략에 강점이 있었다. 좋은 제품을 값싸게 생산하여 신속하게 납품하고 신제품을 단시간에 개발하여 출시할 수 있었다. 이들은 품질 · 공급 · 유연성 · 생산원가 등 생산관리의 여러 측면에서 경쟁기업을 앞선 것이다. 이리하여 생산전략은 강력한 경쟁무기가 될 수 있다는 사실이 인식되었다. 경영자들은 생산관리의 역할을 재평가하게 되고 기업전략의 한 필수적인 부분으로서 생산전략의 필요성을 인식하게 되었다.

Michael Porter는 생산기능의 전략적 이용을 강조하였다. 그에 의하면 관리자는 생산유효성과 전략을 구별하여야 한다. 생산유효성이란 개별적인 생산활동을 잘 수행하는 능력을 말한다. 그런데 생산유효성 하나만으로는 장기적인 경쟁에서 성공하기 어렵다. 경쟁자들이 선도기업의 생산유효성을 쉽게 모방할 수 있기 때문이다. 실제로 1990년대에 각국 기업들이 일본식 생산관리를 도입하면서부터 일본기업의 경쟁우위는 거의 소멸되었다.

장기적인 경쟁력을 위해서는 생산유효성과 경쟁전략의 두 가지가 다 필요하다.

생산전략은 바로 이 두 가지 요소를 결합하는 것이라 할 수 있다. 관리자는 단순한 생산능률의 개선에 만족할 것이 아니라 유효한 생산전략을 형성하는데 관심을 가져야 한다. 기업은 생산전략의 개념을 도입함으로서 생산문제를 더욱 넓은 시각에서 다룰 수 있게 된다. 생산문제를 단순한 전술적 문제로 한정하지 않고 이를 외부환경 · 고객욕구 · 기업전략 등과 연관시켜 최적의 해결을 시도하는 것이다. 그렇게 함으로써 기업은 경쟁수단으로서의 생산기능을 치대한 활용할 수 있는 것이다.

생산전략은 기업이 시장에서의 경쟁우위를 확보하기 위하여 생산부문이 무엇을 어떻게 해야 하는가를 규정한 것이다. 이렇게 형성된 생산전략은 생산시스템의 구조와 운영에 관한 전략적 의사결정을 인도하는 지침이 된다. 생산전략은 사업전략을 기반으로 하여 형성된다. 사업전략에는 기업이 추구할 경쟁우선순위가 설정된다. 경쟁우선순위란 기업이 경쟁우위를 확보하기 위하여 추구하는 전략적 목적을 말하는데 생산부문과 관련된 경쟁우선순위에는 품질 · 납품 · 비용 · 유연성 등이 있다. 생산부문은 사업전략에 명시된 경쟁우선순위를 근거로 하여 이를 달성하기 위한 구체적인 계획, 즉 생산전략을 형성하게 되는 것이다.

생산전략은 포지셔닝전략과 일단의 전략적 의사결정으로 구성된다. 포지셔닝전략이란 제품디자인 · 공정형태 및 제품재고방침에 관한 선택을 말한다. 일단의 전략적 의사결정이란 제품/서비스, 품질, 공정/기술, 생산시설, 인적자원, 생산계획/통제 등 생산의 여러 세부분야에서의 기본적인 선택을 말한다. 이들 포지셔닝전략과 전략적 의사결정은 그 모두가 사업전략의 목적을 가장 효과적으로 달성하고 지원할 수 있도록 구상되는 것이다.

2 경쟁우선순위

고객이 제품/서비스를 구매할 때 그들이 기대하는 바람직한 특성이 있다. 예컨대 저렴한 가격 · 좋은 품질 · 신속한 납품 · 디자인의 다양성 등이다. 이들 특성은 제품가치를 부가시켜주는 요인으로서 소비자의 구매를 유도한다. 기업이 이들 특성을 경쟁수단으로 이용할 때 이를 경쟁우선순위라 한다.

비용(가격)

저원가생산 또는 그것을 바탕으로 한 저가판매는 시장경쟁에서 유리한 조건이 된다.

어떤 제품, 어떤 시장이건 저가격이 통하는 부분이 있다. 저원가생산을 위해서는 효과적인 원가통제시스템을 구축하고, 공정자동화 · 제품설계개선 · 작업연구 · 자재조달의 합리화 등 다양한 원가절감방법을 사용해야 한다,

일반적으로 가격이 결정적으로 작용하는 것은 대량소모 품목이다. 이들 품목은 어느 회사제품이나 서로 비슷하여 가격이 주된 구매결정요인이 된다. 저가경쟁시장은 시장규모가 커서 참여기업이 많은데 그 만큼 경쟁이 치열하고 실패율도 높다.

품 질

품질과 관련된 경쟁우선순위에는 두 가지가 있다. 그 첫째는 고급품질이다. 품질의 고급성이란 제품설계에서 의도된 우수한 품질특성, 즉 설계품질의 고급성을 말한다. 제품은 그것의 내구성 · 정밀도 · 스타일 · 안전성 · 편의성 등 품질 특성을 얼마든지 고급화할 수 있고 서비스도 개별서비스 · 부대서비스 · 시설 우선이용권 · 실내장식 등의 방법으로 고급화할 수 있다.

설계품질은 목표고객의 요구수준에 맞추어야 한다. 같은 자전거라도 어린이용과 경주용은 설계의 품질이 같을 수 없다. 고객요구보다 상대적으로 고급화된 제품은 너무 비싸다고 외면당할 것이며 반면에 과소 설계된 제품은 좀 더 고급화된 다른 제품에게 고객을 빼앗길 것이다.

두 번째는 균일품질이다. 품질균일성이란 생산된 제품이 설계와 일치하는 정도를 말하며 이를 적합품질 또는 공정품질이라고도 한다. 고객은 구매한 제품의 품질특성이 설계와 완전히 일치하여 결함이 없기를 바란다. 자전거는 값싼 어린이용이거나 고가의 경주용이거나 결함이 없어야 한다. 제품이 설계대로 만들어진다면 언제 어디서 구입하거나 품질은 일관되게 균일할 것이다. 품질균일성은 제품신뢰성의 근원이 된다.

시 간

시간과 관계되는 경쟁우선순위에는 세 가지가 있다.

첫 번째는 납품의 신속성이다. 일반적으로 납품은 신속할수록 좋다. 물품이 급히 필요할 때 며칠을 기다리는 것과 몇 주를 기다리는 것은 크게 다르다. 긴급주문이 아니더라도 공급은 신속할수록 고객에게 도움이 된다. 신속한 공급을 위해서는 여분의 재고나 생산능력을 보유하는 방법이 이용된다.

두 번째는 납품의 신뢰성이다. 이것은 약속한 기일 내에 제품을 공급할 수 있는 능력을 말한다. 납품의 신뢰성은 상거래에서 아주 중요하다. 자동차조립의 경우를 생각해보자. 자동차조립에 투입되는 수많은 부품은 여러 협력업체에서 공급되는데 그 중 어느 하나라도 적시에 공급되지 못하면 조립라인 전체가 정지될 수 있다. 80년대 이후 JIT가 보급되면서 기업은 재고최소화를 추구하게 되고 이에 따라 납품신뢰성은 공급자선정의 중요한 기준이 되었다. 납품신뢰도의 척도로는 납기준수율이 사용되는데 일반적으로 95%를 만족할만한 목표치로 본다. 서비스업에서도 납품의 신속성과 신뢰성의 개념을 적용할 수 있다. 예컨대 은행창구에서의 고객의 대기시간은 납품신속성의 척도가 될 수 있으며 또 전체고객 중에서 대기시간이 일정시간 이내가 되는 고객의 비율로서 납기준수율을 측정할 수 있을 것이다.

세 번째는 개발속도이다. 이것은 새로운 제품의 개발속도를 말하는데 아이디어 발상에서 제품이 출시되기까지의 시간으로 측정된다. 신제품을 경쟁기업보다 먼저 출시하거나 일정한 기간에 더 많은 신제품을 잇달아 출시할 수 있는 것은 큰 강점이 된다. 유행성이 강한 업종에서는 더욱 그러하다.

근래 Stalk/Hout(1990)는 시간기준경쟁의 개념을 제시하였다. 이것은 공급과 신제품개발의 신속성이 효과적인 경쟁수단이 될 수 있음을 강조한 것이다. 시간단축을 위해서는 납품이나 제품개발의 모든 단계에서 낭비시간과 불필요한 활동을 제거하여야 한다.

최근 제품개발과정을 단축하는 한 방법으로 동시공학이 이용되고 있다. 동시공학은 회사 내의 여러 부문(설계 · 제조 · 마케팅 · 구매 · 품질관리)이 처음부터 공동으로 제품개발에 참여한다는 것이 그 특징이다. 이렇게 하면 제품개발의 여러 단계를 동시적으로 진행할 수 있어, 각 단계를 순차적으로 진행하는 종래의 직렬식 방식보다 리드타임을 많이 단축할 수 있다. 또한 여러 분야의 전문가에 의하여 제품설계나 공정설계의 미스가 사전에 발견되고 시정되므로 출시 후의 제품실패의 위험과 비용을 줄일 수 있다.

유연성

유연성에는 제품유연성과 수량유연성의 두 가지가 있다. 제품유연성이란 고객요구에 맞추어 다양한 종류의 제품을 신속하게 개발하고 공급할 수 있는 능력을 말한다.

고객요구는 계속변화하고 다양화되며 근래는 더욱 개별화되는 경향이 있다. 그 결과 맞춤생산의 비중이 점차 커지고 있다.

한편 수량유연성이란 수요의 변동에 대응하여 생산수량을 쉽게 조절할 수 있는 능력을 말한다. 대부분의 제품은 수요변동의 영향에서 벗어나기 어렵다. 그러므로 수량유연성은 기업경쟁력의 한 중요한 요소가 될 수 있다. 수량유연성이 있으면 수요가 갑자기 증가하더라도 차질 없이 공급할 수 있고, 수요가 감소하는 경우에도 최소의 희생으로 위기를 넘길 수 있는 것이다.

서비스

근래 제품수명이 짧아지면서 각 회사의 제품은 금방 닮아가는 현상을 볼 수 있다. 어느 회사의 제품이나 크게 다를 것이 없어 소비자는 가격을 주된 선택기준으로 사용하게 된다. 개인용 컴퓨터가 그 좋은 예이다. 이런 상황에서 기업들은 '서비스'를 새로운 경쟁수단으로 사용하기 시작하였다. 여기서의 서비스란 고객에게 도움이 되는 각종의 서비스를 의미한다. 예를 들면 네덜란드의 Hendrix Veeders는 가축사료 제조업인데 고객인 양돈농가에게 돼지사육에 관한 상담, 도살장으로의 수송 등의 서비스를 제공한다.

환경친화적 제품

오늘날 차세대의 차별화수단으로 유망 시 되는 것은 환경친화적인 제품이다. 앞으로 소비자의 환경의식은 더욱 강화되어 환경친화적 제품에 대한 선호가 높아질 것이다. 이미 여러 업종에서 환경친화적인 제품의 생산에 깊은 관심을 보이고 있다.

3 경쟁우선순위의 선택

우선순위 사이에는 상충관계가 있어 한 우선순위를 강조하다보면 다른 우선순위가 약화될 수 있다. 예컨대 품질을 고급화하려면 생산원가가 상승하는 것이다.

주문적격조건과 주문획득조건

경쟁우선순위와 관련하여 Terry Hill(1994)은 주문적격조건과 주문획득조건의 개념을 제시하였다. 주문적격조건이란 한 제품이 시장에서 구매대상으로 고려되기 위하여 구비해야 할 제품특성이며, 주문획득조건은 고객으로 하여금 같은 종류의 제품 중에서 특정회사의 제품을 선택케 하는 제품특성을 말한다.

주문적격조건은 한 제품이 소비자로부터 상품으로 인정받기 위한 기본조건이라 할 수 있다. 그러므로 주문적격조건이 충족되지 아니한 제품은 아예 팔리지 않는 것이다. 그러나 주문적격조건의 충족이 곧 시장의 성공을 보장하는 것이 아니다. 시장에서 팔리기 위해서는 주문획득조건을 갖추고 있어야 한다.

오늘날 TV세트는 적어도 수년간 고장 없이 작동할 수 있어야 한다. 그렇지 못하면 다른 조건이 아무리 좋아도 구매대상이 되지 못한다. 즉, 제품신뢰성은 주문적격조건인 것이다. 그런데 고객이 여러 회사의 제품에 대하여 그 신뢰성을 확인하고 그 중에서 가장 값싼 제품을 선택하였다면 이것은 곧 가격이 주문획득조건임을 의미한다.

경쟁시장에서 특정의 우월한 제품특성을 제공하는 회사가 극히 적을 때 그 제품특성은 주문획득조건이 되기 쉽다. 그러나 많은 회사가 그 특성을 모방하게 되면서 그것은 주문적격조건으로 전락하게 된다. 이때부터 시장은 새로운 주문획득조건을 모색한다고 볼 수 있다.

주문획득조건과 주문적격조건은 시간의 흐름에 따라 변할 수 있다. 1970년대 일본자동차가 미국시장으로 진출하였을 때 일본자동차는 품질우수성을 내세워 미국시장을 잠식하였다. 즉, 당시에는 품질이 주문획득조건이었다고 볼 수 있다. 그 후 미국자동차 메이커들은 다년간 품질향상에 노력하여 마침내 품질열세를 극복하였다. 이 상황에서 품질은 주문적격조건으로 변질하였다고 볼 수 있다.

생산전략은 주문적격조건 및 주문획득조건과 밀접하게 연계되어야 한다. 관리자는 각 제품의 주문적격조건과 주문획득조건을 알아내고 이들 조건을 효과적으로 충족할 수 있도록 생산시스템을 구축하여야 한다. 생산시스템은 주문적격조건을 원만히 충족할 수 있고 주문획득조건에서 경쟁회사보다 우월해야 하는 것이다.

생산시스템의 차별적 능력은 시장의 주문획득조건과 일치하는 것이 이상적이다. 회사가 가장 잘 할 수 있는 일이 고객의 구매조건과 일치한다면 더 이상 바랄 것이 없다. 만일 그렇지 못하다면 기존의 차별적 능력을 좀 더 효과적으로 활용할 수 있도록 목표시장을 바꿀 수 있을 것이다. 또는 반대로 현행 또는 미래시장의 요구에 맞는 새로운 차별적 능력을 개발하는 방안도 고려할 수 있을 것이다.

포지셔닝전략

생산전략은 포지셔닝전략과 일단의 전략적 의사결정으로 구성된다. 포지셔닝전략이란 제품디자인, 생산공정 및 완제품재고에 관한 근본적인 선택을 말한다. 포지셔닝전략에 의하여 생산시스템의 기본적인 구조와 운영방식이 결정된다고 볼 수 있다.

제품디자인의 선택

제품디자인에는 맞춤제품과 표준제품의 두 가지 선택이 있다. 맞춤제품이란 고객이 요구하는 독특한 설계에 따라 만들어지는 제품이다. 생산자의 입장에서 보면 맞춤생산을 대체로 다품종소량생산으로 귀결된다. 맞춤생산을 위해서는 유연성이 높은 생산시스템이 요구되며 고급품질, 납품신뢰성, 제품다양성(유연성) 등의 경쟁우선순위가 강조된다. 한편 표준제품을 선택하면 이것은 대체로 소품종다량생산으로 연결된다. 소품종다량생산에는 생산의 흐름이 단순하고 빠른 라인생산시스템이 적합하며 품질균일성 · 납품신속성 · 저원가생산 등의 경쟁우선순위가 중요시된다.

생산공정의 선택

생산공정의 선택이란 공정형태를 결정하는 것으로 제품중심생산과 공정중심생산의 두 가지 선택이 있다. 공정전략은 생산의 흐름을 좌우하므로 이를 흐름전략이라고도 한다.

제품중심생산 제품중심생산이란 생산되는 개개의 제품/서비스를 중심으 로 생산자원을 조직화하는 것으로 일명 라인생산 또는 라인흐름전략이라 한다. 즉, 특정의 한 제품을 전문적으로 생산하는 라인형태의 생산조직이 형성되는 것이다. 라인생산은 생산의 흐름을 단순하고 신속하며 공정을 기계화/자동화하기도 쉽고 표준제품의 대량생산에 적합하다. 라인생산을 자본집약적인 생산형태로서 많은 시설투자를 필요로 하며 이를 회수하기 위해서는 충분한 수요가 확보되어야 한다. 또 생산의 유연성이 낮아 다른 제품의 생산에 이용할 수 없는 것이 큰 단점이다. 라인생산은 자동차조립 · 전자제품 · 자동세차 등에서 그 예를 찾아볼 수 있다.

공정중심생산 공정중심생산이랑 생산시스템을 구성하는 단위공정들이 어떤 한 제품의 가공경로와는 무관하게 일반적으로 배치되어 있는 경우를 말한다. 여기서는 특정제품을 위한 생산라인이란 존재하지 않으며 그 대신 시스템은 여러 종류의 제품생산에 사용될 수 있다. 그러므로 공정중심생산은 다품종소량생산에 적합한 시스템이라 할 수 있다. 다만 제품마다 가공경로가 다를 수 있으므로 생산의 흐름이 복잡하고 느리다. 공정중심생산의 예로서 기계제작공장을 들 수 있다. 기계제작공장은 주물반 · 선반반 · 용접반 · 도장반 · 조립반과 같은 다수의 단위공정으로 구성된다. 여기서는 각종 제품을 다양하게 생산할 수 있는데 제품마다 경유하는 가공경로는 다르다. 공정중심생산을 생산의 흐름이 비능률적이지만 다양한 제품을 생산할 수 있다. 즉, 생산능률이 낮은 것이 단점이지만 반면에 생산의 유연성이 높다는 장점을 가지고 있다. 그리하여 공정중심생산의 전략을 유연흐름전략이라고도 한다. 제품의 다양성이나 맞춤생산이 요구될 때는 공정중심생산이 적절한 선택이다. 공정중심생산은 기계제작 · 건설 · 건축설계 · 종합병원 등의 업종에서 그 예를 찾아 볼 수 있다.

중간공정형태 제품중심과 공정중심을 양극으로 하여 그 사이에 중간공정형태가 존재할 수 있다. 제품중심생산은 소품종다량생산 · 공정중심생산은 다품종소량생산으로 그 특징을 정의한다면 중간공정형태는 중품종중량생산이라 규정할 수 있다. 이와 같은 표현은 잘 사용되지 않지만 요컨대 그 뜻은 제품의 다양성과 생산수량이 중간수준이 된다는 것이다. 이 경우, 생산의 흐름은 혼잡하지만 그 속에 큰 흐름을 발견할 수 있으며 이와 같은 주류제품에 대해서는 라인생산을 적용할 수 있다. 중간공정은 중장비생산 · 의류생산 · 자동차수리 · 광고업 등에서 발견할 수 있다.

제품재고 방침의 선택

제품재고방침에는 기본적으로 재고생산과 주문생산의 선택이 있는데 주문생산의 한 특수한 형태로서 주문조립을 구분할 수 있다.

재고생산 재고생산(예측생산 · 시장생산)이란 수주 전에 미리 완제품을 생산하여 주문이 접수되면 재고에서 즉각 공급되는 것을 말한다. 대량생산되는 표준제품, 수요예측이 용이한 제품, 신속한 납품이 요구되는 제품 등은 재고생산을 택하게 된다. 재고생산은 주로 제품중심생산에서 이용되는 재고전략이다. 재고생산에서는 품질균일성 · 저원가생산 · 납품신속성 등의 경쟁우선순위가 강조된다. 재고생산은 가전제품 · 의약품 · 자동차부품 등에서 찾아볼 수 있다.

주문생산 주문생산이란 수주 후에 생산을 개시하여 공급하는 것을 말한다. 주문생산 전략은 다품종소량생산이나 맞춤생산에 적합하며 공정중심생산에 잘 어울리는 선택이다. 주문생산은 수주 후에 생산하므로 재고를 최소화한다. 주문생산은 주물 · 고급가구 · 조선 · 건축 · 특수기계 등에서 그 예를 찾아볼 수 있다.

주문조립 주문조립이란 주문접수 후에 재공품 재고를 최종제품으로 조립하여 공급하는 것이다. 이때의 제공품은 최종조립만을 남긴 완성직전단계의 재공품이다. 주문접수 후에 조립하므로 어느 정도의 맞춤생산을 할 수 있고 최종과정만을 거치므로 비교적 단시간에 납품할 수 있다. 주문조립은 옵션이 있는 제품에서 많이 이용된다. 옵션제품은 옵션부분과 기본부분으로 구성된다. 옵션부분은 고객의 선택에 따라 달라지는 부분이며 기본부분이란 필수공통부분이다. 공장은 두 부분의 재고를 보유하고 있다가 주문이 들어오면 고객요구에 맞게 조립하여 최종제품으로 완성한다. 주문조립을 이용하면 적은 가짓수의 재공품재고로서 제품을 다양화할 수 있다. 주문조립은 맞춤생산과 납품신속성 또는 저원가생산을 동시에 달성할 수 있다는 점에서 높이 평가된다. 주문조립전략에는 공정전략으로 중간공정형태가 이용될 수 있다. 다량으로 사용되는 공통부분에는 라인생산을 적용하고 사용량이 적은 옵션부분은 공정중심으로 생산할 수 있는 것이다.

대량맞춤생산 대량맞춤생산이란 한 마디로 말해 맞춤제품의 대량 · 신속 · 염가생산 또는 대량소비시장을 대상으로 한 맞춤생산이라 할 수 있다. 대체로 맞춤생산은 소량 · 고가생산으로서 납품기간도 긴데 대량맞춤생산을 그 반대로 가는 것이다. 최근에 논의되고 있는 민첩생산은 고객의 개별적인 요구를 신속하게 충족한다는 의미에서 대량맞춤생산과 거의 같은 뜻이라 할 수 있다. 대량맞춤생산과 관련이 깊은 경쟁우선순위는 유연성과 납품신속성이다. 대량맞춤생산을 위해서는 고도의 유연성과 생산성을 겸비한 시스템이 필요하다. 리엔지니어링 · 아웃소싱 · 유연자동화 · 제품단순화 등은 이와 같은 시스템구축에 도움이 된다. 대량맞춤생산의 요령은 제품의 공통부분을 먼저 완성하고, 고객에 따라 달라지는 부분(차별화전략)은 최대한 뒤로 미룬다는 것이다. 제품의 공통부분에는 라인흐름 전략을 적용하여 생산성을 최대화할 수 있다.

Hewlett Packard의 DeskJet 프린터는 대량맞춤생산의 좋은 예이다. 이 프린터는 여러 나라에 수출되는데 대상국에 따라 전원장치 · 매뉴얼 · 포장 등을 달리해야 한다. 그러면서도 대량으로 저렴하게 생산되고 신속하게 납품되어야 한다. 초기에 HP는 싱가포르에서 각국용 프린터를 맞춤생산하여 완제품을 해당지역으로 출하하였다. 그러나 지금은 싱가포르에서 기본부분만을 생산하여 맞춤부분은 현지에서 생산하여 첨가하게 하였다. 이와 같은 시스템의 개선에 의하여 프린터의 생산 · 수송 및 재고비용은 25% 감축되었다고 한다. 대량맞춤생산의 또 다른 요령은 모듈설계이다. 제품/서비스를 다수의 독립된 모듈의 집합으로 설계하면 이들의 결합을 달리하는 방법으로 제품의 다양화와 저원가생산을 동시에 실현할 수 있다.

4 전략적 의사결정

전략적 의사결정이란 생산분야에서의 가장 기본적인 사항들에 관한 의사결정을 의미한다. 이제 생산의 세부영역별로 그에 해당하는 전략적 의사결정을 살펴보기로 한다.

제품/서비스

이 분야에서는 제품설계와 신제품개발에 관한 의사결정이 중요하다. 제품설계가 어떻게 되는가에 따라 제품수요뿐만 아니라 제품의 생산방법과 생산원가까지도 영향을 받는다. 한편 제품수명이 점점 단축되는 경향에 따라 기업의 신제품개발능력은 시장경쟁력의 중요한 결정요인이 되고 있다.

품질경영

이제 제품품질은 세계 어디에서도 필수적인 경쟁우선순위로 자리 잡고 있다. 품질목표 · 품질표준 · 품질보증 · 품질개선 · 품질관리조직 · 공정관리방법 등의 기본사항에 관한 의사결정은 생산전략의 중요한 부분이라 할 수 있다.

생산공정/기술

이 분야에서는 생산기술 · 생산방법 · 공정의 흐름 등에 관한 의사결정이 중요하다. 어떤 생산기술과 방법을 사용하며 공정의 흐름을 어떻게 설정하는가에 따라 생산시스템의 생산성 · 유연성 및 생산원가가 현저하게 영향을 받는다. 생산기술과 생산방법의 지속적인 개발과 개선이 중요하다.

생산시설

생산시설과 관련된 전략적인 문제로는 장기생산능력의 확보, 생산시설의 입지선정, 생산시설의 배치 등을 들 수 있다. 일반적으로 생산시설에 관한 의사결정은 거액의 시설투자를 수반하게 되며 그 영향이 장기적으로 지속된다.

인적자원관리

생산분야의 인적자원관리에서는 직무설계와 작업측정에 관한 의사결정이 중요하다. 이들 의사결정은 종업원 직무만족과 업무능률에 큰 영향을 미친다. 직무설계에서는 직무내용, 작업방법 및 작업조직에 관한 사항이 다루어지고 작업측정에서는 작업표준을 설정하는 문제가 다루어진다.

생산계획/통제

생산계획/통제시스템은 수요예측 · 일정계획 · 재고관리 · 공급사슬관리 · 인력배정 · 작업배정 등의 요소로 구성된다. 이들에 관한 의사결정은 생산의 흐름 · 작업능률 · 시설가동률 등을 통하여 궁극적으로 생산원가 · 생산성 및 공급능력에 중대한 영향을 미친다.

생산전략의 문제

제품수명주기와 포지셔닝 전략, 생산전략과 마케팅전략의 연관성, 차별적 능력의 개발, 트레이드오프현상의 해명, 회사특성에 맞는 생산전략 등의 문제를 대략 다음과 같이 정리해 볼 수 있다.

제품수명주기와 포지셔닝 전략 Hayes/Wheelwright는 제품수명주기의 진행에 따라 포지셔닝 전략도 변화하게 됨을 보여주었다. 한 제품의 일생은 도입 · 성장 · 성숙 · 쇠퇴라는 몇 개의 단계로 구분될 수 있다. 도입기는 제품이 처음으로 개발 · 출시되는 단계이다. 이 기간에 생산과 마케팅은 점차 개선되는데 수지는 적자이다. 도입기를 넘긴 제품은 성장기로 이행한다. 이 기간에 매출은 급증하며 마케팅이 강화되고 생산능력이 확장되며 이때부터 이익이 발생한다. 성숙기로 진입하면 대량생산과 저원가생산이 강조되고 점차 시장점유율의 유지나 확장을 위한 판매촉진이 강화된다. 이익은 최고수준에 달한다. 끝으로 쇠퇴기로 접어들면 매출과 이익이 감소하고 제품은 스스로 소멸하거나 다른 제품에 의하여 대체된다.

초기에 생산시스템은 공정중심형태에서 주문생산방식으로 소량의 맞춤생산을 생산한다. 그러다가 제품수요가 증대하면서 제품의 배치 사이즈와 생산수량도 커진다. 포지셔닝 전략은 점차 표준제품, 제품중심생산, 재고생산형태로 이행한다. 성숙기에 들어서면 제품은 고도로 표준화되고 더욱 전문화된 제품중심공정에서 재고생산으로 대량생산된다. 이와 같이 기업은 제품수명 사이클의 진행에 따라 그것에 어울리게 포지셔닝 전략을 수정해야 한다.

생산전략과 마케팅전략의 연관성 포지셔닝전략(생산전략)과 경쟁우선순위(마케팅전략) 사이에 밀접한 관계가 있다. 한마디로 생산전략은 마케팅전략과 잘 어울리는 것이어야 한다. 일반적으로 공정중심생산은 주문생산과 결합되어 사용되는데 이와 같은 포지셔닝전략은 제품유연성 · 고급품질 · 수량유연성 · 신제품개발 등의 경쟁우선순위를 강조하는 마케팅전략과 잘 어울린다. 한편 제품중심생산은 주로 재고생산과 결합되어 사용되는데 이와 같은 포지셔닝은 저가격 · 균일품질 · 납품신속성 · 대량공급 등을 강조하는 마케팅전략과 잘 어울리는 것이다.

1970~80년대에 미국의 내구소비재시장은 특히 일본기업에 의하여 많이 잠식되었다. 외국기업은 표준제품 · 제품중심생산 · 재고생산으로 요약되는 포지셔닝전략을 사용하면서 한편으로 저가격 · 신속납품 및 균일품질을 바탕으로 한 마케팅전략을 구사하였다. 이와 같은 생산전략과 마케팅전략의 적절한 조합은 큰 위력을 발휘한 것이다.

차별적 능력의 개발 회사가 보유하는 차별적 능력은 경쟁우위를 확보하는 중요한 기반이 되므로 차별적 능력을 개발하는 것은 생산전략과 관련된 중요한 문제다. 기업의 핵심능력은 경험 · 지식 및 노하우를 원천으로 하여 오랜 시간을 거쳐 축적되며 쉽게 모방할 수 없는 것이어야 한다. 그런 관점에서 보면 개별적인 제품이나 생산기술을 핵심으로 믿고 의존하는 것은 다소 불안하다. 그들은 경쟁회사들이 쉽게 구매하거나 모방할 수 있어 그들이 제공하는 경쟁우위는 오래 지속되지 못한다. 그러므로 제품이나 기술보다는 쉽게 모방할 수 없는 프로세스를 중심으로 핵심능력을 개발하는 것이 더 나을 것이다.

프로세스란 조직의 자원을 사용하여 어떤 가치를 창출하는 과정을 말한다. 조직의 모든 활동은 각기 독특한 프로세스를 가지고 있다. 그런데 프로세스는 기능부문의 제약을 받지 않는 개념이다. 예컨대 제품개발의 프로세스는 아이디어발상 · 최초설계 · 설계검토 · 자재검토 · 최종설계 · 시제품제작 · 테스트 마케팅 등으로 이어지는데 이

과정에서는 연구개발 · 마케팅 · 제품설계 · 제조 · 구매 등 다수의 기능부문을 거치게 된다. 즉, 프로세스는 기능부문의 경계를 초월하여 전개될 수 있는 것이다. 제품개발 · 주문이행 · 공급사슬관리 · 고객서비스 등 기업의 몇 가지 프로세스를 전형적인 기업기능과 대비하여 보여준다.

핵심능력을 구축하기 위한 한 가지 방법은 핵심능력과 관련이 적은 활동이나 기능을 과감히 정리하는 것이다. 예컨대 제품개발능력에 사운을 걸고 있는 제조기업 이라면 부품생산은 아웃소싱으로 간단히 해결한다는 것이다. 근래 제조업의 제조원가 중에서 자재비의 비율이 높아가고 노무비의 비율이 낮아지는 것은 부분적으로 이와 같은 사정을 반영하는 것이라 할 수 있다. 서비스업에서도 사정은 비슷하다. 대형서비스조직에서는 이전에 자체적으로 수행하던 부수적인 업무를 점차 외주로 전환하는 경향을 볼 수 있다.

트레이드오프 현상의 해명 오늘의 기업은 품질 · 저가격 · 납품신속성 · 제품유연성 등 다양한 경쟁우선순위를 동시적으로 달성할 수 있어야 한다. 이들 경쟁우선순위의 대부분이 이제 시장의 주문적격조건이 되어버린 것이다. 그러므로 기업은 품질향상과 원가절감을 동시에 달성하고 때로는 제품을 다양화하면서 납품시간을 단축할 수 있어야 한다.

특성에 맞는 생산전략 생산전략은 각 회사의 사정에 맞게 형성되어야 한다. 모든 회사에 공통으로 적용되는 최선의 생산전략이란 존재하지 않는다. 생산전략은 회사마다 다를 수 있으며 또 두 회사가 각기 다른 전략을 구사하면서 둘 다 성공할 수도 있다. 생산전략의 형성에 있어서는 회사의 업종과 규모도 중요한 고려사항이다. 중소기업 · 신생기업 · 첨단기술업종 등은 각자의 특수성에 적합한 생산전략을 개발해야 한다. 중소기업이나 신생기업은 맞춤제품 · 공정중심 · 주문생산을 축으로 하는 포지셔닝전략을 택함으로써 부족한 자금력과 소규모의 생산능력으로도 제품유연성을 실현할 수 있게 된다. 제품유연성은 중소기업이 대기업의 대량저가공세에 대항할 수 있는 효과적인 수단인 것이다.

서비스업에서도 마찬가지이다. 대형할인매점이 도심에 진입하는 경우, 주변의 소매점들은 방어적인 포지셔닝전략을 취해야 한다. 제품/서비스의 특수화나 개별화를 통하여 특유의 틈새시장을 개발하여야 한다. 즉, 전문제품이나 맞춤제품으로 취급품목을 변경하고 서비스를 강화하여 단골고객을 확보하는 것이다. 대체로 기술집약적인 업종은 제품수명이 짧다. 이것은 곧 신제품을 빨리 출시할 수 있는 제품개발능력과 단시간에 대량생산체제를 구축할 수 있는 재무적, 기술적 능력이 있어야 함을 의미한다. 이와 같은 사실은 근래 벤처기업의 예에서 흔히 볼 수 있다.

06 SCM전략

SCM(Supply Chain Management)은 공급자에서부터 출발하여 자사와 고객 그리고 서비스 공급자 등 원재료 구매에서 물류에 이르기까지의 과정에서 발생되는 제품과 정보의 흐름을 최적화하는 것을 말한다. 이 개념은 각 구성단위들의 수직적 통합이나 계열화에 의한 종속관계 형성이 아니라 기업간의 상호자율을 바탕으로 한 창조적 관계를 형성하여 급변하는 경영환경에 올바르게 대처하는데 그 목적이 있다. 이러한 경영전략은 로지스틱의 중요성이 점차적으로 증대되어 경영전략의 핵심요소가 되고 있음을 시사해 주고 있다. 따라서 SCM에 관한 이해를 증진시키고 경영전략으로 접목시키는 일도 매우 중요한 일이다.

공급체인관리(SCM)란 최종고객의 욕구를 충족시키기 위하여 원료공급자로부터 최종소비자에 이르기까지 공급체인내의 각 기업간에 긴밀한 협력을 통해 공급체인 전체의 물류의 흐름을 원활하게 하는 공동전략을 의미한다.

따라서 소비자가 원하는 제품과 서비스를 제공하며 재고를 최소화할 뿐 아니라, 문서 없는 거래를 실현하여 유연하고 신속한 제품흐름 구조를 구축하는 것이 SCM의 궁극적인 목표이며, 가치우위나 비용우위를 통한 경쟁력 강화로 자사의 매출증대와 비용절감을 도모하고, 그 결과 이익의 극대화를 도모함이 SCM의 목적이라 할 수 있다.

1 SCM의 기능

일반적으로 말하는 SCM 전략은 관련 기업 상호간이나 고객에게 공급체인망을 통하여 정보나 제품의 흐름을 관리하는 실시간 분석체계라고 할 수 있다. 이러한 체인망은 많은 기능들을 포함하는데, 원료 · 생산계획 · 창고 · 수송계획 · 수요예측 그리고 고객들에 대한 서비스 등과 같은 기능을 포함한다.

SCM은 세분화된 시장의 기능을 하나의 선으로 합하는 것이다. 예를 들자면 발전되어진 생산공정계획, 판매할 대상들을 위한 수요예측 그리고 배송센터에 맞는 운송 등이다. 이러한 경향은 SCM 계획에 맞게 이와 같은 기능들을 병합하고 있다.

SCM의 적용분야와 그 기능을 살펴보면 다음과 같이 정리할 수 있다.

적 용 분 야	기 능
기업공급계획	• 자동화 그리고 동시에 운영을 고려 ㉾ 재정, 인력자원, 생산 그리고 재고관리
첨단화된 계획과 스케줄링	• 상품의 생산과 공장의 공정계획을 최적화 시킬 수 있다.
수요계획	• 정보와 알고리즘을 이용하여 정확한 수요 예측 가능
수요의 Contents	• 경쟁사의 판매 시점 등에 관한 추가적인 정보 제공
재고계획	• 재고를 필요로 하는 수요를 만족시켜주기 위한 배송
창고관리체계	• 재고 관리, 생산품의 창고 안의 적정 위치, 창고 안으로 옮겨 놓는 것
운송계획	• 이동 노선 · 수단 등의 적절한 결정을 통한 화물의 이동시간 최적화
운송 Contents	• 공급정보를 이용하여 배송망이 최적화 되도록 도움을 줌.
주문관리	• 자동고객주문 서비스
전략관리	• 공급체인을 시행할 지역을 결정하는 것이다.
고객관리	• 소비자 생활주기 관리(판촉과 소비자 공급을 포함)

2 공급체인 구조

공급체인의 성과는 평균상품의 적재율, 반응시간과 용량의 이용률과 같은 이익의 관점에서 측정된다.

- 평균상품의 적재율(Average fill rate)은 stock-out의 감소를 위해서 더 많은 재고의 운반에 의해 향상될 수 있다. 이것의 최적의 균형은 재고비용과 stock-out에 의해 발생되는 이익 상실 사이의 관계에서 도달한다.
- 반응시간(Response time)은 높은 전체비용의 지출에 의해 향상될 수 있다. 적재율과 함께 최적의 trade-off를 찾아야 한다. 만약에 서비스에 의한 수요탄력성 측면이 서비스 수준 선택에서 중요하다면 높은 이익에 도달하기 위해 반응시간이 포기된다면 판매 예측량은 수정되어져야 한다.
- 용량의 이용률(Capacity utilization)은 총비용 감소를 위해 충분히 높아야 하지만, 수요에 변동을 다루거나 성장하기 위한 것은 아니다. 용량 이용률이 85% 이상이 되면 문제가 발생된다. 따라서 85% 정도의 이용률을 유지한다.

3 SCM의 기법

VMI(Vendor Managed Inventory) 방식

VMI(Vendor Managed Inventory)는 공급자재고관리 방식으로 재고 관리 부문에 있어서 새로운 개념으로서, 제품의 적절한 재고 수준과 재고 정책 등 재고 관리와 관련된 전반적인 사항을 사용자나 도소매상이 아니라 공급자(벤더)가 결정하고 관리하는 방식을 말한다.

저장 면적의 협력업체 할애방식 모기업과 연관된 업체와의 재고, 면적운영, Delivery type. cycle 등을 고려하여 상호 협의 후 관련된 업체에서 물류환경 요소를 검토하여 생산 · 출하된 양만큼 입고하는 개념으로 모기업의 재고를 최소화하고 납품업체의 재고를 모기업 내에 두고 운영하는 Store 및 재고관리방법의 일환이다.

VMI 방식의 장 · 단점 기본적으로 많은 면적을 차지한다. 납품업체에서는 되도록 모기업 내부에 Stock Area를 재고 Control이 가능토록 Buffer 형태로 운영하게 됨으로써 모기업의 긴급사항 발생시 대응이 용이하다. 재고의 과다로 인한 빈출현상 발생 시에는 전체적인 물류 cost가 상승한다.

VMI의 특징 첫째는 supply chain을 단축할 수 있다. 둘째는 빈번한 재고 전달이 가능하다. 셋째는 stock-outs, 계획된 판촉, 전자문서전달 연결시설에 의한 전달이 용이하다. 넷째는 거래처 판촉이 불필요하다. 마지막으로 물품은 우선순위를 정하여 적재한다. 품절이 예상되는 항목을 높은 순서로 선정하고 그중 저장 수준이 가장 낮은 항목을 타겟 항목으로 정한 후 판촉 항목을 적재한다. 그리고 항목들은 적어도 타겟 항목보다는 저장수준이 높다.

BPR(Business Process Re-engineering)

BPR은 경영혁신기법으로 기존의 조직형태로 추진되던 업무를 업무 Process 중심으로 정보기술 · 사람을 중심으로 한 업무활동 중심의 경영혁신을 의미한다. 유명한 자동차 제조회사인 포드의 경우 조달 물류 부문이 대표적인 사례로 BPR 실행 전에는 구매 부서에서 경리부서, 자재 관리 부서를 통해 공급업자로 전달되던 업무가 정보기술과 업무활동을 결합해서 구매 부서에서 직접 공급업자로 연계 구매함으로써 업무절차의 개선을 가져와 종전의 500여명의 인력을 100명으로 줄이는 비용절감의 효과를 가져왔다.

[Tip] BPR 추진 방법론 4단계

- 전략적 분석 : 가설 검정을 위한 기반확립 단계로 문제점 파악, 비즈니스 전략 및 목표 확립 수행
- AS－IS분석 : 전략적 목표를 달성하기 위한 현 상황 진단 및 분석 수행
- TO－BE모델 정의 : 조직의 전략적 비전과 연결하여 조직의 재조직 및 재구조화를 위한 틀을 수립
- 구현계획 수립 : 리엔지니어링 프로세스에 대한 구체적인 실행계획 수립 및 실현

JIT(Just In Time)

JIT란 적정시간에 원자재를 운송해 줌으로써 생산현장에 불필요한 재고를 제로 베이스화 하는 물류혁신의 한 기법이다. 이 기법은 원칙적으로 재고관리에서 일어나는 재고비용을 최소화함으로써 물류혁신을 도모하고자 하는 방안으로 정보기술과 접목된 혁신기법이다.

한 제품에 필요한 자재를 필요한 때에 필요한 양만큼만 생산, 공급하는 상품관리 방법을 말한다. 불필요한 재고를 보유하지 않음으로써 생산성을 향상시켜 준다는 이른바 '무재고화(perfect zero stock)'관리기법이라고도 할 수 있다. 구체적으로 설명하면, 종전의 재고관리에서 탈피하여 공급자와 매장과의 Real Time 정보를 통해 무재고화를 도모하고자 하는 기법이다. 이 기법은 오늘날에 와서 JIT II로 발전하여 공급자가 매장에 파견한 관리자를 통해서 공급관리가 이룩되는 기법으로 이행되고 있다.

JIT-II 전략

기존의 JIT는 도요다 자동차에서 자동차부품 조달물류를 효율화하기 위하여 처음 개발하였으며, 발주자와 공급자가 상호 계약관계를 전제로 하여 발주회사가 공급회사와 장기계약을 체결하고, 무재고를 목표로 수시발주 · 납품하는 공급체인관리기법으로 공급회사는 최소의 이익률을 보장받고, 발주회사로부터 기술지도 및 기술이전 효과를 얻을 수 있다.

또한 발주회사는 조달물류의 효율화로 물류비의 절감효과를 얻을 수 있다.

그러나 JIT는 계약관계를 전제로 하기 때문에 그 힘이 발주회사에 많이 실리게 되어 재고가 발주회사로부터 공급회사로 전이되는 등 역기능이 발생하기도 하였다. 이러한 JIT 기법의 문제점을 보완할 수 있는 JIT-II 전략 개발은 미국기업들이 제품원가 중 조달물류비가 차지하는 비중이 상당히 증가하고 있는 원인을 조사한 결과, 이는 공급자와 주문자간에 업무협조관계가 미약하고, 의사소통이 잘 안되어 물류업무의 비효율성으로 인해 과도한 비용이 발생하고 있다는 데 착안하여, 이를 해결하고자 하는 데에서 탄생한 기법이다.

JIT-II의 특징 공급회사의 판매업무와 발주회사의 조달업무를 연결한 하나의 가상기업(Virtual Company)을 가정, 즉 공급회사의 판매업무와 발주회사의 구매업무는 실제로 동일한 업무임에도 불구하고 2개의 기업에 분화되어 있어 불필요한 자원의 낭비와 업무의 비효율성을 초래하고 있으므로, 이 2개의 기능을 하나로 연결하여 그 경계를 무너뜨린다는 것이다. 이 경우 공급회사, 물류회사, 발주회사는 상호 신뢰성을 바탕으로 장기적인 계약 하에 긴밀한 협력관계를 맺기 때문에 업무의 효율성을 극대화할 수 있어 모두에게 많은 혜택이 주어진다.

기존 JIT와의 차이점 발주회사와 공급회사가 수시발주 즉시 납품토록 한다, 즉 공급회사의 판매사원이 발주회사에 "공급대표"로서 파견되어 발주회사의 구매 · 납품업무를 대행하며 발주회사의 사원증도 발부 받아 발주회사의 정식사원처럼 업무를 하게 된다. 또한 그는 발주회사의 매출정보도 제공받으며 품질문제의 개선안도 낼 수 있고, 생산부서의 생산회의에도 참석하여 의견을 개진할 수 있다.

JIT-II의 효과 발주회사 측면에서 보면 공급회사와의 중복기능을 없애 구매기능 및 구매인력 감축하고 신제품설계 변경의 감소와 설계기간의 단축할 뿐만 아니라 공급부품가격을 인하하거나 동결 가능하게 한다. 공급회사 측면에서는 발주회사와의 공존공영 · 동반성장을 보장받게 됨으로 장기계약의 보장, 이익률 향상, 신기술 동반연구 등을 통한 기술개발의 효과를 얻을 수 있다.

Outsourcing

Outsourcing은 물류환경의 변화와 기업의 물류비 절감노력 강화, 물류시설 및 장비의 투자위험 감소, 사회적 비용 절감 및 국가경쟁력 강화의 노력이 가속화되어가고 있고, 기업별 전문화의 이점을 최대로 살리려는 의향에서 태동되었다고 볼 수 있다.

따라서 기업에서는 자사에서 꼭 필요하지 않는 물류업무의 경우에는 내부에서 해결하던 업무를 외부 물류 전문업자에게 위탁하여 효용성을 높이고자 하는 방안이다.

따라서 아웃소싱이란 기업 경쟁력을 위하여 부족한 자원을 핵심역량에 집중시킴으로써 생산성과 전문성을 증대시키고, 비핵심적 기능을 보다 전문성을 확보한 외부조직에 위탁함으로써 경비를 절감하려는 전략적 수단이라 할 수 있다.

CALS

CALS는 1980년대 중반이후 방대한 미 군수물자의 조달, 관리, 운용 등을 위해서 무서류화(paperless)의 일환으로 기획 발전된 물류혁신 기법의 하나이다.

물류를 리얼타임으로 관리하는 시스템이라 할 수 있는데 이를 통해 획기적인 제품 개발 시간의 단축, 품질의 향상, 그리고 운용지원 비용의 감소를 시킴으로써 소비자에게 보다 값싸고 질 좋은 새로운 제품을 빠른 시간 내에 공급하고자 하는 것이 CALS의 목표라 할 수 있다.

이 CALS는 몇 차례의 어휘변화를 거쳐 지금에 와서는 Commerce at Light Speed로 변모하여 기업 물류 혁신에 이바지하고 있다. 이 용어는 1985년 미 국방성이 컴퓨터 네트워크를 이용하여 미군의 후방 군수물자의 보급/지원 등을 고도화하려는 데서 시작하였으며, 제품이나 서비스가 생산되어서 소비자가 사용하고 폐기할 때까지의 전 과정(Life-cycle) 동안에 발생하게 되는 모든 정보들을 관련된 모든 조직 간에 실시간(Real-time)에 공유하는 것을 가능하게 해주는 시스템으로 연속적인 구매와 제품의 Life-cycle 동안 물류에 지원을 할 수 있는 시스템이다.

CALS의 3대 핵심 요소

- Paperless(종이를 사용하지 않음)
- 정보의 공유화
- Data/Format/Software/Protocol의 표준화

CALS의 장점 CAD 데이터의 자유로운 교환으로 개발시간을 크게 단축시킬 수 있는 것으로 이는 공동개발부문에서 실시간(Real Time)의 온라인으로 진행됨으로써 그 효과가 극대화되며, 최근 신제품의 수명이 단축되고 있는 상황 하에서는 그 효과가 매우 크다고 할 수 있다. 해외조달에서의 최적 · 최저가 부품조달이 가능하다는 것으로서, 이는 정보 네트워크를 활용한 전략적인 기업간 제휴가 가능하고 양질의 제품을 값싸게 전세계로부터 구입하는 물류정보 시스템적 기능이라고 할 수 있다. 기업 활동 전반에 걸친 시간 단축 효과를 큰 장점으로 들 수 있는데 이는 설계생산 시간 단축은 물론 수주와 납품 사이클도 크게 단축시켜주는 효과가 있다는 것을 들 수 있다.

EDI

EDI는 관련 기업간의 거래에 컴퓨터 네트워크를 활용할 필요가 있으며, 시장환경에

메이커가 신속하게 변화를 파악하지 않으면 기업경쟁에서 뒤떨어지는 우려도 있기 때문에 시장 정보를 수집하는 일이 필요하게 됐다. 이와 같은 배경에서 기업간의 거래를 컴퓨터 네트워크를 통해서 하는 EDI가 시행되었다. 이를 전자문서교환(electronic data interchange)이라 부르며, EDI라고 하는 것은 일반적으로 서로 다른 기업간에서 하는 거래 데이터를 표준적인 규약으로 순서를 명확히 하여 컴퓨터 네트워크에 의하여 교환하는 것으로써 컴퓨터 간에 연결된 통신 회선을 통하여 거래 업체간에 상호 합의된 표준서류를 서류가 아닌 컴퓨터의 통신회선을 통해 상호간에 합의된 표준서류를 전자식으로 주고받는 것을 말한다.

제품의 주문이나 대금 결제는 물론 매장에서의 판매량 및 재고 상황 등 상거래 관련 정보를 유통업체, 제조업체에 관련 기업들이 온라인(on-line)으로 주고받을 수 있다.

시간과 인건비 절감을 위해서 미래 사무자동화로 활용될 것이다.

물류공동화

물류공동화는 물류시스템의 일환으로서 동일지역과 동일업종을 중심으로 하는 것이 원칙으로 수/배송의 효율을 높이고 비용을 절감하기 위해 2인 이상 공동으로 수행하는 물류활동이다. 물류동맹을 하는 목적은 사람 · 물자 · 자금 · 시간 등 물류자원을 최대 활용함으로써 Cost Down이 가능케 하고, 고객에 대한 서비스 향상에 기여할 뿐 아니라 대기오염 · 소음 · 교통체증 등에 대한 문제의 최소화를 기하려는 사회적 요청을 수용한 시스템이라 할 수 있다.

공동 수 · 배송의 동기

- 적재효율의 제고와 수/배송 코스트 절감 : 다빈도 · 소량배송에 따른 배송차량의 적재율감소로 인한 송화주 측의 배송코스트 상승과 배송차 증가로 인한 수화주 측의 입구혼잡 · 검품혼란 등의 수송저해요인 제거
- 수송업자의 수송효율 상승 : 노상하역곤란, 고층건물에 대한 배송작업효율 저하로 인한 집배효율 감소 등 운송업자의 수송저해요인 제거
- 사회적 요청 : 대도시내 트럭교통에 의한 도로정체 · 대기오염 · 소음 · 진동 등 환경문제 감소

공동 수 · 배송의 효과 자금조달능력향상, 수송단위의 대량화, 정보네트워크화, 차량융통성 조성, 수 · 배송효율의 향상, 다빈도 소량배송에 의한 고객서비스 확대

송화주 · 납품 측의 효과

- 물류비 절감, 판매기능 강화
- 사무처리의 간소화
- 제품규격통일로 화물손상 감소
- 정기적인 집화로 출하시간 단축
- 일반노선화물업자에 비해 저렴한 운임
- 공동배송에 따른 일일 배달 가능
- 납품대행형의 납품대행으로 사무 간소화와 시설의 효율적 이용

수화주 · 거래처의 효과

- 수취자의 차량혼잡 완화에 따른 검품 · 하역 등 수취작업의 간소화
- 공동배송으로 납품의 다빈도화 실현
- 트럭감소로 소음 · 배기가스 · 진동 등의 감소로 인한 점포 주변환경 개선

운송업자

- 배송 효율증가에 의한 개당 배송 코스트 감소
- 공동배송으로 운수업자에게 고정적 수입보장에 의한 경영의 안전적 기반 제공
- 계획 집하와 계획배송에 따른 시간단축
- 배송 담당구역 축소로 직송효율의 향상
- 공동화에 따른 시스템의 정형화로 작업능률향상과 작업원의 의욕상승 촉진
- 계획 집하 · 계획배달에 의한 적재효율향상과 운행시간, 업무처리 합리화 전개
- 계획적인 차량운용
- 기존거래처보다 다수의 신규거래처에 배송이 가능해짐으로 신규화주 개척용이

사회적 측면

- 공동 수 · 배송으로 교통량 감축과 에너지절감, 환경오염의 방지
- 공동 수 · 배송은 물류코스트 감축과 불필요한 사회적 비용 감소
- 중복교차수송의 배제로 물류비 절감과 교통체증 완화
- 물류비절감에 의한 기업비용 상승 억제로 물가억제에도 기여
- 공동 수 · 배송으로 비효율적인 인력과 차량을 줄임으로써 필요한 부분의 인력의 자원전환 가능

Chapter 7

사업구조전략

01 사업구조조정
02 리스트럭처링
03 전략적 제휴
04 글로벌경영전략

01 사업구조조정

구조조정이란 조직이 시스템이나 조직을 새로운 방향으로 조정 · 재구축하는 것을 말한다. 어떤 사업을 축소 또는 철수시킬 것인가, 어떤 신규사업에 진출할 것인가를 결정하는 것이다. 즉, 조직의 경쟁력 강화를 위해, 전략경영의 차원에서 각 사업단위를 축소 통폐합 및 확대와 신규사업의 진입과 주력사업의 선정 등 실시하여 이러한 사업들을 어떻게 연계하고 통폐합할 것인지를 결정하는 복잡하고 다차원적인 경영전략으로서의 의사결정을 의미한다.

거시적인 관점에서 구조조정은 경제발전단계나 임금수준 등 경제여건이 변함에 따라서 경쟁력이 영향을 받아 어떤 산업은 도태되고 어떤 사업은 성장하여 대체로 고부가가치 산업을 중심으로 산업구조가 고도화되어 가는 과정을 말한다. 각 나라들은 천연자원과 인력자원 · 기술과 문화 · 지리적 위치 · 정부정책 등에 따라 각각의 고유 산업과 업종의 경제구조를 가지고 있고 산업과 업종은 경제발전과 생산요소의 비교가치 변화에 따라 각기 도태 또는 성장하면서 경제구조가 변화한다. 이 경제구조 또는 산업구조상의 변화 과정이 바로 거시적 관점에서의 구조조정이다.

미시적 관점에서의 구조조정은 기업이 환경변화에 대응하여 획기적인 경영 전략과 사업전략 그리고 내부 조직구조의 개혁과 경영행동의 개선으로 조직의 경쟁력을 향상시키는 과정을 의미한다. 조직구조의 조정은 기존사업의 퇴출 또는 통폐합 · 신규사업진출 · 인수합병 · 빅딜 · 사업매각 · 전략적 제휴 및 아웃소싱 · 슬림화 · 수평화 · 규모화 · 업무과정 리엔지니어링 등 조직 및 하부구조의 재구성과 개혁을 포함한다. 그리고 이들 구조조정의 효과가 발휘하도록 이에 적용되는 인적자원관리와 기능별 경영활동을 포함한다.

1 구조조정의 필요성

한국경제가 최근 주력산업의 급속한 부진과 경제의 침체 등으로 위기상황에 처해 있다. 이번 위기는 주력산업의 성장세가 둔화되는 상황에서 세계경제의 침체 · 내수부진 · 소득불평등 심화 · 고령화 확대라는 갖가지 우환이 겹쳐 있다는 점에서 단기적으로 극복되기 어렵다는 전망까지 제기되고 있다.

사업구조조정이란 부실기업이나 비능률적인 조직을 미래지향적인 사업구조로 개편하는데 주목적이 있다. 바꾸어 말하면 성장성이 희박한 사업분야의 축소 내지 폐쇄, 중복성을 띤 사업의 통폐합, 기구 · 인원의 감축, 고정자산 등 소유자산의 매각처분 같은 방법은 수동적 리스트럭처링 기법과 국내외의 유망기업과 제휴하여 새로운 기술을 개발시킨다거나 전략적으로 다른 사업분야와 공동사업을 추진하는 방법 등의 적극적인 기법이 있다.

구조조정의 필요성

국제환경의 변화 WTO출범 이후 국제무역환경의 급격한 변화로 바람막이 구실을 해 오던 정부가 국제적 기준을 벗어나서 더 이상 자국의 기업을 보호할 수 없게 됨에 따라 국내기업의 구조적인 재구성을 불가피하게 만들었다.

기술적환경의 변화 글로벌 경쟁체제 아래에서 고부가가치, 첨단산업으로의 산업육성 국가전략 방향에 따라 IT · 조선 · 항공산업 등 최첨단사업으로의 미래지향적인 기술환경의 변화가 가속화되었다.

조직의 양적 성장 초창기 비공식적 · 신축적인 구조에서 기업의 규모가 팽창하고 경영조직이 복잡 다양한 형태의 성격으로 바뀌면서 외형성장이 빠른 템포로 변화되는 과정에서 공식적 절차를 확립하여야만 하였다.

소비자욕구의 변화 소비자의 기호와 욕구가 다양화되고 시장의 수요가 다변화되면서 다품종소량생산과 고품질의 제품서비스 생산이 요구되고 있다.

리더십 변동 경영의 새로운 패러다임 풍토가 조성됨에 따라 새로운 리더에 의해 조직의 재구성이 요구되었다.

구조조정의 원칙

- 조직목표의 쇄신이 있어야 한다.
- 현 조직상태에 대한 분석과정이 필요하다
- 조직구조의 재설계를 모색해야 한다.

- 시범적으로 운용하고, 단계적으로 운용한다.
- 조직구조조정을 전면적으로 실시한다.

사업구조조정의 효과

사업구조조정으로 나타날 수 있는 효과는 기업의 장래성과에 영향을 미칠 수 있으며, 구조조정전략의 효과는 유휴자원의 활성화, 인적자원의 활성화, 조직자원의 활성화, 그리고 유기적 조직의 활성화 등이 있다.

2 구조조정의 기법

리스트럭처링

조직의 경쟁력 강화를 위한 전략경영의 차원에서 기존 사업단위의 축소 · 통폐합 및 확대여부와 신규사업에의 진입여부, 주력사업의 선정 등에 관한 결정과 함께, 이러한 사업들을 어떻게 연계하여 통합할 것이지를 결정하는 복잡하고 다차원적인 전략기획의 방법으로 리스트럭처링이라는 용어가 최근에 유행어가 되어 합리화 또는 감량경영을 위한 경영노력이라는 의미로 자주 쓰이고 있는데 본래는 전략에 근거한 사업구조의 재구축이란 뜻을 가지고 있다.

한마디로 말해 리스트럭처링은 사업구조의 기본적인 전환을 통하여 기업의 체질개선을 꾀하는 경영혁신의 한 방식을 말하며, 일반적으로 사업의 재구축이란 의미로 사용되어지고 있다. 리스트럭처링은 환경의 변화에 대응하는 효과적인 사업구조를 창출해 내는 것으로서 경영자원의 재분배를 목적으로 한 경영혁신의 한 방식이다.

리스트럭처링의 유형

- 사업구조재구축 : 기업 또는 사업단위의 흡수 · 합병 · 매각 등을 통해 전반적인 사업구조의 변화를 추구한다.
- 조직재구축 : 조직구조의 변화를 추구한다.
- 재무구조재구축 : 재무구조의 개선을 추구한다.

리스트럭처링의 목적

- 기업전체의 경쟁력 제고 : 사업구조의 개혁을 통해 주력사업을 선정하고

주력사업과 주변 관련사업, 지원사업의 연계관계를 통해 전체적인 통합화를 추구함으로써 경쟁력 있는 사업구조를 형성할 수 있다.

- 기업의 혁신과 체질개혁 : 조직개편이나 기업풍토의 개선만으로는 기업의 혁신을 기대하기 어렵다. 사업구조의 개혁을 통해서 기업의 체질을 개선할 수 있다. 즉 창조적인 주력사업을 제시하고, 이의 경쟁력 제고를 위해 과감히 신규사업에 진입하고 중복사업들을 통폐합하거나 철수 · 축소함으로써 전 구성원들에게 혁신의 의지를 명쾌히 제시할 수 있다. 이렇게 함으로써 기존의 틀에서 벗어난 혁신을 추구할 수 있으며 이에 따라 기업체질도 바꿀 수 있다.
- 신규 사업으로의 진입 : 훌륭한 신규 사업의 개발을 통해서 장기적인 관점하에서 이윤 창출을 기대할 수 있다.
- 전 사원의 건전한 위기의식 제고 : 강력한 위기의식을 전 임직원이 공감하여 기업의 체질을 강화하고 경쟁체질로 전환할 수 있다.

유의하여야 할 사항

- 최고경영자가 강력히 주도해야 한다 : 사업구조의 개혁은 기업의 혁신을 추진하는 것으로 기존 수구세력은 커다란 위협으로 받아들인다. 따라서 직 · 간접적으로 이러한 혁신에 대한 반발과 거부를 하게 된다.
- 리스트럭처링은 가능한 한 빨리 수립해야 한다 : 지나치게 수립 기간이 오래 걸리면 중간에 방해공작을 많이 받게 되고 따라서 흐지부지되는 경우가 많다. 따라서 최소한 6개월 이내에 수립이 완료되어야 한다.
- 리스트럭처링이 수립되면 즉시 집행에 들어가야 한다 : 작은 규모나마 즉시 신규 사업으로 진입하거나 기존사업을 통폐합함으로써 기존 사업구조를 개혁한다는 강한 실천의지를 보여 주어야 한다.
- 기업 전체의 차원에서 통합화를 추구토록 한다 : 기업 전체 차원에서 어떤 사업을 주력사업으로 하며, 주변 관련 사업은 무엇으로 하고, 기능적 차원에서 어떠한 사업들을 가지고 이러한 주력사업과 주변사업을 지원해야 하는가의 시스템적 사고를 가지고 사업구조의 통합화를 추구해야 하며, 이를 통해 시너지효과를 창출할 수 있어야 한다.

리엔지니어링(재충전)

리엔지니어링(Reengineering)이란 조직의 사업내의 사업단위간의 생산공정 · 물류 시스템 · 서비스 기간 · 절차 등의 과정에서 중복된 기능과 불필요한 기능을 제거하는 것으로써 시간단축 및 비용절감을 통해 고객만족을 증진시키는 기법이다. 리엔지니어링의 목적은 시간단축과 비용절감, 즉 중복된 기능과 불필요한 기능을 폐지하는 데 중점을 둔다. 중복된 기능이 없어짐으로 인해 비용절감과 시간단축이 가능하며 고객만족을 개선시키는 데 도움을 준다.

리엔지니어링의 필요성

- 경영환경 변화에의 대응 : 기업 환경 변화 중에서 가장 중요한 요인으로 고객 중심적인 시장으로의 변화, 경쟁의 심화, 변화의 가속화를 들고 있는데, 이러한 환경변화에 능동적으로 대응하여 경쟁력을 유지하기 위해서는 환경 변화에 맞게 업무방식 역시 새롭게 바꾸어야 한다.
- 조직의 복잡성 증가와 효율성 저하에의 대처 : 기업이 성장하고 규모가 점차 커지게 되면서 조직의 복잡성 증대, 기업 내 프로세스의 단편화, 혁신과 창의성의 결핍, 규모의 비경제 등의 문제들이 발생하게 되었는데, 이러한 문제들을 과감히 해소하기 위해서 이다.
- 정보기술을 통한 새로운 기회의 모색 : 정보기술은 이제 조직운영의 핵심적 요소가 되고 있다. 기업 활동의 수행과 기업전략을 효율적으로 지원하는 정보기술은 기업경영에 있어서 기업 경쟁우위의 확보, 기업의 생산성 및 업무성과 제고, 새로운 경영방식과 조직과 방식의 제공, 새로운 사업기회의 제공 등의 구체적인 목적으로 활용될 수 있다.

리엔지니어링과 리스트럭처링과의 차이점 리스트럭처링은 변혁을 사업의 조직구조면으로 포착하는 반면, 리엔지니어링은 사업보다 업무를 비지니스 프로세스 관점으로 포착하고 있다는 점이 다르다. 리스트럭처링은 기업을 둘러싼 환경변화에 맞추어 경영의 변혁을 도모하는 것, 즉 사업 재구축인 반면 리엔지니어링은 업무과정을 근본적으로 다시 생각하고 설계하는 것이다.

리인벤팅(재창조)

리인벤딩(Reinventing)이란 고객지향적이고 성과지향 위주의 조직 역할 및 기능의 재조정을 말한다. 과거의 정부개혁노력과는 본질적으로 그 맥락을 달리하는 단순한 구조개혁이나 점진적 개혁이 아니라 기존의 정부조직의 구조·과정·행태·전략 등을 근본적으로 부정하는 데서부터 출발하고 있다.

벤치마킹

벤치마킹(Benchmarking)은 자기 분야에서 가장 우수한 성과를 내고 있는 최고 회사를 모델로 삼아 그들의 독특한 비법을 배우면서 자기 혁신을 꾀하는 것으로 넓은 의미에서는 리엔지니어링의 개념에 포함시키기도 하지만 독립된 한 분야이다. 지속적인 개선을 달성하기 위해 조직내부의 활동과 기능, 그리고 관리능력을 다른 조직과의 비교를 통해 평가하고 판단하는 것이라 할 수 있다.

벤치마킹의 이점 벤치마킹은 조직이 자신을 성공적인 조직과 비교하여 조직의 개선 전략을 구체화 하는데 도움을 줄 수 있다. 벤치마킹은 조직이 경쟁조직으로부터 그들의 경험을 학습할 수 있게 해 준다. 또한 벤치마킹은 업무할당과 자원분배에 있어 변동의 필요성을 창출하는데 도움을 준다.

벤치마킹의 특징 무엇보다 최고관리자의 역할이 중요하며 조직의 내부조건이 구비되지 않은 상황에서 외부의 벤치마킹에 전적으로 의존하여 작업과정을 개선하려는 경우에는 어려움을 겪게 된다.

다운사이징

다운사이징(downsizing)은 조직의 효율성을 향상시키기 위해 의도적으로 조직 내의 인력·계층·작업·직무·부서 등의 규모를 축소시키는 기법이다. 이는 슬림화(slim)화를 통해 능률의 증진을 추구한다.

다운사이징의 유형

- 인력감축(workforce reduction) : 해고·퇴직·전출 등
- 조직재설계(organizational redesign) : 기능 및 계층의 축소, 부서 통폐합 등

- 체계적 접근 : 총체적인 조직문화 및 경영 혁신 운동

다운사이징의 특성

- 조직의 의도적인 행위이다.
- 인력의 감축을 수반하는 경우가 대부분이다.
- 조직의 효율성 증대를 강조하는 조직혁신기법이다.
- 어떤 형태로든 조직의 업무프로세스의 변화를 초래한다.

추진시 고려사항 1회성 조치가 아니라 조직 차원에서 지속적으로 추진해야 할 경영개념이라는 인식이 필요하다. 다운사이징 이후 조직구성원들이 겪게 되는 갈등이나 스트레스 등이 조직운영에 부정적인 영향을 미칠 수도 있다는 점을 사전에 고려한다. 중요성이 떨어지는 기능이나 업무를 외부 전문업체에 위탁하는 아웃소싱을 다운사이징과 같이 추진하여 성과를 높인다.

TQM(전사적품질경영)

TQM(Total Quality Management)은 품질을 개선시키기 위해서는 노동 질적인 측면도 고려해야 한다는 일본식 품질관리 원리에 영향을 받으면서 발전했다. 지엽적인 제도나 기법에만 매달려서는 품질경영의 진정한 효과를 얻기 어렵고, 품질위주의 기업문화를 창조, 조직구성원의 의식을 개혁해야만 궁극적으로 기업의 국제경쟁력을 높일 수 있다는 경영기법이다.

TQM의 실천원칙

- 고객에 초점을 둔다.
- 결과뿐만 아니라 과정도 중시한다.
- 검사보다는 예방에 치중한다.
- 구성원의 참여를 바탕으로 창의력과 전문기술을 동원한다.
- 사실에 입각한 의사결정을 행한다.
- 피드백(feedback)에 의한 지속적인 개선을 추진한다.

TQM의 문제점

- 많은 비용, 추진과정에 많은 장애요인이 존재

- 비제조업, 공공기관에 대한 적용이 곤란
- 많은 장애요인에 대한 적절한 대처가 필요

아웃소싱

모든 일을 한 부문이나 한 업체에서 수행하기에는 경쟁력이나 효율성 등이 떨어질 경우 일정 부분을 외부의 전문기업에게 위탁하는 경우가 있는데 이런 경우를 아웃소싱(Out Sourcing)이라고 한다.

예를 들어 A라는 회사의 목적이 자동차를 생산 · 판매하는 것이라면 이를 수행하기 위해 필요한 부품을 아웃소싱으로 조달하거나, 판매망을 아웃소싱으로 운영한다거나 전산부서를 아웃소싱으로 운영할 수 있다.

아웃소싱의 형태에도 여러 경우가 있다. 보통 아웃소싱과 계약방식을 연계하여 분류한다. 예를 든다면 하나의 위탁업무를 두개 이상의 외부업체에 위탁하는 Selective-아웃소싱, 업무부서의 핵심인력을 가동하여 아웃소싱업체를 관리하는 Co-아웃소싱, 위탁업무 모두를 한 개의 사업자에게 일괄 발주하는 주사업자선정방식 등 여러 방식이 있으며 모두 장단점을 가지고 있다. 아웃소싱을 함으로써 경쟁력을 가질 수 있지만 나타날 수 있는 문제로 기술축적이 어렵고, 보안문제가 발생할 수 있으며, 아웃소싱업체를 장악하지 못하면 사업목적을 달성하기 보다는 오히려 이끌려 갈 수 있다. 따라서 계약의 완전성을 기하여야 한다.

슬림화(Slim)

기업경영에 있어서 조직구성원들이 상호 협력적인 참여 속에서 조직목표를 달성하도록 하기 위해서는 조직의 구조적 측면의 문제가 중요하다. 종래의 조직은 수평적 분화가 낮고 수직적 분화가 높은 고층구조(Tall structure)와 수평적 분화는 높고 수직적 분화가 낮은 평면구조(Flat structure)가 비정상적으로 합쳐진 이른바 비대조직이었다.

조직슬림화는 불필요한 수평적 · 수직적 분화가 없는 작은 조직을 의미한다. 슬림조직이 되기 위해서는 조직을 슬림화 시켜야 하는데 슬림화란 이전의 과도한 수평적 · 수직적 분화로 늘어난 불필요한 계층과 부문을 줄임으로서 작고 강한 조직구도로 이행하도록 하는 것이다.

[Tip] 고층구조(tall structure)와 평면구조(flat structure)

- 고층구조(tall structure)
  - 부하에 대한 철저한 통제가 가능
  - 상, 하급자 간에 개인적 접촉의 기회 증가
  - 계층의 수가 많아 의사전달과정상 정보가 왜곡될 가능성과 커뮤니케이션의 문제 발생
- 평면구조(flat structure)
  - 상하간의 의사전달이 신속하고 정확하게 이루어 짐
  - 넓은 감독 폭은 구성원들이 자율적으로 능력발휘를 할 수 있게 함
  - 부하에 대한 통제 약화 가능성
  - 업무부문들 간에 의사전달이나 업무조정이 어려움
  - 부문간에 보이지 않는 장벽이 복잡하게 형성될 가능성

인수합병(Mergers & Acquisitions : M&A)

M&A란 합병(Mergers)과 매수(Acquisitions)를 의미하는 두 단어의 이니셜에서 나온 용어이다. M&A는 두 개 이상의 회사가 청산절차를 거치지 않고 한 개 이상의 회사가 소멸함과 동시, 소멸회사의 권리 · 의무가 존속회사에 포괄적으로 이전 · 승계되는 회사간의 계약을 말한다.

흡수합병 몇 개의 기업이 결합할 때 그 중 한 기업이 법률적으로 존속하여 다른 기업을 인수하고, 인수되는 기업은 소멸하는 형태의 합병을 말한다.

신설합병 결합하려고 하는 기업 모두 해산되고 새로운 하나의 기업이 설립되어 이 신설기업이 합병에 차여하여 모든 기업의 권리 · 의무를 이전 받는 형태의 합병이다.

경제적으로 볼 때 기업합병은 수평적 합병 · 수직적 합병 · 그리고 다각적 합병으로 구분할 수 있다.

수평적 합병 동종 업종 간에 이루어지는 합병을 말한다.

수직적 합병 한 기업의 생산과정이나 판매경로 상 관련단계에 있는 기업을 합병하는 것을 의미한다.

다각적 합병 생산이나 판매 면에서 상호관련성이 전혀 없거나, 업종이 상이한 기업 간에 이루어지는 합병형태이다.

매수 기업매수는 매수기업이 피 매수기업의 주식이나 자산의 일부를 취득함으로써 기업결합을 추구하는 형태로서 이러한 형태는 기업합병과 다소 달리 개념규정을 하기도 하는데, 즉 기업매수는 이루어지고 난 뒤에도 양사가 개별기업으로 계속 존재한다는 것이다. 매수는 크게 주식매수와 자산매수로 나누어지는데 주식매수는 매수기업이 피 매수기업 주식의 전부 또는 일부를 구 주주로부터 취득하는 것이고, 자산매수는 두 기업간에 체결된 계약에 따라 한 기업이 상대기업경영의 전부 또는 일부를 인수하는 것이다.

M&A의 장점

- 생산규모 확대로 규모의 경제실현, 생산비용 절감과 수익증대
- 다품종의 종합경영으로 경영상의 안전 확보
- 일관생산화 · 다각생산화와 중간시장경로 배제로 유통경비 절감
- 시장합병으로 판매력 강화, 시장점유율 향상으로 매출이익 증대

M&A의 문제점

- 대내적 문제점
  - 중역 · 상급관리자들의 배치, 전환 및 해고 등 인사문제
  - 경영규모 확대에서 오는 관리상의 곤란성
  - 합병기업간 임금 및 승진체제 등 관리제도 격차 조정문제
  - 노사관리 문제 등
- 대외적 문제점
  - 대규모 기업간 합병은 시장독점화 · 과점화로 생산 · 유통체제에 영향
  - 기업간 경쟁저해, 신규참여자 저지 및 소비자 제품선택폭 등 경쟁제한의 문제
  - 합병의 증대효과 내지 이익의 소비자 환원과 관련된 문제 등 기업의 사회적 책임

Work Out(기업개선작업)

워크아웃은 기업가치 향상을 목적으로 실행하는 채권 금융기관의 주도로 수행하는 구조조정작업을 워크아웃이라고 한다. 즉 이와 같은 워크아웃은 장기적인 관점의 기업회생 프로그램이라는 점에서 기존에 실효성 없는 정책이라고 비판받아 왔던 부도유예협약이나 협조융자와 차이가 난다.

워크아웃에 사용되는 수단은 단기 부채를 연장해 장기 부채로 통합하는 부채통합(consolidation)과 기업의 자금 사정과 회생 가능성에 따라 지급유예기간을 두는 방법, 이자나 부채를 삭감하는 방법 등이 있다. 이러한 역할을 담당하는 조직을 워크아웃팀이라고 하는데 이들은 해당 기업의 재무구조, 자금흐름, 사업전망 등을 정밀히 분석해 기업의 회생을 도모한다.

BIG Deal

빅딜(Big Deal)은 대규모 사업부문의 기업 간 교환을 말한다. 정부가 국내 산업 경쟁력을 높이기 위해 대기업 간에 대형사업을 맞바꾼다는 뜻으로 사용해 정부의 기업 구조조정 수단으로 활용되고 있다. 또한 기업간 비교우위 사업부분을 교환하여 핵심 역량을 갖춘 사업부문에 집중하거나 핵심업종을 전문화하고 육성, 다시 말해서 사업을 맞교환 하는 것을 말한다. 1992년에 미국의 듀퐁(Dupont)회사는 영국의 임페리얼 화학회사와 합성섬유 분야에서 각기의 사업구조를 보완해 주는 사업을 주고받음으로써 각기의 경쟁력을 향상시켰다. 대기업 그룹간의 사업부문 교환을 통하여 업종전문화를 이루고 잉여설비를 감축한다는 차원에서 5대 그룹 구조조정안의 핵심기업 설정과 관련하여 5대그룹의 빅딜을 추진사항으로 합의 한 바도 있었다.

기업분할에 의한 구조조정

기업분할(Division Operations)은 합병에 반대되는 제도로서 통상적으로 기업이 어느 일정사업부문을 분할하여 독립시키는 것을 하는데, 이는 시장에서 독자적으로 활동할 수 있는 기업의 일부를 분리하여 독립 법인화시킴으로써 위험을 분산하거나 경영의 효율성을 재고시키기 위한 구조조정의 일환이라고 할 수 있다. 기업분할제도가 기업들의 경영위기 극복을 위한 기업구조조정의 원활화 차원에서 개정 상법에서 인정함에 따라 국내 기업들도 부실 사업정리와 재무구조 개선의 목적으로 수익성 높은 핵심사업 부문까지도 기업분할 후 매각을 통한 사업구조조정이 많아질 것으로 기대된다. 구조조정이 본격화되고 M&A 시장이 활성화되면, 국내 기업들도 기업변신을 위해 기업분할을 적극 이용할 것으로 기대되는데, LG반도체를 인수한 현대전자가 1999년 9월까지 반도체부문의 하이닉스반도체와 전자부문의 현대산업전자로 분할하기로 결정한 것이 상장회사로서는 처음으로 상법상 분할제도를 이용하였다.

02 리스트럭처링

리스트럭처링(Restrucruring)은 기업의 경쟁력 강화와 비전 달성을 목표로 전사적 차원에서 미래사업구조를 근본적으로 재구축하려는 경영혁신기법이다. 이는 급변하는 글로벌 경쟁환경의 변화 속에서 기업이 생존과 성장을 위해 제시한 미래의 비전을 사업구조차원에서 구체화시키는 방법이다.

비전이 기업의 추상적인 미래지향점이라면 리스트럭처링은 이러한 비전을 달성할 수 있는 해답을 사업구조의 재구축을 통해서 제시하는 경영기법이다. 리스트럭처링의 도입초기에는 인수할 회사 자체를 담보로 금융기관에서 대출받은 자금으로 기업인수(LBO)나 전략적 제휴까지를 포괄하는 개념으로서 M&A를 적극적으로 활용하여 사업단위를 재구축하는 전략을 의미하였다. 그러나 일본에서는 「리스트라」라는 용어로 변형되어 경영합리화, 사업의 축소, 인원감축 등의 명분으로도 사용되었다.

사업재구축이라는 말로도 표현되는 리스트럭처링의 시행절차는 비전 및 미래목표의 잠정적 설정, 전략사업단위의 설정, 리스트럭처링 방향설정 작업, 리스트럭처링 확정, 비전 및 미래목표의 수정, 비전 및 미래목표의 확정 등 6단계로 구성된다.

Tip LBO(차입매수)

기업을 인수 · 합병(M&A)할 때 인수할 기업의 자산이나 향후 현금흐름을 담보로 은행 등 금융기관에서 돈을 빌려 기업을 인수하는 M&A 기법의 하나이다. 따라서 적은 자기자본으로 큰 기업매수가 가능하다.

LBO(Leveraged Buy-Out)방식은 매입자가 인수대상의 기업을 주가나 배당을 고려하지 않고 불채산부문(不採算部門)의 매각 등 과감한 경영을 할 수 있는 이점이 있으며, 반대로 매수될 듯한 기업의 경영자가 LBO를 사용하여 자사주를 모아 매수를 피할 수도 있다.

1 리스트럭처링의 개요

리스트럭처링의 정의

리스트럭처링이란, 한 기업이 여러 사업부를 가지고 있을 때, 또는 한 기업이 여러 기업을 보유하고 있을 때 미래변화를 예측하여 어떤 사업을 주력사업으로 하고, 어떤 사업부를 축소 · 철수하고, 어떤 신규사업으로 새로이 진입하고 더 나아가 중복사업을 통합함으로써 사업구조를 개혁하는 것이다.

리스트럭처링의 특성

미시적인 프로세스나 공정을 개혁하는 것이 아닌 앞으로의 환경변화에 적극적으로 대응하기 위해 기업 전체차원에서 기존업종을 철수할 것인가, 축소할 것인가, 중복사업을 통폐합할 것인가, 아니면 기존 사업을 계속 확대할 것인가, 더 나아가 어떤 신사업에 참여할 것인가, 미래에는 어느 사업을 주력사업으로 할 것인가, 기존사업과 신규사업을 어떻게 연계시켜 상승효과를 낼 것인가 등을 고려하는 즉, 기업의 미래모습을 새로이 만들어 나가는 기업 전체차원의 혁신기법이다. 비즈니스 리스트럭처링은 기업의 중·장기경영전략의 커다란 부분을 차지한다. 비즈니스 리스트럭처링의 방향이 확정된 이후에 프로세스나 공정 혹은 절차 등을 혁신시키는 비즈니스 리엔지니어링을 도입해야 한다. 어떤 사업을 정리할 것인지에 앞서 구조조정이 겨냥하는 시너지 효과를 고려해야 한다. 사업을 정리하는데는 크게 국내기업에 대한 매각, 빅딜, 외국투자자에 대한 자본참여 등이 있다.

제로베이스(zero base) 조직혁신

제로베이스 조직혁신이론은 기존의 조직틀을 파괴하고 제로상태에서 다시 조직을 새롭게 구조화하는 것이다. 경영자가 조직을 혁신하려고 할 때 기존조직의 틀을 인정하고 부분적이거나, 지엽적인 기법에 의거하여 조직을 혁신하는 것이 아니라 혁신의 출발점이 제로베이스이고 이에 따라 전체적인 시각에서 조직혁신을 기하는 것이다. 따라서 여기에는 무엇보다 정밀조직진단이 선행되어야 하고, 조직진단 결과에 따라 현실적이면서 미래지향적인 조직으로 구조화해야 한다. 이럴 경우, 최고경영자의 조직혁신을 위한 결단이 필요하다.

제로베이스 조직혁신을 위한 기본적인 인식은 다음과 같다.

- 제로베이스 조직혁신은 지금까지 널리 활용되고 있는 지식, 정보, 기술, 기법 등을 제로로 두고 여기서 좋은 것은 선택하여 이를 새롭게 결합시키는 종합화 과정을 중시한다.
- 제로베이스 조직혁신은 먼저 조직을 정밀진단한 후 이에 따라 조직에 대한

처방을 하는 것이다.

- 제로베이스 조직혁신은 새로운 조직형태로 개발되어 인기 있는 조직을 모방하거나 이를 무조건 수용하는 것이 아니고 조직을 진 단한 후 조직의 모방이나 수용 여부를 결정한다.
- 최고경영자는 조직혁신을 위해 필요한 기법, 지식, 정보 등을 종합적인 시각에서 받아들여야 한다.
- 최고경영자의 조직혁신을 위한 결단이 필요하고 약간의 위험요소가 있어도 이를 극복할 수 있어야 한다.

2 리스트럭처링의 목적

리스트럭처링을 통해서 기업은 미래지향적이고 경쟁력 있는 사업구조를 가질 뿐만 아니라, 이를 통해 기업의 제한된 자원을 올바르게 배분할 수 있다. 국내외 환경변화, 경쟁자의 동향, 기술혁신, 고객의 욕구변화 등을 고려해 볼 때 지금의 전략이나 기존 업종으로는 미래보장이 어렵다고 판단될 때, 사업구조의 개혁을 통해 주력사업을 선정하고, 주력사업과 주변관련사업, 지원사업의 연계관계를 통해 전체적인 통합화를 추구함으로써 경쟁력있는 사업구조를 새로이 형성하고 이에 따라 자원의 배분을 올바르게 할 뿐 아니라 기업 전체의 경쟁력을 제고시키기 위한 것이다. 리스트럭처링하는 목적을 살펴보면 다음 다섯 가지로 구분할 수 있다.

주력사업을 통한 통합화

사업구조의 개혁을 통해 주력사업을 선정하고 주력사업과 주변관련사업, 지원사업의 연계 관계를 통해 전체적인 통합화를 추구함으로써 경쟁력 있는 사업구조를 새로이 형성하고, 이에 따라 자원의 배분을 올바르게 할 뿐 아니라 기업전체의 경쟁력을 제고시키기 위함이다.

기업체질의 개선

리스트럭처링을 통해 기업을 혁신하고 더 나아가 기업체질 자체를 바꾸기 위함이다. 조직개편이나 기업풍토의 개선만으로는 기업의 혁신을 기대하기가 어렵다. 따라서 진정한 기업의 혁신과 체질개혁은 사업구조의 개혁을 통해서만 이루어질 수 있는 것이다. 즉 창조적인 차원에서 주력사업을 제시하고, 이의 경쟁력 제고를 위해 과감히 신규사업에 진입하고 중복사업들을 통폐합하거나 철수, 축소함으로써 전 구성원들에게 혁신의 의지를 명쾌히 제시할 수 있다. 이렇게 함으로써 기존의 틀에서 벗어난 혁신을 추구할 수 있으며 이에 따라 기업체질도 바꿀 수 있다.

신규사업 진입

시대조류에 대응한 신규사업으로의 진입을 계획적으로 추진하기 위해서다. 훌륭한 신사업의 개발은 장기적 관점 하에서 인력과 자금을 투입함으로써 가능해진다. 리스트럭처링 없이 연차계획만으로 이를 추진하게 되면, 인력과 자금 투입이 그때그때의 수익 상황이나 경영자의 사고에 좌우되어 새로운 사업의 개발이 어렵게 되기 때문이다.

이익확보

현재수익과 미래수익의 균형을 맞추기 위해서다. 기존사업 중 경쟁력이 없거나, 앞으로 경쟁력이 저하될 사업들에 대한 투자를 줄이고 신규사업이나 신제품에 대한 투자 등을 추진함으로써 건전한 적자부문을 키우며 이에 따라 미래에도 꾸준히 수익을 확보할 수 있게 되기 때문이다.

위기의식 고취

전 사원에게 건전한 위기의식을 제고시키고, 이에 따라 기업의 경영체질을 강화하기 위해서다. 즉 기존 사업구조를 가지고 변화를 거부하면서 5년 또는 10년이 지난다면 과연 우리 기업은 어떠한 모습을 가지겠는가, 과연 그 때에도 경쟁력이 있겠는가, 과연 그 때 살아남을 수 있겠는가 라는 강력한 위기의식을 전 임직원이 공감하여 기업의 체질을 강화하기 위함이다.

3 리스트럭처링의 유형

리스트럭처링은 기업의 상황에 따라 여러 가지 모습을 보이고 있으나 대표적인 두 가지 유형에 대해 살펴보자. 그러나 실제로는 이 두 가지 유형으로 확연히 구분되는 것이 아니고 두 가지 유형이 서로 중복되어 사용되는 것이 보통이다.

적극적인 리스트럭처링

이러한 유형의 리스트럭처링은 환경변화에 대응하여 미래지향적인 주력사업을 선정하고 이의 경쟁력을 제고시키기 위해 신규사업으로의 다각화, 국내외 타기업과의 전략적 제휴(strategic alliance), 새로운 기술의 접목, 다른 사업부와 공동사업의 추진 등을 통하여 사업구조를 보다 적극적으로 개혁하는 것을 의미한다.

수동적인 리스트럭처링

이러한 유형의 개혁은 보다 수동적인 차원에서 사업구조를 개혁하는 것으로서 주력사업의 경쟁력을 회복시키기 위해 수익성이나 성장성이 낮은 사업을 축소 또는 철수하고, 중복사업을 통폐합하고, 더 나아가 공장재편 · 인원감축 · 합리화 등을 추구하는 것을 의미한다.

리스트럭처링이 필요한 이유는 기업을 둘러싸고 있는 환경요인과 기업의 내부요인들이 엄청나게 빠른 속도로 변하고 있기 때문이다.

외부 환경적 요인

고객의 욕구가 소프트화, 복합화 되고 있다. 지금의 시대는 과거의 대중소비시대에서 고도선택의 시대로 빠르게 변모하고 있다.

제품 개념의 경향변화 전 국민의 60%가 넘는 전후태생의 소비자들의 소비행태는 실질적으로 기적이라고 해도 과언이 아니다. 이들은 제품의 내구성이나 품질 · 패션감각이 뛰어난 제품이라면 빚을 내서라도 구입하지만 아무리 싼 것이라도 최고가 아니면 구매하지 않는 가치관을 갖고 있다. 특히 제품의 물리적 기능보다는 아름다움, 분위기, 멋, 편리함, 더 나아가 제품에 따르는 여러 가지 서비스에 더 많은 가치를 부여하고 있다. 이 같은 경향은 고객들의 제품에 대한 개념이 소프트화, 복합화 되었다는 것을 뜻하는 것이며, 이러한 고객욕구의 소프트화, 복합화에 대응할 수 있는 사업구조의 변혁이 반드시 뒤따라야 한다.

경제 소프트화의 진전 경제의 소프트화가 빠르게 진전되고 있다는 것이다. 경제의 소프트화는 탈공업화를 의미하는 것으로서 기업이 제공하는 소프트한 경제재가 점하는 비중이 제품 자체가 점하는 비중보다 커지고 있다는 사실을 말한다. 소프트화란 제품에 수반되는 부가가치와 제품에 수반되지 않는 서비스가 더욱 중요한 의미를 가진다는 것을 뜻하는 것이다. 즉 탈공업화 사회에서의 기업의 영업활동은 그저 물건을 판매하는 것만으로는 아무 소용이 없으며 제품과 수반된 컨설팅, 상담, 소비자의 고충처리, 문화이벤트 제공, 제품에 관련된 정보의 제공, 제품을 판매하는 현장 직원의 친절한 서비스, 제품에 부수된 물류 시스템, 제품과 연결된 전략정보시스템(SIS) 등이 더욱 중요한 요인으로 등장하고 있다. 더 나아가 서비스산업에 속한 기업이 최근에 대형화하고 있는 것이 사실이다. 도소매, 광고, 여행, 레저스포츠, 운송업, 택배업 등이 대형화되어 산업 전반에 큰 영향을 미치고 있다. 이러한 경제의 소프트화에 대비한 사업구조의 소프트화가 필요하게 된 것이다.

경제 저성기의 도래 경제의 저성장이 예상되기 때문이다. 우리나라의 경제가 과거의 고도성장시대에서 새로운 세기를 맞이하여 저성장시대로 들어오고 있다. 더욱이 경제규모가 커지고 선진국 단계에 접어들수록 과거와 같은 고도성장을 이제는 기대할 수 없다. 그 결과 국내시장의 경쟁은 더욱 치열해지고 있으며 이전과 같은 경영방식으로는 미래를 보장하기가 어렵게 되었다. 따라서 부가가치가 높은 사업으로 전환해야 할 필요성이 대두되고 있는 것이다.

경제환경 변화의 가속화 시대의 변화는 계속 가속화되고 있고, 변화의 크기에 비례해서 새로운 사업 기회는 계속 늘고 있기 때문이다. 새로운 사업의 기회는 변화 속에서 지속적으로 생길 것이다. 따라서 기업인들은 이러한 변화에 창조적으로 대응하기 위하여 리스트럭처링을 수행해야 할 것이다.

이 밖에도 경쟁의 격화, 기술의 혁신, 정보화 사회의 도래 등의 환경요인들 때문에 기업은 현재의 사업구조 그대로 견지해서는 살아남기 어려운 상황에 처해 있으며 따라서 변화에 능동적으로 대응하기 위한 리스트럭처링을 반드시 수행해야 할 것이다.

내부 환경적 요인

앞에서 언급한 외부환경요인뿐 아니라 기업내부의 여러 요인들 때문에 기업은 리스트럭처링을 수행해야 한다.

경쟁력 약화 본업의 경쟁력이 약화되고 있기 때문이다. 우리는 보통 기업을 going concern이라 하여, 영속적인 실체라고 이야기한다. 그러나 기업은 결코 영속적인 것이 아니며, 기업인이 경영에 등한시 할 경우 한 순간에 사라져 버리는 실체라고 할 수 있다. 지금처럼 혼돈과 불안정이 팽배해 있으며, 격변하는 환경 하에서는 어떠한 기업도 안전하지 않은 것이다. 이러한 혁명과 같은 변화 앞에서 본업의 성장세가 두드러지게 약화되고 있음에도 불구하고 많은 기업인들이 단기적인 안목에서 현상유지에만 급급하고 있다. 그러나 현상유지는 오직 퇴보일 뿐이며, 최근의 경쟁력 약화나 누적 적자에 당황해 단편적인 대증요법에 매달리는 것은 현재의 미해결 상황을 그대로 미래까지 연장시키는 것과 다름이 없다. 그러므로 본업의 경쟁력을 강화하기 위해 어떠한 요소를 추가해야 하며 어떠한 사업을 축소, 철수하여 어떠한 신규사업과 연결시켜야 하는가 하는 사업구조의 개혁, 즉 리스트럭처링이 필요한 것이다.

공동체인식의 변화 지금까지 우리 기업들은, 특히 대기업들은 '모두 함께, 모두 같게' 라는 사고로 기업을 반전시켜 왔기 때문이다. 즉 우리 기업들은 사원들을 신입사원부터 정년에 이르기까지 기업에 대하여 공헌만을 요구해 왔다. 개인의 독자적인 활약보다는, 한 부서 내에서 함께 일한 것에 의한 성과만을 요구했던 것이다. 그것에 대한 보답으로서 집단에 대한 대가가 지불되었으며, 이에 따라 연공서열제가 제도로서 정착한 것이다. 더욱이 규모 확대와 이익극대화를 실현하기 위해서는 반드시 효율 중심의 기업활동이 뒷받침 되어야만 했다. 이와 같은 사유로 관리와 표준화를 철저히 하고, 생산성 향상을 위한 노력을 결사적으로 기울여 왔다. 또한 현장에서는 원가절감을 철저히 강요했던 것이다. 따라서 기업에서 일하는 종업원들의 특징은, 나쁘게 말하면 10인1색이라는, 즉 같은 사고방식을 갖는 인간이 많이 존재하는 것을 조직의 강점으로 하고 있다. 즉 기업에 오직 일념으로 헌신하는, 충성을 맹세하는 '기업충성집단'이 그 특징이라고 할 것이다. 90년대 중반까지 이러한 기업들이 비약적으로 발전해 왔다. 이러한 시스템 하에서 우리 기업들은 크게 성장하였으나, 다음과 같은 한계에 부딪치게 되었다. 이른바 '대기업병'이라고 불리는 조직의 경직화현상이 현저하게 나타나고 있어 창조적인 일이 저해당하거나 조직의 다이내믹한 활동이 불가능하게 되는 폐해가 발생하고 있다. 즉, 선진제품을 그대로 모방하여 생산 판매하는 것이 체질화되어, 혁신적이고 창조적인 제품이나 서비스를 창출할 능력이 축적되지 못했으며, 이에 따라 새로운 것을 추구하려는 조직 내의 다이내미즘이 고갈되었다. 따라서 강한 애사정신을 갖고 있는 '기업로열티'집단은 되었으나 자신의 일에 긍지와 기쁨을 느끼는 '일의 로열티'집단은 되지 못하고 있다. 그러나 이제는 '모두 함께, 모두 같게, 싸게, 대량으로'라는 사고로는 기업을 더 이상 발전시킬 수 없는 상황에 이르렀으며, 이에 따라 리스트럭처링이 필수적으로 필요하게 되었다.

고령화시대의 도래 최근의 고령화 사회를 반영하듯이 사원의 평균 연령이 빠르게 상승하고 있기 때문이다. 이에 따라 정년의 연장 등 여러 가지 고육책을 실시하려는 움직임을 보이고 있다. 그러나 인간은 본래 나이가 들수록 본성적으로 변화를 싫어하는 동물이기 때문에 이러한 평균 연령의 증대는 기업 내의 관료화, 변화에 대한 무관심, 또는 변화 거부의 풍토를 일으킬 위험이 있다. 따라서 이러한 것을 타개하고 기업의 장기적인 경쟁력 강화와 기업의 활성화를 위해서는 사업구조를 리스트럭처링해야 한다.

조직구성원 의식구조의 변화 사원의 의식구조가 빠르게 변하고 있기 때문이다. 사원 중에서도 특히 젊은 사원들의 의식구조가 급속히 변모되고 있다. 젊은 사원들은 어떤 직위나 자리보다는 보람있는 일을 하기를 원하고 있으며, 일을 통해 자아를 실현하기를, 더 나아가 일을 통해 인간으로서 성장하기를 바라고 있다. 따라서 틀에 박힌 일보다는 자기의 재량이 많은 일이나 자기의 창의력을 발휘할 수 있는 일을 원하고 있다. 따라서 기업은 사원들의 이러한 의식의 변화에 적응해야 하며 이를 위해서 바로 기존의 사업구조를 바꾸어야 할 것이다.

인재유출현상의 심화 인재의 유출이 늘어나고 있다. 과거에는 직장을 바꾸는 것이 바람직하지 않다는 분위기였다. 그러나 최근에는 스카우트 시장이 확대되면서 더 매력적인 직장을 구하기 위하여 인재들이 활발히 움직이는 것이 당연시되고 있다. 회사가 고령화됨에 따라 조직이 경직되고 이에 따라 조직원들이 변화를 싫어해 과거의 것에 집착할수록 조직 내 우수한 인재가 이탈하는 경향이 나타나고 있다. 따라서 이러한 인재의 유출을 막고 유능한 인재를 유입하기 위해서는 기업이 새로운 사업에 도전하는 도전적인 분위기를 사내에 조성하여 일 자체를 매력적인 것으로 만들어야 한다. 더 나아가 직장 자체를 활성화함으로써 유능한 젊은이들을 끌어당기는 일에 보다 많은 노력을 기울여야 한다. 기업은 사람이란 말도 있듯이 기업에 유능한 인재가 모이지 않으면 기업의 미래는 없는 것이다. 이러한 인재 유출의 방지와 인재의 유입을 위해서 사업구조의 리스트럭처링이 필요한 것이다.

고임금 구조 고정비로서 인건비의 부담이 가중되고 있기 때문이다. 우리나라의 경우에는 아직도 인건비를 고정비로 생각하여 매년 일정률씩을 상승해 나간다는 사고로 경영을 하고 있다. 이렇게 생각하면 경비 가운데 인건비가 차지하는 비중이 점차 증가하여 기업경영을 압박하는 심각한 요인이 될 것이 뻔하다. 왜냐하면 인건비는 지속적으로 상승할 것이기 때문이다. 그러나 기업의 환경은 더욱 더 어려워지고, 기업의 수익률을 안정적으로 유지하기에는 더욱 힘들어질 것은 뻔한 일이다. 사업을 종래와 같은 방법으로 경영한다면 결국 인건비의 압박에 견디지 못해 도산 또는 폐업이라는 사태로 몰릴지도 모른다. 따라서 이를 타개하기 위한 사업구조의 리스트럭처링이 필요한 것이다.

4 리스트럭처링의 실행절차

- 비전 및 미래 목표의 잠정적 설정
- 전략 사업단위의 결정
- 거시환경 분석과 산업환경 분석
- 산업 분석
- 선도 경쟁기업의 집단화
- 선도 경쟁기업 벤치마킹
- 고객 분석 : 고객의 욕구(needs, wants) 분석
- 자사 분석 : 자사 분석, 기존사업 분석(기존 사업 포트폴리오 분석) 기존사업의 선별 육성 · 축소 · 철수
- 리스트럭처링 방향도출 : 기존 사업의 선별 육성, 신규사업 범위의 확정, 주력사업의 선정
- 세부 신규사업의 선정 : 신규사업에 대한 세부 분석/선정
- 기존사업과 신규사업의 관련성 분석 : 일관성/보완성분석, 사업의 통폐합 결정, 주력사업, 주변관련사업, 지원사업간의 연계관계 확정
- 비지니스 리스트럭처링의 확정 : 새로운 사업구조 편성, 기존사업의 방향, 신규사업의 방향. 비전 및 미래목표의 확정
- 비전 및 미래 목표의 수정 : 피드백(feedback) 과정

5 리스트럭처링 유의사항

이러한 리스트럭처링은 기존 기득권층이나 미래가 불투명한 사업주에 속한 임직원들에게는 대단히 위험한 시도로 판단되기 때문에 공식적, 비공식적 채널을 통해 사업구조 개혁 작업을 방해하거나 위협하는 등 많은 문제점이 발생한다. 따라서 리스트럭처링을 실시할 때 주의해야 할 사항을 살펴보면 다음과 같다.

최고경영자의 혁신의지 최고경영자가 강력히 주도해야 한다. 사업구조의 개혁은 기업의 혁신을 추진하는 것으로서 기존 수구세력은 커다란 위협으로 받아들인다. 따라서 직·간접적으로 이러한 혁신에 대한 반발과 거부를 하게 된다. '이제는 일에도 어느 정도 익숙하여 성과도 나름대로 보장되고 있다. 그동안에 노력의 대가에 대하여 상당히 좋은 평가도 받고 있다. 이제 와서 새삼스럽게 왜 바꾸려 하는가? 체제가 새롭게 변하게 되면 지금까지 노력한 결과는 물론이고 기득권도 없어지고 처음부터 다시 시작하지 않으면 안되지 않는가?', '지금도 할 일이 많은데 한 번도 안 해본 새로운 사업에 왜 진출해야 하는가?', '이 사업이 축소되거나 철수하면 나의 입지가 약화될 텐데' 하면서 반발하기 때문에 최고경영자의 강력한 리더십 없이는 올바른 수립과 집행이 어려운 경우가 많다.

조기계획 수립 리스트럭처링은 가능한 한 빨리 수립해야 한다. 리스트럭처링은 기업 전체적인 차원에서 기업을 조명하여 사업의 구조를 개혁하는 작업이기 때문에, 그리고 고려해야할 요인들이 많이 있기 때문에 생각보다 많은 시간이 소요된다. 지나치게 수립 기간이 오래 걸리면 중간에 방해공작을 많이 받게 되고 따라서 흐지부지되는 경우가 많다. 따라서 최소한 6개월 이내에 수립이 완료되어야 한다.

신속한 집행 리스트럭처링이 수립되면 즉시 집행에 들어가야 한다. 전략은 수립이 중요한 것이 아니라 집행이 더욱 중요한 것이다. 아무리 훌륭한 리스트럭처링이라 하더라도 집행이 되지 않으면 휴지 조각이나 다름없다. 그러나 집행은 작은 것부터 시작해야 한다. 리스트럭처링은 모든 것이 일시적으로 일어나는 것이 아니고 상당한 시간이 경과하면서 집행되는 것이기 때문이다. 즉 작은 규모나마 즉시 신규사업으로 진입하거나 기존사업을 통폐합함으로써 기존 사업구조를 개혁한다는 강한 실천의지를 보여 주어야 한다.

신사업 개념의 정의 신규사업의 개념을 올바로 정의해야 한다. 신규사업을 통상 새로운 사업에 진입하여 성장성을 확보하고 수익의 골자로 생각해서는 아니 된다. 오히려 신규사업이란 기존의 주력사업이나 주변사업과의 촉매작용을 통해 기업 전체의 사업내용을 변화시켜 기업 전체의 경쟁력 강화와 더 나아가 기업체질의 개선까지도 가능케 할 수 있는 사업이라고 정의해야 한다.

사업구조의 통합화 기업 전체의 차원에서 통합화를 추구하고 이에 따라 시너지효과를 창출할 수 있어야 한다. 리스트럭처링이란 단순히 부채사업의 축소, 철수, 신규사업의 도입만으로 끝나는 것이 아니다. 오히려 기업 전체 차원에서 어떠한 사업들을 가지고 사업구조의 통합화를 추구해야 하며, 이를 통해 시너지효과를 창출할 수 있어야 한다.

수용능력 기업의 능력과 일관성이 있어야 한다. 아무리 훌륭한 전략이더라도 기업이 이를 수용할 능력이 부족하면 집행하기가 어렵다. 따라서 자사의 능력에 대한 올바른 판단을 해야 한다. 그러나 기업의 능력을 파악할 때 눈에 보이는 자산능력만을 평가해서는 아니된다. 눈에 보이지 않지만 많은 잠재적 능력이 있을 수 있다.

공감대형성 라인부서의 공감대를 형성시켜야 한다. 혁신은 모든 구성원이 이에 공감할 때 성공적으로 수행되는 것이다. 특히 업무를 실제로 집행하는 라인부서의 구성원들이 이에 협력하지 않으면 리스트럭처링은 공염불로 끝날 수 있기 때문이다. 따라서 최고경영자층은 여러 가지 방법을 동원하여 조직내 건전한 위기의식을 불러일으켜야 한다. 예를 들어 기존사업구조를 그대로 가지고 5년 또는 10년이 경과한 경우 분명히 나타나는 우리의 모습을 보여주면서 '변화를 거부하면서 기존업종만 가지고 앞으로 5년 또는 10년 후 우리 기업이 과연 살아남을 수 있겠는가'라는 질문을 제기해 보는 것이다. 그리고 새롭게 만든 사업구조의 모습을 전사업장을 방문하면서 전파시켜야 한다. 또는 간단한 팜플렛을 만들 수도 있다. 그러나 가장 바람직한 방법은 최고경영층이 틈틈이 전 구성원들에게 직접 전파하는 것이다.

03 전략적 제휴

경영전략적인 의미에서 볼 때 기업 간 제휴는 단기적 이익을 얻기 위한 보완적인 수단이 아니라, 글로벌 경영환경 하에서 기업이 생존하고 번영하기 위한 본원적인 수단으로의 성격을 갖는다고 볼 수 있다. 또한 국경 없는 글로벌경쟁에 대응하기 위하여 기업들은 전 세계를 대상으로 하여 경영자원을 동원하여 기술개발, 조달, 생산, 판매 등 모든 경영활동을 전개하는 국제화 전략을 추구하게 되며 이러한 상황에서 제휴는 필수적인 전략 수단이 되고 있다. 전략적 제휴가 기업가치에 미치는 영향에 관한 주장은 두 가지로 요약할 수 있다.

전략적 제휴가 단기적인 기업가치에 영향을 미친다면, 제휴 유형에 따라 미치는 영향이 차이가 나는 것인가에 대한 연구가 있었다. 기술교환협정, 라이센싱협정, 마케팅협정, 공급협정을 대상으로 주식시장 반응을 분석한 결과, 기술교환협정이 가장 단기간 기업가치에 많은 영향을 미치는 제휴형태로 조사되었다.

또한 다른 측면에서 기술제휴와 마케팅제휴를 대상으로 분석한 결과 기술제휴가 마케팅제휴보다 단기간 기업가치에 더 큰 영향을 준다는 사실을 발견할 수 있었다. 기술제휴가 마케팅제휴보다 단기가치에 더 많은 영향을 준다는 이유로서 기술제휴는 고비용을 요하는 지적재산권이나 필수적인 사항을 공유함으로써 비용을 절감하는 반면, 마케팅제휴는 성숙기나 쇠퇴기에 접어든 시장을 의미 한다.

경쟁관계에 있는 기업이 일부사업 또는 기능별 활동부문에서 경쟁기업과 경쟁을 위해 일시적인 협력관계를 갖는 것을 전략적 제휴라고 한다. 전략적 제휴는 단순한 업무제휴와 지분참여를 통한 제휴로 분류된다. 단순 업무제휴는 전략적 제휴의 초기적인 형태로서 마케팅 제휴를 들 수 있다. 반면에 지분 참여제휴는 상대의 지분을 확보함과 동시에 일정분야에서의 협력관계를 유지하는 것을 말한다. 이러한 제휴는 기술력이 있는 기업과 자본력이 있는 기업간에 성사 되는 경우가 많다. 그러나 전략적 제휴는 시너지 효과를 창출한다는 목적에서는 M&A와 유사하지만 거래방식에서는 커다란 차이가 있다. 다시 말해서 인수기업에 의한 완전한 결합방식이라는 점에서 차이가 있는 것이다. 따라서 전략적 제휴는 신규 사업을 창업하는 것과 기존 기업을 인수·합병하는 M&A의 중간 형태라고 볼 수 있다.

1 전략적 제휴의 목적

기업 간의 전략적 제휴는 1980년대에 들어서 두드러지게 증가하였다. 예를들어 컴퓨터와 통신을 포괄하는 정보통신 산업에서 이런 전략적 제휴가 가장 두드러지게 나타나고 있으며 그 다음으로는 생명공학산업, 신소재산업, 자동차 산업 등에서 제휴가 활발히 이루어지고 있다.

자원과 위험의 공유

자신이 참여하는 모든 시장에서 경쟁기업보다 경쟁우위를 가질 수 있을 만큼 충분한 경영자원을 가진 기업은 존재하지 않는다. 따라서 기업들은 보완적인 제품이나 유통망, 그리고 생산기술을 가진 다른 경쟁기업을 찾아 전략적 제휴를 하는 경우가 많다.

특히 최근 들어 거의 모든 산업에서 연구 개발투자가 더욱 중요해지고 생산시설이 자동화됨에 따라서 예전에 비해 연구개발투자와 생산시설투자에 소요되는 비용은 막대해졌다. 예를 들어 차세대 메모리형 반도체의 생산라인 설치비용은 1-2조원이 될 정도의 막대한 비용이 소요된다. 이러한 연구개발비용과 생산비용이 큰 산업에서의 전략적 제휴는 높은 고정비용에 대한 투자와 그에 따른 위험을 낮추는 효과를 갖고 있다.

신제품 개발과 시장진입의 속도단축

신제품개발의 초기단계로부터 시장에서 제품화되는 데 소요되는 시간은 경쟁이 심화됨에 따라서 지난 십수 년간 계속적으로 단축되어 왔다. 경쟁기업에 비해서 더 빠르게 제품을 내어놓는 기업일수록 이로 인한 높은 수익을 보장받을 수 있고 여러 가지 초기진입자의 우위를 누릴 수 있기 때문이다.

이토록 시간에 의한 경쟁우위가 중요해짐에 따라 모든 기업들이 갖고 있는 공통적인 고민은 어떻게 하면 경쟁자보다 빨리 신제품을 개발하여 시장에 먼저 내놓을 수 있는가와 동시에 어떻게 하면 경쟁기업에 진입하기 전에 새로운 시장에 먼저 진입할 것인가의 문제이다. 그러나 이러한 기업들이 가진 공통적인 한계는 시장진입의 속도 당축에 필요한 모든 경영자원을 각 기업이 보유하고 있지 못하다는 것이다.

산업표준의 선택

많은 산업에서 전략적 제휴를 시도하는 목적 중의 하나는 기술의 표준화를 이루는 것이다. VCR 산업에서 일본의 Sony와 Matsushita가 산업표준화를 위해 노력하다가 소니가 실패한 사례는 산업표준이 얼마나 중요한가를 알려주는 사례이다. 흔히 산업표준이 확립되지 못한 경우에는 기업과 소비자 모두가 혼란을 겪기 때문에 기업들은 산업표준에 따르는 신제품을 만들기 위해서 전략적 제휴를 맺는 경우가 많다. 특히 기술개발이 빠르고 산업표준이 아주 중요한 역할을 하는 산업에서 전략적 제휴는 매우 중요한 역할을 한다.

기업의 유연성 확보

전략적 제휴가 중요하게 된 한 가지 이유는 기존의 사양산업에서 탈퇴하는 데에도 유용하기 때문이다. 또한 전략적 제휴를 통하여 기업은 자신의 핵심역량이 아닌 주변 활동 기능을 외주를 줌으로써, 자신의 설비투자비용을 줄이고 보다 유연한 비용구조를 가질 수 있게 된다. 이러한 경향은 기업들이 수직통합을 통하여 모든 활동분야들을 기업 내부적으로 수행하기 보다는 외주활동을 늘리는 경향이 있다.

2 전략적 제휴의 유형

연구개발 컨소시엄(R&D Consortium)

항공기 · 정보통신 · 반도체 생산기술 분야의 차세대 고속 DRAM개발을 위해 인텔 · 삼성 · 히다치 · NEC · Micron · Infenion 6개사가 컨소시엄을 형성하여 공동 개발한 사례를 들 수 있다.

기술제휴 라이센스

한 기업이 다른 기업에 생산기술을 공여하거나 기술을 기반으로 신제품을 개발할 수 있는 권리를 공유하는 것으로써 특허권사용계약을 체결하고 일정액의 로열티를 계약 조건에 따라 지불하는 것이 이에 속한다.

생산 라이센스(Production license)

규모의 경제를 활용하고 유휴생산시설을 활용하기 위한 방법으로 복수의 기업이 공동생산할 수 있는 라이센스를 보유하거나 자체수요를 위해 직접 특허기술을 라이센스 받아 생산하는 방법으로써 공동생산 · OEM생산과 아웃소싱 · 부품의 공용화 등이 이에 속한다.

제품스왑(Product swap)

스왑은 사전적 의미로는 서로 무언가를 교환한다는 의미를 담고 있다.

타사의 제품에 자사 브랜드를 붙여 자사제품처럼 판매하는 방식으로써 주문자상표부착생산방식이 대표적인 경우이다.

주식교환

상호유대 관계를 강화하기 위한 목적으로 쌍방의 주식을 상호 소유하는 것으로써 제휴의 성공가능성이 높은 특징을 가지고 있다.

[Tip] 주식교환이란

법정절차에 따라 A회사가 가지고 있는 주식을 모두 B회사에 이전하고, A회사의 주주는 B회사가 주식교환을 위하여 발행하는 신주의 배정을 받아 B회사의 주주가 되어 완전모자회사의 관계를 형성하는 것을 말한다. 여기서 A는 완전자회사가 되고, B는 완전모회사가 된다. 2001년 7월 개정상법이 지주회사 설립 등을 용이하게 할 목적으로 주식의 포괄적 교환으로 다른 회사의 발행주식을 전부 소유할 수 있도록 신설한 제도이다.

합작투자(Joint Venture)

합작투자에는 기능별 제휴와 직접 합작투자 방식이 있다. 기능별 제휴라 함은 지분참여 없이 기업 간 계약과 거래에 의한 것이 보통이며, 하나의 기능은 하나의 업무분야에 국한된다.

합작투자란 법률적으로 모기업으로부터 독립된 법인체를 설립하는 방식으로 여러 분야에 있어서 종합적으로 협력관계가 필요할 때 제휴 방법으로 파트너의 기여도 및 교섭능력에 따라 지분율을 결정하게 된다. 그러나 합작비율이 동일한 비율일 경우에는 의결권 행사에 있어 의견대립이 발생하게 되면 갈등의 소지가 남게 되고, 반면에 합작비율이 불균형일 때에는 경영권 다툼 문제가 제기될 여지가 많다.

3 성공적인 전략적 제휴

성공적인 제휴방법

제휴파트너 선정상의 유의점

- 파트너의 기존 제휴네트워크
- 기술, 정보 유출가능성
- 기업문화 양립성
- 조직구조 등 경영관리시스템의 차이
- 파트너의 능력 : 핵심역량, 장/단점
- 제휴에의 몰입성 : 제휴파트너의 핵심분야 혹은 주변사업부 등

성공적인 전략적 제휴

- 지역적 · 기술적 · 제품별 중복이 없을수록 성공확률이 높다.
- 강한 기업간의 제휴가 강자와 약자간의 제휴보다 성과 높다
- 균등지분율(50 : 50)의 성공가능성이 불균등 지분율 성공가능성보다 높다. 그러나 균등지분율의 경우 몰입성(commitment)이 커진다.

전략적 제휴 문제점 해결방안

전략적 제휴가 경쟁구조를 치열하지 않게 만들어 궁극적으로 국제경쟁력의 약화를 가져온다는 주장은 규모의 비대화가 곧 경쟁력의 강화를 가져오지는 않는다는 점을 지적하고 있다. 그러나 진정한 전략적 제휴는 경쟁을 위한 것이다. 전략적 제휴를 통해 소비자의 효용을 높이고 각종 원가를 낮춤으로써 진입장벽을 형성하나는 점이 유럽 통합에서 볼 수 있는 제휴의 양상인 것이다. 만약 규모의 비대화만 추구하면서 혁신과 효율성에 등을 돌린 제휴라면 그것의 전략적인 의미는 무의미한 결과만 낳게 될 것이 자명한 일이다.

전략적 제휴 과정상의 문제점을 해결하기 위한 방안으로는 다음의 네 가지 성공요인을 살펴볼 수 있다.

첫째, 참여하는 기업들의 상호보완적인 관계이다. 자원의 보완성과 함께 단순한 공유가 아닌 시너지효과를 가질 수 있는 결합이 중요하다. 물론 보완성이 전적인 이질

성을 의미하지는 않는다. 파트너와의 동질성이 보완적 제휴에 도움을 준다.

둘째, 조직차원에서의 배려가 필요하다. 파트너를 선정할 때부터 조직들이 공존할 수 있는가를 고려하는 한편, 제휴에 알맞도록 조직의 성격과 기능에 대해 사전정비를 해야 한다. 조직의 제휴성은 단순한 자원의 교환뿐만 아니라 조직분위기와 조직문화 등 행위적 차원에서도 비롯되는 것이다.

셋째, 파트너에 대한 신뢰이다. 이것은 너무도 당연한 말이지만 구체적으로는 먼저 법적 계약적으로 안정적인 관계를 만들고 그 이후에는 비공식적으로도 친밀한 관계를 가져야 한다는 것이다. 파트너의 관심을 이해하고 독자적인 판단을 하고 있음을 인정해야 한다. 또한 상황이 변해도 자세를 잃지 말고 대처해야 한다.

넷째, 최고경영자의 마인드를 들 수 있다.

최고경영자들의 공유된 비전은 제휴의 끈을 더욱 확실하게 한다. 국제경영전략의 성향이 비슷하다면 목표에 대한 인식도 비슷할 것이다. 그러므로 파트너 최고경영자의 기본적 전략과 가정을 파악하는 것은 전략적 제휴의 실패를 막는 수단이 된다.

종합적으로 볼 때, 전략적 제휴는 상이한 두 조직이 얼마나 조화롭게 가치사슬의 제휴를 이루는가 하는 점이 바로 그 성공의 핵심이 된다. 조화로운 제휴는 상호충돌을 방지하고 각자의 독점적 우위를 보호하며 시너지 효과 극대화를 이루는 길이 된다.

4 인수합병 (M&A)

전략적 제휴와 인수합병의 차이

전략적 제휴 전략적 제휴는 1+1=2의 등식이 성립 되지만, 인수합병은 1+1=1의 등식이다. 전략적 제휴는 상호협력을 바탕으로 기술 · 생산 · 자본 등 기업의 기능에 2개 또는 다수의 기업이 제휴하는 것을 말한다. 기업규모와는 관계없이 여러 분야에서 이루어지며, 특히 기술혁신 속도가 빠른 IT 등 첨단제조 분야에서 신기술 습득과 새로운 시장진출을 목적으로 활발하게 이루어지고 있다. 최근에 이르러서는 은행 · 보험 · 항공 · 운송 등과 같은 서비스 부문에서도 급증하고 있다.

이러한 전략적 제휴의 목적은 기존 합병형태나 독립기업간의 외부거래보다 원하는 기술이나 능력을 얻는데 효과적이고 저렴하며, 목적달성 후에도 철수가 쉽기 때문이다. 특히 규모의 경제성 추구, 위험 및 투자비용의 분산, 경쟁우위 자산의 보완적 공유,

기술획득 및 이전수단, 시장의 신규진입과 확대모색, 과다한 경쟁방지 등이 제휴를 하는 구체적 동기라 할 수 있다.

최근 벤처기업과 대기업이 각각 연구 · 개발 · 생산 · 판매 등을 역할 분담하여 대등한 입장에서 공동사업을 추진하기도 한다. 또한, 벤처기업들이 목적의식을 가지고 제휴를 맺는 경우도 있다. 종래 기업체제는 어느 한쪽 기업이 주도권을 갖는 계열화, 자회사화라는 점이 강했지만, 서로가 자신 있는 분야를 적극 추진하여 공존공영을 꾀하는 점에서 과거의 제휴와 구별된다.

인수합병(Merger & Acquisitions) 기업의 '인수'란 한 기업이 다른 기업의 주식이나 자산을 취득하면서 경영권을 획득하는 것이며, '합병'이란 두 개 이상의 기업들이 법률적으로나 사실적으로 하나의 기업으로 합쳐지는 것을 말한다.

이러한 M&A의 목적은 기존 기업의 내적성장한계를 극복하고 신규사업 참여에 소요되는 기간과 투자비용의 절감, 경영상의 노하우, 숙련된 전문인력 및 기업의 대외적 신용확보, 경쟁사 인수를 통한 시장점유율 확대, 경쟁기업의 주식매입을 통한 M&A대비, 자산가치가 높은 기업을 인수한 뒤 매각을 하여 차익획득 등 여러 가지가 있다. M&A는 그 성격에 따라 상대기업의 동의를 얻는 우호적 M&A와 상대기업의 동의 없이 강행하는 적대적 M&A가 있다.

M&A의 방식

일반적인 M&A방법으로는 주식인수 · 영업양수 · 자산취득 · 위임장대결 · 합병 등이 있으며, 적대적 M&A는 주로 주식매수와 위임장대결을 통해 이루어진다.

자산인수 대상기업의 자산뿐 아니라 영업권 등 포괄적 권리를 매수하는 방식이다.

주식인수 주식 매수를 통한 회사의 경영권 인수방식으로 주주개별매수 · 증권시장매수 · 공개매수 등의 방식이 있다.

흡수합병 인수기업이 대상기업을 흡수하는 방식이다.

신설합병 양 기업이 합병하여 새로운 회사를 설립하는 방식이다.

역합병 실질적인 인수기업이 소멸하고 피 인수기업이 존속하는 방식이다.

인수합병의 목적

신속한 시장진입 새로운 사업분야에 필요한 경영자원과 핵심역량을 취득한다.

규모의 경제와 범위의 경제 활용 다각화의 목적을 이룰 수 있으나 공정거래법은 시장지배적인 사업자가 수평적 합병을 통해 독점력을 얻는 경우를 규제하고 있다.

리스트럭처링 중복투자를 줄이고 전문화가 용이하다.

성숙산업으로의 진입 진입장벽이 제거되고 포화상태인 산업에 진출할 시 공장신설로 과잉설비를 방지하면서 기존기업을 인수한다.

해외시장 진출 해외시장 개척의 수단으로 사용한다.

5 전략적 제휴의 성공요인

전략적 제휴는 성공할 때의 막강한 이점에도 불구하고 실제 성공률은 상당히 낮다. 왜냐하면 이질적 기업 문화의 융합 실패, 협상 당사자 간의 서로 다른 의도, 단기적 전략목표의 부조화, 조직에서 가중되는 복잡성 해결 실패, 유통전략의 혼선, 대규모 이직 등이 발생할 수 있기 때문이다.

전략적 제휴의 성공을 위한 요인을 정리하면 다음과 같다.

전략적 집중과 방향제시

운영지침, 리더십, 신속한 이익의 실현을 위해 제휴의 전략적 의도를 명확히 하고 지속적으로 커뮤니케이션을 수행해야 한다.

우선순위 결정

실질적 효과를 기준으로 선정한다. 조직의 역량을 기반으로 경제적 파급효과와 실행 난이도, 실행방안 등을 분석하고 통합적인 시행 포트폴리오를 구성한다.

인적자원과 조직관리

통합적이고 효과적인 제휴 프로세스를 진행한다. 조직의 복잡성을 최대한 줄이면서 가장 효과적으로 업무를 수행할 수 있도록 프로세스를 고안하고 설계해야 하다. 이를 통해 기존조직 사이에서 원활한 교차점 노릇을 해야 한다.

고객지향

수익성과 고객을 기준으로 여러 프로세스를 설계한다. 새로 생기는 고객군과 파트너들 간에 중복된 고객군을 먼저 분리한다. 새로운 고객을 세분하고 여기에 따른 마케팅 전략을 수립하여 수익성을 최대화할 수 있도록 한다.

내부와 외부 및 고객과의 지속적 커뮤니케이션

전략적 제휴의 이해 당사자들에게 진행상황을 지속적으로 전달함으로써 투명성을 높이고 혼선을 줄인다. 원활한 커뮤니케이션 활동으로 외부로부터 다면적 지원도 받을 수 있다.

지향할 환경

전략적 제휴로 새로 생긴 활동을 담당할 주체를 형성한다. 새로운 환경을 분석하고 거기에 따른 비전과 전략을 정립한다.

프로그램관리

프로젝트 우선순위의 결정과 문제해결, 자원의 집중과 통합, 사업타당성검토, 재무위험관리 등을 통합적으로 추진하기 위해서는 강력한 프로그램 체계를 갖추고 유지하여야 한다. 각 프로그램의 수행주체와 활동시기, 대상업무, 프로그램 수행방법 등을 통합적으로 관리하여야 한다.

글로벌경영이 요구되는 경영환경에서는 전략적인 제휴를 통해 서로의 핵심역량을 공유하는 길만이 최선의 생존전략이 될 수 있다. 생존과 성장을 위해 디지털 인프라 구축을 통해 인터넷혁명에 대응해야 하고, 새로운 기술에 대한 지속적인 투자를 통해 경쟁력 있는 제품을 출시해야 하는 등 실로 헤아릴 수 없을 정도로 많은 과제들이 내재되어 있다. 특히 고객 니즈변화 및 기술의 발전속도가 상승작용을 일으킴으로써 전반적인 경영환경이 예측하기 힘들 정도로 급변하고 있다. 이는 그만큼 생존을 위한 터널이 불투명하다는 것을 의미한다. 그렇다면 이러한 무한경쟁, 글로벌 경쟁환경에서 살아남기 위한 방안은 무엇인가, 이에 대한 해답은 잭 웰치 회장이 언급했듯이 변화를 가장 빨리 감지하고, 신속하게 대응체제를 구축하는 기업만이 성공할 수 있다. 하지만 기업들이 고민하고 있는 것은 경영패러다임이 바뀌는 시점에서 단독으로 모든 역량을 구비할 수 있느냐는 것이다. 국내기업의 경우에 있어서 외국 선진기업과의 전략적 제휴는 경영체질강화를 위한 중요한 경영전략 및 생존전략이 될 수 있다.

일반적으로 전략적 제휴는 그 방법에 있어 지분매각 · 주문자상표부착 · 부품공급 · 완제품 직수출 · 기술제휴 · 합작 등 다양하다. 따라서 사업특성 및 제휴목적에 따라 제휴의 방법은 달라질 수 있다. 인수 및 합병을 통해 일시에 필요한 경쟁력을 확보할 수도 있지만, 자금 및 경영리스크 등을 감안할 때, 인수 및 합병이 제휴보다는 더 부담스럽게 느껴지는 것이 사실이다. 물론 전략적 제휴 관계가 인수 및 합병으로 발전될 수도 있다.

기업이 글로벌 경쟁시장에서 패하지 않고 효율적으로 유지 존속되기 위해서는 내부적으로 과감한 구조조정과 경영혁신을 필요로 하며, 외부적으로 경쟁기업과의 효과적인 전략적 협력 내지 제휴가 필요하다. 기업이 세계화와 전략적 제휴를 추진하게 되는 근본 동기는 자기 기업이 가지고 있는 기업특유의 경쟁우위요소를 보다 광범위한 시장에서 실현하거나 타 기업의 우위요소를 이용 또는 획득하려는 것으로 볼 수 있다.

앞으로 전략적 제휴는 기업에게 있어서 생존 및 성장을 위한 효과적인 수단으로서 대단히 중요시될 것으로 전망된다. 실제 전략적 제휴는 단순한 종업원 훈련, 업무거래에서부터 합병사업의 전개, 자본 또는 지분참여, 기술공여, 공동연구개발, 마케팅 또는 생산분담, 핵심역량 이외 업무의 아웃소싱(외주), OEM등 다양한 형태를 취하기 때문에 자기 기업의 입장에서 어떤 분야에서 어떤 방식으로 제휴할 것인가를 우선 결정하지 않으면 안 된다.

또한 우리나라의 기업이 지금과 같은 순한 업무제휴에서 벗어나 구체적인 전략적 제휴에 들어가게 되면 상대 기업으로부터 경영자원의 지원, 상이한 가치관과 사고, 행동양식의 학습 또는 새로운 지식을 전수 받을 수 있다. 아울러 전략적 제휴에서 진정한 성과를 올리기 위해서는 상대 파트너에 대한 정확한 평가와 자기기업의 능력, 입장 및 필요를 정확히 평가하는 것 역시 중요하다.

04 글로벌경영전략

세계경제는 과거 어느 시기에도 경험하지 못했던 거대한 물결과도 같이 글로벌화되어 가고 있다. 세계경제의 글로벌화란 경제가 국내 · 외 구분 없이 하나의 단일시장이 되는 것을 의미하며, 이러한 글로벌화는 GATT체제와 과학기술 및 운송 · 통신수단의 급속한 발달 등에 힘입은 바가 크다고 할 수 있다.

세계경제의 글로벌화는 무역의 자유화와 더불어 본격적인 국제경영활동으로 활성화되었고 세계무역은 곧 세계경제의 급속한 성장에 견인차 역할을 담당하게 되었다. 글로벌화에 힘입어 높은 수준의 자산적 지식을 보유하고 있는 기업들은 자사가 보유하고 있는 자산적 지식을 최대한 이익적으로 활용하기 위해 해외로 진출하기 시작하였으며, 과학기술 및 운송 · 통신수단은 이들 기업의 해외진출을 용이하게 해 주었을 뿐만 아니라 해외 여러 지역에 산재해 있는 자회사들을 효과적이고도 성공적으로 관리할 수 있게 해 주었다.

따라서 기업은 원가절감을 통한 경쟁력확보를 위해 한 가지 제품의 생산에 필요한 여러 공정을 세계 여러 지역에서 분산하여 수행하는 이른바 생산의 글로벌화를 추구하게 되었다. 이와 같이 무역을 중심으로 이루어지기 시작했던 국제경영 활동의 글로벌화는 무역장벽의 지속적인 축소와 규모의 경제, 기술진보, 운송수단의 발달과 소비자 수요의 동질화 등에 힘입어 시장의 글로벌화와 생산의 글로벌화를 통해서 기업의 글로벌화를 가져 온 것이다.

1 글로벌경영전략의 개념

규모의 경제

규모의 경제란 일정기간 내에 생산해 낼 수 있는 절대물량이 클수록 생산원가가 낮아진다는 개념이다. 학습효과가 시간이 경과함에 따른 누적생산량을 대상으로 한 개념인데 비하여 규모의 경제는 일정기간 내의 절대생산 규모를 대상으로 한다. 예를 들면 일본의 기업들이 동일한 기호를 지닌 글로벌 고객을 대상으로 하는 글로벌한 관점을 가지고 글로벌 제품을 기획하여 이를 동시에 전 세계적으로 보급함으로써 규모의 경제 효과를 누리는 경우를 볼 수 있다. 이와 같이 여러 가지 원인으로 생산량 증대에 따라 발생되는 모든 형태의 비용절감 또는 효율성의 증대효과를 규모의 경제라고 한다.

범위의 경제

일부재화는 개별기업에서 독립적으로 생산되는 것보다 다재화를 생산하는 어느 한 기업에서 결합생산 될 때 평균생산비가 더욱 절감될 수 있다. 이것은 제품의 가지 수를 증대시킴으로써 생산·판매 및 구매기능을 제품 간에 공동으로 사용함으로써 나타나며, 이러한 현상을 단일재화 생산 시에 나타나는 규모의 경제에 대응된 개념으로 범위의 경제라고 한다.

경험곡선

경험곡선은 누적생산량이 두 배로 증가할 때 마다 경험의 누적과 생산과정의 효율화를 통해 단위생산원가가 일정한 비율로 떨어진다는 개념이다. 경험곡선에서는 시장점유율이 매우 중요한 개념이다. 시장점유율이 높으면 당연히 그 기업의 누적생산량이 많고 이는 다시 학습효과에 따라 생산원가가 낮아지며 그 결과 높은 수익률을 실현하게 되는 것이다.

[Tip] 경험곡선효과

누적생산량이 2배로 증가할 때마다 생산원가뿐만 아니라 광고비 · 유통비 · 판매비 등을 포함한 전반적 비용이 일정한 비율로 감소되는 현상으로 사업단위(SBU)에서 시장점유율을 높이기 위해서는 경험곡선효과가 중요하다.

부가가치사슬

부가가치사슬은 한 기업의 활동을 전략적으로 연관성이 있는 몇 개의 활동들로 나누어 원가행태와 더불어 겉으로 나타났거나 내재된 차별화의 원천을 이해하기 위하여 도입된 개념으로서, 기업의 생산과 판매활동을 하나의 단순총체로 보지 않고 각기 상이한 경제적 특성을 가진 기능의 집합으로 보는 개념, 즉 한 제품이 기업에 의해 생산되어 소비자에게 판매됨으로써 창출되는 부가가치의 구성과정을 해당제품의 연구개발·부품의 생산·제품조립·마케팅 및 애프터서비스와 같은 제 기능들의 집합으로 보는 것이다.

[Tip] 가치사슬(value chain)

마이클포터 하버드대 교수가 주창한 개념으로 기업이 원재료를 구입하여 가공 · 판매하여 부가가치를 창출하는 일련의 과정을 뜻한다. 가치사슬은 크게 지원부분과 운영부분으로 나눌 수 있다. 운영부분은 조달에서부터 생산 · 판매에 이르는 부가가치를 생산하는 부분이며, 지원부분은 연구개발 · 재무 · 인사와 같이 직접적으로 부가가치를 창출하지는 않아도 이를 창출할 수 있도록 하고, 더욱 높은 가치를 창출하는 방법을 제시하는 부분이다. 가치사슬모형의 이점으로는 최저비용, 운영효율성, 이익마진향상, 공급자와 고객 간의 관계와 같은 경쟁우위를 준다는 점이다.

2 글로벌경영전략의 수립절차

글로벌 팀의 구성

글로벌전략의 성공에 절대적으로 필요한 것은 각기 다른 부서와 다른 국가의 경영자들을 함께 참여시키는 것이다. 그렇기 때문에 글로벌전략의 분석에 참여하는 사람들을 선택하는 것은 매우 중요한 결정이 될 수 있다. 따라서 팀은 다음과 같은 사람들로 이루어 질 필요가 있다.

- 전 세계적으로 사업을 책임지고 있는 경영자
- 사업에 관련되어 있는 상급경영자
- 기업의 고위경영자
- 주요지역이나 국가의 총책임자
- 주요부서의 총책임자

장기비전의 설정

신규사업을 시작하거나 기존사업의 방향을 재정립하고자 할 때 가장 먼저 해야 할 일이 기업의 비전을 정립하는 일이다. 기업의 비전은 기업철학을 구체화한 것으로 기업의 존재의의와 기업이 나아가고자 하는 통일된 방향을 표현한다. 기업의 비전은 크게 다음의 세 가지 요소들을 담고 있다.

- 기업이 원하는 미래상
- 조직구성원들에 대한 대내적인 동기유발
- 기업의 사회적 책임 등을 포함한 기업을 둘러싼 이해관계자들에 대한 대외적인 관계

글로벌경영환경분석

글로벌경영환경분석은 기업이 국내 · 해외 · 국제환경에서 직면할 수 있는 현재와 미래의 환경요인들을 평가 · 분석하는 과정이다. 급변하고 있는 글로벌환경 하에서 이러한 분석은 매우 어려운 과제로 드러나고 있다. 현재는 경영정보시스템의 발달로 인하여 이러한 정보를 좀 더 용이하게 획득할 수 있다.

내부능력분석

내부능력분석은 외부환경분석에서 도출한 환경이 주는 기회와 위협에 대해 자사가 이를 얼마나 이용하고 대처해 나갈 수 있는 내부능력이 있는가를 알아보기 위한 것이다. 즉 이 작업은 각 시장과 국가에서 전략적 우위가 있는 분야를 우선적으로 선택하여 전략을 실행해 나가는 것이 좋다.

기업목표의 설정

기업목표의 설정은 환경분석과 내부능력 분석을 끝낸 후에 시작되게 된다. 이상의 분석을 통해 기업은 현재와 미래의 환경을 충분히 이해하게 되었다. 전략적 목표는 기업의 강 · 약점을 반영한다. 즉 기업의 목표는 갑자기 생성되는 것이 아니라 철저한 전략수립 프로세스를 따름으로서 이루어질 수 있는 것이다.

전략대안의 개발과 선택

글로벌전략은 기업에 대한 환경의 압력과 기업의 자원능력, 목표의 성취를 전제로 한 기본적인 수단이다. 이때 전제사항으로서 가장 먼저 고려해야 할 것이 기업이 나아가고자 하는 통일된 방향을 보여주는 기업의 비전에 비추어 그 타당성 여부를 평가하여야 한다. 전략은 실행가능성을 원칙으로 하여 환경변화에 적합한 적시성을 지니고 있어야만 한다. 더불어 이미 실행하고 있는 기존전략과의 관련성 하에서 도출되어야만 하며 최고 경영자의 의지와 전체적인 차원에서 상승효과와 조직의 실행능력 등을 충분히 고려하여 선택되어야만 할 것이다.

실행 프로그램의 작성

전략의 선택이 이루어지면 전략의 집행을 위한 실행계획이 수립되어야 한다. 만약 선택된 전략이 새로운 제품시장에 진입하려는 것이라면 진입을 위한 수단으로서 신제품개발을 위한 체계적 계획이 수립되어야 할 것이고 새로운 설비와 인원을 확보하기 위한 계획이 뒤이어 작성되어야 한다. 실행프로그램들은 다음과 같은 사항들을 포함한다.

- 글로벌 제품
- 글로벌 기술경영
- 글로벌 원료조달활동
- 글로벌 마케팅활동
- 글로벌 회계경영
- 글로벌 가격정책
- 글로벌 기업이미지정책

전략의 실행

전략적 선택의 여덟 번째 단계로서 이루어지는 것이 바로 전략의 실행이다. 실행되지 않는 전략은 전략이 아니다 라는 말이 있을 정도로 전략의 실행은 글로벌경영전략에서 매우 중요한 위치를 차지하고 있다.

- 첫 번째 단계는 단기적 목표들을 수립하는 것으로 시작된다.
- 두 번째 단계는 기업의 자원의 할당을 포함하는데 여기에는 자본 · 인적자원 · 고정자산 등의 것들을 들 수 있다.
- 세 번째 단계는 기업이 선택한 글로벌전략을 실행하는데 적합한 조직형태를 완성해 내는 것이다.

전략의 평가

전략의 평가는 기업의 전략이 올바로 수행되었는지 또한 전략적 목표에 일치하고 있는지를 평가하는 작업이다. 전략수행에 대한 분석과 평가를 행한 후 이를 피드백하여 전략의 수정 및 변경뿐 아니라 기업의 장기비전에 반영하여 기업의 사업기회를 지속적으로 창출하는 데 활용하게 된다.

3 국제화전략

국제화란 기업활동의 세계적 확대과정을 의미하며, 따라서 국제경쟁력 향상을 꾀하는 과정이라고 할 수 있다. 경영전략의 개념은 광의로는 기업의 기본적인 장기목표를 설정한 후 그 목표달성을 위한 행동경로를 결정하고, 그에 필요한 자원을 배분하는 것을 의미하고, 협의로는 장기경영목표 설정의 문제를 제외하고 그 목표달성을 위한 수단만을 전략으로 보기도 한다. 광의로는 경영전략의 개념은 기업전반에 대한 전략경영의 관점에서 내려진 정의이다.

진출국가 및 사업선정

기업은 보유자원이 한정되어 있고 사업기회도 제한되어 있기 때문에 모든 시장과 소비자들을 대상을 활동하는 것은 불가능하다고 할 수 있다. 이러한 제약사항으로 인하여 기업들은 전 세계시장 중에서 자사에게 가장 매력적인 국가시장을 선정하여 그 국가시장을 우선적으로 진출한 후 점진적으로 진출국가 시장을 넓혀가게 된다. 진출국가 선정절차는 다음과 같다.

- 예비심사 기준설정
- 국가 평가변수의 선정과 가중치결정
- 국별 평가
- 목표와의 비교

진출방식의 결정

기업이 외국에 진출한다는 것은 전혀 새로운 외국시장에서 경영활동을 수행하는 것을 의미한다. 따라서 성공적인 해외시장 진출방법의 선정을 위해서는 먼저 전략적인 차원에서 기업 내·외부의 환경요인에 대한 정보를 수집하고 이를 분석·평가하는 과정을 거쳐야 한다. 진출방식의 결정 요인에는 진출대상국의 거시환경요인, 진출대상국의 시장요인, 진출대상국의 생산요인, 본국요인, 기업의 자원 및 투입요인, 제품관련 요인 등이 있다.

4 수출전략

수출은 특정 제조업체가 해외시장에 진출 및 개입할 때 활용할 수 있는 여러 전략적 대안 중에서도 가장 기본적인 전략이라고 할 수 있다. 다만 서비스 업체의 경우에는 외국에 판매할 서비스를 국내에서 생산할 수 없고 기술 · 자본 · 인력 · 기업자체 등 자신의 자원을 해외로 이전시키는 방안을 강구해야 한다.

수출은 과잉생산품을 처분하거나 유휴생산시설을 활용하기 위한 목적도 있지만 국내시장이 협소한 나라들의 기업이 대량생산을 통한 규모의 경제로 효율적인 생산활동을 전개하기 위해 적극적으로 해외시장으로의 진출을 꾀하는 수가 있다. 또한 국내시장에 판매하는 것보다는 수출을 통해서 더 많은 이익을 올릴 수 있다거나 경쟁조건 등의 측면에서 해외시장이 보다 유리한 경우, 이러한 특수한 시장기회를 활용하기 위해 수출하는 경우도 있다. 경우에 따라서는 특정한 해외 시장에서의 자기제품에 대한 시장잠재력을 시험하기 위한 수단으로서 수출이 활용되는 수도 있다.

수출경로

간접수출 간접수출이란 종합무역상사, 수출대행업자, 수출조합 또는 국내에 거주하고 있는 외국 무역상등을 통하여 수출함으로써 수출국 내에서 요구되는 수출관련 기능을 제조업체가 스스로 수행하지 않으면서 제품을 해외에 판매하는 방법이다.

직접수출 직접수출은 제조업체가 본사의 수출 전담부서나 계열 무역상사를 통해 수출과 연관된 제반업무와 기능을 타인에게 위임하지 않고 직접수행하는 수출방법이다.

수출방식

재화 및 서비스의 수출방식에도 다양한 형태가 존재한다. 우선, 상표의 주체에 따라 OEM상표, 즉 주문자상표와 고유상표 수출방식으로 분류할 수 있으며, 또한 외환이 없이도 수출할 수 있는 구상무역방식으로도 가능하다.

OEM 수출 OEM 브랜드수출은 고유브랜드수출에 반대되는 개념으로, 공급업자는 생산에만 전념하고 OEM 브랜드의 주체인 바이어는 상표 · 광고 · 유통 · 시장조사 및 제품개발 등 제반 마케팅기능을 담당한은 방식의 수출을 의미한다.

구상무역 구상무역 또는 연계무역이란 간단히 수출과 수입이 연계되는 무역거래라고 정의할 수 있다. 즉 수출업자가 상품 · 용역 또는 기술 등을 수출하고 이와 연계하여 수입업자로부터 수출가격의 일정비율에 해당하는 상품 · 용역 또는 기술 등을 대응 구매하는 무역거래의 한 형태를 말한다.

5 국제기술이전 전략

일반적으로 국제기술이전은 국적이 다른 두 기업 사이에서 일어나는 기술의 교환 · 이전 · 흡수에 관련한 모든 경제활동으로 정의할 수 있다. 이러한 간단한 정의에도 불구하고 현실적으로 국제기술이전의 내역은 주변상황에 따라 다양하게 이해될 수 있으며 경우에 따라서는 관련학자나 전문가들 사이에서도 각기 다른 기준과 정의를 내리기도 한다. 따라서 이를 좀 더 정확하게 파악하기 위해서는 경제활동대상으로서의 기술의 개념, 경제행위로서의 이전과정, 그리고 경제활동주체로서의 국제기업관계에 대한 명확한 이해가 이루어져야 한다.

국제기술이전의 평가와 협상

국제기술이전을 위한 협상과 평가과정에서는 여러 가지 경영의사결정이 상호 밀접한 관계 속에서 이루어지며, 상황에 따라 다양한 형태로 진행될 수 있다. 그러나 일반적인 관점에서 국제기술이전의 협상과 평가과정은 크게 보아 기술이전의 상대의 선정 및 사업기회의 평가과정과, 이전계약의 체결을 위한 구체적 협상과정으로 대별된다.

국제기술이전의 계약구성 결정

국제기술 라이센싱계약의 구성 기술 라이센싱의 다양한 항목은 크게 보아 네 가지로 대별할 수 있다. 우선 기술이전을 통해 제공할 기술의 패키지 항목과 기술이전의 대가로 도입자가 제공자에게 주는 보상체계항목이 기본계약항목이 된다. 이밖에 기술제공자가 도입자에게 사후적으로 준수를 요구하는 여러 가지 사업제한항목, 그리고 계약의 기간과 유지에 관련한 항목으로 구성된다.

국제합작투자계약의 구성 국제합작투자계약의 구성을 위해서는 크게 보아 공동투자결정, 산출배분결정, 공동경영체제결정, 그리고 조직구성결정 등 네 가지의 기본항목에 대한 합작파트너간의 합의가 있어야 한다.

6 직접투자전략

직접투자의 유형

직접투자는 분류기준에 따라 다양한 형태로 구분될 수 있다. 우선 소유지분에 따라 단독투자와 직접투자로, 투자방식에 따라 설립과 인수 · 합병으로, 그리고 투자내용에 따라 현금과 현물투자로 구분될 수 있다.

합작투자를 통한 직접투자 특정기업이 해외직접투자를 통해 현지기업의 경영에 참여할 때 그 기업의 주식을 100% 소유하면 단독투자, 100% 미만이면 합작투자가 된다. 국제합작투자란 서로 다른 국적을 가진 2개 이상의 기업체가 특정한 목적을 달성하기 위하여 각 기업의 경영자원과 능력을 결합하여 공동사업체를 세우는 것이다.

인수 · 합병에 의한 직접투자 인수 또는 매수란 한 기업이 다른 기업의 주식이나 자산 등을 매입하여 경영권을 장악하는 것을 말하며 합병이란 독립된 기업들이 인적 · 물적 · 자본적 결합을 통하여 동일한 관리체제 하에서 기업활동을 영위하는 기업결합의 한 형태를 가리킨다. 그러나 현실적으로는 양자를 엄밀히 구분하기가 어렵기 때문에 이를 통칭하여 인수 · 합병이라고 한다.

현물투자에 의한 직접투자 현물투자라 함은 현금으로 투자하는 대신에 투자금액에 상응하는 기계 · 설비 등의 현물로 투자하는 것으로, 광의의 의미로는 기술이나 경영기법의 전수 등도 현물투자에 포함될 수 있다. 최근 우리기업의 해외투자 시 현물투자로 대신하는 경우가 많은데 많은 기업들이 한국에서 사용했던 중고기계나 설비 등으로 투자하기도 한다.

투자환경분석

- 투자환경 요인 및 평가
- 투자프로젝트 수익성평가

7 국제기업의 경영

국제마케팅관리

국제마케팅은 단일정부보다는 서로 다른 국가이익을 추구하는 많은 정부들이 국제

마케팅활동이 이루어지는 환경을 조성하고 있다. 따라서 국제 마케팅관리자의 가장 중요한 과업은 마케팅믹스, 즉 제품 · 가격 · 유통촉진전략을 서로 다른 환경을 지닌 해외 시장의 다양한 요구에 어떻게 적합 시켜서 효과적인 마케팅활동을 수행하는가에 있다.

국제마케팅의 표준화와 적응전략 국제기업의 경영자는 마케팅믹스의 세계적 표준화, 즉 모든 해외시장에 동일한 마케팅믹스를 채택하기를 선호할 것이다. 왜냐하면 표준화는 상당한 비용절감을 가져오기 때문이다. 이와 같은 표준화전략의 이점에도 불구하고 많은 국제기업의 경우 국내에서 사용하던 마케팅믹스를 수정하거나 또는 새로운 마케팅믹스를 개발하여 해외시장에 적용하고 있다.

국제제품전략 기업의 마케팅계획 중 가장 중요한 요소가 제품전략이다. 기업의 제품전략에 의해서 가격 · 촉진 · 유통전략이 결정되며 고객 및 경쟁자도 그 기업이 제공하는 제품에 의해서 결정된다. 즉 마케팅활동의 모든 측면이 기업의 제품전략에 커다란 영향을 받는다. 국제마케팅관리자가 겪게 되는 가장 큰 도전 중의 하나는 세계적 차원에서 시장의 욕구, 경쟁 및 자사의 가용자원에 적합한 제품전략을 개발하는 것이다.

국제가격관리 일반적으로 제품의 최저가격은 제품의 원가, 즉 최저가격과 경쟁기업의 가격 및 소비자의 지불능력에 의해 결정되는 최대가격의 중간에서 결정된다. 이와 같은 최저가격은 국내마케팅의 경우에는 그 제품에 대한 수요 · 제품원가 및 경쟁기업의 가격전략에 의해서 결정 되는 것이 일반적이지만, 복수의 해외시장을 대상으로 하는 국제마케팅에서는 위에 열거한 요인 이외에 각국의 조세정책, 덤핑규제조항, 재판매가격규정 및 국제수송비, 국제 유통경로의 중간상에 의해서 결정된다.

국제유통경로관리 유통경로에 대한 일반적인 정의는 제품이나 서비스가 최종소비자에게 이르기까지 거치게 되는 기업내부의 조직부서 및 외부의 도매상 · 소매상 및 대리점 등의 구성을 가리킨다. 국제기업이 유통경로전략을 설계할 때는 우선 각국시장의 소비자특성 · 제품특성 · 각국시장의 마케팅구조 · 경쟁의 정도 · 기업자체의 특성 등을 고려하여 국제기업의 장기목표와 부합되도록 설계하여야 한다.

국제재무관리

환 노출관리 외화표시 자산 · 부채 · 수익 또는 비용을 가지고 있는 기업의 순이익이나 가치가 해당 외국통화의 예상치 않았던 환율변동으로 인하여 변할 수 있는 상태 또는 그 범위를 환 노출이라고 한다. 환 노출은 크게 환산노출 · 거래노출 · 경제적노출로 구분해 볼 수 있다.

- 국제투자 관리
- 국내투자안의 경제성평가
- 해외투자 경제성평가의 특수성
- 해외투자의 자본비용

국제자금조달 증권시장의 국제화와 함께 한국기업의 자본조달 측면에서도 국제금융시장의 활용도가 점차로 확대되어 가고 있는 상황이다, 자본조달 국제화는 발행시장의 국제화를 말하며 국내기업의 증권을 외국금융시장을 통해 공모발행을 하거나 또는 기관투자가에 사모발행을 하는 경우를 포함한다. 기업의 외국증권시장 진출을 통한 외화자금조달은 자본비용의 절감이라는 측면에서 그 주된 의의를 찾을 수 있는데 이는 사용가능자금의 확대, 자본시장 분할에 의한 국제분산투자 및 기업공시효과로서 설명될 수 있다.

국제회계 및 조세관리

국제회계의 개념 및 필요성 국제회계란 국제간에 행해지는 국제거래를 회계 고유의 수단으로 측정 · 전달하는 과정을 연구대상으로 하는 분야로서 가장 활발한 연구가 이루어지고 있는 국가는 미국이라 할 수 있다. 국제회계는 국제기업활동이 증대되고 있다는 점과 국제자금조달 및 증권투자의 증가가 이루어지고 있다는 점에서 그 필요성을 알 수 있다.

외화환산 회계 외화환산에 적용되는 환율은 크게 세 가지로 분류된다.

- 현행환율로서 대차대조표 작성일의 환율, 즉 결산일의 환율을 의미한다.
- 역사환율은 특정한 거래가 발생한 일자의 환율이다.
- 평균환율로서 전회계기간의 환율을 평균한 것이다.

기업의 해외진출과 조세문제

- 해외진출 형태의 선정
  - 지점형태로 진출할 시 유리한 점은 해외사업 초기에 발생할 수 있는 손실을

본사의 이익에서 차감함으로써 세금을 줄일 수 있으며 본국의 세법상 해외사업에 부여하고 있는 혜택을 받을 수 있다는 점이다.

– 현지법인형태로 진출 시 유리한 점은 현지 세법상 부여하고 있는 각종 조세감면 혜택을 받을 수 있다는 것과 투자한 부분에 대하여만 유한책임을 진다는 것이다.

– 다국적기업의 조세회피

- 이전가격을 이용한 조세회피 : 다국적기업은 각국에 소재하는 계열기업의 납세전이익을 조정하여 기업전체의 이익을 극대화시키려는 점에 관심을 갖기 때문에 소득을 고 세율 국가에서 저 세율 국가로 이전 시키려고 노력한다.
- 조세회피국을 이용한 조세회피 : 조세회피국이란 기업소득에 대한 조세가 없거나 저율의 세제가 갖추어져 있기 때문에 다국적기업들이 조세회피 또는 조세절감의 수단으로 이용하는 국가 또는 지역을 의미한다.

국제기업의 인사관리

국제인사관리의 특성 순수 국내경영기업과 국제기업 인력관리상의 차이를 가져오게 하는 요인으로는 노동시장의 상이성, 인력의 국제간 이동에 따르는 문제점, 그리고 관행의 근본적인 차이를 들 수 있다. 국제 기업이 여러 국가시장을 대상으로 활동하면서 직면하게 되는 인력관리상의 독특한 문제점으로는 크게 다음의세가지고 나눌 수 있다.

- 문화적 충격 문제
- 현지국정부의 압력문제
- 인원의 국경이동시 파생되는 문제

국제인력의 선발 국제경영활동에 참여하고 있는 기업들의 경우 필요한 인원선발의 원천으로는 본국인의 선발 및 파견, 현지국인의 선정, 제3국인의 선발 및 파견이 가능하다고 볼 수 있다. 제3국인이란 해외 자회사가 위치한 현지국도 국제기업의 본사국도 아닌 다른 나라의 시민을 뜻한다.

국제인력의 평가 국제기업의 인사관리에 있어서 해외파견인의 평가제도는 국내경영환경과의 차이나 영업기반의 차이 등으로 인해서 국내 경영자의 평가기준과는 상이한 평가방법이 적용되어야만 한다. 즉 현지 자회사 운영 시에는 일국 내에서의 평가보다 통제할 수 없는 많은 영업외적 요소나 각국별로 상이한 환경변화 요소들이 존재하기 때문에 이러한 요소에 대한 적절한 고려가 필요하다.

국제기업의 조직 및 통제

국제경영조직 조직구조는 기업의 부서 간에 효과적인 의사결정과 정보전달체계를 제공하기 때문에 성공적인 경영활동을 위한 중요한 결정 요소라고 할 수 있다. 그런데 조직은 어느 상황에나 동일한 형태를 가지는 것이 아니라 기업 내외적 환경에 맞게 능동적인 구조를 갖추어야만 한다.

국제경영의 통제 통제란 기업목표 또는 기업목표를 위해 수립한 계획이 의도대로 수행될 수 있도록 성과를 평가하고 수정하는 기능을 의미한다. 따라서 통제는 경영계획 및 경영조직과 완전히 독립된 기능을 수행하는 것이 아니라 경영계획과 조직에 이어지는 유기적이면서도 연속적인 관리기능이라고 할 수 있다.

국제경영정보시스템 경영정보시스템이란 기업내외로부터 적절한 정보를 수집하여 특정한 경영의사결정의 기초를 위해 사용될 수 있도록 설계된 사람 · 기계 · 절차들이 상호작용하여 체계화된 복합체를 의미한다. 경영정보시스템은 내부보고시스템, 경영첩보시스템, 경영조사시스템 및 분석적 경영시스템 등으로 구성되어 있다.

Chapter 8

사업계획서

사업계획서는 창업 · 자금조달 · 신규사업 · 투자유치 · 신년도 사업계획 등 사업을 추진함에 있어 사업의 내용을 정리하고 계획을 수립하는 문서이다. 사업계획서는 사업을 준비하는 본인에게 있어서 사업의 구상을 체계적이면서 구체적으로 정리할 수 있는 기회를 주고 사업계획서를 작성하면서 부문별 사업내용을 다시 한번 점검하기 때문에 사업의 시행착오 예방과 사업성공의 가능성을 높여줄 수 있다. 또한, 내부적인 사업성검토 기능뿐만 아니라 외부적으로도 해당 사업과 관련이 된 정부 및 공공기관 · 금융기관 · 동업자 · 출자자 등에게 제출하여 그들로부터 사업의 인 · 허가를 받는다든가 사업에 필요한 자금을 지원 받는 중요한 용도로 사용이 된다.

외부 제출용으로 작성되는 사업계획서는 심사기관이나 사업계획서를 검토하는 사람으로 하여금 사업의 내용을 쉽게 이해할 수 있도록 핵심적인 사항을 중심으로 명료하게 작성이 되어야 하며 사업계획서의 검토 및 심사기준을 사전에 파악하여 이에 준할 수 있도록 합리적이며 설득력 있게 작성하는 것이 중요하다.

창업사업계획서는 창업 준비과정을 한눈에 파악하기 위해 내부용도로 활용하며 실제 창업으로 연결시키기 위해 정부기관 · 창투사 · 은행 등은 지정된 서식에 따라 작성하는 경우나 개인투자 및 동업자를 위한 사업계획서는 자신이 구상하고 수립했던 내용이 목적에 부합되게 빠짐없이 기록해야 한다.

가장 쉽게 창업할 수 있는 프랜차이즈 창업에서부터 인터넷, IT, 제조 및 도소매 사업 등 전 업종에 관련하여 작성이 가능하며 제출 대상에 따라 자금조달 및 운용계획을 중점으로 하는 내부관리용, 투자계획 및 상환계획을 중점으로 하는 은행용, 기술개발계획 및 매출계획을 중점으로 하는 보증기금용, 사업기대효과 및 환경계획을 중점으로 하는 지자체용, 사업성 분석 및 이익계획을 중점으로 하는 창업투자사용, 이익계획 및 투자회수계획을 중점으로 하는 개인투자자용, 지분계획을 중점으로 하는 동업자용으로 분류할 수 있다.

01 사업계획서의 개요

사업계획서란 계획한 사업의 추진방향과 목표를 달성하기 위한 수단으로 사업 성공여부를 결정하는 매우 중요한 문서로써 기업이 영위하고자 하는 특정 사업의 내용과 목표에 대해 타당성과 전망을 객관적이며 계량적으로 분석하고 이의 성공적인 달성을 위해 동원해야 할 여러 가지 경영자원의 조달계획과 일정계획을 제시한 사업설계도라고 할 수 있다.

오늘날과 같이 복잡하고 다양한 경제환경 속에서 많은 사람들이 단순히 어떠한 사업을 하겠다는 생각만을 가지고 사업에 뛰어드는 경향이 있다. 그러나 계획 없이 시작하는 사업은 언젠가는 처음으로 되돌아가서 계획을 다시 세우고 모든 것을 새로 시작하게 되며, 설령 계획 없이 출발이 가능했다 할지라도 운영 중에 많은 어려움에 처하기 쉽다. 따라서 여기에서는 사업계획서에 관하여 구체적으로 알아보고자 한다.

사업계획서를 작성하는 목적은 크게 두 가지로 구분할 수 있다. 첫째는 기업 내부용으로 기업이 사업방향을 설정하고 조직이 사업목표를 달성할 수 있도록 전략을 설정하고, 수립한 목적을 향하여 모든 의사결정이 이루어지도록 기업을 견인해 갈 수 있는 지침서로서의 사업계획서와, 둘째로 외부용으로 기업의 성장에 필요한 자본을 외부에서 조달하기 위한 목적으로 사업계획서를 작성하게 된다. 사업계획서란 계획된 사업과 관련된 모든 외적 · 내적 요소를 문서로서 작성한 것으로 기업을 둘러쌓고 있는 외적인 요소인 법규 · 경쟁 · 사회적 변화 · 소비자 욕구의 변화 · 새로운 기술 등을 고려하는 동시에 제조 · 마케팅 · 인적자원 등과 같은 기업 내부의 내적요소를 고려해서 계획을 세워야 한다.

1 사업계획서의 목적과 기능

사업타당성분석을 통해 사업진출에 관한 의사결정이 완료되면 그 다음으로 구체적인 신규사업계획서를 작성해야 한다. 또한 모든 기업은 한 해가 시작되기 전에 연도사업계획을 수립하게 되며, 더 나아가 기업전략에 기초한 중 · 장기사업계획을 수립한다. 사업계획서에는 사업개요에서 부터 자금조달 및 수지계획 등에 이르기까지 세부적이고 구체적인 계획이 포함되어야만 한다.

사업계획서의 목적

사업계획서를 작성하는 목적은 제품과 서비스를 고객에게 제공함에 따른 고객만족을 이끌어 냄으로써 목표로 한 이윤을 획득할 수 있다는 것을 보여줄 뿐만 아니라 보다 효율적이고 경제적인 방법으로 사업을 지속적으로 추진하는데 있다. 이를 위해서는 다음과 같은 조건을 갖추어야 한다.

명확성 어떤 동기와 목적으로 사업을 추진코자 할 때 취급하려는 상품과 서비스는 어떤 것이며, 어떤 방법으로 구매하고 판매하려 하는 것인지를 분명하게 밝혀야 한다. 사업의 핵심적인 내용을 명확하게 밝히지 못한다면 작성자가 계획된 사업을 잘 이해하지 못하고 있거나 사업에 대한 열정이 부족한 것으로 평가 받을 수도 있다.

객관성 사업계획서는 객관성을 확보하고 있어야 한다. 근거가 불충분한 자료나 비논리적인 추정은 피하고 객관적이고 공신력 있는 정보를 이용함으로써 그 신뢰도를 높여야만 한다.

단순성 모든 계획서는 간결하고 평상적인 문체로 단순하게 기술해야 한다. 전문적인 용어나 전문가만이 이해할 수 있는 방법은 가급적 사용하지 말고 전문가가 아닌 일반인도 쉽게 이해할 수 있어야 한다.

일관성 판매하고자 하는 상품과 서비스 · 마케팅 전략 · 자금 및 수지계획 · 생산과 기술개발계획 등 전략적 측면에서 일관성을 유지하여야 한다. 예를 들면 집중화된 시장에 대한 Segmentation을 하였다면 이 사업에서는 차별화전략이 아닌 저원가선도전략을 사용하는 것과 같은 불일치된 계획이 내포되어 있다면 좋은 사업계획이라고 할 수 없기 때문이다.

차별성 계획하고 있는 사업이 기존의 사업과 다른 점을 명시해야 한다. 예를 들어 제품의 특성 · 운영방법 · 표적시장 등에서 기존 사업과의 차이점을 설명하고 경쟁우위를 확보할 수 있다는 것을 설득력 있게 보여 주어야 한다.

사업계획서의 기능

사업계획서는 많은 이해관계자들에게 다양한 기능을 수행하나, 크게 내적기능과 외적기능으로 나누어 볼 수 있다. 사업계획서가 수행하는 내적기능은 기업내부의 관리목적에서 수행하는 기능을 말하며, 외적기능은 외부투자자들에게 투자의사결정에 참고할 정보를 제공하는 기능을 말한다.

사업계획서의 내적기능 사업계획서는 기업 및 내부 구성원들로 하여금 고려중인 사업을 성공적인 사업으로 키울 수 있도록 하는데 있어서 다음과 같은 크고 작은 많은 도움을 준다.

- 계획서류로서의 사업계획서 : 마케팅 · 재무 · 생산 · 기술개발 · 경영지원 업무 등 기업활동을 사전에 검토함으로서 전략을 구체화시킬 수가 있으며, 사업전개방향에 있어서 아이디어를 개발하는 유용한 수단으로 사용될 뿐만 아니라 실제 사업전개 시에 직면할 수 있는 오류를 서류상에서 경험할 수 있는 기회를 제공함에 따라 시행착오를 최소화시키므로 사업성공을 제고할 수가 있다.
- 사업 활동의 안내서로서 사업계획서 : 전투를 할 때 기본이 되는 것이 작전계획서이다. 상황이 전개되면 주어진 작전계획에 따라 전투를 수행하게 된다. 이와 마찬가지로 사업계획서 역시 사업의 지침서로서 사업 활동의 안내서의 역할을 한다.
- 평가 잣대로서 사업계획서 : 일반적으로 기업경영이란 모든 경영활동이 Management Cycle에 따라 PDCA의 일정한 사이클에 따라 전개된다. 사업계획서는 경영활동의 결과를 피드백 할 수 있는 도구가 된다. 일정한 기간이 지난 후 사업계획에 대한 점검을 통하여 향후 새로운 사업계획서를 작성하는 기초 자료로서의 기능을 가지고 있다.

[Tip] 매니지먼트 사이클(Management cycle)이란

경영이란 계획(Plan) - 실행(Do) - 조정(Check) - 통제(Action)의 기능을 순환시키는 것이며 이 순환과정을 매니지먼트 사이클이라고 한다. 계획은 기업경영의 합리적 방법을 미리 구상해 두는 것이며 실행은 계획된 업무를 제각기 수행 하는 것이며 조정이란 업무의 수행과정에서 일어나는 여러 가지 문제를 적절히 정리하는 것을 말한다. 그리고 통제는 부하가 업무명령이나 지시에 따라 계획대로 업무를 수행하고 있느냐의 여부를 규명하는 것을 말한다.

사업계획서의 외적기능 사업계획서는 기업의 외부관계자들로 하여금 계획사업과 관련된 의사결정에 참고할 수 있는 다음과 같은 기능을 수행한다.

- 기업정보의 제공 : 인 · 허가 업무를 담당하는 기관에게 사업의 목적, 계획 사업의 경제 · 사회적 기여도, 사업주체의 인적 구성, 사업장의 위치와 환경문제 등에 관한 정보를 제공한다. 또한 원자재 공급업자, 판매업자 및 납품업체, 예비종업원 등에게 사업내용을 소개해 줌으로써 거래관계를 맺도록 하는 데 기여한다. 즉, 사업계획서는 이들에게 사업의 목적, 제품아이디어 및 제품의 성능, 관리능력 및 방식, 자금조달능력, 성장계획 등에 관한 정보를 제공해 줌으로써

기업에 대한 이해와 거래를 유인하는 기능을 수행한다. 마지막으로 은행, 창업투자회사, 창업자금지원기관 등에게 자금지원을 위한 판단근거를 제공한다. 즉, 사업계획서는 이들에게 제품아이디어 · 업계동향 · 수요추세 · 경쟁상태 · 소요자금 · 경영진의 경영능력 등에 관한 정보를 제공해 줌으로써 투자의사결정에 활용할 수 있도록 한다.

- 자금조달 도구 : 신규 사업이나 창업의 경우에는 사업계획서를 통하여 자금을 확보하는 경우가 많이 있다. 자금을 빌려주는 금융기관이나 자본을 투자하는 투자자들은 일반적으로 사업계획서를 통하여 회사를 검토한 후에 의사결정을 하게 된다. 대다수의 금융기관 투자자가 대출이나 투자를 검토하기 위하여 요구하는 첫 번째 자료가 사업계획서이며, 이점에서 사업계획서가 자금조달을 위한 첫 걸음이라는 사실을 이해하는 것이 매우 중요하다고 할 수 있다.

2 사업계획서의 중요성

현대 기업경영의 목적은 단순한 최대 이윤추구에서 벗어나서 기업으로 하여금 경제적 책임뿐만 아니라 사회적 책임을 다 할 때만이 기업경영의 목적을 완수하는 것으로 정의하고 있다. 더 나아가 기업의 도덕성도 새로운 책임으로 대두되고 있는 실정이다. 기업이 이와 같은 책임과 의무를 제대로 수행하기 위해서는 수익성이 선행되어야만 가능하고, 기업의 요소와 요건을 포함하는 희소한 경영자원에 대한 경제적인 활용계획이 필요할 수밖에 없게 되었다.

사업계획의 수립은 두말할 필요도 없이 보다 효과적이고 효율적이며 경제적으로 사업을 추진하기 위함일 것이다. 모든 일은 미리 대비를 하면 이루어지고 대비하지 않으면 실패하는 것이다. 일을 시작하기 전에 그 일을 할 만한 준비를 하여 두면 곤란을 당하는 일이 없게 된다. 현실적으로도 사업계획서의 작성은 이제 상식이 되고 있으며 많은 사람들이 그 필요성을 강조하고 있고, 실제 경영자들이 이에 동의하고 있다. 사업계획서의 필요성을 요약하면 다음과 같다.

기본적 필요성

SWOT분석 등 분석기법을 활용함으로 감상적이거나 자아도취적인 아이디어 또는 경험에 의존하는 주먹구구식 계획을 제거할 수 있고, 사업계획의 체계적인 접근은 사업계획서를 구체적이며 세부적으로 수립함으로써 계획의 정당성을 입증하여 현실감과 성공가능성을 높여준다. 훌륭하게 작성된 사업계획서는 설득력 있는 문서로서 이해관계인의 관심을 유도하고 신뢰감을 얻을 수 있다.

업무적 필요성

사업계획서의 업무적 필요성은 사업계획서의 사용목적 또는 용도에 따른 구분이라고 할 수 있다. 사업계획서는 기본적으로 기업내부의 경영관리에 유용한 기초자료로 활용하기 위하여 작성되며, 부차적으로 자본의 조달, 사업의 승인, 개별법에 의한 인·허가 등과 관련하여 외부기관에 제출하기 위한 대외적 목적을 위하여 작성된다. 이와 같이 경영관리를 위하여 작성되는 사업계획서는 미래의 변화를 예측하여 미리 준비하는 과정에서 자연스럽게 기업 구성원의 아이디어를 수렴할 수 있고 경영에 대한 공통인식을 창출하는 등 계획수립 참여에 따르는 효과를 얻을 수가 있다. 그리고 구상하고 있는 사업의 형성요소를 파악하여 기업의 설계 역할을 하고, 사업구조와 경영체질의 강화, 목표설정에 의한 단기적인 행동지침 및 부문 업무 수행의 적합성 판단 등에 대한 기준을 제시한다. 특수한 목적의 대외 제출용 사업계획서는 경영관리에 사용되는 사업계획서를 기본으로 하여 이를 변형하거나 응용함으로써 특수 용도에 맞는 계획서가 도출되는 것이다.

사업계획서는 계획사업의 청사진이다 사업계획서는 계획사업에 관련한 제반사항, 즉 계획사업의 내용, 계획제품시장으로 구조적 특성, 소비자의 특성, 시장 확보의 가능성과 마케팅전략, 계획제품에 대한 기술적 특성, 생산시설, 입지조건, 생산계획과 더불어 계획아이템에 대한 향후 수익전망, 투자의 경제성, 계획사업에 대한 소요자금의 조달계획, 차입금의 상환계획, 조직 및 인력계획 등 경영에 관련되는 제반사항을 객관적이며 체계적으로 작성하는 계획사업의 청사진으로서 매주 중요한 자료이다. 그러므로 전체적인 사업계획의 모습이 드러나면서 계획사업의 전반적인 강점과 약점을 알게 되고 이에 대한 효과적인 대처방안을 강구함으로써 계획사업의 시행착오를 줄여주게 된다.

계획사업의 지침서이다 사업계획서는 기업 자체에게는 계획사업의 타당성검토를 통해 사업성공의 가능성을 높여주는 동시에 계획적인 추진을 가능하게 하고 추진기간을 단축시켜주며 계획사업의 성취에도 많은 영향을 미친다. 또한 제3자 인 투자자·

금융기관 · 더 나아가 일반고객에 이르기까지 필수적인 자료이며 사업성공의 지침서이다. 따라서 사업계획서는 업무추진계획서와도 같은 것이다. 사업이 일단 시작되면 처리해야할 업무가 많고 시간이 부족하여 여러 가지 대안 등을 검토하고 세부적인 계획을 수립하는 일에 많은 시간을 낼 수 없다. 업무에 치중하다보면 눈앞의 일들만 매달리게 되고 당초 추구하고자 한 계획사업의 기본방향과 목적 등의 장기계획을 잊어버릴 수가 있다. 이 때 사업계획서는 사업의 기본방향을 일깨워주고 유용한 행동지침이 될 수 있다.

잘 만들어진 사업계획서는 이해관계자의 마음을 움직인다 신규사업을 추진하려할 때 가장 핵심적인 요소가 자금조달이다. 이 자금부족을 해소하는 방법으로 투자가를 유치할 수 있다. 그러나 이 투자가를 유치할 때 단순히 말로 설명하는 것보다 논리정연하고 설득력 있는 사업계획서는 투자가의 마음을 보다 쉽게 움직일 것이다. 또한 금융기관으로부터 대출을 받을 때도 마찬가지이다. 담보만 있다고 해서 자금을 대출하여 주는 것은 아니다. 자금을 대출해주고 난 후에 사업이 성장하여 차입금을 상환할 수 있는 능력이 있는지, 사업자의 경영능력은 있는지 등을 종합적으로 판단하기 위해서 사업계획서를 요구한다. 잘 만들어진 사업계획서는 이해관계자들의 마음을 움직이는데 있어 큰 힘이 된다.

인 · 허가 등 사업계획서의 제출 신규사업을 추진하는 경우 업종에 따라 달리 적용되겠지만 관계기관으로부터 인 · 허가를 받는 일이 있게 된다. 최근 정부의 기업 활동 규제완화나 행정규제개혁 등으로 기업들의 경영활동을 제한하는 규제들이 많이 완화되었지만 아직도 사업 인 · 허가를 위해 관계기관으로부터 허가를 득해야 하는 일들이 많이 있다. 허가기관에서 요구하는 사업계획서는 대부분 정해진 양식이 있으나 사업자가 미리 작성해 둔 사업계획서가 있다면 이를 근거로 하여 소정 사업계획서 작성이 용이할 것이다.

3 사업계획서의 특징

사업계획서는 사용목적 또는 용도에 따라 연간사업계획서, 신사업사업계획서, 프로젝트사업계획서 등으로 구분할 수 있다. 이러한 사업계획서는 기업이 구현하고자 하는 사업의 종류와 달성목표에 따라 다르게 작성되어야 한다. 그러나 이러한 차이점에도 불구하고 체계적이며 완벽한 사업계획서는 공통된 몇 가지 특징을 가지고 있다. 독일에서 벤처캐피탈의 투자를 받기 위한 사업계획서 작성 경진대회가 열렸다. 다음의 지침은 이 대회에서 미국의 유명한 컨설팅회사가 조언한 성공적인 사업계획서 작성 전략이다.

생명력 보유

사업계획서는 그 자체로 생명력이 있어야 한다. 이는 계획서가 자체적으로 잘 짜여 진 구조를 가지고 있어야 함을 의미한다. 처음에는 몇 가지 핵심적이고 기본적인 사업개념만을 제시하다가 점점 세부적인 사항으로 전개되고, 또 거기에 대한 근거를 제시하는 형식이 보는 사람으로 하여금 지겹지 않고 점점 발전해나간다는 느낌을 받게 할 수 있다.

따라서 컴퓨터 소프트웨어 프로그램 등을 사용해서 모든 사항에 번호를 붙이고, 참고사항을 강조하는 사소한 작업도 중요하다.

명확화

사업계획서는 명확해야 한다. 투자유치용 계획서의 경우 사업계획서를 통해서 투자가들이 궁금해 하는 사항이나 관심 있는 분야에 대해서 쉽게 답을 구할 수 있어야 한다. 그러기 위해서 사업계획서는 그야말로 유리처럼 투명해야 한다. 투자가들에게 확신을 주는 것은 많은 분량의 분석 자료가 아니라 중요성에 따라 간결하게 표현된 명확한 결론이다. 따라서 투자가들의 관심을 끌만한 사항이면 어떤 주제든지 완벽하고 간결하게 논의되어야 한다. 최종적으로 사업계획서는 총 30페이지 정도의 분량이 좋다. 투자가들은 표현되어 있는 사실 그대로를 이해하기 때문에 내용은 명확하고 분명해야 한다. 따라서 사업계획서를 제출하기 전에 객관적인 입장에서 평가할 수 있는 사람에게 읽어보게 하는 것이 좋다.

객관성 확보

사업계획서는 객관성을 지녀야 한다. 종종 작성자가 느끼는 감정을 표현할 때 스스로 도취되어 객관성을 상실하는 경우가 있다. 물론 사업계획서는 적극적으로 작성되어야 하지만 이해관계자가 핵심적인 사항에 집중할 수 있도록 객관적인 어조를 유지하는 것이 바람직하다. 광고 카피처럼 꾸며진 사업계획서는 호감을 주기보다는 오히려 거절당하기 쉽다. 그런 사업계획서는 의구심과 회의만을 줄 뿐이기 때문이다. 마찬가지로 계획에 대해서 지나치게 비판적으로 쓰는 것 또한 위험하다. 계산에 오류가 있다거나 과거의 실수에 대해서 언급하는 것은 오히려 이해관계자로 하여금 기업의 능력과 동기에 대해서 의심만을 일으킬 뿐이다.

이해도

사업계획서는 문외한도 이해할 수 있을 정도로 쉬워야 한다. 신규사업계획서의 경우 정교하게 디자인 된 사업계획서나 복잡해 보이는 분석자료 같은 기술적인 부분으로 이해관계자들에게 강한 인상을 심어줄 수 있다고 믿는 경우가 있다. 그러나 이것은 사실과 다르다. 몇 몇의 기술 분야의 전문가들만이 사업계획서를 평가하는데 참여한다. 대개의 이해 관계자들은 기술적인 문제에 대해 별로 관심을 두지 않고 오히려 분명한 사진이나 그림과 같은 단순한 설명에 대해 평가한다. 몇 가지 이유로 기술적인 부분이 반드시 포함되어야 한다면 별도의 첨부 자료로 포함시키는 것이 유용하다.

일관성 유지

사업계획서는 일관된 필체로 작성되어야 한다. 사업계획서를 작성하는 과정에는 여러 분야의 구성원들이 함께 모여서 작업을 하지만 일관성을 유지하기 위해서 최종 사업계획서는 한 사람이 작성해야 한다.

전문성

외부 제출용도의 사업계획서는 이해관계자에게 제출하는 기업의 명함이다. 사업계획서는 하나의 스타일로 작성되어야 할 뿐만 아니라 일정하고 전문적이어야 한다. 제목을 다양한 크기나 형태를 사용할지라도 내용과 구조는 일관성을 띄어야 한다. 회사 마크와 같은 효과적인 그래픽의 사용은 사업계획서를 훨씬 더 단정하게 한다.

02 사업계획서의 유형

사업계획서는 추진하고자 하는 사업에 대한 설계도의 기능, 정부 정책자금의 신청, 벤처캐피탈에 대한 투자제안, 엔젤투자가의 투자유치, 창업보육센터 입주, 기술과제 신청 등 다양한 상황에 필요하게 된다. 이때 사업계획서는 용도와 상황에 따라 알맞게 편집되거나 새로운 사업계획서를 작성해야 한다. 일반적으로 전문가에 의하여 작성되어지는 사업계획서는 정부기관 · 금융기관 · 투자대상 주체 등에게 제출하는 사업계획서이다. 이러한 사업계획서는 그 기업을 정확히 알리고 영위하고자 하는 사업의 비전과 성공 가능성을 입증하는데 중점을 둔다. 반면, 신사업이나 프로젝트의 경우 전문가그룹에 의하여 작성되는 사업타당성 분석형 사업계획서는 비즈니스의 설계도를 그리는 것과 같다. 따라서 여기서는 사업에 대한 실질적인 분석의 툴이 적용된다. 즉, 산업의 분석, 외부환경과 자사의 역량 분석, 경쟁분석, 인적 · 물적 자원, 생산, 마케팅, 재무관리, 기술개발, 경제성 및 기술성, 운영전략 등이 실질적이고 객관적인 기준으로 작성되어져야 하는 것이다.

1 사업계획서의 종류

사업계획서는 사업계획서의 유형이나 사업형태 또는 형식에 따라 구분하여 분류할 수 있다.

유형에 따른 분류

사업계획서는 그 유형에 따라서 다음과 같이 구분할 수가 있다.

연도사업계획서 기업의 경목목표와 연간 사업방침에 의하여 매년 연간 단위로 수립하는 사업계획서이다.

투자유치사업계획서 IR계획서' 또는 '투자제안서'라고도 칭하며 투자를 받기 위한 용도의 사업계획서이다.

기술사업계획서 벤처기업 · 신기술기업 · 신기술 프로젝트 등의 기술평가용 사업계획서이다.

중장기사업계획서 기업의 중장기사업계획에 의하여 일정기간에 대하여 사업 전반에 대한 중장기 전략에 의한 사업계획서이다.

출연자금용 사업계획서 정부의 연구 · 개발자금을 지원 받기 위한 사업계획서이다.

정책자금용 사업계획서 정부 각 부처에서 매 연도마다 실시하고 있는 각종 정책자금의 지원을 받기 위한 사업계획서이다.

사업형태에 따른 분류

사업형태에 따른 사업계획서는 다음과 같이 분류해 볼 수 있다.

- 창업을 위한 사업계획서
- 신규사업을 위한 사업계획서
- 사업확장을 위한 사업계획서
- 외국인투자 또는 해외투자 유치를 위한 사업계획서
- 기술도입 또는 기술이전을 위한 사업계획서
- M&A를 위한 사업계획서
- 공장설립을 위한 사업계획서
- 전략적 업무제휴를 위한 사업계획서
- 회사홍보 및 기업 IR을 위한 사업계획서
- CB · BW 등 자본유치를 위한 사업계획서
- 연구 · 기술개발을 위한 사업계획서
- 중장기 경영개선 및 구조조정을 위한 사업계획서

형식에 따른 분류

형식에 따른 사업계획서는 크게 보아 비정형화된 사업계획서와 정형화된 사업계획서로 분류할 수 있으며 구체적인 내용은 다음과 같다.

비정형화된 사업계획서

- 내부관리용 목적으로 작성되는 사업계획서

- 투자유치 용도로 작성되는 사업계획서(투자제안서)
- 일반 금융기관 대출신청을 위한 사업계획서
- 회사 IR자료로 사용되는 사업계획서(IR계획서)

정형화된 사업계획서

- 가스안전관리자금(신청) 사업계획서
- 건설교통기술연구개발사업 지원자금(신청) 사업계획서
- 공업기반기술개발사업 지원자금(신청) 사업계획서
- 공장설립승인(신청) 사업계획서
- 과학기술진흥기금(신청) 사업계획서
- 관광진흥개발기금(신청) 사업계획서
- 광업 및 석 · 골재산업 지원자금(신청) 사업계획서
- 국가지정연구실사업 지원자금(신청) 사업계획서
- 국민주택기금(신청) 사업계획서
- 국민체육진흥기금(신청) 사업계획서
- 기술담보대출 지원자금(신청) 사업계획서
- 기술평가(신청) 사업계획서
- 노인복지시설자금(신청) 사업계획서
- 농공단지 입주 지원자금(신청) 사업계획서
- 농림기술개발사업 지원자금(신청) 사업계획서
- 농수산물 가격안정기금(신청) 사업계획서
- 민군겸용 기술사업 지원자금(신청) 사업계획서
- 발명시제품 제작 지원자금(신청) 사업계획서
- 방위산업 육성기금(신청) 사업계획서
- 벤처기업 육성자금(신청) 사업계획서
- 보건의료기술 연구개발사업 지원자금(신청) 사업계획서
- 산업기반기금(신청) 사업계획서
- 산업기술개발자금 (신청) 사업계획서
- 산업기술기반조성자금 (신청) 사업계획서

- 산업디자인 지원자금 (신청) 사업계획서
- 산업재해예방기금 (신청) 사업계획서
- 생산기술개발 지원자금 (신청) 사업계획서
- 소상공인 창업지원자금 (신청) 사업계획서
- 소프트웨어 공제사업기금 (신청) 사업계획서
- 수시상품화기술개발 지원자금 (신청) 사업계획서
- 수출기업화사업 지원자금 (신청) 사업계획서
- 에너지기술개발사업 지원자금 (신청) 사업계획서
- 에너지기술학술진흥사업 지원자금 (신청) 사업계획서
- 에너지이용합리화자금 (신청) 사업계획서
- 연구개발성과 확산사업 지원자금 (신청) 사업계획서
- 유명규격/인증 (신청) 사업계획서
- 유통업 구조개선자금 (신청) 사업계획서
- 장애인고용촉진기금 (신청) 사업계획서
- 재활용산업 육성자금 (신청) 사업계획서
- 전력기술개발사업 지원자금 (신청) 사업계획서
- 정보통신연구개발사업 지원자금 (신청) 사업계획서
- 정보화사업 지원자금 (신청) 사업계획서
- 정보화촉진기금 (신청) 사업계획서
- 제품구현화실장검증 지원자금 (신청) 사업계획서
- 중소 벤처기업 창업 및 육성자금 (신청) 사업계획서
- 중소기업 경영안정자금(운전자금) (신청) 사업계획서
- 중소기업 공제사업기금 (신청) 사업계획서
- 중소기업 구조개선자금 (신청) 사업계획서
- 중소기업 근로자복지진흥기금 (신청) 사업계획서
- 지방중소기업 육성자금 (신청) 사업계획서
- 중소기업 입지지원자금 (신청) 사업계획서
- 중소기업기술혁신개발사업 지원자금 (신청) 사업계획서

- 직업훈련시설 장비 지원자금 (신청) 사업계획서
- 창업보육사업 지원자금 (신청) 사업계획서
- 창업사업계획 승인 (신청) 사업계획서
- 창업투자자금 (신청) 사업계획서
- 특정물질사용합리화기금 (신청) 사업계획서
- 특정연구개발사업 지원자금 (신청) 사업계획서
- 특허기술평가지원자금 (신청) 사업계획서
- 폐광지역대체산업 육성자금 (신청) 사업계획서
- 해외시장개척기금 (신청) 사업계획서
- 해외유명규격 인증획득 지원자금 (신청) 사업계획서
- 협동화사업 지원자금 (신청) 사업계획서
- 환경개선지원자금 (신청) 사업계획서

2 사업계획서의 용도

사업계획서는 작성된 목적에 따라 그 용도가 제각기 다르며, 이에 속하는 것으로서 연간사업계획서, 신사업사업계획서, 프로젝트사업계획서, 대외제출용 사업계획서가 있다.

연간사업계획서

기업은 새로운 한해가 시작되기 몇 개월 전부터 다음연도 사업계획 수립 방침을 정하고 이 지침에 따라 연간 회사의 경영목표가 확정되며, 회사의 경영전략을 기초로 하여 각 사업부문의 사업부별 사업계획이 수립된다. 이러한 사업계획은 기획담당부서에서 종합하여 조정 · 통합의 절차를 거쳐 이사회의 결의에 의하여 사업계획이 최종 확정된다. 이렇게 작성된 연간사업계획서는 해당연도의 매월이나 분기 · 반기의 사업지표로서 활용될 뿐만 아니라 그 기간 동안 사업성과를 계획 대 실적을 비교하여 문제점을 발견하고, 개선하거나 방향을 조정해 나가는 역할을 함으로 연간 사업계획서는 그 기업의 1년간 항해해야 할 항해계획서나 마찬가지이다.

신규사업계획서

기업이 기존의 사업에 추가하여 새로운 사업을 기획하거나, 새로운 사업 분야에 진출을 하는 경우 신규사업에 대한 사업계획을 수립하게 된다. 신사업의 개발전략이나 신사업타당성검토에 대해서는 이미 앞에서 구체적인 설명이 있었기에 생략하기로 하고, 신사업사업계획서는 신사업의 설계단계에서부터 신사업의 개시단계까지의 추진하여야 할 모든 사항을 단계별로 그려진 설계도면과 같은 것이라 할 수 있다. 잘 지어진 건물은 먼저 그 설계도면이 건축물의 건축목적과 일치하여야 하고, 또한 그 설계도면에 일치하게 건축되어야만 하듯이 신사업 사업계획서 또한 이와 마찬가지라고 할 수 있다.

프로젝트사업계획서

프로젝트 사업계획서는 그 프로젝트가 가지고 있는 독창적이며 고유한 프로젝트의 특성에 의하여 작성되어져야 하며, 프로젝트 타당성검토 절차에 의하여 분석 · 평가된 사항들에 따라서 조정되거나 통합화의 절차를 거쳐 마련되어야 한다. 무엇보다도 프로젝트를 성공적으로 수행하기 위해서는 프로젝트에 투입된 인적자원의 구성과 그 역할이 사업계획서에 어떻게 반영하느냐는 중요한 과제가 아닐 수 없다. 또한 프로젝트에 소요되는 프로젝트의 비용에 대한 정확한 계획이야말로 프로젝트 성공을 위한 핵심 요소가 아닐 수 없다. 끝으로 프로젝트 사업계획서에는 프로젝트의 소요기간에 대한 객관성 있는 계획의 수립이 요구된다. 프로젝트 계획서에는 이와 같이 프로젝트에 투입되는 인적자원 · 비용 · 시간이 잘 계획된 사업계획서가 되어야만 당초 기획한 프로젝트 소기의 성과를 얻을 수가 있다.

대외제출용 사업계획서

대외제출용 사업계획서는 사업계획서를 작성한 기업의 입장에서 보는 것과 이 사업계획서를 보고 투자 의사결정을 해야 하는 투자자의 입장으로 구분하여 생각할 수가 있다.

기업의 입장에서 볼 때 사업계획서는 조직구성원이나 각 부문 간의 의사소통의 수단이 될 뿐만 아니라 업무수행의 행동지침으로 사용되어 진다. 그러나 반대로 외부 이해관계자의 시각으로 본다면 사업계획서는 투자에 관한 의사결정을 하는데 사용하는 가장 기본적인 자료이다. 이러한 사업계획서는 사업제안자와 투자자가 직접적이나마 최초로 접촉하게 하는 매개물인 경우가 많다. 사업계획이 어느 정도 가능성을 시사해야 사업 제안자는 투자자를 직접 만나서 사업을 논의할 수 있게 될 것이다. 따라서 사업계획서는 외부 이해관계자의 입장에서 볼 때 사업평가의 가장 기본적인 자료이기도 하다. 이러한 사업계획서는 회사를 정확히 알리고, 기업이 영위하고자 하는 사업의 비전과 성공가능성을 입증하는 데 중점을 둔다.

- 자금조달 투자유치용
- 정책자금 조달용
- 정부출연자금 신청용
- 신용보증 신청용
- 일반은행자금 신청용
- 기술평가 벤처기술평가
- 기술담보가치 평가용
- 코스닥 상장 예비심사를 위한 기술평가
- 기타 기술평가용
- 인허가 사업계획 승인용
- 각종 인허가용
- 기타 창업보육센터 입주신청용
- 정책과제 수행용
- IR 자료용
- 신사업 제안용, M&A, 전략적 제휴 등

3 사업계획서의 구성요소

연간사업계획서

연간사업계획서의 사업계획 수립절차에 의한 항목별 구성요소를 각 단계별로 다음과 같이 요약할 수가 있다.

1단계/경영비전, 방침의 확인 기업이념에 따라 현재까지의 경영과 앞으로의 경영자세에 대한 경영원리 원칙을 확립하고 경영의 Key Word를 정하여 사훈·사시의 구체화를 통한 경영기본방침을 정한다.

2단계/자사의 내부역량 분석 먼저 성장성 · 활동성 · 수익성 · 안정성 · 창조성에 대한 경영분석을 실시하고, 다음으로 관리시스템 · 조직효율 · 영업력 · 생산력 · 연구개발력에 대한 경영활동을 분석한 다음 사업분석을 한다. 사업분석은 수익성 · 성장성 · 마켓-쉐어를 분석한다. 이러한 분석이 끝나면 중장기 개선과제와 익연도 개선과제를 선정한다.

3단계/SWOT 분석 먼저 환경의 변화요인인 국제환경 · 국내환경 · 산업 내 또는 업계환경에 따라 유통환경 · 생산환경 · 기술환경 · 노동환경 · 금융환경 · 구매환경이 자사에 미치는 영향과 대응책을 수립하고 중장기적인 대책과 익연도의 대응책을 강구한다.

4단계/중장기 경영목표의 확인 먼저 시장 또는 거래처 · 제품 · 조직구조 · 기업규모 · 경영성과에 대한 도달하여야 할 목표와 현상을 분석하여 목표와 현상의 갭을 위한 전략으로 경영전략 · 판매전략 · 인사전략 · 재무전략 · 정보전략 · 제품개발전략을 수립하고 전략 실현을 위한 CSF(핵심성공요인)에 따라서 익년도 경영방침을 수립한다.

[Tip] CSF(핵심성공요인)이란

핵심성공요인(Critical Success Factor, CSF)은 목표성취를 위해 필요한 요소를 뜻하는 용어이다. 전략적 분석이나 핵심성공요인 접근에서는 조직의 정보요구사항이 소수 핵심성공요인으로 결정된다고 강조한다.

핵심성공요인은 산업, 해당기업, 관리자, 광범위한 환경으로 구체화된다. 예를 들어, 자동차 산업을 위한 핵심성공요인은 시장점유율과 수익증가의 목표를 달성하려고 스타일링 · 품질비용 등을 포함할 수 있다. 새로운 정보시스템은 기업이 이 목표들을 달성하는 데 필요한 정보를 제공해야 한다.

5단계/익년도 경영중점방침 설정 제2단계에서 현상분석을 통하여 익년도 경영계획에 있어서의 개선과제와 제3단계의 외부환경분석에서 익년도 경영에 있어서의 대응책 그리고 제4단계의 중장기목표 중 익연도 경영계획에 반영할 이와 같은 모든 사항 중 당해연도 경영계획에 있어서의 미결과제는 익연도 경영중점방침으로 정해야 한다. 이를 구체화한 다음 익연도 조직운영방침을 정한다.

6단계/시장 · 제품 PPM 계획 먼저 중장기목표로써의 시장과 제품분석을 하여야 하며, 자사의 강약점의 과제를 선별하여 목표를 설정하고 이에 따라서 익연도의 시장구성과 제품구성을 결정한다.

Tip 제품 PPM 계획

PPM(제품포트폴리오관리)이란 전략적 강점을 지닌 특정 사업 혹은 제품에 대한 지원을 결정하기 위한 전략을 포트폴리오 전략(Portfolio Strategy)이라 하며, 분석을 위한 대표적 모델 중 하나가 PPM이다. PPM은 전략적 강점과 약점을 분석하기위한 요인으로 성장률과 점유율이라는 두 개의 축을 이용한다. PPM은 다수의 사업 혹은 제품을 가진 기업의 전략적 강약점 분석을 위해 성장률과 시장점유율이라는 두 개의 분석요인을 가진 도표(growth/share matrix)를 사용하여, 그 기업이 가진 사업 혹은 제품을 두 분석요인에 따라 분류하고 적절한 자원배분을 위한 대응전략을 취할 수 있도록 해주는 기법으로 Boston Consulting Group이 개발했다.

7단계/R&D, 투자계획 검토 중장기경영목표의 투자계획에 의한 R&D 예산에 근거하여 익연도 중점방침과 투자계획을 수립한다. 투자계획에는 설비투자계획, 인재육성계획, 연구개발투자계획이 이에 속한다.

8단계/이익계획 Master Plan 당해연도의 추정재무제표에 의하여 고정비의 증가분 분석과 운영자본의 내역을 면밀히 분석한 후에 다음 연도의 고정비 내역, 목표이익·한계이익 효율개선 목표를 수립한다. 이러한 목표에 근거하여 목표매출액을 정하고 매출가능 실현액을 분석하여 이익계획 Master Plan을 확정한다.

9단계/각 부문사업계획 수립 익연도의 경영 중점방침과 이익계획 Master Plan과 당해연도 부문실적 추정을 종합하여 익연도 부문예산을 편성하여야 한다. 그 다음에는 익연도 경영방침을 각 부문에 제시하고 각 부문계획의 조정을 통해 각 조직계획에 이를 반영하여 부문계획을 확정한다.

10단계/전체계획과 부문계획의 조정 연도중점방침·이익계획·부문예산·부문방침의 Gap에 대한 격차해소 대책을 수립하여야 한다. 이 격차는 예산수정을 통하여 수정중점방침과 수정전사이익, 수정부문예산, 수정부문방침을 다시 확정한다.

11단계/부문계획 확정 사업부문방침에 따라서 사업부장의 목표가 정해지며 이러한 사업부장목표에 의하여 사업부예산·매출목표·이익목표·비용목표가 정해지면 이를 월별예산으로 하여 부문계획을 확정한다. 팀별목표와 팀장의 목표는 사업부목표에 따라 동일한 절차와 방법에 의하여 확정하여야 한다.

12단계/전사 예산의 확정 먼저 이미 확정된 이익계획에 따라 회수예산계획·지불예산·설비예산에 대한 자금계획이 수립된다. 회수예산계획은 연도중점방침에 의한 매출예산에 의해서, 지불예산은 구매조달예산과 비용예산 및 재고예산에 의해 편성해야 하며 이러한 자금계획은 추정대차대조표와 추정손익계산서에 의해서 표시되며 자금흐름표상에 계상되어진다.

13단계/사업계획 확정 및 발표 전사적인 매출 · 이익 · 투자 · 경영혁신 목표는 CEO의 경영방침으로 하며, 사업부예산 · 매출목표 · 이익목표 · 비용목표 · 월별예산은 사업부문 방침에 따른 사업부장 및 팀장의 목표로 하여 사업계획을 확정한다.

사업계획이 확정되면 팀장급 이상으로 구성된 팀장회의나 임원으로만 구성된 임원회의에서 이를 발표한다.

내부용 사업계획서

내부적으로 경영관리에 필요한 사업계획서의 항목별 구성요소는 다음과 같이 요약할 수 있다.

기업체 현황

- 회사개요
- 회사연혁
- 비전 및 미션

조직 및 인력현황

- 조직도
- 대표자 · 경영진 및 종업원현황

주주현황

기술현황 및 기술개발계획

- 제품의 내용
- 기술현황
- 기술개발투자 및 기술개발계획

생산 및 시설계획

- 시설현황
- 생산공정도
- 최근 2년간 생산 및 판매실적
- 원 · 부자재 조달상황
- 시설투자계획

시장성 및 판매전망

- 시장에 대한 전망
- 동 업계 및 경쟁회사현황
- 판매실적 및 판매계획

재무계획

- 최근 결산기 주요 재무상태 및 영업실적
- 금융기관 차입금현황
- 소요자금 및 조달계획

사업추진 일정계획

기타 특기사항

첨부서류

- 정관
- 상업등기부 등본
- 사업자등록증 사본
- 최근 2년간 요약 결산서
- 경영진 이력서

외부용 사업계획서

대외적으로 제출해야 하는 필요성이 있는 사업계획서의 항목별 구성요소는 다음과 같이 요약할 수 있다.

업체 현황

- 회사개요
- 회사연혁
- 비전 및 미션
- 경영전략

조직 및 인력현황

- 조직도
- 대표자 및 경영진 현황
- 주주현황
- 관계회사현황
- 인적자원현황

기술현황 및 기술개발계획

- 제품소개
- 사업전망
- 기술현황
- R&D현황 및 계획

생산 및 시설계획

- 생산 및 시설현황
- 최근 2년간 생산 및 판매실적
- 생산공정도
- 시설투자계획
- 원·부자재 사용 및 조달계획

시설투자계획 시장성 및 판매전망

- 동 업계 및 경쟁사황
- 연도별 판매계획 및 마케팅전략

시설투자계획 재무 현황

- 최근 연도별 주요 재무상태 및 영업실적
- 금융기관 차입금현황
- 추정대차대조표, 추정손익계산서, 추정현금흐름표
- 향후 5개년 수익전망 및 투자수익률 분석
- 소요자금조달 및 운용계획

기업가치평가

첨부서류

- 정관
- 상업 등기부등본
- 사업자등록증 사본
- 최근 2년간 결산서
- 최근 월 합계잔액시산표
- 경영진 이력서
- 기타 요청서류

03 사업계획서의 작성

사업계획서는 그 목적과 용도 및 제출대상에 따라 내용상 차이가 있으며 분량과 첨부할 서류에서도 큰 차이가 난다. 또한 기업 내부에서 직접 작성하느냐, 외부 전문기관에 의뢰하여 작성하느냐에 따라 전문성과 내용이 달라질 수 있다. 사업계획서 요약은 두 세장 분량으로 사업전반의 핵심내용을 집약하여 전체 사업계획 전반부에 삽입하는 것이 효과적이다.

일반적인 사업계획서의 유형으로는 개조식(個條式) · 도식형 · 도표비교형 등이 있다. 서술형 사업계획서의 경우 사업내용에 대한 상세한 설명과 편안한 접근에 강점이 있으므로 공공기관 및 기관투자가 선호하는 경향이 있으며, 프레젠테이션용 사업계획서는 사업 내용에 대한 발표를 목적으로 다양한 그림과 압축 요약된 사업내용을 전달하는데 장점을 가지고 있다. 최근 다양한 용도로 선호되고 있으며 서술형 사업계획서의 보완자료로 활용되고 있는 추세이다.

1 기본방향

사업의 근본이 좋으면 사업전략은 성공적이고, 그렇지 못하다면 사업전략은 성공적일 수 없다. 건전한 전략이란 가장 명쾌한 전망을 제시하여 주고 자신 있게 좋은 결과를 기대할 수 있는 전략을 말한다. 사업계획서를 작성하는 기본방향 또는 전제조건은 일반적으로 사업의 근본이 되는 아이템이 어떠한지를 따져보고 그것이 사업다운 올바른 사업 아이템인가를 분석한 후 그 타당성을 검토하는 일이다. 타당성이 검증되지도 않은 사업 아이템을 가지고 사업계획서를 작성한다는 것은 실패의 원인이 된다. 따라서 전략적 타당성 측면에서 전략적 합성을 갖는 사업전략을 사업계획서로 구체화하는 작업이 요구되는 것이다.

사업 아이디어가 기업화되기 위해서는 사업화에 필요한 인적·물적요소 측면에서 타당성을 지녀야 한다. 즉 사업 아이템이 기업의 역량에 얼마만큼이나 조화되느냐 하는 문제이다. 추진하고자 하는 사업의 핵심요소와 요건을 준비하고 요소간의 결합을 적절하게 도출해 낼 수 있느냐에 대한 검토가 우선되어야 한다는 것이다.

전략적 측면에서 아무리 훌륭한 사업을 구상한다 하더라도 사업 착수에 따르는 핵심요소인 3M(Man/Money/Material)이 적정시점에 준비되어 공급되지 못하고, 핵심요건을 해결하는 데 장기간이 소요된다면 그 사업은 때를 놓친 그림의 떡이 되고 만다. 신규사업이나 프로젝트의 사업방향과 사업시점을 잘 맞추었다고 하더라도 궁극적으로 수익성이 목표에 미치지 못한다면 그것은 경제적 사업으로서의 가치가 없어진다. 기업이란 적정한 투자로 경제성의 확보와 더불어 이를 달성하기 위한 시장성과 기술성·재무수익성 및 공익성을 만족시킬 수 있는 구체적이고 현실적인 방법과 기술이 있느냐, 즉 사업의 경제적 결과를 어떻게 기대하며 그와 더불어 사회적 책임인 공익성도 수행할 수 있는가에 대한 경제적 타당성검토를 바탕으로 한 사업계획이 필요하다는 것이다. 그러므로 사업계획서의 작성은 살펴본 바와 같은 전제조건 내지는 기본방향을 토대로 하여 이루어져야 한다. 기본방향 또는 전제조건이 무시된 사업계획서는 아무런 의미가 없음을 인식하고 기본적인 흐름을 따라 체계적으로 접근해 나가는 것이 사업계획서 작성의 기본이 된다.

따라서 사업계획서 작성 전에 미리 기본계획과 작성순서를 정하고 작성해야만 시간과 노력을 절약할 수 있으며, 내용도 충실해질 수 있다. 효율적인 사업계획서 작성을 위해 사업계획서를 실제 작성하기 전에 미리 준비할 사항과 사업계획서 작성의 기본순서를 알아두는 것이 필요하다.

제1단계

사업계획서 작성의 목적에 따라 기본 방향을 설정하는 것이다. 사업계획서 작성의 목적은 크게 나누어 사업타당성 여부 검증을 포함해서 사업계획을 구체화하기 위한 수단으로서 작성하는 경우, 자금조달을 목적으로 작성하는 경우, 공장설립 및 인·허가 등을 위해 작성하는 경우 등으로 구분해 볼 수 있는데, 이들 목적에 따라 기본목표와 방향을 정하지 않으면 안 된다. 기본목표와 방향이 정해지지 않으면 사업계획서가 초점을 잃기 때문이다.

제2단계

사업계획서 작성목적 및 제출대상에 따라 소정양식이 있는지 미리 알아보아야 한다. 자금조달을 위한 경우라도 조달처가 은행이냐, 신기술사업금융회사이냐, 창업투자회사이냐에 따라서 그 내용이 약간 차이가 있다. 구체적으로 어떤 은행, 어떤 신기술사업금융회사이냐에 따라서 그리고 어느 창업투자회사에 지원요청을 할 것이냐에 따라 다소 차이가 있기 때문이다.

제3단계

사업계획서 작성 계획 수립이다. 대부분의 사업계획서는 사업계획 추진 일정상 일정기한 안에 작성해야 할 필요성이 있는 경우가 많다. 자금조달을 위한 경우이든, 공장입지를 위한 경우이든 관련 기관에 제출하기 위해서는 빠른 기간 내에 작성하지 않으면 안 되기 때문이다. 사업계획서 작성이 지연되는 이상으로 계획사업 추진에는 더 큰 지연이 따르게 된다. 따라서 각 부분별로 작성일정과 보조를 받아야 할 사람을 확정할 필요가 있다. 주관은 누가 하든지 간에 시장성 및 판매 전망은 영업부문에서, 자금조달 운용계획 및 추정재무제표 작성 등 재무에 관한 사항은 재무부문에서, 그리고 제품 및 기술성 분석에 관한 사항은 연구개발부문에서 작성하는 것이 여로 모로 합리적이다.

제4단계

사업계획서 작성에 직접 필요한 자료와 첨부서류 등을 철저히 준비하는 일이다. 흔히 사업계획서 작성 시 이상의 3단계까지의 절차를 거치지 않고 자료 수집부터 하는 경우가 간혹 있다. 그러나 이것은 불충분한 자료수집 때문에 재차 자료수집을 해야 하는 경우도 생기고, 경우에 따라서는 많은 시간낭비를 가져올 수 있다. 자료수집은 3단계가 끝난 후에 실시하여도 늦지 않다.

제5단계

작성해야 할 사업계획서의 양식을 결정하는 일이다. 제2단계에서와 같이 특정기관의 소정양식이 있는 경우는 그 양식에 의하여 작성하면 별 문제 없지만, 특정양식이 없는 경우에는 미리 작성해야 할 사업계획서의 양식을 구성할 필요가 있다.

제6단계

실제 사업계획서를 작성하는 일이다. 외부제출 용도에 따라 사업계획서 작성방법을 간단히 설명하고 있는 경우도 있지만, 그것만으로는 충분하지 못하다. 사업계획서 작성자는 사업계획서 작성요령을 미리 숙지하여 둘 필요가 있다. 실제 사업계획서 작성단계에서는 원칙도 중요하지만 작성 상 많은 기교도 필요하다. 즉 정해진 사업계획서 양식에 따라 순차적으로 작성해 나가는 것보다는 재무적 자료의 기초가 되는 추정재무제표를 가장 먼저 작성하는 것이 시간절약에 도움이 된다. 사업계획서에 표현될 많은 수치와 계획들이 추정 재무제표와 일치하지 않을 때 그 사업계획서는 신뢰성과 정확성을 상실하기 때문이다.

제7단계

사업계획서의 편집이다. 사업계획서는 내용도 중요하지만 그 내용을 포괄하고 있는 표지 등 편집도 대단히 중요하다. 정성을 다하고 모양을 새롭게 하여 사업계획서를 보는 사람으로 부터 좋은 인상을 받도록 최후까지 신경 쓸 필요가 있다. 사업계획서 제출 시에는 그 내용을 충분히 숙지하여 설명과 응답에 부족함이 없어야 한다. 설령 외부 전문기관에서 작성하였다고 하더라도 마찬가지다.

2 작성원칙

사업계획서는 단순히 해야 할 활동들을 나열하는 것이 아니라 추구해야 할 목표와 이를 달성하는 방안에 관한 내용을 담고 있어야 한다. 따라서 사업계획서는 작성과정에서 거쳐야 할 여러 대안들의 우선순위에 대한 체계적인 검토가 선행되어야 한다. 목표가 지나치게 일반적이거나 모호해서도 아니 되며, 지나친 낙관론과 대안전략이 없이는 더욱 곤란하다. 그리고 사업계획서 작성절차나 틀에 얽매여 지나치게 기술적인 문제에만 초점을 맞추거나 그 역할과 목적을 잘못 이해함으로써 오는 경직된 결과가 나올 수밖에 없는 방식이 되어서는 안 된다. 외부용도의 사업계획서는 자금조달을 위한 형식요건으로만 생각하는 경향이 있다. 목표는 명확하고 측정가능하고 시간개념이 있고 현실적이고 수정가능 하도록 설정되어야 하며, 각 구간별 달성목표들도 함께 설정하여 그 진척도를 지속적으로 점검해야 한다. 또한 지속적인 환경변화 탐색을 통해 필요할 경우 목표를 수정 보완하는 기민성과 유연성을 가져야 한다.

사업계획서 준비과정에서는 모든 관련 부서가 참여하여야 하며 논리적이고 포괄적이고 다른 사람들이 읽어서 이해할 수 있는 계획이 나와야 한다. 사업계획서 작성을 전적으로 외부전문가에게 의뢰하는 것보다는 회사 내부의 관련 부서 모두가 직접 사업계획서를 작성함으로써 그 과정에서 목표시장 등에 대한 근본적인 오류들을 파악할 수 있고 외부 이해관계자들도 사업계획서를 철저히 이해하고 있는 경영진들을 신뢰할 수 있다.

명료성의 원칙

사업계획서는 되도록 간결 · 명료하게 작성해야 한다. 사업계획서를 준비 작성하는 과정에서 제반 수집정보를 조직화하는 것이 필요하다. 수집정보들을 몇 가지 영역으로 체계적으로 분류하고 이들을 사업계획서에 통합해서 활용해야 한다. 혁신적인 제품개발 등의 경우 활용 가능한 과거자료가 없는 경우에는 선진국현황으로부터 유추나 목표시장점유율 결정을 위한 시장구조분석 등을 통해 재무분석의 기초자료를 산출한다.

이 경우 논리적 근거에 바탕을 두어야 함은 특히 중요하다. 한편, 사업계획서 편집상의 고려사항으로는 사업계획서는 가능한 한 간략하게 작성되는 것이 좋다. 본문은 간략하게 작성하되 참고자료나 세부적인 사항은 부록에 제시한다. 필요에 따라 사업계획서를 요약하여 요약사업계획서를 만들어 사용할 수도 있다. 잘 작성된 여러 사업계획서를 참고하도록 한다.

합목적성의 원칙

사업계획서는 사용용도인 경영관리 · 금융지원 · 사업승인 등에 따라 그 목적에 적합하도록 작성되어야 한다. 자금을 지원하는 기관에 자금을 신청하기 위하여 사업계획서를 작성하는 경우라면 지원기관의 사업심사기준이나 요구사항에 방향을 맞추어 사업계획서를 작성해야 한다.

일관성의 원칙

사업계획서는 첫 장에서 마지막 장까지 그 내용이나 수치에 있어서 일관성을 유지하여야 한다. 생산이나 판매계획에서 계량화되는 금액들은 추정재무제표나 회사수익성분석 등에서 일관성 있게 반영되어야 한다.

객관성의 원칙

사업계획서는 비논리적인 추정을 피하고 확실한 근거와 함께 사실에 접근하여야 한다. 외부기관에 제출하기 위한 사업계획서를 작성할 때 흔히 발생되는 오류인데, 계획사업에 대한 주관적인 의견보다는 통계적이고 객관적인 자료를 근거로 하여 합리적인 내용으로 작성되어야 한다. 외부에 제출하기 위해서 작성하는 사업계획서는 더욱 그러하다. 이해관계인에게 신뢰감을 주고 동조를 얻을 수 있는 힘을 가지고 있어야 한다. 사업승인권자에게는 계획사업이 미치는 긍정적인 파급효과를 제시하게 되고, 자본투자가에는 투하자본의 충분한 보상을 보장하는 제안은 설득력을 가질 수 있을 것이다.

충분성의 원칙

사업계획서는 각 사업운영 부문별로 충분히 다루어 주면서 그 내용을 명료하게 나타내어야 한다. 사업계획은 생산 · 판매 · 자금 · 인력 · 상품소개 · 시장현황 등 사업과 관련된 내 · 외적인 요소를 골고루 포함하여야 한다. 그리고 내용의 중복성을 피하여 명료하면서 이해하기 쉽도록 표현하여야 한다.

탄력성의 원칙

사업계획서는 계획사업에 내재되어 있는 문제점과 사업의 위험을 인식하고 이에 대한 대안을 가지고 있어야 한다. 모든 사업은 강점이나 기회와 함께 약점이나 위험이 있다. 그 약점을 보완하고 극복할 수 있는 전략이 필요하다. 모든 사업에는 그 기업이 가지고 있는 강점이 있다. 그 강점은 계획사업을 성공으로 추진하게 하는 경쟁력이다. 보유한 강점이 무엇이며 어떠한 방향으로 사업성공에 기여하는지 확실하게 제시하여야 한다. 한 가지 방법으로써 밑줄을 긋거나 글씨체나 글자의 크기를 달리하여 눈에 띄게 할 필요가 있다.

검증가능성의 원칙

구매 · 생산 · 판매 · 관리 · 자원으로 이어지는 모든 사업 내용은 추정재무제표로 작성이 되고 재무분석을 통하여 계획사업의 적정 수익성과 성장성 등이 검증되어야 한다. 또한 기술성분석에 대한 내용은 가급적 전문적인 용어의 사용을 피하고 단순하고도 보편적인 내용으로 구성하고 근거자료로서 공신력 있는 기관의 기술타당성검토보고서 또는 특허 등의 증빙자료를 첨부하는 것이 좋다. 자금조달운용계획은 정확하고 실현가능성이 있어야 한다. 조달 가능한 자기자본을 구체적으로 표시함으로써 이해관계자들로부터 신뢰하게 해야 하며, 사업계획서는 투자자나 금융기관 등이 제출받아서 검토하므로 사업계획서 작성 시에 실행 가능 여부에 대한 체계적인 검토가 필요하다. 또한 계획사업에 잠재되어 있는 문제점과 향후 발생 가능한 위험요소를 심층분석해서 예기치 못한 사정으로 인하여 사업추진이 지연되거나 불가능하게 되지 않도록 계획사업의 차질이 발생하였을 경우를 대비책을 서술하는 것도 필요하다.

3 사업계획서의 구성내용

사업계획서(Business Plan)란 향후 전개하고자 하는 계획사업에 대한 내용을 서면으로 나타낸 자료이다. 프로젝트의 경우나 기존사업과 다른 새로운 사업을 구상하는 경우 또는 사업다각화 및 사업 확장을 계획하는 경우 등 신규사업을 준비할 때에 계획사업에 대한 내용을 사전에 일관성 있게 기획하는 것이라 볼 수 있다.

사업계획서의 내용은 사업의 형태나 종류에 따라 달라지겠지만 일반적으로 사업의 목적/사업의 방향/사업의 개요/제품이나 상품/서비스에 대한 설명/시장현황 및 전망/시설투자계획/조직 및 인원계획/원자재조달계획/생산계획/판매계획/마케팅전략 및 방법/소요자금 및 조달계획/차입금의 상환계획/사업추진일정계획/추정재무제표의 수립 등으로 구성된다.

사업계획서는 사업을 준비하는 기업에게 있어서 사업의 구상을 체계적이면서 구체적으로 정리할 수 있는 기회를 주고 사업계획서를 작성하면서 부문별 사업내용을 다시 점검하기 때문에 사업의 시행착오 예방과 사업성공의 가능성을 높여줄 수 있다. 그리고 사업계획서는 내부적인 사업성검토 기능뿐만 아니라 외부적으로도 해당 사업과 관련이 된 정부 및 이해관계자 등에게 제출하여 그들로부터 사업의 인·허가를 받는다든가 사업에 필요한 자금을 지원받는 중요한 용도로 사용이 된다. 따라서 사업계획서는 사업계획서의 사용 용도에 따라 목적적합성을 가지고 작성되어야 하며, 내부적 사업관리 측면에서의 사업계획서는 내부 경영자원(인력·자본·기술·지식 등)의 검토와 면밀한 사업 환경 분석 그리고 향후 발생 가능한 위험잠재요인을 충분히 검토하여 이에 대한 대안을 수립하면서 보다 보수적인 측면에서 작성이 되어야 한다. 또한 외부제출용으로 작성되는 사업계획서는 심사기관이나 사업계획서를 검토하는 사람으로 하여금 사업의 내용을 쉽게 이해할 수 있도록 핵심적인 사항을 중심으로 명료하게 작성이 되어야 하며 사업계획서의 검토 및 심사기준을 사전에 파악하여 이에 준할 수 있도록 합리적이며 설득력 있게 작성하는 것이 매우 중요하다.

총괄 요약문

사업계획서를 접하고 첫 장을 넘기게 되면 가장 먼저 접하게 되는 공간이 총괄요약문이다. 총괄요약문은 사업의 중요한 모든 사항을 가장 간결한 형태로 정리한 미니 사업계획서로서 이 부분은 사업계획서의 심장에 해당한다. 총괄요약문은 목차 앞에 나오는 사업계획서에 담고 있는 내용 중 중요한 항목을 2~3쪽 내에 포함하게 된다. 투자자의 책상 위에는 투자를 요청하는 수많은 사업계획서가 놓여 있다. 투자자가 사업계획서를 접하게 될 때 20~40쪽 되는 사업계획서를 모두 읽을 시간적 여유가 없다.

따라서 이들은 총괄요약문에서 사업에 대하여 처음으로 접하게 된다. 투자자가 총괄요약문을 읽은 후 사업계획서를 구체적으로 읽고 싶어 하도록 유인할 수 있어야 한다. 이 역할이 바로 총괄요약문이 수행해야할 역할이며 목적이다. 많은 사람들은 총괄요약문이 사업계획서의 내용을 제대로 반영하기 위해서는 사업계획서가 작성되고 난 후에 총괄요약문을 작성하는 것이 당연하며 또한 매우 쉬울 것으로 생각한다. 물론 이러한 접근도 가능하나 성공적인 총괄요약문이 되려면 사업계획서를 작성하기 전에 먼저 총괄요약문의 초안을 작성하고, 본 사업계획서를 완성한 후에 다시 총괄요약문을 수정 작성하는 것이 바람직할 것이다.

목차

목차는 사업계획서에 포함된 모든 부분의 제목과 해당 쪽 번호와 함께 표시하여야 하며, 특히 사업계획서 전체 내용의 논리적인 전개를 한눈에 볼 수 있게 정리되어야 한다.

회사 소개와 조직

사업계획서의 각 세부 영역에 대한 내용을 구체적으로 설명하기에 앞서 사업계획서를 읽는 사람에게 먼저 사업의 기본적인 내용에 대하여 설명하여야 한다. 회사 및 사업개요 부분은 사업의 목적, 회사의 과거 · 현재 · 미래 · 회사의 법률적 형태, 소유권 및 주요경영자, 제품 혹은 서비스, 향후 중요 일정 등에 관한 정보를 제시하는 데 있다. 이 부분은 다른 영역에 비하여 상대적으로 작성하기 용이할 지도 모른다.

회사개요 부분에서 회사의 기본적인 배경 정보와 사업개념의 틀을 제공하여야 한다. 또한 회사의 역사, 즉 어떻게 지금까지 왔으며 향후에 어디로 향할 것인지를 설명한다. 회사에 대한 설명은 사업의 목적과 목표시장에 대하여 설명한 회사의 미션 문장을 작성하는 것에서부터 시작하여야 한다. 일단 회사의 미션이 완성되면 다음과 같은 세부적인 사항에 대하여 설명하여야 한다.

회사의 미션

회사의 미션부분에서는 한 두 문장 이내에 회사의 비전을 제시하고 사업의 본질을 설명하여야 한다. 미션 문장은 사업의 목적과 목표시장에 관한 내용을 담고 있어야 하며, 사업계획서에 대한 상대방의 흥미를 자아내어야 한다. 회사의 미션이 명확하게 정의되지 못하면 이는 곧 사업의 목적 자체가 명확하지 못하다는 사실을 인정하는 것이 된다. 실제로 많은 기업의 경우 회사가 무엇을 하는지 설명하는데 어려움을 겪곤 한다. 자사의 사업이 무엇인지에 대하여 한 두 마디 정도밖에 말하지 못하거나 사업을 설명하는데 너무 장황하게 필요 없는 말을 많이 사용하여 오히려 상대방의 초점을 흐리게 하기도 한다. 사업을 명확하게 설명할 때 이들은 추진하고자 하는 사업에 대한 사업 목적과 목표시장을 명확하게 이해하고 있다고 믿고 신뢰하게 된다.

회사의 과거역사 - Back Ground

'회사배경'이란 제목으로 표현될 수 있으며 창업 및 발전과정을 설명하여야 한다. 설립연월일 · 설립목적 · 주요성과 · 사업방향의 변천사 등 과거의 역사 속에서 사업의 변화과정을 설명할 수 있으면 전략변화도 설명할 수 있다. 역사적인 내용을 언급하는 목적은 성공한 사실을 강조하는데 있으며, 이 경우 성공사실을 강조하기 위하여 판매액 · 이익 · 종업원 수 · 위치 등과 같은 기본적인 내용에 관한 사실과 숫자를 포함하여야 한다. 그러나 반대의 경우 오히려 판매감소나 손실이 발생하였다면 정확하게 인식하고 이를 설명하여야 한다.

회사의 현재 상태 - SWOT 분석

이 부분에는 회사의 현재상황을 요약 설명한다. 즉 현재 판매제품은 무엇인지, 종업원이 얼마나 많은지, 산업 내에서 혹은 시장에서 기업의 현재 입지는 어떠한지, 매출의 추세는 어떠한지 등에 대하여 설명함으로써 사업계획서를 읽는 사람이 최근 몇 개월간의 전반적인 기업상황 및 방향에 대하여 인식할 수 있도록 하여야 한다. 그리고 회사의 현재 상태에서 특히 회사의 강점이 무엇이며, 약점이 무엇인지에 대한 답을 기술하여야 한다.

회사의 미래 목표 - Strategy

이 영역이 작성하기에 가장 어렵다. 새로운 시장이나 신제품에 대한 어떠한 계획을 가지고 있으며 목적이 무엇이며 목표가 무엇인지, 기업이 어디로 향하고 있는지 설명하여야 한다. 이 부문은 '회사의 목표' 혹은 '회사의 전략'이란 제목으로 설명된다.

회사가 과거에도 지속적으로 성장하였거나, 시장에서 성장의 징후가 나타나고 있다면 미래에 대한 이러한 예측은 매우 신뢰할 수 있다. 특히 외부환경의 추세는 이러한 예측을 더욱 신뢰할 수 있게 해준다. 새롭게 창업하는 회사의 경우에는 추세를 파악할 수 있는 지난날의 역사도 없고 현재의 운영현황도 없다. 그렇기 때문에 어떤 면에서 보면 오히려 기존회사 보다 미래를 예측하기가 용이하다. 반면 사업계획서를 읽는 상대방의 입장에서 볼 때에는 이들이 낙관적으로 회사의 미래를 예측하여도 이를 반박할 근거가 없기 때문에 얼마나 신뢰할 것인가 하는 의문이 생기게 된다.

주요 경영자

누가 전략을 결정하고 실행하는지 경영자의 역할은 매우 중요하다. 특히, 새롭게 태어나는 창업기업의 경우에는 절대적이다. 이때 경영자는 이전회사나 현재회사에서 달성한 실적에 기초하여 신뢰할 수 있는 사람이어야 함은 물론 전략을 수행하는데 적합한 사람이어야 한다.

사업계획서는 회사에 대한 과거 · 현재 · 미래의 기본정보를 제공하여야한다. 다시 말해 회사의 과거역사에 관한 정보가 있어야 하며, 만약 새롭게 창업하는 회사라면 시장과 제품개념이 어떻게 변해왔는지 설명하여야 한다. 회사의 현재상태에 관한 정보는 물론이거니와 향후 회사가 어디로 가고자 하는지 미래회사 전략과 목표, 그리고 목표달성을 위하여 요구되는 활동에 대하여 설명하여야 한다. 또한 회사의 존재이유와 비전도 제시하여야 한다. 회사가 주식회사인지 등 회사의 법적형태에 대해서도 설명하여야 한다.

산업분석

산업분석은 산업의 형태, 현재 이 산업의 시장규모, 미래시장규모의 예측, 산업의 특성, 현재 이 산업에서 가장 중요한 소비자는 누구인지, 새로 생산될 제품이나 서비스가 적용되거나 이용될 주요 분야는 어떤 것이 있는지, 산업의 변화추세는 어떤지, 사업에 영향을 줄 산업의 내적 외적인 변화는 어떤 것이 일어나고 있는지 등에 대한 분석이다.

제품에 관한 사항 사업계획서의 제품부분에는 제품이 무엇인가에 대하여 완벽하면서도 간결하게 기술하여야 한다. 제품이 무엇이며, 고객이 제품을 사용함으로써 어떠한 편익을 얻고자 하는지, 회사의 제품이 이들에게 제공할 수 있는 편익이 무엇인지 등에 관하여 설명하여야 한다. 궁극적으로 이해관계자가 사업계획서의 제품 부분에서 기술한 내용을 보고 경쟁사 제품에 비하여 자사 제품이 무엇이 다른 가를 인지할 수 있도록 하여야 한다. 일반적으로 사업계획서의 제품 부분을 구성하는 내용은 다음과 같다.

- 제품 설명
- 제품 특성(경쟁사 제품과의 차이점, 비교우위 등)
- 제품 연구개발 활동
- 제품 생산 및 보증수리 활동

표적시장 일반적으로 사업을 시작할 때는 넓은 소비자 계층을 대상으로 하지 않고 특수하면서도 확실한 소비자들을 대상으로 하는 특정한 시장을 Niche Market이라고 한다. 새로운 회사가 뚫고 들어가야 할 시장은 어떤 것인지, 어떤 소비자 그룹을 대상으로 제품을 만들고 마케팅 전략을 세워야 하는지, 누가 이 제품을 살 것인지, 소비자는 왜 다른 것을 사지 않고 이 제품을 살 것인지, 경쟁자들은 어떻게 할 것인지, 즉 표적시장 항목에서는 계획제품의 시장침투 가능성 및 수요전망을 제시해야 한다. 산업과 표적시장에 관하여 산업의 규모가 얼마나 되는지, 산업이 성장단계 혹은 쇠퇴단계에 있는지, 산업의 진입장벽은 무엇인지 등 산업에 관한 분석 내용을 조사 자료와 함께 포함한다. 그리고 시장에 대해서는 누가 회사의 제품이나 서비스의 잠재 고객인지, 또는 누가 잠재 고객이 될 것인지를 규정하고 설명하여야 한다. 그리고 표적시장 · 시장규모 · 경쟁상태 · 고객의 구매의사결정과정 · 시장세분화 · 경쟁사에 대한 방어전략 등과 같은 시장의 중요요소에 대하여 설명하여야 한다. 시장분석을 위하여 다음 세 가지 내용을 담아야 한다.

- 목표시장의 위치
- 목표시장의 규모
- 시장세분화 정도
- 시장이 향후 진행방향

소비자 분석 사업의 성패는 결국 소비자들의 반응에 달려 있기 때문에 투자자를 포함한 모든 사람들은 소비자들의 반응에 관심이 있을 수밖에 없다. 수요 계층 · 소득 ·

나이 등 소비자에 대한 일반적 분석은 물론 수요예측과 그러한 수요예측의 근거를 제품별로 구체적으로 제시하여 신뢰를 주어야 한다.

경쟁자 분석 경쟁 역시 사업의 성패에 결정적 영향을 미치는 요소이다. 어떤 산업은 경쟁이 이미 치열하거나 경쟁자가 너무 강력해 승산이 없는 분야일 수도 있다. 기본적으로 동업계현황 및 경쟁제품을 자사와 비교 장·단점을 분석해야 하고, 진출하고자 하는 업계의 경쟁강도를 분석해야 한다. 수많은 경쟁자와 소비자들이 어떻게 움직일지 정확히 예측한다는 것은 사실상 불가능하다. 그러므로 항상 시장동향과 신기술동향으로부터 눈을 떼지 않도록 주의해야 한다. 사업계획서의 경쟁분석 부분은 회사와 경쟁사를 객관적으로 검토 비교하는 곳이다. 회사의 직접적인 경쟁자와 간접적인 경쟁자가 누구인지, 그리고 잠재 경쟁자가 누구인지 먼저 정하고, 이들이 무엇을 어떻게 판매하는지, 얼마나 된 회사인지, 구체적인 시장은 어디인지, 경쟁사의 강점과 약점이 무엇인지 파악하여야 한다. 그리고 경쟁자에 관한 정보원천도 함께 설명하여야 한다.

마케팅계획(marketing)

누가 회사의 고객인지 파악한 후 이들에게 팔고자 하는 제품을 어떻게 팔 것인지 구체적인 방법을 결정한 다음 어떤 활동을 통하여 이들에게 자사의 제품을 알려서 구매로 연결할 것인가를 고민하는 장이 마케팅계획 부문이다. 즉 마케팅계획 부문은 회사 제품의 4P를 설명하는 장이다.

Tip 4P이란

4P는 제품(product), 판매가격(price), 유통경로(place), 판매촉진(promotion)을 뜻하는 것으로써 마케팅 믹스(Marketing Mix)전략의 요소로 일정한 환경적 조건과 일정한 시점 내에서 기업이 기대하는 마케팅 목표를 달성하기 위하여 전략적으로 실시하는 마케팅활동이다.

Product(시장 포지셔닝) 제품 혹은 서비스가 시장에서 어떻게 포지셔닝 할 것인지, 시장 포지셔닝을 결정하는 것은 시장에서 자사의 실체를 정립하는 것을 말한다. 즉 시장에서 고객과 경쟁사가 자사의 제품을 어떻게 인식해 주기를 바라는가에 대한 답을 구하는 것을 말한다. 즉 누구를 대상으로 어떠한 특성을 제공할 것인지에 따라서 포지셔닝이 달라진다.

- 제품이나 서비스는 무엇이 독특한가.
- 제품은 어떠한 고객의 요구를 충족시켜줄 수 있나.
- 사람들이 제품을 어떤 제품으로 봐주기를 원하는가.
- 경쟁사는 어떻게 시장에서 포지셔닝 하는가.

Price(가격결정) 제품의 가격을 결정할 때 일반적으로 고려하게 되는 요소는 다음과 같다. 이미 안정적인 시장을 확보하고 있는 기업의 경우 제품의 가격결정은 원가, 규모의 경제성 등의 관계 속에서 이루어진다. 그러나 벤처기업의 경우에는 '가격은 원가를 설명하는 것이 아니라 가치(가치 = 고객의 지불의향)를 설명하는 것이다.'라는 가치중심적 사고를 가지고 원가 · 경쟁자 등 위에서 제시된 요소를 종합적으로 검토한 후 가격을 결정하는 접근이 요구된다.

- 원가 + 마진
- 고객의 지불 의향
- 경쟁자의 가격
- 규모의 경제성 반영
- 제품특성이 가격에 미치는 효과

place(사업장 위치선정) 사업장의 위치를 어디로 정하는가 하는 의사결정은 사업의 성공과 실패를 결정짓는 중요한 요소가 될 수 있다. 제조업 · 유통업 · 서비스업 중 어느 사업을 하는 경우라도 모두 사업장의 위치가 매우 중요하다. 사업장의 위치를 평가할 때 특히 관심을 가질 것은 현재의 상황을 분석하는 것은 물론이거니와 미래에 예상되는 상황변화까지도 예상하여 의사결정 하여야 한다. 사업장을 찾을 때 가장 우선적으로 고려할 사항은 목표시장에 얼마나 용이하게 접근할 수 있는가 하는 시장문제이다.

promotion(판매촉진 활동) 판매촉진 활동은 제품이 고객이 원하는 편익을 가지고 있다는 사실을 효과적으로 전달하여 고객이 구매의사결정을 하도록 하는 모든 활동을 포함한다. 사실 제품을 판매한다는 것은 기업의 수많은 업무 중에서 가장 어렵고 중요한 일이다. 따라서 사업계획서에 이 부분을 작성함에 있어 아주 신중하게 작성하여야 한다. 사업의 어느 영역도 어떻게 판매할 것인가를 결정하는 문제보다 중요하지 않다. 판매하지 못한다면 마케팅 · 생산 · 연구개발 등 모든 영역이 완벽하게 수행된다고 하더라도 사업 자체가 의미가 없다. 사업계획서에는 어떻게 제품을 판매할 것인지 구체적으로 언급하여야 한다. 판매과정을 설명하기 위하여 판매방법 · 판매원관리 · 촉진활동에 대하여 기술하여야 한다.

재무계획

재무계획은 가정으로 뭉쳐진 추정치이다. 따라서 재무계획의 모든 부분에서 어떠한 가정을 가지고 추정하였는가를 나타내어야 한다. 컴퓨터를 사용하여 작성하는 재무계획은 가정 하나를 수정함으로써 엄청난 결과치의 변화를 초래할 수 있기 때문이다.

재무요약 서두에 재무계획과 관련된 주요 사항을 간단하게 요약한다. 손익계산서나 대차대조표의 주요 사항인 매출 · 원가 · 자산 · 부채 · 자본금의 상태 등에 대해 기술한다.

투자제안 투자자에게 요청하는 투자요구사항이다. 주식투자를 원할 경우 구주매출인지 신주증자인지 기술하고 투자자가 획득할 수 있는 지분율과 금액을 표시한다. 투자자는 이 내용과 사업계획서의 타당성을 비교하여 투자를 결정한다. 특히 재무계획의 추정치를 분석하여 투자자가 매입할 주식의 가치가 적정한지 평가하는 기준이 여기에 있다.

투자금의 용도 투자자는 자신의 투자자금이 어디에 사용되는지 궁금해 한다. 운전자금 · 시설자금 등으로 투자금의 사용용도를 분류해 주고 투자 자금이 향후 회사의 실적에 어떻게 연관되는지 설명한다.

투자회수방안 안전하고 충분하게 투자자금을 회수하는 것은 모든 투자자의 목적이다. 투자자는 좋은 사업에 투자하여 사회에 기여하는데 만족하지 않는다. 사업계획서를 검토하는 것도 투자를 하여 위험을 최소화하면서 충분한 수익을 올리면서 투자자금을 회수할 수 있는지 판단하기 위해서다. 따라서 반드시 어떤 방법으로 투자자가 투자자금을 회수할 수 있을지 명시해야만 투자자를 설득할 수 있다. 특히 국내 벤처캐피탈은 투자한 뒤 수년이 지나도 수익을 올리지 못한 투자 사례를 많이 경험하였기 때문에 이 부분을 명확하게 설명해야 한다. 이익을 많이 내고 배당금을 충분히 지급하는 방법도 있고 상장요건을 갖추어 유가증권상장을 추진하여 시장에서 투자자가 주식을 매각하여 투자수익을 올릴 수 있는 방법도 있다.

추정대차대조표 대차대조표는 특정시점의 기업의 재산상태를 표시한다. 자산의 구성내역과 자산의 자금출처, 즉 부채와 자본금 등의 내역을 표시한 것이므로 사업계획서 내에 첨부되는 대차대조표는 가장 최근 수치를 사용하여야 한다. 신설법인의 경우 개시대차대조표도 포함시키고 손익계산서처럼 3개년에서 5개년 수치를 작성한다.

추정손익계산서 손익계산서는 일정기간동안의 수입과 비용을 표시한 것으로 가장 널리 사용되는 기업의 실적표이다. 일반적으로 5개년 수치를 작성하며 적어도 3개년 수치에 대한 추정치를 작성해야 한다. 초기년도에는 가능하면 분기별로 작성한다.

추정현금흐름표 현금흐름의 추정은 재무계획에서 가장 중요한 부분이다. 현금흐름표는 언제 어디서 현금이 회사로 유입되고 언제 어떻게 현금이 유출될 것인가를 일목요연하게 알 수 있기 때문에 단순히 사업계획서를 위해서만 아니라 기업의 경영상황을 관리하기 위해 가장 필수적인 도구이다. 최근 흑자도산하는 기업의 대부분이 현금흐름을 적절히 통제하지 못했기 때문인데, 기업이 지속적으로 현금을 보유할 수 있도록 계획해야 한다. 손익계산서 상의 이익이 회사 금고나 통장에 현금이 있다는 것을 의미하진 않는다. 사업을 하다 보면 추가 운전자금이 필요한데 현금흐름표를 잘 작성하면 이에 대한 대비를 할 수 있다. 초기년도는 최대한 자세하게 현금흐름표를 작성하되, 손익계산서와 연동하여 분기별 혹은 연도별로 작성한다. 3개년에서 5개년치 정도 추정한다.

손익분기점분석 손익분기점(BEP/break-even point)분석은 신설법인이 총비용과 같은 규모의 매출액을 산정할 때 자주 사용된다. 손익분기점분석을 함으로써 손익분기점매출을 달성하기까지 소요되는 비용도 파악할 수 있으므로 사업이 궤도에 오를 때까지 필요한 자금소요량도 추정할 수 있다. 사업계획서에 손익분기점분석이 포함될 정도면 재무계획에 상당히 신경 쓴 경우라 할 수 있다.

[Tip] BEP(Break-Even Point)이란

BEP(break-even point)는 일정기간 수익과 비용이 같아져서 이익도 손해도 생기지 않는 경우의 매출액을 손익분기점이라고 한다. 제품에 투입된 비용을 완전히 회수할 수 있는 매출액이 얼마인가를 나타내는 분기점이다. 매출액이 손익분기점 이하인 경우에는 손실을, 그 이상인 경우에는 이익을 나타낸다. 또한 손익분기점이 낮을수록 수익성이 높다. 판매가격의 인상 또는 비용의 절감으로 손익분기점을 낮출 수 있다. 손익분기점을 구하기 위해서는 모든 비용을 고정비와 변동비로 분류할 수 있어야 한다.

손익분기점 매출액 = 고정비 ÷ (1 - 변동비/매출액)

과거 재무제표 신설법인이 아닐 경우 당연히 3개년에서 5개년의 과거실적 재무제표를 첨부하고 한국은행이나 산업은행에서 발간되는 기업경영분석 자료를 통해 업종평균 재무제표와 비교하면 좋다. 또한 재무제표는 과거실적이든 미래 추정치든 현재와 가까운 시점일수록 정확하고 자세하게 기술해야 한다. 재무계획 작성 시에는 다음과 같은 사항을 유의하여 작성하여야 한다.

기술 및 연구개발

이 부분에서는 대상기술의 내용 및 특성인 기술의 우위성을 제시한다. 기술의 핵심내용을 그 분야에 대해 잘 모르는 사람이 읽더라도 이해할 수 있도록 쉽게 설명하고 아이템 선전과정 및 기술현황, 사업화 가능성 및 전망 그리고 향후 R&D 투자계획을 개발목표, 개발인력 구성, 개발소요자금, 개발 일정 등으로 설명한다.

사업계획서를 읽는 이해관계자는 이 부분에서 제품개발 가능성 및 기술능력인 기술인력현황, 핵심기술내역, 기술도입 및 협력가능성과 제품의 특성 및 경쟁력으로 유사품 대비 기술적 우위성, 가격경쟁력, 대체기술 출현가능성, 기술특허현황, 기술도입가능성, 기술변화 등을 파악하기를 원한다. 기술력에 기초한 벤처기업의 경우 투자자는 제품개발상황에 대하여 관심을 가지므로 다음과 같은 내용을 설명하는 것이 바람직하다.

- 필요한 연구개발 내용을 모두 기술한다.
- 다른 선도 기술에 대한 의존정도를 기술한다.
- 경쟁기술을 평가한다.
- 향후 기술개발 방향에 대하여 설명한다.
- 보유하고 있는 지적자산에 대하여 설명한다.

생산과 시설계획

아이템이 제품의 실제생산이 필요한 것인 경우 다음과 같은 형태의 생산계획안이 제시되어야 한다.

- 연차별 가동 계획
- 제품별 생산 공정도 및 공정 설명

- 원 · 부자재 소요 및 조달계획
- 생산 및 시설투자 계획

경영과 소유/인력계획

아무리 사업 아이템이 좋고 시장전망이 좋아도 그 사업을 시작하고 경영하는 것은 결국 사람이다. 기술개발자 · 재무관리자 · 영업담당자 · 생산현장에서 감독할 사람 등의 해당분야에 대해 어떤 경험과 지식을 쌓아왔는지 밝히는 것이 좋다.

부 록

여기에서는 앞에서 삽입하지 못했던 자료, 시제품의 사진, 신문 스크랩 등을 첨부한다. 제출 첨부서류를 예시하면 다음과 같다. 대표자 및 임원 이력서 · 기술진 이력서 · 최근 3년간 결산서류 · 담보 제공시 담보물감정서 · 도시계획확인원 · 등기부등본 · 보증 관련서류 · 사업자등록증 사본 · 정관 · 법인등기부등본 · 제품 카탈로그 · 기타 필요하다고 인정되는 서류 등이다.

제2편

창업 사업계획

Chapter 9

창업계획

창업계획에는 추진할 구체적인 사업내용과 세부일정계획 등 창업과정에 있어서 계획사업에 관련된 제반사항을 담고 있어야 한다. 창업사업계획서는 창업계획을 체계적으로 정리한 것으로서 소규모의 소매업일지라도 창업자 및 업종의 특성에 맞는 사업계획서를 작성하여 실행하여야 한다. 일반적으로 사업계획서의 작성요령은 다음과 같다.

첫째, 창업계획서는 창업자 자신이 가지고 있는 목표 아이템을 제3자에게 설득력 있게 납득시킬 수 있도록 보편타당성 있게 작성되어야 한다. 아울러 시장조사기관 등의 증빙자료를 근거로 시장수요조사와 점포입지에 대한 분석을 실시하고 예상되는 매출액과 수익성도 합리적인 방법으로 객관성 있게 추정해야 한다.

둘째, 자금조달 및 운용계획은 구체적으로 실현가능성이 확실해야 한다. 창업자 자신이 조달 가능한 현금과 예금 및 담보 등에 의한 조달금액이 구체화되어 공급자 또는 조력자 등의 제3자에게 자금조달 능력의 신뢰성을 인식시킨다. 또한 자금조달 범위 내에서 정확한 소요자금산정이 명시되어야 한다.

셋째, 계획사업에 잠재되어 있는 문제점과 향후 발생 가능한 위험요소를 심층분석하고 예기치 못한 사정으로 창업이 지연되거나 불가능하게 되지 않도록 다각도에 걸친 점검이 필요하다. 특히 종업원의 확보, 강력한 경쟁상품이나 업체의 출현, 급격한 가격인상, 상품의 품질과 관련된 문제제기의 가능성 등에 대해서도 창업계획서에서 확실히 짚어 두어야 한다.

넷째, 창업계획서는 그 내용이 구체적이어야 하며, 예상이나 조건 등은 숫자로 표시하도록 한다. 사업의 형태나 내용은 그 특색이 명백히 드러나도록 할 것이며, 관심을 끌 수 있도록 작성한다. 사업주체인 점주의 경영능력과 의지 · 정열 등을 표현하여야 한다.

01 창업계획의 개요

최근 세계적인 경기하락의 여파 속에 우리나라의 경제도 그다지 좋지 않은 상황을 맞고 있다. 더욱이 자영업의 부진과 베이비 부머의 대거 은퇴는 실패의 위험으로 부터 안전하고, 수익성이 안정적으로 보장되는 창업의 필요성이 절실한 때이기도 하다. 창업은 여러 가지 경영자원을 수익창출이 가능한 형태로 결합함으로써 이루어진다. 창업을 하려는 자는 먼저 자기 자신이 창업을 하기에 적합한지를 우선 판단하고, 만일 그렇다면 사업목적과 사업아이디어를 검토하고 자본을 투하하여 인적 · 물적 자원을 조직화한 후에 창업을 하게 된다.

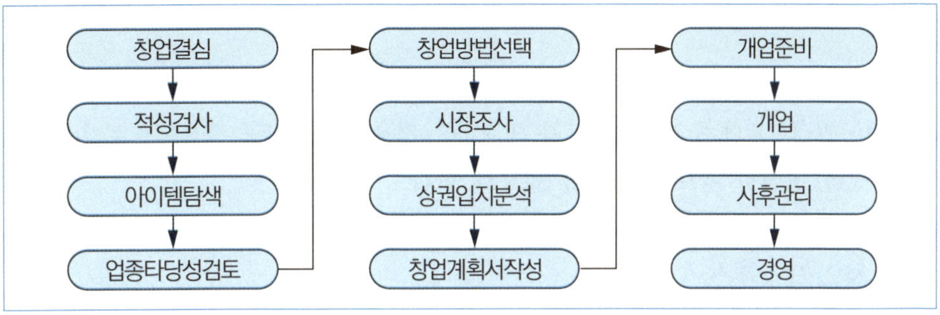

▲ 창업 프로세스

1 사업성분석의 필요성

건물을 짓기 위해서는 먼저 어떠한 건물을 지을 것인가를 구상하여 설계도 제작에 들어가게 된다. 구체적인 설계도면이 완성되면 장비 · 인원 · 자재를 투입하여 공사를 하게 되며 감리과정을 거쳐 하나의 건축물을 완성하게 된다. 아무리 좋은 설계라 할지라도 건축과정에서 장비 · 인원 · 자재 등의 요소들이 제대로 결합되지 않는다면 훌륭한 건축물을 지을 수가 없을 것이다. 건축물을 짓는 과정과 마찬가지로 창업에 있어서도 하나의 요소만으로는 성공적인 창업을 할 수 없는 것이다. 훌륭한 건축물과 마찬가지로 창업의 여러 요소가 제대로 투입되었을 때 창업은 성공하게 되며 이러한 각 요소들의 내용과 절차를 조사하는 것이 바로 사업성분석이라고 한다.

사업성분석은 창업자가 탐색한 아이디어를 특정한 지역에 사업장을 개설하게 될 경우 필요한 자금과 이익을 조사하는 활동이다. 추진하고자 하는 사업이 아주 단순한 경우이거나, 창업자가 많은 경험을 소유하고 있는 경우에는 사업성분석이 필요 없다고 생각할 수도 있다. 그러나 아무리 쉬운 사업도 창업을 준비하는 경우 반드시 사업성 분석을 검토할 필요성이 있다. 사업성분석은 사업을 할 것인지의 여부를 결정하는데 있어서 최종적인 결과를 얻기 위해서도 필요하지만, 분석하는 과정에서 얻어지는 지식들도 향후에 어떤 사업을 계획하게 될 때에 도움을 주기 때문이다. 사업성분석이 창업과 경영에 이바지하는 기여도는 다음과 같이 요약할 수 있다.

체계적인 사업성분석은 구상하고 있는 사업의 형성요소를 정확하게 파악하는 데 도움이 된다.

- 체계적인 사업성 분석은 사업의 적정 설계에 도움이 된다.

- 체계적인 사업성 분석에 참여하면 창업자는 사업경영능력을 향상시킬 수 있다.

그러므로 사업성분석은 창업을 준비하는 자가 직접 실시하는 것이 바람하며 외부 전문가나 컨설턴트에게 사업성검토를 의뢰하는 경우라 할지라도 적극적으로 참여하여 분석과정을 면밀히 검토하는 것을 필요로 한다.

2 창업의 4요소

창업을 함에 있어서는 많은 요소들이 투입되게 된다. 소매업 · 서비스업 · 유통업 등에서 공통적으로 필요한 요소를 창업의 4요소라고 하며 그 내용을 다음과 같이 정리해 볼 수 있다.

인적요소

인적요소는 창업을 하는데 있어서 가장 핵심적인 요소로서 창업을 준비하는 자신을 포함하여 각 기능을 담당하게 될 종업원, 다시 말해서 사람과 관련되는 요소이다.

창업자는 인적요소 중 가장 중요한 요소로서 사업을 계획하고 사업목적을 달성하기 위하여 종업원을 지휘하고 통제하며, 사업가로서의 사명과 사업목표를 부여해야 할 뿐만 아니라 고객의 욕구를 충족시킬 수 있는 제품과 서비스를 창조해야 하는 주체이다.

내가 창업을 하여 성공적으로 사업을 펼쳐갈 능력이 있는 사람인가를 판단해야 한다.

- 스스로의 성격을 판단할 때 적극적인 성격을 가졌다고 확신하는가?
- 혹시나 가족들의 창업을 반대한다면 설득할 자신이 있는가?
- 본인의 체력이 동년배의 사람들보다 약하지 않다고 자신하는가?
- 기초적인 재무지식을 갖고 있다는 생각이 드는가?
- 어려움을 호소하면 같이 고민해줄 사람들이 주위에 몇 명은 있는가?

제품요소

초보창업자는 되도록 고유업종을, 예비사업가는 신규업종을 택하는 것이 좋다. 창업아이템의 선정은 50%의 성공확률과 50%의 창업자의 능력에 따라 성패가 좌우되므로 신중을 기하지 않으면 안 된다. 창업성공의 가장 핵심요소라고 할 수 있는 사업아이템, 즉 업종선정을 하는데 업종별 사이클을 나타내는 도입기/성장기/성숙기/

쇠퇴기의 PLC Trend를 분석해 보아야 한다.

이 각 단계에서 성장기의 아이템을 선택하는 것이 좋은데 그 이유는 성장기 아이템은 도입기의 아이템 검증단계를 거쳐 상권 내 관련된 유사아이템의 등장과 관련시장의 성장하는 아이템으로써 유효고객의 접근성 측면이 강조되는 입지가 성공요건이라고 할 수 있다. 어느 정도 안정된 수익을 원하는 예비창업자라면 적극 검토해야 할 창업아이템이라 할 수 있다.

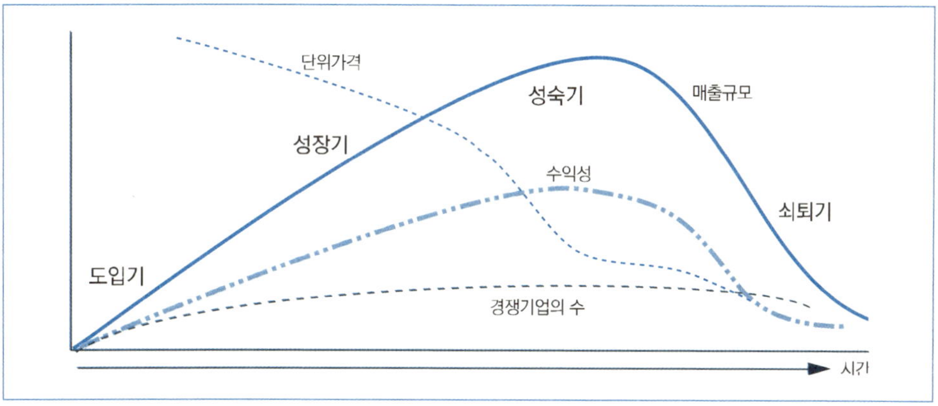

▲ 제품수명주기(PLC)

제품요소는 사업의 구체적인 아이디어로서 판매해야 하는 상품과 서비스에 관한 요소이다. 상품과 서비스는 창업의 성공과 실패를 결정하는 가장 중요한 요소로서 충분한 시장수요를 가져야 한다. 시장수요는 제품력("Brand Loyalty"라고 한다)을 가진 상품에서 비롯되며, 이는 창조적 아이디어에서 비롯되며, 제품요소의 대부분은 창업의 인적 또는 물적 요소가 충분히 뒷받침 되어야만 성공을 거둘 수가 있다.

[Tip] Brand Loyalty(상표충성도)이란

소비자는 습관적으로 특정한 브랜드를 고정적으로 선호하고 그것을 계속적으로 구입한다. 어떤 브랜드가 계속적으로 구매자의 선호, 지명구매를 하게 되면 판매자는 독점적인 시장을 획득하게 된다. 이로 인해 각 기업은 이 브랜드 로열티의 수준에 큰 관심을 갖는다. 따라서 이를 위해서는 상표의 이미지를 높이는 것이 중요하다.

물적 요소

물적 요소는 제품요소를 구체화하는데 필요한 자본 · 기술 · 설비 · 재료 · 건물 등에 관한 요소이다. 성공적인 창업을 위해서는 질적으로 우수한 물적 요소가 뒷받침되어야 하며, 특히 자본은 창업을 하고 사업을 운영하는데 있어서 필요한 물적 요소를 확보하는데 필요한 원천적인 요소이다. 물적 요소의 특징은 자기요소뿐만 아니라 타인요소도 포함되는 경우가 일반적이기도 하다.

초보자의 경우 창업자금이 적게 드는 소자본형태의 창업이 좋다. 물론 예상 업종에 따른 소요자금이 다르고 또 정확한 예측은 어렵다. 그러나 자금 부분을 사전 개업 준비자금 · 고정자본 · 운전자금 등으로 구분, 계획대로 예산을 집행하는 것이 차질을 줄일 수 있다. 자금 추정 시에는 사업개시 전 드는 분석 조사자금도 염두 할 뿐만 아니라 점포소개비와 개점행사비 그리고 홍보비는 별도로 생각해야 한다.

장소적 요소

장소적 요소는 사업성분석에 있어서 가장 결정적인 요소이다. 아무리 완벽한 제요소들이 갖추어져 있다 하더라도 사업의 성공 Factor를 결정하는 인자(因子)는 장소적 요소이기 때문이다. 왜냐하면 상품성과 시장성을 무시한 입지선정은 대부분 아이템의 경우 사업실패의 결정적인 원인이 되어 돌이킬 수 없는 결과를 초래하게 된다. 점포형 창업은 입지사업이다. 다시 말해 업종과 점포 위치가 궁합이 맞아야 성공할 수 있다. 준비단계에서부터 정확한 상권분석을 한 뒤 입지선정을 해야 실패확률을 줄일 수 있다. 특히 소점포 구성은 통상 1층 · 지하 · 2층 등 3가지로 돼 있다. 제품성이 더 중요하지만 소규모사업에서는 제품성에 비해 상권이나 입지가 더 중요하다. 소규모사업에서 점포위치와 아이템(업종)의 중요도에 따른 비중을 보면 7:3 정도이다. 그만큼 점포비중이 크다고 할 수 있다. 점포결정시 꼭 확인해야 할 사항은 다음과 같다.

- 접근이 쉬어야 한다.
- 상품이 다양해야 한다.
- 가격이 저렴해야 한다.
- 주변상점은 물론 주위의 상권관계까지 살펴야 한다.
- 점포를 성공적으로 운영하려면 노하우가 있어야 한다.
- 역세권에 위치하면 일단 안심해도 된다.
- 자동차는 현대인에게 필수이니 주차장도 마련해야 한다.

[Tip] 핵심성공인자 CSF

핵심성공인자(CSF/critical success factors)는 핵심성공요인을 말한다. 즉, 창업활동이 성공하기 위해 갖추거나 수행되어야 할 전제를 가리키는 것이다. CSF는 창업의 최종목표와 단기간의 목적을 성취하기 위한 중요한 요건이 된다.

3 창업의 단계별 검토

창업의 과정은 창업의 4요소가 결합하여 이루어지는 것으로서 그 절차는 크게 보아 3단계로 이루어지며 각 단계별로 검토해야 할 사항들을 Flow-Chart해 보면 다음과 같이 요약해 볼 수 있다.

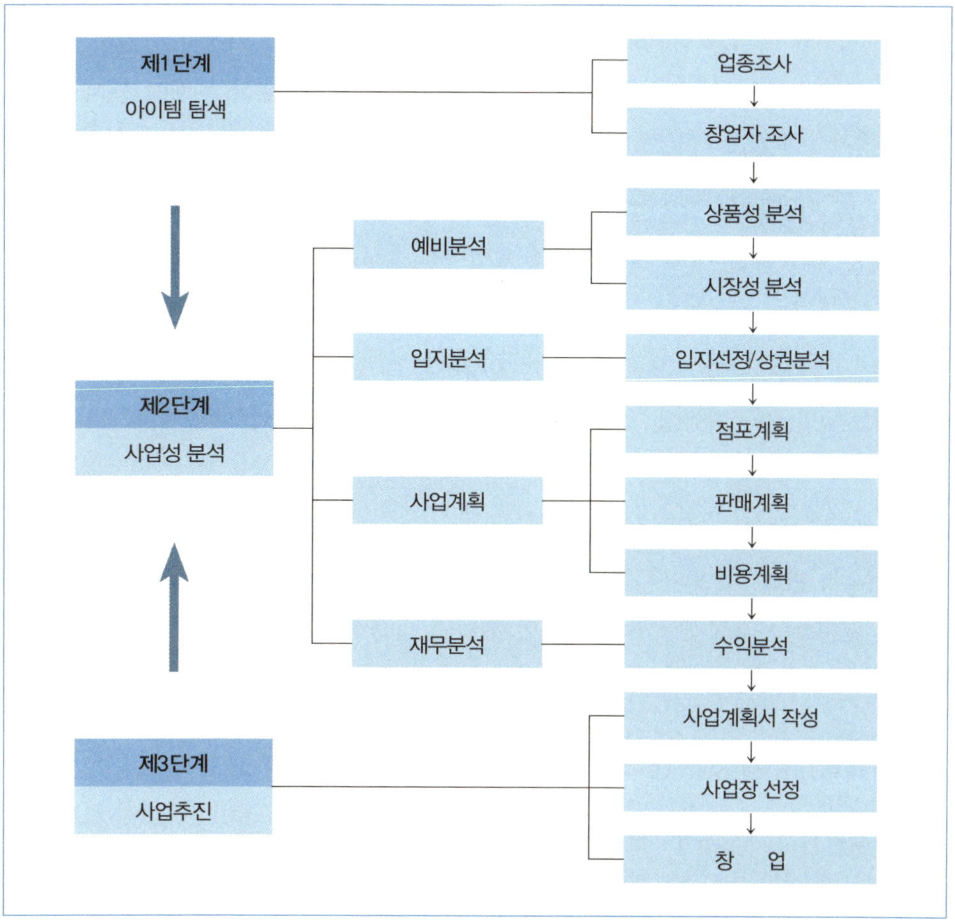

4 창업계획서 작성의 필요성

창업계획의 필요성

예비창업자가 자신의 사업을 지속적으로 성장시키기 위해 구체화된 의지를 체계적으로 정리한 계획서를 준비해야 하는 것은 지극히 당연한 일이다. 어렵게 시작한 점포가 부실해지고 실패로 끝나는 것도 사업계획서 없이 주먹구구식 창업에 기인하는 바가 크다고 볼 수 있다. 일반적으로 사업계획서를 작성해야 하는 필요성은 다음과 같다.

경비절감효과 창업 준비과정에서 공사 일정이 지연된다거나 창업 시기에 맞추려고 무리하게 추진하는 과정에서 예산에 없는 비용이 추가되는 경우가 비일비재하다. 시급한 공사기일로 인해 견적서 한번 제대로 받아보지 못하고 물품구매가 이루어지는 경우나, 허가를 요하는 업종에 있어서 급행료가 지출되는 일이 다반사인 것이 창업현실이다. 이점을 감안한다면 창업자는 사전에 생길 수 있는 모든 문제점을 파악하고 사업계획서를 작성하고 순서에 의한 체계적인 창업을 추진할 필요성이 있다.

체계적인 사업준비 창업절차를 밟는 과정에서 계획사업의 효율적인 추진을 위해 도움을 줄 대상자들에게 자신의 사업을 설명하고 홍보하는 과정이 필요하다. 이때에는 구두로 설명하는 것보다는 사업계획서가 훨씬 더 설득력을 발휘한다.

사업성공 가능성 제고 사업계획서를 작성하는 창업가는 사업에 관한 여러 가지를 살펴보게 되며, 성공가능성, 위험부담, 시장조건 등을 객관적으로 빠뜨리지 않고 살펴볼 수 있는 기회가 됨으로 실패의 위험을 줄일 수가 있다.

점포경영의 지침서 대부분의 소자본 창업자들은 사업계획서 작성의 필요성을 간과하는 경우가 많다. 그러나 사업계획서는 반드시 필요하다. 아무리 유능한 사람이라도 창업을 준비하는 과정에서 예기치 못한 일들이 발생하기 때문이다. 따라서 사업계획서에 의한 사업 추진만이 문제를 해결하는데 일조를 할 것이다.

창업계획서작성의 순서

창업계획서는 그 목적 · 용도 및 제출기관에 따라 내용상 차이가 있으며, 분량과 첨부해야 할 서류 또한 큰 차이가 난다. 또한 창업자가 직접 작성하느냐, 외부 전문기관에 의뢰하여 작성하느냐에 따라 전문성과 내용이 달라질 수 있다. 따라서 창업계획서를 작성하기 전에 미리 기본계획과 작성순서를 정하고 작성해야만 시간과 노력을 절약할 수 있으며 내용도 충실해질 수 있다. 효율적인 창업계획서작성을 위해 창업계획서를 실제 작성하기 전에 미리 준비할 사항과 창업계획서 작성의 기본순서를 알아두는 것이 필요하다.

제1단계/작성목적의 기본방향 설정 창업계획서작성의 목적은 사업타당성 여부 검증을 포함해서 창업자 자신의 창업계획을 구체화하기 위한 수단으로서 작성하는 경우, 자금조달을 목적으로 작성하는 경우, 공장설립 및 인허가 등을 위해 작성하는 경우로 구분해 볼 수 있는데, 이들 목적에 따라 기본목표와 방향을 정하지 않으면 안 된다. 기본목표와 방향이 정해지지 않으면 사업계획서가 초점을 잃기 때문이다.

제2단계/작성목적 및 소정양식 여부확인 자금조달을 위한 경우라도 조달처가 은행이냐, 신기술사업금융회사냐, 창업투자회사냐에 따라서 그 내용이 약간 차이가 있는데 구체적으로 어떤 은행, 어떤 신기술사업금융회사냐에 따라서, 그리고 어느 창업투자회사에 지원요청을 할 것이냐에 따라 다소 차이가 있기 때문이다.

제3단계/작성계획수립 대부분의 창업계획서는 창업계획추진 일정상 일정기한 안에 작성해야 할 필요성이 있는 경우가 많다. 자금조달을 위한 경우이든, 공장입지를 위한 경우이든, 관련기관에 제출하기 위해서는 빠른기간 내에 작성하지 않으면 안 되기 때문이다. 창업계획서작성이 지연되는 이상으로 계획사업 추진에는 더 큰 지연이 따르게 된다. 따라서 각 부분별로 작성일정과 보조를 받아야 할 사람을 확정할 필요가 있다. 주관은 누가 하든지 간에 시장성 및 판매전망은 영업부문에서, 자금조달 운용계획 및 추정재무제표 작성 등 재무에 관한 사항은 재무부문에서, 그리고 제품 및 기술성분석에 관한 사항은 생산부문에서 작성하는 것이 합리적이다.

제4단계/필요자료의 철저한 준비 흔히 사업계획서 작성시 이상의 3단계까지의 절차를 거치지 않고 자료 수집부터 하는 경우가 있다. 그러나 이것은 불충분한 자료수집 때문에 재차 자료수집을 해야 하는 경우도 생기고, 경우에 따라서는 많은 시간 낭비를 가져올 수 있다. 자료수집은 3단계가 끝난 후에 실시하여도 늦지 않다.

제5단계/양식의 결정 제2단계에서와 같이 특정기관의 소정양식이 있는 경우는 그 양식에 의거 작성하면 별 문제 없지만, 특정양식이 없는 경우에는 미리 작성해야 할 창업계획서의 양식을 구성할 필요가 있다.

제6단계/창업계획서의 작성 제출기관에 따라 창업계획서 작성방법을 간단히 설명하고 있는 경우도 있지만, 그것만으로는 충분하지 못하다. 창업계획서는 작성요령을 미리 숙지하여 둘 필요가 있다. 실제 창업계획서 작성단계에서는 원칙이 중요하지만 많은 기교도 필요하다. 즉 정해진 창업계획서 양식에 따라 순차적으로 작성해 나가는 것보다는 재무적 자료의 기초가 되는 추정 재무제표를 가장 먼저 작성하는 것이 시간 절약에 도움이 된다. 창업계획서에 표현될 많은 수치와 계획들이 추정재무제표와 일치하지 않을 때 그 창업계획서는 신뢰성과 정확성을 상실하기 때문이다.

제7단계/편집과 제출 창업계획서는 내용도 중요하지만 그 내용을 포괄하고 있는 표지 등 편집도 대단히 중요하다. 정성을 다하여 모양을 새롭게 하여 제출기관으로부터 좋은 인상을 받도록 최후까지 신경 쓸 필요가 있다. 창업계획서 제출 시에는 그 내용을 충분히 숙지하여 설명과 응답에 부족함이 없어야 한다. 설령 외부전문기관에서 작성하였다고 하더라도 마찬가지다. 중소기업의 창업자는 창업기업의 유일한 전문가이기 때문이다.

창업계획서작성의 기본방향

전략적 측면 사업계획서를 작성하는 기본방향 또는 전제조건은 일반적으로 사업의 근간이 되는 Item이 어떠한지 따져보고 그것이 사업다운 올바른 사업 Item인가를 분석한 후 그 타당성을 검토하는 일이다. 따라서 전략적 타당성 측면에서 전략적합성을 갖는 창업전략을 사업계획서로 구체화하는 작업이 요구된다.

요소적 측면 전략적 측면에서 훌륭한 창업을 구상한 후 사업 착수에 따르는 핵심요소인 기술 · 자금 · 사람이 적정시점에 준비되어 핵심요건인 사업형태, 입지, 사업규모를 해결할 수 있을 때만이 사업화 능력이 생기는 것이다.

경제적 측면 창업사업이나 신규사업이 사업방향과 사업시점을 잘 맞추었다고 해도 수지타산이 맞지 않는다면 경제적 사업으로서의 가치가 없어진다. 이와 같이 적정한 투자경제성의 확보와 더불어 이를 달성하기 위한 시장성과 기술성, 재무수익성 및 공익성의 수행능력에 대한 경제적 타당성 검토가 중요하다.

기본방향과 창업계획과의 연계 창업계획서 작성은 전제조건 내지 기본방향을 토대로 이루어져야 한다. 기본방향 또는 전제조건이 무시된 사업계획서는 아무런 의미가 없다는 것을 인식하고 기본적인 흐름을 따라 체계적으로 접근해 나가는 것이 창업계획서 작성의 기본이 된다.

창업계획서의 작성원칙

사업계획서를 작성할 때 유의해야 할 사항을 살펴보면 다음과 같다

신뢰성 창업계획서가 외부투자 관련자를 설득하기 위해서는 신뢰성을 확보해야 한다. 창업계획서에 대한 신뢰성은 객관적인 자료에 근거하여 전문 가적인 분석과정을 통해 창업계획서가 작성되었음을 제시함으로써 신뢰성을 확보할 수 있으며, 계획서를 작성하기 위해서는 시장 · 경쟁업체 · 생산 · 판매 · 업계 정보 등 다양한 객관적 자료의 입수가 요구되며 입수된 정보 및 자료를 과학적으로 해석하여 계획사업 의 실현가능성을 기술하여야 한다.

일관성 창업계획서를 작성함에 있어 각 부문 간의 논리적 일관성이 유지되어야 하며 생산계획과 판매계획 · 투자계획과 재무계획 등 각 부문계획 간의 논리적 불일치가 존재할 경우 창업계획 전반에 대한 불신감을 증대시키게 되므로 창업계획서 전반에 걸친 일관성 유지는 창업계획서 작성 시에 요구되는 가장 중요한 원칙이다.

이해가능성 창업계획서는 자신이 판단할 자료로 삼기도 하지만 외부 투자자나 금융기관에 제출하여 투자를 요청하는 자료로 사용되므로 외부투자자나 금융기관이 이를 이해할 수 있도록 작성해야 한다. 어떤 사업의 경우 기술의 중요성으로 말미암아 비전문가인 금융기관 관계자가 계획사업을 이해하기에는 어려움이 있다. 따라서 제조업의 경우 생산 공정 · 공법 · 설비 등을 비전문가도 쉽게 이해할 수 있도록 작성하여야 한다.

독창성 기존사업 또는 타 경쟁업체와는 품질 · 원가 · 용도 · 제조 등에서 어떤 특징을 갖고 있으며, 그 특징으로 인해 계획사업의 성공가능성에 어떠한 영향을 주는지를 명확히 할 필요가 있다.

낙관성 계획사업을 추진하는 주체는 계획사업의 대내외 여건을 낙관적으로 보는 경향이 있다. 창업계획서도 낙관적으로 작성되는 경우가 많으며 비관적인 입장에서 보는 것보다는 낙관적인 경우가 설득력이 있다. 경우에 따라서는 지나치게 대내외

여건을 낙관적으로 인식하여 현재 또는 잠재적 문제점을 간과하는 경우에는 오히려 창업계획서의 신뢰성을 크게 저하시킬 수 있으므로 낙관적인 입장에서 작성하되 발생 가능한 문제점을 지적하고 이에 대한 대응책을 제시하는 것이 신뢰성을 제고하는 방법이 될 수 있다.

02 창업계획

창업을 한다는 것은 말처럼 그렇게 쉬운 것은 아니다. 창업을 하는 것은 경영을 본격적으로 시작한다는 의미에서 철저한 준비계획이 있어야한다는 점이다. 무모하게 마음만이 앞서 꼼꼼히 따져보지 않고 사업을 시작하다가는 예상치 못한 일로 인해 계획이 좌절되는 경우가 허다하기 때문이다. 처음으로 시작하는 경우 사업을 구상하고, 관련된 정보를 수집하고, 필요한 자금을 조달하고, 실제 개업까지는 연구검토하고 점검해야할 일이 한 두 가지가 아니다. 이와 같은 일을 차근차근히 진행하려면 최소한 1년 이상 최대한 3년 정도의 집중적인 준비기간이 요구된다. 어느 정도의 사전지식과 경험이 있는 경우는 1년 정도의 준비면 충분하지만 그렇지 못한 경우는 여러 각도로 연구 검토하는 시간이 충분해야할 것이다. 이 경우 하고자 하는 사업이나 취급하고자 하는 상품의 라이프 사이클을 함께 고려해서 준비기간을 적절히 조절해야한다. 창업 후 곧 사양길에 들어서는 사업이나 유행이 지날 그러한 품목을 취급한다면 결정적인 타격을 입게 되기 때문이다.

성공적인 창업 준비를 위해서는 창업동기에 따른 유형을 결정하고, 경험에 의한 창업인지 신제품 개발이나 습득된 기술을 기반의 기술창업인지를 결정하여야 한다. 성공적인 창업가가 되기 위해 갖추어야 할 창업가적 정신과 자세 즉 건강과 뜨거운 열정 · 집념 · 창의력 · 통찰력 · 자신감과 모험심 · 겸손함과 친화력 등을 갖추고 있고, 창업가의 사업방향을 결정짓는 아이템 선정은 주관적인 판단에 따라 결정하기보다는 전문가의 자문을 통해 객관적인 판단을 받아 결정해야 위험을 줄인다. 또한 창업자금은 업종에 따라 다양하지만 업종이 결정되면 자기자본 70% 정도와 30% 정도는 각종 창업지원정책 등을 통해 자금지원을 받을 수 있는지를 알아보는 것도 중요한 일이다. 창업계획의 중요성은 첫째, 사업성격의 파악 및 사업목표의 확립과 둘째, 위험요소에 대한 대비와 통제의 용이성, 그리고 기회의 극대화에 있다. 셋째, 창업비용의 절감과 넷째, 경영능력 향상 다섯째, 자금의 취득용이 끝으로 사업지원자들로부터의 협력 이용이하여야 한다.

1 창업 아이템

창업자들이 가장 많은 관심을 갖는 것 중의 하나는 창업아이템이다. 어떤 창업아이템이 성공할 수 있는 아이템인가를 물어 보는 창업자들은 대부분 어떤 창업아이템이 성장성이 있고, 매출을 쉽게 많이 올릴 수 있는 아이템인가를 궁금해 한다. 하지만 이미 남들도 유망한 아이템이라고 생각하는 것은 가까운 장래에 경쟁자가 급속도로 증가한다는 것을 의미한다. 심지어는 세상의 발전 속도가 너무나 빨라 시장이 커지는 속도보다 경쟁자가 늘어나는 속도가 더 빠른 경우가 많아서 시장이 채 열리기도 전에 벌써 망하는 업체가 속출하는 경우도 많다. 기회라는 것은 남이 기회인줄 모르고 나만이 그 기회를 잡는 경우가 기회이지 모든 사람들이 다 기회라고 생각하는 것은 이미 기회가 아니다.

따라서 이미 남들도 유망하다고 인정하는 분야나 모두 인식할 수 있는 변화의 트렌드에 따른 창업아이템들 금방 레드오션이 되기 쉽다. 창업아이템을 탐색하는 과정에서 외부환경의 변화도 중요하지만 정작 창업자 자신의 내면적인 욕구도 따져봐야 한다. 내가 하고 싶은 일은 무엇이고, 잘 할 수 있는 일은 무엇인가를 분석하고 자신에게 가장 적합한 창업아이템을 선택해야 한다. 사업을 해 나가는 것은 창업자 자신의 삶과 같은 궤도를 가는 것이다. 사업 따로 자신의 인생이 따로 가는 창업이라면 지속적인 열정을 쏟기 어렵다. 자신의 모든 것을 쏟아 붇는 것이 사업이기 때문이다.

창업아이템을 발굴하는 과정의 첫 걸음은 내 인생을 투자해서 정말 내가 하고 싶은 일이 무엇인가를 찾는 것이다. 일을 위해 내 나머지 삶을 아낌없이 쏟아 부어도 후회하지 않을 사업아이템을 결정했다면 그 아이템이 사회적으로 기여와 공헌을 할 수 있는 일인지를 분석해 봐야 한다. 어떤 사업이 돈을 많이 벌 수 있는 사업이란 것은 그만큼 사회적으로 기여도가 높은 사업이란 뜻이다. 사회적으로 공헌하고 기여한다는 기존 경쟁자들이 해결해 주지 못하는 시장과 고객의 문제점을 내가 해결해 준다는 것을 의미한다. 빌 게이츠가 돈을 많이 벌 수 있었던 것도, 스티브 잡스가 애플을 최고의 회사로 성장시킬 수 있었던 것도 그들의 사업이 사회적으로 많은 사람들에게 필요한 것을 제공했기 때문이다. 돈을 많이 벌려는 생각보다 사회가 필요로 하는 일, 사람들이 어려움을 겪는 문제를 해결해 줄 수 있는 일이라면 돈은 자동으로 벌 수 있고 기업은 당연히 크게 성장할 수 있다.

좋은 창업아이템이 되기 위해서는 이런 조건도 반드시 필요하다. 시간을 투자 할수록 나만의 전문성을 확보할 수 있는 일인가를 따져 봐야한다. 오랜 시간동안 사업을 진행하면 다양한 경험과 지식이 축적되어 남들이 쉽게 따라할 수 없는 전문가로 인정받을 수 있어야 한다. 시간이 지나도 자신만의 전문성이 축적되지 않는 사업이라면 자금력이 있거나 기술력이 있는 경쟁자가 쉽게 따라할 수 있다는 의미이다. 이런 사업아이템은 바람직한 사업아이템이 될 수 없으며 늘 새로운 경쟁자의 진입을 두려워해야 하는 사업이다.

창업은 위험하다고 하지만 어떤 사업구조를 짜느냐에 따라서는 위험하지 않을 수 있다. 위험이 큰 만큼 성과가 큰 사업모델로 창업할 수 있지만 창업자의 의도에 따라서 위험성을 줄일 수 있는 사업구조 구성이 가능한 창업아이템이 좋은 아이템이다. 망하지 않는, 위험성을 줄일 수 있는 창업아이템이 따로 있는 것은 아니지만 같은 아이템이라도 창업자의 의도에 따라 비즈니스 모델을 위험성이 낮은 비즈니스 모델로 선택이 가능하다.

누구에게 어떤 창업아이템도 좋다 나쁘다 명확하게 구분할 수 있는 것은 아니다. 창업자의 삶이 녹아 들어갈 수 있는 사업, 자신이 열정적으로 일할 수 있는 분야, 오랜 시간을 투자한 만큼 지식과 전문성을 인정받을 수 있는 일이 가장 훌륭한 창업아이템이다. 새로운 사업을 시작하기 위해서는 아이템을 탐색하고 선정하는 과정이 필요합니다. 이러한 아이템을 탐색하고 선정한 후 사업성 검토를 하게 되고 만약 사업성이 없을 경우 다시 아이템을 탐색하게 된다.

창업의 출발점은 사업대상인 사업아이템을 확정 하는 것으로부터 출발한다. 따라서 아이템이 탐색되면서 이에 대한 타당성 등이 검토되어야하며 또한 검토된 아이템이 추진되는 절차를 따른다. 그 대상이 기존에 있는 아이템이든 새로운 아이템이든 상관없이 분명한 목표시장을 갖고 있는 상품을 사업아이템으로 선택해야 한다.

창업아이템 탐색

성공적인 창업을 위해서는 창업아이템 선정이 매우 중요하다. 만약 창업의 순간에 잘못된 아이템을 선택하게 되면 생각하지 못한 방향으로 사업이 전개될 수 있다.

그래서 창업하기 전 최적의 아이템 탐색은 실패하지 않는 창업을 하기 위해서 꼭 거쳐야 하는 단계이다. 시장의 변화와 수요를 예측하여 성장 가능성이 있는 아이템을 살펴봄으로써 성공적인 창업아이템을 탐색할 수 있다. 예비창업자가 정보탐색에 적지 않은 시간과 노력을 투자하면 시간적이나 금전적인 낭비를 줄일 수 있으며 성공적인 창업을 이끌어 낼 수 있다.

산업구조 변화 탐색 새로운 공급자가 시장에 진입하게 되면 기존고객에게 상품을 공급하던 기업들은 시장에서 퇴출될 가능성이 높아진다. 제품의 라이프 사이클이 변화되고, 기업들이 인수합병되는 등 산업구조가 변화하면서 새로운 산업기반이 창출된다. 이 때 예비창업자는 산업구조의 변화가 창출하는 기회를 놓쳐서는 안 된다. 산업구조의 변화에서 새로운 시장이 창출된 사례로 카카오의 "택시 어플리케이션 서비스" 및 물리적 공간이 존재하지 않는 "카카오뱅크"와 "K-뱅크"의 인터넷전문은행이 있다.

사회 및 인구 통계 변화 탐색 사회 및 인구 통계적 변화는 사회적 트렌드로 소비자들의 특성과 구매기호에 변화를 일으키는 동인을 제공한다. 또한, 새로운 수요를 창출시켜 잠재적 기회들을 발견할 수 있게 하고 앞으로의 전망을 예견할 수 있게 해준다. 예를 들면 1인 가구가 증가하고 고용시장에 여성노동자가 대거 유입되면서 빠르고 간편하게 끼니를 해결 할 수 있는 다양한 냉동식품이나 레토르트 식품이 출시되었다. 또한 의학의 발달에 따라 인간의 수명이 늘어나면서 고령인구의 증가로 실버산업이 급성장 하였다. 그리고 주 5일제 근무가 정착되면서 아웃도어 붐이 일어났으며, IT산업의 성장에 따른 사회구조의 가속화로 인간다운 생활에 대한 욕구가 강해져 슬로우 라이프 산업이 증가하고 있다.

Tip 슬로우 라이프(Slow life)란

빨리 · 많이 · 편리하게 삶을 즐기려는 Fast Life에 대칭되는 말로 풍요로운 자연에 기반을 두고 소박하고 친환경적이며 정신적인 아름다움을 추구하는 느긋한 생활(Slow Life)을 영위하자는 글로벌 운동으로 슬로우 라이프는 현대문명의 이 기에서 빨리빨리 살아가고 생활하는 현대인들의 삶과 생활을 벗어나고 자연과 함께 천천히 살아가는 전원적 목가적 삶과 생활을 말한다.

정치 및 시장규제 변화 탐색 정치 및 시장규제 변화는 새롭고 흥미로운 창업아이템을 효과적으로 찾을 수 있는 단서들을 제공한다. 정부 규제철폐와 관료적 장애물은 여러가지 제약조건들이 있어 창업하는 기업에게 높은 진입장벽으로 작용한다. 그렇지만,

각종 규제가 있는 상황에서 진입하지 못했던 다양한 아이디어가 규제완화로 빛을 발하고 새로운 비즈니스 생태계가 조성된다. 또한 시장 활성화에 대한 대안과 실용화 촉진을 위한 지원책들이 만들어지면서 일련의 제도개선이 이루어진다. 자본시장법 개정으로 투자제한이 없어진 사모펀드(소수의 투자자로부터 자금을 모아 주식 · 채권 등 다양한 자산에 투자하는 펀드)와 자동차튜닝 규제완화로 중소 자동차전문기업들이 육성되고 부품연구개발(R&D 투자가 활성화 되고 있다. 남북관계 개선에 따른 금강산관광도 정치상황 변동에 민감하게 반응하는 대표적인 사례이다.

기술 · 상품 · 공정 및 조직변화 탐색 현재의 시장은 국제적으로 연결되고 서로 밀접하게 작용하면서 발전하고 있다. 이에 새로운 기술변화는 첨단기업을 창업할 수 있는 또 하나의 기회가 된다. 삼성전자의 갤럭시폰, 애플의 아이폰의 등장으로 스마트폰과 연결되는 액세서리 업종이 거대한 시장을 형성하고 있는 것이 하나의 예이다. 노트북의 두께를 얇게 만든 SSD는 휴대성을 편리하게 하여 삶의 패턴을 변화시키고 있고, 유연근무제로 이슈화되고 있는 스마트워킹을 가속화시킨다. 또한 아마존닷컴은 오래된 제품인 서적을 인터넷에 판매하는 비즈니스 모델에서 시작하였지만, 지금은 혁신과 비약의 아이콘으로 인식되고 있다.

직업구조변화 탐색 직업구조의 변화를 보면 새로운 직업군 및 시장이 창출되는 것을 알 수 있다. 한국고용정보원의 한국직업전망에 따르면, 196개 주요직업 가운데 10년 후에 일자리가 줄어들 직업은 증권 및 외환중개인 · 용접원 · 사진가 · 상품판매원 및 초중등 교사 등 32개이며, 반면에 현재 일자리가 유지될 직업은 시각디자이너 · 통신공학기술자 · 투자 및 신용분석가 및 감정평가전문가 등 68개이고, 미래 일자리가 늘어날 것으로 예상된 직업은 행사기획자 · 상담전문가 · 산업안전 및 위험관리원 · 기계공학기술자 · 응용소프트웨어개발자 및 경영컨설턴트 등 96개로 조사됐다. 환경 및 신재생에너지에 대한 관심이 늘어 환경공학기술자 · 재활용처리 및 소각로조작원 등 관련 직종에 대한 사회적 요구가 예상되며, 맞벌이 및 1인가구의 증가로 인해 개인서비스 및 반려동물 관련 직종의 전문화 및 증가도 전망되어 애완동물미용사 · 결혼상담원 · 웨딩플래너 · 청소원 및 가사도우미 등의 직업이 늘 것이라고 전망된다. 또한, 외모와 건강에 대한 꾸준한 관심 증가도 관련 직업의 수요증가를 전망케 하여 미용사 · 피부관리사 · 메이크업아티스트 · 스포츠 및 레크레이션 강사 등이 수요가 늘어날 만한 직업으로 예상된다. 최근 온라인을 통한 거래 및 교류가 늘며 직업 간 희비가 엇갈리는 예상이 나오기도 한다.

인적 네트워킹 탐색 창업아이템 탐색을 위한 검토사항 중에 무엇보다 중요한 것은 인간관계라고 할 수 있다. 성공적인 창업으로 일가를 이룬 사람들과 네트워크를 구축하거나, 적절한 정보를 제공받을 수 있는 커뮤니티 인맥을 활용해 알기 어려운 정보를 습득할 필요가 있다.

창업아이템 발굴

창업아이템을 발굴하는 기본원칙은 창업기업의 내부적인 인적자원 요소를 활용하는 방안과 외부적인 창업 사업환경요소를 활용하여 발굴하는 방안이 있다.

먼저, 창업기업 내부를 중심으로 아이템을 발굴하는 방안은 창업기업 창업자를 비롯한 구성원들의 학교생활 · 직장경험 · 사회경험 · 보유 및 확보 지식 · 기술 및 기능 등에서 출발하여 시장이나 고객의 필요나 요구를 고려하고 구체적인 수익모델로 발전시킬 수 있는 아이템을 발굴하는 방법으로 "프로덕트 아웃(Product Out) 아이템 발굴전략"은 창업기업이 보유하고 있는 인적역량을 기반으로 조사력 · 분석력 및 통찰력 등을 활용하여 시장이나 고객에게 새로운 가치를 제공할 수 있는 제품이나 서비스를 발굴하는 방법으로 기존에 존재하는 내용과 전혀 다른 기술 · 기능 · 성능 및 디자인으로 탄생하는 것이다.

> **[Tip] 프로덕트 아웃(Product Out)**
>
> 시장의 니즈가 아니라 생산자, 즉 만드는 사람의 형편과 생각에 따라 상품과 서비스를 제공하는 것으로 상품과 서비스를 필요로 하는 고객에게만 판매하는 것을 말한다.

그리고 관심 있는 사업환경을 둘러싼 시장과 그 시장 내에 있는 고객의 요구 사항을 조사 · 분석하거나, 이미 사업화가 진행되고 있는 경쟁 · 유사 제품과 서비스에 대한 내용을 면밀히 조사하고 분석하여 개선할 수 있는 요소를 찾아내어 새로운 가치를 창출할 수 있는 아이템 발굴방법을 "프로덕트 인(Product In) 혹은 파생적(Derivative) 아이템 발굴전략"이라 하며, 시장이나 고객의 니즈와 원츠 및 Values에 근거하여 기존의 제품이나 서비스를 좀 더 고객 친화적이고, 구매효용성을 높이는 방향으로 아이템을 발굴하는 것이다.

창업아이템 선정

아이템 선정 시 고려해야할 중요한 부분은 창업자가 판매할 서비스나 상품이 시장 수요를 반영하고 있는지 꼼꼼히 조사할 필요가 있다. 시장에서 소외된 서비스나 상품을 창업할 경우 성공가능성이 떨어지기 때문이다. 사업아이템을 선정하기 위한 기법과 절차는 진행하고자 하는 후보 아이템을 사전에 몇 가지 선정하고 난 후 후보아이템 중 우선순위를 결정하고 마지막으로 예비사업의 성공가능성을 검토하는 순서로 이루어진다. 일반 소매업이나 외식업의 경우 시설투자금의 환수가 어려운 단점이 있는 반면 당장 수익을 창출 가능하다는 장점이 있다. 서비스업의 경우 수익창출에 시간이 소요되나 위험 부담이 적고, 소자본 창업이 가능하며, 공간과 시간의 제약이 상대적으로 적다는 업종 특성상의 장점이 있다.

창업아이템의 선정과정에서 시장지향적인 측면과 창업기업의 내부적인 측면에서 창업아이템을 검증하고 평가해야 한다. 먼저, 시장지향적인 측면에서는 발굴된 창업아이템이 관련 시장에서 기존 제품이나 서비스와 비교하여 보다 차별화되고 구체화된 것인지 혹은 새로운 제품이나 서비스 가치를 창출할 수 있는 아이템인지를 확인해야 한다. 다음으로 창업기업의 내부적인 측면에서는 창업기업의 능력과 자금 · 인력 · 기술 · 마케팅 · 사업화 등으로 추진 가능한 아이템인지 확인하고, 창업기업 구성원이 사업활동을 전개하면서 성과를 창출할 수 있는 분야인지도 확인해야 한다. 창업아이템 선정을 할 때 체크해야 할 사항은 다음과 같다.

- 미래 성장 가능성은 있는가.
- 창업전문가의 의견을 충분히 듣고 비교분석해 보았는가.
- 창업기업 구성원의 특기나 전직 경험을 활용할 수 있는가.
- 실패와 관련 있는 위험인자를 파악하고 있는가.
- 남들과 다른 특기를 발휘하고 적성에 맞는가.
- 자기자본 규모는 적당한가.
- 시장 수요와 성장 가능성은 충분한가.
- 제품이나 서비스 출시 후 곧바로 수요 창출이 가능한가.
- 투입비용에 대비하여 수익성은 높은가.
- 창업아이템에 대해서 사전에 단기로 경험을 해보려고 노력하였는가.

- 경쟁요소를 갖추기 위해 필요한 역량이 분석되었는가.
- 창업 자금조달 규모는 어느 정도가 되어야 하는가.
- 현재 선택한 창업아이템이 성장기의 업종에 포함되는가.
- 경기변동에 민감하지 않은 업종인가.
- 차별적이고 독특한 마케팅전략을 추구할 수 있는 업종인가.

2 업종선정

업종선정은 예비창업자들이 가장 먼저 부닥치는 문제다. 업종이 선정됐다는 것은 창업으로 출항하는 배의 방향이 정해진 것과 다름없다. 업종은 건물을 지을 때의 기초공사와 같아서 창업의 전 과정에 영향을 미치게 된다.

잘못된 업종선정은 기우뚱거리는 배처럼 불안한 항해를 계속하게 만든다. 그 끝에서 기다리고 있는 것은 좌초뿐이다.

업종선정의 기본원칙

어떤 업종을 선정할 것인가의 문제는 예비 창업자들에게 가장 어려우면서도 중요한 문제라고 할 수 있다. 따라서 주변사람들이 괜찮을 것 같다는 말만 믿고 즉흥적으로 결정해서는 아니 된다. 최근의 창업동향을 분석하여 유망업종의 흐름을 파악하고, 자신에게 어울리는 업종이 어떤 것들이 있는지를 알아보고, 이들 업종의 사업성을 분석한 다음 최종적으로 자신의 여건에 맞는 업종을 선정해야 하는 것이다. 성공적인 업종선정을 위해서는 이처럼 복잡하고 어려운 과정을 단순히 해치울 생각을 하지 말고 충분한 시간을 갖고 성실하고 인내심 있는 자세로 하나하나 풀어나갈 필요가 있다. 다음은 업종선정을 위해 반드시 명심해야 할 7가지 기본원칙이다.

시대의 흐름에 맞는 업종선택 시대의 흐름과 자신에게 맞는 업종을 선정하는 것이 업종선정의 전제조건이다. 무엇보다도 소자본 창업시장이 앞으로 어떻게 전개될 것인지에 대해 깊은 관심을 가질 필요가 있다. 사업환경이 급변하고 있어 유망업종의 부침도 빨라지고 있다. 이미 사양화되기 시작한 업종을 선정하게 되면 모든 노력이 수포로 돌아가게 된다.

수익성이 높은 업종선정 투자대비 수익률이 높아야 한다. 적어도 투자수익률이 3%

이상은 되어야 하며, 5~10% 되면 유망업종이라고 할 수 있다.

성장성 업종선정 업종의 성장단계가 어디에 있는가이다. 업종도 인간의 생애처럼 태어났다가 성장하고 소멸한다. 가장 좋은 것은 성장기에 막 접어든 업종을 선택하는 것이다. 신규업종은 아직 사업성이 검증되지 않아 지속적으로 사업을 할 수 있을지 판단하기가 어렵다. 성장기를 지나 성숙기에 접어든 업종은 점포수가 많아 경쟁이 치열하다. 반면 사회적 흐름과 소비자 욕구와 일치하는 성장기업종을 선택하면 성공 가능성이 높다. 소비트렌드와 관련이 있어서 장기적으로 성장하는 업종이어야 한다.

안정성 높은 업종선정 수익률의 변동이 크지 않아야 한다. 경기변화에 민감하지 않아야 한다. 불경기나 호경기에 관계없이 꾸준히 매출이 발생하는 업종을 선정해야 안정적으로 사업을 진행할 수 있다. 또한 불경기에는 전반적으로 소비가 위축되는 가운데 사치 또는 과시성 소비업종의 거품이 빠지고 생활에 필수적인 기본생활 관련 업종들은 상대적으로 안정된 매출을 보인다는 것을 감안해서 업종선택을 해야 한다.

자신의 성격에 맞는 업종선택 자기가 좋아서 하는 일을 하게 되면 밤낮없이 일하더라도 쉽게 지치지 않는다. 일하는 과정이 재미있을 뿐만 아니라 결과에 대한 만족도 크기 때문이다. 이렇게 되면 아무리 어려운 상황이라도 헤쳐 나갈 수 있는 강한 힘이 자신 속에서 나오는 것이다. 아무리 유망한 업종이라도 흥미를 느끼지 못하는 분야라면 최선을 다해서 몰두할 수 없다. 사업이란 직장생활과 달라서 반쪽의 열정만으로는 결코 성공할 수 없다. 특히 창업 초기에는 자신의 열정을 바쳐야만 사업기반을 잡을 수 있다.

경험과 지식활용 업종선택 잘 알지 못하는 분야에 진출하는 것만큼 위험한 일은 없다. 자신도 알지 못하는 수많은 함정이 도사리고 있기 때문이다. 따라서 경험이 없는 분야에서는 철저한 사전준비가 필요하다. 어쩔 수 없이 새로운 분야에 진출하게 될 경우에는 사전에 관련 지식과 정보를 취득하거나 실전 경험을 해보는 것도 좋은 방법이다

자금조달 범위 내의 업종선정 사업에 실패하는 중요한 원인 중에 하나는 빠듯한 자금으로 창업을 감행하는 것이다. 부족한 자금을 업종에 억지로 꿰어 맞추려고 하다 보면 점포선정, 인테리어, 상품구색 모든 것이 수준이하가 될 위험이 크다. 이렇게 되면 소비자들의 외면을 받을 수밖에 없다. 그러므로 자기자본 비율을 최소한 70%

이상 높이는 것이 중요하다. 차입자금이 지나치게 많게 되면 조금만 어려운 상황이 발생해도 위기대처능력이 급격히 약화된다. 따라서 무리하게 많은 자금이 요구되는 업종이나 입지를 고집하기 보다는 자신이 감당할 수 있는 자금 범위 안에 있는 업종을 선정하는 것이 사업 리스크를 줄일 수 있는 방법이다.

어떤 업종을 선택할 것인가를 막연하게 생각하는 경우가 많다. 단순히 주의의 권고나 신문·잡지 등의 광고를 보고 업종을 선택한다는 것은 커다란 위험을 안고 불에 뛰어 드는 것과 마찬가지이다. 창업을 준비하는 자가 제일 먼저 해야 할 일이 업종조사에 관한 것이다.

특 성	체 크 포 인 트
개인적성	자신의 자질, 성격, 경험 또는 적성검사 결과 등
사업환경	아이템의 라이프 싸이클, 관련법규, 경쟁관계, 부가가치 정도 등
자금규모	투하할 수 있는 자기자본 규모와 타인자본비율, 차입가능 자본의 조달 가능성
건강	현재 및 장래의 자신의 건강상태와 선택하고자 하는 사업의 상관관계
특기 또는 자격	소지하고 있는 자격증 또는 특기가 이 사업에 있어서의 기회와 위협정도
상품성	상품력이 향후 얼마기간 동안 Life Cycle을 유지할 것인가에 대한 자료수입 및 분석
사업성	투자수익률, 투자회전률, 부가가치율
성장성	도입기, 성장기, 성숙기, 쇠퇴기 중 어느 싸이클에 도달되었는지 여부
입지성	상품과 관련한 입지조건이 적절한지와 주 고객층을 어디에 Positioning할 것인가를 결정
위험정도	임대차 계약관계, 프렌차이즈의 경우 본사의 재무상태, 도시계획, 권리금 회수 가능성 등

사업아이템 및 업종조사는 창업자의 개인환경·자금규모·아이템의 각종 특성을 조사하여 선택하고자 하는 아이템이 적합한가를 판단하여야 한다. 그러므로 업종조사를 할 때에는 앞의 표에 나타난 사항들이 고려되어야 한다

3 유망업종

유망업종이란 성장성과 장래성이 있고 사업의 궁극적인 목적이라 할 수 있는 수익률이 높은 업종으로서 안정적인 매출실현이 가능할 뿐만 아니라 자금회전을 이 높은 업종을 말한다. 하지만 현실적으로 이런 유망업종을 찾기란 거의 불가능할 뿐만 아니라 이러한 사업아이템이 있다 하더라도 이미 많은 업체의 난립으로 오히려 유망업종이

라기보다는 실패율이 높은 업종으로 분류할 수 있다. 따라서 유망업종이란 돈벌이가 확실한 업종보다는 실패율이 낮은 업종으로서 어느 정도의 부가가치가 있고, 기본시장이 존재하여 향후 수요확대의 여지가 큰 업종 정도로 해석하는 것이 타당하다. 그래서 유망창업 업종은 누구나 도전해도 성공할 수 있는 사업아이템이란 의미가 아닌 산업구조, 발전과정 및 사회여건 변화로 보아 비교적 성공확률이 높은 업종이라는 의미로 받아들여야 한다.

수많은 업종을 보면 우리의 일상생활과 많은 관련을 가지고 있다. 먹고 · 마시고 · 보고 · 입고 · 취미생활 · 즐기고 · 잠자고 등 이 모든 것이 창업의 소재가 된다. 비록, 약간의 차이만 있지만 장사란 것도 그 차이를 어떻게 업종에 연결 짖느냐에 따라서 성공이 좌우되며 보다 빨리 시대의 변화를 읽을 수 있어야 한다. 전문화와 차별화를 통하여 성공하는 업종이 바로 유망업종이다.

또한 당연히 수익성이 높으면 유망업종이다. 그런데 여기서 유의할 점은 장사를 하는 사람들은 종종 이것을 판매단가와 비례 하는 것으로 오인하고 있다. 마진율이 높으면 수익성이 높다고 생각하는 것은 곧 망하는 지름길이다. 몇 개 팔아서 수익성이 좋으면 아무 소용이 없다. 마진율이 적어도 대중성이 있는 품목을 유망업종으로 보는 이유는 대량으로 팔 수 있어 총매출이익이 좋기 때문이다. 장사를 하려면 매출액을 높이는데 주력해야 한다. 즉 남녀노소 누구나 좋아하는 대중음식이 안전성이 있고 수익성이 좋은 유망업종이다.

유망업종의 특징

소매업종 단순히 멋지고 초기 투자규모가 작다는 이유만으로 소매업종관련 사업분야에서 창업하는 것은 금물이다. 소매업종의 경우 입지선정이 가장 중요하다. 입지선정은 초기투자비의 상당부분을 차지한다. 따라서 상권분석에서부터 임대차계약에 이르기까지 신중해야 한다. 최적입지의 선정, 멋진 상점이미지, 매력적으로 고객유인 등이 성공창업의 핵심요소이다.

중고품 및 재활용업종 이는 소액만으로 초기투자가 가능하고 사업경영특성이 낮은 위험이면서도 바람직한 수입보장을 제공한다. 중고품을 값싸게 구입할수록 최소한 100%의 이윤까지 벌 수 있는 점이 매력이다. 만일 고가의 중고품 및 재활용품을 취급하려면 판매가격폭의 결정과 상품진열비용, 물품의 소유권과 판매권에 관한 계약

관계 등을 효율적으로 수행하는 것이 성공창업의 핵심요소이다.

서비스업종 이는 창업에 있어 많은 이점을 가지고 있다. 대부분 서비스업종의 경우 지역시장을 대상으로 한다. 시장규모가 작기 때문에 경쟁업체의 수가 적다. 특히 초기투자금액이 적어 창업을 쉽게 할 수 있다. 그러나 재고품과 가공품 등에 과다투자는 절대 금물이다. 경쟁적인 상품을 취급할 경우에는 고객주문에 즉각 대응하는 것이 성공창업의 핵심요소이다.

외식업종 이 업종은 도산율 통계수치가 매우 높기 때문에 주의를 요한다. 따라서 충성고객의 확보, 지역주민과의 유대관계가 중요하다. 외식업의 성공요인으로는 첫 번째는 맛이라는 품질, 두 번째로 인상적인 식당분위기와 고급식기 사용 등, 세 번째로 점주와 종업원의 서비스 등이 성공창업의 핵심요소이다. 그러나 점주와 그를 돕는 가족과 종업원들이 건강한 체력을 요구할 정도로 힘든 업무량, 위생청결 관심도유지 및 호감 가는 서비스수준을 지속적으로 제공하여야 하는 점이 현실적으로 매우 어렵다.

컨설팅업종 수년간 특정분야에서 창업자가 획득한 값진 체험과 전문지식만으로 매우 유망하다. 이에는 과업을 해결하는데 따른 여러 분야의 인맥형성을 어느 정도 개발할 수 있는가와, 관련 데이터베이스 및 경험의 축적 등이 성공창업의 핵심요소이다.

임대업종 사업경영에서 임대수입의 극대화를 가장 중요시 한다면 창업자가 생각하는 것 이상으로 경영관리에서 어려운 점이 많아진다. 특히 수익측면에서 보면 임대수입이 매력적이지 못하면서, 비용측면에서도 마케팅비용, 보수 · 유지비용 · 부채비용 등 때문에 사업매력도가 떨어진다. 그러나 창업자가 지불하는 비용보다 정기적인 수입발생에 따른 순이익이 시장금리보다 훨씬 높다.

도매업종 도매업분야에서 창업하려 한다면 재고하라고 조언하는 사업 분야이다. 높은 매출액 수준을 쉽사리 얻을 수 있는 반면에 판매로부터 받아들일 외상매출금 회수문제가 결코 쉬운 게 아니다. 또한 대부분의 도매업분야가 이윤폭이 낮다. 고급 컴퓨터시스템 설치를 통한 효율적인 재고관리능력과 치밀한 외상매출금 회수정책 등이 성공창업의 핵심요소이다.

광고업종 잡지 · 신문 · 차량 등을 통해 얻어지는 광고이윤이 매우 높기 때문에 유망 창업분야로 유혹받기 쉽다. 그러나 아무리 좋아 보이는 광고라도 어떻게 판매하는가가 훨씬 중요하지 광고자체만으로는 매출을 높일 수 없다. 유능한 외판원에 지불하는 성과급 및 영업비용, 관리상의 노력 등에 철저한 절약정신이 성공창업의 핵심요소이다.

유망업종의 선정요령

성공적으로 유망업종을 선정하는 요령에 대하여 살펴본다.

경쟁적인 유리점 창업가들이 선호하는 대부분 유망업종의 경우 경쟁이 치열하다. 유망업종을 선정하는 경우 무엇보다도 고객에게 제공할 상품 및 서비스가 무엇이냐가 중요하다. 특히 경쟁업체가 제공하는 것보다도 새로운 창업자가 제공하는 것이 훨씬 우위가 있어야 한다. 따라서 판매 및 마케팅전략에 있어서 매일매일 고객응대에 신경써야하는 점이 점주를 긴장케 만들고 피곤케 한다. 가령 저렴한 가격 · 좋은 품질 · 친절한 서비스 · 멋진 디자인 · 편안한 분위기 · 신속한 배달 등을 모두 갖춰 고객에게 제공한다는 것은 현실적으로 생각만큼 쉽지 않다.

경쟁의 정도 예비창업자가 진입하려는 시장에서는 얼마나 경쟁이 치열한가를 살펴야 한다. 가령 인근시장에 귀하보다도 뛰어난 서비스나 상품을 경쟁업체가 제공하는가, 유사한 대체상품은 없는가, 창업자가 사업아이템을 선정하기 이전에 경쟁업자도 같은 시점에 선택할 수 있다는 사실을 주의해야 한다.

시장규모 잠재시장의 크기를 반드시 고려하며, 특히 지역시장을 대상으로 하거나 또는 창업하고자 하는 사업이 전문적일수록 매우 철저한 시장조사가 뒤따라야 한다.

사업규모의 경제성 투자할 사업자금 규모를 고려하여 경제성을 계산한다. 가령 처음으로 창업을 하는 경우 욕심은 절대 금물이다. 수영을 못하던 사람도 자꾸만 하다보면 실력이 늘듯이, 초기창업의 경우도 현금투자와 무모한 욕심은 가급적 피하고 정신적으로 여유와 인내가 필요하다.

관련된 업종 경험과 전문적인 사업지식이 없어 익숙하지 못한 분야에 진출하고자 할 경우 마치 초보자가 높은 산을 등정하듯 인내를 갖고 천천히 산행하여야 한다. 기존의 경쟁업체와 경쟁한다는 점뿐만 아니라 경쟁업자가 자신보다 사업환경 변화에 적응력이 뛰어나기 때문이다. 창업자가 과거의 사업지식과 사업경험 등을 갖추지 못한 경우에는 체인사업을 선택하는 것도 좋은 기회가 된다. 그러나 유망체인점을 선정하는 것도 쉽지는 않다.

투자규모별 유망업종

투자규모	업 종
1천만원대 | 3천만원대	미술학습지전문점, 라면전문점, 가격파괴세탁중개업, 조립식로봇전문점, 컴퓨터교육 · A/S센타, 사이버샵, 가발토탈관리숍, 해충퇴치서비스업, 사진스티커자판기사업, 개인기록보관업, 허브전문점, 풍선장식업, 사주철학전문점, 결혼이벤트대행업
3천만원대 | 5천만원대	구두수선사업, 생활용품가격파괴점, 골프방, 스포츠캐릭터전문점, 컴퓨터도자기전문점, 중저가귀금속류전문점, 포토아트전문점, 영어학습교재전문점, 디지털 앨범제작대행업, 조명전문점, 남성피부관리전문점, 진공바베큐전문점, 게임기/소프트웨어전문점
5천만원대 | 1억원대	감자요리전문점, 어린이컴퓨터교육센터, 갈비전문점, 제과점, 어린이전용사진관, 세탁편의점, 전화방, 한식체인점, 열대어카페, 주방가구점, 인터넷카페, 냉장육가공품전문점, 생라면전문점
1억원 이상	황토굴사업, 영상독서실, 도심형복합놀이시설-테마파크, 멀티스포츠브랜드전문점, 실내어린이놀이터, 주목받는 중소기업신발 공동브랜드전문점, 캡슐룸(휴게텔, 수면텔), 인터넷카페, 실내운전연습실, 첨단멀티미디어게임방, 쵸콜릿전문점, 시푸드(Sea Food)레스토랑, 스포츠신발전문양판점. BAD VR점

일반체인점

업 태	업 종
1. 휴게음식점	커피전문점, 도너츠전문점, 테이크아웃커피전문점, 제과 · 베이커리, 아이스크림점, 패스트푸드점, 떡볶이점, 피자 · 스파게티전문점, 버블티전문점, 샌드위치 · 와플전문점
2. 외식업	파스타 · 브런치전문점, 죽 · 도시락 · 비빔밥전문점, 쌀국수전문점, 퓨전음식전문점, 레스토랑, 고기전문점, 돈까스 · 우동점, 일식 · 참치 · 횟집 · 김밥 · 분식전문점
3. 주류점	치킨호프, 이자카야, 맥주전문점, 퓨전주점, 와인바, 바 · 카페, 전문포장마차
4. 오락 스포츠	피부관리샵, 에스테틱, 휘트니스센터, 스크린골프, 네일샵, 핫요가
5. 의류점	중고유아복전문점, 생활한복전문점, 학생복전문점, 맞춤기성복전문점, 우리옷전문점, 섹시펜티전문점, 중저가정장전문점, 청바지전문점, 양말전문점, 아동복전문점, 유아복전문점, 내의류전문점, 케쥬얼웨어점
6. 레포츠/팬시점	공중용PC플라자, 만화카페, 장난감리폼샵, 조립식로봇전문점, 골프방, 스포츠캐릭터전문점, 사이버샵, 컴퓨터도자기전문점, 인터넷게임방, 포토아트전문점, 인형뽑기점, 풍선장식전문점, VR카페, BAD VR점

업 태	업 종
7. 편의점/할인매장	동전/카드인식공중용PC멀티플라자, 사은권서비스업, 생활용품가격파괴점, 주방용품전문할인매장, 소규모회원제할인점, 세탁편의점, 할인서비스사업편의점위탁가맹점, 자판기편의점, 생활용품가격할인매장, 화장품할인매장, 무인빨래방
8. 가구점	주방가구점, 조립식가구점, 가구수리점, 조립식금속가구점, 엔틱가구점, 원목소가구점
9. 신변잡화점	수험생격려용품전문점, 보석리폼샵, 유아용화장품전문점, 중저가귀금속류전문점, 안정용품전문점, 네일아트샵, 패션시계전문점, Used Shop, 옥제품전문점, 홈인테리어전문점, 허브전문점, 십자수재료판매전문점, 노브랜드전문점
10. 기타	쥬얼리샵, 유명의류 · 패션잡화점, 미술학습지전문점, 방문미술교육체인점, 사인물관리보수서비스업, 구두수선사업, 욕실리폼사업, 신종자판기사업, 셀프세차장, 멀티미디어공부방, 가격파괴세탁중개업, 간판청소 대행사업, 엽서판촉물제작대행사업, 이동카센타, 맞춤교육용품전문점

외식체인점

업 태	업 종
1. 패스트푸드전문점	라면전문점, 셀프쿠킹샵, 우리밀피자전문점, 즉석패스트푸드전문점, 일본음식점, 떡볶이전문점, 우리밀우동전문점, 생라면전문점, 핫도그전문점, 돈까스전문점, 패스토랑도시락전문점, 스탠딩우동점, 짬뽕전문점, 고기전문점, 통바베큐구이전문점
2. 자연/건강식품점	감자요리전문점, 채식고기요리전문점, 황토구이전문점, 버섯요리전문점, 즉석생두부전문점, 유기농산물전문판매업, 즉석두부요리전문점, 맞춤건강식전문점, 이유식 · 건강식전문점, 농협식품전문점, 수경재배콩나물전문점
3. 해물점	해물뚝배기전문점, 패스트푸드형 참치전문점, 오징어전문점, 씨푸드전문점, 회전초밥체인점, 산지직송활선어체인점, 해물부페, 해물탕점, 장어전문점, 낚지전문점, 생선회택배점, 참치회전문점
4. 제과/음료점	캔디전문점, 칵테일비어바, 임대카페, 즉석제조원두커피숍, 도넛전문점, 천연생과일아이스크림전문점, 열대어카페, 아이스크림전문점, 후르츠요구르트전문점, 샌드위치전문점, 인터넷카페, 제과점, 주류전문점

일반업종

과일선물홈쇼핑, 임신복대여서비스, 유아놀이방사업, 어린이전용헤어샵, 정보제공업, 냉장육가공품전문점, 컴퓨터공부방, 배달전문식당, 실내어린이놀이터, NBA용품전문점, 컴퓨터학습센타, 가상현실체험 게임방, 즉석소시지전문점, 영상광고사업

아이디어 사업

생가보존업, 해외기행물취재대행업, 창업자금설계서비스업, 소호설계사, IP컨설팅, 커리큘럼설계대행업, 교통사고컨설팅서비스업, 맞춤PC구매동행서비스업, CD 카탈로그제작업, 무점포통신판매업, 배달전문업, 야간택배업

4 창업자조사

손자병법을 보면 "지피지기는 백전불패"란 말이 있다. 이 말의 뜻은 적을 알고 자기 자신을 알면 싸움에서 백번을 싸워도 지는 일이 없다는 뜻이다.

사업을 시작하면서 경쟁자(적)에 대한 조사와 분석은 하면서 자기 자신에 대한 분석은 아예 생략해 버리는 경우가 많다. 사람들은 흔히 자신의 강점과 약점, 장점과 단점을 스스로 잘 알고 있다고 생각은 하지만 어떠한 상황에 직면하게 되면 정반대 현상의 행동을 하는 경우를 종종 볼 수 있다. 그러므로 아이템을 취급함에 있어서도 창업자의 개인 자질과 주위환경이 사업을 영위하는데 적합한가를 판단하여야 한다. 그러므로 창업자조사 절차에는 다음 사항들이 고려되어야 한다.

대상항목	체 크 포 인 트
지식	선택하고자 하는 사업에 대한 기초지식 및 전문지식 정도
이미지	외모 · 외양 · 습관 등이 사업과 조화되는지의 여부
화술	언어의 표현방식 · 친절 · 미소 등 말하는 습관이 이 사업과 어떤 관계인지를 검토
생활환경	자녀교육문제, 가정문제, 출퇴근 교통사정, 재정관계 등
사회경력	자기 자신의 경력 및 나이 · 대인관계 등이 사업과 어떤 연관이 되는지의 여부
건강상태	경영자로서의 건강상태 체크
취미	자신의 취미와 목적사업의 연관성
재산상태	자기자본 투자능력 정도
운(運)	잦은 실패의 경험, 사업 운에 대한 자신감

또한 창업자가 지켜야 할 원칙을 열거하면 다음과 같다.

- 철저한 사전조사와 분석을 하라.

- 자신이 원하는 것이 무엇인지 정확하게 파악하라.
- 자신의 현 위치에서 자신의 적성에 맞는지를 파악하라.
- 주 고객층을 명확하게 설정하라.
- 겉치레에 시간과 돈을 쏟아 붓지 말라.
- 초기에 많은 투자금을 투입하지 않는다.
- 경험자나 전문가와 상담하라.
- 현장은 직접 확인하고, 발로 뛰면서 준비하라.
- 새로운 투기업종보다는 기존업종의 틈새시장을 노려라.
- 예상수입을 부풀려 잡지 않는다.
- 하고자 하는 사업아이템의 전문지식을 갖추어라.
- 영업능력과 조직능력을 갖추어라.
- 현금흐름 등을 파악 할 수 있는 기본 회계능력을 갖추어라.
- 자기자본비율을 높이고 빚으로 창업하지 말라.
- 모든 마음과 전력으로 일할 준비가 되어있어야 한다.
- 허드레 일도 할 준비를 갖추어라.
- 불확실성에 대한 사전준비를 철저히 하라.

Chapter 10

사업성분석

사업성은 사업주체의 사업추진능력, 제품의 생산과 판매에 따르는 제반분야의 기술적인 문제, 시장조사와 판매가능수요의 예측, 손익추정 및 경제성 등에 관한 정보를 입수하기 위해서 행하는 일련의 활동이기도 하다.

사업성평가의 기본목적을 이행하는 사업성분석은 창업기업이 예비창업단계에서 꼭 거쳐야 하는 과정이다. 사업성분석을 통해 사업성이 인정될 경우 사업계획서의 수립과 창업절차에 의한 창업을 추진하게 되므로 사업성분석은 다음과 같은 중요성을 가진다.

첫째, 변화하는 환경에 적응하여 적절한 대처를 할 수 있다. 창업기업이 변화하는 환경에 적응하지 못하면 기업은 생명을 유지할 수 없게 된다. 따라서 변화된 환경을 적응하기 위해 생산을 확대하거나 시장을 확장하고, 사업분야를 다각화하여 변화된 환경에 대처할 수 있는 신제품을 개발할 수 있는 방법을 모색하게 된다.

둘째, 손실을 방지하거나 손실규모를 줄일 수 있다. 창업이나 신규투자에는 거대한 자본을 소요하게 된다. 이러한 투자에는 반드시 상응하는 보상이 전제될 때 정당화되는 것이다. 사업성검토의 잘못으로 신규투자에 따른 거대한 자본이 회수 불가능하게 되거나 손실이 발생될 것을 사전 방지하거나 손실규모를 줄이는데 중요하다. 그러므로 창업이나 신규투자에 앞서 반드시 그 성공가능성에 대한 다각적인 검토와 분석이 필요하게 되고, 분석된 정보에 의해 가능성이 낮은 투자를 기피하거나 성공할 수 있는 확률을 높이는 방법의 선택을 강구할 것이기 때문이다.

셋째, 사업을 추진하는 주체가 지니고 있는 약점을 보완하고 미래의 위험상황에 대비할 수 있도록 하는 전략정보로 이용될 수 있다. 예를 들어 수익성은 있으나 기술성 · 경쟁력 · 자금능력 등이 경쟁기업에 비해 취약하다는 분석정보를 입수했다면 향후 무엇을 집중적으로 보완해야 할 것인가를 가늠하게 된다.

01 사업성분석의 개요

사업계획이란 사업타당성분석 후 사업성이 인정된 경우에 사업의 내용 · 경영방침 · 기술성 · 시장성 및 판매전망 · 수익성 · 소요자금 조달운영계획 · 인력충원계획 등을 일목요연하게 표현한 일체의 활동을 말한다.

사업성분석은 창업을 실패로부터 지켜주고 성공확률을 높여 줄 수 있기 때문에 중소기업 창업은 물론 아무리 작은 소규모 창업, 심지어 구멍가게의 창업일지라도 필수적으로 수행해야 한다. 사업성분석의 필요성을 요약하면 다음과 같다.

첫째, 창업자 자신의 주관적인 사업구상이 아닌, 객관적이고 체계적인 사업성분석은 계획사업 자체의 성공률을 높일 수 있다.

둘째, 창업자가 사업성 검토를 통하여 구상하고 있는 사업의 제 구성요소를 정확하게 파악하여 창업기간을 단축할 수 있고 효율적인 창업업무를 수행할 수 있다.

셋째, 창업자가 독자적으로 점검해 볼 수 없는 계획제품의 기술성 · 시장성 · 수익성 · 자금수지계획 등 세부항목을 분석하고, 제시함으로써 해당업종에 대해 미처 깨닫지 못한 부분들을 찾아낼 수 있다.

넷째, 사업의 구성요소를 정확하게 파악함으로써 창업자의 경영능력향상에 도움을 줄 뿐만 아니라, 보완해야 할 사항을 미리 확인하여 조치를 취할 수 있게 된다.

사업타당성 분석의 내용과 형식은 사업의 특성에 따라 일정하지는 않지만, 일반적으로 시장성분석, 기술성분석, 재무분석으로 구성된다. 고려대상이 되는 사업이 공익과 관련되는 경우에는 공익성분석을 추가하게 된다. 창업자의 이와 같은 사업성분석을 통하여 계획하고 있는 사업의 성공이 예상될 때 사업계획을 세우고 이에 필요한 자본을 동원하여 사업계획을 추진하게 된다.

실제 사업성분석을 실시할 때는 반복적인 수정이 필요하게 되는데, 예를 들어 시장조사의 결과가 불리하게 보일 때는 그 사업계획을 포기하기보다는 시장조사의 목적을 재조정하여 조사를 다시 하는 것이 좋다.

1 사업성분석 요소

사업성분석을 위해 검토해야 할 항목은 사업성 검토목적에 따라 약간의 차이가 있으며 어떤 목적으로 사업성분석을 하느냐에 따라 사업성 평가요소 및 그 가중치가 달라질 수 있다.

창업자의 계획사업 수행능력 및 적합성

사업의 성패는 기업가로서의 적성과 자질, 창업자의 계획사업 수행능력 및 해당업종에 대한 적합도에 달려 있다. 개인이든 기업이든 계획된 일의 성공과 실패는 그 일을 추진하는 주체 내지는 참여인력의 인적요인에 의해 좌우된다고 해도 과언이 아니기 때문이다. 특히 신규창업의 경우에는 창업자의 새로운 계획사업 수행능력과 앞으로 경영하고자 하는 업종에 대한 경험과 지식 및 관련성이 필요불가결한 요소가 아닐 수 없다. 따라서 사업성을 검토할 때는 먼저 창업자의 계획사업 수행능력과 해당 업종에 창업자가 적합한가를 분석해 보아야 한다.

그러나 문제는 계획한 사업의 수행능력과 그 사업에 창업자가 과연 적합한가의 판정을 누가 할 것이냐 하는 것이다. 자기 자신을 가장 잘 아는 사람이 바로 본인인 동시에 자기 자신을 객관적으로 평가 할 수 없는 것이 바로 자기 자신이다. 사업이란 혼자서 하는 것이 아니고, 거래처와 관련업체 상호간의 이해관계가 얽혀 있기 때문에 창업자 혼자만의 생각으로 사업 참여를 결정해서는 아니 된다. 따라서 창업자 자신은 물론 현재 자기를 가장 잘 알고 있는 직장의 동료나 상사 등의 의견도 중요하며 전문컨설턴트 등과 충분한 검토를 거쳐 평가하는 것이 가장 합리적인 자기평가방법인 것이다.

시장성 분석

시장에 뛰어들어 경쟁상품과 겨루어 소비자로부터 인정을 받을 때 비로소 매출이 늘어나고 시장범위도 확대되어 갈 것이다. 그러나 처음 생산하여 시장에 내놓았을 때 대부분의 제품은 비교적 소비자에게 생소한 것이 보통이며 품질이 확인되기 전까지는 판매가 결코 쉽지 않다. 따라서 사업성공의 관건이 바로 시장성과 판로확보이기 때문에 시장성 분석이 무엇보다 중요하다.

시장성 분석 요소는 국내외 수급동향 및 중장기 수급전망, 시장특성 및 구조(시장의 위치, 수송방법, 유통경로 및 조직, 거래조건 등), 동업자 또는 유사제품과의 경쟁상태 및 향후 경쟁제품의 출현가능성, 국내외 가격구조 및 가격동향, 목표시장 선정 및 판매전략, 수출인 경우 해외시장 분석에 의한 수출 가능량 산정 등이다. 특히 판매량을 추정하기 위하여 기본적으로 다음과 같은 자료를 수집 · 분석한다.

- 수요분석 : 주요고객, 예상소비량, 소비총액 등
- 공급분석 : 기존기업의 공급능력, 기존제품의 가격 · 품질 · 판매전략 등
- 거래수요의 분석 : 생산품에 대한 미래수요를 추정
- 시장점유율 추정 : 수요 · 공급 · 경쟁자의 위치와 구상하고 있는 사업의 판매계획 등을 고려하여 계획한 상품의 시장점유율을 추정한다.

기술적 타당성분석

기술적 타당성이란 제품의 생산과 관련되는 제 요소, 즉 제품이 원만하게 생산될 수 있는지를 분석하는 요소이다. 제품에 대한 특성 · 화학적 반응 · 기계적 기능 · 생산시스템 · 공정 등 생산제품에 대한 철저한 조사 분석과 더불어 공장입지, 시설계획 및 생산시설 규모, 생산능력 및 조업도, 원재료 조달 및 제품 1단위에 대한 원재료 소요량 산정, 기술 및 기능 인력 확보, 예상불량률 및 개선 가능성 등을 종합적으로 분석하여야 한다.

흔히 특허나 실용신안 등 공업소유권에 의한 창업의 경우에는 이론과 실제와의 격차가 어느 정도인지, 또 예상되는 불량률 및 하자 발생의 가능성은 없는지를 세밀하게 검토하여야 한다. 특히, 실험실 내에서의 검증만으로는 불충분하며 실제 산업현장에 적용해 보지 않으면 예상외로 사업 실패 확률이 높은 분야가 특허나 실용신안 등 공업소유권에 의한 창업이다. 왜냐하면 공업소유권은 기술 자체의 평가이지 사업 성공가능성의 확인이 아니기 때문이다. 아무리 훌륭한 제품이라도 소비자를 위해 상품화되지 않으면 그 사업은 성공할 수 없는 것이다.

기술적 타당성 분석은 사업계획의 기술적 타당성과 원가추정을 위한 기초자료를 제공하고, 사업에 영향을 미치는 여러 가지 요인을 고려하여 기술적 대안을 비교 · 검토하는 단계이다. 기술적 타당성분석에서는 이용할 기술과 공정을 검토하여 다음과 같은 내용을 포함시켜야 한다.

- 제품의 물리적 · 기계적 · 화학적 특성에 관련된 사항
- 제조공정에 대한 사항
- 수요량을 생산할 수 있는 생산일정 및 공장규모의 결정
- 구입할 기계의 귀격 및 공급가격, 구매일정, 대금지불방식, 설비의 성능, 예비부속품의 조달가능성 등을 고려하여 기계를 선정
- 기계의 장 · 단점을 충분히 비교 · 검토한 자료 및 기계의 배치(layout)
- 이용되는 기술로부터 예상되는 폐기품의 종류, 양, 처리방식 및 처리 비용

재무타당성 분석

아무리 제품이 성공적으로 생산되어 적정량이 판매되더라도 소요자금이 적기에 조달되지 못한다든가 적정 수익을 제대로 실현하지 못한다면 그 사업은 성공가능성이 없는

것이다. 수익성 검토요소는 대부분이 향후전망을 현재적 관점에서 분석하는 것이기 때문에 이의 근거자료가 되는 추정손익계산서, 추정대차대조표, 자금수지예상표 등 추정 재무제표 작성이 핵심과제가 된다. 또한 계획사업의 위험도도 분석해야 하는데 예측 가능한 사업환경 변수를 적용하여 계획사업에 결정적인 영향을 미치는 변수가 어떤 것이며, 어느 정도 계획사업에 영향을 미치는지를 분석하고 이에 대한 대응책을 모색하여야 한다.

가장 중요한 자금조달 및 운용분석 시에는 먼저 사업에 필요한 총 소요자금의 적정한 규모산정과 더불어 조달가능성을 자금조달상의 위험분석과 함께 추정하고, 이들 자료를 중심으로 자금조달 및 운용계획서를 작성하여야 한다. 자금조달 및 운용 계획서는 단기적 측면과 장기적 측면, 그리고 특정시설에 소요되는 자금으로 구분하여 누락되는 항목이 없도록 주의해야 한다. 검토되어야 할 내용은 다음과 같다.

- 총사업비의 명세, 초기 자본소요액 및 사업에 관련된 현금수지 분석
- 손익계산서, 대차대조표, 현금수지분석표에 기초를 둔 재무예측
- 재무예측을 뒷받침하는 보조자료로서 판매대금의 회수기간, 재고수준, 구매제품 및 제 경비 지불기간, 생산원가의 항목 및 비용, 판매 및 관리비 등
- 수익에 관한 재무분석을 하기 위해 투자수익률, 손익분기점, 적정생산량 및 가격분석 등
- 차입계획 뿐만 아니라, 차입금 상환재원 및 차입금 상환능력에 대해서도 분석해야 한다.

성장가능성 및 위험요소분석

사업성 분석에서 검토되어야 할 또 다른 측면은 계획사업의 장기적 성장가능성의 분석이다. 성장성 분석 시에는 사업성패에 중대한 영향을 미치는 사업 환경요소 중 경영에 치명적 영향을 미칠 가능성이 있는 위험요소에는 어떤 것이 있으며, 이들 위험요소에 대한 정확한 대응전략의 수립이 가능한지의 여부와 장기적으로 성장가능성이 어느 정도인지를 분석하여야 한다.

분석결과 종합

이와 같은 사업성분석의 결과를 토대로 사업계획서를 작성하게 된다. SWOT분석을

통하여 종합적으로 사업의 타당성을 분석할 수도 있다. 이 SWOT분석은 기업의 내적인 강점(Strength) 및 약점(Weakness)과 외적인 환경의 기회(Opportunity) 및 위협(Threat)을 의미하는 복합어로서 기업의 내외 환경요인을 기업의 경영전략과 연결시켜 분석하는 방법이다.

2 사업성분석의 대상

사업성분석은 그 용도에 따라서 분석대상에 약간의 차이가 있다. 신규창업의 경우에는 사업아이템의 성공가능성에 초점이 맞추어지며, 제품성과 기술성, 시장침투가능성과 판매전략, 그리고 수익성 등에 대한 향후 개략적인 전망에서부터 통계적 방법에 의한 수요예측, 회계적 방법 및 재무적 분석기법에 의한 수익성분석 등 그 분석방법은 다양하다. 신규창업의 경우 사업성 분석요소 중 반드시 분석해야 할 것은 최소한 후보아이템 상대평가 시 검토항목 및 후보아이템별 우선순위결정을 위한 예비사업성 분석항목과 손익분기점 매출액 등이다.

기존 사업을 확장하는 경우, 즉 기존의 제품을 새로운 방법과 새로운 기술로 생산하는 사업 또는 새로운 제품을 새로운 기술로 생산하는 사업을 신규로 추진하거나 업종전환 등을 위한 신규사업의 경우에도 창업의 경우와 마찬가지로 사업성을 평가해야 한다.

02 사업성분석의 기본절차

1 후보 사업아이템의 탐색

성공적인 사업아이템을 발견하기 위해서는 될 수 있으면 많은 아이템을 탐구할 필요가 있다. 창업 시 가능한 모든 분야에서부터 출발하여 점차 좁은 범위로 옮겨가면서 체계적인 분석을 하다 보면 예비사업 아이템이 탐색되고 이어서 창업자에게 적합한 후보사업아이템이 1차적으로 선정된다. 후보사업아이템을 선정하는 과정 및 절차를 살펴보자.

첫째, 성공가능성이 높은 상품유형의 선별이 필요하다. 창업에 적합한 경우는 소비자에게 만족을 주는 신상품을 개발하여 수요가 있는 기존시장에 판매하는 경우로 성공가능성이 상당히 높다. 또한 성장기 또는 성숙기에 있는 기존상품을 사업아이템으로 하여 새로운 시장에 참여하는 경우에도 성공가능성이 비교적 높은 편이다. 그러나 신상품을 생산하여 새로운 시장에 판매하기 위해서는 소비자의 의식변화가 선행될 필요가 있고 비교적 고가상품인 경우 성공가능성이 매우 낮다. 또한 기존상품을 기존시장에 판매하기 위해서는 경쟁회사 또는 해외상품과 경쟁하여 이겨야 하는 경우에도 성공가능성이 낮은 편이다.

둘째, 성공가능성이 높은 상품유형과 기본요건을 기준으로 현재 존재하는 상품을 조사한다. 성공가능성이 높은 이들 기존상품을 찾는 방법에는 정책적으로 지원하는 중소기업 우선육성업종(중소기업진흥법 관련 산업자원부고시), 중소기업 계열화업종(중소기업계열화촉진법 관련 산업자원부고시), 중소기업 고유업종(중소기업사업조정법 시행령), 도시형 업종(공업배치법 시행령) 및 기술집약형 중소기업 업종(창업지원법 시행령)과 한국표준산업 분류표 및 표준산업 분류표 해설집, 그리고 세계무역박람회, 산업박람회 및 발명품 전시회 등이 있으며, 또한 제품 아이디어 관련 간행물의 활용 등의 방법을 통해 조사할 수 있다.

셋째, 기존상품의 응용 및 개선가능성을 정밀 검토한다. 색깔이나 모양을 변경하거나 순서 · 부품 · 패턴 등을 재배치하거나 확대 · 축소 · 대체 · 결합 등의 방법을 동원하여 특징이 개선되고 성능이 우수해진다면 창업에 적합한 후보아이템이 될 수 있는 것이다. 성공적인 상품의 기본요건은 다음과 같다.

욕구충족형 상품 필요성은 인정되나 욕구를 충족시킬 수 있는 제품을 생산하는 방법을 아는 사람이 없거나 욕구의 인식부족으로 인해 제품이 개발되지 않은 경우 또는 미래욕구 분출가능성이 있는 상품이다.

경쟁력이 있는 상품 실용신안의장등록, 성능개선 및 특징추가 등으로 품질이 향상된 상품이거나 저렴한 원재료개발 및 기술혁신으로 원가절감을 가져올 수 있는 경우이다.

일정기간 수요증가 예상상품 소비인구의 증가가 지속되는 경우, 소비자 취향의 변화 및 소비자 의식의 변화가 예상되는 경우, 국민경제수준의 증가 등으로 수요증가가 예상되는 상품이다.

2 예비사업성분석

예비사업성분석은 후보아이템을 비교 · 분석하여 아이템의 우선순위를 결정할 수 있도록 후보아이템 상호간의 상대평가 및 후보아이템에 대한 창업자의 적응도분석을 통해 최적의 아이템 선택을 위한 과정을 말한다. 모든 후보아이템에 대해 개별적인 예비사업성분석이나 세부분석을 한다는 것은 현실적으로 많은 시간과 비용이 소요된다. 그러므로 성공할 가능성이 희박한 사업아이템은 예비선별을 통해 제거하고, 남아있는 사업아이디어를 비교 평가함으로써 우선순위를 결정하게 된다. 예비사업성분석 과정을 살펴보면 다음과 같다.

첫번째 단계는 후보아이템을 비교 · 분석하는 것이다. 이 후보아이템의 상대 평가 시 검토항목은 별표의 「후보아이템 상대평가 검토항목」과 같다.

두번째 단계는 제1단계에서의 평가요소별 세부검토사항에 대한 가중치부여와 각 요소에 대한 점수산정이다. 여러 가지 후보아이템을 비교 · 평가하기 위해 4가지 주요항목(상품성 · 시장성 · 수익성 · 안정성)에 대한 평균점수를 구해 비교할 수 있다.

[후보아이템 예비사업성분석]

평가항목	평가요소	가중치	평가점수				후보아이템			우선순위
상품성	상품적합성		4	3	2	1	A	B	C	
	상품독점성									
	소 계(20)									
시장성	시장규모									
	경쟁성									
	시장장래성									
	소 계(30)									
수익성	매입비용효용성									
	적정이윤보장성									
	소 계(30)									
안정성	위험수준									
	자금투입적정성									
	재고수준									
	소 계(20)									
합 계(100)										

주) 평가점수 : 4/우수, 3/양호, 2/보통, 1/불량

세번째 단계는 후보아이템에 대한 창업자의 적응도분석 및 예비사업성분석이다. 창업자가 어떤 방법으로 사업 아이디어를 얻든지 간에 창업에 성공하기 위해서는 창업자 개인의 경험 · 능력 · 관심 · 목적 등에 적합한 아이템이어야만 한다. 따라서 예비사업성검토의 마지막 단계는 후보아이템이 창업자의 경험 · 지식 · 취미 등과 부합하여 창업자에게 적합한지, 창업과정에서의 인 · 허가, 자금조달능력 등을 감안하여 창업자의 능력범위 내인지의 여부와 해당아이템이 빠른 성장과 투자수익률이 높아 발전가능성이 높은지 최종적으로 분석해 보아야 한다.

후보아이템별 우선순위결정 및 예비사업성분석표에 의거 아이템별로 평점을 산정하여 우선순위를 정하는 것과 병행하여 예비사업성분석표 외적요인에 대한 분석을 실시할 필요가 있다.

예비사업성 분석표 외적요인으로 후보아이템에 대한 소비자 및 소비지역의 인식정도, 사업장의 확보가능성 등을 검토하고, 여러 가지 방법을 이용하여 관련 업계에 대한 정보 및 자료를 수집해 보아야 한다. 이와 같은 관련업계 정보 및 자료는 정부 및 협회 간행물, 해당업계의 협회 또는 조합 탐방, 정부 · 공공기관 인사 및 창업 전문컨설턴트와 면담, 판매원 및 관련업계 종사자와의 접촉, 구매자 및 소비자와의 면담 등을 통해 수집할 수 있다.

3 선정아이템 사업성분석

예비사업성평가가 끝나면 사업아이템으로서의 특정한 업종 및 상품이 결정된다. 특정업종과 창업상품이 결정되면 반드시 앞에서 이미 설명한 바 있는 사업성평가를 실시하는 것이 원칙이다.

[선정아이템 상대평가 검토항목]

주요항목	평 가 요 소	세 부 검 토 사 항
상품성	상품의 적합성	• 창업자가 잘 아는 제품이나 공정인가? • 비필수품이거나 사치품은 아닌가?
	상품의 독점성	• 창업 중소기업의 참여를 배제하는 사실상의 독점은 없는가? • 정부의 인 · 허가에 의해 실제 창업이 제한되어 있지 않은가?
시장성	시장의 규모	• 예상되는 고객의 수는 어느 정도인가. • 국내 및 해외시장 규모는 금액으로 어느 정도인가.
	경쟁성	• 경쟁자의 세력 및 지역별 분포는 어떤가. • 경쟁제품과 비교했을 때 품질과 가격관계는 유리한가. • 판매유통이 용이하며, 물류비용이 저렴한가.

주요항목	평 가 요 소	세 부 검 토 사 항
시장성	시장의 장래성	• 잠재고객 수의 증가는 있는가. • 새로운 창업기업의 침투가능성은 어느 정도인가. • 소비자성향이 안정적이고, 필요성이 증가하는가.
수익성	생산 비용의 효익성	• 적정비용으로 제품을 생산할 수 없는 요인이 있는가. • 생산 공정이 복잡하지 않고, 효율성은 있는가.
	적정 이윤 보장성	• 원자재조달이 용이하고, 값은 안정적인가. • 필요한 노동력 공급이 용이하며 저렴한가. • 제조원가 · 관리비 · 인건비 등 제비용 공제 후 적정 이윤이 보장되는가.
안정성	위험수준	• 경제순환과정에서 불황 적응력은 어느 정도인가. • 기술적 진보수준은 어느 정도이며, 기술적 변화에 쉽게 대처할 수 있는가.
	자금투입의 적정성	• 초기투자액은 어느 정도이며, 자금조달이 가능한 범위인가. • 이익이 실현되는 데 필요한 기간은 어느 정도이며, 그 동안 자금력은 충분한가.
	재고수준	• 원자재 조달, 유통과정상 평균재고 수준은 어느 정도이며, 재고상품의 회전기간은 어느 정도인가. • 수요의 계절성은 없는가.

03 상품성분석

어떤 상품이 잘 팔릴 것인가를 조사하는 절차를 상품성분석이라고 할 수 있다. 창업을 할 때 아이템선정은 어떻게 해야 할지 숙고해야 한다. 아이템을 선정함에 있어 무엇보다 상품성을 봐야 한다. 아무리 잘 팔리는 상품이라도 성숙기에 있는 상품이라면 얼마 가지 않아 급격히 쇠퇴할 가능성이 있다. 성숙기에 있는 상품보다는 성장기에 접어든 상품이 보다 수익성이 높다는 점을 고려해야 한다. 또한 아이템 선정을 위해서는 먼저 상품의 성격을 파악해야 한다. 라이프 사이클 · 소모성 · 계절성 · 운영성 · 인건비 · 현금회전율 등이 상품의 성격에 해당된다. 그리고 해당아이템의 특징을 파악한다. 즉 인기도 · 지명도 · 지속성 · 위험성 · 필요성 · 애프터서비스 등이 미치는 영향을 파악해야만 체인점을 할 것인지 독립점을 할 것인지 결정할 수 있을 것이다.

분 석 대 상	체 크 포 인 트
상품성격	상품의 Life Cycle, 소모성, 계절성, 명예성, 운영성, 인건비, 현금회전률
상품특징	인기도, 지명도, 지속도, 위험성, 필요성, A/S
구매조건	제품인도방법, 반품가능 유무, 유통기한, 제품인수장소, 구입단위, 구입빈도
결제방법	현금, 어음, 보증금 범위 내 외상공급률, 담보초과 외상잔고율
판매가격	경쟁제품과의 판매가격, Sale 횟수 및 D/C율, 마진율, 품질인증 획득여부
품질수준	KS표시, ISO인증, Q마크 획득 등 공인기관의 품질인증 획득여부
기술수준	기술제휴선, 기술제휴국가, 특허, 상표등록, 의장등록, 독과점 품목 등
판매방식 및 경로	루트세일, 대리점 또는 총판, 특약점, 도매 또는 소매
경쟁상품 종류	동종의 제품 생산 메이커의 규모, 판매력, 소비자 인지도 등
판매대금 회수	현금, 어음, 외상기일 등

현재 시장에서 인기 있고 잘 팔리는 상품이라 할지라도 창업자 스스로 그 상품에 대한 지식이 부족하거나, 창업자의 취미나 적성에 맞지 않는 아이템이라면 성공하기 어렵다.

상품성분석은 창업자가 취급할 상품의 성격이나 특징, 구입에서 수금에 이르는 과정 및 타사 또는 경쟁상품과의 관계를 분석대상으로 하여 타당성을 예비로 조사하는 것으로 상품성분석을 할 때에는 다음사항이 고려되어야 한다.

1 제품성

시장성분석 자체는 제품에 대한 시장의 내용 · 특성 · 수요영역 등의 분석이지만, 제품자체를 염두에 두지 않은 시장성분석은 의미가 없다. 따라서 제품성은 기술성분석 차원에서도 검토되지만 제품자체의 강 · 약점, 라이프 사이클, 보급률 등은 시장분석 차원에서 검토되지 않으면 안 되는 사항이다.

제품의 강점과 약점 분석

- 소비자에게 인식되는 제품의 기능에 있어서 타사제품과의 강점과 약점 분석
- 제품의 특성 및 기술성, 정교성 등에 있어서 타사제품과의 강점과 약점 분석
- 브랜드보유여부에 있어서 타사제품과의 강 · 약점 분석
- 기타 제품의 특성에 따른 기준에 의한 타사제품과의 강 · 약점 분석

라이프 사이클 분석

제품의 라이프 사이클이 도입기 · 성장기 · 성숙기 · 쇠퇴기 중 어디에 해당되며, 기존 제품이 존재하는 시장에 신제품을 개발하여 참여하고자 하는 경우에는 더불어서 제품의 보급률분석도 함께 하는 것이 효율적이다.

2 수요예측

시장분석의 주된 내용은 창업자의 입장에서 일정기간에 소비자에게 판매되는 상품의 수량 또는 금액을 측정하는 것이다. 즉 시장분석에 있어서 가장 중요한 항목은 이러한 수요예측이라고 할 수 있으며, 이 수요예측은 예상매출액으로서 수치화된다. 또한 판매계획 · 생산계획 및 자금운용계획이 바로 수요예측, 즉 예상매출액의 추정으로부터 출발하기 때문에 중요한 의미를 가지게 된다.

- 수요예측에 필요한 객관적 기준을 마련한다.
- 수요를 결정짓는 중요한 요소가 무엇인지를 판단하고, 그 요소들에 대한 중요도를 결정한다(지역이나 시기, 판매방식, 종속관계 제품의 판매량, 고객특성 등).
- 판단기준 및 결정요소의 중요도를 고려하여 필요한 자료를 수집하여, 분석 · 평가를 실시한다.
- 합리적 가정을 설정하고, 각각의 중요도를 고려하여 시장에서의 점유율을 추정한다.
- 추정된 점유율을 판매예상액으로 환산한다.
- 기타 발생 가능한 변수를 고려하여 예상치를 수정하는 작업을 거쳐 예상매출액을 정한다.

[Tip] 수요예측기법

- 정량적 기법 : 시계열분석(이동평균법, 지수평활법)
- 정성적 기법 : 델파이법, 시장조사법, 패널동의법, 판매원 의견종합법, 역사적 유추법 등이 있다.

3 채산성분석

제품에 대한 채산성분석은 사업효과를 측정하는 하나의 기준이 된다. 따라서 제품원가, 마케팅비용, 공장도가, 소매가 및 마진율 등을 고려하여야 할 것이다.

제품원가 산출

- 생산직 인력 규모는 어느 정도인가.
- 인건비를 산출한다(기본급 · 제수당 · 상여금 · 퇴직금 등 고려).
- 재료비를 산출한다.
- 제조경비를 산출한다(제조경비 항목별 산출방법 등을 고려).
- 인건비 · 재료비 · 제조경비를 토대로 객관적 기준에 의거하여 제조원가를 산출한다.
- 위와 같은 방식으로의 산출이 곤란할 경우, 약식으로 한국은행 · 산업은행의 재무비율을 적용하여 동업계의 손익계산서 항목 중 매출원가비율을 당해 사업에 적용하여 총체적인 제품원가를 계산하는 방법도 있다.

마진율 분석

- 마진율은 매출액에 대한 수익률로서 표시한다.
- 목표마진율을 설정하고 실제 예상마진율이 어느 정도 접근하는지를 파악한다.
- 실제 예상마진율이 목표마진율과 차이가 있을 경우, 원인을 파악하여 대책을 강구한다.

제품가격

- 제품가격은 마케팅의 성공여부와 직결되며, 동시에 마케팅에 영향을 미치는 중요한 요소이다.
- 제품을 시장에 진입시키기 위한 가격정책을 수립한다.
- 경쟁제품 및 유사제품의 가격동향을 살핀다.
- 가격경쟁력을 고려하였을 경우 적정한 제품가격은 어느 정도인가.

- 최근의 가격변화 추세와 함께 향후 가격변화 추세도 함께 예측하여 제품가격을 산출한다.

4 시장 및 제품 환경분석

시장규모 및 제품의 수용예측 등 내적인 요소에 대한 분석과 함께 시장 및 제품의 환경분석을 함께 실시해야 한다. 왜냐하면 외적요소에 의해 시장 및 제품이 변동하므로, 이에 대해 정확한 시장예측을 할 수 없기 때문이다.

자원환경요인

- 인적자원요소에 있어서 영업조직의 효율성 분석
- 인적자원요소에 있어서 생산조직의 생산효율성 분석
- 신제품의 개발능력 분석
- 인적자원요소의 의식 및 환경에 대한 분석
- 물적자원요소인 에너지 및 에너지 대체자원의 수급
- 원재료 수급의 용이성 검토
- 원재료 시장에 대한 명확한 분석이 요구된다.

기술적 환경요인

- 경쟁사 제품에 대한 자사제품의 전반적인 기술수준을 측정한다.
- 기술측정치가 시장수급, 즉 시장점유율 구성상 자사에 불리하게 작용하지는 않을 것인가.
- 신기술 및 신제품 개발능력과 개발전망에 대해서 사전에 분석해둔다.

마케팅 환경요인

- 경쟁사의 판매전략 사전분석
- 판매방법, 대금회수방법 및 조건 등이 시장의 특성과 조화를 이루는가.
- 외상매출금 및 외상매입금의 효율적인 관리방안도 사전검토가 필요하다.
- 어음 · 수표 및 부실채권의 예방대책도 사전검토가 필요하다.

5 판매계획 및 판매전략 수립

판촉 및 광고전략

- 경쟁사들의 판촉 및 광고전략 정보를 수집해서 분석한다.
- 자사의 수준에 적합한 전략을 수립한다.
- 수립된 전략이 실제 판매량증가에 어느 정도의 효과가 있는지에 대한 효과 예측도 함께 실시한다.

영업전략

- 영업조직의 활동범위를 어디까지 할 것인가.
- 영업조직의 권한과 책임한계는 어느 수준까지 허용할 것인가.
- 그러한 범위가 활동상에 제약은 없으며, 판매량증대에는 어느 정도 기여할 것인가.
- 경쟁회사와 비교하여 제도상, 또는 영업직 사원에 대한 대우상 부족함은 없는가.
- 영업직 사원의 이직가능성과 이에 대한 대비책에 대해서도 충분한 사전 검토가 있어야 한다.

04 시장성분석

1 시장성분석의 개요

아무리 품질이 우수하고 신제품이라 하더라도 판매가 되지 않으면 결코 사업에 성공할 수 없다. 흔히 좋은 제품을 만들고서도 매출이 제대로 되지 않거나, 매출액 증가율이 높지 않아 손익분기점 매출액에 이르는 기간이 너무 길어 사업이 본궤도에 올라보지도 못하고 도산해 버리는 경우가 많다. 따라서 철저한 시장성분석이 선행되어야 한다.

시장성분석은 그 구체적 목표에 따라서 신제품개발에 필요한 정보수집을 위한 시장분석, 미래수요예측을 위한 시장분석, 유통경로개선 내지는 유통경로발굴을 위한 시장분석 및 광고전략 수립을 위한 시장분석 등으로 구분해 볼 수 있다. 그러나 어떤 경우든지 시장성 분석의 최종목표는 계획제품에 대한 판매예측, 즉 앞으로 생산할 제품이 시장에서 얼마나 팔릴 것인가, 향후 수요증가추세는 어떻게 변할 것인가 등을 분석하는 것이다.

시장성분석은 사업성 분석을 하는 과정에서 별도로 수행하는 경우도 있지만, 창업 과정에서의 시장성분석은 계획사업의 전반적 타당성 조사의 일부로 수행하는 경우가 대부분이기 때문에 각 평가항목 상호간의 관계와 순서도 생각하면서 분석하지 않으면 안 된다.

2 시장성분석 과정

분석목표설정

시장성분석의 일반목표 시장성분석에서 맨 먼저 해야 할 일은 계획제품의 시장성을 분석하기 위한 구체적인 작업 목표를 설정하는 것이며, 이는 제품의 종류 · 원료 · 용도나 특성에 따라 달라진다. 따라서 계획제품의 수요처가 그렇게 많지 않고, 경쟁사의 현황도 잘 알려져 있다면 목표 설정과 시장성분석 자체가 비교적 쉽다. 그러나 제품 용도가 일반 대중적이고, 유통구조가 복잡할 뿐만 아니라, 경쟁사도 많은 경우라면 시장분석을 위한 작업이 매우 복잡해지므로 목표설정 과정에서부터 상세하고, 체계적인 계획을 세우지 않으면 아니 된다. 시장성분석의 최종목표는 제품이 얼마나 팔릴 수 있는가를 조사 · 분석하는 것으로 전체시장규모와 동종 및 유사제품과의 경쟁상태에서 경쟁시장 침투가능성, 그리고 점유할 수 있는 시장의 규모를 추정하는 일련의 과정에 따라 세부적인 분석목표를 설정하여야 한다.

창업관련 시장성 분석목표 창업과 관련하여 시장성분석을 하는 경우에는 다음과 같은 세부적인 사항들을 조사목표로 설정하는 것이 보통이다.

첫째, 제품에 대한 전체시장규모가 어느 정도이며, 경쟁제품과 유사제품 그리고 수입제품에 대한 시장은 어떤 특성과 구조로 이루어지고 있는지를 분석함과 동시에 소비자 구성 분포 및 변화추세 등도 분석한다.

둘째, 계획제품이 경쟁제품과 비교하여 어떤 특성을 가지고 있으며, 품질수준은 어느 정도인지, 경쟁회사에는 어떤 회사들이 있으며, 이들 회사의 기본적 재무상태와 영업실적, 가격경쟁력의 여부도 분석해야 한다.

셋째, 국내의 주요 경쟁업체의 시장점유율 현황 분석과 각 판매영역에 있어서의 제품별 판매 가능량을 향후 2-3년간 추정한다.

넷째, 시장 및 제품 환경분석과 판매전략의 수립이다. 아무리 정확한 수요예측이 이루어졌다 하더라도 이 예측은 시장 및 제품환경의 변화에 따라 유동적일 수밖에 없다. 따라서 가능한 모든 환경변화를 고려하여 그에 따른 구체적인 판매전략이 수립되어야 한다.

창업에 있어서는 다양한 시장성분석 항목 중 적어도 이상과 같은 항목은 심층적으로 분석되어야 하며, 이들 요소를 창업과 관련한 시장성분석의 목표로 설정할 필요가 있다.

분석 계획수립

시장성분석의 목표가 정해지면 다음으로 시장성분석의 구체적인 계획을 세워야 한다. 시장성분석 계획에 포함할 내용은 조사명 · 조사목적 · 조사내용 · 조사방법 · 조사일정 · 조사자 및 조사부문으로 구분된다. 시장성분석 계획은 시장성분석의 최종 목표인 정확한 수요예측과 판매전략을 전제로 하여 수립되어야 한다.

시장조사 및 시장성분석 계획 수립 시 고려해야 할 사항을 살펴보면 다음과 같다.

첫째, 이미 설정한 시장성분석 목표상의 하위분석 목표, 즉 분석항목의 범위와 수준을 결정하는 일이다. 모든 항목을 분석대상으로 하면 더없이 유용하겠지만 조사자의 능력, 분석기간의 제약 등으로 모든 항목을 분석대상으로 하기에는 많은 제약이 뒤따른다. 따라서 조사자의 능력과 분석 계획기간에 맞춰 적절한 항목을 선별하지 않으면 안 된다. 또한 시장성분석 계획 수립 시 고려해야 할 사항은 시장성분석의 수준결정 문제이다. 시장성분석의 수준은 창업자 또는 조직원에 의한 약식 시장성분석 정도로 할 것인가, 아니면 외부의 전문 컨설턴트 또는 전문기관에 의한 정식 시장성분석으로 할 것인지도 계획수립 시 검토해야 할 사항이다.

둘째, 시장성분석의 자료수집 범위, 자료 수집처 및 자료수집 방법 등의 결정이다. 시장성분석 시 활용되는 자료에는 정부기관 및 단체 · 금융기관대학, 정부 연구기관 · 기업부설 연구소, 업계의 협회 · 조합 등에서 발행한 통계자료 · 각종 연감 · 보고서 · 잡지 등에서 수집 가능한 기존자료와 제품과 관련된 사람들과 기관, 즉 경쟁자 · 정부관리 · 무역협회 · 소비자단체 · 구매자 및 소비자를 통한 설문조사 · 전화면담 · 직접 면담 등의 방법을 통해 추가 생산한 새로운 자료로 구분할 수 있다.

따라서 많은 자료 중에서 시장성분석 목표달성을 위해 꼭 필요한 자료를 수집하기 위해 시장성분석 계획단계에서 자료의 수집범위, 자료 수집처, 그리고 자료수집 방법을 사전에 계획하여야 한다. 자료수집이 얼마나 목적에 부합되는가, 그 질과 양이 유용한가, 자료 수집처의 선정이 잘 되었는가, 그리고 자료수집 방법에 있어 질문항목 · 질문방법 및 질문에 대한 회답률 제고를 위해 사전에 얼마나 치밀한 계획을 세웠느냐에 따라서 시장성분석 그 자체가 잘 되었느냐 못 되었는지 판가름 나기 때문에 자료 수집계획은 중요한 의미를 갖게 되는 것이다.

또한 시장성분석 자료수집에 못지않게 중요한 사항은 수집된 자료를 어떻게 분석하고 해석할 것인가의 문제이다. 이와 같이 자료의 활용가치 여부는 그 자료의 타당성 · 공평성 · 신뢰성 등으로 판단되기 때문에 그 자료가 사용자의 목적에 부합할 수 있도록 가장 최근의 자료를 수집해야 함은 물론, 그 자료가 객관성과 공평성을 가질 수 있도록 가능하면 공공기관에서 발행된 자료를 활용하는 것이 바람직스럽다.

셋째, 분석항목별 소요인력 · 분석기간 및 소요예산 등에 대한 계획의 수립이 필요하다. 시장성분석 항목이 많을 때에는 한사람이 수행하기에 부적합한 경우도 있을 수 있기 때문에 필요한 분석기간을 결정한 다음 여기에 맞는 분석 소요인력과 소요예산을 계획하여야 한다.

넷째, 시장성분석기법, 즉 수요예측방법의 결정이다. 시장성분석에서 주로 쓰이는 예측방법에는 분석자의 직관과 주관적인 관점에서 수요를 예측하는 판단 예측법, 계획제품 시장과 깊은 관련이 있는 소비자 · 판매자 · 중개상 · 관련기업이나 조합 · 연구기관 등의 종사자들에게 설문조사를 하여 수요를 예측하는 설문조사 예측법, 과거의 경향이 앞으로도 지속될 것이라는 가정 하에 통계적 방법을 활용하여 수요를 예측하는 시계열분석법, 종속변수와 독립변수 또는 설명변수 상호간의 관련 정도를 알아내어 수요를 예측하는 상관분석법 등이 있는데 이들 방법 중 적절한 방법을 선택하는 것도 시장성분석의 계획단계에서 결정할 일이다.

시장성분석 시 분석기법의 선택은 조사자의 능력, 제품의 종류와 용도, 유통구조 등의 특성에 따라 어떤 방법을 사용할 것인지와 자체 분석에 의할 것인지 외부의 전문가에게 위임할 것인지도 계획 단계에서 검토되어야 한다.

다섯째, 시장성분석은 제품의 시장출시와 관계가 깊기 때문에 시판계획 시점에 맞춰 진행하지 않으면 안 된다. 따라서 계획제품의 시판을 전제로 한 시장성분석은 계획된 일정에 따라 추진하지 않으면 안 되기 때문에 시장성분석의 계획단계에서부터 시장성 분석의 일정계획이 수립되어야 하는 것이다.

자료수집 및 분석

시장성분석 자료는 시장성분석의 계획수립 단계에서 설계된 내용에 따라 수집하면 된다. 앞에서 설명한 방법에 따라 수집된 자료는 분석과정을 통해 시장성분석 목적에 맞게 재생산되어야 한다. 이렇게 재생산된 자료는 시장성 유무의 평가기준으로 활용되어진다. 또한 기존시장의 크기 · 시장점유율 · 시장의 성장 추세 및 전망, 유통과정 및 기타 시장의 특성에 대한 정보로도 활용된다.

자료의 분석과 해석과정에서 간과해서는 안 될 사항은 자기중심적 판단이 아니라 객관성이 있는 해석이 요구된다는 점이다. 창업자가 창업과정에서 흔히 실수하기 쉬운 부분이 바로 자신의 계획사업 및 제품에 대해 지나치게 낙관적으로만 판단하는 경향이 있다는 점이다.

시장성분석의 핵심요소

시장성분석의 핵심요소란 전반적인 시장동향분석, 제품성분석, 경쟁적 지위 분석, 제품가격분석, 수요예측, 그리고 시장 및 제품환경분석 등에 핵심이 되는 요소들을 말한다.

이들 시장성분석요소는 계획제품의 시장성 유무평가의 기준이며, 이들 요소의 평가결과 사업성이 있다고 판단되는 경우에는 판매계획 및 판매전략 수립을 통해 그 효과를 극대화하여야 한다. 이들 요소는 개별적으로 분석하되 그 평가는 시장성 측면에서 종합평가 되어야 함은 물론, 여타 사업성평가항목과도 연관지어 분석되어야 한다.

시장성 유무평가

일련의 시장성분석 항목평가에 의거하여 계획상품의 시장성 유무를 평가하게 되는데, 이 평가기준을 정형화하는 데는 한계가 있다. 왜냐하면 어느 정도의 시장규모가 있어야 시장성이 있는지, 또 어느 정도의 시장점유율 확보가 가능할 때 향후 시장성 전망이 있는 것으로 볼 것인지 등의 객관적 기준이 없기 때문이다.

일반적으로 시장성이 있다는 것은 경쟁업체수와 대비하여 연도별로 점진적인 시장 점유율 확보가 가능시 되고, 계획기간 내에 손익분기점매출액에 도달할 수 있는 경우를 말한다. 일반적으로 손익분기점 매출액은 제조업일수록, 그리고 설비투자 규모가 큰 사업일수록 창업 후 오랜 기간이 지나야 달성되며, 품목에 따라서는 당해연도에 손익분기점매출액을 상회하여 창업년도부터 당기순이익이 시현되는 경우도 있다. 도·소매업의 경우에는 특별한 경우가 아니면 당해연도부터 이익이 시현되는 것이 보통이다. 그러나 제조업이든 설비투자 규모가 큰 사업이든 적자가 3년 이상 지속된다면 문제가 있다. 이와 같은 사업은 자기자본조달능력이 뛰어난 창업자가 아닌 경우 사업이 지속되더라도 은행 등 금융기관의 신용평가에서 좋은 점수를 받기 어렵기 때문에 자금에 큰 어려움을 겪을 수밖에 없게 된다. 따라서 창업 후 2~3년 이내에 흑자경영이 곤란한 사업은 창업품목으로 부적합하다고 볼 수 있으며 이런 사업은 포기하거나, 시장규모가 신장될 때까지 착수를 늦춰야 한다.

아울러 시장성 유무 평가 시에는 시장성 검토과정에서 파악된 여러 가지 불확실성 요인에 의한 위험성의 정도와 그 위험의 극복 가능성도 평가되어야 한다..

시장성분석은 상품성분석에서 선별된 창업아이템을 시장 또는 점포의 실제 현황을 조사하여 예상되는 매출액과 투자규모를 추정하는 과정이라고 할 수 있다. 그러므로 시장성분석을 할 때에는 다음 사항이 고려되어야 한다.

분석대상	체크포인트
정보입수	조사기관, 정부기관, 지방자치단체, 협회, 조합, 복덕방 등에서 자료입수
시장조사	입수된 정보자료의 조사, 실지조사, 점두조사, 경쟁점 조사, 호별 방문조사
기존업체탐방	일일 매출액, 객 단가, 주고객층, 판매량 우위 제품별 순위, 고객의 성향, 고객의 소득수준 등
사업예정지 물색	"입지 선정" 참조
투자규모예측	"비용계획." 참조
점포조사표작성	입지현황, 점포개요, 기존점포분석, 입지 및 환경조사, 업종 또는 아이템의 발견

3 상권별 특성

사업예정지를 물색하는데 있어서 지역형태별 상권의 특성을 파악해 보는 것도 시장성분석에서 유익한 결과를 도출하는 데 도움이 될 수 있다.

아파트단지

상권의 특징은 생활패턴이 유사한 세대가 밀집되어 구매형태가 거의 일정하기 때문에 고가품이나 사치품보다는 일상생활용품을 취급하는 점포의 입지로 유리하고 특히 유사업종이 이미 입주해 있는지, 만약 있다면 영업상태는 어떠한지를 검토하여 타 브랜드로 입주할 것인지의 가·부를 결정하는 것이 좋다.

가능업종으로는 배달전문피자점, 치맥점, 떡커리방, 족발점, 브랜드정육점, 문구팬시점, 화장품점, 약국, 미용실, 클리닝센터, 탁아텔, 책대여점, 컴퓨터게임장, 완구렌탈점, 등 생활밀착형 업종이다.

지하철역 주변

지하철역이 들어서게 되면 역주변의 상권 개발은 매우 활발하게 진행되는 추세이다. 통행인구의 특성을 이해하는 것이 가장 중요한데 편의점이나 액세서리점 등은 눈에 잘 띄어야 하며 외식업종이라면 다른 음식점들과 동떨어져 위치하는 것보다는 "먹자골목"에 위치하는 것이 오히려 낫다. 쇼핑, 외식, 문화, 메디컬, 뷰티, 리테일, 패션, 디저트 카페, 고급레스토랑, 패스트푸드, 만화방이나 인터넷카페, 커피전문점 등의 입지로 최적이다.

학교주변

판매대상이 고정적이기 때문에 구매 단위 역시 고정적인 특성을 띈다. 학생들의 취향과 구매형태를 고려한 고도의 전문점이 유리하다. 가능업종으로는 라면전문점, 즉석패스트푸드전문점, 떡볶이전문점, 핫도그전문점, 스탠딩우동점, 스포츠캐릭터전문점, 컴퓨터네트워크게임전문점, 펜시점, VOD대여점 등 소비자가 국한된 전문점이 유리하다.

오피스가

샐러리맨들의 점심 및 저녁 술자리를 제공하는 외식업종이 반 이상을 점유한다. 예전에는 가격보다도 독특한 맛과 친절한 서비스가 단골확보의 키 포인트였으나 현재의 상황에서는 가격의 비중도 매우 크다. 특이한 업종으로는 도시락전문점이나 배달위주의 찌개전문점 등이 유망하다. 주말에는 사람이 거의 없다는 점에 유의해야 한다.

재래시장

재래시장은 상권별 특성에 따라 전국형 대형시장, 지역중심시장, 중소도시 지역시장, 근린생활지역 골목시장, 지방5일장, 전문시장 등으로 구분되기도 한다. 전국형 대형시장은 남대문시장과 같이 지방시장이나 소매상인을 대상으로 한 판매활동이 이루어지는 시장을 말하며, 전문시장은 약령시와 같은 특정상품을 중심으로 형성된 전통시장을 말한다. 재래시장은 대형할인점, 백화점 등과 같은 현대적인 유통시설이 들어서면서 침체를 겪고 있다. 2005년 3월 재래시장에 대해 종합적·체계적 지원을 위한 '재래시장육성을 위한 특별법'이 제정되어 시설현대화사업 시 국·공유지부지사용 및 도로점용료 면제, 재래시장의 상거래현대화, 공동사업활성화, 판로 및 홍보확대 등과 같은 재래시장경영현대화사업을 지원하고 있다.

테마거리

일정한 주제에 따라 시설을 정비하고, 그 주제와 관련이 있는 환경을 조성한 거리를 '테마거리'라고 한다. 부산광안리 해변 테마거리, 둘리 테마커리, 강능 커피거리, 허준 테마거리, 해천 항일운동 테마거리, 담양 음식 테마거리, 강원 공지천황금비늘 테마거리, 인사동 문화의 거리, 익선동 한옥거리, 산본 로데오거리 등이 있으며, 테마요리주점, 맛집(파스타, 스테이크, 피자, 치킨, 샤브샤브, 부대찌개) 등, 베이커리 카페, 아이스크림, 도넛, 생과일주스, 만두전문점 등이 유망하다.

05 입지선정과 상권분석

사업을 하고자 하는 사람들이라면 누구나 황금 알을 낳게 하는 장소에서 장사를 하고픈 욕망으로 가득 차 있다. 그러나 세상에는 저절로 이루어지는 것이란 거의 없다. 장사가 제대로 되는 점포는 반드시 그러한 조건을 갖추고 있다. 그러므로 창업자는 입지선정과 상권분석에 관하여 소홀히 하여서는 안 된다. 입지선정과 상권분석은 상품성과 시장성에 적합하다고 예상되는 아이템의 예정입지에 대한 조사와 사업의 타당성을 검토하는 과정으로서 사업장의 위치를 선정하는 것이다. 그러므로 입지선정과 상권분석을 할 때에는 다음 사항들을 반드시 체크하여야 한다.

항 목 별	체 크 포 인 트
입지탐색	서울, 수도권, 7대도시, 중소도시, 외곽지역 등 탐색
일반적 위치선정	• 지역선정 : 입지탐색 결과에 대한 지역 선정 • 지구선정 : 아파트, 학교주변, 역세권, 상가, 재래시장 등 • 지점선정 : 특정지역선정(예. 역삼역 주변)
상권분석	선정된 지점의 인구통계조사, 구매현황조사, 상권영향도 분석
특정점포설정	교통/도로조사, 경쟁점포조사, 통행량조사, 유동인구조사, 주변상가조사, 접근용이성조사, 가시성조사
상권분석 및 평가	선택한 업종과 선정한 상권의 사업성 분석 및 평가

1 입지선정

입지선정 요령

창업을 결심하고 본인의 적성이나 시대흐름에 알맞은 아이템을 찾았다 해도 창업이 쉽지 않은 것은 점포를 구하는 데 따르는 문제가 적지 않기 때문이다. 창업서적이나 강좌를 찾아다녀 보아도 입지 선정요령이나 좋은 점포 구하는 방법만 나올 뿐이지 현실적으로 점포를 구하고 결정하기에는 어려움이 많다. 오늘은 A지역, 내일은 B지역 아무리 다녀 보아도 좋은 매물 구하기에는 문제가 따르기 마련이다. 효과적으로 좋은 점포를 고르는 요령을 알아본다.

다양한 정보수집의 루트 점포매물에 관한 정보수집을 위해서는 부동산 중개업소를 통하는 방법과 일간신문, 부동산전문 월간지와 주간지, 지역정보지, 인터넷 부동산사이트, 지역상권 뉴스, 신문에 삽입되어 있는 상가분양 광고 등의 전단지, 신문가판대에서 판매하는 소형 부동산전문신문, 지역 유통지 및 광고책자, 가까운 지인 등을 통해 다양하게 접할 수 있을 것이다. 이 중에서도 부동산 중개소를 통하는 것이 가장 일반적인 방법이다. 이 경우 구두로 매물을 알아보기 보다는 서면으로 점포의 형태·용도·필요시기·예정 점포구입비용·권리금과 보증금 등의 희망조건을 작성해야 한다. 또 다른 방법은 본인이 신축 건물이나 공사 현장사무실을 찾아가 확인하는 방법이다. 이 경우에도 부동산 중개업소를 찾아가 중개를 의뢰하는 것도 한 방법인데, 이 때 건물주의 인간성이나 신용상태, 건물현황을 알아볼 수도 있다.

좋은 점포는 금방 거래 된다 특정지역에서 집중적으로 매물정보를 찾아보는 것이 효과적이다. 대부분의 매물이 사업성이 부족해 나온 것이라면 좋은 매물은 빨리 거래되기 마련이다. 좋은 점포는 매물의 특성을 이해하면 쉽게 구별된다. 유명상권에서도 권리금이 없는 매물이 나올 수 있다. 예를 들자면 일일 유동인구 10만 명이 넘는 이 대상권에서도 얼마 전 권리금이 없는 점포가 나온 적이 있다. 이 경우 한 건물에 8~10평 단위로 3~4개의 점포로 분리된 건물의 1층 점포였는데, 그 건물에는 오래전부터 영업을 해 왔던 세입자도 있고 운영한 지 얼마 되지 않은 세입자도 있었다. 이들의 임차비용은 영업해 온 기간에 따라 상당한 차이를 보였다. 기존의 세입자에게는 시세보다 저렴하게 인상을 하는 경우가 관례이기 때문이었다. 따라서 건물주는 기존의 세입자들이 오랫동안 영업을 할수록 상대적으로 인근 시세보다 적을 임대수익을 올렸다. 그러던 중 세입자가 장사를 그만두자 건물주는 보증금을 인상해 임차료를 시세대로 받을 수 있었으나 권리금을 요구하기는 어려운 상황이 된 것이다. 이런 매물은 나오는 즉시 거래되기 때문에 신속히 판단해 계약을 해야 한다.

가까운 지역의 중심상권에서 구한다 돈을 벌고 행복한 가정생활을 영위하기 위한 사업이 가족과의 대화 부족과 무관심으로 역효과를 초래한다면 사업 자체에 환멸을 느끼고 심리적인 갈등 끝에 사업 또한 어려워질 것이다. 대부분의 예비창업자들은 자영업을 하면 아무래도 시간의 제약을 받지 않고 자유로울테니 쉬고 싶을 때 항상 쉴 수 있다는 생각으로 사업을 시작하지만 현실은 그렇지 않다. 매상이 오르지 않아 잠을 못 이룰 때가 있는가 하면, 경쟁업소에 뒤지지 않기 위해 밤낮으로 신경쓰다보면 마음 편히 쉰다는 것도 불가능하다.

여기에 점포와 집이 거리상으로 너무 떨어져 있으면 출퇴근을 해야 한다는 것도 심리적 부담을 초래할 것은 자명하다. 따라서 점포를 구할 때는 점포와 자택의 거리가 통상 30분~1시간 이내여야 좋다. 거주지 주변이나 교통이 편한 곳을 고르는 것이 점포입지의 특성도 파악할 수 있을 뿐 아니라 창업 후 고정고객 확보에도 용이하며, 시간상의 여유도 생기고 부족한 집안일도 틈틈이 돌볼 수 있어 심리적 부담을 줄일 수 있다. 또한 그 만큼 집에서 휴식을 취할 수 있는 시간이 늘어 점포 운영을 위한 체력도 비축할 수 있을 것이다. 최근에는 교통체증으로 인해 출퇴근시간도 만만치 않은 상황이어서 자택과 점포의 거리를 최대한 줄이는 것이 매출을 유지하는 한 가지 대안일 것이다

2 상권분석

좋은 상권의 12가지 기본조건

일반적으로 입지조건이 좋으며 상권이 살아있다고 평가받는 점포들은 다음과 같은 기본적인 조건을 갖추고 있다.

- 지하철역에서 300m 이내인 지역의 점포
- 버스 정류장으로부터 100m 이내인 지역의 점포
- 버스 정류장에 정차하는 버스 노선이 5개 이상인 지역
- 버스 종착역에서 반경 500m 안에 있는 점포
- 버스 · 지하철역에서 주택으로 들어오는 진입로의 모퉁이 점포
- 편도 2차선 3거리 이상 도로의 200m 이내에 동업종이 없는 점포
- 동일도로 200m 이내에 동업종이 없는 점포
- 반경 500m 이내에 동업종이 3개 이상 없는 점포
- 고정인구 2만 명, 세대수 5천 가구 이상인 지역
- 2천세대 이상의 아파트단지나 주택단지 점포
- 고등학교 이상 학교 주변 정문에서 500m 이내, 후문에서 300m 이내 인 점포
- 주변에 10층 이상 대형건물이 5개 이상 밀집된 곳

하지만 이러한 조건을 갖춘 지역이라고 반드시 상권이 좋은 것은 아니다. 업종과 궁합이 맞는 자리를 고르기 위해서는 유동인구조사 · 세대수 · 생활수준 등 보다 세밀한 조사가 필요하다. 주로 근린생활업종이냐, 중심상권지향형업종이냐에 따라서 입지여건이 판이하게 달라진다는 점을 고려해야 한다. 또한 당장 입지여건이 좋다고 하더라도 앞으로 상권이 어떻게 발전할 지에 대하여 반드시 체크를 해 보아야 한다.

상권발전에 부정적인 영향을 미칠 수 있는 요인으로는 인근아파트의 재개발 재건축 공사 및 주변에 지하철 공사의 시작과 반경 300m 바깥쪽에 새로이 지하철역이 개통되는 경우가 있고 대형 할인점의 입점, 관공서의 이전, 마을버스의 개통, 중심상업지역의 새로운 탄생 등은 기존 상권에 영향을 미치므로 이러한 요인들이 계획되고 있는지의 여부도 확인해 보는 것이 좋다.

올바른 상권선택이 성패 좌우

상권이란 어떤 점포 또는 일정한 상업 집적지가 고객을 동원할 수 있는 범위로 고객의 80% 이상이 거주 혹은 통근하고 있는 지역을 말한다. 상권의 넓이는 점포의 크기, 취급하는 상품의 종류나 상업집적도, 그에 이르는 전철·버스 등 교통기관의 편리함에 의해 결정된다. 따라서 대형상점의 출점, 지하철의 개설 등으로 범위는 크게 변한다. 빈도가 높은 일용품 등은 도보 10분, 빈도가 낮은 품종은 20분 이내가 상권으로 되는 것이 보통이나 다른 점포, 상업 집적지와의 경합상황으로 달라진다.

점포 사업자가 상권을 정할 때 고려해야 할 사항으로는 다음과 같은 것들이 있다.

첫째, 고객이 얼마나 쉽게 접근할 수 있는 지역인가. 이는 가장 기본적이고 당연한 사항으로, "유동인구"라는 개념과 연결된다. 지하철 출구 및 버스 정류장과의 거리, 인근의 주요건물의 입지여부 등이 고려해야 할 요소이다.

둘째, 주변 상권과의 조화가 얼마나 잘 이루어지는가를 고려해야 한다. 같은 상권일지라도 동일 업종이 너무 많으면 곤란한 경우가 있지만, 반대로 동일 업종에 종사하는 점포가 수백여 개 모여 하나의 상권을 형성하는 경우도 있다. 을지로 3가에 위치한 타일도매상이나 문정동의 의류 할인점, 용산의 전자상가 등이 후자에 해당하는 예이다.

예를 들어보자. 잠실 신천역 새마을 시장 인근에 젊은이들을 상대로 한 먹자거리, 화곡동 강서구청 옆 먹자골목, 성수동 강변도로 인근의 카페거리 등 서울시내의 이면도로를 중심으로 30여 곳 이상이 성업 중이다. 이들 지역의 투자 유의점으로는 특정한 수요층을 대상으로 경기를 비교적 덜타는 먹는 업종이 대부분을 차지하고 있다. 따라서 이들 지역에 투자할 때는 주변의 잘 되는 품목을 따라가지 말고 참신한 아이디어를 가미한 독특한 품목으로 정하는 것이 좋다. 또 유동고객이 많지 않은 만큼 소규모로 점포를 운영하는 것이 바람직해 보인다. 이와 함께 권리금이 붙어있고 신축 땐 가게를 비워야 하는 구 건물보다 신축건물에서 점포를 임차하는 것이 유리하다.

신세대가 몰리는 곳에 불황은 없다

신세대들이 많이 몰리는 서울시내 신촌 대학로, 압구정동, 홍대 앞, 성신여대 앞 상권은 불황을 모른다. 이들 상권에는 권리금만 수 억원대를 호가하는 상가들이 많고 평당 임대료가 1천~5백만원 선에서 형성되고 있다.

부동산뱅크지 조사에 따르면 신세대들의 집결지인 대학로의 경우 대로변 14평형 한 아이스크림 가게의 권리금이 2억5천만원에 보증금 7천5백만원, 월세 5백만원이다.

신세대들이 가장 선호하는 홍대 앞 주변상가들의 임대료는 1층 기준으로 평당 1천만~1천5백만원, 권리금은 5천만원~1억3천만원 가량이다.

여성 신세대들의 거리인 이화여대 앞 상가의 권리금은 홍대 앞보다 훨씬 높은 1억5천만~2억원선이다.

여중고생들이 몰려드는 성신여대 앞 국민은행 부근 2층 상가의 경우 권리금이 1억2천만원, 보증금 3천만원에 월세 1백만원대에 달하고 있다.

신세대 상가의 권리금이 이렇게 높은 것은 물론 장사가 잘되기 때문이다. 홍대 앞의 한 패스트푸드점에는 하루 평균 1천5백명 가량의 신세대 고객들이 드나들고 있는 것으로 조사됐다. 이들 거리에서 신세대들의 의식과 사고 그리고 행동변화를 발 빠르게 포착하지 못하는 업소는 셔터를 내릴 수밖에 없다.

신세대 상권에서 유행은 두 달 이상 버티기 어렵다. 중요한 것은 새로운 장비와 분위기로 치장한 업소들이 새로운 신세대 문화를 만들어내고 있다. 멀티미디어에 익숙한 신세대들은 이곳에서 밤을 새워 젊음을 발산하고 새로운 카페문화를 열어가고 있다.

업종별 유망상권 포인트

업종에 따라 장사가 잘 되는 지역이 따로 있다. 실수요자가 직접 상가에 투자할 때 새겨 두어야 할 격언이다. 이 말에는 아무리 목이 좋아도 안 되는 업종이 있음을 의미한다. 여기에서는 전 업종에 관하여 기술한다는 것이 무리임으로 예를 들어 4가지 업종에 대하여 생각해 보기로 한다.

약국 대표적인 입지는 아파트 단지 내 상가, 버스정류장 및 전철역 앞, 빌딩구내, 주택가의 주 출입통로, 시장 통 등이 꼽힌다. 아파트 단지 내 상가는 상주인구가 3천명 이상, 빌딩 구내일 경우 20층 이상 되어야 수익성이 높다. 터미널 부근은 전문화된 약국이 좋고 시장주변은 대형점포가 고객유치에 유리하다. 아파트단지 등 주택가 약국점포를 선정할 때 고려해야 할 점은 고객의 동선(動線)이다. 바둑판 모양으로 도시계획이 잘 된 곳은 사방으로 인구의 분산이 쉽기 때문에 부채꼴 모양으로 형성된 지역의 손목위치에 입지하는 것이 유리하다.

팬시점 팬시점의 성패는 주요고객인 10~20대 젊은층이 얼마나 모이는 지역인가에 따라 결정된다. 특히 도심의 경우보다 세심한 주의가 필요하다. 한가지 특이한 사실은 소득수준이 높아짐에 따라 논산·조치원·양산 등 중소도시 단위의 점포의 매출액이 높아지고 있는 추세이다. 지방의 읍 단위 지역이라 하더라도 대학의 분교가 들어서고 신규 아파트 단지가 형성되고 있는 지역은 투자적지로 고려해 봄직하다.

편의점 편의점은 입지유형에 따라 주택가, 유흥가, 대학가, 오피스가, 역세권 등으로 분류한다. 가장 기본적인 입지여건은 반경 250m 이내 배후 세대수가 1천 가구를 넘는 곳, 독신자와 맞벌이 부부가 많아 세대 당 인구가 3.5명 이하인 곳 등이 적합하다. 점포 후보지를 선택하기 전 유동인구의 구매성향을 파악할 필요가 있다. 차량이 외부에서 거주지로 들어오는 길목이 적격지이다. 점포면적은 전면길이가 7m 이상 되고 매장면적이 25평 이상되어야 하며 사거리 모퉁이 점포가 가장 유리하다. 편의점의 실질상권은 소비자 주거지에서 10분 이내 거리로 반경 250m 배후 세대수가 1천5백 가구를 넘으면 안정적인 영업이 가능하다.

피자점 피자점은 다른 패스트푸드점에 비해 유동인구의 영향을 덜 받는다. 특히 레스토랑형 피자점은 중심상권이나 주택 밀집지역에 위치하지 않아도 높은 매출을 기대할 수 있는 업종이다. 그러나 어디서든 쉽게 찾을 수 있고 주차공간이 충분히 확보되어야 한다. 배달과 매장판매를 겸하는 피자점의 경우 지나친 영업지역 확대가 오히려 수익을 낮추는 경우가 적지 않다. 배달전문점의 경우 마케팅 능력이 중요하기 때문에 임대가격이 낮은 지역에 인접해도 가능하다. 관련업계에서는 도심에 비해 아직은 권리금이 낮고 인구밀도가 높아지는 추세인 신도시 지역을 유력한 투자대상 지역으로 꼽는다.

창업설계에서 고려할 일곱가지 사항

예비창업자가 창업을 위해 가장 고민 하는 것은 현재의 창업자금으로 어떤 장사를 해야 할 것인가이다. 예전처럼 수요가 왕성하고 공급이 부족하던 시절에는 점포만 개설하고 물건만 채워 놓으면 저절로 굴러갈 수 있었지만 인터넷이 주도하는 정보화 시대에서는 점포창업도 신선한 아이디어로 무장하지 않으면 소비자에게 도외시된다. 이중 창업자금에 관한 내용은 다음 기회에 다루기로 하고 기본적인 구상에 관해 필수적으로 생각해야 할 창업 전 고려사항 일곱가지를 제시한다.

주력상품(what) 고객에게 무엇을 팔 것인가를 생각해야 한다. 어떤 상품을 선정해야 고객에게 잘 팔리고 자신이 잘 소화해 낼 수 있을 것인지 판단하여야 한다. 최근 유행을 타는 업종보다는 자신의 성격이나 전문성 또는 경험이 있는 업종을 선택하는 것이 보다 유리할 것이다.

내점동기(why) 어떤 고객이 점포를 찾아올 것인지를 고려해야 한다. 이는 차별화 전략을 세우는 시발점이 될 것이다. 가령 가격이 저렴해서, 주변에 물건을 살 만한 장소가 없어서, 서비스가 뛰어나서, 주인과 친해서, 시설이 마음에 들어서, 상품구색이 다양하여 등의 이유를 먼저 생각 보아야 한다. 대부분의 창업자들은 가격만 저렴하고 상품의 질이 좋으면 손님은 무한정 있을 것으로 착각하는 경우가 많기 때문이다.

목표고객(who)설정 소자본 창업이니만큼 백화점처럼 모든 상품을 진열하고 모든 계층의 고객을 상대한다는 것은 무리이다. 이는 고객을 전혀 배려하지 않는 행위이며 비생산적이라고 볼 수 있다. 소점포일수록 전문성이 있어야 한다. 어떤 고객계층을 상대로 영업을 할 것인지 고려해야 하는 것이다. 젊은 신세대를 대상으로 판매할 것인지 장년층을 대상으로 판매할 것인지 남성·여성·주부·노년 등으로 목표고객을 설정해야 한다.

영업시간(when)설정 판매하고자 하는 상품을 사는 주 고객이 찾아오는 시간대를 생각해야 한다. 점포 문만 오래 열어 놓으면 많이 팔 수 있는 것은 아니다. 모든 지역이 사람들이 주로 많이 다니는 시간이 있고 소비하는 시간이 별도로 있기 때문이다. 출근시간에는 사람들이 많이 통행하지만 구매 또는 소비는 하지 않는 것처럼 주로 소비하는 시간이 별도로 정해져 있게 마련이다.

개점입지(where)선정 주력상품을 판매하기 쉬운 장소를 선정해야 한다. 선택한 업종 또는 아이템이 잘 판매될 수 있는 장소를 정해야 한다. 상품을 구매하게 될 예상고객이 충분히 잠재해야 한다. 잠재고객을 파악하기 위해서 통행인구수·배후지역의 인구수·라이프 사이클·연령·소득수준을 조사해야 한다. 통행인구와 배후지역의 인구수는 점포의 매출을 결정짓는 중요한 요소가 된다.

판매방식(how)결정 상품과 서비스의 질을 고려한 판매방식의 결정이다. 입지에 관한 잠재고객의 생활수준이나 소비습관, 소비행태 등을 고려하여 어떤 판매방식이나 관련 서비스를 제공할 것인지 고려해야 한다. 이는 점포 차별화를 위한 기본전략을 세우는

데 있어 중요한 역할을 하게 된다.

가격(how much)책정 위와 같은 모든 조건이 결정된 후 최종적으로 판매가격을 책정하여야 한다. 내 점포에서 어떤 상품을 어떤 가격에 판매할 것인지 고려해야 하는 것이다. 가격을 결정하는 기준은 원가기준, 경쟁기준, 수요기준으로 나눌 수 있으며, 원가기준에 의한 가격결정은 단순히 상품의 원가에 적당한 마진을 감안하여 정하는 것이고, 경쟁 기준은 경쟁점포의 가격을 고려하여 정하는 방식이다. 수요기준은 소비자 수용가격에 따라 가격을 정하는 것으로 최근 들어 가장 중요시 되는 방법이다. 소비자 수용가격을 파악한 후 이 수용가격을 기준으로 판매가를 정하고 목표원가를 정한 다음 그 목표원가에 맞추기 위한 원가절감 방안을 찾는 방식이 가장 바람직한 가격결정이라고 볼 수 있다.

06 수익성 및 경제성분석

기업 활동의 중요한 목적중의 하나는 이익의 극대화라고 할 수 있으므로 경영분석의 일차적인 초점은 수익성분석이라 해도 과언이 아니다. 기업의 수익성은 기업의 제 정책과 의사결정의 종합적인 결과로서 나타나기 때문이기도 하다. 수익성은 기업이 이익을 올리는 정도 또는 손실을 내는 정도를 말하는데, 단순히 이익을 냈다고 하서 수익성이 좋다고 말하기 어려운 경우도 있으므로, 경우에 따라서는 목표이익 또는 동 업계 평균 수준의 이익달성 정도를 의미하기도 하다.

반면에 협의의 수익성은 당기에 자본을 얼마만큼 투자 운영하여 어느 정도 이익을 올렸는가 하는 것을 의미하며, 이 경우의 수익성은 보통 자기자본이익률로 표현한다. 창업기업의 수익전망은 추정손익계산서에 근거하여 연도별 예측치가 산정되며 매출액·매출총이익·영업이익·경상이익 및 세전당기순이익·당기순이익 등을 분석하여 수익성을 평가하게 된다. 이 때 비교분석을 할 수 있는 동 업계 분석지표는 한국은행 발행 기업경영분석을 많이 활용하고 있으며, 중소기업협동조합중앙회, 산업은행 등이 발행하는 경영지표를 활용하는 경우도 있다.

1 재무타당성분석의 필요성

아무리 제품의 품질이 좋고, 시장성이 뛰어나서 성공적으로 생산·판매되더라도 수익이 제대로 창출되지 못하든가 투자의 경제성이 없다면 그 사업은 근본적으로 실익이 없는 것으로 판단할 수 있다.

이러한 재무타당성분석은 사업성분석의 최종단계일 수도 있으며, 나아가서 창업 후 경영전략을 수립하기 위한 사전준비과정일 수도 있다. 왜냐하면 계획제품이 그 특성상 수익성이 낮다면 영업외적 요소, 즉 인건비나 경비를 줄일 수밖에 없는 경영전략 수립이 요구되며, 경제성이 없다면 새로운 사업분야의 탐색 등이 필요하기 때문이다.

재무타당성분석은 및 경제성분석은 추정재무제표의 작성을 그 전제로 하고 있다. 수익전망은 향후 3년 내지 5년간의 추정제조원가명세서와 추정손익계산서를 작성하여야만 그 예측이 가능하며, 예측된 매출액 및 당기순이익 규모에 의해 손익분기분석이 가능한 것이다. 또한 추정대차대조표와 자금조달운용계획표가 작성되어야만 이를 근거로 투자수익 및 계획사업에 대한 경제성평가가 가능하고, 자금흐름 예측에 의거하여 자금수지 및 자금조달 능력을 검토할 수 있기 때문에 수익성분석은 추정재무제표 작성을 전제로 하고 있다.

2 평가항목

평가항목은 크게 나누어 수익전망, 손익분기점분석, 투자수익 및 계획사업의 경제성분석 등으로 분류할 수 있다.

첫째, 수익전망은 창업 후 3년 내지 5년간의 추정손익계산서(제조원가명세서 포함), 추정대차대조표 및 자금수지예상표를 작성한 후, 이를 근거로 기준시점 이후 3년 내지 5년간의 수익전망 및 흑자실현가능시점 등 수익성을 검토한다.

둘째, 손익분기점분석은 손익분기점매출액, 즉 기업이 영업활동에서 발생하는 수익과 비용이 일치하는 매출액과 비용은 어느 정도이며, 어느 시점에 실현 가능한지를 중점적으로 분석한다. 또한, 부수적으로 손익분기점 산출 후 판매수량·금액·고정비·변동비 등이 균형을 이룰 수 있는지도 검토되어야 한다.

셋째, 투자수익 및 계획사업의 경제성분석은 각종 투자수익률 산출방식에 의한 투자수익률을 산출함과 동시에 계획사업을 통해 최소한 목표수익률 이상의 수익실현이 가능하며, 나아가서 계획사업의 경제성은 있는지를 분석하게 된다.

3 평가기준 및 방법

수익전망

수익전망은 추정손익계산서를 근거로 하여 예측한다. 향후 3년 내지 5년간의 추정손익계산서가 작성되면 손익계산서상 연도별 매출액, 매출총손익, 영업이익, 경상이익, 세전 순이익, 그리고 당기순이익 등을 분석한다. 매출액에 대한 매출원가는 동 업계와 비교하여 과다하지 않은지, 판매비와 일반관리비는 매출액 또는 전체적인 영업규모에 비해 과다하지 않은지 종합하여 분석해 보아야 한다. 그리고 최종적으로는 당기순이익 규모가 적정한지, 매출액에 대한 당기순이익률은 경쟁사 대비 어느 수준인지도 검토되어야 한다.

수익전망분석에서 검토되어야 할 또 다른 요소는 흑자실현 가능시점의 분석이다. 몇 년이 지나도록 이익이 실현되지 못하고 있거나, 이월결손금 보전이 안 된 경우라면 결코 사업성이 있다고 볼 수 없다. 아무리 창업기업이라 하더라도 2~3년 내에 이익실현이 불가능한 경우이거나 5년 이내에 이월결손금이 보전되지 않은 사업이라면 재고의 여지가 있다고 본다. 또한 아무리 대규모 장치산업이라 하더라도 중소기업에 있어서는 5년 이내에 이익실현이 불가능한 경우라면 5년 이후에 큰 수익이 기대되더라도 사업자체를 재고하지 않으면 안 된다. 5년 내에 자금 압박으로 도산해 버린다면 5년 이후의 큰 수익은 아무 소용이 없기 때문이다.

손익분기점분석

손익분기점이란 기업경영에 있어서 수익총액과 비용총액이 일치하게 되는, 이익도 손실도 없는 매출액 또는 조업도를 말한다. 손익분기점은 어느 정도의 매출을 실현하여야만 이익도 손실도 아닌 분기점에 도달할 수 있는 것이며, 분기점 도달시점은 영업개시 후 언제가 될 것이냐가 분석의 핵심과제가 되는 것이다.

손익분기점분석은 사업성패의 관건인 동시에 자금수급계획의 지침이기도 하다. 매출이 손익분기점에 이르기 전까지, 그리고 손익분기점에 이른 후에도 일정기간 동안은 자금의 투입만이 이루어지기 때문에 동 기간동안 소요될 자금을 미리 확보하지 않으면 사업이 본 궤도에 오르기 전에 도산하고 마는 결과를 가져올 수 있는 것이다. 따라서 손익분기점분석은 자금조달계획을 미리 수립하기 위한 척도로서 활용할 수 있다.

또한 손익분기점 산출 후 손익분기점 달성시점을 재조정할 필요성이 있는 경우 판매수량 · 금액 · 고정비 · 변동비 등의 타당성을 검토함은 물론, 이들 요소로부터 경비의 절약방안 등을 강구할 수 있어서 손익분기점 자체를 재조정할 수도 있다.

손익분기점의 평가기준은 그 평가 목적에 따라서 다양하다. 단순히 손익분기점매출액을 산출하는 경우에는 손익분기점에 이르는 매출액 규모의 산출에 그 목적이 있으며, 이 손익분기점 매출액을 산출하면 이를 근거로 하여 창업 후 어느 시점에 이익실현이 가능한지를 예측해 볼 수 있는 것이다. 이때 손익분기점매출액은 다음과 같은 산식에 의해 산출이 가능하다.

$$\text{손익분기점매출액} = \frac{\text{고정비}}{1 - \dfrac{\text{변동비}}{\text{실제매출액}}}$$

여기서 손익분기점매출액 규모가 산출되면 현재의 실제매출액을 기준으로 언제쯤 이익실현이 가능한지 분석해 볼 수 있다. 창업기업에 있어서는 손익분기점매출액 자체보다는 언제쯤 이익실현이 가능한지가 더 중요한 지표일 수가 있다. 이외에도 손익분기점분석은 다음과 같은 좌표를 경영자에게 제시하여 준다.

1억원으로 할 때 이 목표이익 달성을 위한 매출액의 산출

$$\text{매출액} = \frac{\text{고정비} + \text{목표이익 1억원}}{1 - \dfrac{\text{변동비}}{\text{실제매출액}}}$$

20억 원일 때 손익규모의 산출

$$\text{손익} = \text{목표 매출액 20억원} \times \left(1 - \frac{\text{변동비}}{\text{실제매출액}}\right) - \text{고정비}$$

20억 원일 때 목표이익 2억4천만원을 달성하기 위한 비용절감목표액산출

$$비용절감\ 목표액 = (고정비 + 목표이익\ 2억4천만원) - 목표매출액\ 20억원 \times (1 - \frac{변동비}{실제매출액})$$

계획사업의 경제성분석

계획사업의 경제성분석은 목표수익률 이상의 수익률실현이 가능하며, 얼마나 확실성이 있는지를 순현가법(NPV), 내부수익률법(IRR) 등의 재무적 방법을 사용하여 평가한다.

순현재가치법(NPV) 순현재가치법이란 어떤 투자(안)에 대한 투자액을 최소한의 자본비용, 즉 할인율로 할인한 현재가치와 투자자의 과실로 얻어지는 현금유입액을 시장할인율로 할인하여 현재가치화한 후 현금유입의 현재가치에서 투자액의 현재가치를 차감한 순액이 양(+)이면 투자(안)이 경제성이 있다고 평가하며, 음(−)이면 경제성이 없다고 평가한다. 따라서 2개 이상의 예비 사업 아이템에 대해 순현재가치법으로 경제성평가를 하는 경우에는 순현재가치의 크기가 큰 순으로 사업 우선순위를 결정하게 되는 것이다. 이를 산식으로 표시하면 다음과 같다.

$$\sum_{t=0}^{n} = \frac{It}{(1+k)t} - \sum_{t=0}^{n} \frac{Ot}{(1+k)t}$$

여기서 It : 기간 t의 현금 유입

Ot : 기간 t의 투자(현금유출)

k : 할인율(자본비용)

내부수익률법(IRR) 내부수익률법은 어떤 사업안에서 예상되는 투자액의 현재가치와 현금유입의 현재가치를 일치시켜주는 할인율(자본수익률)에 의해 사업안의 경제성을 평가하는 방법이다. 즉, 이 방법은 장기간에 걸친 사업의 현재가치를 0으로 하는 수익률이 얼마인가를 알아보는 방법으로, 이 때의 수익률(r)이 목표수익율($r0$)보다 클 경우 채택하는 것이다. 현재가치로 할인한 투자수익과 자본투자액의 순액이 0이 되게 하는 r값을 산출하면, 이 값이 바로 구하고자 하는 내부수익률이며, 이를 수식으로 표시하면 다음과 같다.

$$\sum_{t=0}^{n} = \frac{It}{(1+r)t} - \sum_{t=0}^{n} \frac{Ot}{(1+r)t} = 0$$

위의 산식에서 내부수익률(r)이 산출되면, 그 내부수익률에 따라 $r > r0$이면 경제성이 있고, $r = r0$이면 경제성은 0이며, $r < r0$이면 경제성이 없는 것으로 평가한다.

4 자금수지분석

자금수지검토

자금수지 및 자금조달 능력은 수익성이 있는 사업이라 하더라도 과연 그 사업에 필요한 적정자금의 규모는 어느 정도며, 이 자금을 적기에 차질 없이 조달할 수 있는지, 그리고 조달된 자금은 상환조건에 따라 상환기간별로 원만히 상환할 능력이 있는지 여부를 검토하는 것이다.

소요자금규모 및 조달가능성 검토

소요자금의 규모결정은 사업규모와 함께 생각하는 것이 좋다. 반면 사업규모는 자금조달 능력에 의해서 결정되어진다. 따라서 소요자금 규모결정은 자금 조달 능력과 연계시켜 검토하는 것이 합리적이다.

자금 조달 · 운용 계획을 수립하는 제1단계는 총소요자금 규모에 따라 자금조달 계획을 수립하는 것이다. 창업 단계에서 총소요자금 사정은 여러 측면에서 정확한 산정이 현실적으로 어려운 것이 사실이다. 공장 건설비 견적서의 부정확, 기계설비 내용 및 성능차에서 오는 소요자금 차이 등뿐만 아니라, 예측치 못한 여러 상황에 따라 추가로 소요되는 경우도 허다하다. 따라서 자금 조달 계획을 수립할 때는 총소요자금을 최대한 정확히 산정하되, 소요자금의 불확실성 및 소요자금 산출상의 누락분 등을 감안하여 총소요자금의 1.5배 내지 2배로 자금조달 계획을 수립하는 것이 필요하다. 1.5내지 2배의 근거는 이와 같은 불확실성 또는 불예측성 요인뿐만 아니라, 창업 소요기간의 연장에 따른 가산분, 즉 창업 초기 1~2년 또는 2~3년간의 소요자금 산정만으로는 창업이 본 제도에 오를 수 없는 경우도 허다하기 때문이다. 공기가 연장되는 경우, 시운전기간의 연장, 개업준비 지연, 그리고 매출액 증가에 따른 추가 운전자금 소요

등의 이유로 창업 초기 약 5년간 소요될 총자금을 정확히 산정할 수 없다는 제약점 때문에 이들 요소를 충분히 감안하기 위한 것이다.

총소요자금 대비 자금조달계획이 수립되면 제2단계로 자금조달 능력을 검토하여야 한다. 자금조달 방법 자기자본과 타인자본으로 구분할 수 있는데 자금조달 능력은 자금조달에 따른 위험 수준에 따라 창업자의 실정에 맞춰 그 조달 범위를 결정하여야 한다.

자금조달 · 운용 계획의 수립 절차상 제3단계는 자금조달 능력의 적정성 평가이다. 자금조달 능력이 계획액에 이르지 못하면 사업규모를 줄이지 않으면 안 된다. 자금조달 계획이 아무리 정확하게 산정되었다 하더라도 사업을 하다 보면 추가로 자금이 소요되는 경우가 반드시 생길 수밖에 없기 때문에 안정적 경영을 도모하기 위해 사업규모를 자금조달능력의 1.5 내지 2배 정도로 결정함이 바람직할 것이다.

자금조달 및 운용계획표의 작성 및 분석

소요자금 규모 및 조달가능성 검토가 끝나면 이들 자료와 추정재무제표, 특히 자금조달운용표를 작성한 후 이를 근거로 자금조달운용계획표를 작성한다.

자금조달운용계획표는 기간 및 자료성격에 따라 단기 총괄자금계획, 시설자금 조달계획, 연도별 소요자금 및 조달계획을 작성한 후, 이를 심층적으로 분석한다. 자금조달 · 운용 계획표 작성 시에 누락되는 항목이 없도록 세심한 주의를 요하며, 견적서 등 객관적이 근거자료에 의거해서 작성하여야 하는 것이다.

Chapter 11

사업계획 수립

창업절차 각 단계 중 사업아이템을 선정하고 사업성을 분석한 후 사업계획 수립단계에 이르게 된다. 사업계획 마지막 단계인 사업계획이 수립되면 창업기업의 목표, 사업추진 방향 설정, 사업화 단계 진행 방향제시, 창업자의 실현의도를 더욱 쉽게 이행할 수 있다.

사업계획이란 상품을 판매함에 있어 그 처리절차나 방법을 미리 정하는 것으로 미래의 변화를 예측하여 이에 대한 적절한 조치를 미리 강구하며 효율적인 운영으로 매출 극대화에 따른 이익의 실현을 목적으로 한다. 또한 사업계획서는 계획하고 있는 사업 내용의 청사진으로서 준비단계에서부터 실제 사업내용의 투자범위 및 전략을 포괄적으로 담고 있는 지침서가 되어야 한다. 따라서 정확한 실사와 정보에 의한 판단, 주변 환경의 분석과 장래성 등을 고려한 전략적인 지침서가 되어야 한다.

사업계획수립의 필요성은 해마다 많은 수의 사업장들이 운영부진으로 폐업하고 창업자들은 실패의 쓴 맛을 경험한다. 그 이유 중의 하나가 계획성 있는 준비를 하지 않은데 있다. 그저 시작하면 고객이 오고 차차 시일이 가면 사업장 운영도 손쉬우려니 하고 생각하여 창업했던 시기는 이미 옛날 일이 되고 만다. 창업 후의 사업장을 안정적으로 운영하기 위해서는 창업 전의 사업계획은 매우 중요하다. 사업계획서는 창업자의 꿈과 이상이 담겨 있는 계획사업의 청사진이요 사업성공의 지침서이다. 따라서 창업과정에 있어서 사업계획서 작성은 사업의 내용, 업종의 시장현황, 소비자 특성, 시장 확보를 위한 마케팅전략, 창업 업종에 대한 향후전망, 창업자금 및 차입금 상환계획, 인력계획 등 창업에 관계되는 모든 것을 수립하고 실천하기 위한 아주 중요한 자료이다. 이러한 사업계획은 궁극적으로 서비스 판매에 대한 최대의 수익을 내고자 하는 일련의 전략인 것이다

01 점포계획

업종을 고른 다음에 나름대로의 시장조사를 끝내고 점포를 결정하는 일이 우선 할 일이다.

점포계획은 예상되는 입지에서 점포장소와 관련되는 각종 시설 및 인원계획을 수립하여, 창업 시 점포에 투자되는 비용을 산출하는 과정이다. 이 과정에서 체크해야 할

요소를 대략 다음과 같이 점검해 보기로 한다.

영업하고자 하는 지역을 선정한 후에는 구체적으로 점포를 구해야 한다. 눈으로 보이는 점포 바깥의 얼굴을 외관이라고 한다. 고객은 점포의 인상. 즉 점포의 이미지를 외관으로부터 읽는다. 이러한 이미지에 의하여 점포의 번영이 결정되므로 외관은 점포 성공의 매우 중요한 요소라 할 수 있다.

점포의 외관은 채소가게 · 어물전 · 쌀가게 · 과자가게 등과 같이 그 점포가 팔고 있는 주력상품에 의해 분류하는 '업종'과 백화점 · 전문점 · 할인양판점 · 편의점 등과 같이 판매형태나 편리성에 의해 분류하는 '업태'에 따라 바뀐다.

또 최근에는 외관이 서로 닮은 점포가 많아지고 있으나, 한편으로는 같은 상품을 팔고 있어도 전혀 색다른 외관의 점포나, 무슨 상품을 팔고 있는지 전혀 알 수가 없는 점포도 쉽게 볼 수가 있을 정도로 거리에는 실제로 여러 가지 외관을 갖고 있는 점포가 많이 있다.

요 소 별	체 크 포 인 트
점포면적	실 점포 면적을 기준으로 상품성 분석결과에 따라 결정한다.
상품구성	구색상품, 이색상품, 잘 팔리는 상품의 구성비를 어떻게 하느냐를 결정한다.
외부장식	• 간판 : 상품특성과 조화를 이룰 수 있는 규격, 모양, 재질 등 입구 및 도어 : 전문 인테리어업자에게 자문을 얻는 것이 좋다. • 진열장 : 새로운 감각과 상품의 특성을 감안하여 선택한다. • 주차장 : 고정주차장, 월주차장, 시간주차장의 효율성을 판단한다.
소요인력	월 급여, 아르바이트, 파트타이머, 일용
내부Lay-out	내부 Lay-out은 점포의 특성을 최대한 살리는 방법으로 다른 점포와 차별화하는 것에 주안점을 갖는다.

1 점포전략

어쨌든 현재와 같이 점포간의 경쟁이 치열해지고 있는 상태에서는 점포의 외관 자체로 고객을 불러들일 수 있는 것이 필요하다. 그를 위해 업종 · 업태별로 외관을 어떻게 느끼도록 하면 고객이 많이 방문해 줄 것인가를 한마디로 확실하게 답을 해줄 수만 있다면 문제가 없겠지만, 인공적인 느낌을 좋아하는 사람이 있는가 하면 자연적인 느낌을 좋아하는 사람, 변화가 없는 것을 좋아하는 사람, 변화가 많은 것을 좋아하는 사람 등과 같이 여러 사람의 욕구를 어느 하나로 답을 통일시키는 것은 거의 불가능하다.

그것은 점포의 외관이 시대의 변화나 사회의 풍조에 의해 변할 뿐 아니라, 옛날부터 내려 온 전통적인 외관에서도 모던하면서도 심플한 최신유행 디자인의 외관에서도 고객의 그때 당시의 취향에 의해 방문 여부의 결정이 좌우되어왔기 때문이다. 결국은 그 점포를 만드는 사람이 어떤 고객을 위하여, 어떤 상품을 파는 점포를 만들까 하는 것에 의해 기본적인 생각이나 신념을 외관의 형태에 반영하는 것으로 밖에 볼 수가 없다.

또한 점포 디자인은 점포 건물의 정면 외관을 "숍 파사드"라고 하며 그 디자인을 "파사트 디자인", 그 인상을 "파사드 이미지"라고 부른다. 또 점포의 앞 또는 점두를 의미하는 "Shop Front(점포의 전면)"이라는 표현을 사용한다. 한자식 표현에는 점포의 크기나 점포의 짜임새라는 의미의 "점포구성"이라는 말도 있다. 점포의 내장(점내 디자인)은 외관의 디자인이나 이미지와 맞도록 하는 것이 기본이다.

점포 입지선정

점포의 입지선정은 사업성공의 중요한 요소이다. 창업성공에 영향을 주는 요인은 여러 가지가 있으나 가장 중요한 요인 중의 하나가 입지의 선정이라고 할 수가 있다. 즉 점포의 입지가 좋으면 비효율적인 경영으로 인해 발생되는 문제점들을 극복할 수 있으나 위치가 나쁘면 창업자가 유능하다 할지라도 그 능력을 충분히 발휘할 수 없게 된다. 따라서 입지선정은 발로 뛰는 현장체험이라 생각하고 최소 1개월 이상 관련 사항을 면밀히 조사한 후에 선정하여야 원하는 점포를 찾을 수 있고 나중에도 후회가 없는 창업이 가능하다. 일반적으로 점포는 고객을 유인하는 가장 효과적인 수단이며 경쟁점포에 대하여 우위를 선점하는 마케팅의 원천이 되는 것이다. 점포의 선정은 고객의 입장에서 조사하여 장소를 물색하는 것이 가장 중요하며 소점포의 상권은 반경 500m 내의 유동인구 및 주변점포의 환경분석이 입지선정이 주요 포인트가 된다.

입지선정의 기본절차

입지선정절차는 본인이 창업하고자 하는 업종이 선정되었으면 제 1단계는 개략적인 위치를 선정하여야 한다. 개략적인 위치는 순서적으로 지역선정 → 지구선정 → 지점선정을 하여야 하며 지점선정이 끝나면 용도지역을 선정하여야 한다. 다음 제2단계는 1단계에서 선정된 지점과 용도지역을 중심으로 상권을 1차, 2차, 3차 상권으로 나누어 예비타당성 조사를 실시하여야 한다. 그런 다음에 제3단계로 예비점포를 물색하여야 하는데 이때 투자금액 · 규모 · 층수 · 임대여부 등의 요소를 감안하여 물색한다. 제4단계에서는 가장 중요한 절차인 상권분석을 실시하여야 하는데 이때는 배후인구 · 유동인구 · 소비행태 · 주변점포의 4대과제에 대하여 세밀히 조사하여야 한다. 4대과제의 조사 결과가 우수하면 일단 입지선정을 위한 절차가 끝나게 된다.

입지의 조건

사업의 성공여부를 결정하는 절대적인 요인은 대체적으로 무슨 사업을 할 것인가를 결정하는 업종 선정과 어디에서 장사를 할 것인가를 결정하는 장소선정의 두 가지를 들 수 있다.

사업을 성공으로 이끌 수 있느냐 없느냐를 결정하는 요소 가운데 60~70%를 차지하는 것이 점포의 위치이다. 그래서 소매업을 입지산업이라고 부른다. 즉, 가게의 위치가 좋으면 성공할 수 있는 확률이 그만큼 높아지나 점포의 위치가 아무리 좋아도 성공하지 못하는 경우도 있다. 다시 말해 입지조건에 맞지 않는 사업이기 때문이다.

점포선정 체크포인트

지역

- 창업하고자 하는 업종의 일반적인 조건에 맞는가.
- 사람들이 어느 정도 모이는 장소인가.
- 유동인구의 수는 얼마나 되는가.
- 인근상가나 동종업종 · 대형점포 등의 영업상태는 어떠한가.
- 상권 내의 주거상황과 소득수준, 세대수와 인구수 등은 어떠한가.
- 지역상권이 성장기인가, 쇠퇴기인가.

채산관계

- 경쟁점포는 어느 곳에 위치하고 있으며 영업상태는 어떠한가.
- 경쟁점포와 경쟁해서 이길 수 있거나 공존할 수 있는가.
- 예상매출은 어느 정도인가, 이익을 낼 수 있는가.
- 향후 고객수의 증가를 기대할 수 있는가.

점포조건

- 점포의 폭은 적당한가.
- 점포의 넓이와 형태는 적당한가.
- 도로와 접해 있는가.
- 주차장은 있는가, 상품의 수 · 배송에는 문제가 없는가.
- 설비에는 문제가 없는가.

가격

- 점포수준과 비교해서 비싸지는 않은가.
- 준비자금에 부합하는가.
- 관리비 · 공과금 등이 많지는 않은가.

[Tip] 우수점포의 입지조건

- 10층 이상 대형건물이 5개 이상 밀집된 지역
- 2,000세대 이상의 대규모 아파트단지나 주택단지
- 지하철역으로부터 300m 이내인 지역
- 버스정류장으로부터 100m 이내인 지역
- 버스정류장에 정차하는 버스 노선이 5개인 지역
- 고교 이상 대학가 주변 정문의 500m 이내, 후문 300m 이내인 지역
- 버스 종착역 반경 500m 이내
- 버스정류장이나 지하철역으로부터 주택으로 들어오는 입구 모퉁이
- 편도 2차선 3거리 이상 도로의 200m 이내인 지역
- 동일도로 200m 이내에 동일 업종이 없는 지역
- 반경 500m 이내에 동일 업종이 3개 이상 없는 지역
- 인구 이동이 심한 지역인 경우 전입해오는 추세인 지역

2 인테리어

인테리어에서 가장 중요한 점은 좋은 느낌이 들도록 시설을 해야 한다는 것이다. 가격이 싸다는 이유로 섣불리 인테리어를 맡겼다가 공사가 끝난 뒤 원하는 분위기가 나오지 않아 후회하는 경우가 많다.

인테리어에도 수준이 있다. 인테리어 회사의 특징이나 실력에 따라서 마무리됐을 때의 분위기는 달라진다. 같은 비용을 들이고도 고급스러운 분위기를 연출할 수도 그렇지 않을 수도 있다. 동일한 투자로 최대의 효과를 거두자면 미리 투시도라는 걸

보고 결정해야 한다. 투시도를 통해서 인테리어가 완성된 모습을 미리 볼 수 있기 때문이다. 인테리어 회사 몇 곳에 투시도와 견적을 요청한 다음 가장 적당한 가격에 가장 느낌이 좋은 쪽을 선택하도록 한다.

인테리어 회사에 의뢰하지 않고 직접 시설을 하면 인테리어 비용을 30% 가량 절약할 수 있다. 단, 예비창업자가 직접 시설을 하자면 인테리어의 전체 공정에 대해서 잘 알고 있어야 한다.

점포 인테리어의 원칙

인테리어를 시공하는데 있어서의 다음과 같은 원칙에 따라 효율성 있게 진행해야 한다.

출입구는 최대한 넓게 한다 출입구는 손님을 맞아하는 얼굴이다. 따라서 소형점포라도 최대한 넓게 만드는 것이 기본이다. 현실적으로 입구를 넓힐 수 없다면 출입문이나 벽에 유리를 부착해 넓게 보이도록 하는 것도 한 방법이다. 손님의 회전이 빠른 음식점의 경우는 출입문을 쉽게 여닫을 수 있도록 가벼운 소재를 택하는 것이 좋다.

이동통로는 손님 중심으로 꾸며야 한다 이동통로는 들어오고 나가는 손님이 서로 부딪히지 않도록 하는 것이 중요하다. 손님끼리 부딪치는 등의 사소한 불편도 쌓이다 보면 점포에 대한 인상이 나빠질 수 있다. 상품을 일정한 방향으로 진열해 출입을 자연스럽게 유도하고 어린이를 상대로 하는 점포에서는 진열대를 아이들 눈높이에 맞추는 등 고객이 불편하지 않도록 손님 중심으로 꾸며야한다.

좁은 점포도 넓게 부풀린다 벽면에 거울을 달거나 점포일부를 계단식으로 높이면 작은 점포도 실제보다 넓게 보이게 할 수 있다. 또 천장에 푸른 하늘 등 적당한 그림을 그려 넣으면 넓고 시원한 분위기를 연출할 수 있다.

점포에 맞는 색깔을 준다 점포내부의 색깔은 고객의 입장에서 선택해야한다. 여성을 상대로 하는 사업은 흰색과 파스텔 톤을 사용해 밝고 호화로운 느낌을 주도록 하고 어린이가 주 고객인 유치원, 장난감 전문점은 노란, 빨강, 파랑 등 원색을 사용하는 것이 기본이다. 특히 젊은 층을 상대로 하는 점포일수록 파격적인 색깔과 디자인을 써야 손님을 끌 수 있다. 그러나 어두운 색상과 자재는 피하는 것이 원칙이다. 어두운 색상은 답답하고 좁은 느낌을 준다. 또 분위기를 무겁게 하기 때문에 소점포에서는 사용하지 않는 것이 좋다.

조명을 적극 활용한다 때론 조명이 고객을 사로잡는 결정적인 역할을 하기도 한다. 점포 안은 전체적으로 밝게 하는 것보다 밝은 곳과 어두운 곳을 적절히 조절해 주력상품이 눈에 잘 띄게 해야 한다. 점포내부가 전체적으로 너무 밝게만 보이면 주의가 산만해져, 구매의욕이 상실될 수도 있기 때문이다. 쇼윈도 위와 카운터, 물품진열대 위쪽 등에 스포트라이트를 적절히 이용하면 훨씬 매력적인 매장으로 꾸밀 수 있다.

소품으로 분위기를 조절한다 조명과 함께 음악이나 사진, 미술품 등의 소품들도 점포분위기를 좌우하는 중요한 요소이다. 사진이나 그림은 한가지를 고집하는 것보다는 계절이나 유행에 맞게 교체해 주는 것이 좋다.

[Tip] 후회하지 않는 인테리어를 위한 십계명

- 자신에게 맞는 디자이너를 찾기 위한 노력을 하자
- 충분한 시간을 두고 디자인에 관한 자료를 수집하자
- 공정을 단순하게 해서 인건비를 줄이자
- 기능적인 측면에서 자신만의 경향을 정확하게 전달하자
- 공사기간을 충분히 주어 꼼꼼하게 공사할 수 있도록 하자
- 도장공사는 비용이 조금 더 들더라도 반드시 좋은 인력을 쓰자
- 유지비 절감을 강조하자
- 외형만이 아닌 공간을 디자인하는 디자이너를 만나도록 노력하자
- 공간을 절약하는 가구나 붙박이장에 비용을 투자하자
- 디자인과 공사 시공비를 깎는 대신 공정을 줄이자

점포 외관관리

고객의 입장에서 점포를 결정할 때 물론 상품력 · 가격, 서비스 등을 최우선으로 고려하지만 어쨌든 한 번은 점포를 이용한 후에 라야 이러한 요소가 결정요인이 된다. 그러면 처음 점포를 선택하는 입장에서 고객은 무엇을 고려할까? 그것은 친밀감 있는 상호와 무엇을 파는 점포인지에 대한 정확한 정보를 주는 점포인 것이다. 이 점포가 피자를 파는 점포인지 돈까스를 파는 점포인지, 아동복을 파는 점포인지 고객 입장에서 빠르게 인지하지 못한다면 점포의 상호, 간판의 디자인 및 위치가 효과적이지 못한 것이다.

간판의 종류는 크게 목간판 · 아크릴간판 · 네온간판 · 유연성원단을 이용한 간판 등이 있다. 목간판은 나무를 각인하거나 페인트를 칠해서 표현하는 간판으로 어떻게 제작하느냐에 따라 상당히 고급스러운 느낌을 줄 수도 토속적인 느낌을 줄 수도 있다. 아크릴간판은 아크릴 소재에 접착시트를 부착시켜 표현한다. 내구성이 약하고 다소 싸구려 같은

이미지를 주는 대신 가격이 저렴하다. 네온간판은 야간업소에 적합한 간판인데 설치를 하려면 구청의 허가를 받아야 한다. 시선을 끄는 힘은 강하나 자칫 잘못 설치하면 천박한 느낌을 줄 수도 있다. 가격이 비싸지만 내구성이 약하고 잔고장도 많은 편이다.

유연성원단을 이용한 간판은 최근에 가장 보편적으로 사용되는 것이다. 파나플렉스나 하이후레스 같은 종류가 있다. 원단 아래쪽에서 형광등이 밝혀줌으로 환하고 밝은 느낌을 준다. 그밖에 철골구조물 간판도 있다. 간판의 제작가격은 크게 디자인비용과 제작비, 유지비용으로 분류할 수 있다.

또한 판매하고자 하는 상품의 수준과 점포의 외관이 어울려야 한다. 주 메뉴가 돼지갈비인 전문점이 외관은 고급 한식점으로 꾸며졌다면 돼지갈비를 먹고자 하는 고객은 왠지 그 점포로 들어가기를 꺼려한다. 고객의 입장에서는 고객자신이 지출하고자 하는 예산에 맞추어 상품 및 점포를 찾는다. 그러나 상품은 찾았지만 점포의 외관이 자신이 생각한 수준보다 높거나 낮으면 고객의 입장에서 점포 문을 열고 들어서기가 꺼려진다. 이만큼 점포의 외관은 고객의 입장에서 점포를 선택하는데 중요한 요소가 되는 것이다.

간판 디자인 지금껏 간판은 인테리어와 별도로 진행되었으나 최근에는 인테리어 디자인과 연계해 시각디자인의 한 분야로 취급되어지고 있다. 그리고 인테리어 디자인 시간판 디자인까지 일관성 있게 디자인되고 있으며 동네 간판점 보다는 전문 디자인 업체에 의뢰하는 경우가 많아졌다. 간판은 상점의 얼굴이다. 간판이 벗겨지거나 낡아서 더러워지면 점포의 외관은 물론 이미지도 해치게 된다. 간판은 그 점포를 한 번도 이용하지 않은 고객을 불러들이는 중요한 요소이다. 따라서 간판을 시공 할 때에는 글자체 · 색 · 형태를 고객의 눈길을 주목시킬 수 있도록 만들어야 하므로 다른 부문의 비용을 줄이는 한이 있더라도 간판만은 신경을 써서 만들어야 할 것이다. 간판의 형태는 간단 · 명확하고, 눈에 잘 띄며 보는 사람에게 호감을 주는 것이 효과적이다.

상호는 강력한 광고수단 대부분의 창업자는 인테리어가 거의 끝나갈 시점에서 간판 시공을 검토하고 이때서야 상호를 짓는 경우가 많은데 이 경우 인테리어 분위기와 상호가 일관성이 없는 경우가 많다. 브랜드의 중요성은 아무리 강조해도 지나침이 없다. 좋은 브랜드는 매출을 직접적으로 끌어올리는 역할을 한다. 때문에 점포이름이 거의 유일한 광고수단이 되는 점포 창업에서는 그 중요성이 더욱 커진다. 점포 이름은 가장 강력한 마케팅 수단이자 그 자체가 최초의 광고가 된다.

Tip 성공적인 점포이름 짓기

- 발음하기 쉬워야 기억하기도 쉽다.
- 업종특성을 반영해야한다.
- 고객의 언어성향을 고려한다.
- 동종 경쟁업체와 차별화 돼야 한다.
- 지나치게 유행을 타는 상호는 피한다.
- 상호의 언어권을 고려한다.
- 상호가 정해지면 상표검색을 해본다.

진열과 디스플레이

진열이란 여러 사람에게 보이려고 물건을 죽 벌여놓은 상태로 나열과 비슷한 의미를 지닌다. 그러나 이것은 단지 어원적인 설명일 뿐 창업에서 진열의 의미는 좀 더 기술적이고 함축적인 의미를 지니고 있다. 진열은 품목 · 진열량 · 페이스 · 진열위치 · 진열형태가 명확해야 한다. 이 5가지의 요소의 실천 정도에 따라 매출은 달라진다. 품목이란 점포에서 무엇을 팔 것인가를 정하는 것을 의미한다. 진열량은 인기상품 · 전략상품 · 특매상품에 따라 달라지며 계절에 따라 변하기도 한다. 페이스는 상품이 보이고자 하는 면을 말한다.

진열의 원칙

진열은 안전해야 한다 불안전한 진열을 피하고 집기 · 비품 등의 안전관리에 만전을 기한다. 중량상품과 부피가 큰 상품은 위험하지 않도록 쌓는 높이를 조절하고 깨지기 쉬운 상품은 고정하거나 스토퍼(stopper)를 설치한다. 불안정한 상품은 진열대 하단에 진열하고 돌출진열은 안전과 동선을 충분히 고려한다. 장기 진열로 상품성이 떨어지거나 유효기간이 지난 상품은 과감히 삭제하고 사용이 편리한 집기를 선택한다.

보기 쉽고 고르기 쉬워야 한다 상품에 쓰여 진 글귀가 잘 보이도록 하고 상품분류 및 그룹을 의식해 진열한다. 상품특성을 충분히 감안하고 골든 존을 효과적으로 활용해야 한다. 고회전(High Return) 상품은 2~3곳에 분산 진열하고 팔기 위한 존과 보이기 위한 존을 명확히 한다.

꺼내기 쉽고 되돌려 놓기 쉬워야 한다 고객은 쇼핑을 할 때 눈으로만 사는 것이 아니라 상품을 직접 만져보고 살펴본 뒤 구입한다. 꺼내기가 어렵거나 돌려놓기 어려우면 그만큼의 판매의 기회를 잃게 된다는 것을 명심한다.

골든 라인은 살려야 한다 냉동 쇼 케이스나 곤도라는 어깨보다 높거나 무릎보다 낮은 높이라면 손이 잘 가질 않는다. 특히 눈 위 높이는 더욱 손을 대지 않으므로 골든 라인을 효과적으로 활용해야 한다. 상품을 꺼낼 때에는 POP가 방해되지 않도록 크기를 조절하고 만지면 넘어갈 것 같은 진열은 피한다.

느낌이 좋은 진열을 한다 청결하고 신선해야 하며, 조명 컬러를 효과적으로 이용하면 상품은 더욱 부각된다. 상품은 바닥에 두지 말고, 수분이 함유된 상품은 주기적으로 청소를 한다. 박스커트 진열상품은 상품의 이미지가 손상되지 않도록 박스를 깨끗이 자른다. 정기적으로 매장에 변화를 주고 계절감각을 충분히 살린다. 조명의 밝기나 색도 품질을 고려해 선택하여야 하며 컬러 컨트롤에 의한 진열을 한다.

메시지 · 정보 · 설득력이 있어야 한다 주의와 흥미를 끌수 있고, 명확한 주장과 테마가 있는 진열을 한다. POP · 판넬 · 포스터 등을 이용 내점객에게 정보를 충분히 제공한다. 광고상품 · 특별할인상품은 발견하기 쉬워야 하며 메이커 · 사이즈 · 아이템 수를 적절하게 조절한다. 일관성 있는 진열을 하면서도 적절한 변화가 필요하다. 즐거움과 놀라움을 주는 진열이면 더욱 좋다. 날씨 · 계절 · 시간 · 요일 동향을 진열에 감안한다면 타 점포보다 한 발 앞선 점포라는 이미지를 고객에게 심어 줄 수 있다.

비용을 생각한다 경제성과 효율성을 감안하여 계획적이고 체계적으로 작업을 한다. 작업마다 매뉴얼을 작성하여 활용하면 비용은 더욱 줄일 수 있다. 효과적인 진열은 기회손실도 최소화된다. 카테고리 별로 스페이스 배분을 적절하게 하여 품절과 진열 과다를 막는다. 아울러 최소와 최대 진열량을 명확히 표시하여 효율적으로 관리한다.

수익에 초점을 맞춘다 더미(dummy display)를 사용하여 볼륨감을 높이고 인기상품 위주의 고품질 · 고가격 상품을 배치해 수익성 제고를 꾀한다. 아울러 바구니를 활용한 진열 등 로코스트(Low cost) 진열을 위한 집기연구도 열심히 한다.

진열의 종류

전진입체 진열 상품을 곤도라에 진열할 때 앞에서부터 입체적으로 진열하는 방식으로 후퇴평면 진열에 비해 양감이 강조되고 판매촉진으로 연결된다. 상품이 팔림에 따라 형태가 무너짐으로 항상 상품이 전진 입체 진열을 유지하도록 주의해야 한다.

후퇴평면 진열 상품을 진열할 때 안쪽에서 부터 평평하게 놓는 방식으로 전면과 윗부분에 공간이 생겨 양감이 없으므로 상품진열 때는 전진입체진열 방식이 더 좋다.

트레이팩 진열(tray pack display) 상품이 든 박스 아래 부분을 트레이 형태로 잘라 내 그대로 진열하는 방식으로 상품을 하나씩 꺼낼 필요가 없고 진열도 깨끗하게 할 수 있다. 대량진열에 적합하며 트레이 진열 이라고도 한다.

점블 진열(jumble display) 상품을 아무렇게나 뒤죽박죽 진열하는 방식으로 똑바로 쌓지 않으므로 진열 작업시간이 적어진다. 손님에게는 "싸다" "특가품"이란 인상을 준다.

앤드진열(end display) 진열선 끝 앤드곤도라에 상품을 대량으로 쌓아 변화진열을 하는 것으로 앤드 곤도라는 고객의 눈에 가장 쉽게 띄는 장소이기 때문에 매우중요한 자리이다. 앤드진열의 최대목적은 출구 쪽으로 돌아서는 고객을 다시 멈추게 하는데 있다. 그러기 위해서는 "대량감"으로 압도하고 "염가"로 발을 멎게 하는 "계절성"으로 마음을 끌어야 한다.

섬 진열(island display) 사방이 손님을 향한 진열로써 매장 내에 하나의 진열대가 독립해 놓여있는 상태로 평대 또는 2단 정도의 진열로 전망 좋은 것이 쓰인다.

슬롯 진열(slot display) 곤도라의 선반 일부를 떼어내 세로로 긴 공간을 만들어 그곳에 대량 진열하는 방법으로 곤도라가 직선진열로 너무 단조롭기 때문에 이를 방지하기 위해 실시한다. 앤드 디스플레이와 같은 효과가 기대된다.

돌출 진열(extended display) 곤도라 진열선반 앞면에 튀어나온 진열이지만 곤도라 기본선에서 통로 쪽으로 나오는 것은 아니다. 일반진열보다 확장되고 연장된 느낌을 주며 보조도구가 필요하다. 변화 진열의 하나이다.

엇갈린 진열(staggered shelf display) 곤도라가 길어지면 진열이 단조로워 지기 쉬우므로 그 일부분에 단이 다른 선반 구획을 설정하여 진열에 변화를 주는 방법이다.

더미 진열(dummy display) 진열할 때 상품을 대량으로 보이기 위해 상품 밑에 진열 보조기구를 이용하는 것을 말한다. 청과물 진열에서 토마토 · 멜론 · 딸기 · 복숭아 · 포도 따위와 같이 너무 많이 쌓아올리면 아래 상품이 상하는 경우 이것을 막기 위해 사용할 때가 많다. 더미란 본래 모조품 · 마네킹이라는 뜻으로 진열용 견본요리를 더미 푸드(dummy foods)라고 한다.

3 Image making 전략

동일상권에서 둘 이상의 점포가 지금처럼 포화상태에서 치열한 경쟁을 할 때 고객이 어떤 점포를 선택할 것인가는 고객들의 점포이미지(shop image)에 의해 결정된다. 이러한 점포이미지에 따라 소비자 선택이 결정되므로 점포관리는 소비자행동에 큰 영향을 미친다. 자영업자는 경쟁점포에 대한 이미지를 비교함으로써 점포 간의 강점과 약점분석(SWOT)을 토대로 고객을 유인하는 점포 차별화전략을 수립할 수 있다.

점포관리는 마케팅전략(STP)의 결과로 형성된다. 점포의 위치 · 취급품목 · 분위기 · 지역사회 공헌활동 등 그리고 가격 및 판매원 등 마케팅전술(4P) 변수가 점포이미지 형성에 영향을 미치게 된다. 따라서 창업자는 정기적으로 점포의 이미지를 분석해야만 고객이 마케팅전략과 전술을 어떻게 지각하는지를 파악할 수 있다. 예를 들어 고객욕구(needs)를 만족시키기 위해 차별화를 추구하는 점포는 고객관점에서 과연 점포에 대해 그러한 이미지를 갖는지 상시적인 모니터링(monitoring)이 요구된다.

점포이미지는 점포의 객관적 요소와 주관적 속성의 상호작용으로 형성된다. 객관적 요소는 상품구색 · 가격 · 서비스품질 등 관찰 가능한 기능적 특성이며, 주관적 속성은 쾌적한 분위기 등 매장에서 느끼게 되는 즐거움이나 편안함과 같은 소비자의 심리와 관련된 것을 말한다.

Tip 점포충성도

소비자가 구매행위를 할 때 특정 상점에서 반복 구매하는 정도를 말하며, 특정상점에 대한 소비자의 평가우선순위가 높을수록 점포충성도가 높다고 볼 수 있다. 상점의 입장에서는 자기 상점에 충성하는 소비자를 많이 확보하는 것이 이익과 직결되기 때문에 상점에 대한 소비자충성도를 높이기 위해 제품구색이나 진열뿐만 아니라 쾌적한 쇼핑환경을 조성한다.

점포이미지 형성에 영향을 미치는 요인들은 매우 많으며 업종 및 점포 유형에 따라 달라진다. 점포이미지는 소비자가 특정시점에 점포를 선택할 때 특별히 중요시 여기는 점포속성에 의해 결정된다.

Lindquist는 점포 이미지에 대한 기존 연구를 종합 분석한 후 중요한 점포 속성으로 제품구색 · 가격 · 서비스 · 품질 · 점포위치 등을 들고 있지만, 점포이미지 구성요소로 일반적으로 많이 인용되는 목록으로는 취급상품의 구색과 품질 · 가격 · 서비스 · 점포 시설물의 특성 등이다.

판매원의 역할과 관련하여 프린스턴대학교는 매출과 동일 판매원의 상관관계에 대해 실험한 결과 하루 종일 판매원에게 인상을 쓰게 했더니 매출결과는 무실적, 판매원이 무표정인 경우 평소 매출의 10~30% 수준, 판매원이 웃으면서 손님을 맞이했더니 최대 10배 이상의 매출을 달성했다.

이는 고객접점에 있는 점원의 역할이 점포의 매출에 결정적인 역할을 하며 충성고객(brand loyalty)육성의 원천이니 모든 업종을 불문하고 주기적인 고객서비스 교육을 통한 서비스품질관리를 시사한다.

[Tip] 상표충성도(brand royalty)

특정상표의 상품을 반복 구입하는 정도로써 소비자가 특정상표의 상품에 대해 강한 선호도를 가지고 빈번히 구입하는 경우 상표충성도가 높다고 말한다. 상표충성도가 형성되면 당분간 그 소비자에 관한 한 독점상태에 있다고도 할 수 있다. 상표충성도는 상품의 품질 이외에도 다른 여러 요인에 의해 형성된다. 이때 기능적 품질은 물론이고 감각적인 호의를 창조하는 상품디자인, 이상적인 이미지 형성을 위한 다양한 커뮤니케이션 활동이 중요하다. 시장을 선도하는 상품은 소비자의 상표충성도가 높고 견고하다.

연구결과에 의하면 점포 내에서 쇼핑을 하는 동안 즐거움과 기분이 좋아지는 소비자들은 그렇지 않은 소비자들보다 점포 내 쇼핑시간과 점원과 소통이 증가했으며 구매계획보다 더 많은 구매를 했다. 그러나 점포환경이 기분을 좋게 하더라도 고객접점에 있는 점원으로 인해 즐겁지 않은 것으로 인식한 소비자들은 구매가 감소됐다.

경쟁점포들 간 제품의 물리적 속성과 가격에서 차이가 별로 없고 고객들의 라이프스타일(life style)과 욕구(needs)가 세분화되고 다양화되는 추세에서 점포관리의 차별화는 가격대비 성능비율의 가성비가 가격대비 마음의 만족감을 나타내는 가심비(價心比)로 진화하는 최근의 소비자 행동변화에서는 그 의미가 점점 증가하고 있다.

정기적인 점포이미지 평가

프랜차이즈 시스템의 큰 사업의 이점 중 하나는 점포가 위치한 지역이 달라도 고객에게 동일한 서비스를 제공한다는 점이다. 고객에게 혼란을 주지 않는다는 포인트이다. 다시 말하면 점포이미지의 통일화이다. 그러나 점포의 청소상태 · 접객방법 등 이 모든 사항을 통일되게 운영한다는 것은 매우 어려운 일이다. 따라서 이와 관련한 관리 시스템의 구축이 중요하다.

[Tip] 점포이미지 평가 체크리스트

- 이미지평가 구성요인의 명확화
  - 종업원의 고객에 대한 태도 및 예의
  - 종업원의 용모 · 대화태도
  - 고객서비스의 신속성
  - 점포의 외부환경
  - 상품진열 및 관리상태
  - 판매공간의 청결 및 관리상태
- 평가기준을 정확하고 세밀하게 정의
- 평가결과에 대한 진단과 피트백
- 정기적인 고객만족도조사로 시스템의 개선

점포이미지 개선

기존에 있었던 점포에서 새로운 사업을 시작하기로 했다면 당연 기존점포가 주던 이미지부터 탈출을 시작해야 한다. 기존점포 내에 있는 기기나 설비를 바꾸는 것만으로도 이미지를 바꾸는 충분한 효과가 있다. 또한 고객의 눈이 자주 가는 벽에 벽지를 새로 하거나 사람들이 많이 걸어 다니는 바닥을 수리하는 것도 하나의 방법이다. 그 밖에도 간판 · 쇼윈도 · 디스플레이에 새로운 시도를 하는 것도 이미지에 변화를 줄 수 있는 좋은 방법들이다.

이미지를 변화하는 만큼 고객들에게 좋은 반응을 얻을 수 있다. 하지만 무턱대로 이미지 변화를 시도하기엔 그 비용이 천차만별에 부담스럽다. 좀 더 작은 비용으로 좀 더 큰 이미지 변화를 할 수 있는 방법을 모색한다.

적은 비용으로 새롭게 바꾼다 세상일은 가끔 반대로 보면 진정한 의미를 찾을 수 있다. 점포를 꾸밀 때도 마찬가지다. 어떻게 하면 비용이 많이 드는지를 생각해 보면 적은 비용이 드는 방법을 찾는 것은 쉽다. 고급스러운 벽지와 장판, 유리에 화려한 장식품들, 더 아름다운 이미지를 도와줄 조명기구 등 고가의 재료들을 사용한 점포는 그만큼 많은 비용이 든다. 이와 반대로 심플한 느낌을 컨셉으로 천장부터 바닥까지 간소하게 꾸민다면 큰 부담은 없다.

사용기간을 구분한다 점포를 구성할 때 장기적으로 사용할 부분과 유행에 맞춰 그때그때 변화를 줄 단기적인 부분으로 구분한다. 그래서 장기적인 부분은 오랜 시간 사용할 것이기 때문에 이왕이면 튼튼하고 좋게 비용을 좀 들여서라도 확실하게 만든다. 반면 단기적인 부분은 저렴한 소재를 사용해 비용을 줄인다.

Two Color로만 도색한다 점포내부와 외부의 색을 결정할 때 두 가지색 정도만 선택한다. 전체 이미지를 주는 색과 그 색을 보완해 주는 색, 이 두 가지 색을 점포의 면적비율에 적절하게 배분하면 적은 비용으로 점포의 내부와 외부를 완성할 수 있다. 화려하진 않지만 깔끔한 느낌을 고객들에게 전달해 줄 수 있고 또한 단 두 가지 색이라 비용도 절약된다.

설비는 가능한 리스한다 점포 내부를 장식해 줄 기기나 설비는 가능하면 이동이 편한 것을 선택한다. 고정된 것이나 이동이 힘든 것은 피하는 것이 좋다. 1년 이상 사용을 목적으로 한다면 구입하는 것이 더 싸다. 하지만 1년이 되지 않는 짧은 기간이라면 리스가 더 유리하다. 그리고 유행에 따라 바꿔줘야 할 필요가 있는 것들 또한 수시로 바꿀 수 있는 리스가 비용을 줄이는 데 도움이 된다. 구입을 할 때에는 A/S나 교환과 같은 서비스가 가능한가에 대한 세밀한 조사를 한 뒤 가능한 제품을 구입하도록 한다. 제품이 고장날 경우 나중에 더 나은 제품으로 쉽게 교체가 가능한 제품이라면 저렴한 비용으로 이용할 수 있다.

점포의 이미지에 따라 그 상품이 고객에게 인식이 될 수도 있고 그냥 스쳐지나 갈 수도 있다. 그만큼 점포의 이미지를 중요하다. 무조건 싸게 하는 것도 부작용을 일으킬 수 있지만 많은 비용이 꼭 좋은 효과를 가져다주는 것은 아니다.

4 기존점포의 인수

예비창업자 분들이 창업 시 가장 중요한 것은 업종에 알맞은 점포선택과 점포인수 과정이다. 대부분의 예비창업자들은 우선 대략적으로 아이템을 정하고 그 아이템에 알맞다고 판단되는 장소를 선택한 후에 점포계약을 하는 것이 원칙이나, 많은 초보 창업자의 경우에는 기존 운영하고 있는 점포를 인수하는 과정에서 피해를 당하는 경우도 많다. 점포를 계약할 때에는 모든 것을 발로 뛰면서 눈으로 확인하고 계약하는 것이 바람직하다. 일단 계약서에 도장을 찍고 나면 번복하기 어렵고 번복하려면 그만큼 금전적, 정신적 피해를 감수해야하기 때문이다.

기존 점포의 인수는 빈 점포에서 신규창업을 하는 것과 비교하면 장단점이 있다. 이미 기반이 잡힌 점포를 인수하는 것은 신규창업보다 훨씬 이롭다. 반대로 장사가 안돼서 매물로 나온 점포를 초보자가 인수하면 큰 손해를 볼 수도 있다. 인수가 유리한지 여부를 판단하려면 적어도 다음 몇 가지는 꼭 체크해봐야 한다.

기존점포 인수 시 체크해야 할 사항

첫째, 자리가 잡힌 후에 내놓은 점포인지, 자리가 잡히지도 않은 상태에서 나온 점포인지 알아본다. 자리가 잡혔다는 것은 고정고객도 확보돼 있고 영업도 안정적으로 이뤄지고 있다는 것을 의미한다. 이런 점포를 인수할 때는 어느 정도 권리금을 인정해 줘야 한다. 반대로 해당 장소에서 성공적으로 자리를 잡지 못하고 나오는 점포라면 권리금이나 물건 값 등을 최소화해야 한다. 기존 점포주가 원하는 대로 계약을 하면 사업초반부터 운영자금에 심각한 타격을 받을 수도 있다.

둘째, 최근 3개월간의 매출전표를 반드시 열람해야 한다. 일부 비양심적인 점포주들은 점포를 매물로 내놓으려는 순간부터 한달 정도 서류를 조작하는 걸 보통으로 여기는 경향이 있다. 따라서 최근 한 달간의 매출전표만 열람하게 되면 매출을 과대평가하기 쉽다.

셋째, 권리금은 적정선에서 타협해야 한다. 대개 소규모 점포의 권리금은 3개월분의 매출이나 6개월분의 순이익이 권리금으로 책정된다. 이 금액을 상한선으로 권리금을 결정토록 한다.

넷째, 상품인수 대금은 기존 점포주의 대략적인 재고파악으로 결정하지 말고 인수할 사람이 손수 재고파악을 다시 하도록 한다. 공급자 가격이나 그 이하 가격으로 인수하는 것이 일반적이지만 공급자 가격을 모른다면, 업종에 따라 약간의 차이는 있지만 소비자 가격의 50~60% 선에서 인수하는 것이 적당하다.

다섯째, 기존 점포주로부터 동일 상권에서 같은 업종을 재 창업을 하지 않겠다는 약조를 받아야 한다. 기존 점포주가 더 큰 규모로 동일상권에서 경쟁 점포를 Open하는 경우가 종종 있기 때문이다. 주로 장사가 잘 되는 가게를 인수할 때 잘 생기는 문제이다.

여섯째, 점포가 속해있는 빌딩의 법률적 하자 여부를 체크해봐야 한다. 상업용 건물의 주인이 사업가인 경우 해당 건물을 담보로 금융권에서 고액의 대출을 받는 경우가 많다. 이 경우 점포는 임대차 보호법이 적용되지 않으므로 일방적인 피해자가 될 수 있다.

일곱째, 건물의 재건축 여부를 반드시 체크해야 한다. 건물의 재건축을 앞둔 상태에서 기존 점포를 인수하게 되면 소자본 투자는 치명적인 타격을 입게 된다.

여덟째, 인근의 다른 점포주들이나 주민 등 제3자의 눈을 통해서 인수하려는 점포의 가치를 검증해 볼 필요가 있다. 가게를 넘기는 사람 입장에서는 소유점포를 과대포장하는 게 일반적이기 때문이다.

기존점포 인수 시 유의사항

점포를 내놓는 의도를 명확히 파악해야 한다 기존에 운영 중인 점포를 인수할 경우에 곧바로 영업을 할 수 있다는 생각에 쉽게 점포인수 결정을 내리는 것은 매우 위험하다. 대개는 조금이라도 좋은 조건에 점포를 팔기 위해서 매출액을 과장하거나 일시적으로 손님을 끌어 모으는 등 눈속임을 쓰는 경우가 있기 때문이다. 이러한 경우 창업자는 주변 권리금 시세 및 차후 점포를 빠져나올 것을 감안하여 현실적인 권리금으로 계약을 체결하는 것이 중요하다. 참고로 권리금에는 그 동안 영업한 권리를 인정하는 영업권리금 · 시설과 관련한 시설권리금 · 바닥권리금이 있다.

건물자체의 하자여부를 확인한다 주변의 점포에 비해 의외로 조건이 좋은 점포는 대가 건축허가가 나지 않은 불법점포 일수도 있으므로 사전에 충분한 조사가 필요하다. 생활정보지 등에 나온 점포나 부동산에 나온 지가 오래된 점포는 문제가 있는 경우가 많다. 보통 좋은 점포는 생활정보지나 부동산을 통하지 않고 바로 주변에서 계약이 성사되기 때문이다. 좋은 점포는 보통 5분 안에 나가는 것이 보통이다. 그렇기 때문에 상권에 들어가서 꾸준하게 상권조사를 해야만 좋은 점포를 얻을 수 있는 것이 당연한지도 모른다.

점포상태를 살핀다 낡은 건물일 경우 건물주가 재건축을 할 수도 있고 또 재개발계획이 발표가 되고 공사가 시작되게 되면 어쩔 수 없이 권리금은 고사하고 시설비조차 포기해야 하는 경우도 있기 때문이다.

계약전 등기부등본을 확인한다 등기부등본을 보면 건물 소유주 및 근 저당, 가압류 여부를 확인할 수 있으므로 건물주가 자주 바뀌는 경우나 근저 당이 설정되어 있는 경우는 계약을 포기하는 편이 낫다. 등기부등본은 계약전과 중도금 지불 전, 잔금 지불 전에도 확인하여 권리변동이 있는지 확인한 후 계약을 하는 것이 피해를 막는 최선의 방법이다. 만일 잔금 지불 전에 근저당이 설정 되었다면 계약해지를 요구하거나 사전에 전세권 등의 조치를 취해 만일의 경우에 법적인 보호를 받을 수 있도록 해 놓아야 한다. 또한 도시계획확인원을 발급받아 철거 및 도시계획여부 등을 확인할 수 있다. 그리고 토지대장을 발급 받아 등기부등본의 소유주와 같은지 확인하고 건축물관리대장을 떼서 건축물의 실제 면적과 가건물 여부확인 그리고 정화조 용량 등을 체크할 수 있다.

계약은 등기부등본상의 명의자와 계약서를 작성한다 계약서는 서식대로 꼼꼼히 작성하여야 하고 해당건물의 명도시기 및 하자보수부분 · 연락처 · 특약사항 등의 중요한 조항들을 일일이 넣어야만 차후에 분쟁소지를 방지할 수 있다. 권리금의 마무리는 건물주와 정식계약이 끝난 후에 하는 것이 바람직하다.

02 판매계획

제품의 품질이 아무리 우수하고 기술력이 뛰어나고 원가가 저렴하다 하더라도 그 제품이 고객의 욕구를 충족시키지 못하여 팔리지 않는다면 상품으로서의 가치가 있을 수 없다. 창업기업이 존속하고 성장 · 발전하기 위해서는 무엇보다도 먼저 계획제품을 이익이 실현되는 수준까지 판매할 수 있어야 한다.

판매계획이 모든 사업계획에 있어서 가장 중요하고 선결되어야 하는 계획이면서도 가장 어려운 계획이 되는 이유는 외부환경의 미래 변화를 분석 · 예측하고 전망하여 의사결정을 해야 되기 때문이다.

모든 것이 불확실한 상황 아래에서 창업에 대한 의사결정을 한다는 것은 나름대로의 독창적인 시각과 관점을 통해 내리는 의사결정이기 때문에 이에 대한 신념과 용기가 없다면 창업은 불가능한 일이 되고 마는 것이다. 판매계획은 결과적으로 불확실한 환경에서 계획제품에 대한 판매가능 수량과 가격을 도출하여 매출액을 계량적으로 추정해 내는 작업이라고 할 수 있다.

불황기에는 소 점포들이 매상이 오르지 않아 고생을 한다. 이러한 시대에는 가게의 경영이 공격적이지 못하고 도리어 수비태세에 들어가 버리기가 쉽다. 상품구입도 소극적이 되며 매상도 하강하게 된다.

점포의 입지에 따라 다소 다르긴 하지만 편의점에서 김밥, 야채 등과 같이 일상식용품이 매상에서 차지하는 비율은 절반에 가깝다. 장사가 잘 되지 않아 유통기간이 경과되면 일상식용품을 폐기 처분해야 하므로 자연히 해당 상품에 대한 구매를 삼가게 되고 관련 상품에 대한 매출감소로 이어지게 될 뿐 아니라 구매감소에 대한 결품으로 선반도 텅텅 비게 되어 가게의 손님도 떨어지는 악순환이 계속된다. 그러므로 사장상품을 줄이고 새로운 판매의 모티브를 찾는 것이 중요하게 된다. 그러므로 판매 모티브를 찾는 방법의 하나로서 사전에 판매계획을 철저히 세우는 일이다.

판매계획은 시장성 분석 내용을 기준으로 영업 및 마케팅의 방향과 예상되는 매출계획을 수립하는 과정이다.

소점포의 경영에도 판매전략과 마케팅전략의 필요성이 요구되어지고 있으며, 치열한 경쟁에서 살아남기 위한 갖가지 이색적인 전략의 등장 또한 현 추세라고 할 수 있다.

1 매출 및 수지예측

사업을 시작하기 전에 해당사업의 매출 및 수지예측을 하는 것은 쉬운 일은 아니다. 하지만 투자대비 이익률을 계산하거나 점포권리금의 적정 여부 등을 판단하는데 활용할 수 있는 유용한 데이터가 되기 때문에 점포사업을 시작하기 전에 반드시 점검해 봐야 할 과정이다.

수지예측분석표

(단위 : 만원)

<table>
<tr><th colspan="3">항 목</th><th>창업 시</th><th>창업6개월 후</th></tr>
<tr><td colspan="3">매 출 ①</td><td></td><td></td></tr>
<tr><td colspan="3">매 출 원 가 ②</td><td></td><td></td></tr>
<tr><td rowspan="18">경 비</td><td rowspan="5">점포유지비</td><td>임 대 료</td><td></td><td></td></tr>
<tr><td>관 리 비</td><td></td><td></td></tr>
<tr><td>수도광열비</td><td></td><td></td></tr>
<tr><td>통 신 비</td><td></td><td></td></tr>
<tr><td>수선유지비</td><td></td><td></td></tr>
<tr><td rowspan="3">인 건 비</td><td>급여 및 수당</td><td></td><td></td></tr>
<tr><td>상 여 금</td><td></td><td></td></tr>
<tr><td>복리후생비</td><td></td><td></td></tr>
<tr><td rowspan="3">영업비용</td><td>교 제 비</td><td></td><td></td></tr>
<tr><td>교 통 비</td><td></td><td></td></tr>
<tr><td>운송비 외</td><td></td><td></td></tr>
<tr><td rowspan="2">금융비용</td><td>차입금, 이자</td><td></td><td></td></tr>
<tr><td>리스, 렌탈료</td><td></td><td></td></tr>
<tr><td>용 품 대</td><td>소모품 사무용품</td><td></td><td></td></tr>
<tr><td rowspan="3">기타비용</td><td>보 험 료</td><td></td><td></td></tr>
<tr><td>광고선전비</td><td></td><td></td></tr>
<tr><td>기 타</td><td></td><td></td></tr>
<tr><td colspan="2">합 계 ③</td><td></td><td></td></tr>
<tr><td colspan="3">이 익(①－②－③)</td><td></td><td></td></tr>
</table>

매출예측은 일반적으로 유통업 및 음식업, 서비스업으로 대별해 아래와 같은 계산 방식으로 개략적으로 추정해 볼 수 있다. 수지예측은 월 예상매출에서 매출원가(유통업의 경우 상품구입대금, 음식업의 경우 원부재료 비용)와 제 경비를 차감하면 월 예상순이익을 산출해 볼 수 있다.

점포매출의 비중이 큰 업종

〈계산방식〉 1㎡(평)당 매출액×매장면적

- 편의점의 경우
  - 1㎡ 당 월매출 35만원 예상
  - 매장면적 100㎡
  - 월 매출 예상액=35만원×100㎡=3천5백만원
- 음식업 및 서비스 관련 업종

〈계산방식〉 객 단가×설비단위 수×회전수

- 미용실의 경우
  - 의자 5대
  - 1일 1대당 4회전 예상
  - 객 단가 @25,000원, 월 25일 가동
  - 월 매출 예상액=25,000원×5대×4회전×25일=1천250만원

2 판매전략

판매계획상의 목표매출액을 달성하기 위해서는 판매전략과 더불어 구체적인 달성수단이 필요하게 된다. 일반적으로 판매계획은 계획사업의 사업 아이템이 팔릴 수 있는 충분한 크기의 시장이 존재함을 확인할 수 있고, 마케팅 환경과 고객의 소비 및 구매행동 특성상 매력적인 마케팅 기회가 발생 가능함을 전제로 하여 결정된다. 즉 새로운 시장이 확인되고 마케팅 기회가 평가되면 목표시장을 선정하고 목표시장의 현황과 특성인 수급구조 · 시장규모 · 시장특성 · 세분화 · 포지셔닝 등을 분석한다.

다음으로 목표시장에 참여하고 있는 유사 또는 동종 경쟁업체의 능력 · 규모기준 점유율을 감안하여 계획사업의 가능수요를 예측한다. 마지막으로 계획사업의 마케팅

능력수준을 감안한 상대적 시장점유율을 설정하여 매출액 계획을 수립하는 절차를 밟게 되는 것이다.

매출액 목표가 설정되면 목표를 달성하기 위한 마케팅전략 수단을 선택해야 되는데, 이것이 바로 마케팅관리에서 논의되는 네 가지 기본요소인 제품 · 가격 · 유통 · 촉진의 4P, 즉 마케팅믹스를 개발하여 추진하는 전략인 것이다.

판매전략은 목표매출액을 달성하기 위하여 어떠한 가격전략을 구사할 것이며, 판매경로의 채택과 판매촉진을 위한 제반 전략을 어떻게 전개할 것인지를 구체적으로 기술하여야 한다. 아울러 거래구조와 관행 및 특성 등을 고려한 판매대금 회수전략에 대해서도 구체적인 계획을 세워 향후 자금계획 수립에 도움이 될 수 있도록 한다. 전체적인 시장조사를 실시하였을 경우에는 이에 근거하여 작성하면 되고 시장조사 결과물을 첨부하면 더욱 좋다.

참신한 판매전략의 6가지 단계

1단계/혜택을 밝혀라 올바른 이유를 가지고 사업을 시작해야 한다. 문제를 해결하거나 필요성을 충족하는 것이다. 경쟁회사와 차별화되는 자신만의 최대 장점을 찾아야 한다. 물론 이 과정에서 고객이 필요로 하는가와 무엇을 원하는지 끊임없이 분석해야 한다.

2단계/독특함을 가져라 참신한 판매전략의 목적은 독특함이다. 독특함은 고객들이 왜 우리를 선택했는지 논리적인 이유를 제공한다. 참신한 판매전략은 강력한 실행동사처럼 사용되어야 한다. '체중감소'는 '지방제거'로 바뀌어야 한다.

3단계/명확한 증거를 대라 도미노피자는 '제시간에 도착'이라고 하지 않고 '30분 안에 배달하지 못하면 무료'라고 했다. 이것은 명확한 행동이었고 그 행동의 증거였다.

4단계/짧고, 분명하고, 간결하게 말하라 최고의 판매전략은 짧고, 분명하고, 강력하다. 긴 구절은 시선을 끌지 못한다.

5단계/당신의 광고전략을 모든 마케팅 소재들과 통합해라 참신한 판매전략이 있더라도 사업전반에 걸쳐 적용되지 않는다면 무용지물이다. 모든 대중에게 노출될 수 있게 고객과의 의사소통에 참신한 판매전략이 들어가야 한다.

6단계/현실화해라 참신한 판매전략은 사람들을 설득해 물건을 사게 할 정도로 충분히 강력해야 한다. 하지만 말한 것은 확실하게 지킬 수 있어야 한다.

따라서 매상을 올리려면 다음 사항들을 구체적으로 검토해 보는 것도 창업에 필수적인 요소라 볼 수 있다.

검토항목	체 크 포 인 트
가격전략	상시할인가격, 최저가격, 고가격, 중저가 등 가격의 차별화를 어떻게 할 것인가.
재고계획	목표 매출액에 대한 재고 회전률 목표를 얼마 정도로 잡을 것인가. (적정재고 = 월 매출액 × 회전일수/30일)
상품매입	초도상품, 구색상품, 주력상품의 구매액 규모 및 구매비율
광고선전계획	잡지광고, 영상광고, 홍보물의 제작, 창업기념행사전단, 옥외광고 등
판촉계획	창업기념행사계획, 이벤트, 증정품, 할인판매, 할증판매, 회원관리 등
매출계획	상품별 매출계획, 월별 매출계획, 이벤트 매출계획 등

3 마케팅전략

시장환경 분석

마케팅의 첫 번째 단계는 진입하고자 하는 시장의 환경을 분석하는 것이다. 전체시장을 특성에 따라 시장을 세분화하고, 각각의 시장에 대해서 자신이 취급하고자 하는 상품과 서비스를 제공할 수 있는 기회가 있는지, 강한 경쟁자는 존재하지 않는지에 대해 살펴보아야 한다.

표적시장 설정

시장에 진입하는 초기단계에는 전체시장을 대상으로 마케팅활동을 벌이는 것은 곤란하다. 자신의 취급상품이나 서비스 중에서 경쟁우위가 높은 분야를 선정하고, 에너지를 한 분야로 집중해야 한다.

포지셔닝 분석

표적시장 중에서 자신의 상품과 서비스가 어떤 위치에 있는가, 경쟁자에 비해서 어떤 점이 강하고 그렇지 못한지에 대해 분석하고, 자신의 위치를 전한다. 포지셔닝 분석의 결과 낮은 위치에 있다면 공격적인 마케팅을 펴고, 높은 위치에 있다면 방어적인 마케팅전략을 구사하면 된다.

Marketing Mix전략

제품전략 취급제품의 경쟁력을 강화하기 위해서는 제품의 속성을 이해하는 것이 중요하다. 외식업의 경우라면 즐거운 분위기에서 맛있는 음식을 제공하는 것이다. 제품력이 경쟁력의 기본이 된다는 것을 이해하고 이에 대해 많은 연구가 있어야 한다. 다만, 이것이 성공사업을 위한 필요조건이지 충분조건은 아니라는 것을 간과해서는 안 될 것이다.

가격결정 가격경쟁력을 높이는 방법은 무조건 가격을 낮추는 것이 능사가 아니고 재료비 · 인건비 · 관리비 등 원가를 구성하는 요소를 효율화함으로써 비교우위를 확보하는 것이다. 이를 위해서는 치밀한 원가분석을 통해 불필요한 비용 상승요인이 없는지를 자세하게 살펴보는 것이 중요하다.

유통전략 상품이나 서비스를 고객에게 제공하는 방법에서 경쟁자를 압도하는 독자적인 유통전략을 가지고 있어야 한다. 제품을 효과적으로 구매하는 방법에 대해 연구하고, 이용 가능한 다양한 유통채널과 판매방법을 개발함으로써 원활한 사업운영이 진행되게 해야 한다.

판매촉진전략 고객들에게 판매하는 제품과 서비스의 우수성을 반복적이고 지속적으로 홍보해야 한다. 아무런 좋은 제품과 서비스가 있더라도 고객이 알지 못하면 아무 소용이 없다. 판촉에서 가장 중요한 것은 고객에게 적극적으로 정보를 제공하려는 의지를 가져야 한다는 것이다. 전단지 배포 · 할인권 배포 · POP광고 · 판촉물 제공 · 이벤트 개최 등 실행 가능한 판매촉진 수단을 적절하게 활용함으로써 항상 고객의 관심을 유지하고 있어야 한다.

4 차별화전략

차별화전략이란 차별화된 제품이나 서비스의 제공을 통해 창업자가 사업전반에서 독특하다고 인식될 수 있는 그 무엇을 창조함으로써 경쟁우위를 달성하고자 하는 전략이다. 경쟁자를 상대하여 마케팅수단을 특이화 함으로써 표적고객의 선호를 창출하여 마케팅 목표를 달성하기 위해서는 차별화 대상에 따라 여러 가지 전략을 구사할 수 있다.

제품 차별화

종래의 제품과는 다른 차별성을 추구함으로써 잠재소비자의 선호에 의한 수요를 이끌어내려는 차별화. 품질, 디자인, 포장, 판매조건과 같은 수단을 통해 이루어지며 제품 차별화가 효과적으로 이루어지면 기업은 가격경쟁을 피하고 판매경로 설정과 통제를 유리하게 전개할 수 있다.

서비스 차별화

차별화 대상을 물리적인 제품이 아닌 서비스 상품 혹은 제품에 수반되는 서비스에 초점을 맞춘 것. 차별화를 위한 주요 변수로는 배달, 설치, 고객 훈련, 자문 서비스, 애프터서비스, 종업원 등이 있다.

가격 차별화

가격을 경쟁사 가격과 다르게 설정하여 마케팅 목표를 가격요인으로 성취하려는 것. 저가전략이나 고가전략, 침투가격전략 등은 가격 차별화를 통해 마케팅 활동을 수행하는 사례다.

이미지 차별화

기업 혹은 상표 이미지를 경쟁사의 그것과 구별시켜 소비자 선호를 획득하려는 전략. 제품요인만으로는 차별화가 힘든 오늘날의 추세에 비추어 소비자의 기업 혹은 상표에 대한 태도가 구매결정에 큰 영향을 미치고 있는데 이미지 차별화는 이러한 소비자의 구매 행동에 대응하기 위해 기업과 상표 이미지를 경쟁사와 차별시켜 상표에 대한 호의적인 태도를 창출하려는 전략이다. 콜라의 경우 소비자가 현실적으로 상표의 맛을 정확하게 구별하기 힘들지만 특정 상표에 대한 상표충성도가 높은 것은 이미지 때문이다. 이미지는 회사나 상표를 인식시키는 심벌이나 시아이(CI), 공중관계, 제품, 광고 등에 의해 형성되는데 일단 한번 형성되면 그것을 바꾸는 데는 오랜 시간과 비용이 든다.

점포에서 고객은 신이다. 대금의 지불은 고객이 하고 선택권도 고객이 갖고 있기 때문에 고객은 순간적으로 자신이 살 물건을 의사결정 할 수가 있다. 그러므로 고객이 바로 입구의 간판을 보고 어떤 상품을 취급하는 점포인지 알 수 있도록 해야 한다.

똑같은 아이템을 취급하는 점포라도 한 점포는 고객이 한눈에 알 수 있도록 선명하게 점포이름을 붙였지만 다른 한 점포는 그렇지 않았다면 이것은 벌써 고객을 잃어버린 것이나 다름없다.

다시 말하면 점포의 개성 · 특징 · 차별화 · 이미지가 있어야 한다는 말을 의미한다. 매상을 올리는 방법을 전통적인 곳에서만 찾지 말고 고객을 끌어 모을 수 있는 점이 무엇인가에 초점을 맞추어야 한다. 그렇기 위해서는 무엇을 파는 곳인지를 명확히 알리는 것이 무엇보다 중요하다.

곤지암 IC에서 이천방향으로 500m쯤 좌측에는 유명하기로 소문난 소머리국밥집 "할매집"이 있다. 이 점포의 이미지는 명절날인 추석과 설날 이 집을 방문하는 모든 사람들에게 평소와 똑같은 품질의 소머리국밥을 무료로 제공하고 있다. 이 집의 이미지는 주위에 산재해 있는 다른 경쟁 점포와는 완전히 차별화된 이미지를 고객에게 심어주고 있다. 이와 같은 점포의 개성이나 특징, 차별화된 이미지가 고객의 마음을 사로잡을 수 있으며, 이것이 바로 매상과 즉결되기 때문이다.

새로운 가치를 제공하는 차별화전략으로 승부한 대표적인 일본기업으로는 돈키호테와 무인양품이 있다. 돈키호테는 쇼핑의 즐거움을 제공하는 시간소비형 점포라는 새로운 영역을 개척하였고, 무인양품은 '브랜드가 없는 브랜드'라는 역발상으로 간소함과 단순함을 중시한 제품기능의 차별화에 집중하였다. 이러한 성공은 저성장기 소비자들이 원하는 즐거움, 단순함이라는 무형의 가치를 창출했기 때문이다.

모방 불가능한 품질경쟁력으로 연이어 히트상품을 내놓고 있는 일본기업의 성공비결은 다른 업종 기술기업과의 오픈이노베이션 전략이다. 유니클로는 폴라폴리스 자켓 '플리스'와 보온내의 '히트텍' 등 고기능 · 저가격의 혁신적 제품을 성공시켰다. 이들 히트상품의 탄생은 옷을 공업제품으로 재 정의한 유니클로의 혁신적인 도전전략과 도레이 특유의 강한 기술력이 결합된 오픈 이노베이션의 성과라는 점은 우리에게 의미하는 바가 크다. 유니클로는 일본 섬유산업에서 30년 이상 경험을 가진 장인(미코토 팀)을 현지공장에 파견해 기술지도를 하는 등 품질관리체계도 강화했다.

간판상품을 개발하라 다른 경쟁점포에 비하여 품질이나 가격 · 디자인 등의 측면에서 뛰어난 상품을 한 가지씩 반드시 갖추거나 개발하여 주력 상품화할 필요가 있다. 점포에 들어온 고객이 충동구매를 할 수 있도록 유인 상품과 주력상품을 적절히 배치하는 것도 필요하다. 매장 입구에는 생활필수품 등 자주 사용하는 물건위주로 비치해 놓는 것이 좋다.

상품은 매장 밖에서 보이게 하라 밖에서 보이는 상품이 고객을 점포 안으로 유도하는 매우 중요한 포인트가 된다. '한 번 들어가 볼까'라는 흥미가 일어나도록 점포 레이아웃을 해야 한다.

점포의 조명상태가 매출액을 좌우한다 일반적으로 번창하는 점포는 점포가 밝고 청결하고 활기차다. 이러한 이미지는 점포 내부와 외부에 설치되어 있는 조명으로 연출하는 것이 가능하다. 매장안의 조명은 취급하는 상품에 따라 다소 다르지만 밝게 하는 것이 바람직하다. 특히 주력상품이나 유인상품의 경우 눈에 잘 띄도록 연출할 필요가 있다.

판촉행사가 눈에 잘 띄도록 하게 한다 판촉행사가 점포의 출입구에서 제대로 전달되도록 자극적인 구매시점(POP)광고나 포스터 등 붙여 평소와 다른 분위기를 연출해야 한다. 고객의 관심을 사기 위해 주기적인 이벤트도 열 필요가 있다.

POP광고의 효과를 최대한 높여라 구매시점(POP)광고의 효과를 높이기 위해서는 우선 고객의 눈에 띄도록 꾸며져야 된다. 긴 문장보다는 몇 개의 단어로 짧으면서도 간결하게 핵심을 찌를 필요가 있다. 일반적으로 노란색이나 오렌지색 등이 눈에 잘 띄기 때문에 많이 사용된다. 글씨도 몇 가지 색을 혼합해 쓰면 훨씬 눈에 잘 띄게 된다.

고객관리를 철저히 하라 고객이 없는 사업은 상상할 수 없다. 지역주민이나 단골고객을 상대하게 되는 사업의 경우 고객관리는 핵심적인 성공요인이다. 적극적으로 고객관리를 하지 않으면 다수의 업체가 치열하게 경쟁을 하고 있는 고객은 다른 경쟁업체로 보내주는 결과를 가져온다. 따라서 고객관리가 바로 중요한 열쇠인데 그러한 고객관리 방법은 다음과 같다.

- 서비스가 경쟁력이다.
- 정보화에 힘쓰라.
- 이벤트를 자주 열어라.
- 점포를 찾은 고객에게 다양한 정보를 제공하라.
- 할인권이나 사은품의 증정으로 재 방문을 유도하라.
- 고객과의 약속은 끝까지 지켜라.

03 재무관리계획

사업을 시작하기 전 항상 염두에 두어야 할 것은 과연 얼마를 가지고 시작해야 안전한가 하는 것에 대한 의문이다. 규모가 크든 작든 필요자금을 예측하지 않았을 경우에는 영업을 시작하고 나서 4~6개월도 못가서 사업을 포기하게 되고 마는 경우를 종종 볼 수 있다.

이러한 불행한 사태를 미연에 방지하기 위해서는 미리 소요자금에 대한 구체적인 계획을 세워야 한다. 사업을 시작하는데 필요한 자금에는 여러 가지가 있겠으나 크게 설비자금과 운영자금으로 나누어 생각할 수 있다.

설비자금은 영업을 위해 처음에 투자되는 기초자본을 말하고, 운영자금이란 실제 영업을 하는데 필요한 자금으로서 영업에 따라 발생되는 비용이다. 따라서 비용계획은 시장성분석과 점포계획 내용으로서 투자비용 및 개업비용, 사업 운영 시 소요되는 판매비용 등에 대한 계획을 수립하여 창업자금의 조달계획을 수립하는 과정이다.

그러므로 재무관리를 계획할 때에는 다음과 같은 내용을 반드시 검토해 보아야 한다.

검토대상비용	체 크 포 인 트
점포투자비용	① 임차보증금/권리금 ② 임차월세 ③ 프랜차이즈 가맹비 ④ 인테리어비 ⑤ 설비구입비 ⑥ 비품구입비 ⑦ 차량구입비 ⑧ 간판비
개업투자비용	① 개업비 ② 각종 수수료 ③ 기타 투자비
매출원가	상품(또는 재료) 구입비
판매비	① 인건비 ② 광고선전비 ③ 판촉비용 ④ 운반비/차량유지비 ⑤ 창고사용료 ⑥ 재고감모손실비 ⑦ A/S비용 ⑧ 접대비
일반관리비	① 점포임대료 ② 점포관리비 ③ 통신비 ④ 수도광열비 ⑤ 제세공과금 ⑥ 수선비 ⑦ 기부금 ⑧ 잡비
기타비용	① 창업자 인건비 ② 이자기회비용 ③ 감가상각비 ④ 재고이자비용 ⑤ 재고처분손실비용
소요자금 및 비용	① 고정자금 ② 운전자금 ③ 이연자금 ④ 고정비용 ⑤ 변동비용
자금조달계획	① 자기자본규모 ② 타인자본조달규모 ③ 차입처 및 차입조건

1 창업 및 운영자금 산출

창업 전 사업의 필요자금을 정확히 산정 하는 일은 현실적으로 어려운 일이다.

사업을 운영하다 보면 계획과 실제는 차이가 나고 예상하지 못한 지출이 발생해 애초의 자금계획보다 많은 지출이 이루어지는 것이 상례이다. 따라서 조달할 자금은 추정된 총 소요자금의 약 1.3배 정도를 마련하는 것이 바람직하다. 사업에 필요한 필요자금은 점포개업까지의 창업자금과 초기운영자금으로 대별할 수 있다.

창업자금은 점포구입비용 · 점포꾸미기비용 · 개점준비비용 · 예비비 등으로 구분할 수 있다. 점포구입비용은 보증금 · 권리금 · 중개수수료 등이며 점포꾸미기 비용은 인테리어 공사비 · 집기비품 · 간판비 등이다. 개점준비비용은 초도 물품비 · 기계기구 · 광고 및 홍보비 · 판촉물 구입비 · 교육 및 인허가비용 · 개점이벤트 비용 등을 들 수 있다. 계획보다 추가되거나 예상외 지출을 대비해 약간의 예비비를 계상한다.

초기운영자금은 점포 임차료 · 인건비 · 광고홍보비 · 수도전기료 · 기타비용을 추정하고 약 3개월간의 비용에 해당하는 금액을 계상한다. 통상 점포사업에서 개업 후 6개월 내에도 사업이 안정궤도에 오르지 못하면 심각히 전 폐업을 고려해야 하므로 이 정도면 사업이 부진하더라도 6개월 정도는 버틸 수 있는 금액으로 추정된다.

필요자금이 파악되면 자신이 조달 가능한 자금을 초과하는 부분은 차입으로 조달하게 되는 데 초보창업자의 경우 자기자금은 필요자금의 70% 이상이 바람직하다고 본다. 사업가에게 부채은 반드시 나쁜 것만은 아니다. 적절한 부채는 긴장감과 사업에 대한 집중도를 높여 주여 분발할 수 있는 요인으로 작용하기고 한다. 또 차입금을 사업에 투자해서 차입금이자를 상회하는 수익을 올릴 수 있다면 차입금은 많을수록 좋다는 논리도 성립된다. 그러나 과도한 부채는 사업가에게 심리적 중압감을 주어 본업에 전념하기 어려운 여건을 조성할 수 있기 때문에 적어도 총소요자금에서 70% 이상은 자기자금으로 충당하는 것이 바람직하다.

그리고 차입의 내용도 중요하다. 가능한 장기 저리의 정부정책자금이나 저리의 주택담보대출, 각 금융기관의 기획상품 · 마이너스대출 등을 이용해 저렴한 비용으로 소요자금을 확보하는 노력이 필요하다.

창업초기부터 고리의 차입금이나 사채 등을 이용하는 것은 위험한 일이다. 자기자본이 부족하다면 역할분담이 가능하고 상호 신뢰할 수 있으며 호흡이 맞는 사람과의 동업도 고려해 볼 필요가 있다.

여기서는 소자본으로 점포창업을 독립창업형태로 시작할 경우를 상정해서 그 내역을 살펴보기로 한다.

<table>
<tr><th colspan="2">창 업 전</th><th colspan="2">창 업 후</th></tr>
<tr><td rowspan="3">점포구입비용</td><td>권리금</td><td rowspan="3">점포유지비</td><td>월 임차료</td></tr>
<tr><td>보증금</td><td>수도광열비, 통신비</td></tr>
<tr><td>중계수수료 등</td><td>수선유지비</td></tr>
<tr><td rowspan="5">점포꾸미기 비용</td><td>내장공사비</td><td rowspan="2">인건비</td><td>종업원 급료</td></tr>
<tr><td>외장공사비</td><td>복리후생비 등</td></tr>
<tr><td>공조, 조명공사비</td><td rowspan="2">재료(상품)비</td><td>재료(상품)비</td></tr>
<tr><td>통신공사비</td><td>외주가공비</td></tr>
<tr><td>간판 등</td><td rowspan="3">영업재경비</td><td>교제비</td></tr>
<tr><td rowspan="6">집기 · 비품 · 물품</td><td>탁자의자, 케이스</td><td>교통비</td></tr>
<tr><td>기계, 설비</td><td>운송비 외</td></tr>
<tr><td>컴퓨터, 사무용품</td><td rowspan="2">금융비용</td><td>차입금 이자</td></tr>
<tr><td>차량</td><td>리스, 렌탈료 외</td></tr>
<tr><td>재료비, 초도물품</td><td rowspan="2">용품대</td><td>소모품</td></tr>
<tr><td>문구, 봉투, 인감</td><td>사무용품대</td></tr>
<tr><td rowspan="5">광고선전
개점준비</td><td>판촉물품, 기념품</td><td rowspan="5">기타비용</td><td>보험료</td></tr>
<tr><td>전단지, 팜플렛</td><td>광고선전비</td></tr>
<tr><td>광고선전비</td><td>잡비 등</td></tr>
<tr><td>개점이벤트비용</td><td></td></tr>
<tr><td>인허가비용, 기타</td><td></td></tr>
</table>

2 재무관리 목표

전통적으로 이익극대화는 그 개념이 단순하여 이해하기 쉽고 합리적인 사고를 할 수 있는 사람은 누구나 수긍할 수 있다는 점에서 소점포의 목표로서 널리 받아들여지고 있다. 그러나 이익극대화가 재무목표로서 과연 타당한가에 대해서는 회계적 이익개념의 모호성, 현금흐름의 발생시기 무시, 미래현금흐름의 불확실성 무시 등의 논란의 여지가 있어 기업의 목표로서 적합지 못하다는 의견이 대두되었다.

따라서 전통적인 이익극대화 목표의 개념상의 문제점을 극복하여 보다 타당한 재무관리 목표로 정립된 것이 기업가치 극대화의 목표이다. 기업가치는 투자결정을 통하여 기업이 벌어들일 미래의 기대현금흐름을 그 실현시기와 불확실성을 적절히 고려하여 할인한 현재가치의 합을 말한다.

재무의사결정

재무관리는 금융시장을 통하여 투자에 필요한 자금을 조달해서 조달된 자금을 사업목표를 달성할 수 있도록 효율적으로 투자활동을 전개함으로써 새로운 가치를 창출하고자 하는 것이다. 재무관리의 핵심적인 재무의사결정은 투자결정과 자본조달결정으로 요약할 수 있다.

투자결정

투자결정은 사업이 어떤 종류의 자산을 어느 정도로 보유할 것인가에 대한 의사결정, 즉 자산의 최적배합에 대한 의사결정을 말하며 미래현금흐름과 영업위험을 결정짓게 된다. 투자결정의 결과는 대차대조표의 차변항목으로 표시된다.

자본조달결정

자본조달결정은 투자에 소요되는 자본을 어떻게 효율적으로 조달할 것인가에 대한 의사결정, 즉 사업자본의 최적배합에 대한 의사결정을 말하며 재무위험을 결정짓게 된다. 자본조달 결정의 결과는 대차대조표의 대변항목으로 표시된다.

단기자본조달

- 리스금융 : 리스(lease)는 기계, 설비 등을 일정기간 동안 이용자에게 빌려주고 그 대가로 사용료를 받는 계약을 말한다. 다시 말하면 리스회사가 기계, 설비를 고객인 기업에게 일정한 방법과 조건하에 빌려주고 이에 해당하는 이용료를 받는 것으로서, 이 경우 리스회사는 임대인이 되고 기계, 설비를 이용하는 기업은 임차인이 된다. 따라서 리스는 필요한 기계 및 설비를 특별한 자금의 조달없이 사용할 수 있다는 점에서 자금조달의 대체수단이라는 금융기능과 기계 및 설비를 중장기에 걸쳐 대여한다는 점에서의 임대차기능이 결합된 일종의 물적금융이라고 할 수 있다.
- 매입채무 : 매입채무란 우리가 일반적으로 말하는 외상에 해당하는 것으로서 매입자가 원재료, 상품 등을 구입하고 대금을 즉시 지불하는 것이 아니고 일정기간 동안 지불유예를 받는 것이다. 매입채무에 해당하는 대표적인 방법은 외상매입금과 지급어음이 있는데, 지급어음은 매입자가 상품이니 원재료 구입의 대

가로 발행한 약속어음을 말한다. 매입채무는 기업의 단기자본조달의 주요 원천이 되고 매매기업간에 이루어지기 때문에 거래신용(trade credit)이라고도 한다.

일반은행으로부터의 단기자본조달

- 어음대출 : 어음대출은 자금을 빌리고자 하는 기업이 자금을 빌려줄 은행에게 약속 어음이나 차용증서를 작성해 주고 자금을 빌리는 형태로서 일반적으로 만기일까지의 이자를 먼저 공제하고 지급하기 때문에 자본비용은 명목 이자율보다 높아지게 된다.
- 상업어음할인 : 상업어음할인은 기업이 재화 및 용역의 거래, 즉 상거래에 관련하여 받은 어음을 양도하고 어음만기일까지의 기간에 대한 이자를 미리 공제하고 나머지 금액을 금융기관으로부터 조달받는 자본조달방법이다.
- 지급보증 : 은행이 거래처의 의로에 다라 이 거래처가 제3자에 대하여 가지고 있는 채무의 지급을 보증하고 이에 대한 대가로 일정한 보증료를 받는 제도이다.
- 당좌대월 : 자본구조, 신용도 및 은행거래 실적이 양호한 기업에 대하여 당좌예금 전액을 초과하여 일정금액한도 내에서 발행, 제시된 수표금액을 은행이 결제해 주는 자동대출제도의 일종이다.
- 적금관련대출 : 이는 적금계약자에게 적금계약액 범위내에서 대출을 하는 제도로서 적금 계약자의 자금융통의 편의를 제공하는 제도이다.

금융투자회사로부터의 단기자본조달

- 어음의 할인 : 어음의 할인은 어음을 종합금융사에 양도하고 만기일까지의 이자는 미리 공제하고 남은 금액을 지급받는 형태로서 일반적으로 어음을 할인받을 수 있는 기업은 종합금융회사의 엄격한 신용조사를 거쳐 결정된다.
- 어음보증 : 어음보증은 종합금융회사로부터 적격업체로 지정된 기업이 발행, 배서, 보증한 어음에 대하여 종합금융회사가 지급보증을 해주는 것으로, 이는 기업이 거래하는 종합금융회사의 다른 금융기관으로부터의 자금융통을 용이하게 한다.
- 기업어음(CP) : CP(commercial paper)는 원래 환어음, 수표, 약속어음, 양도성 예금증서 등을 포함하는 넓은 의미로 사용되나 우리 나라에서는 자유금리 기업 어음이라는 이름이 붙여져 있다. 이는 실물거래가 뒷받침하지 않는 융통 어음의 일종이며 기업이 단기자금을 조달할 목적으로 발행하는 무담보 어음의 일종이다.

장기자본조달

- 보통주 : 기업의 잔여가치에 대한 소유권을 가지는 증권이다. 잔여가치는 기업이 지닌 전체 자산가치 중 채권을 변제하고 남은 가치를 말한다.
- 우선주 : 우선주는 채권과 보통주가 혼합된 자본조달의 수단이다. 우선주도 보통주와 함께 기업의 소유권을 대표하는 주식이다. 배당금지급과 기업청산시 보통주에 우선하는 권리를 가진다. 우선주는 보통주와 마찬가지로 소유권에 만기가 없다. 하지만 채권과 유사하게 임의상환조항이 있는 경우가 있다. 우선주에는 대체로 투표권이 없다.
- 채권 : 기업이 채권의 형식으로 투자자로부터 자금을 융통했을 땐 약정된 스케쥴에 따라 정기적인 이자지급과 함께 원금을 상환해야 한다.
- 신주인수권부 사채 : 일정기간 내에 일정가격으로 채권발행회사의 주식을 살 수 있는 권한이 부여된 채권이다. 전환사채와 다른 점은 신주인수권을 채권에서 떼어내어 별도로 사용할 수도 있다.
- 전환사채 : 일정기간 내에 주식으로 전환할 수 있는 권리가 부여된 채권이다.

재무분석결정

투자 · 자본조달 및 배당결정을 비롯한 사업의 제반 의사결정에 필요한 정보를 얻기 위하여 회계 및 재무자료를 분석하는 의사결정이다.

개별자산의 수익률과 위험 개별자산이란 함은 정부나 지방 자치단체가 발행한 국채 및 공채, 기업이 발행한 주식과 채권 · 옵션 · 선물 · 은행예금 · 부동산 등을 포함하는 모든 현재의 자산들을 의미하는 포괄적인 개념이다. 개인이나 기업이 투자가의 입장에서 어떤 자산에 일정금액을 투자하면 그로부터 일정한 투자수익이나 현금흐름을 얻게 된다. 이러한 투자수익이나 현금흐름을 원래의 투자금액과 비교함으로써 계산되는 것이 바로 수익률이다.

수익률 = (투자수익-투자액)/투자액 이미 발생한 수익률은 실현수익률이라 부르며 미래에 발생할 수익률은 기대수익률이라고 부른다. 그런데 미래에 발생할 수익률은 불확실성이 있는 경우가 있고 없는 경우가 있다. 이러한 불확실성은 위험이라고 볼 수 있다. 불확실성이 없는 자산은 무위험 자산이라고 부르며 이러한 무위험 자산으로부터 발생하는 수익률은 무위험 수익률이라고 부른다. 수익률의 불확실성 즉, 위험은 수익률의 분산과 표준편차와 같은 개념으로 정의할 수 있다.

포트폴리오 개별자산의 수익률과 위험에 대한 논의를 했으나 일반적으로 주식에 투자할 경우처럼 한 가지 종목에만 투자하지 않고 여러 종목의 주식에 분산하여 투자하는 경우가 많다. 이와 같이 둘 이상의 자산으로 구성된 자산의 조합을 포트폴리오(portfolio)라고 한다. 포트폴리오는 주식, 채권, 선물, 부동산, 그림, 귀금속 등 모든 형태의 자산들을 포함할 수 있다.

04 수익성분석

사업을 시작하기 전 업종선정 단계에서 제일 먼저 생각하게 되는 것이 마진이다. 마진이 높으면 사업성이 좋고 마진이 낮으면 사업성이 좋지 않는다고 대부분의 사람들은 인식하고 있다.

또한 장사를 시작하면"언제부터 남의 장사가 되는지."그저 막연하게 주먹구구식으로 계산을 해 보는 경우를 쉽게 찾아 볼 수 있다. 적어도 자기 자신의 가용자본 거의 전부를 투자하면서도 계산에 밝지 못한 것이 우리나라 사람들의 특성 중 하나이다,

창업절차의 아홉 번째 단계는 "수익성분석"이다. 수익성분석은 판매계획과 재무계획에서 산출된 금액으로서 향후의 이익과 자산의 흐름과 운용을 분석하는 과정으로 창업의 위험성을 검토하게 되는 단계로서 이 과정에서 체크해야 할 요소는 대략 다음과 같다.

분석대상	체 크 포 인 트	
추정손익계산서	• 사업 개시 후 년차별로 3개년간의 추정손익 계상	
현금흐름도	• 현금수입예측 · 현금지출예측 · 순현금흐름 파악 · 자금조달계획	
자금상환계획	• 상환규모 : 분할상환금액, 일시상환금액 • 상환기일 : 원별, 연차별 상환계획 • 이자율이 높은 차입금은 반드시 먼저 상환하도록 한다.	
추정대차대조표	• 개시 대차대조표 작성	• 향후 3년간 추정대차대조표 작성
손익분기점 분석	• 변동비와 고정비 비용 분류	• 한계이익(공헌이익 산출)
위험분석	• 사업 경영성과 분석	• 현금흐름 추정 분석
사업성종합분석	지금까지 검토하여 온 제1단계 "업종조사"에서부터 제9단계인 "수익성 분석"까지를 종합적으로 분석한다.	

1 손익의 파악

가정의 장부는 구체적으로 가계부로 이루어지고 있어 돈의 흐름에 관해 기록하고 주로 지출 면을 관리하는데 그 특징이 있으나, 일단 사업을 하게 되면 돈의 흐름뿐만 아니라 물자의 흐름까지를 파악하여야 한다.

여기에서 "물자의 흐름"을 파악하면 손익계산을 할 수 있게 되며, "돈의 흐름"을 파악하면 자금 계산을 할 수가 있다.

사업을 유지하고 존속시키기 위한 최저 조건은 [수익－비용＝0]의 상태이다 그러나 사업을 성장시키기 위해서는 [수익－비용＝이익]이란 등식을 만드는 것이다. 돈과 물자의 흐름을 Flow-Chart해 보면 다음과 같다.

계산상으로는 수지가 맞지만 현금이 부족할 때 어떤 일이 일어날 수 있는가. 현금의 흐름을 관리하지 않게 되면 도산은 피할 길이 없게 된다. 이러한 경우가 바로 "흑자도산"을 말하는 것이다. 돈의 유출은 건물, 설비, 비품 등 고정자산의 구입이나 원재료, 상품의 구입, 급료, 수선비 등으로 나타나는데 이 때 자금의 수요와 공급은 균형에 맞추는 것이 매우 중요하다.

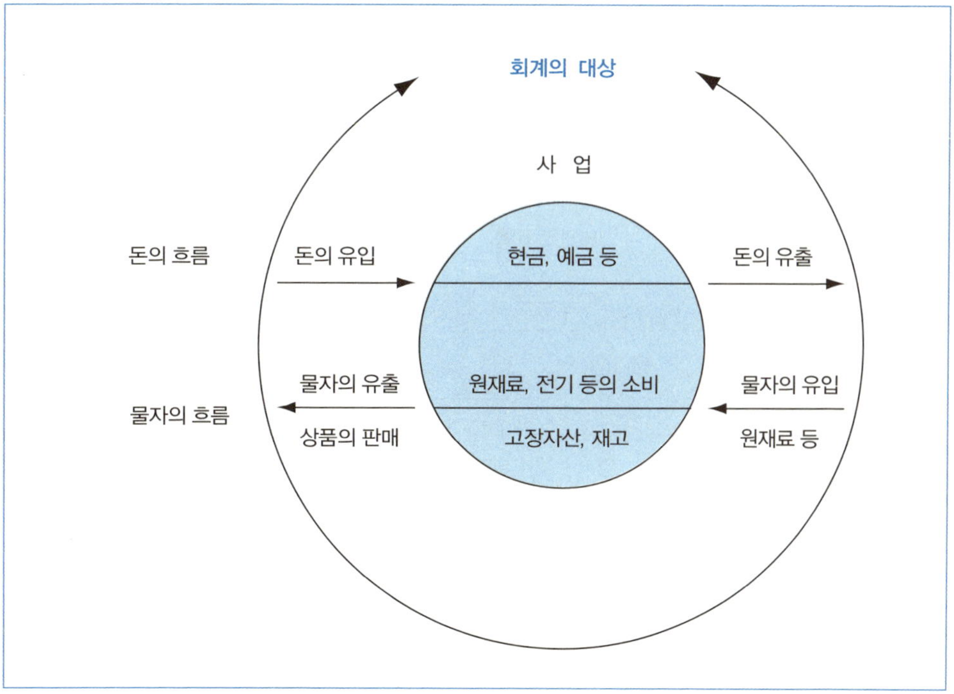

추정손익계산서를 작성할 때는 사업을 개시하는 연도부터 시작하여 적어도 3년도분의 향후 손익을 추정하는 것이 바람직하다.

물론 사업을 하다보면 사업연도 중 예기치 못한 변수로 인하여 추정한 손익계산서와는 전혀 딴판인 손익 계산이 산출되는 일일 종종 발생하게 되나 철저하게 분석하여 추정손익을 계산하고, 추정한 손익계산에 의한 전략적인 목표를 설정하여 꾸준히 가꾸어 간다면 반드시 성공할 수 있다.

손익계산서의 구성

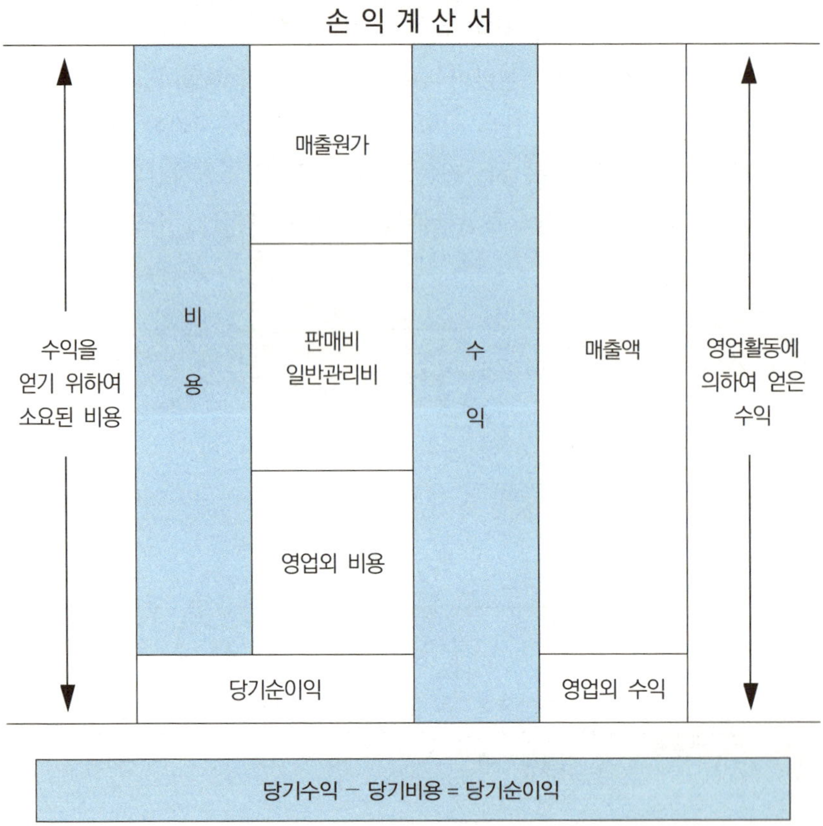

손 익 계 산 서

(20XX년 1월 1일~1월 31일)		(단위: 천원)
Ⅰ. 매출액		23,000
1. 총매출액	23,500	
2. 매출에누리와 환입	(-500)	
Ⅱ. 매출원가		(-)14,800
1. 기초상품 재고액	2,400	
2. 당기상품 매입액	15,700	
합 계	18,100	
3. 기말상품 재고액	3,300	
Ⅲ. 매출총이익		8,200
Ⅳ. 판매비와 일반관리비		(-) 3,250
1. 급료와 수당	1,800	
2. 복리후생비	170	
3. 광고선전비	160	
4. 접대비	120	
5. 여비교통비	260	
6. 지급임차료	240	
7. 보험료	100	
8. 세금과공과	140	
9. 감가상각비	160	
10. 잡비	100	
Ⅴ. 영업이익		4,950
Ⅵ. 영업외수익		(+) 480
1. 수입이자	360	
2. 잡이익	120	
Ⅶ. 영업외비용		(-) 1,320
1. 지급이자	1,210	
2. 잡손실	110	
Ⅷ. 경상이익		4,110

2 손익분기점의 산출

손익분기점이란 일정기간 동안의 수입과 비용이 같은 액수가 되어 이익도, 손실도 되지 않는 매출액을 말한다, 다시 말해서 손익분기점이란 이익과 손실의 분기점으로 손익이 제로베이스(Brake Even Point)가 되는 것을 의미한다. 쉽게 표현한다면 장사를 하여 [똔똔]이 되는 매상이다. " 똔똔이 되려면 하루에 얼마를 팔아야 하는가"를 계산하는 것이 손익분기점 매출액이다. 즉[똔똔]이상을 팔면 이익이 남게 되고, 그 이하를 팔게 되면 적자를 보게 된다. 손익분기점을 알면 사업을 하는데 목표를 정하고 수익성을 분석하는데 있어서 다음과 같은 도움을 얻을 수 있다.

첫째, 적자를 없애기 위해서는 매출을 얼마나 늘려야 하는가.
둘째, 매출이 부진할 때에는 어떤 비용을 감소시켜야 하는가.
셋째, 목표로 하는 이익을 달성하기 위해서는 매출액을 얼마나 올려야 하는가.

정확한 손익분기점을 산출하기 위해서는 먼저 일정기간동안 발생한 총비용을 합리적인 방법에 따라 고정비와 변동비로 분류해야 한다. 고정비란 매출액에 관계없이 일정하게 고정적으로 발생되는 비용을 말하며, 변동비란 매출액이 비례해서 변동되는 비용을 의미하고, 고정비와 변동비의 성격을 동시에 갖고 있는 비용을 준고정비와 준변동비라고 한다. 따라서 준고정비와 준변동비의 비율을 각각 산출하여야 한다. 미용실을 예로 들어보자. 미용실의 경우 일정한 전력사용은 매상에 관계없이 부과하지만 드라이를 많이 사용하게 되면 전력사용료는 증가하게 된다. 이 경우의 전력비를 비용 분해하면 고정비 : 변동비의 비율은 70 : 30으로 분해할 수가 있다. 그러므로 준고정비와 준변동비는 업종과 사업형태에 따라 달라지므로 특성에 따라 맞추어 분류한다면 별 문제가 없다.

총비용	고정비	급료 및 수당, 상여금, 퇴직금, 점포임차료, 감가상각비, 보험료, 지급이자, 점주인건비 등
	변동비	상품구입원가, 재료비, 운반비, 포장비, 인센티브 성과급, 판매장려금, 판매수수료 등
	준고정 · 변동비	복리후생비, 접대비, 여비교통비, 세금과 공과, 광고선전비, 전력료, 수도광열비, 잡비 등

▲ 비용분해도

비용분해도에 따라 총비용을 분해한 후 손익분기점(BEP)을 산출하게 된다. 손익분기점은 손익분기점 도표를 작성해서 산출하는 방법과 공식을 이용해서 산출하는 방법이 있다.

먼저 손익 계산서를 보고 비용을 분해해 본 다음 산식을 이용하여 손익분기점을 계산하는 방법은 다음과 같다.

$$\text{손익분기점 매출액} = \text{고정비} \div \{(1 - \frac{\text{변동비}}{\text{매출액}})\}$$

$$= \frac{\text{고정비}}{(1 - \text{변동비율})}$$

$$= \frac{\text{고정비}}{\text{한계이익}}$$

손익분기점 분석에 의한 필요 매출액이 산출되면 목표이익을 포함하여 매출액을 결정할 수 있다. 목표이익을 달성하기 위한 매출액은 고정비에 목표이익만 더하면 된다.

앞의 손익계산서 작성 사례를 들어 손익분기점을 산출해 보자.

구 분		비 용 분 해		금액(천원)		
		변 동 비	고 정 비	변동비	고정비	합계
매 출 액						23,000
총 비 용	매출원가	100%		14,800		14,800
	급료와수당		100%		1,800	1,800
	복리후생비	50%	50%	85	85	170
	광고선전비	80%	20%	128	32	160
	접대비	40%	60%	48	72	120
	여비교통비	20%	80%	52	208	260
	지급임차비		100%		240	240
	보험료		100%		100	100
	세금과공과	10%	90%	14	126	140
	감가상각비		100%		160	160
	잡비	30%	70%	30	70	100
	영업외수익		100%		(-480)	(-480)
	영업외비용		100%		1,320	1,320
비 용 합 계				15,157	3,733	18,890

이 점포의 손익분기점 매출액은 다음과 같다.

$$\text{손익분기점 매출액} = \text{고정비} \div (1 - \frac{\text{변동비}}{\text{매출액}}) = 3{,}733 \div (1 - \frac{15{,}157}{23{,}000})$$
$$= \frac{3{,}733}{0.341} = 10{,}974\text{천원}$$

또한 이 점포의 1일 필요 매출액은 10,947천원 ÷ 25일 = 438천원으로서 하루에 50만원 이상의 매출액을 올려야만 이익을 얻을 수 있음을 알 수 있다. 가령 하루에 50만원의 매상이 어렵다고 생각된다면 "어떤 비용을 감소시킬 것인가"를 생각해 보아야 하며, 그것도 불가능하다면 다른 업종으로 전환하던지, 아니면 사업을 철수해야만 한다. 반대로 지금보다 이익을 월 100만원을 더 늘리기 위해서는 하루 매출액을 117천원으로 늘려야만 한다.

$$\text{목표이익 매출액} = (\text{고정비} + \text{목표이익}) \div (1 - \frac{\text{변동비}}{\text{매출액}})$$

3 마진과 이익

마진이 얼마나 되느냐"와 "부가가치가 얼마나 되느냐"란 말의 차이점은 무엇일까. 대부분의 사람들은 마진과 부가가치("한계이익"이라고도 한다)를 혼돈하는 경우가 많다. 일반적으로 흔히들 말하는 마진율이란 매출액에서 매출원가를 차감한 매출총이익률을 말하지만, 이렇게 알고 있는 마진은 이익이 아니다. 앞서 손익계산서에서 이 점포의 마진율은 35.7%이지만 이것이 이익이 아님과 같은 것이다.

부가가치란 매출액에서 변동비를 차감한 것을 말하며, 이익이란 부가가치액에서 고정비 금액을 회수한 것이 이익이다. 결국 부가가치란 고정비를 회수하고 이익을 창출하는 공헌이익에 해당하는 것으로 부가가치를 한계이익 또는 공헌이익이라고도 부른다. 이 점포의 공헌이익은 784만원이 된다. 따라서 마진은 고정비용을 차감하기 전의 매출이익률로서 마진이 바로 이익 자체는 아닌 것이다.

부가가치 = 매출액 − 변동비
이익 = 부가가치 − 고정비
이익 = (판매수량 × 판매단가) − 변동비 − 고정비
부가가치율 = (부가가치 ÷ 매출액) × 100

마진이 높은 아이템일수록 사업성이 높을 수 있다. 그러나 사업성 분석 시 아무리 마진이 좋은 아이템이라 할지라도 고정비가 어느 정도 소비되는지, 그리고 무엇보다 중요한 것은 고정비를 커버하기 위해서는 얼마만큼의 매출액을 올려야 할지 꼼꼼히 계산기로 계산해 보아야 한다.

예를 들어 판매의 증감에 관계없이 고정비가 일정하다고 할 때 마진(매출원가 ÷ 매출액)율이 50%인 경우에도 고정비가 높은 경우 이익이 마이너스가 될 수밖에 없다. 맥주전문점이나 커피전문점의 경우 투자금액과 이자비용이 많이 들어가는 것을 간과하고 사업을 시작하게 되면 실패의 확률이 높을 수밖에 없는 것이 이러한 원리에 기인된다.

변동비와 고정비에는 어떤 것이 있는지에 대해서는 앞에서 설명하였으므로 머릿속에 그 개념을 명확히 정리해 두기 바란다.

부가가치율을 높인다는 것이 변동비를 낮추는 것을 의미하며, 변동비를 낮추게 되면 부가가치율이 올라가므로 결국은 이익이 커짐을 알 수 있다.

부가가치율은 손익분기점 산출, 비용분석, 이익 계획의 수립 시에 여러 가지로 응용하여 활용되며, 특히 최근에는 아이템 선정에 있어 취급상품의 상품구성(Products Portfolio) 전략에 적극 활동되고 있다.

따라서 이익은 손익분기점을 초과하는 매출액 부분에서 부가가치율을 곱한 금액이 실제로 남는 이익이 되는 것이다. 이점포의 손익분기점은 1천95만원이고, 부가가치율은 34.1%가 산출되었다. 그러므로 매출액 2천3백만원에서 손익분기점 매출액 1천95만원을 차감한 손익분기점을 초과한 매출액인 1천2백5십만원에 34.1%를 곱한 금액인 4백17만원이 순이익이 되는 것이다. 이것을 도표를 이용해 보면 다음과 같다.

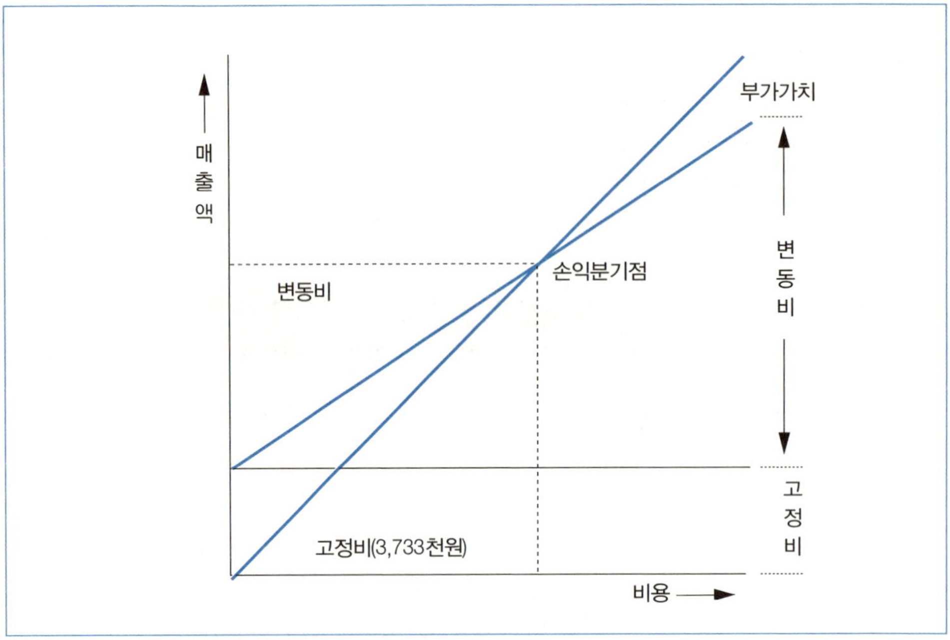

▲ 손익분기점 도표

그러므로 예비창업자는 반드시 판매계획, 수익계획, 재무관리계획을 구체적으로 검토하여 이를 추정손익계산서로 만든 다음에 비용을 분해하고 손익분기점을 계산해 보아야 한다. 목적한 사업의 부가가치율과 손익분기점 매출액이 산출되면 자신이 목표로 하는 이익과 목표매출액을 계상하는 것은 쉬운 일이다. 손익분기점을 초과하는 매출액부터 부가가치율을 곱하면 바로 순이익이 나오게 된다. 이것이 반드시 손익계산서상의 순이익과 일치하게 된다.

Chapter 12

사업추진

01 사업계획서 작성

사업성분석과 검토한 아이템이 성공할 수 있다고 판단이 되면 세부적인 사업계획을 수립하고 사업장을 선정하고 일정에 따라 사업을 추진한다. 사업계획이란 사업의 내용·소요자금·경영방침·수익성·업무추진일정 등을 일목요연하게 표현한 것으로서 그것을 기록한 서류를 사업계획서라고 한다. 사업계획은 사업의 실패를 방지할 수 있는 좋은 보조장치이다. 그러나 "조그만 상점을 하나 시작하는데 무슨 사업계획이 별도도 필요 하느냐"라고 생각할 수도 있겠지만 사업계획서는 꼭 작성해 볼 필요가 있다. 사업계획서를 작성하는 목적은 다음과 같다.

첫째, 사업계획은 사업가가 나아갈 방향을 제시해 준다.
둘째, 사업과 관련된 이해관계자들에게 사업내용을 효과적 전달할 수 있다.
셋째, 자금조달은 할 때 우호적인 결과를 얻을 수 있다.
넷째, 사업지원자들과 비지니스를 상의하고 협력을 구하는데 이용된다.
다섯째, 동업자를 설득하는데 필요하다.

물론 사업을 시작함에 있어 무턱대고 뛰어드는 사람은 없을 것이다. 그러나 개략적으로 일반적인 생각만을 가지고 사업을 시작한다면 때때로 생각지 못한 문제에 직면하게 된다. 이러한 문제를 최소화하기 위해서는 객관적인 체크항목에 의한 자신의 사업구상을 정리해 보는 것도 필수적인 성공요건이라 할 수 있다. 사업계획서에는 창업자 자신의 내부관리 목적을 위한 내적기능과 외부투자자의 의사결정을 위한 외적기능으로 나누어 볼 수 있는데 일반적으로 다음과 같은 항목과 절차로서 구성된다.

일 반 현 황	• 창업자 인적사항 • 사업의 형태와 전개방향
⇩	
사업계획의 개요	• 제품 또는 사업의 특성 • 사업내용 • 기대효과
⇩	
시 장 현 황	• 동업종계 현황 • 상권의 규모와 추이 • 시장 점유율과 경쟁관계 • 계획제품의 침투 가능성
⇩	
판 매 계 획	• 판매전략 및 예상 매출액 • 가격 정책 • 보증 및 반품 • 광고와 판촉활동
⇩	
구 매 계획	• 구매처 • 구매가격 • 대금지불방법 • 재고수준 • 반품
⇩	
점 포 계 획	• 외부장식 • 내부 장식 • 설비와 집기비품
⇩	
조직 · 운영계획	• 소요인원과 개인별 업무 • 운영계획
⇩	
자 금 계 획	• 총 소요자금 • 자금조달계획 • 자금상환계획
⇩	
재 무 계 획	• 추정대차대조표 • 추정손익계산서 • 현금흐름분석 • 수익성 분석
⇩	
일 정 계 획	• 사업계획의 추진 일정

▲ 사업계획서의 절차와 내용

1 사업계획서 작성의 필요성

사업계획서는 사업을 검토하는데 있어서 타당성이 인정되는 경우에 한하여 작성하는 것으로서 사업의 내용 · 경영방침 · 기술문제 · 시장성 및 판매전망 · 수익성 · 소요자금조달 및 운영계획 · 인력 충원계획 등을 일목요연하게 정리한 일체의 서류이다.

사업계획서는 창업자 자신을 위해서는 사업성공의 가능성을 높여주는 동시에 계획적인 창업을 가능케 하여 창업기간을 단축하여 주고, 계획사업의 성취에도 긍정적인 영향을 미친다. 또한 창업에 도움을 줄 제3자, 즉 동업자 · 출자자 · 금융기관 · 매입처 · 매출처, 더 나아가 일반 고객에 이르기까지 투자의 관심 유도와 설득자료로 활용도가 매우 높다. 이런 이유로 사업계획서 작성은 정확하고 객관성이 유지되어야 하며, 전문성과 독창성을 갖춘 보편타당한 사업계획서가 되어야 한다.

2 사업계획서의 주요내용

사업계획서에 포함되는 주요내용은 아래 표와 같으며 여기서 제시되는 내용은 일반적인 사항이므로 창업사업의 특성과 내용에 따라 필요사항을 적절히 추가하거나 변화시켜 사용할 수 있다.

[사업계획서의 주요 내용]

구분	내용
1. 일반현황	• 창업자(대표자) 현황 • 회사의 일반 현황
2. 계획사업의 개요	• 개발동기 • 사업내용 • 생산제품의 특성 • 기대효과
3. 시장현장	• 동종업계 현황 • 시장의 규모와 전망 • 시장 점유율과 경쟁관계 • 계획제품의 침투 가능성
4. 판매계획	• 판매전략 및 판매형태 • 가격정책 • A/S 계획 • 국내 판매계획 • 수출계획
5. 생산계획	• 제조공정도 • 자체 생산계획 • 외주 생산계획
6. 설비 투자계획	• 적정 규모의 제조 및 검사 설비 • 구입처 · 수량 · 가격
7. 인원 및 조직계획	• 업무 흐름별 조직 체계도 • 직무별 · 직위별 소요인원
8. 원 · 부자재 조달계획	• 국내 조달 계획 • 수입자재 조달계획
9. 재무계획	• 추정 대차대조표 • 추정손익계산서 • 현금흐름 • 비용 - 매출 - 이익 분석
10. 자금계획	• 총 소요자금 내역 • 조달계획 또는 차입계획 • 차입금 상환계획
11. 사업추진 일정계획	• 사업추진에 따른 일정 검토 • 일자별 주요사항 확인
12. 부속자료	• 인건비 명세서 • 감가상각비 명세서 • 제조원가 명세서 • 경영진 이력서 • 제품 설명서 • 특허권 내용 • 제공가능 담보물 제공 • 설비구입 견적서

[Tip] 사업계획서 작성 시 유의점

- 계획사업의 핵심내용을 강조하여 부각시켜야 한다.
- 주요 생산제품에 대하여 집중적으로 기술한다.
- 향후 기술 개발 가능성과 사업의 잠재력을 강조한다.
- 인력의 수급과 경영진에 대한 내용을 포함한다.
- 전문적인 용어의 사용을 피하고 단순하고 보편적인 어휘를 사용한다.
- 근거의 불충분한 자료 혹은 비논리적인 추정은 피한다.
- 계획 사업의 잠재된 문제점과 향후 발생 가능한 위험요소를 기술하고
- 그에 대한 대책을 제시한다.
- 자금조달의 원천과 자금운용의 용도를 금액 및 일시별로 자세히 기술한다.
- 계획사업의 내용을 충분히 반영하고 자신감을 바탕으로 작성한다.

3 업종별 사업계획서

사업계획서의 양식은 창업자의 취급업종 · 사용용도 등에 따라 매우 다양해질 수 있으며, 그 안에 포함되는 사항도 목적에 따라 달라질 수 있다. 사업계획서를 작성하기 위해서는 상당한 기본지식과 시간과 정보를 필요로 하는 만큼 충분한 여유를 가지고 준비하여야 한다.

제조업의 경우

사업계획서의 기업체현황에는 설립한 회사의 개요 · 업체연혁 · 창업동기 및 향후 계획을 기술한다. 회사개요는 업체명 · 대표자 · 설립일자 · 업종 및 주요제품 · 사업장 현황 · 자본금, 상시종업원수 등을 기재하는데 설립일자는 법인의 경우 법인등기부상의 설립등기일, 개인은 사업자등록증의 개업일을 적는다.

업체연혁은 회사설립 · 자본금의 증감 · 규격 · 표시획득 · 업종변경 및 추가 · 기술도입 등의 내용을 발생일자 순으로, 핵심내용을 간략하게 기재하면 된다.

그리고 사업내용 및 사업화 추진계획에 있어 창업 동기는 창업자의 창업정신 및 경영이념이 강하게 반영되고 사업기대효과는 현실적인 인식을 바탕으로 기재되어야 한다. 사업대상화 기술 및 제품은 주력제품의 특성 · 기술성 · 품질 및 가격경쟁력 등을 반영하여 작성되고 목표시장 · 시장규모 및 성장추세 · 추진일정 · 차기 아이템 등을 포함할 수 있다.

조직 및 인력현황에는 조직도와 함께 대표자 · 경영진 및 종업원 현황 · 주주현황

등을 기술하며 조직도는 회사의 규모 및 실정에 맞게 본부 또는 팀 단위까지 작성하는 것이 원칙이다.

대표자와 경영진 · 종업원 현황은 주요 인력의 지위 · 연령 · 학력 · 경력 등을 기재하며, 주주현황은 회사가 보유하고 있는 주식 수 및 출자액을 주주명부에 의거해 정확히 작성해야 한다.

판매계획에는 전반적 마케팅 전략적 고려와 함께 가격정책 · 판매 및 영업전략 · 광고 및 서비스계획 · 시장진입 및 성장전략 · 대고객전략 등이 포함되어야 한다.

생산계획에는 생산전략 · 원자재수급계획 · 설비 및 필요기자재 · 운영주기 · 공장입지 · 법적규제사항 등에 대한 사항이 반영될 수 있다.

한편, 채산성분석에 있어서는 예상수익 · 생산단가 · 비용구조 · 경쟁자가격 및 비용 · 손익분기전망 등이 포함되고, 그 밖에도 채산성 기대를 벗어나게 할 수 있는 위험 및 특수고려사항도 포함될 수 있다.

재무계획에 있어서는 대체로 3~5년 정도의 장 · 단기 추정손익계산서, 추정대차대조표, 손익분기도표, 추정현금흐름표, 비용관리계획 등이 포함되어야 한다.

도 · 소매업의 경우

업종특성상 고객만족이 창업성공의 핵심요인이므로 이와 관련한 사항에 대한 보다 세밀한 내용이 요구된다. 따라서 도 · 소매업 및 서비스업의 사업계획서를 작성할 때는 사업개요에는 취급상품의 용도 · 기능 · 실용성 · 주요고객 및 거래처 등을 기입한다. 또 창업업종에 대한 노하우와 계획아이템을 어떻게 선정하게 되었는지 그 과정을 창업동기 및 아이템 선정과정에 기술한다.

사업전망 및 사업의 기대효과 란에는 향후 국내의 시장동향 · 국내 수요처 및 수요량 · 아이템의 사업성 등과 함께 계획사업이 소비자에게 미치는 기대효과 등을 기술하고, 조직 및 인력계획에는 조직개요와 함께 충원계획을 기술한다.

3차 산업에서 점포 및 사무실 입지선정은 가장 중요한 요소이다. 계획상품에 대한 소비자층이 두터운 곳을 중심으로 입지선정기준과 조건을 기재하고, 점포 또는 사무실의 인테리어 설계와 상품진열 등 배치설계를 한다.

상품구매 및 판매계획에는 상품의 구입처 · 1회 구입량 · 대금결제조건 · 반품조건 · 구매방법과 주요 취급상품별 판매계획량과 함께 상품별 최적재고량 및 재고파악방법 등 재고관리계획도 수립하여야 한다.

그리고 무엇보다 중요한 것은 주변 경쟁점포의 경영전략을 심층 분석하고 경쟁점포와 비교한 차별화전략의 수립이다. 무한경쟁과 가격파괴의 시대에는 유통·서비스업 경영에 있어서도 전략경영이 그 어느 때보다 중요하다.

재무 및 수익계획은 사업이 정상 궤도에 오르기까지 총 소요자금과 자금의 조달방안에 대해 심층적인 분석이 요구되며, 아울러 손익분기점매출액 및 향후 수익전망도 함께 하여야 한다.

사업추진일정에는 사업계획서 작성에 사업자등록신청·점포(사무실)입지선정·계약체결·점포인테리어·종업원충원·상품구매·영업활동·개업준비·영업개시 등 사업추진에 필요한 모든 사항에 대한 추진일정을 체계적으로 수립하여야 한다.

서비스업·소호업의 경우

서비스업 및 소호업의 사업계획서에 있어서는 창업자의 인적특성과 전문지식 관련 사항이 중요한 내용이 된다. 또한 제공하려는 서비스의 품질수준이 경쟁력을 결정하는 관건이므로 이를 높일 수 있는 방안과 경쟁자분석이 요구된다.

특히, IP 소호사업의 경우 아이템을 사업화하기 위해서는 각 통신망을 이용해야 하는데, 이때 사업제안서의 독창적이고 충실한 작성이 요구된다. 보통 제안서에는 제안할 정보·메뉴구성·현재 구축한 정보의 양·서비스 계획과 홍보계획 등이 들어가게 된다.

훌륭한 사업계획서의 조건

사업을 처음 시작하게 되면 얼마가지 않아 장사란 생각했던 것과는 다르다는 사실을 경험을 통해 터득하게 된다. 매출은 올라가지 않고 고정비는 계속 증가하게 되며, 자금은 처음 계획했던 것보다 추가소요자금 규모가 커짐에 따라 운전자금의 압박을 사업 초기부터 겪게 된다. 따라서 가장 중요한 사업계획은 그럴듯하게 작성된 대외용 사업계획서가 아니라 사업자 스스로가 항목별 타당성 검토를 거쳐 보유하고 있는 계획서일 것이다, 그렇다면 훌륭한 사업계획서는 어떠한 타당성 검토를 거쳐서 작성되어야 하는가.

사업계획서를 작성하는 기준에는 물론 정답이 없다, 그러나 자신의 사업구상을 체계적으로 재검토해 보는데 있어서 다음과 같은 기준을 둘 필요가 있다.

첫째는 신뢰성의 확보이다. 사업계획서는 누구보아도 신뢰할 수 있도록 작성되어야 한다.

둘째로 현실성이다. 현실성이 결여된 자금계획과 판매계획은 성공가능성보다는 실패가능성이 높다.

셋째는 객관성의 유지이다. 남들은 고개를 갸우뚱하는데도 자기만의 고집을 주장한다면 객관성이 없어 보다 많은 협조와 지원을 받을 수 없게 된다.

넷째는 설득력이 있어야 한다, 사업을 지원하려는 동반자나 이해 관계자의 입장에서 보아 충분한 설득력을 가져야만 훌륭한 사업계획서라 할 수 있다.

다섯째는 사업계획서는 일반적인 문장으로 작성되어야 한다. 아무리 좋은 미사여구와 어려운 용어를 사용한다 해도 쉽게 이해가 되지 않는다면 아무 소용이 없다.

여섯째는 문제점분석과 대안이 제시되어야 한다. 예상되는 문제요인들을 파악하여 분석하고 이를 대한 대안이 제시되지는 않는다면 불안해 할 수밖에 없다.

마지막으로 증빙자료의 수집과 분석이다. 근거로 기초한 분석결과에 따라 계획한 것이라야만 신회성과 객관성 그리고 설득력을 가질 수가 있다.

계획사업의 성공여부는 사업자의 자신과 사업과 관련된 사람은 물론이고 경제적 · 사회적 측면에서도 매우 중요하므로 체계적인 사업타당성분석을 거친 사업계획서의 작성이 필요하다, 체계적인 사업성분석은 사업의 형성요소를 정확하게 파악 하는데 있어서 필요할 뿐 아니라 최대이윤의 획득과 사업자의 경영능력을 향상시켜 준다.

02 사업장 선정과 창업

지금까지의 사업성분석 결과 그 사업이 자신에게 적합하고 사업성분석 내용이 타당성이 있다고 확신이 서게 되면 상권분석에서 조사된 예정 사업장을 계약하고 시설공사 및 구입에 소요되는 비용을 견적 받아 계약을 한다, 사업장이 확보되고 나면 본격적인 사업계획서의 내용에 따라 창업을 준비한다. 창업을 위한 준비는 시설공사 · 물품구입 · 인원선정 · 마케팅활동 등으로 구분할 수 있다. 사업장선정과 창업준비 과정에서 체크해야 할 요소는 대략다음과 같이 요약할 수 있다

요 소 별	체 크 포 인 트
점포권리 분석	• 등기상 소유자와 계약자의 일치 여부 • 적정 권리금의 계산
점포계약	• 토지, 건물 등기부등본 열람 • 계약기간 • 점포 인수 시 양도·양수 계약 및 각서 징구
각종 비용 견적	• 자금계획 범위 내에서 설비, 비품, 인테리어 공사의 견적
인테리어 공사	• 업체 선정 시 체크해야할 사항 점검
인원채용	• 이력서, 근로계약서 • 신원보증관계 • 임금 지급기준 설정
상품구입	• 초도 상품의 구입규모, 종류, 구매가격
광고선전	• 개업광고 내용 및 소구점 결정 • 매체 선정 • 광고예산의 편성
개업 피로연	• 초청장 발송 • 증정품 선정
개업신고	• 사업자 등록 신청(관할 세무서) • 인·허가업의 경우 관련 주무관청에 신고 또는 허가 신청

1 권리금

권리금이라 함은 "주로 대도시 중심상권 점포의 토지 또는 건물의 임대차에 부수하여 통상적으로 그 점포가 갖게 되는 장소적 이익이나 영업상 반대급부적인 대가로서 임차인으로부터 임대인에게 또는 임차권의 양수인으로부터 양도인에게 지급되어지는 금전"이라 할 수 있다. 따라서 권리금은 점포 양도·양수 시 반복적으로 발생하는 거래관행으로서 임차하는 사람이 권리금을 지불하면 항상 동일한 금액으로 회수가 보장되는 것이 아니다. 주변의 사업여건이 좋아지면 금리금은 상승하지만 반대로 악화되면 상대적으로 권리금은 하락할 수밖에 없어진다.

권리금이란 점포의 상호·시설 등에 대한 유·무형의 자산에 대한 가격으로 법률에서는 "영업권"으로 분류하고 있다. 그러므로 권리금은 장소적 또는 영업 활성화 정도에 대한 대가관계로서 부수적으로 결정되어진다. 그렇기 때문에 점포를 개업하여 영업을 시작한 후 지불된 권리금만큼 영업이 활성화되지 않거나 점포주변여건 변화로 인해 권리금을 회수하지 못하는 경우도 발생되며 사업철수 시에는 분쟁의 소지도 될 수 있다.

권리금이 형성되기 위한 요건은 첫째, 입지선정에 대한 기득권의 환금현상이다. 이것은 희소성의 원칙과 밀접하며 특정한 장소에 대한 영업상 이익의 기대 기능성에 대한 대가성이라 할 수 있다. 둘째는 점포매출과의 상관관계이다. 그 점포만이 가지고 있는 고객과의 관계나 신용 그리고 점포 경영기술이 매출의 극대화로 이어질 때 무형의 자산가치와 장소적 이익이 합치되어서 권리금을 창출하게 된다. 셋째는 점포내의 설비비용이다. 대부분 점포의 인테리어 · 설비 · 비품은 점포 양도 · 양수시 이전가격에 포함하여 결정하게 된다. 이러한 세 가지 요소들이 합쳐져서 점포의 권리금이 결정되어 진다.

권리금은 얼마기간 이내에 회수되어야 하는가. 일반적으로 점포임대차 계약기간을 1년으로 볼 때 점포개업 시 시설 및 인테리어비용을 투자하였다면 권리금은 예상되는 매출액에서 판매비용 등과 투자금액에 대한 기회이자비용을 공제한 수입으로서 통상적으로 10개월에서 15개월 이내 회수가 된다면 권리금의 가격적인 측면에서 양호한 편이며 18개월 이내 권리금을 회수할 수 없는 수익이 발생된다면 그 권리금은 과대계상되었다고 불 수 있다.

여기서 투자금액이라 함은 점포보증금 · 권리금 · 인테리어비 · 기타 시설비를 의미하며 판매비용에는 매출원가(또는 재료비) · 인건비와 기타 제비용을 말하며 점주의 인건비도 일반적으로 여기에 포함하여 계상해 볼 필요가 있으며 일반적으로 기회이자비용은 총 투자금액의 월 1%를 계상하는 것이 통상적이라 할 수 있다.

권리금 회수기간 = 권리금 ÷ (손익계산서상의 경상이익 − 기회이자비용)

이미 앞에서 본 "손익계산서 작성" 경우를 예로 들어 권리금 회수기간을 계산해 보자. 이 점포의 총투자비용은 120백만원이고(30백만원의 권리금 포함), 투자금액에 대한 기회이자비용이 월 120만원이라고 하면 권리금 회수기간은 40백만원 ÷ (410만원 − 120만원) = 13.8개월이 산출된다. 여기에서 회수기간은 28개월로 늘어나게 된다.

이 경우 권리금을 회수하는데 14개월이 소요되어 이 기간 동안 점주의 인건비는 한 푼도 못 번 결과가 되며, 14개월이 경과한 이후부터 기회이자비용을 공제한 순이익이 점주의 인건비를 포함하여 월 3백만원 정도가 됨을 알 수 있다.

그렇다면 적정한 권리금은 어떻게 계산해야 하는가. 권리금의 회수에 대해서는 앞에서 살펴본 바와 같으며 적정한 권리금을 계산하기 위해서는 목표로 하는 권리금의 회수기간을 잘 설정해야 한다. 이를 산식으로 표시하면 다음과 같이 나타낼 수 있다.

$$\text{적정 권리금} = \frac{(\text{경상이익} - \text{기회이자비용}) \times \text{권리금 회수기간}}{1 + (\text{기회이자율} \times \text{권리금회수 기간})}$$

앞의 사례를 보면 12개월 이내 권리금을 회수하려고 하는 경우 적정한 권리금은 약 31백만원이 된다.

$$\text{적정 권리금} = \frac{(4{,}100 - 1{,}200) \times 12}{1 + (0.01 \times 12)} = 3{,}120\text{만원}$$

따라서 권리금은 부동산 중개업자나 양도인이 제시하는 금액을 무조건 지불할 것이 아니라 점포의 사업성을 나름대로 평가하여 적정한 권리금을 산출한 후 주변점포의 권리금 시세를 조사해 보면 권리금에 따른 피해를 어느 정도 예방할 수 있을 것이다. 그리고 권리금의 효력에 관한 문제로서 권리금의 형성요인이 되는 권리를 양도할 수 있는가와 임대인에게 권리금으로 교부한 금액을 반환받을 수 있는지에 대해서는 일반적으로 임차권의 양도는 임대인의 승낙 없이는 유효하지 않으므로 권리의 양도권은 임차권의 양도에 대한 종된 권리라 할 수 있으므로 임차권의 존재와 운명을 같이하며, 임대인에게 지급한 권리금은 임대차나 사용관계가 종료하더라도 반환을 받지 못한다고 보는 것이 일반적이다.

현행법상 권리금은 당사자 간의 합의에 전적으로 의존하고 있으므로 관례적으로 볼 때 특정 점포의 1년 순이익에 대한 합계금액이 적당한 권리금의 기준이라고 보아도 무리가 없을 것이다.

2 계약검토

점포 임대차계약은 법률상의 행위이므로 신문 · 잡지 · 방송매체 · 주위의 경험자 등으로부터 주변의 가능한 모든 정보를 수집하여 점포를 구하고, 사업주 자신이 직접 꼼꼼하게 권리금 문제, 점포의 하자여부, 임대차계약의 조건, 점포의 소유권 등 법률상

문제, 임차인의 의무 사항 등을 살펴보고, 실수 없이 계약을 하여야 한다.

예비창업자는 창업과정에서 여러 가지 계약을 하게 된다. 계약은 법적구속력을 가지므로 향후 분쟁발생 시 주요한 판단기준이 된다. 따라서 인정적인 행위는 철저히 배제하고 '줄 것은 주고받아야 할 것은 받는' 자세로 계약에 임해야 한다. 점포계약은 점포권리금이 있는 경우 통상 두 가지 계약을 하게 된다. 점포사업주(임차인)간에 체결하는 점포양수도 계약서(권리금계약서)가 그 하나이고, 신규임차인과 점포주간에 체결되는 점포임대차계약서가 그 것이다. 점포 양 · 수도계약 시는 적정 권리금을 산정, 지불하고 특약사항에 양도할 집기비품명세 및 기타자산내용, 계약조건(기존의 임대조건 또는 변경된 임대조건으로 점포주와 계약여부), 인근에서 향후 일정기간 동일업종 영업금지, 합의사항 위반 시 위약금 등의 내용을 기재한다.

점포 임대차계약 시는 사전에 공부서류(등기부등본 · 토지가옥대장 · 도시계획확인원)를 발급받아 공부상의 내용과 계약서 및 임차점포의 실제내용과 일치하는지를 확인하고, 등기부상의 소유주와 계약을 체결하여야 한다. 부득이 대리인과 계약할 시는 소유주인감이 날인된 위임장과 인감증명서를 수령하여 확인 후 계약을 체결해야 한다.

점포계약 시 유의사항

등기부등본/토지대장/건축물대장 등의 확인 등기부등본은 해당지역 등기소에서 발급하는데 표제부 · 갑구 · 을구의 3부분으로 구성되어 있다. 표제부는 건물에 대한 표시를 나타내고, 갑구는 점포의 소유주 · 주소 · 이전연월일 · 이전원인 등의 소유권에 대한 사항을 표시한다. 을구는 소유권 이외의 권리에 대한 사항 즉, 저당권 · 임차권 · 지상권 등의 사항이 표시되어 소유권자 이외의 또 다른 권리관계를 알 수 있다.

건물 · 토지의 소재지인 관할구역 법원 구내 등기소 또는 독립등기소에서 계약금 지불 후와 중도금 지불 후에, 그리고 잔금 지불 후에 등기부등본을 각각 떼어 봄으로써 그 후의 권리관계의 변동이 있었는지에 대해 확인할 필요가 있다. 등기부등본을 떼어본 후에는 토지 · 가옥의 위치 · 크기 · 실소유자 등이 등기부등본과 일치하는가를 확인하기 위하여 관할구청이나 시청에서 토지 · 가옥대장을 확인해 보아야 한다.

도시개발계획 확인 자신이 얻으려는 점포가 향후에 공공용지 등으로 수용이 될지, 재개발지역이 아닌지, 업종이 제한되어 있는 지역인지 등을 파악하기 위하여 관할 시 · 군 · 구청에서 도시계획확인원을 확인하여 도시계획을 알아보아야 한다.

실소유주와 계약체결 계약은 당사자가 건물의 실소유주인지를 확인한 후(주민등록증 이용) 체결하도록 한다. 대리인인 경우 소유주 인감이 찍힌 위임장 수령이 필요하다. 전대계약 같은 경우에는 소유주의 서면승낙 후에 계약 체결하도록 하고 대금지불은 건물 소유주에 직접 해야 하며 영수증을 받아 놓을 것을 잊지 말아야 한다.

임대기간 설정 창업하려는 후보업종에 자신감과 발전 가능성이 있고 높은 인테리어 비용이 소요되는 업종인 경우에는 단기계약보다는 장기계약이 유리하다.

계약서의 특약 다음 임차인으로부터 권리금을 받아갈 수 있도록 점포주의 협력조항이라든지, 잔금일자에 전세권 또는 임차권등기를 해준다든지, 적정한 차임 증가분 및 계속 재계약 약속 명시라든지, 부속물(간판 · 창고 · 주차장 · 화장실 등) 이용에 관한 사항 등을 명기한다. 대개의 경우 임대인은 협력해 주지 않는 것이 현실이지만 개인 사정이나 그 때 상황에 따라 달라질 수 있으므로 시도해 봄직하다. 뜻하는 대로 되지 않는다 하더라도 밑져야 본전이기 때문이다.

기존점포 인수 시 유의사항

기존의 점포를 인수하여 새로 개업할 경우는 상품 · 거래처 · 단골고객을 인수함으로써 신규개업의 어려움을 피할 수 있다. 기존의 점포를 인수할 때 주의할 사항들을 정리하면 다음과 같다.

- 기존점포의 경영상태가 어떠하였는가를 알아본다.
- 체인점일 경우 체인 본사의 경영상태 · 부도가능성 · 계약기간 · 계약조건의 변동가능성 등을 알아본 후 건물주와 점포계약을 해야 한다.
- 점포가 위치한 지역 또는 인근에 어떠한 도시개발 계약이 있는지 확인하고 경쟁업소 · 대형 쇼핑센터건립계획 등이 있는지 검토한다.
- 상가일 경우 신축 또는 개축할 가능성은 없는지 조사한다.
- 고객이용상황 등 현장조사의 병행도 필요하다.

점포 임대차계약은 서면형식으로 하는 이유는 만약의 경우 분쟁이 발생되면 입증할 수 있는 자료로서의 기능과 책임문제를 규명할 수 있기 때문이다. 현행 계약법상 평형을 잃은 계약은 무효이고 취소할 수 있다고 명시하고 있으나 현실적으로는 그렇지 못하다. 임대차계약에서 임대인은 유리하게, 임차인은 불리하게 계약이 이루어지고 있는 것이 현실이며 계약상의 문제가 발생되면 쌍방 당사자 간의 복잡한 민사소송절차를 거쳐서 분쟁을 해결하여야 하는 번거로움과 소송비용으로 인한 피해를 보고서도 그냥 넘어가는 경우가 허다하다. 따라서 계약을 체결할 때에는 다음 사항을 유의하게 신중히 검토할 필요성이 있다.

첫째, 2년 이상의 장기계약을 하도록 임대인과 사전에 협의한다.

둘째, 화해조서나 인낙조서(민사소송 시 피고는 원고가 주장하는 소송물인 권리 또는 법률관계를 무조건으로 승인하는 취지의 법원에 대한 소송상의 진술을 말함)를 계약서에 부기하거나 추가하자고 요구하는 점포는 계약을 포기해야 한다.

셋째, 권리금을 인정하거나 묵인하는 경우는 거의 없기 때문에 현행법상으로 어떠한 방법도 없다.

넷째, 설치비용에 투자한 영수증은 해당 점포계약이 만료될 때까지는 반드시 보관하도록 한다.

다섯째, 기존점포를 인수하여 모든 권한을 승계 받을 때에는 양도인에게 동일 상권 안에 동일업종을 개업하지 않겠다는 증서를 받아둔다.

또한 체인점을 개업할 때 체인본부와 가맹점계약을 체결하게 된다. 특히, 최근에 와서는 체인사업이 우후죽순으로 생겨나고 있다. 이들 중에는 불건전한 재무구조와 사기성이 농후한 유령회사도 없지 않음에 유의해야 한다, 상당수의 체인 본사들이 계약서를 회사 측에 유리하게 작성해 놓고 서명 · 날인을 요구하게 된다, 프랜차이즈계약서에는 가맹비 · 보증금납부 · 본사의 교육과 운영지원 · 시스템 등 사용관리에 관한 사항과 점포장비와 설비에 관한 사항, 계약기간 및 계약 갱신과 양도 · 계약해지, 공급수수료 및 판매 수수료, 가맹점주의 거래계정, 상품공급과 재고관리, 각종 장비 및 시설의 유지 보수 등에 관한 사항들이 모두 포함된다. 의심이 가는 체인 본사의 경우 위에서 열거한 각 항목 중에 본사에 유리한 사항만 계약서에 명시하고 추후에 회사에 책임 소재를 물을 수 있는 부분은 빼놓는 사례가 빈번하므로 계약서 작성 시 이를 꼼꼼히 따져 이의를 제기하고 필요한 사항은 반드시 계약서에 명시될 수 있도록 요구해야 한다.

프랜차이즈 계약을 체결할 때에는 체인점 개업 시 항목별 투자비 내역, 보증금 반환, 상권보장, 상품공급, 갑과 을의 책임과 의무, 문제발생시 분쟁해결에 관한 사항은 반드시 집고 넘어가야 함을 잊어서는 안 된다. 특히 사업을 처음 시작하는 경우 본사에서 불이익을 당하는 것이 염려되어 회사가 일방적으로 작성한 인쇄된 계약서에 그대로 도장을 찍는 경우가 의외로 많다. 미리 따져보고 나서 수정할 사항이 있으면 계약서에 정확히 명시하여 계약을 체결하게 되면 훗날 분쟁이 발생되어도 피해를 최소화할 수 있다,

물론 계약을 체결하기 전 미리 회사에 관한 여러 가지 기업정보를 충분히 분석하여야 하며 사업성분석 시 필요한 자료는 회사에 공식적으로 요청할 권리가 가맹 희망자에는 있다.

3 개업 준비

아무리 완벽한 사업계획서를 준비하였다 하더라도 실행하는 과정에서 소홀히 하거나 덤벙거리게 되면 처음부터 잘못되어 상당히 애를 먹는 경우를 종종 볼 수 있다, 개업을 준비하는 과정에서 이리 뛰고 저리 뛰다 보면 자신의 의도와는 다른 방향으로 일이 전개될 수도 있기 때문에 차분한 마음으로 사전에 체크리스트를 작성하여 체크할 항목과 일정을 하나하나 점검해 나아가야 한다. 점포를 꾸밀 필요가 있을 때는 우선 내부 인테리어부터 시작한다. 그 다음에 간판을 주문하고 필요한 집기와 비품은 어떻게 배치할 것인지를 생각한 뒤에 주문한다. 전화는 신청에서 공사까지 이틀 정도면 충분하므로 사전에 신청하되 집기와 비품의 배치가 끝날 무렵에 전화공사가 시작될 수 있도록 일의 순서를 정하는 것이 좋다.

인 · 허가 및 사업자 등록

사업 인 · 허가 창업절차에서 업종 및 사업 아이템이 결정되면 그 다음 절차로 각종 법령에서 규정하고 있는 사업 인 · 허가 내지는 신고를 하여야 한다. 즉, 창업업종이 인 · 허가 대상인지, 신고만 하면 되는 업종인지 아니면 별도의 인 · 허가 내지는 신고절차가 필요 없이 사업을 할 수 있는지를 사전에 검토하여 해당 인 · 허가절차를 완료한 후 사업을 개시하여야한다. 또한 사업 인 · 허가와 관련하여 해당관청은 어디며, 어떤 서류가 필요하고 어떤 절차를 밟아 이행하여야 되는지에 대해서도 함께 검토하여야 한다. 이처럼 사업에 대한 인 · 허가는 본격적인 영업활동을 개시하기 전에 각 관계법령의 규정에 따라 받아야 하는 행정절차이다. 이 절차는 특별한 경우를 제외하고는 법인설

립등기의 전제조건은 아니다.

결국 사업 인·허가는 기업경영의 전제가 되는 것이기 때문에 실무상으로는 법인 설립등기신청 전에 사업 인·허가를 받는 것이 좋다. 사업관련 주요 인·허가 사항은 경영하고자 하는 업종에 따라서 그 내용과 절차가 서로 다르다. 사업 관련 주요 인·허가에는 공장설립과 관련된 인·허가, 영업활동과 관련된 인·허가 등이 있으며, 제조업·서비스업·도소매업별로 관련 주요 인·허가 사항은 해당업종을 관할하는 부처 또는 그 하부기관에 위임되어 처리되고 있다.

사업자등록

- 사업개시 후 사업자등록 : 신규로 사업을 개시한 자는 사업장마다 사업개시일로부터 20일 내에 사업자등록신청을 하여야 한다. 법인의 경우에는 본점 지점 모두 사업자등록을 하여야 하고, 개인도 사업장이 여러 개가 있는 때에는 사업장마다 사업자등록을 하여야 한다. 또한 직매장도 사업자등록을 하여야 한다.
- 사업개시 전 사업자등록 : 사업을 시작하는 사람은 사업을 개시한 날로부터 20일 안에 사업장마다 사업자등록을 하여야 하나 사업을 개시하기 전이라도 사업자등록을 할 수 있다. 사업을 시작하기 전에 사업자등록을 하는 경우에는 사업자등록에 관한 일반적인 절차가 그대로 적용이 된다. 즉, 사업자의 인적사항과 사업자등록 신청사유, 사업개시연월일 등을 적은 사업자등록신청서와 함께 법인인 경우 법인등기부등록 각 2통, 인·허가법인인 경우에는 사업허가증사본 1통을 사업장 관할세무서 민원봉사실에 제출하면 된다. 다만, 법인설립등기 전에 또는 사업허가 전에 등록을 하고자 하는 경우에는 법인설립을 위한 발기인의 주민등록등본 또는 사업허가신청서사본이나 사업계획서를 제출하면 된다.
- 등록신청자 : 사업자등록신청자는 부가가치세법상의 사업자이어야 한다. 이 경우 사업자는 부가가치세법상 과세사업자만을 의미하므로 면세재화 또는 용역을 공급하는 자는 부가가치세법상의 사업자등록 의무가 없으나, 그 대신 법인세법상 또는 소득세법상의 등록의무가 있다. 그러나 과세사업과 면세사업을 겸업하는 사업자는 부가가치세법상의 사업자등록을 하여야 한다.
- 사업자등록신청서의 접수 : 민원봉사실장은 신규로 사업을 개시하는 자가 사업자등록을 신청하는 때에는 법령에서 정한 서류의 구비여부 및 기재사항의 누락유무를 검토하여 불비된 경우에는 신청인에게 보완하도록 한 후 접수한다.

- 구비서류 : 사업자등록신청에는 다음과 같은 서류가 필요하다.
  - 법인의 경우에는 법인등기부등본 2부.
  - 사업허가증사본 1부
  - 법인설립등기 전 또는 사업허가 전에 등록을 하고자 하는 경우에는 법인설립을 위한 발기인의 주민등록등본 또는 사업허가신청서 사본이나 사업계획서
- 등록증의 교부 : 사업자등록증은 본인이 수령해야 하며, 부득이 제3자 수령 시에는 본인 및 수령인의 신분증과 도장을 지참하여야 한다.

법인설립등기 및 신고

- 법인설립 등기 : 창업 예비절차에서 기업형태가 결정되어 주식회사를 설립하여야 하는 경우에는 자본규모의 결정, 주주구성 등을 결정한 후 상법 등에서 규정하는 절차에 따라서 법원에 법인설립등기를 한다. 법인설립등기에는 법정등기사항이 있기 때문에 이들 사항이 누락되는 일이 없도록 하는 것이 중요하다. 법인설립 신고 시에는 향후 회사 경영상 회계처리 기준이 되는 고정자산 등의 감가상각방법을 사전에 신고토록 하고 있어야 향후 경영방침과 연관시켜서 신고하여 한다.
- 법인설립등기 신청 시 구비서류 : 법원에 설립등기는 다음의 서류를 구비하여 관할법원 등기소에 신청하여야 한다.
  - 발기인 공증위임장 및 인감증명
  - 대표이사 취임승낙서 및 인감신고서
  - 감사 : 취임승낙서
  - 주주명부 : 발기인 및 청약인
  - 발기인 전원의 주민등록등본 각 2부
  - 발기인 전원의 도장(감사 포함)
  - 정관
- 법인설립신고 : 법인이 법원에 설립등기를 마치면 그 설립등기일부터 30일 이내에 법인설립신고서를 납세지 관할세무서 법인세과에 제출하여야 한다.
- 법인설립신고 시 구비서류
  - 법인설립신고서(관할세무서 민원봉사실)
  - 설립시의 대차대조표

－법인등기부등본
－정관사본 및 주주 또는 출자자명부

기타장치와 시설물설치

점포 내부시설 공사에서 점포구조를 어떻게 구성하느냐에 따라 매장전체 분위기가 크게 달라질 수 있다. 이는 점포내부의 골격에 해당한다. 여기에는 계산대·의자·테이블·진열대의 형태 및 위치, 그리고 화장실 등이 고려의 대상이 된다. 소점포에서는 깔끔하고 단정한 느낌을 주는 점포 구조가 생명이다. 점포 내부 구조를 이루는 몇 가지 주요 시설의 설치 요령은 다음과 같다.

계산대 고객들에게 너무 눈에 띄게 하여 부담을 주지 않게 하고, 고객들이 매장 안에서 이동하는 동선에 불편을 주지 않도록 설치해야 한다.

의자/테이블 의자와 테이블은 내부 분위기의 통일화된 이미지에 부합되면서 약간은 주목을 받을만한 색상과 디자인을 이용하는 것이 바람직하다. 또한 편안함을 주되 너무 안락한 의자는 피하고, 테이블은 바닥보다는 약간 강한 색상으로 그리고 선뜻한 느낌이 더해지는 디자인이 무난하다고 할 수 있다.

진열대 진열은 단순히 상품을 나열해 놓는 것이 아니고 손님으로 하여금 진열된 상품을 보고 구매 욕구를 일으키도록 하여야 한다.

화장실 음식점이나 커피숍 같은 곳에서는 화장실은 매우 중요한 역할을 하므로 항상 매력적인 곳으로 만들어야 한다. 가깝고 깨끗하고 편리하게 만들어야 한다.

유리 거울 유리는 최근 점포 인테리어에서 많이 쓰이고 있는 소재로서 출입문 쪽 전부를 유리로 덮은 창문도 있고 벽면 전체를 유리로 이용하여, 시원함과 함께 밖으로 경치를 볼 수 있게 하며 큰 효과를 얻고 있다.

브라인드 최근 점포전면이 유리로 된 경우가 많다. 이때 단순히 유리벽보다 아름다운 무늬를 가진 블라인드(버디칼 등)를 병행하여 사용한다면 독특한 내부분위기를 만들어 낼 수 있을 것이다.

개업안내 및 행사

사업계획의 수립에서부터 자금의 조달 · 점포계약 · 상품계획 · 간판 및 인테리어의 공사까지 마무리 짓게 되면 드디어 고객을 맞을 준비가 완료되고, 개업을 눈앞에 두게 된다. 이러한 개업 준비절차 과정이 완료되면 길일을 택하여 예정된 점포를 개업하게 된다. 기존의 상점을 인수한 경우라도 단골이 없는 상태이기 때문에 목표고객들에게 신장개업을 알려야 한다.

전단 등을 통한 개업홍보 개업을 얼마 남기지 않은 시점에서는 목표고객들에게 점포의 개업일을 알리는 전단을 살포하거나 점포의 진열창에 개점일을 크게 적어두어 목표고객들의 관심을 끌어야 한다. 개업홍보는 흔히 직접메일(DM) 수단을 활용하는데 이러한 직접 메일수단으로는 전단지등 직접우편 · 신문 등의 간지 · 카달로그 등이 있다. 이러한 것들은 시행하기가 쉽고 대상고객을 적절히 선정할 수 있으며, 내용이나 형식이 자유로우면서 많은 정보를 제공할 수 있어야 좋다.

기념품 제작 서비스 차원에서 그리고 홍보전략으로 고객에게 오래 도안 기억이 될 만하고 수시 이용할 만한 기념품을 부담 없는 가격대의 것으로 제작하여 배포하는 것이 좋다. 점포위치와 전화번호 그리고 특징을 담아 인쇄 또는 제작하는 것이 중요하다.

롤 플레잉(Role Playing) 실제로 손님을 받기 전에 리허설을 해보는 것이다. 이를 통해 문제점을 찾아 개선할 수 있고 나름대로의 요령과 자신감을 가질 수 있다. 가능한 한 친구 친지들과 함께 여러 번 시행해 보는 것이 좋다.

개업행사 최근의 경우 팡파르가 울리고 연예인이 동원되는 등 거대하게 치르는 개업식의 일부 눈에 띄고 있다. 한편 친척 · 친지 · 친구 · 전직직장동료 등을 비롯한 가까운 사람들과의 개업축하 회식은 가급적 조촐하고 간단하게 치르고 목표고객들에게 개점비용을 집중적으로 사용토록 한다.

창업의 계기를 이용하여 무료의 광고기회를 많이 찾을 수 있다. 예를 들어, 이색업종이라면 신문, TV, 또는 직접 간접으로 관련된 간행물, 단체 등에서 뉴스거리로 다루어 준다.

제3편

사업계획서 형태별 사례 및 서식

3－1 관청의 인허가를 위한 사업계획서 서식
3－2 금융기관 제출용 사업계획서 서식
3－3 투자자 등을 위한 사업계획서 서식
3－4 창업사업계획서
3－5 기업내부 및 IR용 사업계획서
3－6 자본유치를 위한 투자제안서
3－7 M&A를 위한 투자제안서

3－1

관청의 인허가를 위한

사업계획서 서식

사업계획 [ ] 승인 [ ] 변경승인 신청서

※ 색상이 어두운 란은 신청인이 적지 않습니다.

접수번호	접수일	처리기간 20일

구분		
신청인	회사명	사업자등록번호
	대표자 성명	대표자 생년월일
	회사형태	설립연월일
	주소	회사자산
	대행상담 회사명	(전화번호) (등록번호)

구분		
사업계획	공장소재지	전화번호
	규모 (대지: m^2)	(건물: m^2)
	업종(분류번호)	종업원 수
	공사착공 예정일	공사준공 예정일

「중소기업창업 지원법」 제33조제1항, 같은 법 시행령 제22조 및 같은 법 시행규칙 제14조에 따라 위와 같이 신청합니다.

년 월 일

신청인 (서명 또는 인)

시장 · 군수 · 구청장 귀하

첨부서류	1. 사업계획서(승인신청의 경우만 해당합니다) 1부 2. 변경계획서 및 변경사유서(변경승인신청의 경우만 해당합니다) 1부 3. 변경내용의 신 · 구대비표(변경승인신청의 경우만 해당합니다) 1부 4. 부동산권리자의 사용동의서 1부 5. 「중소기업창업 지원법」 제33조제4항에 따른 지침에서 정하는 서류 1부	수수료 없음

처 리 절 차

신청서 작성	→	접수	→	검토	→	승인	→	통보
신청인		처리기관 (시 · 군 · 구)		처리기관 (시 · 군 · 구)		처리기관 (시 · 군 · 구)		

사 업 계 획 서

업체명 :

차 례

1. 사업개요

가. 사업목적

나. 사업의 기대효과

① 고용효과 :

② 소득증대효과 :

③ 지방부존자원 활용효과 :

④ 수출증대효과 :

⑤ 기 타 :

다. 투자계획

투자계획			자금조달계획	
구분		금액	구분	금액
시설자금	부지매입비	천원	자기자본	천원
	건 축 비	천원	차입자본	천원
	기계시설비	천원	투자유치	천원
	기타공사비	천원		천원
운전자금		천원		천원
계			계	천원
예상매출액		1차년도:	2차년도:	3차년도:

2. 생산제품 소개

구 분	제 품 명	표준산업 분류번호 (5단위)	규 격	환경오염 배출시설 설치대상 업종여부
① 주생산품				
② 기타생산품				

○ 제품설명

□ 제품명:

□ 용 도:

□ 원료(부원료)사용량 및 제품생산량

원료(부원료)명	사용량(단위/월)	생산제품명	생산량(단위/월)

※ 가동시간 : 일 시간 (월 일/년 일) 기준

□ 제품의 특성

□ 기 타

3. 공장건축계획

구 분	년	년	년	년	계	비고
① 설계용역	㎡				㎡	
② 부지	㎡	㎡	㎡	㎡	㎡	
③ 조성공사	㎡	㎡	㎡	㎡	㎡	
④ 공장건물건축	㎡	㎡	㎡	㎡	㎡	
⑤ 부대건물	㎡	㎡	㎡	㎡	㎡	
- 사무실	㎡	㎡	㎡	㎡	㎡	
- 실험실	㎡	㎡	㎡	㎡	㎡	
- 창 고	㎡	㎡	㎡	㎡	㎡	
- 식 당	㎡	㎡	㎡	㎡	㎡	
- 기숙사	㎡	㎡	㎡	㎡	㎡	
- 기 타	㎡	㎡	㎡	㎡	㎡	
합 계 (④+⑤)	㎡	㎡	㎡	㎡	㎡	

주) 부지 및 건축면적은 연면적으로 기재

4. 생산공정도

공 정 도	공 정 설 명

5. 생산설비 명세서

시 설 명	용 량	수 량	비 고

6. 배출시설 명세서

시 설 명	용량 및 규격 (hp · kW · ㎥)	수 량	오염물질 종류	특정유해물질 발생여 · 부	비고
가. 대기분야					
나. 수질분야					
다. 소음·진동분야					
라. 폐기물					

※ 기재요령 : 「물환경보전법」·「대기환경보전법」·「소음· 진동관리법」의 규정에 의한 배출시설을 기재합니다.

7. 용수 · 전력 및 연료의 사용계획

용수(톤/일)				전력(kW/일)		연료(톤/일)		
생활용수		공업용수		일반전력	자가발전	경유	가스	기타
상수도	지하수	상수도	지하수					

8. 공장 편입토지 지번별 조서

소재지	지 번	지목	지적면적 (㎡)	편 입 면 적 (㎡)			용도지역	소유자 (성명)	비고
				계	공장용지	진입도로			
합 계									

9. 공장배치도

규 모	부지면적 (㎡)	건축연면적 (㎡)	제조시설면적 (㎡)	부대시설면적 (㎡)	비 고

※ 공장배치도 작성요령: 건축물의 용도 위주로 개략적으로 위치, 면적, 연도별 설치계획만을 표시합니다.

창 업 사 업 계 획 승 인 서

귀하가 . . . 신청한 창업사업계획승인 신청에 대하여 중소기업창업지원법 제33조의 규정에 의하여 다음과 같이 승인합니다.

가. 신청자

업 체 명	대표자명 (생년월일)	업 종	소 재 지

나. 승인사항

다. 창업사업계획승인으로 인·허가된 것으로 처리되는 절차 및 조건

(1) ○○법 ○조의 규정에 의한 ○○허가 (○○조건)
(2)
(3)

라. 승인조건 (※ 해당사항이 있는 경우 기재)

마. 이행사항

중소기업창업지원법령 및 창업사업계획의승인에관한통합업무처리지침상의 전반적인 사후관리 절차를 준수하여 사업을 수행하며 특히 다음 사항에 유의한다.

(1) 승인된 사업계획내용을 변경 승인절차를 거치지 아니하고 이를 변경하거나 승인된 내용과 다른 사업을 영위하여서는 아니됨
(2) 중소기업창업지원법 제37조에 해당될 경우에는 사업계획승인이 취소됨
(3) 〈삭제 2005.11.4〉
(4) 〈삭제 2005.11.4〉

바. 기타 이행사항 (※ 해당사항이 있는 경우 기재)

년 월 일

○○ 시장, 군수, 구청장 직인

공 장 설 립 사 업 계 획 승 인 서

귀하가 ______. _____. _____. 신청한 공장설립사업계획승인 신청에 대하여 기업활동규제완화에관한특별조치법 제9조 및 중소기업창업지원법 제33조의 규정에 의거 다음과 같이 승인합니다.

가. 신청자

업 체 명	대표자명 (생년월일)	업 종	소 재 지

나. 승인사항

※ 동 공장설립 사업계획승인은 중소기업창업지원법상의 창업자가 아닌 일반 중소기업자의 공장 신설 · 증설 · 이전에 대하여 승인한 사항임

다. 공장설립 사업계획승인으로 인 · 허가된 것으로 처리되는 절차 및 조건

(1) ○○법 ○조의 규정에 의한 ○○허가 (○○조건)
(2)
(3)

라. 승인조건 (※ 해당사항이 있는 경우 기재)

마. 이행사항

중소기업창업지원법령 및 창업사업계획의승인에관한통합업무처리지침상의 전반적인 사후관리 절차를 준수하여 사업을 수행하며 특히 다음사항에 유의한다.

(1) 승인을 받은 사항은 변경 승인절차를 거치지 아니하고 이를 변경하거나 승인된 내용과 다른 사업을 영위하여서는 아니됨
(2) 중소기업창업지원법 제37조에 해당될 경우에는 사업계획승인이 취소됨
(3) 〈삭제 2005.11.4〉
(4) 〈삭제 2005.11.4〉

바. 기타 이행사항 (※ 해당사항이 있는 경우 기재)

년 월 일

○○ 시장, 군수, 구청장 [직인]

공 동 사 업 계 획 승 인 서

귀하가 ______. ______. ______. 신청한 공동사업계획승인 신청에 대하여 기업활동규제완화에관한특별조치법 제9조 및 중소기업창업지원법 제33조의 규정에 의하여 다음과 같이 승인합니다.

가. 승인업체

구 분	업 체 명	대표자명 (생년월일)	소 재 지	비 고
신 청 자				
공동사업 계 획 자				

※ 주 : 비고란에 "창업승인"과 "공장설립승인"을 구분하여 표기

나. 승인사항

다. 공동사업계획승인으로 인·허가된 것으로 처리되는 절차 및 조건

(1) ○○법 ○조의 규정에 의한 ○○허가 (○○조건)
(2)
(3)

라. 승인조건 (※ 해당사항이 있는 경우 기재)

마. 이행사항

중소기업창업지원법령 및 창업사업계획의승인에관한통합업무처리지침상의 전반적인 사후관리 절차를 준수하여 사업을 수행하며 특히 다음사항에 유의한다.

(1) 공동사업계획 부문의 승인사항을 변경코자 할 경우 신청자가 변경 승인절차를 거쳐서 변경승인을 받아야 함. 다만, 개별사업계획 부문의 승인사항을 변경코자 할 경우 개별사업자(공동사업계획자)가 별개로 변경승인을 받아야 함
(2) 공동사업계획 부문이 중소기업창업지원법 제37조에 해당될 경우에는 공동사업계획승인이 취소됨
(3) 〈삭제 2005.11.4〉

바. 기타 이행사항 (※ 해당사항이 있는 경우 기재)

년 월 일

○○ 시장, 군수, 구청장 직인

3－2

금융기관 제출용

사업계획서 서식

사 업 계 획 서

계획사업명 :

20×× . . .

기업체명 :
대 표 자 :

1. 회사현황

가. 기업체 개요

<table>
<tr><td colspan="2">기업체명
(계열명)</td><td>( )</td><td>대표자명</td><td></td><td>사업자등록번호
(법인등록번호)</td><td></td></tr>
<tr><td colspan="2">납입자본금
(수권자본금)</td><td></td><td>주요업종
(표준산업분류)</td><td>( )</td><td>설 립 일 자</td><td>. . .</td></tr>
<tr><td colspan="2">주 요 제 품</td><td></td><td>결산 년 월</td><td></td><td>외부감사여부</td><td>실시 미실시 대상외</td></tr>
<tr><td rowspan="4">주
소</td><td>본 사</td><td colspan="3">(TEL)</td><td>기업 형태</td><td>법인 개인 조합</td></tr>
<tr><td>주된사무소</td><td colspan="3">(TEL)</td><td>기업규모</td><td>대 중 소</td></tr>
<tr><td>사 업 장</td><td colspan="3">(TEL)</td><td>상장여부</td><td>상장 등록 기타</td></tr>
<tr><td>계획사업장</td><td colspan="3">(TEL)</td><td>주거래 은행</td><td></td></tr>
<tr><td colspan="2">기타특기사항</td><td colspan="3"></td><td></td><td></td></tr>
</table>

* 주된사무소 : 자금 등 실질적 본사기능이 수행되는 사무소
* 표준산업분류 : [한국표준산업분류]상 분류번호(5자리까지) 기재
* 기타특기사항 : 기술제휴, 정부지원 및 공공정책상 특혜, 수상경력, 특허권 등의 내용 기재

나. 연 혁

연 월 일	내 용

* 회사설립, 인수, 합병, 경영권변동, 상호변경, 주요 자본금 변동, 주요 설비 신.증설, 정부 인.허가(KS 허가 등), 유망중소기업지정사항 등 기재

다. 주주현황

(단위 : 천원)

주 주 명	관 계	주민등록번호	소유주식수	금액	지 분 율

* 1주당 액면금액 : __________원

* 관계 : 대주주 또는 실질 경영주와의 관계

라. 경영진 및 기술진 현황

성 명	직위 및 담당업무	주민등록번호	학력 및 경력	관 계

마. 관계회사 현황

(단위 : 백만원)

회 사 명	대표자명	주 요 제 품	자 본 금	매 출 액	순 이 익

2. 계획사업 내용

가. 개 요

사 업 명	
사 업 장	
사업내용	(목적, 필요성 등)

나. 제품개요

제품명	규 격	용도및특성	비 고
(기존제품)			
(계획제품)			

다. 시설계획(　　　　　공장)

시 설	기 존	본전 계획	비고
토 지	㎡	㎡	
건 물	동 연 ㎡	동 연 ㎡	
생산설비	예) O O 생산설비 2 Line년 8 만개	예) O O 생산설비 2 Line년 8 만개	
수 전	KV KVA	KV KVA	
용 수	Ton/일	Ton/일	
폐수처리	Ton/일	Ton/일	

* 시설배치도 첨부

라. 생산 및 판매계획

(단위 : 백만원)

구분	품 목	년도		년도		년도	
		수량	금 액	수량	금 액	수량	금 액
생산능력							
	계						
	(가동율)	(%)		(%)		(%)	
판매실적							
	계						
	(수출실적)						
원재료조달							
	계						
	(수입실적)	(천U$)		(천U$)		(천U$)	

작성일현재 년간 생산능력 :	생산능력산출근거 : 일 시간, 년 일 가동기준

마. 생산공정

• 제품별로 작성하되, 각 공정별로 사용설비, 가동시간, 종업원 등을 표시

바. 원 단위 표준

주 요 원 재 료				보 조 재 료 및 부 분 품			
명 칭	규 격	단 위	수 량	명 칭	규 격	단 위	수 량
유 티 리 티							
명 칭	규 격	단 위	수 량	명 칭	규 격	단 위	수 량
		K조		연료(B-C)			
		Ton		(경유)			
		Ton		(등유)			
비고							

사. 소요자금 및 조달계획(계획제품의 정상가동단계까지)

가. 소요자금

(단위 : 천원)

구 분		기 투 자 액	향후소요액	계	비 고
시설자금	대 지				
	건 물				
	기계시설				
	소 계				
운영자금					
합 계					

나. 조달계획

(단위 : 천원)

구 분		기조달액	향후도달액	계	조달방법 및 조건
자기자본	개인증자				
	소 계				
타인자본	금융기관				
	회사채발행				
	소 계				
합 계					

아. 특기사항

(KS, UL 등 공인규격 보유내용, 동력 계약용량 및 월평균 사용량, 기술의 내용 및 특성, 신기술 개발내용, 원재료수급전망, 입지조건 등)

3. 영업현황

가. 주요제품별 생산 및 판매실적(최근 3년간)

(단위 : 백만원)

구 분	제품명	단위	생산능력 (수량)	생산실적 (수량)	판매실적			
					내수		수출	
					수량	금액	수량	금액
년								
	(합 계)							
년								
	(합 계)							
년								
	(합 계)							

* 제품명 : 다품종일 경우 회사자체기준에 의해 적절히 구분기재

* 수 출 : Local 수출분은 ( )내 구분 표시

나. 주요 거래처 현황

(단위 : 백만원)

구분	상 호	소 재 지	업 종	연간거래액	의존도	비 고
판매처						
	계				100%	
구매처						
	계				100%	

다. 동업계 현황

(단위 : 백만원)

회 사 명	주력제품	생산능력	총 자 산	매 출 액	순 이 익

* 경쟁업체의 경영현황을 입수가능한 범위 내에서 기재

라. 추정손익계산서

(단위 : 백만원)

연 도 / 항 목	년	년	년
매 출 액 매 출 원 가			
매 출 총 이 익			
판매비 및 일반관리비			
영 업 이 익			
영 업 외 수 익 영 업 외 비 용 (지 급 이 자)			
경 상 이 익			
특 별 이 익 특 별 손 실			
세 전 순 이 익			
법 인 세 등			
당 기 순 이 익			

* 1차년도는 (　　)개월분임.

3－3

투자자 등을 위한

사업계획서 서식

사 업 계 획 서

20×× .　.　.

XX 주식회사

Ⅰ. 기업현황

1) 사업개요

<table>
<tr><th colspan="7">사 업 개 요</th></tr>
<tr><td rowspan="2">업체
현황</td><td>회사명</td><td colspan="2"></td><td>주소</td><td colspan="2"></td></tr>
<tr><td>대표자</td><td colspan="2"></td><td>연락처</td><td colspan="2"></td></tr>
<tr><td rowspan="2">제품
현황</td><td>제 품 명</td><td></td><td></td><td></td><td></td><td></td></tr>
<tr><td>매출액
(백만원)</td><td></td><td></td><td></td><td></td><td></td></tr>
<tr><td rowspan="5">공장
현황</td><td>위 치</td><td colspan="5">번지의 필지</td></tr>
<tr><td>용도지역</td><td></td><td>지 목</td><td></td><td>공장용지면적</td><td>m³</td></tr>
<tr><td>업 종</td><td>건축면적</td><td>건축연면적</td><td>공장면적율</td><td>녹지면적</td><td>녹지비율</td></tr>
<tr><td></td><td>m³</td><td>m³</td><td>%</td><td>m³</td><td>%</td></tr>
<tr><td>건폐율</td><td colspan="2">%</td><td>용적율</td><td colspan="2">%</td></tr>
<tr><td rowspan="2">투자
규모</td><td colspan="2">합 계</td><td colspan="2">자 기 자 본</td><td colspan="2">타 인 자 본</td></tr>
<tr><td colspan="2">백만원</td><td colspan="2">백만원</td><td colspan="2">백만원</td></tr>
<tr><td>공장
보유
현황</td><td colspan="3">자가( )
임차( )</td><td>공장
보유
형태</td><td colspan="2">신규건립입주( )
기존건립입주( )</td></tr>
</table>

- 업종은 한국표준산업분류상 세세분류인 5단위가지 기입(통계청 기준과 문의)
- 공장용지 증명서류 첨부(토지이용계획확인서, 토지대장 등)
  건축면적, 건축연면적은 공장설립일부터 4년 이내의 건설계획분 포함하여 기재
- 기준공장면적율(건축연면적/공장용지면적)은 공장입지기준고시(상공자원부 고시 제1994-99호) 참조
- 공장설립변경신청(허가)의 경우 신·구사업계획서 대비표 첨부

2) 연 혁

년 월 일	주 요 내 용

기업체의 설립, 사업내용, 변경일자, 합작 및 기술도입, 무역업허가, 사업추진 경위 등을 기입

3) 사업개요

• 국내외 시장규모 및 시장점유율, 주요납품처와의 관계, 기술수준 및 기술개발 계획, 생산품목, 고용계획, 자금조달 계획 및 사업규모등 사업계획서 내용을 요약기술.

4) 사업목적

• 제품의 특성, 주요공급선, 수요전망 등을 고려하여 약술

5) 사업의 기대효과

• 예측가능한 고용효과, 소득증대효과, 수출증대효과, 지방부존자원활용 효과 등을 간략히 기재

6) 주주현황

(단위 : 백만원)

구 분 주주명	주식수(주)	금 액	지분율(%)	비 고
합 계				

- 1주의 금액(액면가) : ____________원
  (우리사주조합, 스톡옵션 채택 여부 등도 비고에 표시)

2. 생산 및 판매계획

(단위 : 수량/천개, 금액/백만원)

제품명	생 산 계 획			판 매 계 획			수 출 계 획		
	단가	수량	금액	단가	수량	금액	단가	수량	금액

3. 소요자금 및 조달방법

1) 투자규모(향후 5개년도)

(단위 : 백만원)

구 분		Y	Y	Y	Y	Y	합계
대지	면적(㎡)						
	매입비						
건축	면적(㎡)						
	건축비						
구축물							
기계장치							
차량운반구							
기타유형자산							
소 계							
운전자금							
합 계							

2) 자금조달

구 분	Y	Y	Y	Y	Y	합계
납입자본금						
타인자금						
1, 정책자금						
2. 금융기관						
3. 차관						
4. 외화부채						
5. 기타채무						
합 계						
내 자						
외 자						

3) 투자유치계획

(단위 : 백만원)

	년 도	투자자/기관	투자유치금액	자본금증자
과거 투자유치실적				

	용 도	금 액	참고사항
향후투자유치 희망금액 용도			
	합계		

4. 생산방식 및 생산공정도

공정별	투입원료명	시설명칭

• 각 공정에 투입되는 원료 및 시설명을 기입 할 것

5. 원부자재 조달계획

(단위 : 백만원)

품 명	수 량	단 가	금 액	조달방법		매입처

• 단가는 작성년도 경상가격을 기준으로 한다.

6. 고용계획

구 분		년도	년도	년도	년도	년도
관리직	정규직					
	계약직					
생산직	정규직					
	계약직					
기술직	정규직					
	계약직					
소 계	정규직					
	계약직					
기 타	인 턴					
	별정직					
	소 계					
합계	정규직					
	계약직					
	기 타					
총 계						

7. 기타 특기사항

• 합작투자계획, 해외시장전망, 해외시장전망 등을 기술한다.

3-4

창업사업계획서

20××

XX 주식회사

목　　차

나. 사업전개방안
2. 공장입지 및 건설계획
가. 공장입지
나. 공장건설계획
다. 위치도
3. 시설투자계획
가. 보유시설현황
나. 시설투자계획
다. 공장 및 시설배치도
4. 조직 및 인원계획
가. 조직편제
나. 인원계획
5. 원·부자재 조달계획
6. 생산계획
가. 제품별 생산계획
나. 기술현황
7. 판매계획
가. 제품별 판매계획
나. 제품 유통경로
다. 판매전략
8. 사업추진일정계획

Ⅵ. 자금조달계획
1. 추정소요자금
2. 자금조달계획
3. 담보제공계획

Ⅶ. 추정재무제표 수립
1. 추정 대차대조표
2. 추정 손익계산서
3. 부속 명세서
가. 제조원가명세서
나. 판매관리비명세서
다. 인건비명세서
라. 감가상각비명세서

Ⅰ. 일반현황

1. 회사현황

<table>
<tr><td colspan="2">회사명</td><td colspan="2"></td></tr>
<tr><td colspan="2">설립년월일</td><td colspan="2"></td></tr>
<tr><td colspan="2">사업자등록번호</td><td colspan="2"></td></tr>
<tr><td colspan="2">대표자</td><td colspan="2"></td></tr>
<tr><td rowspan="2">소
재
지</td><td>본사</td><td colspan="2">(전화:)</td></tr>
<tr><td>공장</td><td colspan="2">(전화:)</td></tr>
<tr><td colspan="2" rowspan="2">업종</td><td colspan="2"></td></tr>
<tr><td colspan="2">(표준산업분류번호:)</td></tr>
<tr><td colspan="2">생산품목</td><td colspan="2"></td></tr>
<tr><td colspan="2">주거래처</td><td colspan="2"></td></tr>
<tr><td colspan="2">거래은행</td><td colspan="2"></td></tr>
<tr><td colspan="2" rowspan="3">공장규모</td><td colspan="2">자가공장( ), 임대공장( ), 등록( ), 무등록( )</td></tr>
<tr><td>공장부지</td><td>평</td></tr>
<tr><td>공장건물</td><td>평</td></tr>
<tr><td colspan="2" rowspan="5">사업규모
(년)</td><td>자 본 금</td><td>백만원</td></tr>
<tr><td>총 자 산</td><td>백만원</td></tr>
<tr><td>매 출 액</td><td>백만원</td></tr>
<tr><td>순 이 익</td><td>백만원</td></tr>
<tr><td>종업원수</td><td>명</td></tr>
</table>

2. 회사연혁

년 월 일	내 용	비 고

注) 회사설립, 상호변경, 대표자변경, 업종변경, 합작투자, 법인전환, 공장이전, 사업승인, 포상, 등록사항 등의 내용을 기재

3. 대표자 이력

<table>
<tr><td colspan="2">성 명</td><td colspan="3">(한자)</td></tr>
<tr><td colspan="2">생년월일</td><td colspan="3"></td></tr>
<tr><td colspan="2">주소</td><td colspan="3"></td></tr>
<tr><td rowspan="4">학
력</td><td>기 간</td><td>학 교 명</td><td>전 공 분 야</td><td>수학상태</td></tr>
<tr><td></td><td></td><td></td><td>졸업, 중퇴</td></tr>
<tr><td></td><td></td><td></td><td>졸업, 중퇴</td></tr>
<tr><td></td><td></td><td></td><td>졸업, 중퇴</td></tr>
<tr><td rowspan="4">경
력</td><td>기 간</td><td>기 업 체 명</td><td>주 생 산 품 목</td><td>최종직위</td></tr>
<tr><td></td><td></td><td></td><td></td></tr>
<tr><td></td><td></td><td></td><td></td></tr>
<tr><td></td><td></td><td></td><td></td></tr>
<tr><td colspan="2" rowspan="2">재 력</td><td>부 동 산</td><td>동 산</td><td>재 산 세</td></tr>
<tr><td></td><td></td><td></td></tr>
<tr><td colspan="2">특 기 사 항</td><td colspan="3"></td></tr>
</table>

4. 경영진현황

직 위	성 명	주민등록번호	담당업무	학 력	주요경력

5. 주주명부

성 명	주민등록번호	주 소	보유주식수	구 성 비	비 고
합 계				100 %	

주) 비고란에는 대표자와의 관계 및 대기업 관련 주주 내용을 기재

6. 조직 및 인원현황

가. 조직기구표

이곳에 조직기구표를 작성한다.

나. 인원현황

구 분	사무부분	생산부분	합 계
임 원			
부 장			
과 장			
대 리			
사 원			
합 계			

7. 금융거래현황

가. 예금 및 적금

(단위 : 천원)

예입처	예금종목	금 액	이율	기 간	비 고
합 계					

나. 차입금

(단위 : 천원)

예입처	금 액	이자율	차입일	차입조건		상환잔액	상환일
				거치	상환		
합 계							

다. 담보물보유현황

(단위 : 천원)

종류	추정가액	소유자	위 치	면적 (수량)	기담보제공내용	
					담보권자	설정금액
합 계						

8. 재무현황

가. 재무상태표 (20××. . .현재)

(단위 : 천원)

과 목	금 액	과 목	금 액
자 산 1 유동자산 1) 유동자산 2) 투자자산 2. 비유동자산 1) 일반유형자산 2) 무형자산 3) 기타비유동자산		부 채 1. 유동부채 2. 비유동부채 1) 장기차입부채 2) 장기충당부채 3) 기타비유동부채 부채총계 자 본 1. 납입 자본금 2. 잉여금 1) 자본잉여금 2) 이익잉여금 3. 자본조정 자본총계	
자산 총계		부채와 자본 총계	

나. 손익계산서(20 . . .~20 . . .)

(단위 : 천원)

과 목	금 액
1. 매 출 액	
2. 매 출 원 가	
3. 판매관리비	
4. 영업이익	
5. 기타수익	
6. 기타비용	
7. 기타이익	
8. 금융수익	
9. 금융원가	
10. 지분법이익	
11. 법인세비용차감전 순이익	
12. 법인세비용	
13. 당기순이익	

Ⅱ. 계획사업의 개요

1. 사업의 목적

주) 사업의 동기, 사업배경, 사업추진경위, 사업목적 등을 약술 기재

2. 사업의 기대효과

주) 고용 및 소득증대효과, 외화가득 및 수입대체효과, 지역경제발전, 산업관련효과 등을 약술 기재

3. 계획사업의 개요

사업의형태	창업(　　) 이전(　　) 분공장(　　) 설비증설(　　) 생산품목확대(　　)					
사업추진일						
대표자						
소재지 본사	(전화:　　　　　)					
소재지 공장	(전화:　　　　　)					
업종	(표준산업분류번호:　　　)					
생산품목						
투자규모	시설자금	백만원	운전자금	백만원		
자금조달	자기자본	백만원	타인자금	백만원		
사업규모 (백만원)	구　분	1차년도	2차년도	3차년도	4차년도	5차년도
	자 본 금					
	자　산 부　채 자　본					
	매 출 액 순 이 익 (%)					
	종업원수					
사업성	C V P					
	I R R					

Ⅲ. 생산제품의 개요

1. 제품개요

제품명		
업종		
H.S Code		
지정업종	기술집약형업종(　) 우선육성업종(　) 중기업고유업종(　) 도시형업종(　)	첨단무공해업종(　) 지정계열업종(　) 특허 및 실용신안(　) 기　타(　)

2. 제품규격 및 사양

3. 제품가격

제품명					
제조원가					
공장도가격					
도매가격					
소매가격					

4. 제품용도

5. 제품특성

주) 제품의 실용성, 안전성, 품질특성, 장점등을 분류하여 약술기재

6. 생산공정

공 정 명	공 정 설 명	생산시설

Ⅳ. 시장현황 및 전망

1. 제품현황

주) 생산제품과 관련된 산업동향, 생산과 유통 및 소비시장의 현황, 특성 등을 약술하여 기재한다.

2. 제품수급실적

구 분		년	년	년	년	년	증가율(%)
공급	생 산						
	수 입						
합 계							
수요	내 수						
	수 출						

주) 생산은 광공업 통계조사보고서, 수입•수출은 통계연보자료 기준

3. 경쟁업체현황

주) 경쟁업체 현황은 경쟁업체별 사업규모, 생산. 판매실적, 종업원수, 제품특성 등을 분류하여 기재한다.

4. 시장전망

<table>
<tr><th colspan="2">구 분</th><th>년</th><th>년</th><th>년</th><th>년</th><th>년</th><th>증가율%)</th></tr>
<tr><td rowspan="2">공급</td><td>생 산</td><td></td><td></td><td></td><td></td><td></td><td></td></tr>
<tr><td>수 입</td><td></td><td></td><td></td><td></td><td></td><td></td></tr>
<tr><td colspan="2">합 계</td><td></td><td></td><td></td><td></td><td></td><td></td></tr>
<tr><td rowspan="2">수요</td><td>내 수</td><td></td><td></td><td></td><td></td><td></td><td></td></tr>
<tr><td>수 출</td><td></td><td></td><td></td><td></td><td></td><td></td></tr>
</table>

V. 사업추진계획

1. 사업개황

가. 사업의 방향

나. 사업전개방안

구 분	1 단 계	2 단 계
기 간		
사업목표		
사업과제		

2. 공장입지 및 건설계획

가. 공장입지

위 치			
부지면적			
용도지역		지 목	
이용현황			
가 격			
비 고			

나. 공장건설계획

(단위 : 천원)

구 분		규 모		단 가 (천원)	금 액	비 고
		㎡	평			
부 지 매 입 조 성 공 사 설 계 용 역						
공장·부대건물	공장건물 창 고 사 무 실 식 당 기 숙 사 기 타 (화장실등)					
	(소 계)					
수배전 시설 용 수 시 설 기 타						
임차 보증금						
합 계						

다. 위치도 (1/25,0000)

3. 시설투자계획

가. 보유시설현황

(단위 : 천원)

종별	시 설 명	규 격	수 량	취득금액	내용 년수	사용 년수	잔존가액
합 계							

주) 종별 : 1. 생산설비 2. 시험검사설비 3. 공해방지설비 4. 기타설비

나. 시설투자계획

(단위 : 천원)

종별	시 설 명	규 격	수 량	단 가	금 액	구입처
합 계						

주) 종별 : 1. 생산설비 2. 시험검사설비 3. 공해방지설비 4. 기타설비

다. 공장 및 시설배치도

4. 조직 및 인원계획

가. 조직편제 (1차년도)

이곳에 조직도표를 그려 넣는다.

나. 인원계획

(단위 : 명)

구 분		1차년도	2차년도	3차년도	4차년도	5차년도
사무영업부문	임 원 부 장 과 장 대 리 사 원					
	(소 계)					
생산부문	임 원 부 장 과 장 대 리 사 원					
	(소 계)					
합 계						

5. 원부자재 조달계획

(단위 : 천원)

원.부자재명	단 위	수 량	단 가	금 액	조 달 처
합 계					

6. 생산계획

가. 제품별 생산계획

(단위 : 천원)

품 목 명	단위	생 산 량			생 산 금 액	
		생산능력	가동율	생산량	단가	금 액
합 계						

나. 기술현황

(1) 규격표시 획득현황

규격표시명	허가(승인)품목	허가(승인)번호	승 인 기 관	허가(승인)일자

주) 규격표시명: ① KS.JIS. UL 등 국내외규격
② 공산품품질관리 1,2갑. 2을 등급
③ 검, Q Mark등 품질인증
④ 전, 열등 형식승인

(2) 산업재산권 등록현황

종 류	고안명칭	등록번호	등록일	발명자 (고안자)	권리자	전용실 시권자

주) 1. 종류 : ① 발명특허등록 ② 실용신안등록 ③ 의장등록
2. 출원중인 경우 등록번호와 등록일난에 신청접수번호와 신청일을 기재

(3) 기술인력 보유현황

직위	이 름	전공학	기술자격종목 등급	등록기관	입사일자	비고

주) 생산제품과 관련된 전공수료자, 기술자격(기술사, 기능장, 기사1.2급, 기능사, 기능사보)내용 기재

7. 판매계획

가. 제품별 판매계획

(단위 : 천원)

품 목 명	단 위	재 고 계 획			판 매 계 획		
		기초재고	당기생산	기말재고	판매량	단 가	금 액
합 계							

나. 제품유통경로

다. 판매전략

8. 사업추진일정계획

사 업 일 정	년				년			
	1Q	2Q	3Q	4Q	1Q	2Q	3Q	4Q
1) 공장입지 선정 2) 사업타당성 검토 3) 사업계획 수립 4) 공장설립허가신청 5) 공장설립허가 6) 토목공사 7) 공장건축 8) 공장준공 9) 공장등록 10) 생산설비 발주 11) 기술인력, 종업원확보 12) 시설배치 13) 시장확보 14) 공장시운전 15) 생산 16) 판매								

VI. 자금조달계획

1. 추정소요자금

(단위 : 천원)

구 분		금 액	비 고
시설자금	1. 시 설 자 금		
	- 부지매입		(공장건축계획) 참조
	- 설계용역		(공장건축계획) 참조
	- 부지조성		(공장건축계획) 참조
	- 공장건축		(공장건축계획) 참조
	- 부대건물		(공장건축계획) 참조
	- 기타공사		(공장건축계획) 참조
	- 생산설비		(시설투자계획) 참조
	- 공해방지설비		(시설투자계획) 참조
	- 기타설비		(시설투자계획) 참조
	- 임차보증금		(공장건축계획) 참조
	2. 창 업 자 금		
	- 창업비		
	- 개업비		
	소 계		
운전자금	1. 당기제조원가		(제조원가명세서) 참조
	2. 판매 및 일반관리비		(판매및일반관리비명세서) 참조
	3. 영업외 비용		(손익계산서) 참조
	4. 자금지출이 없는 비용		
	- 감가상각비		(감가상각비명세서) 참조
	- 퇴직급여충당금		(인건비명세서) 참조
	소 계		(①+②+③−④)/④
합 계			

2. 자금조달계획

(단위 : 천원)

<table>
<tr><th colspan="2" rowspan="2">구 분</th><th rowspan="2">금 액</th><th colspan="2">자 기 자 금</th><th colspan="3">타 인 자 금</th></tr>
<tr><th>자본금</th><th>기 타</th><th>1금융</th><th>2금융</th><th>기 타</th></tr>
<tr><td rowspan="3">시설자금</td><td>1. 시 설 자 금
- 부지매입
- 설계용역
- 부지조성
- 공장건축
- 부대건물
- 기타공사
- 생산설비
- 공해방지설비
- 기타설비
- 임차보증금</td><td></td><td></td><td></td><td></td><td></td><td></td></tr>
<tr><td>2. 창 업 자 금
- 창업비
- 개업비</td><td></td><td></td><td></td><td></td><td></td><td></td></tr>
<tr><td>소 계</td><td></td><td></td><td></td><td></td><td></td><td></td></tr>
<tr><td rowspan="2">운전자금</td><td>1. 당기제조원가
2. 판매관리비
3. 영업외 비용
4. 자금지출없는 비용
- 감가상각비
- 퇴직급여충당금</td><td></td><td></td><td></td><td></td><td></td><td></td></tr>
<tr><td>소 계</td><td></td><td></td><td></td><td></td><td></td><td></td></tr>
<tr><td colspan="2">합 계</td><td></td><td></td><td></td><td></td><td></td><td></td></tr>
</table>

3. 담보제공계획

가. 담보제공방법 (해당하는 사항에 ○표시)

구 분	부 동 산				예 · 적금 등		보증서등	담보불가
	대지	건물	주택	기타	예 · 적금	유가증권		
자담								
3자담보								

나. 담보제공 내용

(1) 부동산

담보종류	소유자	소 재 지	면적.수량	타권리여부	최근감정금액
대 지 건 물 주 택 기 타					

(2) 예적금등

담보종류	소 유 자	발 급 처	금 액	선순위 질권저당 여부
예적금 및 상호부금 상장유가증권				

(3) 보증서등

(신용보증서, 은행지급보증서, 보증보험증권 및 부동산신탁 수익증권발급계획 대상업체는 차후계획을 기재)

Ⅶ. 추정재무제표 수립

1. 추정대차대조표

(단위 : 천원)

과 목	1차년도	2차년도	3차년도
자 산			
1. 유동자산			
- 당좌자산			
- 재고자산			
2. 비유동자산			
- 투자자산			
- 유형자산			
- 무형자산			
자 산 총 계			
부 채			
1. 부 채			
- 유동부채			
- 비유동부채			
부 채 총 계			
2. 자 본			
- 자 본 금			
- 자본잉여금			
- 이익잉여금			
- 자본조정			
자 본 총 계			
부 채 와 자 본 총 계			

2. 추정손익계산서

(단위 : 천원)

과 목	1차년도	2차년도	3차년도
1. 매 출 액			
2. 매 출 원 가			
3. 매출 총이익			
4. 판매관리비			
5. 영 업 이 익			
6 영업외 비용			
7. 법인세전 순이익			
8. 법 인 세 등			
9. 당기 순이익			

3. 부속명세서

가. 제조원가명세서

(단위 : 천원)

과 목	산 출 기 준	1차년도	2차년도	3차년도
1. 재 료 비				
- 기초재료재고액				
- 당기재료매입액				
- 기말재료재고액				
2. 노 무 비				
- 급 여				
- 상여금				
- 퇴직금				
3. 경 비				
- 복리후생비				
- 전력비				
- 수도광열비				
- 감가상각비				
- 세금과 공과				
- 보험료				
- 수선료				
- 보관운반비				
- 연구개발비				
- 차량유지비				
- 기타				
당기총제조비용				
기초재공품재고				
기말재공품재고				
당기제품제조원가				

나. 판매관리비명세서

(단위 : 천원)

과 목	산 출 기 준	1차년도	2차년도	3차년도
1. 임원급여				
2. 급료와 임금				
3. 퇴 직 금				
4. 복리후생비				
5. 세금과 공과				
6. 감가상각비				
7. 접 대 비				
8. 광고선전비				
9. 경상연구개발비				
10. 통 신 비				
11. 여비교통비				
12. 도서인쇄비				
13. 소포품비				
14. 기 타				
합 계				

다. 인건비명세서

(단위 : 천원)

구분	직 급	월기준 급여액	연간 1인당 인건비			1차년도		2차년도		3차년도	
			급 여	상여금	계	인원	금액	인원	금액	인원	금액
직급별	임 원										
	부 장										
	과 장										
	대 리										
	사 원										
	여사원										
	소 계										
상 여 금											
퇴직급여충당금											
(합 계)											

라. 감가상각비명세서

(단위 : 천원)

<table>
<tr><th>과 목</th><th>세부내역</th><th>취득원가</th><th>내용년수</th><th>1차년도</th><th>2차년도</th><th>3차년도</th></tr>
<tr><td rowspan="4">유형자산</td><td>기존공장
신축공장
전기시설
기타시설
생산기계
설 비
공해방지설비
차량운반구</td><td></td><td></td><td></td><td></td><td></td></tr>
<tr><td>(소 계)</td><td></td><td></td><td></td><td></td><td></td></tr>
<tr><td>창 업 비
개 업 비</td><td></td><td></td><td></td><td></td><td></td></tr>
<tr><td>(소 계)</td><td></td><td></td><td></td><td></td><td></td></tr>
<tr><td colspan="2">(합 계)</td><td></td><td></td><td></td><td></td><td></td></tr>
<tr><td colspan="2">제조경비 부담분</td><td></td><td></td><td></td><td></td><td></td></tr>
<tr><td colspan="2">일반관리비 부담금</td><td></td><td></td><td></td><td></td><td></td></tr>
<tr><td colspan="2">영업외비용 부담금</td><td></td><td></td><td></td><td></td><td></td></tr>
</table>

3-5

기업내부 및 IR용 사업계획서

www.supercooler.co.kr
SeoulBingo
사업계획서
수퍼쿨러주식회사
"세계 최초 슬러시 냉장고"

SeoulBingo
1 기업개요
1. 회사 개요
2. 경영이념
3. VISION
4. 제품 소개
5. 사업모델 (Business Model)
6. 사업매력도 (Key Success Factor)
7. 제품 포트폴리오 (Products Portfolio)
8. 비즈니스 프레임워크 (Framework)
9. 조직도 (Organization Map)
"세계 최초 슬러시 냉장고"

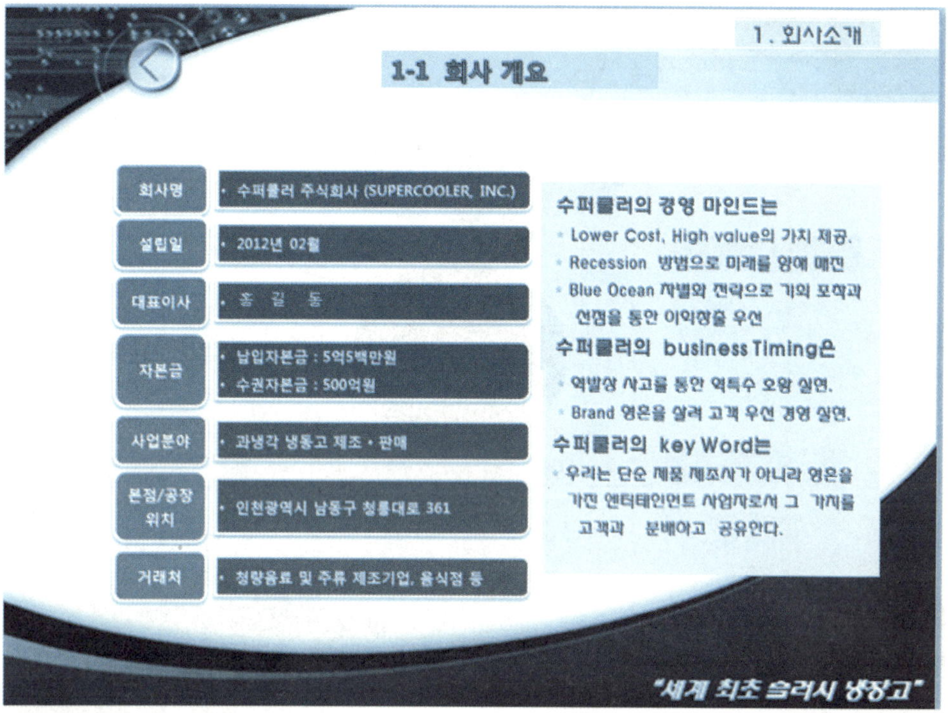
1. 회사소개
1-1 회사 개요
회사명
• 수퍼쿨러 주식회사 (SUPERCOOLER, INC.)
설립일
• 2012년 02월
대표이사
• 홍 길 동
자본금
• 납입자본금 : 5억5백만원
• 수권자본금 : 500억원
사업분야
• 과냉각 냉동고 제조・판매
본점/공장 위치
• 인천광역시 남동구 청릉대로 361
거래처
• 청량음료 및 주류 제조기업, 음식점 등
수퍼쿨러의 경영 마인드는
* Lower Cost, High value의 가치 제공.
* Recession 방법으로 미래를 향해 매진
* Blue Ocean 차별화 전략으로 기회 포착과 선점을 통한 이익창출 우선
수퍼쿨러의 business Timing은
* 역발상 사고를 통한 역특수 호황 실현.
* Brand 영혼을 살려 고객 우선 경영 실현.
수퍼쿨러의 key Word는
* 우리는 단순 제품 제조사가 아니라 영혼을 가진 엔터테인먼트 사업자로서 그 가치를 고객과 분배하고 공유한다.
"세계 최초 슬러시 냉장고"

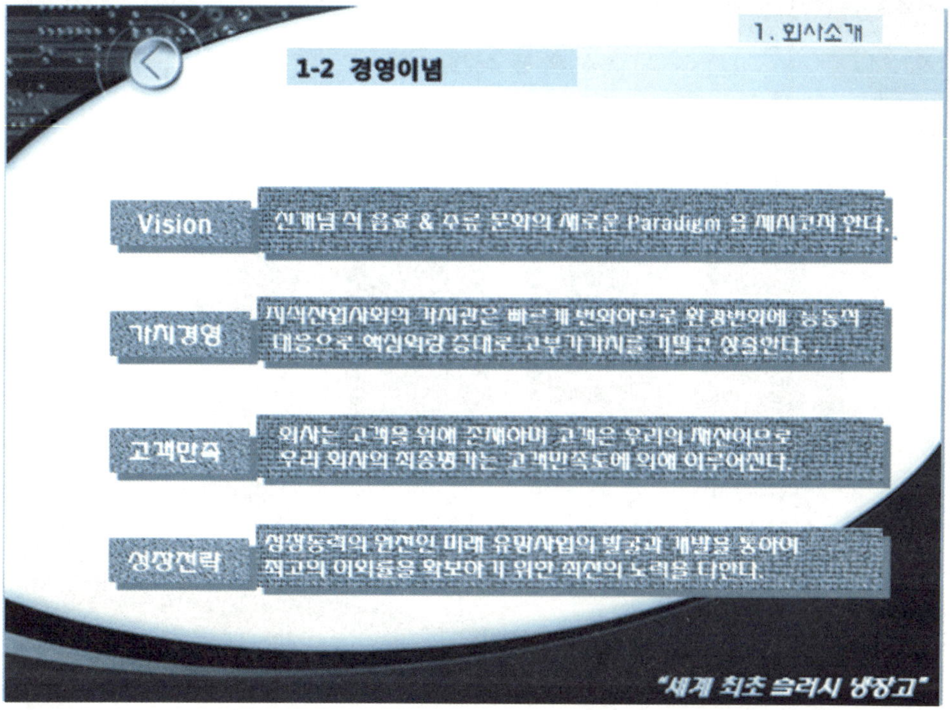
1. 회사소개
1-2 경영이념
Vision
신개념 의 음료 & 주류 문화의 새로운 Paradigm 을 제시코자 한다.
가치경영
지식산업사회의 가치관은 빠르게 변화하므로 환경변화에 능동적 대응으로 핵심역량 증대로 고부가가치를 키우고 성숙한다.
고객만족
회사는 고객을 위해 존재하며 고객은 우리의 재산이므로 우리 회사의 최종평가는 고객만족도에 의해 이루어진다.
성장전략
성장동력의 완전한 미래 유망사업의 발굴과 개발을 통하여 최고의 이익률을 확보하기 위한 최선의 노력을 다한다.
"세계 최초 슬러시 냉장고"

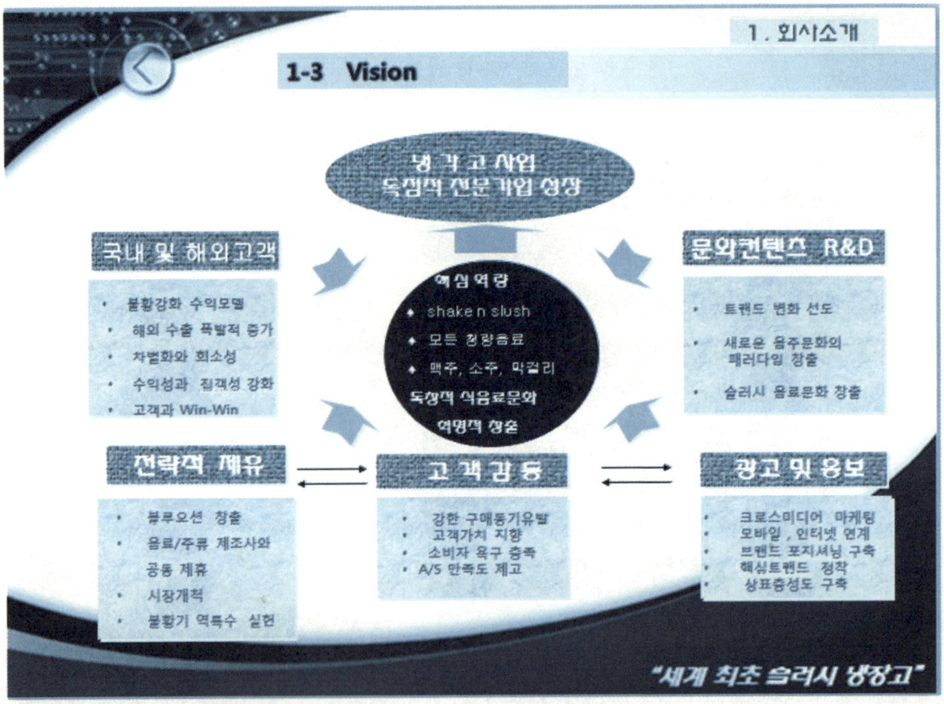
1. 회사소개
1-3 Vision
냉각고 사업
독점적 전문기업 성장
국내 및 해외고객
불황강화 수익모델
해외 수출 폭발적 증가
차별화와 희소성
수익성과 집객성 강화
고객과 Win-Win
핵심역량
shake n slush
모든 청량음료
맥주, 소주, 막걸리
독창적 식음료문화
혁명적 창출
문화컨텐츠 R&D
트렌드 변화 선도
새로운 음주문화의
패러다임 창출
슬러시 음료문화 창출
전략적 제휴
블루오션 창출
음료/주류 제조사와
공동 제휴
시장개척
불황기 역특수 실현
고객감동
강한 구매동기유발
고객가치 지향
소비자 욕구 충족
A/S 만족도 제고
광고 및 홍보
크로스미디어 마케팅
모바일, 인터넷 연계
브랜드 포지셔닝 구축
핵심트랜드 정착
상표충성도 구축
"세계 최초 슬러시 냉장고"

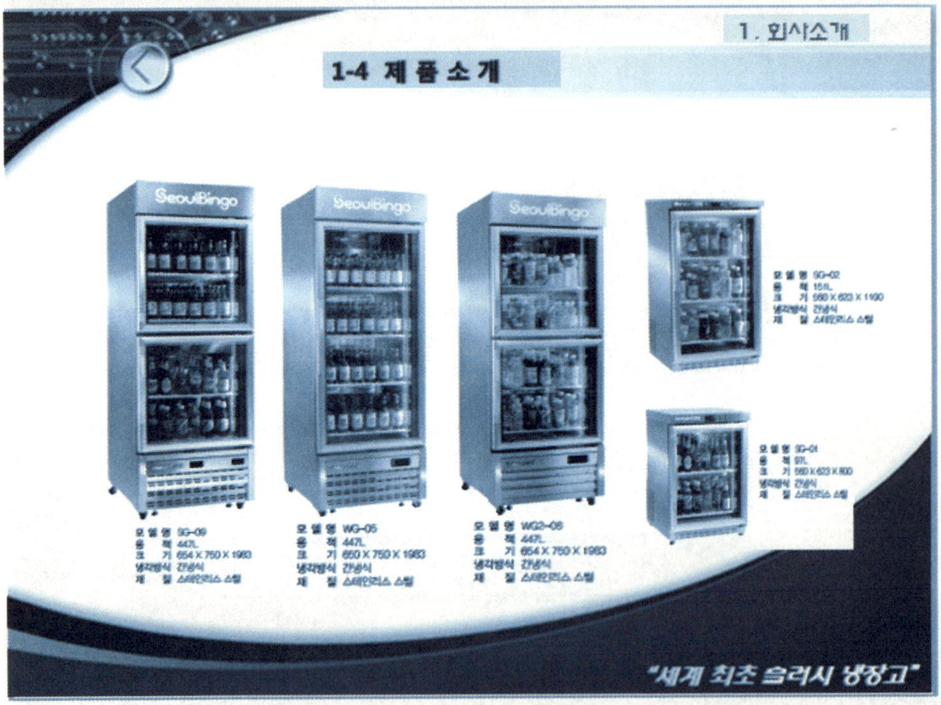
1. 회사소개
1-4 제 품 소 개
SeoulBingo
모델명 SG-02
냉각방식 간냉식
재질 스테인리스 스틸
모델명 SG-01
냉각방식 간냉식
재질 스테인리스 스틸
모델명 SG-09
용적 447L
크기 654 X 750 X 1983
냉각방식 간냉식
재질 스테인리스 스틸
모델명 WG-05
용적 447L
크기 650 X 750 X 1983
냉각방식 간냉식
재질 스테인리스 스틸
모델명 WG2-06
용적 447L
크기 654 X 750 X 1983
냉각방식 간냉식
재질 스테인리스 스틸
"세계 최초 슬러시 냉장고"

1. 회사소개
1-5 사업모델 (Business Model)
설빙고 세계 최초로 개발한 특허제품
SeoulBingo
"설빙고"
상식을 뛰어넘는
과냉각의 신비로움
"설빙고" 에서
꺼내기만 해도 얼음이
사르르~~ 액체가 순간
얼음이 되는 마술쇼가
펼쳐집니다.
"세계 최초 슬러시 냉장고"

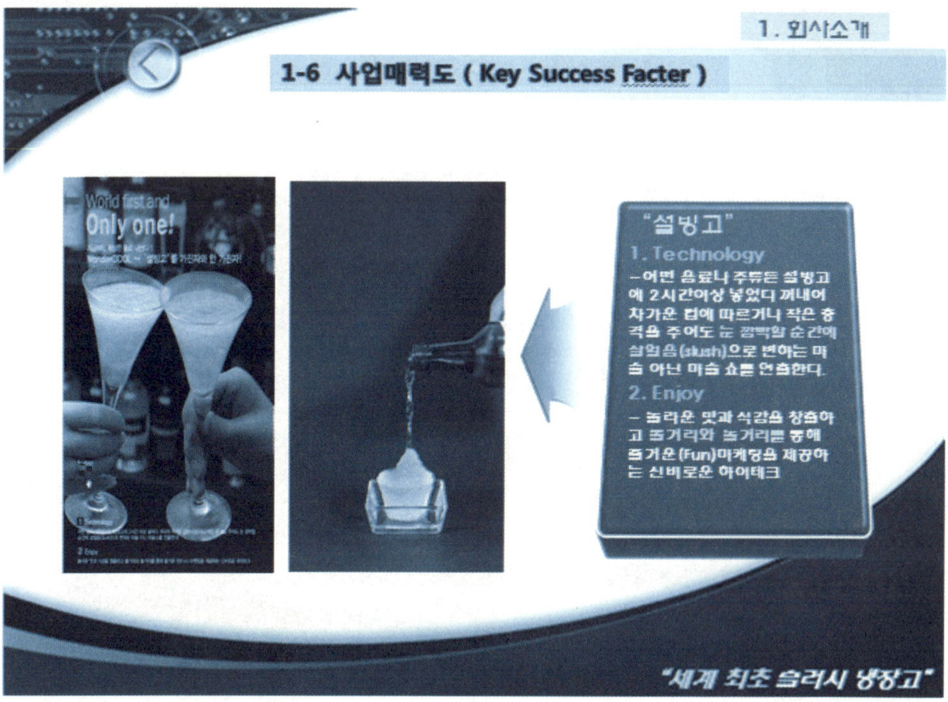
1. 회사소개
1-6 사업매력도 (Key Success Facter)
World first and
Only one!
"설빙고"
1. Technology
-어떤 음료나 주류든 설빙고
에 2시간이상 넣었다 꺼내어
차가운 컵에 따르거나 작은 충
격을 주어도 눈 깜빡할 순간에
살얼음(slush)으로 변하는 마
술 아닌 마술 쇼를 연출한다.
2. Enjoy
- 놀라운 맛과 식감을 창출하
고 즐거리와 놀거리를 통해
즐거운(Fun)마케팅을 제공하
는 신비로운 하이테크
"세계 최초 슬러시 냉장고"

1. 회사소개

1-7 제품 포트폴리오 (Products Portfolio)

- 생수(설빙수) 및 모든 청량음료
- 슬러시 맥주 – 설빙 맥주
- 슬러시 막걸리 – 설빙 막걸리
- 슬러시 소주
- 기타 – 식혜, 녹차, 과일쥬스, 야채쥬스, 건강 비타민음료, 스포츠음료, 전통음료, 와인, 사케(일본 주), 복분자 등 각종 전통주, 모든 청량음료

프라스틱 및 페트병, 유리병, 종이팩, 기타 밀폐용기 등

"세계 최초 슬러시 냉장고"

1. 회사소개

1-8 비즈니스 프레임워크 (Business Framework)

희소성	최소 영하 –5도에서 영하 –20도 까지의 기존 냉장고보다 몇 배나 차가운 Super Cooling의 음료를 마실 수 있다.
독창성	음료자체가 얼기 때문에 대장균이 우글거리는 얼음을 넣지 않아 극히 위생적이다.
영속성	외부에서 얼음이 투입되지 않으므로 끝까지 음료, 술의 맛이 전혀 변하지 않는다.
성장성	특히 소주, 막걸리, 맥주 등은 차가우면 30%이상 많이 마시게 되어 매출 증대를 가져다 준다.
대체성	설빙고는 추운 겨울 등에는 보통 냉장고로 동치미 보관 등으로 사용하거나 일반 냉장고로도 병행사용 가능한 것이 가장 큰 장점이다.

"세계 최초 슬러시 냉장고"

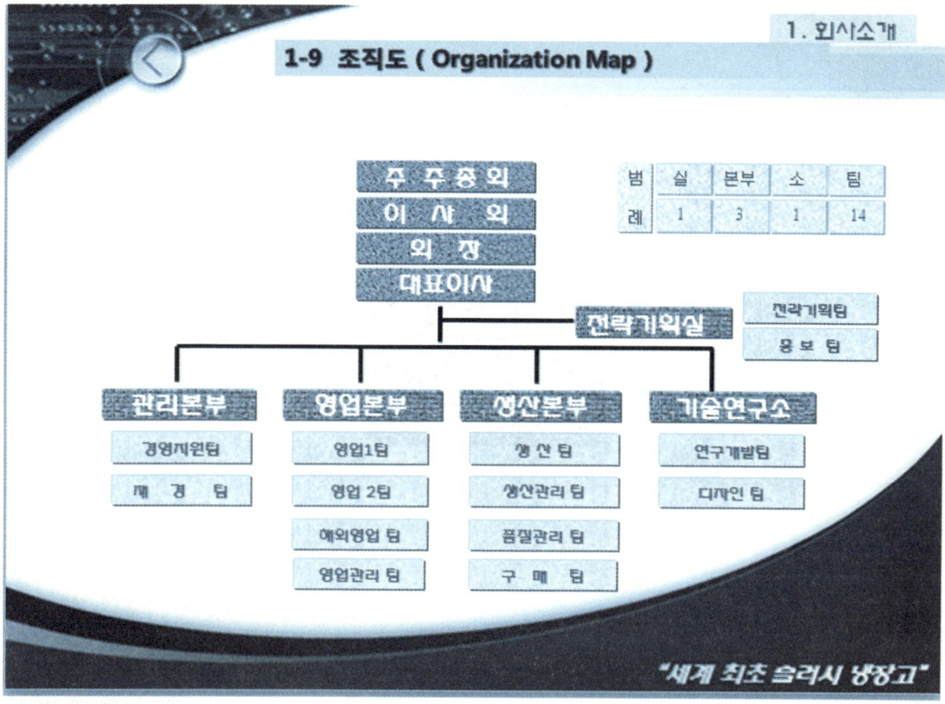
1. 회사소개
1-9 조직도 (Organization Map)
주 주 총 회
이 사 회
회 장
대표이사
범례
실 1
본부 3
소 1
팀 14
전략기획실
전략기획팀
홍 보 팀
관리본부
경영지원팀
재 경 팀
영업본부
영업1팀
영업 2팀
해외영업 팀
영업관리 팀
생산본부
생 산 팀
생산관리 팀
품질관리 팀
구 매 팀
기술연구소
연구개발팀
디자인 팀
"세계 최초 올러시 냉장고"

2 환 경 분 석
1. 사업환경요인분석
2. 환경요인분석
3. SWOT 분석
SeoulBingo
"세계 최초 올러시 냉장고"

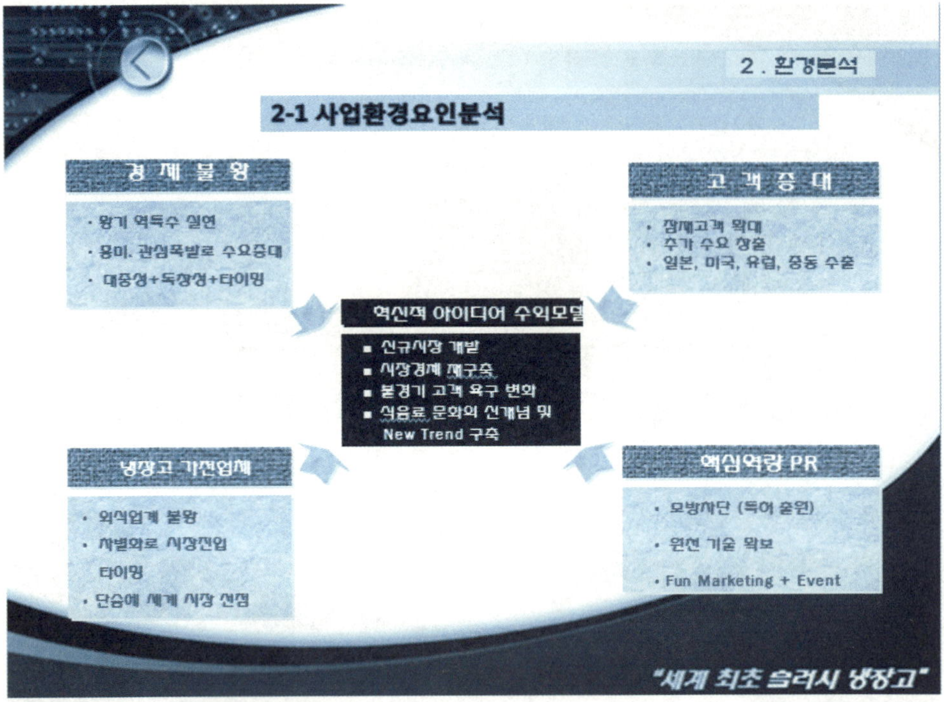

2. 환경분석
2-1 사업환경요인분석
경 제 불 황
· 왕기 억득수 실연
· 흥미, 관심폭발로 수요증대
· 대중성+독창성+타이밍
고 객 증 대
· 잠재고객 확대
· 추가 수요 창출
· 일본, 미국, 유럽, 중동 수출
혁신적 아이디어 수익모델
■ 신규시장 개발
■ 시장경제 재구축
■ 불경기 고객 욕구 변화
■ 식음료 문화의 신개념 및 New Trend 구축
냉장고 가전업체
· 외식업계 불황
· 차별화로 시장진입 타이밍
· 단숨에 세계 시장 선점
핵심역량 PR
· 모방차단 (특허 출원)
· 완전 기술 확보
· Fun Marketing + Event
"세계 최초 슬러시 냉장고"

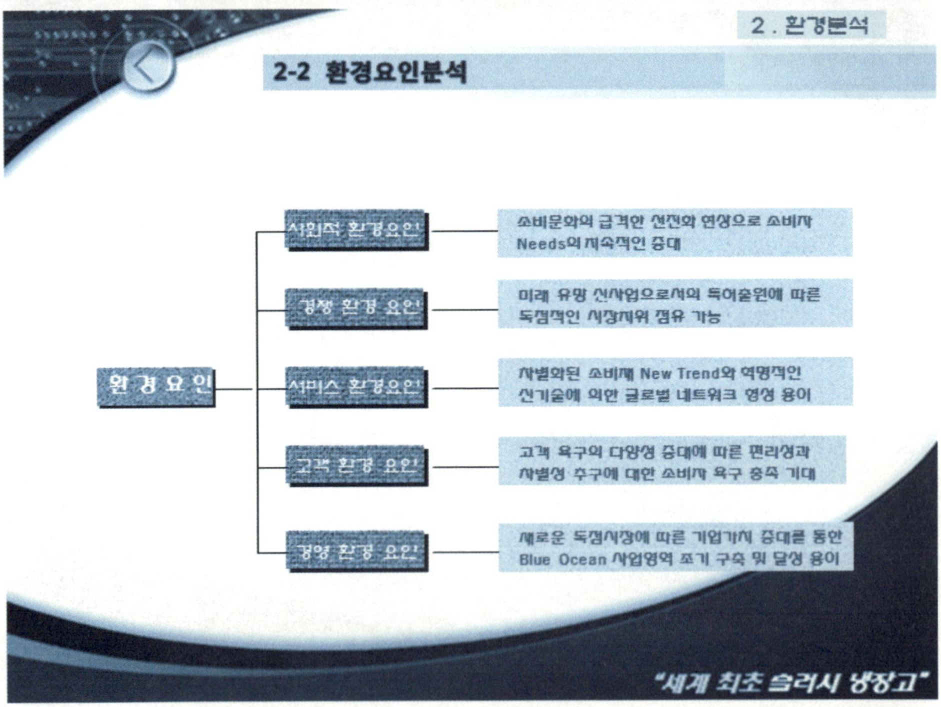

2. 환경분석
2-2 환경요인분석
환 경 요 인
사회적 환경요인
소비문화의 급격한 선진화 현상으로 소비자 Needs의 지속적인 증대
경쟁 환경 요인
미래 유망 신사업으로서의 특허출원에 따른 독점적인 시장지위 점유 가능
서비스 환경요인
차별화된 소비재 New Trend와 혁명적인 신기술에 의한 글로벌 네트워크 형성 용이
고객 환경 요인
고객 욕구의 다양성 증대에 따른 편리성과 차별성 추구에 대한 소비자 욕구 충족 기대
경영 환경 요인
새로운 독점시장에 따른 기업가치 증대를 통한 Blue Ocean 사업영역 조기 구축 및 달성 용이
"세계 최초 슬러시 냉장고"

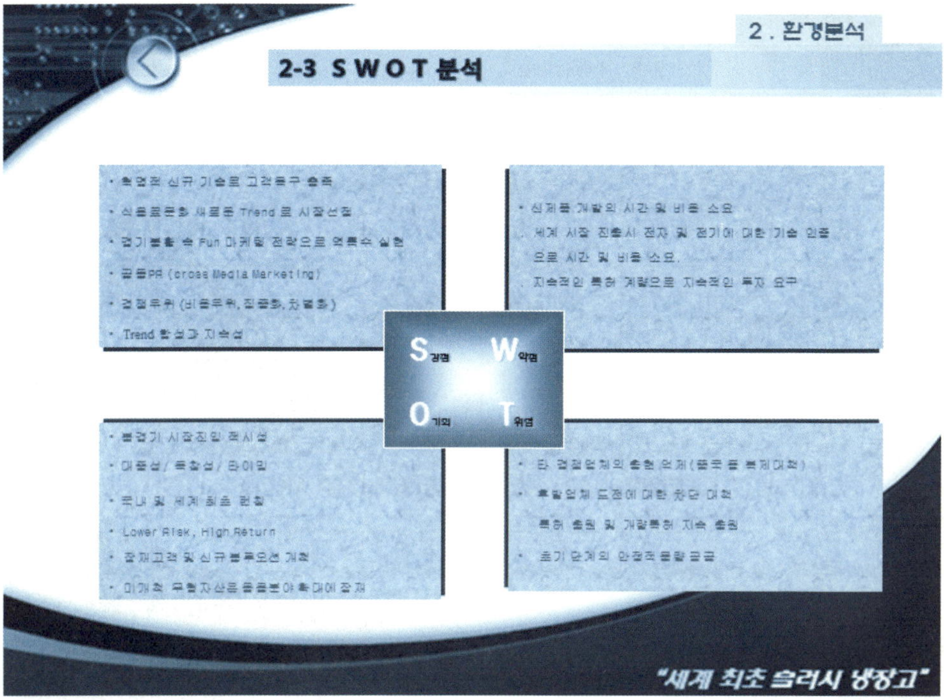
2. 환경분석
2-3 SWOT 분석
• 혁명적 신규 기술로 고객욕구 충족
• 식품문화 새로운 Trend로 시장선점
• 경기불황 속 Fun 마케팅 전략으로 역발상 실현
• 공동PR (cross Media Marketing)
• 경쟁우위 (비용우위, 집중화, 차별화)
• Trend 창출과 지속성
• 신제품 개발의 시간 및 비용 소요
. 세계 시장 진출시 전자 및 전기에 대한 기술 인증으로 시간 및 비용 소요.
. 지속적인 특허 개량으로 지속적인 투자 요구
S 강점
W 약점
O 기회
T 위협
• 불경기 시장진입 적시성
• 대중성/독창성/타이밍
• Lower Risk, High Return
• 잠재고객 및 신규블루오션 개척
• 타 경쟁업체의 출현 억제(특허로 복제대처)
• 후발업체 도전에 대한 차단 대책
특허 출원 및 개량특허 지속 출원
• 초기 단계의 안정적 물량 공급
"세계 최초 슬러시 냉장고"

SeoulBingo
3 경영전략
1. Mission
2. Corporation Portfolio
3. Business Trend
"세계 최초 슬러시 냉장고"

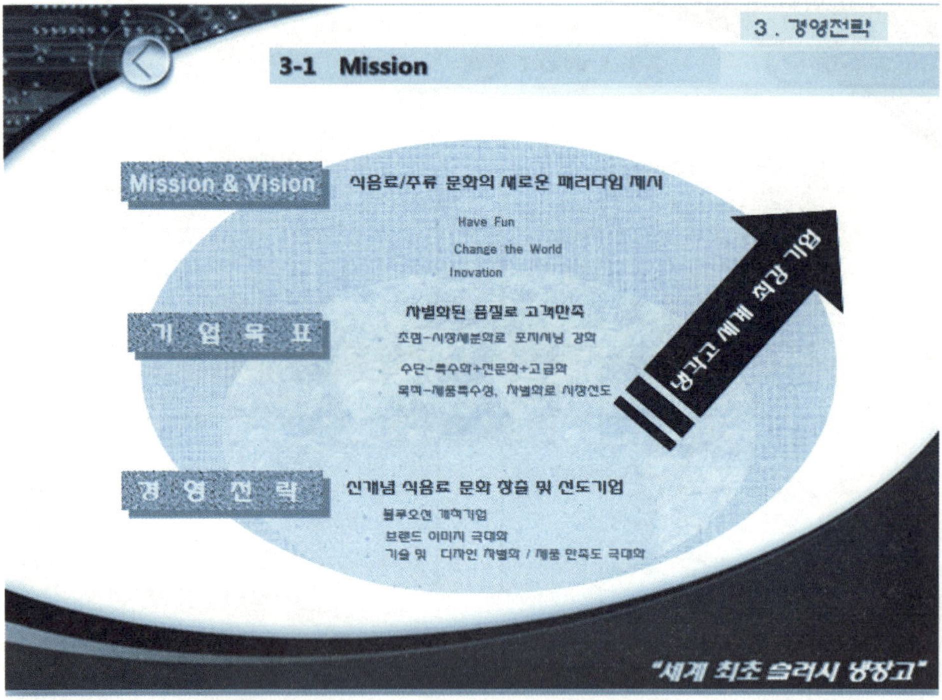
3. 경영전략
3-1 Mission
Mission & Vision
식음료/주류 문화의 새로운 패러다임 제시
Have Fun
Change the World
Inovation
기 업 목 표
차별화된 품질로 고객만족
초점-시장세분화로 포지셔닝 강화
수단-특수화+전문화+고급화
목적-제품특수성, 차별화로 시장선도
냉각고 세계 최강 기업
경 영 전 략
신개념 식음료 문화 창출 및 선도기업
블루오션 개척기업
브랜드 이미지 극대화
기술 및 디자인 차별화 / 제품 만족도 극대화
"세계 최초 슬러시 냉장고"

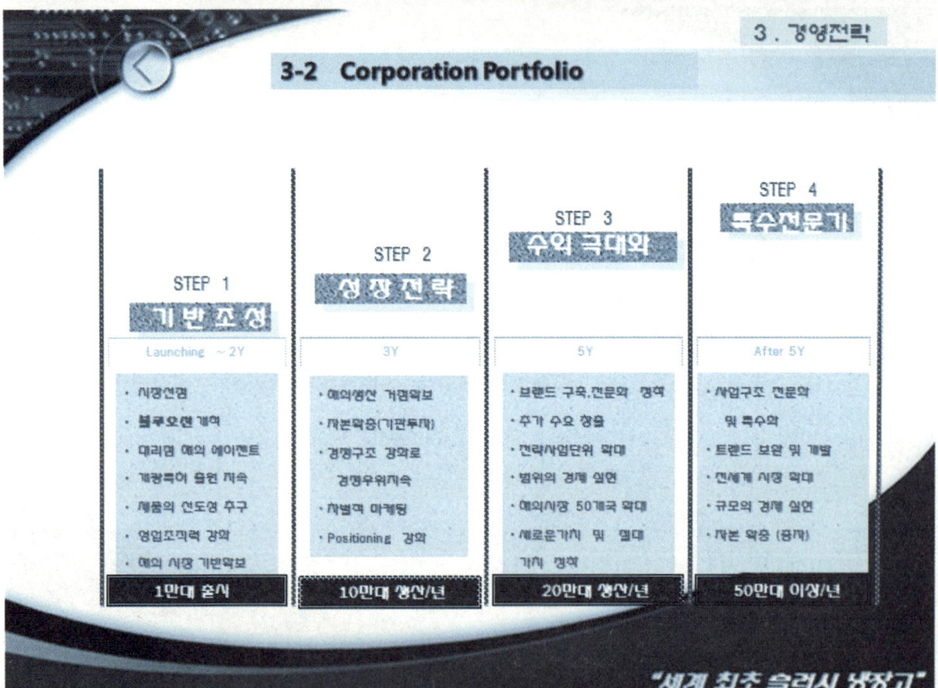
3. 경영전략
3-2 Corporation Portfolio
STEP 1
기반조성
Launching ~2Y
· 시장선점
· 블루오션 개척
· 대리점 해외 에이전트
· 개량특허 출원 지속
· 제품의 선도성 추구
· 영업조직력 강화
· 해외 시장 기반확보
1만대 출시
STEP 2
성장전략
3Y
· 해외생산 거점확보
· 자본확충(기관투자)
· 경쟁구조 강화로 경쟁우위지속
· 차별적 마케팅
· Positioning 강화
10만대 생산/년
STEP 3
수익 극대화
5Y
· 브랜드 구축.전문화 정착
· 추가 수요 창출
· 전략사업단위 확대
· 범위의 경제 실현
· 해외시장 50개국 확대
· 새로운가치 및 절대 가치 정착
20만대 생산/년
STEP 4
특수전문기
After 5Y
· 사업구조 전문화 및 특수화
· 트렌드 보완 및 개발
· 전세계 시장 확대
· 규모의 경제 실현
· 자본 확충 (증자)
50만대 이상/년
"세계 최초 슬러시 냉장고"

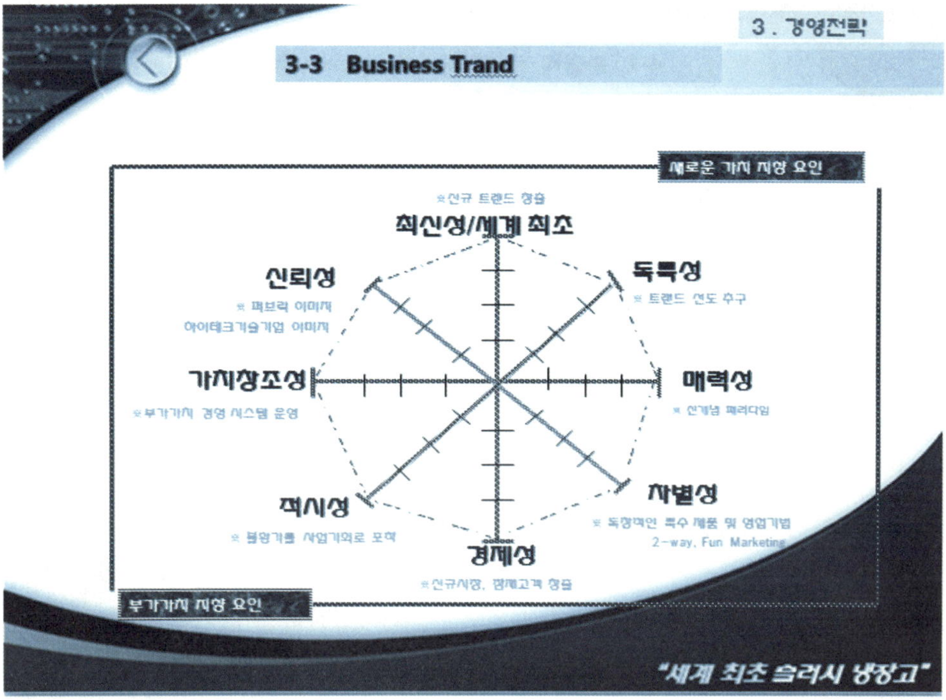
3. 경영전략
3-3 Business Trand
새로운 가치 지향 요인
※신규 트렌드 창출
최신성/세계 최초
신뢰성
※ 퍼브릭 이미지
아이테크기술기업 이미지
독특성
※ 트렌드 선도 추구
가치창조성
※부가가치 경영 시스템 운영
매력성
※ 신개념 패러다임
적시성
※ 불황기를 사업기회로 포착
차별성
※ 독창적인 특수 제품 및 영업기법
2-way, Fun Marketing
경제성
※신규시장, 잠재고객 창출
부가가치 지향 요인
"세계 최초 슬러시 냉장고"

4 사업전략
SeoulBingo
1. 본원적 사업전략 (Business Strategy)
2. 단계별 Corporate Strategy
3. 시장세분화(Segmentation) 전략
4. Positioning 전략
5. Marketing Mix 전략
"세계 최초 슬러시 냉장고"

4. 사업전략
4-1 본원적 사업전략 (Corporate Strategy)
전략 기본방향
Launching Time
20xx년 5－6월경 여름 시장 출시
Fun Marketing
PLC(Product Life Cycle)상의 도입기
Fun Marketing 및 독특한 이벤트 개발로 고객감동 극대화
Brand Marketing
I P O
시장 확대에 따른 2017년 코스닥 상장으로
성장전략 가속화
"세계 최초 슬러시 냉장고"

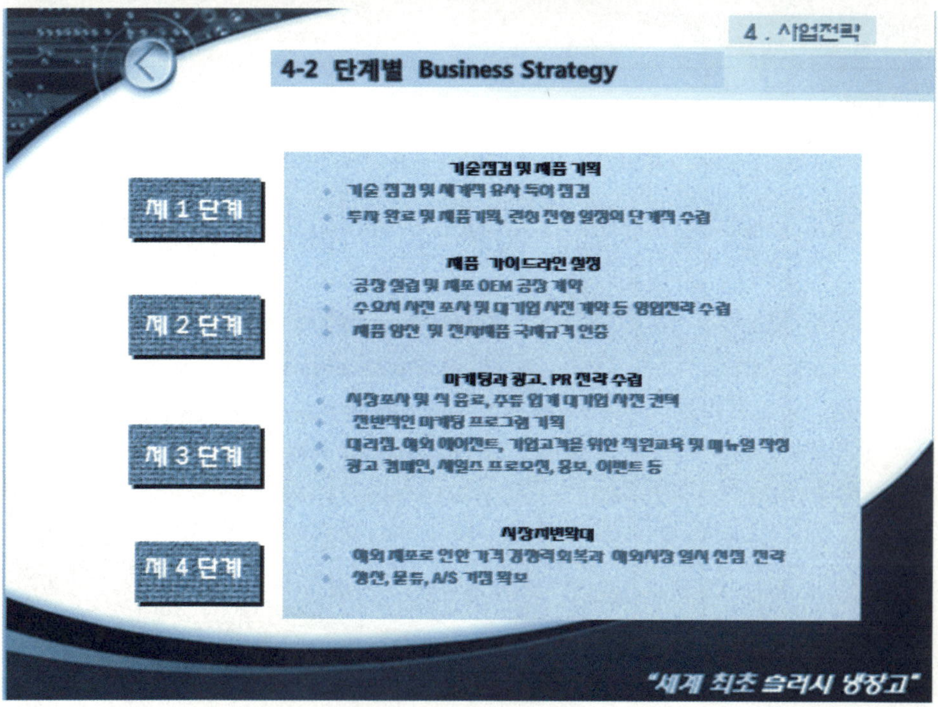
4. 사업전략
4-2 단계별 Business Strategy
제 1 단계
기술점검 및 제품 기획
투자 완료 및 제품기획, 관청 진행 일정의 단계적 수립
제 2 단계
제품 가이드라인 설정
공장 설립 및 제조 OEM 공장 계약
수요처 사전 조사 및 대기업 사전 계약 등 영업전략 수립
제품 양산 및 전자제품 국제규격 인증
제 3 단계
마케팅과 광고, PR 전략 수립
전반적인 마케팅 프로그램 기획
대리점, 해외 에이전트, 기업고객을 위한 직원교육 및 매뉴얼 작성
광고 캠페인, 세일즈 프로모션, 홍보, 이벤트 등
제 4 단계
시장저변확대
해외 제조로 인한 가격 경쟁력 회복과 해외시장 일시 선점 전략
생산, 물류, A/S 거점 확보
"세계 최초 슬러시 냉장고"

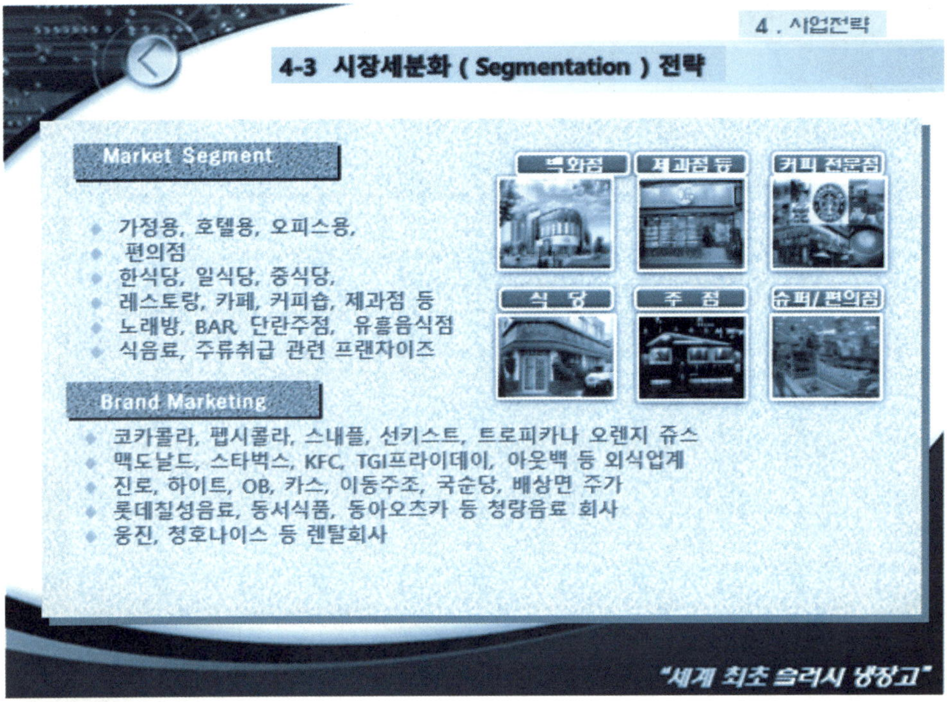
4. 사업전략
4-3 시장세분화 (Segmentation) 전략
Market Segment
가정용, 호텔용, 오피스용,
편의점
한식당, 일식당, 중식당,
레스토랑, 카페, 커피숍, 제과점 등
노래방, BAR, 단란주점, 유흥음식점
식음료, 주류취급 관련 프랜차이즈
백화점
제과점 등
커피 전문점
식 당
주 점
슈퍼/편의점
Brand Marketing
코카콜라, 펩시콜라, 스내플, 선키스트, 트로피카나 오렌지 쥬스
맥도날드, 스타벅스, KFC, TGI프라이데이, 아웃백 등 외식업계
진로, 하이트, OB, 카스, 이동주조, 국순당, 배상면 주가
롯데칠성음료, 동서식품, 동아오츠카 등 청량음료 회사
웅진, 청호나이스 등 렌탈회사
"세계 최초 슬러시 냉장고"

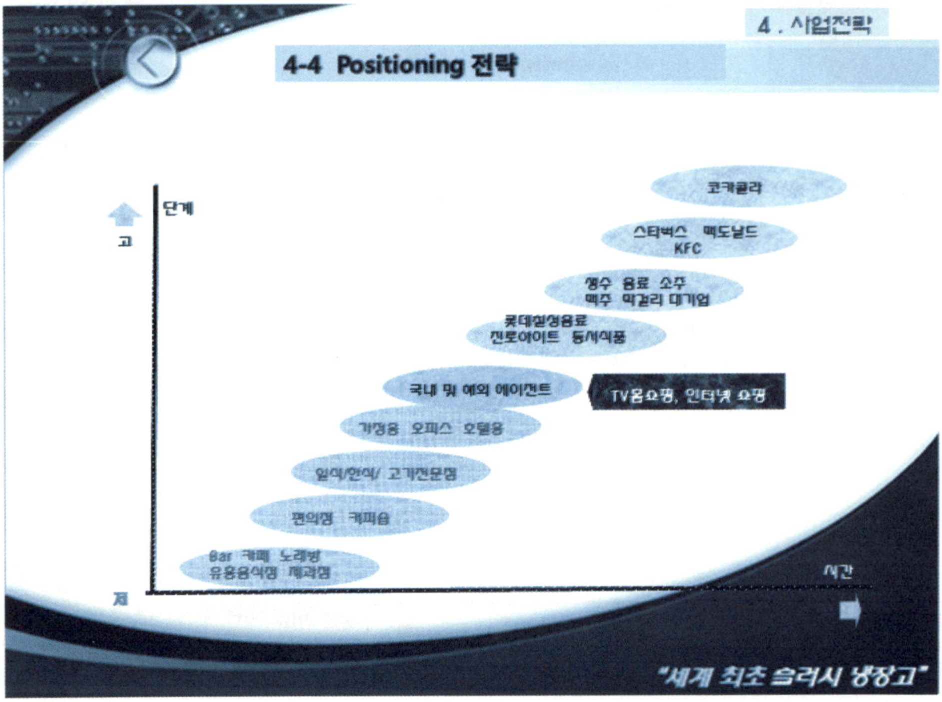
4. 사업전략
4-4 Positioning 전략
단계
고
저
코카콜라
스타벅스 맥도날드
KFC
생수 음료 소주
맥주 막걸리 대기업
롯데칠성음료
진로하이트 동서식품
국내 및 해외 에이전트
TV홈쇼핑, 인터넷 쇼핑
가정용 오피스 호텔용
일식/한식/ 고기전문점
편의점 커피숍
Bar 카페 노래방
유흥음식점 제과점
시간
"세계 최초 슬러시 냉장고"

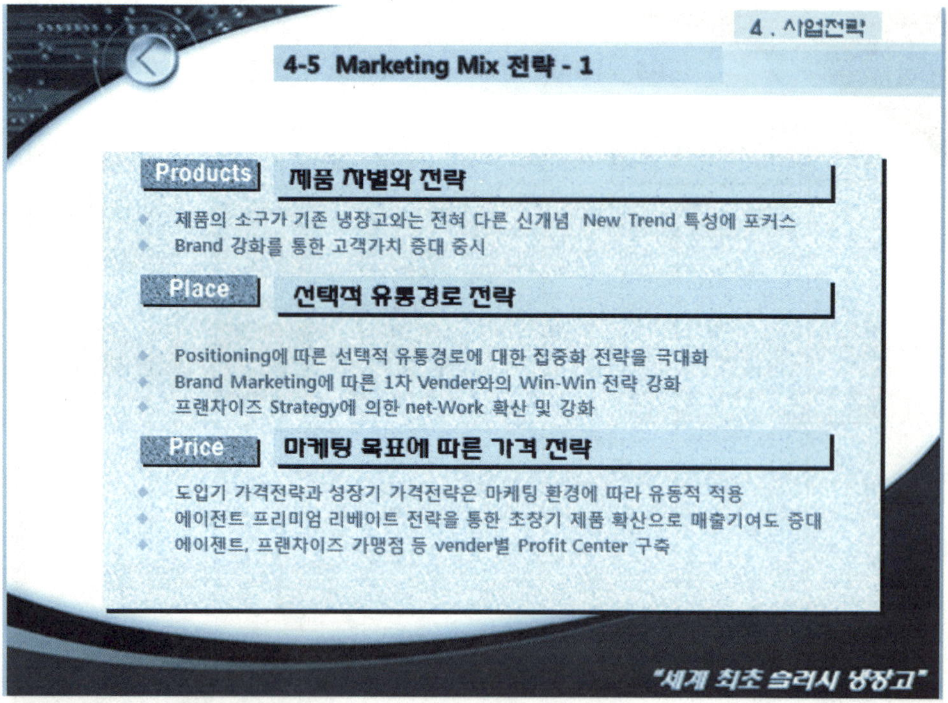
4. 사업전략
4-5 Marketing Mix 전략 - 1
Products
제품 차별화 전략
제품의 소구가 기존 냉장고와는 전혀 다른 신개념 New Trend 특성에 포커스
Brand 강화를 통한 고객가치 증대 중시
Place
선택적 유통경로 전략
Positioning에 따른 선택적 유통경로에 대한 집중화 전략을 극대화
Brand Marketing에 따른 1차 Vender와의 Win-Win 전략 강화
프랜차이즈 Strategy에 의한 net-Work 확산 및 강화
Price
마케팅 목표에 따른 가격 전략
도입기 가격전략과 성장기 가격전략은 마케팅 환경에 따라 유동적 적용
에이전트 프리미엄 리베이트 전략을 통한 초창기 제품 확산으로 매출기여도 증대
에이젠트, 프랜차이즈 가맹점 등 vender별 Profit Center 구축
"세계 최초 슬러시 냉장고"

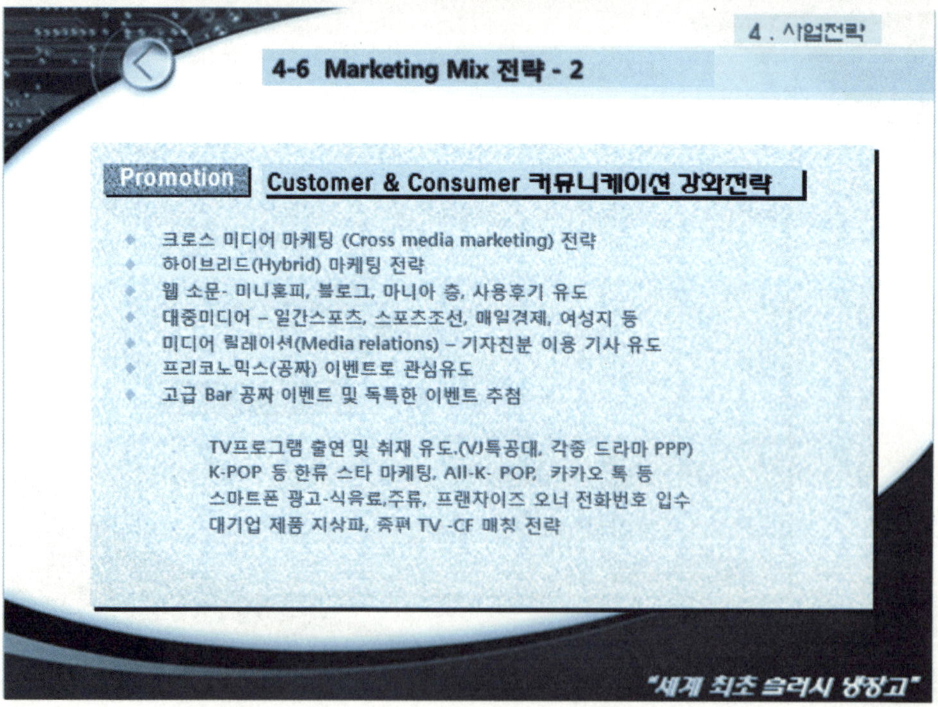
4. 사업전략
4-6 Marketing Mix 전략 - 2
Promotion
Customer & Consumer 커뮤니케이션 강화전략
크로스 미디어 마케팅 (Cross media marketing) 전략
하이브리드(Hybrid) 마케팅 전략
웹 소문- 미니홈피, 블로그, 마니아 층, 사용후기 유도
대중미디어 – 일간스포츠, 스포츠조선, 매일경제, 여성지 등
미디어 릴레이션(Media relations) – 기자친분 이용 기사 유도
프리코노믹스(공짜) 이벤트로 관심유도
고급 Bar 공짜 이벤트 및 독특한 이벤트 추첨
TV프로그램 출연 및 취재 유도.(VJ특공대, 각종 드라마 PPP)
K-POP 등 한류 스타 마케팅, All-K- POP, 카카오 톡 등
스마트폰 광고-식음료,주류, 프랜차이즈 오너 전화번호 입수
대기업 제품 지상파, 종편 TV -CF 매칭 전략
"세계 최초 슬러시 냉장고"

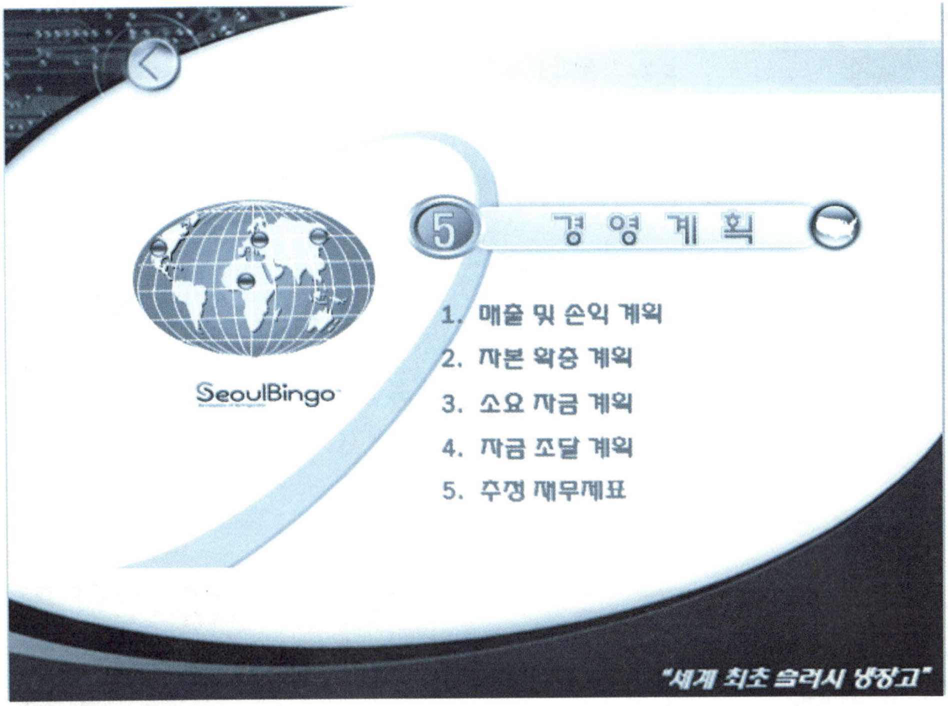

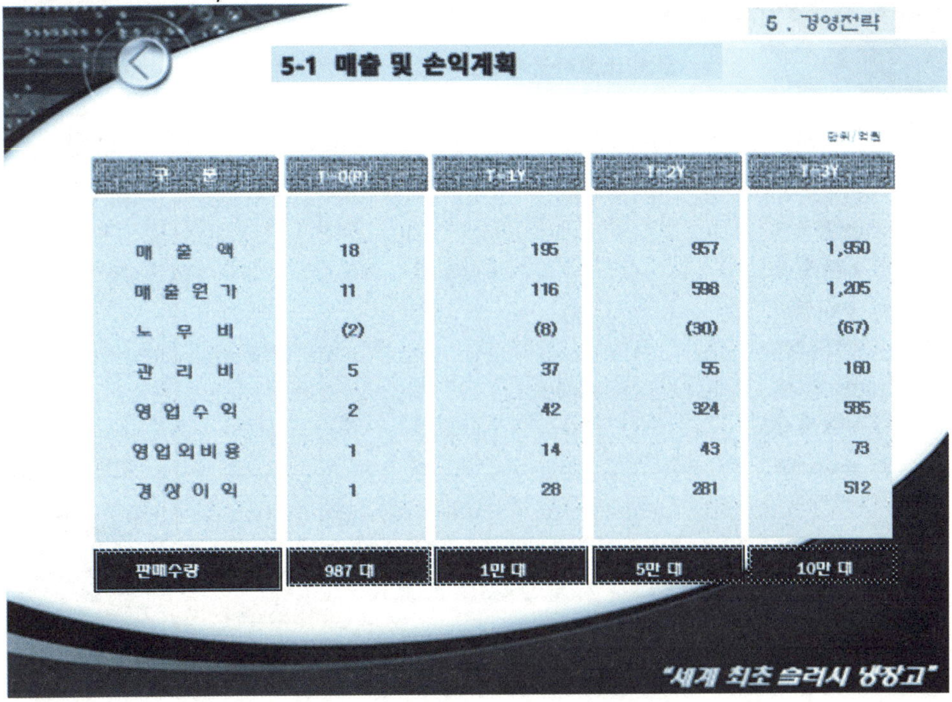

구 분	T-0(P)	T+1Y	T+2Y	T+3Y
매 출 액	18	195	957	1,950
매 출 원 가	11	116	598	1,205
노 무 비	(2)	(8)	(30)	(67)
관 리 비	5	37	55	160
영 업 수 익	2	42	324	585
영 업 외 비 용	1	14	43	73
경 상 이 익	1	28	281	512
판매수량	987 대	1만 대	5만 대	10만 대

5 . 경영전략

5-2 자본확충계획

구 분	단위	T-0(P)	T+1Y	T+2Y	T+3Y
출자주체	-	대주주	기관투자	기관투자	I P O
출자방법	-	발기출자 등	CB / CW	CB / CW	공모증자
발행예정가	원	500	30,000	40,000	50,000
발행주식수	주	1,010	50	100	600
누적주식수	주	1,010	1,060	1,160	1,760
발행자본금	억원	505	25	50	300
누적자본금	억원	505	530	580	880
증가자본잉여금	억원	-	1,475	3,950	30,000
누적자본잉여금	억원	-	1,475	5,425	35,435
자기자본	억원	-345	2,033	5,706	3,659
대주주 지분	%	79.7 %	75.9 %	69.4%	48.5 %

Notice : IPO는 20xx년 7월 주관사회사 선정하여 20xx년 하반기에 코스닥상장을 기준으로 작성하였음.

"세계 최초 슬러시 냉장고"

5 . 경영전략

5-3 소요자금계획

단위/억원

구 분	T-0 (P)	T+1Y	T+2Y	T+3Y
고정투자	1	10	80	170
설비투자	3	12	35	48
R&D 투자	2	15	125	186
원부재료	8	109	548	2,118
차입금 상환	3	52	178	1,950
인건비	2	8	30	67
경상비용	5	37	53	160
법인세비용	-	6	62	113
합계	24	249	1,111	4,812

Notice : 1. 20xx년 고정투자 80억원은 공장이전에 따른 경제자유지역 부지매입 및 신축비용임.
20xx년 고정투자 170억원은 해외 현지법인(유럽/중국 등) 자본 100% 투자금액임.
2. 차입금상환은 수출금융 등 당기에 차입하여 당기에 상환하는 단기금융을 의미함.

"세계 최초 슬러시 냉장고"

5 . 경영전략

5-4 자금조달계획

단위/억원

구 분	T-0(P)	T+1Y	T+2Y	T+3Y
Ⅰ 소 요 자 금	24	249	1,111	4,812
Ⅱ 자 금 의 원 천	26	281	1,196	5,845
1. 전기이월금	1	2	32	85
2. 자본증가	–	15	40	300
3. 매출액 회수	15	191	934	3,480
4. 신규차입	3	52	178	1,950
5. 영업 외 수익	–	1	2	3
6. 기타 수입	7	20	10	27
Ⅲ 과 부 족 자 금	–	–	–	–
Ⅳ 기 말 의 현 금	2	32	85	1,033

Notice : 1. 신규차입은 수출금융 일시 단기 차입으로 당기에 상환되는 것으로 계상 하였음.
2. 자본증가는 자본확충 계획에서 조달한 자기자본금과 자본 잉여금을 의미함.

"세계 최초 슬러시 냉장고"

5 . 경영전략

5-5 추정 재무재표

재무상태표

단위/억원

구 분	T-0(P)	T+1Y	T+2Y	T+3Y
유 동 자 산	13	93	289	693
비 유 동 자 산	11	28	95	230
자 산 총 계	24	121	384	923
유 동 부 채	26	73	91	326
비 유 동 부 채	1	13	18	35
부 채 총 계	27	86	107	361
납 입 자 본 금	5	6	6	9
이 익 잉 여 금	-8	14	233	518
자 본 잉 여 금	–	15	54	35
자 본 총 계	-3	35	293	562
자본과 부채 총계	27	121	384	923

"세계 최초 슬러시 냉장고"

5 . 경영전략

5-5 추정재무제표

손익계산서

단위/억원

구 분	T-0(P)	T+1Y	T+2Y	T+3Y
1. 수 익	18	195	975	1.950
2. 매 출 원 가	11	116	598	1.205
3. 매 출 총 이 익	7	79	377	745
4. 판매 관리비	5	37	55	160
5. 영 업 이 익	2	42	304	585
6. 영업 외 수익	-	-	-	-
7. 영업 외 비용	1	14	43	73
8. 경 상 이 익	1	28	281	512
9. 법인세 비용	-	6	62	113
10. 당 기 순 이 익	1	22	219	299
1주당 순이익 (원)	100(원)	2.075 (원)	18.879 (원)	16.989 (원)

"세계 최초 슬러시 냉장고"

3-6

자본유치를 위한 투자제안서

Ⅰ. 투자 제안회사 현황

1. 회사의 개요

○○주식회사는 에너지 발생 및 제어를 위한 종합 power solution의 제조 유통을 주사업 목적으로 하여 20××. ×. ×. 설립된 회사로서 세계 최초로 충전이 필요 없는 반영구적인 배터리 대체용 초소형 발전기와 비메모리 반도체 PMC 칩 등을 개발하여 세계 각국에 40여건의 특허를 출원, 이에 따라 양산 체제를 통한 고부가가치 창출이 기대되는 유망기업으로 20××년 6월 벤처기업 인증 및 기업부설연구소 인증을 득하였으며 납입자본금 ________백만원의 전자부품/기술임대를 전문으로 하는 벤처기업입니다.

2. 회사연혁

- 20××. ×. 정보통신부 우수 창업 아이템 선정
- 20××. ×. 회사설립
- 20××. ×. ____백만원 증자
- 20××. ×. Maxwell Energy Products사와 NDA 계약 체결
- 20××. ×. ○○제지(주)로부터 ________백만원 투자유치
- 20××. ×. 본사 확장 이전
- 20××. ×. ○○종합금융(주)로부터 ________백만원 투자유치
- 20××. ×. Maxwell Energy Products사와 전략적 업무제휴 계약 및 동사로부터 $________만 투자유치
- 20××. ×. ○○주식회사 ________백만원 투자
- 20××. ×. 기업부설연구소 인증
- 20××. ×. 벤처기업 인증

3. 경영진 및 연구진 현황

성 명	직 위	주요경력	담당업무
정○○	회장	○○전자(주) 해외본부장/상무이사 전무이사 역임 그룹 중국본사 대표	경영/마케팅
김○○	대표이사/ 사장	명지대 사회교육 대학원 지도교수 ○○대 국제대학원 졸	경영/관리
김○○	이사	필특허 대표 변리사/고려대 졸	특허관리
김○○	이사	(주)○○ 감사 대한전기학회 IBS 위원회 위원	경영
문○○	감사	○○회계법인대표 재경부 기업과세 연구원	감사
유○○	연구소장	서울대 자연대학 물리학과 졸업 KAIST물리학 석사/박사	연구개발
김○○	기술고문	서울대 졸업 ○○산업 대표이사	연구개발고문
정○○	연구용역	서울대 기초전력공학 공동연구소 전기/컴퓨터 공학부 교수	MG Project 연구개발
이○○	연구용역	고려대 부설 첨단소재 부품개발 연구소	PMC/ASIC 개발

4. 주식 분포 현황

주 주	직 위	지 분(%)
정○○	이사/창업자	38.02
김○○	대표이사/사장	10.00
○○제지(주)		9.78
이○○	초기 특허 출원자	3.32
조○○	(주)○○ 대표이사	3.13
○○종합금융(주)		2.16
문○○	기술개발자문/고려대 교수	2.0
김○○	선임연구원	1.47
문○○	감사	1.23
Maxwell E. Ps	미국소재 첨단기술 보유 회사	1.0
이○○	홍보이사	0.98
배○○	기술지원 팀장	0.78
기 타		26.13
합 계		100%

5. 각종 특허 현황

구 분	특허대상	특허국 및 특허번호
특허 및 실용신한	Micro Generator (초소형 자가 발전기)	한국 : 특허 1998－××× 한국 : 특허 1999－××× 미국 : 특허 usa09－××× 중국 : 특허 991218××× 일본 : 특허 21/99××× PCT : PCT/KR99/×××
	Digital 전자기기 전원공급 제어 회로	한국 : 특허 10－9999－××× 한국 : 실용신안 20－1999－×
	자가발전 휴대용 발광장치	한국 : 실용신안 20－2000－×
	전원용 Capacitor의 전략사용 효율 증대 장치	한국 : 특허 10－2000－××× 한국 : 실용신안 20－2000－×

6. 기업모델

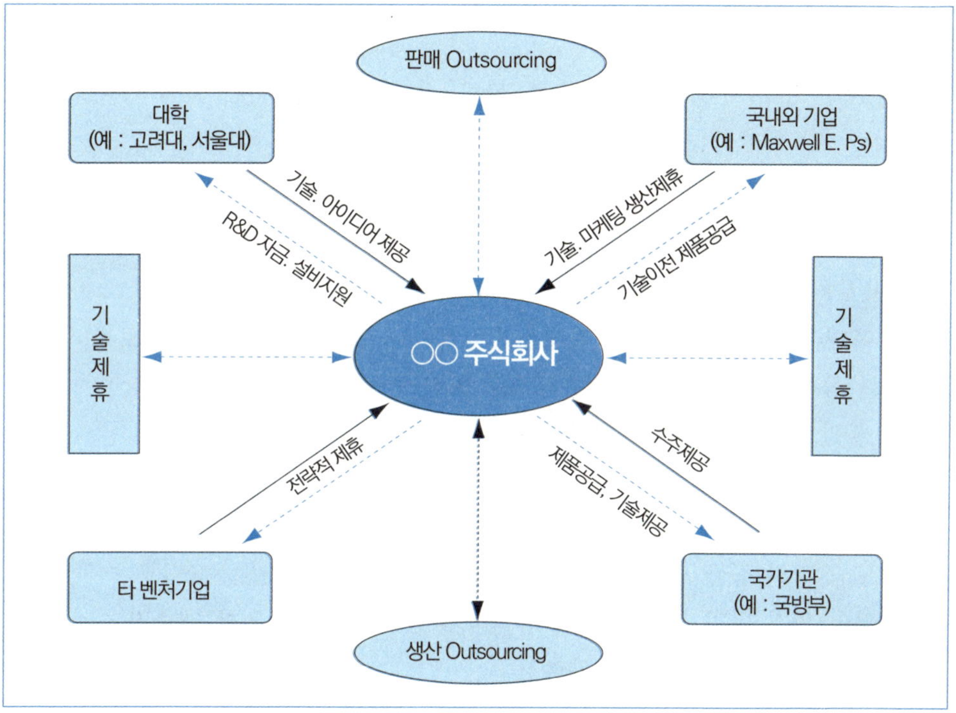

II. 주요 제품 소개

1. Power Management Chipset

가. 용 도

펄스형으로 전력을 소비하는 모든 전원장치(휴대폰, PDA, 캠코더 등)의 부품으로 사용되어 전력 소비 형태를 효과적으로 변환, 화학전지의 성능과 수명을 제고하는 회로

나. 제품의 특성

전원 작동의 안전성과 성능의 현저한 향상

다. 제품의 특징

- 기존에 생산 시판되고 있는 대부분의 chipset는 voltagemode 또는 Current Mode 한가지만을 지원하나 이 제품은 두 가지 모두를 지원

- Current Mode에서 정전류를 공급할 수 있도록 부하와는 상관없이 전류를 흘릴 수 있도록 Open loop control 및 정밀제어가 가능한 Feedback control을 동시에 지원
- 외부에 MOS Power Switch를 따로 장착하여 사용하는 경우 Switching Device가 허용하는 최대전류 및 전압까지 전력 공급이 가능

2. Micro Generator

가. 용도

각종 휴대폰 등 각종 휴대용 전자제품에 장착하는 「초소형 자가 발전기」로써 사람이 움직이는 동작에 의한 미세한 진동만으로 발전/충전되어 별도의 전원 장치에 의한 충전이 불필요한 반 영구적인 장치

나. 제품의 특성

- 별도의 전원 공급 없이 수시로 재충전 가능
- 배터리 완전 방전 후 사용자의 동력학적 운동에너지에 의한 재충전
- 탄성체를 이용한 연속자동 재충전

다. 제품의 특징

- 기존 배터리의 단정 극복 : 기존의 배터리 및 충전기 시장 확보와 함께 무한한 새로운 시장 창출가능
- 모든 전원의 효율성과 안전성 증진 : 배터리를 포함한 모든 전원의 핵심 부품으로 자리 매김하여 전체 전원 시장에 비례한 매출 기대

라. 제품 특성 비교표

구　분	기존 배터리	PHC
사용가능시간	짧음	무한대
수 명	제한적	반영구적
재충전방식	특정충전기	진동
충전시 장소적 제약	사막, 극지방, 산악	없음
환경연관성	적대적	친화적

3. Energy Generation & Control System

가. 용도

PMC와 Micro Generator를 결합한 전원제어 시스템으로 전자제품 본체 또는 전원장치에 장착함으로써 기존 전원장치의 성능과 수명, 그리고 안전성을 비약적으로 증진시키며 장기적으로는 기존의 건전지를 대체할 전망

나. 제품의 특징

- 건전지나 별도의 충전장치가 필요 없음
- 건전지를 사용하지 않음으로 건전지로 인한 환경오염 예방
- 사람의 보행 등 조그만 움직임에도 전력 생산이 가능함으로써 민감하게 설계된 발전기 내장
- 작동이 필요 없는 경우, 생산된 전력을 서비스 단자를 통하여 타전기기에 충전 가능

4. 기술구성도

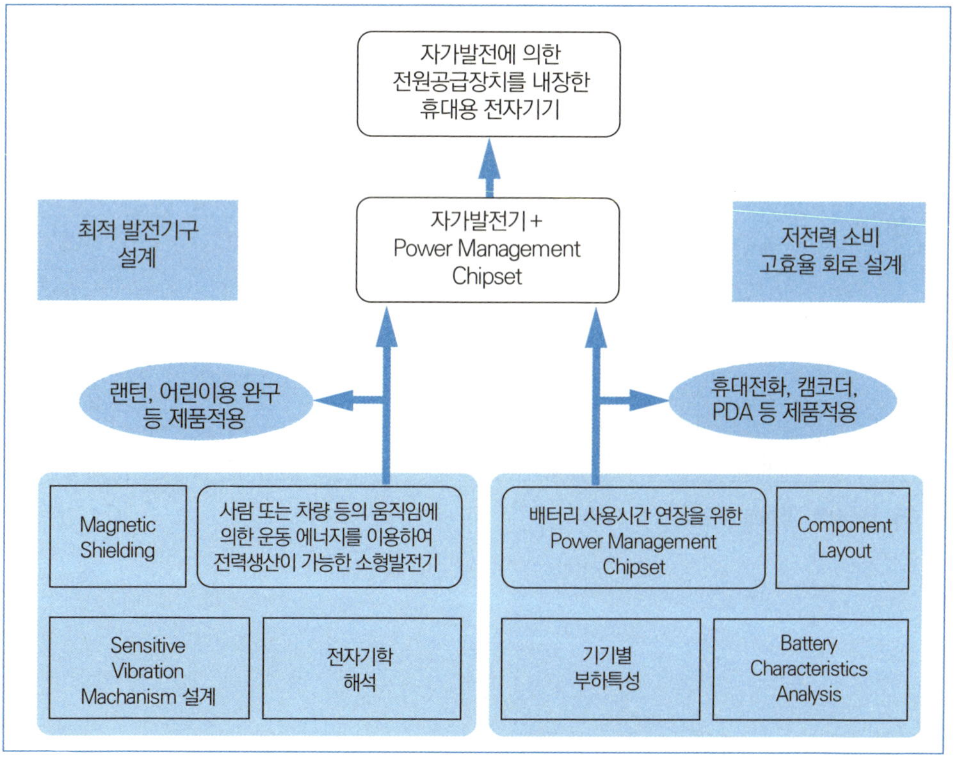

Ⅲ. 전략사업단위별 Target Market

1. MG사업/휴대용 손전등

추정시장규모 및 목표 M/S

(수량, 금액/억원)

구	분		20××	20××	20××
총시장 규모	국내	수 량	561	612	667
		금 액	120	131	143
	해외	수 량	18,700	20,400	22,237
		금 액	4,003	4,363	4,757
	합계	수 량	19,231	21,012	22,904
		금 액	4,123	4,494	4,900
	99대비 시장성장률		9.0%	19.1%	29.7%
목표시장 점유율	국내	수 량	–	30.6	33.4
		금 액	–	6.5	7.1
		목표 M/S	–	5.0%	5.0%
	해외	수 량	–	1,020	4,447
		금 액	–	218	951
		목표 M/S	–	5.0%	20.0%
	합계	수 량	–	1,050.6	4,480.4
		금 액	–	224.5	958.1
		목표 M/S	–	5.0%	19.6%

※ 자료 : 관세청, 통계청 수출입 통관 요람

2. PMC사업/이동전화 및 배터리

이동전화 시장규모 및 성장추이

구 분	단위	20××	20××	20××	20××	20××
가입자수	백만	366	450	533	614	693
보급률	%	6.25	7.58	8.86	10.06	11.19
연간증가대수	백만	80	84	83	81	79
전년대비신장률	%	－	23%	18.4%	15.2%	12.9%

※ 자료 : 정보통신정책 통권 244호

추정시장규모 및 목표 M/S

(단위 : 억원)

구 분			20××	20××	20××
총시장규모	신규시장		54,802	54,171	52,572
	교체시장		292,500	346,450	399,100
	합 계		347,302	400,621	451,672
	99대비시장성장율		19.8%	38.2%	55.8%
목표시장 점유율	배터리	신규	－	2,709	5,257
		교체	－	6,929	19,955
		합계	－	9,638	25,212
	circuit	신규	－	190	368
		교체	－	485	1,397
		합계	－	675	1,765
	총 계		－	10,313	26,977
	목표M/S		－	2.6%	6.0%

[註] 총시장규모는 전세계시장 규모임
－자료 : 정보통신정책 통권 244호－

Ⅳ. 프로젝트별 투자계획

1. MG 프로젝트

투자기간	20××. × ~ 20××. ×
인 력	박사 3, 석사 10, 연구원 10
투자비용	인력/20억원, 설비/80억원, 연구비/20억원
설비내용	Exciter CAD Workstation (2) FEA Workstation (1)
총 투자비용 120억원	

2. PMC 프로젝트

투자기간	20××. × ~ 20××. ×
인 력	박사 2, 석사 4, 연구원 10
투자비용	인력/10억원, 설비/30억원, 연구비/15억원
설비내용	Logic Analyzer Circuit Simulator Battery Cycler(3)
총 투자비용 55억원	

3. 차기 프로젝트

투자기간	20××. ×~20××. ×
인 력	박사 5, 석사 20, 연구원 25, 기타5
투자비용	인력/15억원, 설비/60억원, 연구비/5억원
설비내용	추후확정
총 투자비용 80억원	

V. 주요경영계획

1. 조직계획

범례	실	본부	팀	공장
	1	3	13	1

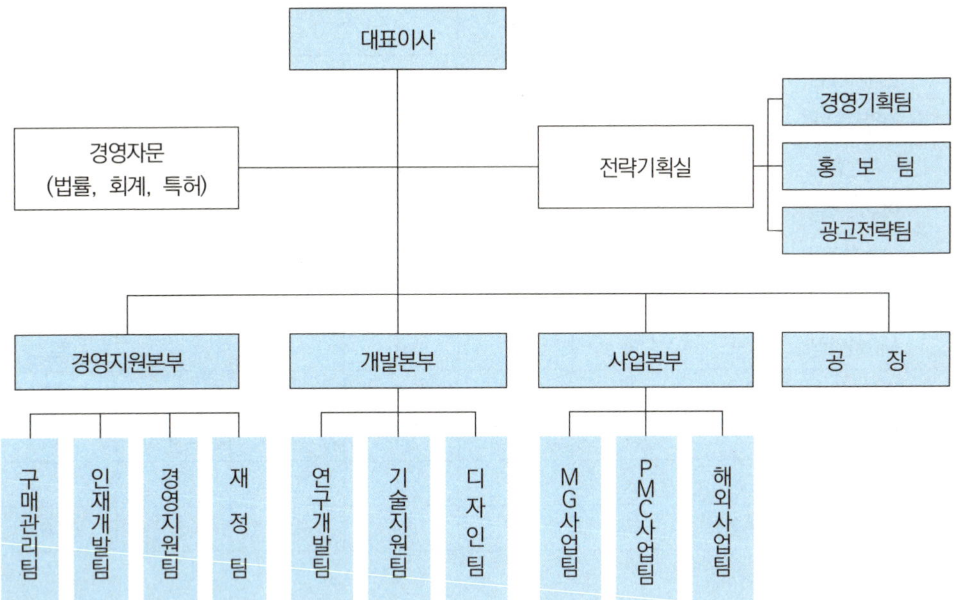

2. 인력운영계획

구 분	현 재	20××. 하		20××. 하		20××. 하	
		충원	충원후	충원	충원후	충원	충원후
대표이사	1	–	1	–	1	–	1
전략기획실	4	2	6	4	10	–	10
구매관리팀	–	4	4	1	5	1	6
인재개발팀	1	3	4	–	4	–	4
경영지원팀	1	4	5	–	5	–	5
재정팀	1	4	5	1	6	1	7
연구개발팀	8	6	14	10	24	10	34
기술지원팀	3	2	5	2	7	2	9
디자인팀	1	3	4	2	6	2	
MG사업팀	–	4	4	4	8	4	12
PMC사업팀	–	4	4	4	8	4	12
해외사업팀	–	1	1	5	6	4	10
공장		20	22	3	25	5	30
합 계	20	57	77	36	113	33	146

3. 핵심부품 생산설비계획

<table>
<tr><th colspan="2">구 분</th><th>현 재</th><th>T=1</th><th>T=2</th><th>T=3</th><th>합 계</th></tr>
<tr><td rowspan="8">생산설비</td><td rowspan="3">기 계</td><td rowspan="3">CAD(2)</td><td>CAD(2)</td><td>CAD(2)</td><td>CAD(3)</td><td rowspan="3">17억</td></tr>
<tr><td>EWS(2)</td><td>EWS(1)</td><td>EWS(1)</td></tr>
<tr><td>FEA(2)</td><td>FEA(1)</td><td>RP Machine</td></tr>
<tr><td rowspan="3">전력
/전기</td><td rowspan="3">Test 장비</td><td>Battery</td><td>Circuit</td><td>Logic</td><td rowspan="3">18억</td></tr>
<tr><td>Test</td><td>Simulator</td><td>Analyzer</td></tr>
<tr><td>System(3)</td><td></td><td>RF장비</td></tr>
<tr><td>전산</td><td>PC(25)</td><td>서버(1)</td><td>DB구축</td><td>Main frame</td><td>9억</td></tr>
<tr><td>생산기술</td><td>–</td><td>–</td><td>Machine Shop</td><td>Pilot plant</td><td>25억</td></tr>
<tr><td colspan="2">합 계</td><td>3.5억</td><td>11억</td><td>44억</td><td>31억</td><td>89.5억</td></tr>
</table>

4. 매출계획

1) Marketing Strategy

- Power Management Microcircuit 사업
  - －Ericsson 등 휴대폰 단말기 제조업체와 배터리 기술 개발 제휴 및 기술 이전 협상이 진행 중에 있음
  - －8개 시제품 : 랜턴, 지시봉, 요요, racing car, PDA, 캠코더, 로봇, Toys
- Micro Generator 사업
  - －Maswell Technologies와 합작 협상이 진행중에 있으며, Maxwell사 제품에 당사가 개발하는 ASIC와 Micro Generator 장착
  - －ASIC와 Micro Generator 생산방식, 기술방식, 기술이전 여부 등 합작의 구체적 내용은 협상 지속 예정
  - －Maxwell사와 함께 노키아, 에릭슨, 컴팩, HP, 마텔, 모토로라, 월마트 등의 회사와 8개 시제품을 가지고 12월중 접촉 예정

2) 향후 3개년 매출계획

(단위 : 억원)

구 분	T=1	T=2	T=3
PMC사업	675	1,765	3,870
MG사업	225	59	1,130
관련 Project	126	250	320
기술제휴 수수료	270	525	1,024
합 계	1,296	3,499	6,344

5. 자본 확충 계획

구 분	단위	현 재	T=1	T=2	T=3
출자주체		납입자본	기관 등	기존주주	일반공모
출자방법		기존주주	유상증자	무상증자	유상증자
발행가	천원	5	30	5	20
발행주식수	천주	255	28	216	1,500
누적주식수	천주	255	283	500	6,500
발행자본금	백만원	1,277	142	1,080	750
누적자본금	백만원	1,277	1,419	2,500	2,750
증가자본 잉여금	백만원	–	8,378		29,250
누적자본 잉여금	백만원	1,005	9,383	8,303	37,553
자기자본	백만원	2,283	10,803	10,803	40,363
발기인 지분	%	79.00	71.20	71.20	58.86
기관 지분	%	2.16	11.94	11.94	8.38
일반지분	%	18.74	16.86	16.86	32.76
계	%	100%	100%	100%	100%

Ⅵ. 재무 계획

1. 추정 손익계산서

(단위 : 억원)

과 목	T=1	T=2	T=3
1. 총 매출액	1,296	3,499	6,344
1) 제품매출액	1,026	2,974	5,320
2) 기술제휴수수료	270	525	1,024
2. 매출원가	574	2,046	3,333
1) 재료비	431	1,279	2,341
2) 노무비	16	28	35
3) 제조경비	127	739	957
3. 매출총이익	722	1,453	3,011
4. 일반관리비	138	314	543
1) 급료	28	42	78
2) 광고선전비	20	30	40
3) 지급수수료	51	149	266
4) 연구개발비	26	74	133
5) 기타	13	19	26
5. 영업이익	584	1,139	2,468
6. 영업외 수지	-4	-4	-6
1) 영업외 수익	2	4	6
2) 영업외 비용	6	8	12
7. 경상이익	580	1,135	2,462
8. 법인세등	174	340	738
9. 당기순이익	406	795	1,724

2. 추정 대차대조표

(단위 : 억원)

과 목	T=0(P)	T=1	T=2	T=3
유동자산	85	634	1,460	2,820
1) 당좌자산	74	352	771	1,583
2) 재고자산	4	269	663	1,189
3) 기타	7	13	26	49
고정자산	30	13	230	445
1) 투자자산	2	50	70	100
2) 유형고정자산	28	82	120	265
3) 무형자산	–	5	40	80
이연자산	4	3	2	1
자산총계	119	650	1,692	3,268
유동부채	9	78	179	203
고정부채	2	33	46	61
부채총계	11	111	225	264
자본금	25	25	27	27
자본잉여금	83	108	376	376
이익잉여금	–	406	1,064	2,601
(당기순이익)	–	(406)	(795)	(1,724)
자본총계	108	539	1,467	3,004
부채와 자본 총계	119	650	1,692	3,268

Ⅶ. 기업가치평가

1. 순자산 가치의 평가

○○주식회사의 20××년 12월 31일 추정 재무제표를 기준으로 한 순자산가치는 다음과 같습니다.

- 자산총계 : 119억원
- 부채총계 : 11억원
- 순자산액 : 108억원/납입자본금 25억원, 잉여금 83억원

- 발행주식수 : 500,000주
- 액면가액 : 5,000원/주당
- 1주당 순자산가액 : 21,600원

2. 미래가치의 평가

(단위 : 억원)

과 목	T=0(P)	T=1	T=2	T=3
Ⅰ. 추정경상이익		580	1,135	2,462
Ⅱ. 법인세등		174	340	738
Ⅲ. 배당금 조정액		8	15	18
Ⅳ. 추정이익(Ⅰ－Ⅱ－Ⅲ)		398	780	1,706
Ⅴ. 발행주식수(천주)	500	500	650	650
Ⅵ. 주당조정이익(Ⅳ－Ⅴ)	－	79천원	120천원	262천원
Ⅶ. 가중치	4	3	2	1
Ⅷ. 평균주당 추정이익		74천원		
Ⅸ. 자본환원율		10.26%		
Ⅹ. 주당수익가치(Ⅷ/Ⅸ)		722천원		

3. 본질가치의 평가

○○(주)의 순자산가치와 미래가치를 WACC기법을 통하여 현재가치로 평가한 결과

① 20××년 ××월 ××일 유상증자 실시 후의 본질가치는 다음과 같습니다.

본질가치 = (순자산가치 × 40%) + (수익가치 × 60%)
= (38,046원 × 0.4) + (722,475 × 0.6)
= 15,218원 + 443,485원
= 458,703원/주당

② 자본 확충계획에 따라 20××년 12월 중 무상증자 76.09%가 실시된 후인 동년 12월 31일을 기준으로 한 본질가치는 다음과 같습니다.

본질가치 = (순자산가치 × 40%) + (수익가치 × 60%)
= (21,600원 × 0.4) + (722,475 × 0.6)
= 8,640원 + 443,085원
= 442,725원

Ⅷ. 유상증자계획

1. 정관사항

- 상호 : ○○주식회사
- 회사가 발행할 주식의 총수 : _______주
- 회사가 발행한 주식의 총수 : _______주
- 1주당 액면가액 : 5,000원

2. 제1회 유상증자 실시계획

- 발행할 주식의 종류 : 기명식 보통주
- 발행할 주식의 수 : ________주주(10%)
- 1주당 발행가액 : 300,000원(60배 할증)
- 발행할 주식의 납입액 : _________백만원
- 배정방법 : 제3자 배정
- 청약일자 : 20××년 12월 일
- 청약증거금 : 청약금액의 100%

3. 무상증자 실시 계획

- 유상증자 실시 후 1개월 이내인 20××년 1월중 주주명부에 등재된 주주에게 76.09% 무상증자를 실시할 예정입니다.
- 무상증자 후 소유주식의 주당 매입 평균가역은 170,454원이 됨

3－7

M&A를 위한 투자제안서

Ⅰ. 투자제안회사 현황

1. 회사의 개요

○○엔터테인먼트(주)는 20××.××.×× 설립하여 현재 납입자본금 100억원 규모의 회사로서 영화제작 · 음반제작 배급 · 캐릭터사업 · 이벤트업 · 스포츠마케팅 등을 주요 사업목적으로 하고 있습니다.

2. 경영진 현황

성 명	직 위	주민등록번호	담당업무
○○○	회 장	540526－×××××××	회 장
○○○	대표이사	600420－×××××××	연예/스포츠 사업단
○○○	이 사	540410－×××××××	영상사업단
○○○	이 사	541201－×××××××	영상사업단
○○○	감 사	490721－×××××××	감 사

3. 주식 분포 현황

(단위 : 천원)

주주명	액면가액	소유 주식수	금액(원)	지분율
○○○	10,000원	400,000주	4,000,000	40%
○○캐피탈	10,000원	300,000주	3,000,000	30%
○○○	10,000원	100,000주	1,000,000	10%
○○○	10,000원	100,000주	1,000,000	10%
기 타	10,000원	100,000주	1,000,000	10%
합 계		1,000,000주	10,000,000	100%

4. 주요재무현황(20××. 12.31 현재)

(단위 : 백만원)

과 목	금 액	과 목	금 액
당좌 자산	2,442	유동 부채	1,124
재고 자산	5,988	비유동부채	38
고정 자산	1,869	자 본 금	10,000
이연 자산	139	잉 여 금	276
합 계	10,438	합 계	10,438

5. 주요투자활동

기 간	주요투자활동
20××. 06. 08	
20××. 06. 22	
20××. 07. 14	
20××. 10. 12	
20××. 11. 03	
20××. 01. 26	
20××. 02. 03	
20××. 02. 04	
20××. 02. 20	
20××. 03. 16	

6. 계열회사 소개

회사명	설립년월일	자본금	대표자	소 재 지
	20××. 01. 30	330억원	○○○	
	20××. 01. 30	100억원	○○○	
	20××. 11. 12	100억원	○○○	
	20××. 03. 20	60억원	○○○	
	20××. 05. 15	1천만엔	○○○	일본현지법인
	20××. 01. 30	5백만불	○○○	미국현지법인

II. (주)○○스포츠 TV 경영실태분석

이 분석 자료는 한국신용평가(주)가 제공한 자료를 기초로 하여 분석한 것입니다.

1. 대차대조표 분석

회사의 재무상태는 20××년도말 미처리결손금 ______백만원과 20××년도 당기순손실 ______백만원을 가산하면 합계 ______백만원의 결손금이 발생하여 납입자본금 ______백만원 대비 ____%의 자본잠식 상태에 있어 20××년도말 순자산가치는 총자산 대비 ____%인 ______백만원에 불가한 상태입니다.

(주)○○스포츠 TV **[표 1] 요약대차대조표** (단위 : 백만원)

과 목	금 액			과 목	금 액		
	20××	20××	20××		20××	20××	20××
당좌자산				유동부채			
재고자산				비유동부채			
유형자산				자본금			
이연자산				이익잉여금			
자산총계				부채/자본 총계			

2. 손익계산서 분석

① 회사의 손익구조는 년차별로 영업활동의 배가로 인하여 연평균 174%씩 증가되었으나 매출액의 증대금액만큼 높은 제작비등 원가의 규모가 상대적으로 증가함에 따라 손실금액의 증대는 연차별로 늘어나는 현상을 나타내고 있습니다.

② 방만한 인력구조에 따른 직·간접 인건비의 높은 인건비 의존도와 과다한 고정자산의 감가상각비 등으로 인하여 구조적인 사업채산성 악화현상을 초래하고 있습니다.

(주)○○스포츠 TV

[표 2] 요약손익계산서

(단위 : 백만원)

과 목	20××년		20××년		20××년	
	금 액	구성비	금 액	구성비	금 액	구성비
매출액		100%		100%		100%
매출원가						
매출총이익						
판매관리비						
영업이익						
영업외수익						
영업외비용						
경상이익						
당기순이익						

3. 경영실태분석

가. 손익추이분석

회사의 수익금액의 구성비는 광고(30%), 교환광고(20%), 프로그램수익(24%), 부대사업수익(17%), 기타수입(9%)으로 구성되어 있으며 케이블 TV의 광고매체 영향력 기반 조성 미흡으로 수입 금액에 비하여 지나치게 높은 비용으로 인하여 만성적 적자 요인에서 탈피하지 못하는 경영관리를 하고 있습니다.

(주)○○스포츠 TV

[표 3] 연도별 손익추이분석

(단위 : 백만원)

구 분	20××년		20××년		20××년	
	금 액	증감%	금 액	증감%	금 액	증감%
수 익						
비 용						
당기순이익						

나. 비용분석

회사의 총비용은 20××년도 대비 10.9% 감소하였습니다. 그러나 매출액 대비 총비용은 275.3%로서 수입금액에 비하여 지나치게 높은 제작비 · 인건비 · 감가상각비 등으로 인하여 재무건전성이 지나치게 취약하게 되었고, 이에 따라 자기자본이 ____% 잠식되어 경영부실화현상을 초래하게 되었습니다.

(주)○○스포츠 TV

[표 4] 비용분석표

(단위 : 백만원)

구 분	20××년		20××년(P)		증 감	
	금 액	구성비	금 액	구성비	금 액	구성비
총비용		100%		100%		100%
인건비						
제작비						
부대사업비						
교환광고비						
일반관리비						
감가상각비						
퇴직충당금						
기 타						

다. 투자분석

회사는 방송기자재, 스튜디오 시설 등에 무리한 투자 및 방만한 인원 구성, 수입 대비 과다한 제작비 지출이 경영부실화의 직접적인 영향을 끼치게 되었습니다.

(주)○○스포츠 TV

[표 5] 연도별 감가상각비현황

(단위 : 백만원)

구 분	20××년도	20××년도	20××년도	20××년도	합 계
총 손실액					
감가상각비					
영 향 도	31.8%	28.8%	30.0%	34.1%	31.1%

라. STV의 현황분석

경영의 전략적 측면에서의 기업이미지를 분석하고 양면적 평가방법을 채택하여 향후 대응방안을 모색하여 보면 다음과 같이 요약할 수 있습니다.

① STV의 현재이미지

스포츠 TV라는 좋은 분야를 가지고도 그 장점을 살리지 못함에 따라 주된 사업의 목적과 방향이 뚜렷하지 않아 기업 이미지 제고가 되지 않고 있슴.

- 원인 : 케이블 TV의 시스템 활용도 저하와 공중파 방송 특유의 나열식과 세분화된 사업구조가 통합된 기능을 발휘하지 못함이 주된 원인임.

② 평 가

- 긍정적 측면 : 스포츠 독점 채널로서 체육진흥공단의 사업과 연계한 스포츠 전문 방송으로서의 방향 설정은 성공적이며 초기에 구축한 기반과 공단측의 지원아래 지속적으로 사업 전개시 시너지 효과 상승이 예상됨
- 부정적 측면 : 사업의 통합된 방향 정립이 되지 않아 투자의 반복과 지식 자본의 시너지 효과 감소 및 회사의 사업전개가 불투명함.

③ 대 책

스포츠 TV의 최대 강점을 활용하여 사업의 통합된 방향을 정립한 후 지금까지 투자된 내용을 기본으로 전문가 집단에 의한 세부사업 실행이 선행되어야 하며 대내외적으로 회사의 발전적인 비젼 제시가 요구됨

마. 강점 및 문제점

합리적인 경영정상화를 위해서 회사의 강점을 살리고 내재된 문제점을 토출함으로써 이에 대한 대책방안을 다음과 같이 제시할 수 있습니다.

① 강점

- 막강한 자본력으로 시작, 장비의 대부분을 구입/리스비의 부담없이 운영
- 전문사옥 소유/연간 10억원 이상의 고정비절감 효과
- 독점채널/경쟁에 대한 심리적, 물질적 부담감 해소
- 프로그램 판매 및 관련 사업추진에 유리/프로그램 판권, 비디오 출판물 등

② 문제점 및 대책

항 목		문 제 점	대 책
경영	운영	공중파 TV 형태의 방만한 운영과 조직의 경직성	임대 경영 개시로 마케팅 마인드 강화
	관리	조직 · 시설의 경영 효율성 저하	네트워크 시스템과 out－ sourcing 활성화
	시설	업계 최대의 시설 보유 및 M2방식의 기기 보완	최소한의 시설로 축소, 중계차out －sourcing 디지털장비 추가구매
	공익성	공익 기업으로서의 역할 수행 미약	국가 스포츠방송으로서의 역할완수
제작	편성	1일 16시간 지상파 편성과 차이점 부족	1일 24시간 3R 편성 및 순환반복 편성기법으로 차별화
	제작	자체 제작 위주 관리 측면의 부담 가중	스폰서 쉽 프로그램 개발과 프로그램 공급의 가격 재협상
	인력	잔여 인력의 수급 불균형	독립 외주제작 시스템 도입
	마케팅	위탁 영업으로 편성 제작과 연계성 부족	직접영업 및 편성 제작과 연계한 마케팅 전개

Ⅲ. 투자제안서

1. 경영참여방식

(주)○○스포츠 TV 매각방침에 따라 다음과 같이 경영참여방식을 제안코자 합니다.

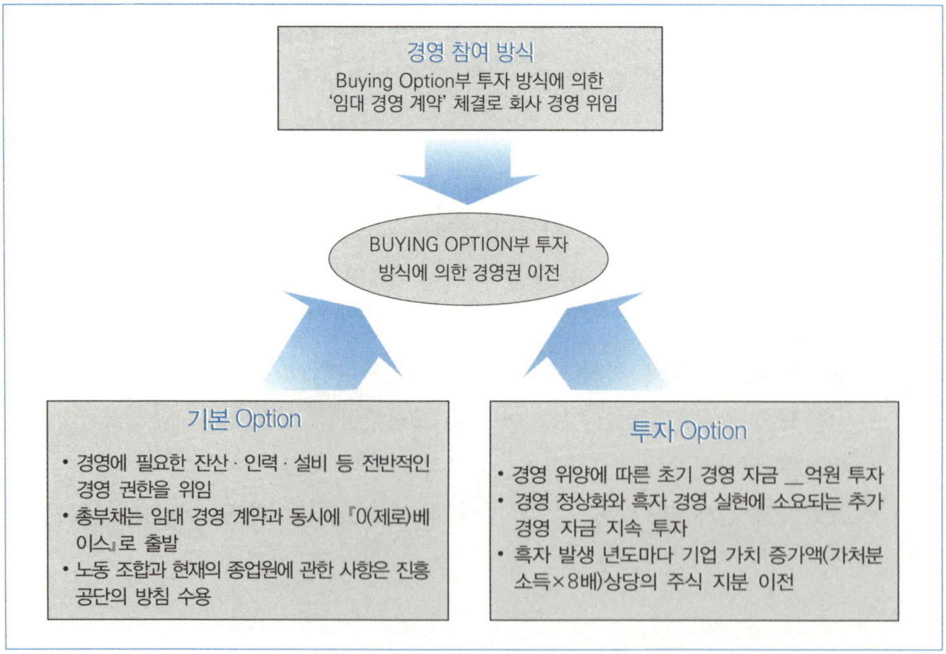

2. BUYING OPTION부 투자(案)

가. 계약기간

- 계약기간은 1차적으로 5년간으로 하며 최종년도에 흑자 달성 시에는 자동 연장된다.
- 계약기간 중이라 할지라도 흑자 지속으로 인하여 일정한 주식지분의 양도가 완료되면 임대계약은 자동 해지되며 계속 경영의 원칙에 따라 경영권이 승계 이전된다.

나. 종업원에 관한 사항

- 현재 노동조합원 중 조건부 잔류인원 ___명은 퇴직 시까지 쌍방 합의한 ____천원/월 급여지급 및 퇴직금 산정기준을 적용하며 정리대상자는 가능한 ___년말까지 우선 정리방침을 적극 수용한다.

다. 경영자금의 투자

- 초기경영자금으로 ___억원을 투자한다.
- 계약기간 중 경영정상화에 소요되는 자금은 경영수탁자가 추가로 투자토록 한다.

라. 경영이행보증금

- 설비장비의 보존과 새로이 발생되는 부채의 담보를 목적으로 경영이행보증금 _____억원에 대한 『계약이행보증보험증권』을 제공한다.

마. 시설임대료

- 순이익 발생년도에는 당기순이익의 5%를 시설임대료로 계상하여 지급한다. 다만 초기년도에 적자가 발생될 경우에는 계상하지 아니한다.

바. 주식의 양·수도

경영활동 결과 결산서상의 흑자발생 연도마다 결산 종료일로부터 30일 이내에 기업가치 증가액 상당의 주식지분을 양도한다.

기업 치 증가액은 법인세 전 순이익액에 8배를 곱한 금액으로 하며, 이를 투자자본(납입자본금+부채탕감액)으로 나누어 산출된 비율을 총수식수에 곱한 주식수가 양도

대상주식이 된다.

계속적인 흑자경영으로 인하여 양도해야할 총 주식수는 총 발행 주식의 60~75%의 범위에서 이루어진다.

3. 新 경영추진계획

新 경영추진계획은 크게 세 가지 부문으로 나누어 사업구조의 조정, 인력구조의 조정, 재무구조의 조정을 통하여 단기간 내에 경영정상화 기틀을 확보하고 단계별 경영구조개혁 프로그램을 통하여 내실과 수익우선의 경영을 함으로써 국민체육진흥 향상과 국가스포츠 발전에 기여하는 공인적인 국민방송으로서 거듭 태어나고자 한다.

가. 사업구조조정계획

① 방송기능 개혁

- 편성시간의 확대조정
  - 현행 16시간의 방송 시간을 6개월 이내 24시간 방송체제로 전환
    (케이블 가입자의 채널 선택권 소유로의 환경변화에 따른 경쟁력확보)
- 외화편성비율 확대 - 6개월 이후 외화편성비율 점진적 축소
  - 해외스포츠 중계프로그램, 스포츠 외화편성비율의 상향조정(60% 이상)을 통해 사업초기단계에서 제작비의 부담감최소화
    (ESPN과 협상을 통해 기존중계권료의 50%선으로 중계권료 Nego)

- 초기단계 자체제작 프로그램의 편성비율 하향조정(30% 이하)
  - 스포츠뉴스, 스포츠화제 등 저비용이 투입되는 단순프로그램 지향
- 아웃소싱의 강화
  - 스포츠 중계－자체 보유 중계시스템 활용/인력은 외부인력 활용제작 (각종 스포츠협회로 지불되는 중계권료의 50% 삭감유도)
  - 지상파 중계프로그램 구입, 방영함으로써 제작비의 절감효과 확보
  - 지역 민방과의 Partner-ship 형성을 통한 중계 재전송

[Tip] 편성

- 수익 프로그램 및 비인기 종목 개발 : 스폰서십 연계
  - 無수익 또는 低수익 프로그램 편성 제외 원칙
- 전일 방송 실시 : 24시간 방송
- 방송효율성 극대화 : 평균 1주내 4방 원칙

[표 6] 스폰서 쉽 프로그램(안)

분야	프로그램	내 용	예상금액
마사회/경륜	경마 · 경륜의 세계	경마 · 경륜 소식과 전문가가 진단하는 다음주 경기 예측과 전망	연간 5억원
스포츠 음료	각종 경기 협찬	인기종목	연간 1억원
레저용품 회사	각종 관련경기 중계 및 소개	로울러 스케이트, 스케이트보드, 패러글라이딩, 스쿠버 다이빙 서바이블 게임 등 경기 및 소개	연간 1억원
비인기 종목	각종 경기 중계 및 소개	스포츠 댄스, 육상, 여성 바디빌딩, 수영 에어로빅, 태껸, 합기도, 격투기	연간 2억원
건강의학	각종 질병	의사, 병원 등	연간 3억원
계			12억원

[Tip] 제작

- 20××년부터는 손익 분기점 범위내에서 제작비 사용
- 중계권료 · 사용료 재협상 : 50% 수준으로 현실화
- 프로그램의 다단계 사용 : 리메이크 프로그램 활성화
- 지방 방송과 인기 종목 중계 연계 및 공동 제작 : 프로그램 공동제작 · 공급
- 외주제작 활성화 : 일부 프로그램을 제외한 모든 프로그램 Out-Sourcing
- 보다 젊고 빠르고 화려한 분위기로 쇄신 : 젊은층을 겨냥한 광고주 영입

[표 7] 중계료/방송권료 재협상(안)

항 목	기 존	재협상안
ESPN	연간 157만불(약 18억원)	연간 10억원 이내
프로야구	연간 약 4억 7천만원	연간 2억 4천만원
프로농구	연간 약 1억 6천만원	연간 8천만원
프로축구	연간 7,260만원	연간 3,600만원
배 구	연간 5,500만원	연간 2,800만원
계	연간 약 25억 6천만원	연간 14억원 이내

[Tip] 공익사업

- 국가 스포츠 발전과 국민체육진흥을 위해 공익사업 전개/스폰서 유치
- 국민 방송으로서의 이미지 구축

[표 8] 공익사업 추진(안)

항 목	내 용	비 고
꿈나무 육성	장래가 촉망되는 어린선수를 해외로 보내 조기교육/ 예 : 축구꿈나무 브라질로 유학	마사회, 경륜사업부 지원 추진
불우청소년 지원	불우한 청소년 운동선수에게 장학금 지원	
스포츠센터 운영	저렴한 가격으로 사용 지원, 홍보	공기업과 연계 추진
우수학생 지원	재정이 어려운 학교 선수 팀에게 장비 등을 제공	스포츠용품 지원추진

② 사업 부가가치 증대를 통한 수익구조개혁

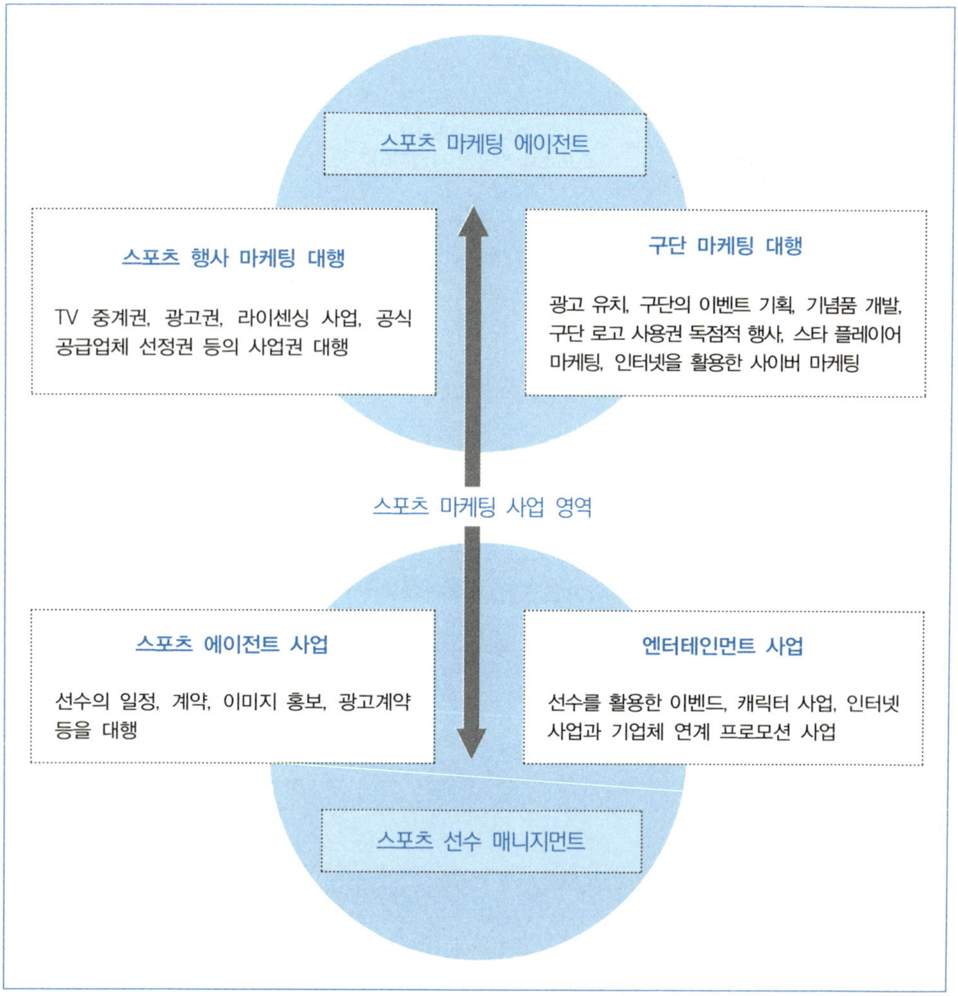

▲ 스포츠 마케팅 사업 전개－사업 영역

③ 스포츠마케팅 사업전개

④ 스포츠 영상사업 전개

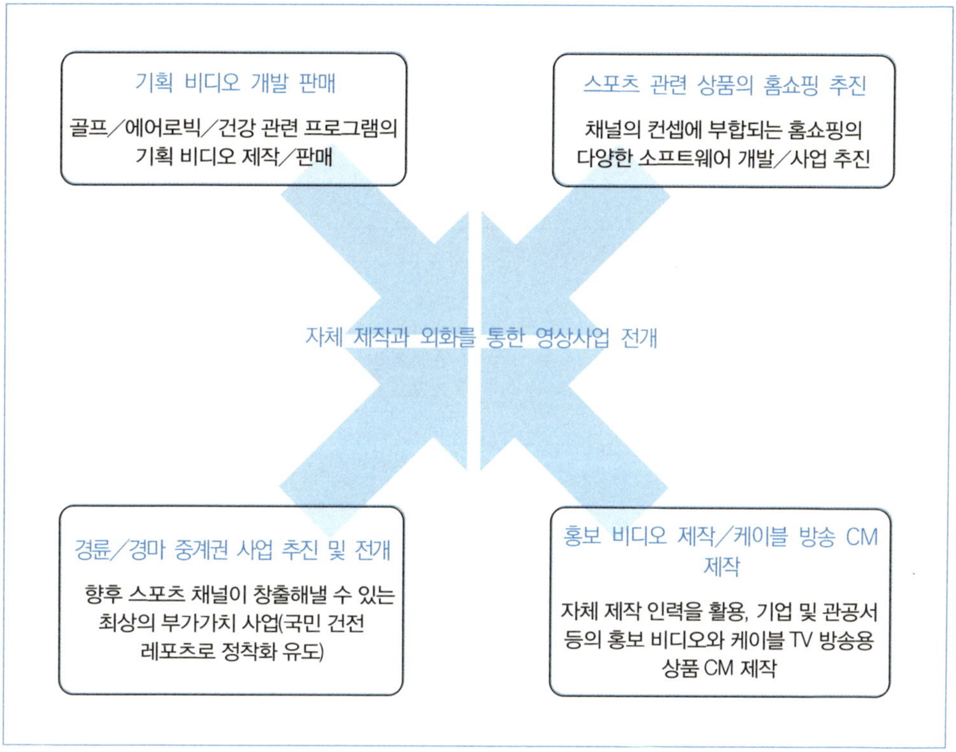

나. 조직 및 인력 구조조정계획

인력구조는 경영하부구조를 갖춘 전문경영체제를 갖추기 위하여 소수정예에 의한 책임경영시스템을 구현하는 방향으로 검토하였습니다. 따라서 회사소속 직원 (정규직)의 규모를 축소하여 _____명으로 조직구성을 하며, 인건비 구조개선과 제작 고정비의 감소를 목적으로 OUT SOURCING을 통한 외부제작 프로덕션 및 제작시스템의 활용과 전문인력의 계약직 사원화 및 정사원의 성과급제를 도입하여 인력구조 및 인건비의 개혁 프로그램을 준비하고 있다.

① 조직기구개편 운영(안)

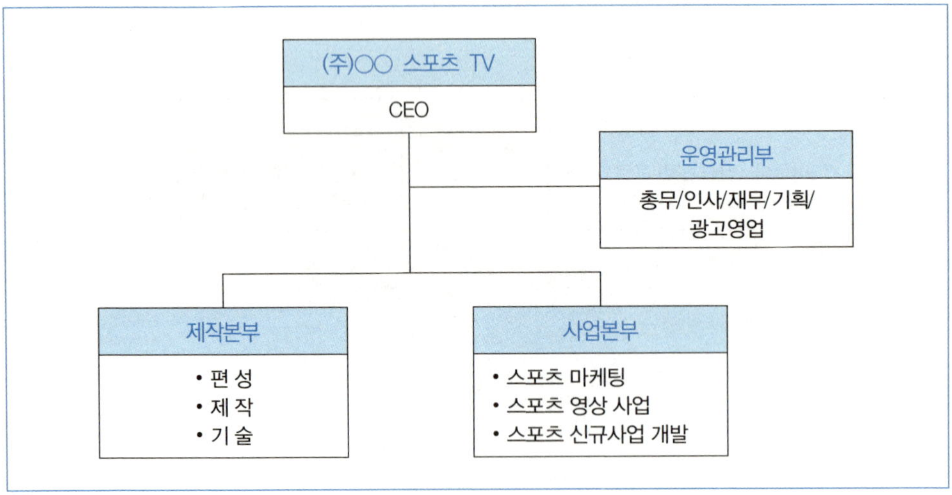

② 인력구조조정계획(안)

구 분	운영관리부	제작본부	사업본부	합 계
정식 직원				
계약직 직원				
OUT-SOUCING		※ 프로젝트별 별도 운영		

③ 인사제도

- 소수정예/경영하부구조를 갖춘 전문인 체제
- 수익성 우선의 인사고과시스템/부가가치 기여도평가
- 전직원 연봉제 도입/투자제안회사의 현재 시행제도
- 직능별 인사고과방식 채용/실적평가제 도입운영
- 보상제도/실적평가에 따른 특별성과급제 운영

다. 재무구조조정계획

① 재무구조조정을 위한 경영전략으로

- 인력구조의 조정 : 정식사원 _____명 → _____명
- 제작원가의 감소 : OUT-SOURCiNG을 통한 원가절감

- 일반 리비의 감소 : 감가상각비 등의 감소
- 영업외 비용의 감소 : 유상증자를 통한 현금흐름의 개선
- 수익증대 : 사업구조조정을 통한 사업영역확대를 통하여 점차적인 재무구조를 획기적으로 전환할 수 있는 전략사업단위별 독립채산제 시스템과 선진경영기법 도입으로 재무개선 프로그램을 가동할 계획이 갖추어져 있다.

② 누적적인 적자경영에서 흑자경영 전환을 위에서는 1차 년도에도 공격적인 제작투자를 하기 때문에 약 ___억원의 적자가 불가피하나 그 결과 2차 년도 부터는 흑자로 전환될 것으로 평가된다.

Ⅳ. 재무구조개선 추진방향

1. 수입증대방안

① 광고수익
- 유선 중계업자의 가입자수 8백만명 가입 기대효과 증대
- IMF 영향 탈피로 위축된 광고시장 회복 예상
- 프로그램 질적 향상과 가입자 선호 프로그램 개발

② 교환광고 수입 : 교환광고 수입은 증가기대치 미반영

③ 프로그램 수입, 전문화된 프로그램개발로 차별화 시도

④ 부가사업 수입
- 스포츠 매니지먼트
- 스포츠 이벤트 프로모터 사업
- 각종 스포츠 대회 라이센싱 사업
- 스포츠 관련 상품의 홈 쇼핑화
- 스포츠 이벤트/캐릭터 사업/영상사업

⑤ 기타 : 경륜, 경마 중계권 사업진출 기반확보를 통한 고부가가치사업 증대계획 추진

2. 비용절감 운영방안

① 현금흐름의 관리 : 유동성 관리를 위한 일일 · 주간 · 월간 현금흐름표의 작성

② 일일 결산제의 실시 : 자본적 지출과 수익적 지출의 일일 결산제 도입 운영
③ 제작비 : OUT-SOURCING을 통한 제작비의 획기적인 개선 프로그램 운영
④ 감가상각비 : 정률법에 따라 감가상각비 부담 현저 감소
⑤ 기타 : 예산관리시스템을 활용, 일일 결산을 통한 변동비의 사전 통제

[표 9] 재무구조개선계획

(단위 : 백만원)

구 분		T=0(P)	T-1	T-2	T-3
수익	광고 수입				
	교환광고 수입				
	프로그램 수입				
	부가사업 수입				
	기 타				
	합 계				
비용	인건비				
	제작비				
	부대사업비				
	교환광고비				
	일반광고비				
	감가상각비				
	퇴직충당금				
	기 타				
	합 계				
손익(수익－비용)					

참고문헌

- EY한영산업연구원, 「수퍼플루이드 경영전략」, 알에이치코리아, 2019
- 장세진, 「경영전략」, 박영사, 2018
- 이승주, 「경영전략 실천매뉴얼」, 시그마컨설팅그룹, 2006
- 박광래, 「경영전략」, 한올, 2015
- 박상범, 「전략경영」, 탑북스, 2017
- 이병희 외, 「최신 전략경영」, McGraw-Hill, 2014
- 구병모, 전략경영 이해와 활용」, 박영사, 2017
- 임정재, 「짐 콜린스의 경영전략」, 위즈덤하우스, 2004
- 김종업, 「장단기 경영계획」,갑진출판사, 2011
- 강만형, 「사업계획서 작성」,SS경영컨설팅, 2017
- 창업선도대학, 「창업아이템 사업화」, 창업진흥원, 2017
- 최승욱, 「경영정책과 전략』, 형지사, 2009
- 김언수, 「TOP을 위한 전략경영』, 피앤씨미디어, 2013
- 김위찬, 『블루오션전략』, 교보문고, 2016
- 박내희, 『BCG의 경영전략』 박영사, 2003
- 박준용, 『전략경영」, 청람, 2007
- 오마에 겐이치, 『기업경영과 전략적사고』, 생활지혜사, 2003
- 이병욱, 『21세기 신경영 패러다임』, 에크리브르, 2005
- 김종진, 『경영전략론』, 한국방송통신대, 2016
- 우경봉, 『국제경영전략』, 한국방통대출판문화원, 2016
- 장세진, 『글로벌경쟁시대의 경영전략』, 박영사, 2007
- 전기웅 외, 『경영분석과 시장환경분석』, 명경사, 2004
- 조동성, 『21세기를 위한 전략경영』, 서울경제경영, 2006
- 조동성, 『경영정책과 장기전략 계획』, 영지문화사, 2003
- 박형준, 「BTS 마케팅」, 21세기북스, 2018
- 산업자원부, 「프랜차이즈 경영원론」, 프랜차이즈협회, 2004
- 박진우, 「외식점포 마케팅매뉴얼」, 형설출판사, 2014
- 한국벤처창업학회, 「창업론」, 명경사, 2012
- 한국창업전략연구소, 베스트 창업 아이템」, 21세기북스, 2011

- 김영갑, 「창업성공을 위한 상권분석」, 이프레스, 2013
- 김종국, 「상가권리금 받는 법과 상권분석」, 매일경제신문사, 2016
- 이상윤, 「상권분석론」, 두남, 2018
- 임용일, 「사업계획서 작성」, 한국재정경제연구소, 2008
- 김정식, 「CEO의 창업과 사업계획서 작성」, 북넷, 2016
- Elton B. Sherwin, 「The Silicon Valley Way」, 2009
- A G Lafley, 「Playing to Win」, Harvard Business School Press, 2013
- Burgelman, 「Strategic Management of Technology and Inovation」, 2016
- Hunger, 「Essentials of Strategic Management」, 2007
- Barmey, 「Strategic Management and Competitive Advantage」, 2015
- Keller, 「Strategic Brand Management」, 2016
- Baun, Joel, 「Advances in Strategic Management」, 2008
- Ketchen, 「Research Methodology in Strategy and Management」, 2017
- Arthur Middleton, 「Strategic Database Marketing」, 2015

찾아보기

(ㅈ)

(ㅊ)

(ㅌ)

(ㅍ)

저자 약력

■ 남 영 호

- 경희대경영대학원 졸업
- 한국능률협회 지도위원 역임
- 한국상장회사협의회 감사회 전문위원 역임
- 주식회사 신동방 이사
- 삼부벤처캐피탈(주) 전무이사
- 현대아이티(주) 전무이사
- (현) Young 컨설팅그룹 LLC. 대표컨설턴트
- 원가관리사 / 경영진단사 / 경영정보관리사

〈주요저서〉

- 유통서비스의 소집단활동 / 한국능률협회
- 문제해결기법/한국능률협회
- 주먹구구론 돈 벌 수 없다 / 세명서관
- 소비자금융 중심의 여신금융실무 / 세명서관
- 전략사업계획서실무 / 세명서관
- 자본시장법 이후의 전략적 M&A 실무 / 세명서관
- 파이낸스금융 이론과 실무 / 세명서관
- 전략기획실무 / 세명서관
- 경영계획과 목표에 의한 성과관리 / 세명서관
- 전면개정7판 기업내부의 감사진단실무 / 세명서관
- M&A War Game 창과 방패 / 세명서관
- 개정증보4판 사업타당성분석 / 세명서관
- 기획실 업무편람 / 세명서관

■ 진 현 식

- 서울과기대 인문사회대학 명예학장
- 경희대학교 관광개발연구소 교수
  (관광학박사 Ph D. In Resort Development)

- 경희대학교호텔관광대학겸임교수
- 경희사이버대학교 관광레져항공경영학과 겸임교수
- 제주국제자유도시개발센터(JDC) 투자자문위원
- 거제해양관광개발공사 투자자문위원
- 충청북도 투자자문관
- 한국테마리조트컨셉연구소 대표
- 이삭홀딩스그룹 CEO
- 오솔레미오리조트 운영 (태양의섬)

〈주요저서〉

- 관광이벤트경영론 / 백산출판사
- 도시디자인 / 지혜원
- 토지와사람 / 지혜원
- 테마가 있는 리조트개발 및 경영 / 형설출판사
- 전략적 M&A 실무 / 세명서관
- 파이낸스금융 이론과 실무 / 세명서관
- 전략기획실무 / 세명서관
- M&A War Game 창과 방패 / 세명서관

사업계획 이론과 실무

2019년 4월 17일 초판 인쇄
2019년 4월 26일 초판 발행

지은이 | 남영호 · 진현식
발행인 | 오 영 환
발행처 | 세명서관
등 록 | 1989. 2. 20. 제2-409호

주 소 | 서울특별시 중구 다산로 22길 18 2층(신당동)
전 화 | (02) 2238-9055, 2235-9601
F A X | (02) 2234-9291
E-mail | semyoungbook@hanmail.net

값 70,000원 ISBN 978-89-89097-55-6 92320